三國遺事

삼국유사 3

三國遺事

【왕력王曆】

일연一然

최광식
박대재
역주

고려대학교출판부
KOREA UNIVERSITY PRESS

머리말

『삼국유사』를 처음 접하게 된 것은 사학과에 입학하여 『삼국사기』와 『삼국유사』를 비교하여 고찰하라는 과제를 받고 나서 『삼국유사』를 훑어보게 되면서이다. 『삼국유사』에는 말로만 듣던 단군신화, 주몽신화, 박혁거세신화, 김수로신화 등 신화들의 내용들이 수록되어 있으며, 이차돈순교설화와 같이 불교와 토착신앙과의 관계를 보여 주는 흥미진진한 내용들이 기록되어 있었다. 어릴 때 어머니의 손을 잡고 무당집에 갔던 분위기와 절에 갔을 때 느꼈던 분위기를 떠올릴 수 있었다. 한국의 전통문화를 그대로 간직하고 있어 이를 통해 한국문화의 진수를 맛보며 이를 평생 동안 공부하여야 하겠다는 결심을 하고 학문의 길로 들어서게 되었다.

대학원에 입학하여 고대사 전공자들과 모여 『삼국유사』 강독을 하면서 석사논문 「무불습합에 관한 일고찰—산신각과 장생을 중심으로」를 준비하면서 『삼국유사』의 판본의 차이점과 번역의 다양성을 보면서 본격적인 대교 작업과 역주 작업이 필요하다는 것을 절감하였다. 효성여자대학교 교수로 부임하여 얼마 되지 않아 효성여대에 『삼국유사』 연구회를 만들어 윤독회를 하며 국어사, 한문학, 불교미술사, 동양철학 전공자들과 교류하며, 『삼국유사』에 대해 보다 폭넓은 시각을 가질 수 있었다. '삼국유사연구회'가 모태가 되어 효성여대에 전통문화연구소를 창립하고 『삼국유사』 대교 작업을 하여 연구소 논문집에 지속적으로 연재를 시작하였다. 그러나 연재를 마치기 전에 고려대학교로 옮기면서 마무리를 하지 못하였다. 고려대학교에 부임하고서는 대학원 강의에서 『삼국유사』의 여러 판본을 대조하고 교열하는 대교 작업을 지속하면서 『한국사학보』에 연재를 하여 고려대학교 소장 만송문고본을 저본으로 한 『점교 삼국유사』를 출간하였다. 역주와 관련된 연구도 지속적으로 추진하여 2007년 『삼국유사』 역주본 초고를 완성하였다. 이를 기반으로 디지털 『삼국유사』 사전 박물지 프로젝트를 한국콘텐츠진흥원으로부터 수주하여 『삼국유사』와 관련된 여러 분야의 많은 정보를 디지털화하는 작업을 추진하였다. 처음에는 필자가 맡아서 주도적으로 추진하다가 공직을 맡게 되면서 박대재 교수가 이를 주도적으로 추진하여 마무리를 하였다. 2013년 봄에 공직을 마치고 대학에 복직하면서 『삼국유사』 역주본 초고를 기반으로 하면서 디지털 『삼국유사』 사전 박물지 프로젝트에서 연구원들과 대학원생들이 정리한 새로운 내용들을 추가하여 『삼국유사』 역주본을 완성하게 되었다.

『삼국유사』는 일연 스님이 기획 총괄하고 문도들이 자료들을 모으고, 자신의 의견만을 주장하는 것이 아니라 여러 다양한 견해들을 제시하여 아카이브적 성격을 갖고 있으며 제자인 무극에 의해 완성된 것이라고 할 수 있다. 이 역주 『삼국유사』도 필자가 기획 총괄하였지만, 30여 년간 윤독회와 대학원 강의를 통하여 참고한 여러 전문가들의 다양한 의견과 디지털 『삼국유사』 사전 박물지 프로젝트를 수행한 연구원들과 대학원생들의 정리 작업을 참고하여 완성하였으므로 『삼국유사』 스타일의 역주본이라고 할 수 있다. 『삼국유사』가 일연 스님이 시작하여 그의 제자 무극에 의해 완성된 것처럼 필자가 하던 프로젝트를 박대재 교수가 이어서 맡아 마무리를 잘 하였기 때문에 가능하게 되었다.

이 역주본은 3권으로 나뉘어져 있는데 1권은 「기이」편으로 일반역사 특히 고대사에 대한 내용이며, 2권은 「흥법」, 「탑상」, 「의해」, 「신주」, 「감통」, 「피은」, 「효선」 등으로 불교문화와 불교사에 대한 내용이며, 3권은 「왕력」으로 구성되어 있다. 처음에 역주본을 준비하면서는 전공자들과 교양인들에게 한국 전통 문화의 진수를 맛보게 하고 싶다는 생각을 하였는데, 공직 생활을 하며 『삼국유사』를 문화콘텐츠의 원형으로서 활용하여야 하겠다는 생각이 더해졌다. 따라서 이 역주본은 소설가나 드라마 작가 및 애니메이션 작가들이 다양한 견해들을 활용하여 이리저리 상상력을 발휘할 수 있도록 풍부한 내용들을 담아내려고 노력하였다. 한류 문화콘텐츠가 세계인들에게 호응을 받고 있는 지금 무엇보다 스토리텔링이 필요한 상황에서 OSMU(한 자료의 다양한 활용)로 활용되기를 바라며 역주 작업을 진행하였다. 그리스·로마 신화들이 다양한 문화콘텐츠로 활용되듯이, 『삼국유사』에 수록된 많은 신화와 전설들이 다양한 문화콘텐츠로 활용되기를 바라는 바이다.

이 역주본을 출판하는 데 많은 자료를 정리해 준 고려대 대학원생들과 좋은 책이 되도록 노력을 아끼지 않은 고려대학교출판부장 유석훈 교수와 출판부 편집진에게 감사의 인사를 드린다.

2014년 봄 안암의 언덕에서

최 광 식

해제

1

『삼국유사(三國遺事)』는 고려(高麗) 충렬왕(忠烈王) 때인 1280년대 무렵에 일연(一然, 보각국사〔普覺國師〕, 1206-1289) 선사(禪師)와 무극(無極, 혼구〔混丘〕, 1251-1322)을 비롯한 제자들에 의해 편찬되었다. 고조선(古朝鮮)시대부터 후삼국(後三國)시대까지의 3천여 년의 역사와 문화에 대해 정리한 책이다.

『삼국유사』는 조선(朝鮮)시대의 『신증동국여지승람(新增東國輿地勝覽)』이나 『오주연문장전산고(五洲衍文長箋散稿)』·『동사강목(東史綱目)』 등에서는 '이단(異端)의 허황(虛荒)한 설(說) 내지 괴설(怪說)'로 평가되어 그 기록의 신빙성이 부정되기도 하였다. 그 내용이 상당 부분 불교와 관련되다 보니 성리학자들의 지탄은 당연한 것일지도 모른다. 그러나 『삼국유사』는 근대에 들어와 이능화(李能和, 1869-1943)에 의해 크게 이용되고, 최남선(崔南善, 1890-1957)에 의해 그 진가(眞價)가 인정되었으며, 손진태(孫晉泰, 1900-?)에 이르러서는 국사(國史) 자료로 중시되면서 『삼국사기(三國史記)』와 함께 본격적인 사서(史書)로 평가되기에 이르렀다.

그동안 『삼국유사』는 불교사관(佛敎史觀)에 입각한 사서로 이해되어, 대개 유교사관(儒敎史觀)의 『삼국사기』와 대조되어 왔다. 또한 『삼국사기』의 사대주의를 극복하기 위한 민족의식의 발로로 평가되기도 했다. 그러나 이러한 시각은 차츰 지양되어, 근래에는 『삼국사기』와 『삼국유사』를 상호 보완적인 관계로 이해하는 경향이 강하다. 책의 제목에서도 알 수 있듯이 『삼국유사』는 삼국의 역사 가운데 빠진 사실들을 모아 놓은 것이기 때문이다.

1970년대까지의 『삼국유사』에 대한 연구가 주로 국사 내지 불교사 연구자들에 의해 진행되었다면, 1980년대에 들어와서는 역사·문학·종교·민속·미술·서지·고고학 등 다방면에서 이루어지고 있다. 이러한 경향은 『삼국유사』의 종합적 성격을 그대로 대변해 주기도 한다.

2

『삼국유사』의 체재는 5권 9편으로 구성되었다고 보는 것이 일반적이다. 현재 가장 온전한 형식과 내용을 전하는 『삼국유사』의 판본은 조선 중종 7년(1512) 경주에서 간행된 임신본(壬申本)인데, 권차(卷次)와 편명(篇名)이 명확히 표기되지 않아 논란이 있기도 한다. 임신본의 체재를 정리해 보면 다음과 같다.

① 王曆第一

② 紀異卷第一

③ 卷第二

④ 卷第三 興法第三 塔像

⑤ 卷第四 義解第五

⑥ 卷第五 神呪第六 感通第七 避隱第八 孝善第九

위에서 보는 바와 같이 체재는 크게 여섯 부분으로 나뉘지만, 권수는 5권으로 구성되어 있다. 가장 앞에 위치하는 '왕력'에 권차가 붙어 있지 않기 때문에 오는 혼란이다. 하지만 목판본의 판심 기록에는 왕력 부분 역시 권1로 분류되어 있어, 전체적으로 5권이었음은 확인된다.

왕력을 권1에 포함시킬 것인가 아니면 별도의 부록으로 볼 것인가는 학계에서 논란이 되기도 하였다. 이것은 왕력과 나머지 편들의 관계에 대한 논의와도 관련이 있다. 왕력은 일연이 아닌 다른 인물에 의해 완성되었으며 『삼국유사』 편찬 시 또는 간행 시 부록으로 첨가되었을 가능성이 제기되기도 하였다. 왕력과 기이편의 내용이 서로 충돌하거나 다른 부분이 적지 않기 때문이다. 형식상 하나의 책으로 묶여 있지만 내용상으로는 왕력과 기이편 이하를 구분해 보는 것이 현재의 일반적인 시각인 듯하다. 이에 본 역주서에서도 왕력을 별도의 권으로 따로 간행하여, 기이편 이하의 본편과 구분해 보았다. 이러한 시도는 기존 역주에서는 시도되지 않았던 형식이다.

기이편 이하 9편의 내용은 크게 두 부분으로 나누어 볼 수 있다. 기이 2편은 고조선 이하 여러 국가의 일반 역사에 대한 기록이며, 흥법편 이하 7편은 불교와 관련된 부분이다. 마지막의 효선편은 효행과 관련된 내용이어서 이것을 유교적인 것이라고 보기도 하지만, 결국 효행과 관련된 사찰이나 승려가 등장한다는 점에서 넓게 보아 불교와 연결된다고 볼 수 있다. 『삼국유사』는 중국의 고승전(高僧傳) 체제를 참고하였지만, 기이와 효선과 같이 고승전에서 보이지 않는 독창적인 편목이 포함되어 있기도 하다.

3

『삼국유사』의 편찬자에 대해서는 조선 전기의 『신증동국여지승람』까지만 하여도 작자미상으로 알려져 있었다. 조선 후기의 『동사강목』에서도 편찬자가 무극이라고 하기도 하고 또는 일연이라고도 하여 혼란이 있었다. 이러한 혼란은 권5 첫머리의 '일연찬(一然撰)'과 권3 및 권4에 보이는 '무극기(無極記)'를 구별하지 못한 데 원인이 있었다.

일반적으로 『삼국유사』의 편찬자는 일연이며 그 제자 무극이 뒤에 기록을 덧붙인 것으로 이해한다. 이와 같이 『삼국유사』에 무극이 첨가한 부분이 있다는 점에서 일연이 아니라 무극에 의해서 편찬이 완성되었다고 보기도 한다. 다른 한편에서는 편찬은 일연에 의해서 완성되었지만, 간행은 무극에 의해 이루어지면서 기록이 덧붙여진 것으로 보기도 한다.

『삼국유사』가 언제 처음 간행되었는지에 대해서도 논란이 적지 않다. 일연이 입적한 후 세워진 「인각사보각국존비(麟角寺普覺國尊碑)」에는 일연의 저작 중 『삼국유사』가 보이지 않는다. 이를 근거로 일연 당대에 『삼국유사』가 간행되지 않았다고 보기도 한다. 『삼국유사』의 간행에 대해서는 일연이 권자본(卷子本)이나 절첩본(折帖本) 형식으로 분권(分卷) 없이 항목순으로 제1~9까지 만들어 놓은 것을 제자 무극이 수비(竪碑)가 끝난 1295년에서 그가 입적한 1322년 사이에 초간(初刊)하였으며, 조선 초(1394)에 『삼국사기』와 같이 경주(慶州)에서 중간(重刊)되었다고 보는 것이 일반적이다. 하지만 최근에는 조선 초에 『삼국유사』가 처음 간행되었다고 보는 견해가 제기되기도 하였다. 그러나 고려 공민왕(恭愍王) 10년(1361)에 작성된 「경주사수호장행안서(慶州司首戶長行案序)」에 '삼국유사'의 서명(書名)과 내용이 전하는 것으로 보아, 그 이전에는 편찬과 간행이 완료되었다고 이해할 수 있다.

『삼국유사』의 편찬자에 대해선 일연 외에 문도(門徒)들이 함께 참여했다고 보는 것이 일반적이다. 그 가운데 특히 왕력의 편찬은 일연이나 문도들이 아닌 제3자에 의한 것일 가능성도 제기되어 논란이 되고 있다. 하지만 『삼국사기』 편찬의 책임이 김부식(金富軾)에게 있었던 것과 마찬가지로 『삼국유사』의 편찬에서 그 중심인물은 역시 일연이었다고 보아야 할 것이다.

4

일연은 고려 희종(熙宗) 2년(1206)에 경주의 속현이었던 장산군(章山郡, 현재의 경산〔慶山〕)에서 태어났다. 부친의 활동이 거의 알려지지 않은 것으로 보아 그의 가문은 지방의 향리층으로 짐작된다. 일연의 속성은 김씨요, 속명은 견명

(見明)이다. 9세에 출가하여 해양(海陽, 현재의 광주〔光州〕) 무량사(無量寺)에서 불법을 배우기 시작한 후 14세에 설악산 진전사(陳田寺)의 대웅(大雄) 장로에게서 구족계를 받았다. 그 후 강석과 선림을 편력하면서 수행한 일연은 동료들에게 구산사선(九山四選)의 으뜸으로 평가되었고, 22세에는 승과에 응시하여 선불장에서 상상과에 합격하고 포산(包山, 현풍 비슬산〔玄風 琵瑟山〕) 보당암(寶幢庵)에 주석하면서 선관을 수행하였다. 그 후 22년간 포산의 여러 사찰에 머무르면서 특정 신앙이나 종파에 얽매이지 않고 여러 계통의 신앙과 사상을 섭렵하였다.

44세 때인 고종(高宗) 36년(1249)에 일연은 정안(鄭晏)이 설립한 남해 정림사(定林社)에 초청되어 주법이 된다. 정안은 부친 정숙첨(鄭叔瞻)이 최이(崔怡)의 장인으로서 최씨정권(崔氏政權)과 밀접한 유대를 가진 세력가였으나, 자신은 최이의 정권에 반대하여 남해로 퇴거한 인물이었다. 54세 때인 고종 46년(1259)에 일연은 대선사(大禪師)가 되었다. 그리고 2년 뒤인 원종(元宗) 2년(1261)에 왕명에 의해 강화(江華)에 초청되어 선월사(禪月社)에서 활동하였다. 김준(金俊)이 정권을 장악한 원종 5년(1264)에 일연은 영일의 운제산 오어사(吾魚寺)로 물러나고 얼마 안 있어 다시 포산(包山) 인홍사(仁弘社)로 옮겼다. 충렬왕이 즉위한 1274년에는 그 동안 11년간 지내오던 포산 인홍사를 중수하고 사액을 받아 인흥사(仁興社)로 개명하였으며, 포산 동쪽에 있는 용천사(湧泉寺)를 중수하여 불일사(佛日社)로 삼는 등의 활동을 하였다. 다음 해에 일연은 인흥사에서 『역대연표(歷代年表)』를 간행하였는데, 이것이 왕력의 기초가 되었다고 이해되기도 한다.

72세 때인 충렬왕 3년(1277)에 왕명에 의해 운문사(雲門寺)에 주석하며 선풍을 드날렸다. 충렬왕 8년에 왕은 일연을 내전에 맞이하여 개경의 광명사(廣明寺)에 주석하도록 하였고, 그 다음 해 78세의 일연을 국존(國尊)으로 책봉하고 '원경충조(圓徑冲照)'라는 호를 내렸다. 국사(國師)가 아닌 국존으로 책봉한 것은 원(元)이 그들이 쓰는 국사 칭호를 쓰지 못하도록 간섭하였기 때문이었다. 일연은 이후 인각사(麟角寺)로 물러나 머물면서 2회에 걸쳐 구산문도회(九山門徒會)를 개최하였는데, 이는 가지산문(迦智山門)을 중심으로 불교계의 교권을 확보하고자 하는 것이었다. 충렬왕 15년(1289) 봄에 일연은 인각사에서 『인천보감(人天寶鑑)』의 간행을 명하고 7월에 84세로 입적하니 법랍(法臘)은 71세였다. 왕이 시호를 내려 보각(普覺)이라 하고 탑호(塔號)를 정조(靜照)라 하였다.

일연 입적 후 6년이 지난 충렬왕 21년(1295)에 혼구(混丘, 무극〔無極〕), 곧 청분(淸玢)이 작성한 행장에 의거해서 민지(閔漬)가 짓고 왕희지(王羲之)의 글씨를 집자한 「고려국화산조계종인각사가지산하보각국존비명(高麗國華山曹溪宗麟角寺迦智山下普覺國尊碑銘)」이 인각사에 세워졌다. 비의 뒷면에는 진정대선사(眞靜大禪師) 청분(무극)이 세운 경위를 적고 문도와 단월(檀越)들의 이름을 열거한 음기(陰記)가 새겨져 있다. 이 비문에 보이는 일연의 저술로는 『어록(語錄)』 2권, 『게송잡저(偈頌雜著)』 3권, 『중편조동어위(重編曹洞五位)』 2권, 『조파도(祖派圖)』 2권, 『제승법수(諸乘法數)』 7권, 『대장수지록(大藏須知錄)』 3권, 『선문염송사원(禪門拈頌事苑)』 30권, 『중편조정사원(重編祖庭事苑)』 30권 등 100여 권이 있다. 이 가운데 근래 『중편조동오위(重編曹洞五位)』가 발굴되어 일부나마 일연의 사상적 편린을 알려 주고 있으나, 나머지 저술들은 현재 전하지 않는다. 지금도 경북 군위군 고로면의 인각사에는 비가 많이 훼손된 상태로 남아 있다. 비문에 전하는 저술 중에 '삼국유사'의 서명이 보이지 않으나, 아마 100여 권 속에 포함되었을 것이라 생각된다.

『삼국유사』의 간행은 일연의 사후 청분에 의해 이루어졌던 것으로 보인다. 청분은 후에 보감국사(寶鑑國師)로 추증되는 혼구이며, 『삼국유사』에는 '무극(無極)'으로 나오는 인물이다. 청분은 일연의 비문과 음기를 통해 보면 일연 생존 시에는 그의 직계문도가 아니었으나, 일연의 사후 그의 행장을 지어 충렬왕에게 바친다든가, 또 일연이 입적한 해에 일연이 일찍이 주석한 바 있는 운문사(雲門寺)의 주지직을 맡는다든가, 또한 일연비를 건립한 충렬왕 21년(1295)

에 일연이 말년을 보낸 인각사의 주지로 있으면서 보경사(寶鏡寺)와 내원당(內願堂)의 주지직까지도 겸임한 인물이었다. 이로 보아 청분은 충렬·충선왕 양대에 걸쳐 왕실과 밀접한 관계를 맺은 가지산문의 핵심적 승려임을 알 수 있다. 청분은 일연의 직계문도는 아니었지만 일연을 정점으로 가지산문이 크게 부상하여 불교계의 교권을 장악하게 되자, 일연의 입적을 계기로 하여 그의 제자를 자처하면서 후계자로 추대된 인물이 아닌가 짐작된다.

5

현존하는 『삼국유사』의 판본은 고판본(古板本)과 조선 중종 7년(1512)에 간행된 임신본(壬申本)으로 구분된다. 1512년은 명(明) 무종(武宗)의 정덕(正德) 7년에 해당하기 때문에 임신본을 정덕본(正德本)이라 부르기도 한다. 완질이 남아 있는 임신본은 이계복(李繼福) 등이 경주부(慶州府)에서 판각한 목판본(木板本)이다. 임신본 이전에 간행된 판본(板本)들을 고판본이라 하는데, 이는 고려 후기 내지 조선 초기에 간행된 판본의 잔본(殘本)이다. 현존 고판본의 대부분은 조선 초, 즉 태조 3년(1394) 무렵에 경주에서 『삼국사기』와 함께 간행된 것으로 추정된다.

임신본은 현재 서울대학교 규장각과 고려대학교 만송문고에 소장되어 있으며, 임신본에 순암 안정복이 가필했다고 전해지는 판본이 일본 천리대학에 소장되어 전한다. 천리대본은 1932년 고전간행회에서 영인되었고, 서울대 규장각본은 민족문화추진회에서 1973년 교감 영인되었다. 고려대 만송문고본은 1983년에 영인되었으나, 2009년 최광식·박대재에 의해 해제·교감되면서 다시 영인되었다.

완질이 아닌 잔권만 일부 남아 있는 고판본은 2003년 일연학연구원에 의해 임신본과 함께 모아 영인되었다. 권2는 조종업본을, 권4와 권5는 범어사본 등의 고판본을, 왕력, 권1, 권3은 천리대본을 저본으로 이용하였다. 최근 2013

년에는 새로운 고판본으로 파른본이 연세대학교 박물관에 의해 공개되어 알려졌다. 파른본은 고 손보기 교수 소장본이었던 것으로, 왕력과 권1, 권2가 전한다. 조선 초기의 고판본 가운데 왕력과 권1이 전하는 경우는 오직 파른본이 유일하다는 점에서 그 가치가 크다. 현재 곽영대(郭永大)가 소장하고 있는 또 다른 고판본인 송은본(松隱本, 권3·4·5, 국보 제306호)과 파른본(왕력·권1·2)을 합본하면, 완질에 가까운 고판본의 원문을 확인할 수 있지만 아직 두 판본은 공개되지 않고 있다.

이상의 판본을 저본으로 한 『삼국유사』의 역주서로는 아래의 문헌들이 대표적이다.

李丙燾, 1956, 『(原文并譯註)三國遺事』, 東國文化社

리상호, 1960, 『삼국유사』, 과학원 고전연구실

李載浩, 1967, 『三國遺事』, 光文出版社

李民樹, 1975, 『三國遺事』, 乙酉文化社

三品彰英·村上四男, 1975~1995, 『三國遺事考証』, 塙書房.

權相老, 1978, 『三國遺事』, 東西文化社

金思燁, 1980, 『(全譯)三國遺事』, 六興出版

成殷九, 1981, 『(譯註)三國遺事』, 전남대학교 출판부

李東歡, 1982, 『三國遺事』, 三中堂

朴性鳳·高敬植, 1985, 『譯解 三國遺事』, 瑞文文化社

李家源, 1991, 『三國遺事新譯』, 太學社

고운기, 1998, 『삼국유사』, 홍익출판사

노중국, 1999, 『삼국유사』, 계명대학교 출판부

김열규·김정하·곽진석, 2000, 『신삼국유사』, 사계절

姜仁求·金杜珍·金相鉉·張忠植·黃浿江, 2002~2003, 『譯註 三國遺事』, 以會文化社

하정룡, 2003, 『(교감 역주)삼국유사』, 시공사

김원중, 2008, 『삼국유사』, 민음사

박성규, 2010, 『해설 삼국유사』, 서정시학

기존의 역주서와 차별되는 이 책의 가장 큰 특징은 왕력을 기이편 이하의 본편과 구분하여 별도의 단행본으로 만들었다는 점이다. 맨 앞에 위치한 왕력은 기이편 이하와 내용상 서로 다른 부분도 있어서 사료 성격상 본편과 구별되는 부록이라 이해할 수 있다. 그렇다 보니 기존 역주에서는 왕력에 그다지 신경을 쓰지 않고 간단히 도표화하여 기이편의 부록으로 처리하는 것이 일반적이었다. 하지만 왕력은 『삼국유사』가 역사서로서의 성격을 갖추게 만든 중요한 부분이다. 기이편에 빠져 있는 고구려, 백제, 가야(가락국)의 왕에 대한 기록이 간단하게나마 왕력에 정리되어 있기 때문이다. 『삼국유사』가 『삼국사기』에서 빠진 고조선, 부여, 가야, 발해의 역사를 서술하여 사료적 가치를 인정받고 있듯이, 왕력은 기이편에 빠져 있는 역대 왕들을 종합적으로 정리한 연대기라는 점에서 『삼국유사』의 역사성을 부각시켜 주는 부분이다. 이에 본 역주에서는 왕력과 관련된 학계의 연구를 모아 심층적인 주석을 붙이고 별도의 책으로 간행하여 완결성을 높여 보았다. ■ **박대재**

차례

일러두기

1. 이 책은 조선 중종 7년(1512) 경주에서 간행된 임신본(壬申本) 『삼국유사』를 저본으로 국역하고 주석한 것이다.

2. 원문 교감과 구독은 고려대학교 중앙도서관 만송문고 소장본과 서울대학교 규장각 소장본 및 고판본(古板本)을 대교(對校)한 최광식 · 박대재의 『點校 三國遺事』(고려대학교출판부, 2009)를 참고하기 바란다.

3. 이 책의 주요 내용은 문화체육관광부와 한국콘텐츠진흥원의 지원으로 이루어진 「디지털 삼국유사 사전 · 박물지 개발」(2007~2012) 사업의 연구결과를 수정 · 보완한 것이다. 이 연구과제에는 고려대 대학원 박사과정의 신선혜, 박수정, 이장웅, 박은애, 최희준, 최호원, 박종욱 등이 연구보조원으로, 국민대 남무희 박사(신라 불교 전공), 고려대 박윤진 연구교수(고려 불교 전공), 동국대 이종수 교수(조선 불교 전공) 등이 연구원으로 참가하였으며, 서울대 국문과 서철원 교수, 문화재청 이숙희 박사 등 외부 전문가가 부분적으로 집필에 참여하였다.

4. 임신본 『삼국유사』는 5권 9편의 내용이 2책으로 분책되어 있는데, 이 책에서는 권1 · 2의 기이편을 제1권으로, 권3-5의 흥법 · 탑상 · 의해 · 신주 · 감통 · 피은 · 효선편은 제2권으로, 왕력은 제3권으로 편집하였다. 왕력은 원래 기이편 앞에 위치해 있으나, 내용상 기이편 이하의 본편과 구분되어 별도의 부록으로 편집하였다.

5. 한글로 번역하는 것을 원칙으로 하고, 필요한 경우 한자는 ( ) 안에 병기하였다.

6. 『삼국유사』 원문 중의 협주에 대한 번역문은 〔 〕로 표기하였다.

7. 번역한 한글과 원문의 한자가 다를 경우나 원문에는 없으나 이해를 돕기 위하여 추가한 단어는 ( ) 안에 표기하였다.

8. 주석의 참고 문헌은 ( ) 안에 필자명과 발행 연도를 표기하고, 그 외 서지 사항은 권말의 참고 문헌 목록에 가나다순으로 수록하였다.

9. 찾아보기는 주석의 표제어를 뽑아 정리한 것으로 관련 한자를 ( ) 안에 병기하였다.

왕력
王曆

중국	신라
전한 선제 오봉(五鳳)은 갑자(기원전 57)부터 4년간이다. 감로(甘露)는 무진(기원전 53)부터 4년간이다. 황룡(黃龍)은 임신(기원전 49)부터 1년간이다.	**제1 혁거세**[1] [성은 박씨이고 알에서 태어났다. 나이가 13살이 되던 갑자(기원전 57)에 즉위하여 60년간 다스렸다. 왕비는 아이영[2] 혹은 아영이다. 나라 이름은 서라벌 또는 서벌, 사로, 계림이라고 하는데, 일설에는 탈해왕대에 이르러 처음으로 계림이라는 국호를 사용하였다고 한다.]
원제 초원(初元)은 계유(기원전 48)부터 5년간이다. 영광(永光)은 무인(기원전 43)부터 5년간이다. 건소(建昭)는 계미(기원전 38)부터 6년간이다.	갑신년(기원전 37)에 금성[3]을 쌓았다.
성제 건시(建始)는 기축(기원전 32)부터 4년간이다. 하평(河平)은 계사(기원전 28)부터 4년간이다. 양삭(陽朔)은 정유(기원전 24)부터 4년간이다. 홍가(鴻嘉)는 신축(기원전 20)부터 4년간이다. 영시(永始)는 을사(기원전 16)부터 4년간이다. 원연(元延)은 기유(기원전 12)부터 4년간이다.	
애제 건평(建平)은 을묘(기원전 6)부터 4년간이다. 원수(元壽)는 기미(기원전 2) 부터 2년간이다.	
평제 원시(元始)는 신유(기원후 1)부터 5년간이다.	
유자 초시(初始)는 무진(기원후 8)부터 1년간이다.	**제2 남해차차웅**[4] [아버지는 혁거세이고 어머니는 알영이다. 성은 박씨이고 왕비는 운제부인[5]이다. 갑자(기원후 4)에 왕위에 올라 20년간 다스렸다. 이 왕위는 또한 거서간이라고도 한다.]
신실 건국(建國)은 기사(기원후 9)부터 5년간이다. 천봉(天鳳)은 갑술(14)부터 6년간이다.	

고려(고구려)	백제	가락국
고구려 제1 동명왕[94] [갑신년(기원전 37)에 즉위하여 18년간 다스렸다. 성은 고씨이고 이름은 주몽으로 추몽이라고도 한다. 단군의 아들이다.]		
제2 유리왕[95] [또는 누리, 유류라고도 한다. 동명의 아들이다. 임인년(기원전 19)에 즉위하여 36년간 다스렸다. 성은 해씨이다.]	**백제** 제1 온조왕[126] [동명의 셋째아들이다. 혹은 둘째 아들이라고도 한다. 계묘년(기원전 18)에 즉위하여 45년간 재위하였다. 위례성[127]에 도읍하였는데 또는 사천[128]이라고 하며 지금의 직산[129]이다.] [병진년(기원전 5)에 한산[130]으로 도읍을 옮겼는데 지금의 광주[131]이다.]	
계해(기원후 3) [도읍을 국내성[96]으로 옮겼는데 불이성이라고도 한다.]		

중국	신라
지황(地皇)은 경진(20)부터 3년간이다. 경시(更始)는 계미(23)부터 2년간이다.	**제3 노례[혹은 노]례이질금**[6] [아버지는 남해이고 어머니는 운제이다. 왕비는 사요왕[7]의 딸 김씨이다. 갑신년(24)에 즉위하여 33년간 다스렸다. 이질금은 또는 이사금이라고도 한다.]
후한 광무제 건무(建武)는 을유(25)부터 31년간이다. 중원(中元)은 병진(56)부터 2년간이다.	
명제 영평(永平)은 무오(58)부터 18년간이다.	**제4 탈해[혹은 토해]이질금**[8] [석씨이다. 아버지는 완하국[9] 함달파왕[10]으로 혹은 화하국왕이라고도 한다. 어머니는 적녀국왕의 딸이고 왕비는 남해왕의 딸 아로부인[11]이다. 정사년(57)에 즉위하여 23년간 다스렸다. 왕이 죽자 미소의 소정구 중에 수장[12]하였다. 뼈를 빚어 동악[13]에 안치하니 지금의 동악대왕이다.]
장제 건초(建初)는 병자(76)부터 8년간이다. 원화(元和)는 갑신(84)부터 3년간이다. 장화(章和)는 정해(87)부터 2년간이다.	**제5 파사이질금**[14] [성은 박씨이다. 아버지는 노례왕, 어머니는 사요왕의 딸이며, 왕비는 사초부인[15]이다. 경진년(80)에 즉위하여 32년간 다스렸다.]
화제 영원(永元)은 기축(89)부터 17년간이다.	
상제 원흥(元興)은 을사(105)부터다.	

고려(고구려)	백제	가락국
제3 대호(무)신왕[97)] [이름은 무휼 또는 미류라고도 한다. 성은 해씨이고 유리왕의 셋째 아들이다. 무인년(18)에 즉위하여 26년간 다스렸다.]		
제4 민중왕[98)] [이름은 색주이고 성은 해씨이다. 대무의 아들이다. 갑신년(24)에 즉위하여 4년간 다스렸다.]	**제2 다루왕**[132)] [온조의 둘째 아들이다. 무자년(28)에 즉위하여 49년간 다스렸다.]	**가락국**[167)] [또는 가야라고 하니 지금의 금주[168)]이다.]
제5 모본왕[99)] [민중의 형으로 이름은 애류이다. 또는 우라고도 한다. 무신(48)에 즉위하여 5년간 다스렸다.		**제1 수로왕**[169)] [임인년(42) 3월 알에서 태어나, 그 달에 즉위하였으며, 158년을 다스렸다. 금알에서 태어난 것으로 인하여 성이 김씨이다. 개황력[170)]에 실려 있다.]
제6 국조왕[100)] [이름은 궁으로 태조왕이라고도 한다. 계축년(53)에 즉위하여 93년간 다스렸다. 「후한전(後漢傳)」에서는 처음 태어나서 눈을 뜨고 볼 수 있었다고 한다. 후에 동복동생인 차대왕에게 왕위를 물려 주었다.]		
	제3 기루왕[133)] [다루의 아들이다. 정축년(77)에 즉위하여 55년간 다스렸다.]	

중국	신라
안제 연평(延平)은 병오(106)부터다. 영초(永初)는 정미(107)부터 7년간이다. 원초(元初)는 갑인(114)부터 6년간이다. 영령(永寧)은 경신(120)부터다. 건광(建光)은 신유(121)부터다. 연광(延光)은 임술(122)부터 4년간이다.	**제6 지마이질금**[16)] [혹은 지미라고 한다. 성은 박씨이다. 아버지는 파사왕이고 어머니는 사초부인이다. 왕비는 마제국왕[17)]의 딸 □례부인인데 애례[18)]라고도 하며 김씨이다. 임자년(112)에 즉위하여 23년을 다스렸다. 이 왕대에 음질국[19)], 지금의 안강과 압량국[20)], 지금의 양산을 멸하였다.]
순제 영건(永建)은 병인(126)부터 6년간이다. 양가(陽嘉)는 임신(132)부터 4년간이다. 영화(永和)는 병자(136)부터 6년간이다. 한안(漢安)은 임오(142)부터 2년간이다. 건강(建康)은 갑신(144)부터다.	**제7 일성이질금**[21)] [아버지는 노례왕의 형, 혹은 지마왕이라고도 한다. 왕비는 □례부인으로 일지갈문왕[22)]의 딸이다. □□례부인은 지마왕의 딸이다. 어머니는 이간생부인, 혹은 □□왕부인이라고도 하며 박씨이다. 갑술년(134)에 즉위하여 20년을 다스렸다.]
충제 영가(永嘉)는 을유(145)부터다.	
질제 본초(本初)는 병술(146)부터다.	
환제 건화(建和)는 정해(147)부터 3년간이다. 화평(和平)은 경인(150)부터다. 원가(元嘉)는 신묘(151)부터다. 영흥(永興)은 계사(153)부터 2년간이다. 영수(永壽)는 을미(155)부터 3년간이다. 연희(延熹)는 무술(158)부터 9년간이다. 영강(永康)은 정미(167)부터다.	**제8 아달라이질금**[23)] [… 또 왜국[24)]과 더불어 서로 … 고개 … 입현은 지금의 미륵대원[25)] 동쪽 고개이다.]

고려(고구려)	백제	가락국
	제4 개루왕[134)] [기루의 아들이다. 무진년(128)에 즉위하여 38년간 다스렸다.]	
제7 차대왕[101)] [이름은 수이고 국조왕의 동복동생이다. 병술년(146)에 즉위하여 19년간 다스렸다.]		
을사(165) [국조왕의 나이가 119세였다. 형제 두 왕이 모두 신왕에게 시해되었다.]	**제5 초고왕**[135)] [소고라고도 하며 개루의 아들이다. 병오년(166)에 즉위하여 50년간 다스렸다.]	
제8 신대왕[102)] [이름은 백고인데 백구라고도 한다. 을사년(165)에 즉위하여 14년간 다스렸다.]		

중국	신라
영제	
건령(建寧)은 무신(168)부터 4년간이다.	
희평(熹平)은 임자(172)부터 6년간이다.	
광화(光和)는 무오(178)부터 6년간이다.	
중평(中平)은 갑자(184)부터 5년간이다.	제9 벌휴이질금[26]
홍농 또는 헌제	
영한(永漢)은 기사(189)부터다.	
초평(初平)은 경오(190)부터 4년간이다.	
흥평(興平)은 갑술(194)부터 2년간이다.	
건안(建安)은 병자(196)부터 24년간이다.	제10 나해이질금[27]
조위	
문제	
황초(黃初)는 경자(220)부터 7년간이다.	
명제	
태화(太和)는 정미(227)부터 6년간이다.	
청룡(青龍)은 계축(233)부터 4년간이다.	제11 조분이질금[28]
경초(景初)는 정사(237)부터 3년간이다.	
제왕	
정시(正始)는 경신(240)부터 9년간이다.	
가평(嘉平)은 기사(249)부터 5년간이다.	제12 이해이질금[29]
	[또는 점해왕이라고 한다. 석씨로 조분왕의 동복동생이다. 정묘년(247)에 즉위하여 15년을 다스렸다. 고려(고구려)와 더불어 사신을 교환하기 시작하였다.]
고귀향공	
정원(正元)은 갑술(254)부터 2년간이다.	
감로(甘露)는 병자(256)부터 4년간이다.	
진류왕	
경원(景元)은 경진(260)부터 4년간이다.	

고려(고구려)	백제	가락국
제9 고국천왕[103] [이름은 남무인데 또는 이모라고도 한다. 기미년(179)에 즉위하여 20년간 다스렸다. 국천[104]은 국양이라고도 하는데 바로 장지명이다.]		
제10 산상왕[105]	**제6 구수왕**[136] [귀수라고도 하며 초고왕의 아들이다. 갑오년(214)에 즉위하여 21년간 다스렸다.]	**제2 거등왕**[171] [수로의 아들이며, 어머니는 허황후[172]이다. 기묘년(199)에 즉위하여, 55년을 다스렸다. 성은 김씨이다.]
제11 동천왕[106]	**제7 사반왕**[137] [사□□라고도 하며 구수의 아들이다. 즉위하고 곧 폐위되었다.]	
제12 중천왕[107]	**제8 고이왕**[138] [초고의 동복동생이다. 갑인년(234)에 즉위하여 52년간 다스렸다.]	
		제3 마품왕[173] [아버지는 거등왕이고, 어머니는 천부경[174] 신보[175]의 딸 모정부인[176]이다. 기묘년(259)에 즉위하여, 32년간 다스렸다.]

중국	신라
서진 호(무)제 태시(泰始)는 을유(265)부터 10년간이다. 함령(咸寧)은 을미(275)부터 5년간이다. 태강(太康)은 경자(280)부터 11년간이다.	**제13 미추이질금**[30] [혹은 미소, 미조, 미소라고도 한다. 성은 김씨인데 (김씨로는) 처음으로 즉위하였다. 아버지는 구도갈문왕[31]이고 어머니는 생호 또는 술례부인으로 이비갈문왕의 딸로써 박씨이다. 왕비는 제분왕의 딸, 광명랑이다. 임오년(262)에 즉위하여 22년간 다스렸다.]
혜제 원강(元康)은 신해(291)부터 9년간이다. 영령(永寧)은 경신(300)부터 2년간이다. 태안(太安)은 임술(302)부터 2년간이다. 영흥(永興)은 갑자(304)부터 3년간이다. 광희(光熙)는 병인(306)부터다.	**제14 유례이질금**[32] [혹은 세리지왕이라고도 한다. 석씨이다. 아버지는 제분왕이고, 어머니는 □소부인 박씨이다. 갑진년(283)에 즉위하여 15년간 다스렸다. 월성[33]을 보축하였다.] **제15 기림이질금**[34] [혹은 기립왕이라고도 한다. 석씨이고, 제분왕의 둘째 아들이다. 어머니는 아이혜부인[35]이다. 무오년(298)에 즉위하여 12년간 다스렸다.]
회제 영가(永嘉)는 정묘(307)부터 6년간이다.	[정묘년(307)에 국호를 신라(新羅)[36]로 하였으니, '신(新)'은 덕업(德業)이 날로 새롭다는 뜻이요, '라(羅)'는 사방을 망라한다는 것이라고 하였다. 또는 지증·법흥왕 때의 일이라고도 한다.]
민제 건흥(建興)은 계유(313)부터 4년간이다. **동진** 중종 건무(建武)는 정축(317)부터다. 태흥(太興)은 무인(318)부터 4년간이다. 영창(永昌)은 임오(322)부터다. 명제 태령(太寧)은 계미(323)부터 3년간이다.	**제16 걸해이질금**[37] [석씨이다. 아버지는 우로음[38] 각간[39]으로 나해왕의 둘째 아들이다. 경오년(310)에 즉위하여 46년간 다스렸다. 이 왕대에 백제[40] 군사가 처음으로 와서 침범하였다.]

고려(고구려)	백제	가락국
제13 서천왕[108] [이름은 약로 또는 약우이다. 경인년(270)에 즉위하여 20년간 다스렸다.]	제9 책계왕[139] [고이의 아들이다. 또는 청체라고도 하지만 잘못이다. 병오년(286)에 즉위하여 12년간 다스렸다.	
제14 봉상왕[109] [또는 치창왕이라고도 하며 이름은 상부이다. 임자년(292)에 즉위하여 8년간 다스렸다.]	제10 분서왕[140] [책계의 아들이다. 무오년(298)에 즉위하여 6년간 다스렸다.]	제4 거질미왕[177] [혹은 금물이라고도 한다. 아버지는 마품이고, 어머니는 호구[178]이다. 신해년(291)에 즉위하여, 55년 다스렸다.]
제15 미천왕[110] [혹은 호양이라고도 한다. 이름은 을불 또는 우불이다. 경신년(300)에 즉위하여 31년간 다스렸다]	제11 비류왕[141] [구수의 둘째 아들이다. 사반의 아우이다. 갑자년(304)에 즉위하여 40년간 다스렸다.]	

중국	신라
현종 함화(咸和)는 병술(326)부터 9년간이다. 함강(咸康)은 을미(335)부터 8년간이다.	[기축년(329)에 처음으로 벽골제[41]를 쌓았다. 주위가 □만 7천 26보이고, □□백 66보이며, 논이 1만 4천 70□이다.]
강제 건원(建元)은 계묘(343)부터 2년간이다.	
효종 영화(永和)는 을사(345)부터 12년간이다. 승평(昇平)은 정사(357)부터 5년간이다.	**제17 나물마립간**[42] [혹은 □□왕이라고도 하며, 김씨이다. 아버지는 구도갈문왕으로 또는 미소왕의 동생 말구 각간이라고도 한다. 어머니는 휴례부인 김씨이다. 병진(356)에 즉위하여 46년간 다스렸다. 능[43]은 점성대(占星臺)[44]의 서남쪽에 있다.]
애제 융화(隆和)는 임술(362)부터다. 흥령(興寧)은 계해(363)부터 3년간이다.	
폐제 태화(太和)는 병인(366)부터 5년간이다.	
간문제 함안(咸安)은 신미(371)부터 2년간이다.	
열종 영강(寧康)은 계유(373)부터 3년간이다. 태원(太元)은 병자(376)부터 21년간이다.	

고려(고구려)	백제	가락국
제16 국원왕[111] [이름은 쇠 또는 사유로 혹은 강상왕이라고도 한다. 신묘년(331)에 즉위하여 40년간 다스렸다. 갑오년(334)에 평양성[112]을 증축하였다. 임인년(342) 8월에 도읍을 안시성[113]으로 옮기니, 즉 환도성이다.]	**제12 계왕**[142] [분서의 맏아들이다. 갑진년(344)에 즉위하여 2년간 다스렸다.]	
	제13 근초고왕[143] [비류왕의 둘째 아들이다. 병오년(346)에 즉위하여 29년간 다스렸다.]	**제5 이품왕**[179] [아버지는 거질미이고, 어머니는 아지[180]이다. 병오년(346)에 즉위하여, 60년 다스렸다.]
제17 소수림왕[114] [이름은 구부이다. 신미년(371)에 즉위하여 13년간 다스렸다.]	[신미년(371)에 도읍을 북한산[144]으로 옮겼다.]	
	제14 근구수왕[145] [근초고의 아들이다. 을해년(375)에 즉위하여 9년간 다스렸다.]	
제18 국양왕[115] [이름은 이속 또는 어지복이다. 갑신년(384)에 즉위하여 8년간 다스렸다.]	**제15 침류왕**[146] [근구수의 아들이다. 갑신년(384)에 즉위하였다.] **제16 진사왕**[147] [침류왕의 아우이다. 을유년(385)에 즉위하여 7년간 다스렸다.]	

중국	신라
안제 융안(隆安)은 정유(397)부터 5년간이다. 원흥(元興)은 임인(402)부터 3년간이다. 의희(義熙)는 을사(405)부터 14년간이다.	**제18 실성마립간**[45] [보주왕 또는 보금이라고도 한다. 아버지는 미추왕의 동생 대서지 각간이고, 어머니는 예생부인 석씨로 등야 아간[46]의 딸이다. 왕비는 아류부인[47]이다. 임인년(402)에 즉위하여 15년간 다스렸다. 왕은 곧 치술[48]의 아버지이다.]
공제 원희(元熙)는 기미(419)부터다.	**제19 눌지마립간**[49] [내지왕이라고도 하며 김씨이다. 아버지는 나물왕이고 어머니는 내례희부인 김씨로 미추왕의 딸이다. 정사년(417)에 즉위하여 41년간 다스렸다.]
송 무제 영초(永初)는 경신(420)부터 3년간이다.	
소제 경평(景平)은 계해(423)부터다.	
문제 원가(元嘉)는 갑자(424)부터 29년간이다.	
세조 대초(大初)는 계사(453)부터다. 효건(孝建)은 갑오(454)부터 3년간이다. 대명(大明)은 정유(457)부터 8년간이다.	**제20 자비마립간**[50] [김씨이다. 아버지는 눌지이고 어머니는 아로부인[51] 혹은 차노부인으로 실성왕의 딸이다. 무술년(458)에 즉위하여 21년간 다스렸다. 왕비는 파호갈문왕[52]의 딸인데 혹은 미질희각간 또는 □□각간의 딸이라고 한다.
태종 태시(泰始)는 을사(465)부터 8년간이다.	
후폐제 원휘(元徽)는 계축(473)부터 4년간이다.	

고려(고구려)	백제	가락국
제19 광개토왕[116] [이름은 담덕이다. 임진년(392)에 즉위하여 21년간 다스렸다.]	**제17 아신왕**[148] [아방이라고도 한다. 진사의 아들이다. 임진년(392)에 즉위하여 13년간 다스렸다.]	
	제18 전지왕[149] [진지왕이라고도 한다. 이름은 영이며, 아신의 아들이다. 을사년(405)에 즉위하여 15년간 다스렸다.]	**제6 좌지왕**[181] [혹은 김질왕이라고도 한다. 아버지는 이품이고, 어머니는 정신[182]이다. 정미년(407)에 즉위하여, 14년간 다스렸다.]
제20 장수왕[117] [이름은 신련이다. 계축년(413)에 즉위하여 79년간 다스렸다.]		
	제19 구이신왕[150] [전지의 아들이다. 경신년(420)에 즉위하여 7년간 다스렸다.]	**제7 취희왕**[183] [혹은 김희라고도 한다. 아버지는 좌지왕이고, 어머니는 복수[184]이다. 신유년(421)에 즉위하여, 30년간 다스렸다.]
[정묘년(427)에 도읍을 평양성으로 옮겼다.]	**제20 비유왕**[151] [구이신의 아들이다. 정묘년(427)에 즉위하여 28년간 다스렸다.]	
	제21 개로왕[152] [근개로왕이라고도 한다. 이름은 경사이다. 을미년(455)에 즉위하여 20년간 다스렸다.]	**제8 질지왕**[185] [혹은 김질이라고도 한다. 아버지는 (취)희이고, 어머니는 인덕(仁德)[186]이다. 신묘년(451)에 즉위하여, 36년간 다스렸다.]

중국	신라
순제 승명(昇明)은 정사(477)부터 2년간이다.	
제 태조 건원(建元)은 기미(479)부터 4년간이다. 영명(永明)은 계해(483)부터 11년간이다.	[처음으로 오나라[53]와 통교하였다. 기미년(479)에 왜국병이 내침하였다. 비로소 명활성[54]을 지어 들어가 피하니 (왜국병이 와서) 양주 2성을 포위하였으나 이기지 못하고 돌아갔다.]
폐제	**제21 비처마립간**[55] [□지왕이라고도 하며 김씨이다. 자비왕의 셋째 아들이고 어머니는 미흔 각간[56]의 딸이다. 기미년(479)에 왕위에 올라 21년을 다스렸다. 왕비는 기보갈문왕[57]의 딸이다.]
고종 건무(建武)는 갑술(494)부터 4년간이다. 영태(永泰)는 무인(498)부터다. 영원(永元)은 기묘(499)부터 2년간이다.	
화제 중흥(中興)은 신사(501)부터 1년간이다.	**제22 지정마립간**[58] [지철로 또는 지도로왕이라고도 하며 김씨이다. 아버지는 눌지왕의 동생 기보갈문왕이고 어머니는 오생부인으로 눌지왕의 딸이다. 비는 영제부인[59]으로 검람대한지등허 또는 □□각간의 딸이다. 경진년(500)에 즉위하여 14년간 다스렸다. 이상은 상고[60]이고, 이하는 중고[61]이다.]

고려(고구려)	백제	가락국
	제22 문주왕[153)] [문명이라고도 하며 개로왕의 아들이다. 을묘년(475)에 즉위하여 도읍을 웅천[154)]으로 옮겼다. 2년간 다스렸다.]	
	제23 삼근왕[155)] [삼걸왕이라고도 하며 문주왕의 아들이다. 정사년(477)에 즉위하여 2년간 다스렸다.]	
	제24 동성왕[156)] [이름은 모대인데 마제 또는 여대라고도 한다. 삼근왕의 당제로 기미년(479)에 즉위하여 22[26]년간 다스렸다.]	
제21 문자명왕[118)] [이름은 명치호로 또는 개운 혹은 고운이라고도 한다. 임신년(492)에 즉위하여 27년간 다스렸다.]		**제9 겸지왕**[187)] [아버지는 질지왕이고 어머니는 방원[188)]이다. 임신년(492)에 즉위하여 29년간 다스렸다.]
	제25 무령왕[157)] [이름은 사마이니 곧 동성왕의 둘째 아들이다. 신사년(501)에 즉위하여 22년간 다스렸다. 『남사(南史)』에는 이름이 부여융[158)]이라 했으나 잘못이다. 융은 곧 의자왕의 태자로 자세한 것은 『당사(唐史)』에 보인다.]	

중국	신라
양 고조 천감(天監)은 임오(502)부터 18년간이다. 보통(普通)은 경자(520)부터 7년간이다. 대통(大通)은 정미(527)부터 2년간이다. 중대통(中大通)은 기유(529)부터 6년간이다. 대동(大同)은 을묘(535)부터 11년간이다. 중대동(中大同)은 병인(546)부터다. 태청(太淸)은 정묘(547)부터 3년간이다.	**제23 법흥왕**[62] [이름은 원종이고, 김씨이다. 『책부원귀』에는 성을 모(募), 이름을 진(秦)이라고 하였다. 아버지는 지정이고, 어머니는 영제부인이다. 법흥은 시호인데, 시호는 이로부터 시작되었다. 갑오년(514)에 즉위하여 26년간 다스렸다. 능[63]은 애공사[64] 북쪽에 있다. 왕비는 파도부인[65]으로 출가한 법명은 법류이고 영흥사[66]에서 살았다. 처음으로 율령을 시행하였으며, 처음으로 십재일[67]을 시행하여 살생을 금하고 승니가 됨을 허락하였다.]
	건원 [병진년(536) 이 해에 처음으로 연호를 설치하였는데, 연호는 이로부터 시작되었다.]
	제24 진흥왕[68] [이름은 삼맥종 또는 심□라고도 하며 김씨이다. 아버지는 곧 법흥왕의 동생 입종갈문왕[69]이다. 어머니는 지소부인[70]이고 식도부인이라고도 하며 박씨이다. 모량리[71] 영사백□의 딸이다. 임종 시에 또한 승려가 되어 죽었다. 경신년(540)에 즉위하여 37년간 다스렸다.]
간문제 태보(太寶)는 경오(550)부터다.	개국[72][신미년(551)부터 17년간이다.]
후경 대시(大始)는 신미(551)부터다. 승성(承聖)은 임신(552)부터 4년간이다.	

고려(고구려)	백제	가락국
제22 안장왕[119)] [이름은 흥안이다. 기해년(519)에 즉위하여 12년간을 다스렸다.]	**제26 성왕**[159)] [이름은 명농으로 무령왕의 아들이다. 계묘년(523)에 즉위하여 31년간 다스렸다.]	**제10 구충왕**[189)] [겸지의 아들이고, 어머니는 □녀[190)]이다. 신축년(521)에 즉위하여 12년간 다스렸다. 중대통(中大通) 4년 임자년(532)에 땅을 바쳐 신라에 투항하였다. 수로왕 임인년(42)부터 임자년(532)까지 합하여 490년이다.]
제23 안원왕[120)] [이름은 보영이다. 신해년(531)에 즉위하여 14년간 다스렸다.]		
	무오년(538)[도읍을 사비[160)]로 옮기고 남부여[161)]라 하였다.]	
제24 양원왕[121)] [양강왕이라고도 하며, 이름은 평성이다. 을축년(545)에 즉위하여 14년간 다스렸다.]		나라가 없어졌다.
	제27 위덕왕[162)] [이름은 고 또는 명이다. 갑술년(554)에 즉위하여 44년간 다스렸다.]	

중국	신라
경제	
소태(紹泰)는 을해(555)부터다.	
태평(太平)은 병자(556)부터 1년간이다.	
진	
고조	
영정(永定)은 정축(557)부터 3년간이다.	
문제	
천가(天嘉)는 경진(560)부터 6년간이다.	
천강(天康)은 병술(566)부터다.	
광대(光大)는 정해(567)부터 2년간이다.	대창[무자년(568)부터 4년간이다.]
선제	
태건(太建)은 기축(569)부터 14년간이다.	
지덕(至德)은 계묘(583)부터 4년간이다.	홍제[임진년(572)부터 12년간이다.]
정명(禎明)은 정미(587)부터 3년간이다.	
	제25 진지왕[73] [이름은 사륜, 혹은 금륜이라고도 하며 김씨이다. 아버지는 진흥, 어머니는 영실 각간의 딸 식도 혹은 색도부인으로 박씨이다. 비는 지도부인으로 기오공의 딸이며 박씨이다. 병신년(576)에 즉위하여 4년간 다스렸다. 능[74]은 애공사 북쪽에 있다.]
	제26 진평왕[75] [이름은 황지이다. 아버지는 동륜[76] 혹은 동륜태자라고 한다. 어머니는 입종갈문왕의 딸 만호 혹은 만녕부인으로 이름은 행의이다. 처음의 왕비는 마야부인[77] 김씨로 이름은 복힐구이고 다음 왕비는 승만부인[78]으로 손씨다. 기해년(579)에 즉위하였다.]
수	
문제	
개황(開皇)은 신축(581)부터 20년간이다.	건복[갑진년(584)부터 50년간이다.]
인수(仁壽)는 신유(601)부터 4년간이다.	

고려(고구려)	백제	가락국
제25 평원왕[122)] [평강이라고도 한다. 이름은 양성이며, 『남사』에는 고양이라고 하였다. 기묘년(559)에 즉위하여 31년간 다스렸다.]		
제26 영양왕[123)] [평양이라고도 한다. 이름은 원으로 또는 대원이라고도 한다. 경술년(590)에 즉위하여 28년간 다스렸다.]	**제28 혜왕**[163)] [이름은 계 또는 헌왕이라고도 한다. 위덕왕의 아들로 무오년(593)에 즉위하였다.]	

중국	신라
양제 대업(大業)은 을축(605)부터 12년간이다.	
공제 의령(義寧)은 정축(617)부터다.	
당 태조 무덕(武德)은 무인(618)부터 9년간이다.	
태종 정관(貞觀)은 정해(627)부터 23년간이다.	제27 선덕여왕[79)] [이름은 덕만이다. 아버지는 진평왕이고, 어머니는 마야부인 김씨이다. 성골[80)]의 남자가 없었으므로 여왕이 즉위하였다. 왕의 배필은 음갈문왕[81)]이다. 인평 갑오년(632)에 즉위하여 14년간 다스렸다.] 제28 진덕여왕[82)] [이름은 승만이고 김씨이다. 아버지는 진평왕의 동생 국기안갈문왕[83)]이고, 어머니는 아니부인 박씨로 노추□□□갈문왕의 딸이다. 또는 월명이라고도 하나 잘못이다. 정미년(647)에 즉위하여 7년간 다스렸다.] 태화는 [무신년(648)부터] 2년간이다. [이상은 중고로 성골이고, 이하는 하고[84)]로 진골[85)]이다.]

고려(고구려)	백제	가락국
	제29 법왕[164)] [이름은 효순 또는 선이다. 혜왕의 아들로 기미년(599)에 즉위하였다.]	
	제30 무왕[165)] [무강헌병이라고도 한다. 혹은 어렸을 때의 이름이 일기사덕이라고도 한다. 경신년(600)에 즉위하여 41년간 다스렸다.]	
제27 영류왕[124)] [이름은 □□ 또는 건세이다. 무인년(618)에 즉위하여 24년간 다스렸다.]		
제28 보장왕[125)] [임인년(642)에 즉위하여 27년간 다스렸다.]	**제31 의자왕**[166)] [무왕의 아들이다. 신축년(641)에 즉위하여 20년간 다스렸다.	

중국	신라
고종 영휘(永徽)는 경술(650)부터 6년간이다. 현경(現慶)은 병진(656)부터 5년간이다. 용삭(龍朔)은 신유(661)부터 3년간이다. 인덕(麟德)은 갑자(664)부터 2년간이다. 건봉(乾封)은 병인(666)부터 2년간이다. 총장(總章)은 무진(668)부터 2년간이다. 함형(咸亨)은 경오(670)부터 4년간이다. 상원(上元)은 갑술(674)부터 2년간이다. 의봉(儀鳳)은 병자(676)부터 3년간이다. 조로(調露)는 기묘(679)부터다. 영릉(永隆)은 경진(680)부터다.	**제29 태종무열왕**[86] [이름은 춘추이고 김씨이다. 진지왕의 아들 용춘[87] 탁문흥갈문왕의 아들이다. 용춘은 또는 용수라고도 한다. 어머니는 천명부인으로 시호는 문정태후이고 진평왕의 딸이다. 왕비는 훈제부인[88]으로 시호는 문명왕후이고, 유신[89]의 누이동생으로 어릴 때의 이름은 문희이다. 갑인년(654)에 즉위하여 7년간 다스렸다.] **제30 문무왕**[90] [이름은 법민으로 태종의 아들이다. 어머니는 훈제부인이다. 왕비는 자의, 혹은 자눌왕후라고 하는데 선품 해간[91]의 딸이다. 신유년(661)에 즉위하여 20년간 다스렸다. 능[92]은 감은사[93] 동쪽 바다 중에 있다.]

고려(고구려)	백제	가락국
무진년(668)에 나라가 없어졌다. [동명왕 갑신년(기원전 37)으로부터 무진년에 이르기까지 합하여 705년이다.]	[경신년(660)에 나라가 없어졌다. 온조왕 계묘년(기원전 18)에서 경신년에 이르기까지 678년간이다.]	

중국	신라
개요(開耀)는 신사(681)부터다. 영순(永淳)은 임오(682)부터다. 측천무후 홍도(洪道)는 계미(683)부터다. 문명(文明)은 갑신(684)부터다. 수공(垂拱)은 을유(685)부터 4년간이다. 영창(永昌)은 기축(689)부터다.	**제31 신문왕**[191] [김씨이고 이름은 정명, 자는 일소이다. 아버지는 문무왕이고 어머니는 자눌왕후이다. 왕비는 신목왕후[192]로 김운공[193]의 딸이다. 신사년(681)에 즉위하여 11년간 다스렸다.]
주(周) 천수(天授)는 경인(690)부터 2년간이다. 장수(長壽)는 임진(692)부터 2년간이다. 연재(延載)는 갑오(694)부터다. 천책(天冊)은 을미(695)부터다. 통천(通天)은 병신(696)부터다. 신공(神功)은 정유(697)부터다. 성력(聖曆)은 무술(698)부터 2년간이다.	**제32 효소왕**[194] [이름은 이공, 혹은 이홍이라고 하며 김씨이다. 아버지는 신문왕이고 어머니는 신목왕후이다. 임진년(692)에 즉위하여 10년간 다스렸다. 능[195]은 망덕사[196] 동쪽에 있다.]
구시(久視)는 경자(700)부터다. 장안(長安)은 신축(701)부터 4년간이다. 중종 신룡(神龍)은 을사(705)부터 2년간이다. 경룡(景龍)은 정미(707)부터 3년간이다.	**제33 성덕왕**[197] [이름은 흥광이며 본명은 융기로 효소왕의 동복동생이다. 첫째 왕비는 배소왕후[198]인데, 시호는 엄정으로 원대아간의 딸이다. 둘째 왕비는 점물왕후[199]로 시호는 소덕이고 순원 각간[200]의 딸이다. 임인년(702)에 즉위하여 35년간 다스렸다. 능[201]은 동촌 남쪽에 있는데 양장곡[202]이라고도 한다.]
예종 경운(景雲)은 경술(710)부터 2년간이다.	**제34 효성왕**[203] [김씨이며, 이름은 승경이다. 아버지는 성덕왕이고, 어머니는 소덕태후이다. 왕비는 혜명왕후[204]로, 진종 각간의 딸이다. 정축년(737)에 즉위하여 5년간 다스렸다. 법류사에서 화장하여 뼈를 동해에 뿌렸다.]
현종 선천(先天)은 임자(712)부터다. 개원(開元)은 계축(713)부터 29년간이다. 천보(天寶)는 임오(742)부터 14년간이다.	**제35 경덕왕**[205] [김씨이며, 이름은 헌영이다. 아버지는 성덕왕이고, 어머니는 소덕태후이다. 처음 왕비는 삼모부인[206]으로, 궁중에서 폐출되어 후사가 없다. 다음 왕비는 만월부인[207]으로, 시호는 경수왕후 또는 경목왕후라고도 한다. 의충 각간[208]의 딸이다. 임오년(742)에 즉위하여 23년간 다스렸다. 처음에는 경지사[209] 서쪽 봉우리에 장사지내고서 돌을 다듬어 능[210]을 만들었는데, 후에 양장곡으로 이장하였다.]

중국	신라
숙종 지덕(至德)은 병신(756)부터 2년간이다. 건원(乾元)은 무술(758)부터 2년간이다. 상원(上元)은 경자(760)부터 2년간이다. 보응(寶應)은 임인(761)부터다. 대종 광덕(廣德)은 계묘(763)부터 2년간이다. 영태(永泰)는 을사(765)부터다. 대력(大曆)은 병오(766)부터 14년간이다. 덕종 건중(建中)은 경신(780)부터 4년간이다. 흥원(興元)은 갑자(784)부터다. 정원(貞元)은 을축(785)부터 20년간이다.	**제36 혜공왕**[211] [김씨이며, 이름은 건운이다. 아버지는 경덕왕이고, 어머니는 만월왕후이다. 처음 왕비는 신파부인[212]으로, 위정 각간[213]의 딸이다. (다음)왕비는 창창부인[214]으로, 금장 각간의 딸이다. 을사년(765)에 즉위하여 15년간 다스렸다.] **제37 선덕왕**[215] [김씨이고 이름은 양상이다. 아버지는 효방 해간[216]이며 개성대왕으로 추봉되니, 곧 원훈 각간[217]의 아들이다. 어머니는 사소부인[218]으로 시호는 정의태후이며 성덕왕의 딸이다. 왕비는 구족왕후[219]로 낭품 각간[220]의 딸이다. 경신년(780)에 즉위하여 5년간 다스렸다.] **제38 원성왕**[221] [김씨이고 이름은 경신(敬慎)이다. 경신(敬信)이라고도 한다. 『당서』에는 경칙(敬則)이라고 하였다. 아버지는 효양[222]대아간[223]이니 명덕대왕으로 추봉되었다. 어머니는 인□으로 지오부인[224]이라고도 한다. 시호는 소문왕후이며, 창근이기의 딸이다. 왕비는 숙정부인으로 신술 각간[225]의 딸이다. 을축년(785)에 즉위하여 14년간 다스렸다. 능[226]은 곡사[227]에 있으니 지금의 숭복사이며, 최치원[228]이 세운 비가 있다. **제39 소성왕**[229] [소성왕(昭成王)이라고도 한다. 김씨이며, 이름은 준옹이다. 아버지는 혜충태자이고, 어머니는 성목태후[230]이다. 비는 계화왕후[231]로 숙명공[232]의 딸이다. 기묘년(799)에 즉위하였으나 돌아가셨다.]
순종 영정(永貞)은 을유(805)부터다.	**제40 애장왕**[233] [김씨이며, 이름은 중희 또는 청명이라고 한다. 아버지는 소성왕이고, 어머니는 계화왕후이다. 경진년(800)에 10년간 다스렸다. 원화 4년 기축년(809) 7월 19일에 왕의 숙부인 헌덕, 흥덕 두 이간에게 시해되어 서거하였다.]

중국	신라
헌종 원화(元和)는 병술(806)부터 15년간이다.	**제41 헌덕왕**[234)] [김씨이며, 이름은 언승이다. 소성왕의 동복동생이다. 왕비는 귀승랑으로 시호는 황아왕후[235)]이니 충공각간의 딸이다. 기축년(809)에 즉위하여 17년간 다스렸다. 능[236)]은 천림촌[237)]의 북쪽에 있다.]
목종 장경(長慶)은 신축(821)부터 4년간이다. 경종 보력(寶曆)은 을사(825)부터 2년간이다. 문종 태화(太和)는 정미(827)부터 9년간이다. 개성(開成)은 병진(836)부터 5년간이다.	**제42 흥덕왕**[238)] [김씨이고 이름은 경휘이며 헌덕왕의 동생이다. 왕비는 창화부인[239)]으로 시호는 정목왕후이고 소성왕의 딸이다. 병오년(826)에 즉위하여 10년간 다스렸다. 능[240)]은 안강 북쪽 비화양에 있으며, 왕비 창화부인과 합장하였다.] **제43 희강왕**[241)] [김씨이고 이름은 개륭, 혹은 제옹이다. 아버지는 헌진 각간[242)]이고 시호는 흥성대왕 혹은 익성이라고 하며 예영 잡간[243)]의 아들이다. 어머니는 미도부인[244)] 혹은 심내부인 또는 파리부인이라고 하며 시호는 순성태후로 충연 대아간의 딸이다. 왕비는 문목왕후[245)]로 충효 각간[246)]의 딸이며 혹은 중공 각간(의 딸)이라고도 한다. 병진년(836)에 즉위하여 2년간 다스렸다. **제44 민애왕**[247)] [김씨이고 이름은 명이다. 아버지는 충공 각간으로 선강대왕으로 추봉되었다. 어머니는 추봉받은 혜충왕의 딸 귀파부인[248)]으로 시호를 선의왕후라고 하였다. 왕비는 무용황후[249)]로 영공 각간[250)]의 딸이다. 무오년(838)에 즉위하여 기미년(839) 정월 22일에 서거하였다.] **제45 신무왕**[251)] [김씨이고 이름은 우징이다. 아버지는 균정 각간[252)]으로 성덕대왕에 추봉되었다. 어머니는 정교부인[253)]이다. 할아버지인 예영을 혜강대왕으로 추봉하였다. 왕비는 정종태후 혹은 계태후라고도 하며 명해□의 딸이다. 기미년(839) 4월에 즉위하였고 11월 13일에 서거하였다.]

중국	신라
무종 회창(會昌)은 신유(841)부터 6년이다.	**제46 문성왕**[254] [김씨이며 이름은 경응이다. 어머니는 진종태후[255]이며, 왕비는 소명왕후[256]이다. 기미년(839) 11월에 즉위하여 19년간 다스렸다.]
선종 대중(大中)은 정묘(847)부터 13년간이다.	
의종 함통(咸通)은 경진(860)부터 14년간이다.	**제47 헌안왕**[257] [김씨이며 이름은 의정이다. 신무왕의 동생이며 어머니는 흔명부인[258]이다. 무인년(858)에 즉위하여 3년간 다스렸다.]
	제48 경문왕[259] [성은 김씨이며 이름은 응렴이다. 아버지는 계명 각간[260]으로 추봉된 의(義)[또는 의(懿)]공대왕이니 즉 희강왕의 아들이다. 어머니는 신무왕의 딸 광화부인[261]이다. 왕비는 문자황후[262]로 헌안왕의 딸이다. 신사년(861)에 즉위하여 14년간 다스렸다.]
희종 건부(乾符)는 갑오(874)부터 6년간이다. 광명(廣明)은 경자(880)부터다. 중화(中和)는 신축(881)부터 4년간이다. 광계(光啓)는 을사(885)부터 3년간이다.	**제49 헌강왕**[263] [성은 김씨이며 이름은 정이다. 아버지는 경문왕이며 어머니는 문자황후이다. 혹은 의명왕후라고 한다. 을미년(875)에 즉위하여 11년간 다스렸다.]
	제50 정강왕[264] [김씨이며 이름은 황이다. 민애왕의 동복동생이다. 병오년(886)에 즉위하였으나 서거하였다.]
소종 문덕(文德)은 무신(888)부터다. 용기(龍紀)는 기유(889)부터다. 대순(大順)은 경술(890)부터 2년간이다. 경복(景福)은 임자(892)부터 2년간이다. 건령(乾寧)은 갑인(894)부터 4년간이다. 광화(光化)는 무오(898)부터 3년간이다. 천복(天復)은 신유(901)부터 3년간이다.	**제51 진성여왕**[265] [성은 김씨이며 이름은 만헌으로 즉 정강왕의 누이동생이다. 왕의 배필은 (위홍)[266]대각간[267]이니 혜성대왕으로 추봉되었다. 정미년(887)에 즉위하여 10년간 다스렸다. 정사년(897)에 소자 효공왕에게 양위하였다. 12월에 돌아가시니 화장하여 모량 서악 또는 미황산[268]에 뼈를 뿌렸다.]

중국	신라
경종 천우(天祐)는 갑자(904)부터 3년간이다.	**제52 효공왕**[269)] [김씨이며, 이름은 요이다. 아버지는 헌강왕이고, 어머니는 문자왕후[270)]이다. 정사년(897)에 즉위하여 15년간 다스렸다. 사자사[271)] 북쪽에 화장하고 뼈는 구지제[272)] 동쪽 산허리에 묻었다.[273)]]
주량 개평(開平)은 정묘(907)부터 4년간이다. 건화(乾化)는 신미(911)부터 4년간이다.	**제53 신덕왕**[274)] [박씨이며 이름은 경휘로 본래 이름은 수종이다. 어머니는 진화부인[275)]이고, 부인의 아버지는 순홍 각간[276)]이니 시호를 성무대왕으로 추봉하였으며, 할아버지는 원린 각간으로 곧 아달라왕의 원손이다. 아버지는 문원 이간[277)]이고 흥렴대왕으로 추봉되었고, 할아버지는 문관 해간이며, 의부(義父)는 예겸 각간[278)]이고 선성대왕으로 추봉되었다. 왕비는 자성왕후[279)]로 혹은 의성 또는 효자라고도 한다. 임신년(912)에 즉위하여 5년간 다스렸다. 화장하여 뼈는 잠현[280)] 남쪽에 묻었다.[281)]]
말제 정명(貞明)은 을해(915)부터 6년간이다. 용덕(龍德)은 신사(921)부터 2년간이다.	**제54 경명왕**[282)] [박씨이며 이름은 승영이다. 아버지는 신덕왕이고, 어머니는 자성왕후이다. 왕비는 장사택[283)]으로 대존각간[284)], 추봉된 성희대왕의 자식이며, 대존은 곧 수종 이간의 아들이다. 정축년(917)에 즉위하여 7년간 다스렸다. 황복사[285)]에서 화장하여 뼈를 성등잉산 서쪽에 뿌렸다.[286)]]
후당 동광(同光)은 계미(923)부터 3년간이다.	**제55 경애왕**[287)] [박씨이며 이름은 위응이다. 경명왕의 동생이다. 어머니는 자성이다. 갑신년(924)에 즉위하여 3년간 다스렸다.]
명종 천성(天成)은 병술(926)부터 4년간이다. 장흥(長興)은 경인(930)부터 4년간이다.	**제56 경순왕**[288)] [김씨이며 이름은 부이다. 아버지는 효종 이간[289)]으로 신흥대왕으로 추봉되었다. 조부는 관□각간이니 의흥대왕[290)]으로 추봉되었고 어머니는 계아태후[291)]로 헌강왕의 딸이다.]

후고려	후백제
후고려[293] 궁예[294] [대순 경술년(890)에 처음 북원[295]의 적 양길[296]의 진영에 투항하였다. 병진년(896)에 철원성[297][지금의 동주[298]이다]에 도읍하였다. 정사년(897)에 도읍을 송악군[299]으로 옮겼다.]	**후백제**[318] 견훤[319] [임자년(892)에 처음 광주[320]에 도읍하였다.]
[신유년(901)에 고려[300]라고 일컬었다.]	
[갑자년(904)에 국호를 고쳐 마진[301]이라고 하고 연호를 두어 무태라고 하였다.]	
[갑술년(914)에 철원으로 돌아갔다.]	
태조[302] [무인년(918) 6월에 궁예가 죽으니 태조가 철원경에서 즉위하였다. 기묘년(919)에 도읍을 송악군으로 옮겼다. 이 해에 법왕(法王)[303], 자운(慈雲), 왕륜(王輪)[304], 내제석(內帝釋)[305], 사나(舍那)[306] 등의 절을 세우고 또 천선원(天禪院)[307] [즉 보제(普濟)], 신흥(新興)[308], 문수(文殊), 영통(靈通)[309], 지장(地藏) 등의 절을 세웠으니 앞의 10대 사찰은 모두 이 해에 창건되었다. 경진년(920)에 유암(乳岩)[310] 아래에 유시(油市)를 세웠다. 이 때문에 지금 항간에서는 이시(利市)를 유하(乳下)라고 한다. 10월 대흥사(大興寺)[311]를 창건하였는데 혹은 임오년(922)의 일이라고 한다. 임오에 또 일월사(日月寺)[312]를 창건하니 혹은 신사년(921)의 일이라고도 한다. 갑신년(924)에 외제석(外帝釋)[313], 신중원(神衆院)[314], 흥국사(興國寺)[315]를 세우고 정해년(927)에는 묘사(妙寺)[316]를 세웠다. 기축년(929)에는 귀산(龜山)[317]을 세우고 경인년(930)에 안 □…]	

중국	신라
민제 말제 청태(淸泰)는 갑오(934)부터 2년간이다.	[을미년(935)에 영토를 바치고 태조에게 귀순하였다. 능[292]은 □□□동향동에 있다. 오봉 갑자년(기원전 57)으로부터 을미년(935)에 이르기까지 합하여 992년이다.]
석진 천복(天福)은 병신(936)부터 8년간이다.	

후고려	후백제
	을미년(935) [견훤의 아들 신검[321]이 아버지의 왕위를 빼앗아 스스로 즉위하였다.]
병신년(936)에 삼국을 통일하였다.	이해(936)에 나라가 없어졌다. [임자년(892)으로부터 이에 이르기까지 44년 만에 망하였다.]

1) 혁거세

신라의 시조로 생몰년은 기원전 69-기원후 4년, 재위기간은 기원전 57-기원후 4년이다. 혁거세왕이라는 말은 불구내왕(弗矩內王)으로도 쓰는데 "밝게 세상을 다스린다."는 뜻이다. 그는 전한(前漢) 선제(宣帝) 오봉(五鳳) 원년(元年) 갑자(甲子) 4월에 즉위하여 왕호를 거서간이라고 하고 국호를 서라벌(徐那伐, 서라벌〔徐羅伐〕)이라 하였다. 혁거세왕은 박씨(朴氏)로, 알에서 태어났기 때문에 "박"을 성으로 하였다고 한다. 그의 출생과 관련하여 『삼국유사』와 『삼국사기』, 『제왕운기(帝王韻紀)』 등에 기록이 있다. 즉 6부 시조들과 자제들이 백성을 다스리는 군주가 없는 것을 탄식하며 알천가에 모여 의논하였더니 양산(楊山) 아래 나정(蘿井) 곁에 흰 말 한 마리가 무릎을 꿇고 울고 있었다고 한다. 그 자리에서 큰 알을 얻어 그것을 쪼개어 본즉 한 사내아이가 나왔고, 그를 임금으로 삼은 것이다. 혁거세왕은 나라를 다스린 지 61년 만에 하늘로 올라가더니 7일 후에 그 유해가 땅에 흩어졌는데, 이를 나라 사람들이 합장하려고 하자 큰 뱀이 나타나 방해하므로 유해를 각각 오릉에 장사하고 그 이름을 사릉(蛇陵)이라 하였다고 한다. 자세한 설명은 기이편 신라시조혁거세왕조의 주석을 참고.

2) 아이영(알영)

신라 시조 혁거세(赫居世)의 비이며 제2대 남해차차웅(南解次次雄)의 어머니로 생몰년은 기원전 53-기원후 4년이다. 알영(閼英), 아영(娥英) 혹은 아리영(娥利英)이라고도 한다. 혁거세 5년(기원전 53)에 사량리에 있는 알영정(閼英井)가에 계룡이 나타나 왼쪽 옆구리에서 여아를 낳았는데, 얼굴과 모습이 매우 고왔으나 입술이 마치 닭의 부리와 같았다. 이에 월성(月城) 북천(北川)으로 데리고 가서 목욕시켰더니 그 부리가 떨어졌다. 태어난 우물의 이름으로 그 아이의 이름을 지어 알영(閼英)이라 하였다고 한다.

『삼국유사』의 통행본인 임신본(조선 중종 7년, 1512년 간행) 왕력에는 아이영

(알영)이 혁거세의 '徐'라고 되어 있어, 원래 알영은 혁거세의 '매(妹)'였다고 이해하기도 한다.(三品彰英, 1975) 하지만 『삼국유사』 기이편의 신라시조 혁거세왕 본문에는 알영을 왕후(后)로 삼았다고 하였으며, 『삼국사기』 권1 시조 혁거세 거서간 본기에는 알영을 왕비(妃)로 삼았다 하고, 또 이 왕력의 모든 신라 왕들의 기록 사례(妃○○…)로 미루어 보아 비가 맞는 기록이라고 이해하는 것이 일반적이다.(김영태, 2009)

일반적으로 알영은 알지를 시조로 하는 김씨족단과 관련된 것으로 이해되어 왔다.(김철준, 1975) 알영을 알지와 같은 족단으로 이해했던 근거는 알영과 알지 모두 알(ar)계 이름을 가지고 있다는 점과, 알영과 알지의 탄생담에 각기 계룡과 백계로 닭이 공통적으로 등장한다는 점 때문이었다. 이에 알영과 알지를 닭 토템을 가진 동일한 알(ar)족, 김씨족으로 이해하고, 나아가 알영을 김씨족의 여제사장이었을 것으로 해석하기도 했다.(김두진, 1999)

이에 대해 『삼국유사』에서 혁거세 또한 알지로 불렸고, 이후 김알지의 출현이 혁거세의 고사와 같음으로 인하여 알지로 칭해졌다는 기록을 통해서도 알이 김씨성과 무관하다고 보기도 한다.(박남수, 1987) 이와 같은 맥락에서 알영은 혁거세와 부부관계로 후손이 공유된다는 점에서 볼 때, 알영은 김씨보다 오히려 신라 초기 왕계를 차지했던 사량부(고허촌) '박씨' 세력과 연관될 가능성이 높다고 한다. 신라의 건국신화에서 알영이 독자적인 탄생담을 가진 존재로 나타난다는 것은 알영이 일정 집단의 시조로 인식되었을 가능성을 보여 준다는 것이다. 한편 혁거세는 박씨족단의 시조라기보다 신라 전체의 국조(國祖)로서, 혁거세를 시조로 하는 건국신화는 6부를 통합하고 초월적으로 성장한 집단이 경주의 지배세력으로 자리 잡았던 시점, 즉 고대국가가 형성되면서 각 족단의 시조전승을 포괄하는 건국신화가 형성되면서 국가적 차원의 시조로 혁거세가, 알영은 시조비로 설정되었다고 이해하는 것이다.(김선주, 2012) 더 자세한 설명은 기이편 신라시조혁거세왕조의 주석을 참고.

3) 금성

신라 초기의 궁성으로 『삼국사기』 혁거세 21년(기원전 37)에 금성(金城)을 쌓고, 혁거세 26년에는 금성에 궁실을 조영하였다고 한다. 『삼국유사』 왕력에서도 신라 시조 혁거세가 왕위에 올라 갑신(기원전 37)에 금성을 쌓았다고 하였다.

학계 일각에서는 금성을 월성(月城)과 동일한 궁성으로 파악하기도 한다. 이는 신라시대 궁성이 오직 월성밖에 없는 것으로 파악하여 지리지의 기록을 부정하는 것이다. 이 견해에서는 『삼국사기』 권1 신라본기1 탈해이사금 9년조의 "왕이 밤에 금성 서쪽 시림(始林)의 나무 사이에서 닭 우는 소리가 나는 것을 들었다.(王夜聞 金城西始林樹間 有鷄鳴聲)"는 기록과 아울러 금성의 어의(語義)가 왕의 거처(居處)에 사용한 일반 명칭으로 해석됨에 주목하였다. 즉 현재 시림의 동쪽에는 월성 이외에 다른 궁성이 있었다고 상정하기 어렵기 때문에 시림의 동쪽에 있었다는 금성은 월성일 수밖에 없다는 것이다.(김정학, 1982) 이러한 견해의 연장선상에서 금성은 궁성으로서 월성을 가리키기도 하지만, 또한 이후에는 왕도(王都) 전체를 가리키는 대명사로도 사용되었다고 이해한다.(박방룡, 1985) 이에 대한 더 자세한 설명은 기이편 미추왕죽엽군조의 주석을 참고.

그런데 『삼국사기』의 기록을 살펴보면, 금성과 월성을 분명히 구분해 서술하고 있다는 점에서 양자를 같은 곳으로 보기는 어렵다. 벌휴이사금, 첨해이사금, 미추이사금 등이 거처하던 월성의 "궁궐"과 별도로 금성이 구분되어 기록되어 있다. 이것은 파사이사금 이후 왕의 궁성이 월성이었기 때문에 궁궐과 금성을 따로 구분해 기록한 것이다. 또한 금성의 동문, 서문 등이 있었다는 표현을 보면 금성이 도성 전체를 가리키는 대명사일 뿐만 아니라 성곽 시설을 갖춘 특정 궁성이기도 함을 알 수 있다.

혁거세가 축조한 금성은 어원적으로 고허(高墟), 소벌(蘇伐), 서벌(徐伐)과 깊은 관련이 있어 보인다. 사량부의 전신인 고허(촌)는 고허촌장 소벌(공)의 한역(漢譯)으로 소는 고(高)·상(上)의 뜻에, 벌은 허(墟)에 해당한다.(이병도, 1976) 금성 역시 소벌, 서벌과 같은 의미의 별칭이다.(양주동, 1940)

이와 같이 금성은 신라 초기의 6촌 가운데 고허촌과 그 촌장인 소벌공의 이름과 관련된 지명으로 추정된다. 혁거세가 처음 수양되고 거서간으로 추대된 지지기반이 바로 고허촌이었다는 점에서 금성은 고허촌(사량부) 지역에 위치했던 것으로 추정된다. 금성이 위치한 고허촌 지역에는 시조묘, 알영정 등 국가제의의 제장이 집중되어 있었다. 양산촌(楊山村, 양부)에 위치한 월성이 정치적 중심지로서 왕성의 역할을 하였다면, 고허촌(사량부)의 금성은 제의적 중심지, 즉 신전(神殿)의 기능을 했던 것으로 추정된다. 파사이사금 이후 신라의 국읍 구조를 제의적 기능(신전)의 금성(고허촌, 사량부)과 정치적 기능(왕성)의 월성(양산촌, 양부)을 중심으로 하는 이원적(二元的) 구조로 이해하는 것이다.(박대재, 2014)

4) 남해차차웅

신라 제2대 왕으로 생몰년 ?-24년, 재위기간 4년-24년이다. 혁거세의 적자(嫡子)이며, 비는 운제부인(雲帝婦人)이다. 남해차차웅으로 불렸는데, 차차웅(次次雄)이란 존장자에 대한 칭호로 "자충(慈充)"이라고도 한다. 신라 중대의 학자인 김대문(金大問)에 의하면 차차웅은 방언으로 무(巫)를 뜻하는 것으로, 세상 사람들이 무(巫)가 귀신을 위하고 제사를 받드는 모습을 경외하여 마침내 존장자, 즉 왕을 자충이라 하였다고 한다. 더 자세한 설명은 기이편 남해왕조의 주석을 참고.

5) 운제부인

신라 제2대 남해차차웅의 부인이며, 제3대 노례이사금의 어머니이다. 『삼국유사』 왕력에는 그 이름을 운제(雲帝)라고 하였으나 같은 책 기이편에서는 운제(雲梯)라 하였고, 『삼국사기』 권1 신라본기1 남해차차웅조에는 아루부인(阿婁

夫人)이라고도 한다고 언급하였다. 자세한 설명은 기이편 남해왕조의 주석을 참고.

6) 노례이질금

신라 제3대 왕으로 생몰년 ?-57, 재위기간 24-57년이며, 유례왕(儒禮王) 혹은 유리이사금(儒理尼師今)이라고도 한다. 어머니는 운제부인(雲帝夫人)이고 비는 일지갈문왕(日知葛文王) 혹은 사요왕(辭要王)의 딸이다. 처음에 남해왕이 죽은 후 노례왕이 즉위해야 했지만 대보(大輔)인 탈해가 더 덕망이 있다고 하여 왕위를 그에게 사양하였다. 그러나 서로 치아수를 세어 본 뒤 노례왕이 이가 많아서 왕위를 먼저 잇게 되었다.

『삼국사기』 권1 신라본기1 유리이사금 즉위년조에서는 김대문이 이사금에 대하여 "이사금은 방언으로 잇금을 일컫는 말이다. (…) 그 후에 김씨 성이 또한 일어나 3성(三姓)에서 나이가 많은 사람이 서로 왕위를 이었던 까닭에 이사금이라 불렀다."라고 설명하였다. 따라서 이사금은 '잇금(齒理)'을 의미하는 것으로 치아 수가 많은 연장자라고 보는 것이 통설이다.

한편 이사(尼師)·이질(尼叱)은 계승을 의미하는 "잇"·"이스"의 대역(對譯)으로 보기도 한다. 이사금이 사용된 시기는 박·석·김의 삼씨족 중에 연장자 혹은 현지자(賢智者)가 즉위하는 시기로서 왕위 계승이 큰 문제였으므로, 이사금은 "사왕(嗣王)"·"후계왕(後繼王)"의 뜻이라고 보는 견해이다.(이병도, 1976)

이사금이라는 칭호가 연장자뿐만 아니라 일반인과 구별되는 능력을 가진 존재를 나타내는 것으로 보는 견해도 있다. 시베리아의 샤먼에게 보통 사람보다 많은 신체의 뼈는 신성한 권력의 표상으로 여겨진다고 한다. 또 북방아시아에서도 샤먼들은 보통 사람과 다른 육체적 특성을 가진다고 여겨졌다. 그 예가 손가락이 여섯 개이거나 치아 수가 정상보다 많은 것 등이다. 이러한 점에서 "잇금"으로부터 유래한 이사금이라는 칭호가 시베리아나 북방아시아의 샤먼과 같이 특별한 능력을 가진 사람을 가리킨다고 추정한 것이다.(나희라, 2003)

『삼국사기』 권1 신라본기1 유리이사금 9년조에 따르면 "6부의 이름을 고치고 그에 따라 성(姓)을 내려 주었다. (…) 또 관을 설치하였는데, 17관등이 있었다."고 한다. 위 기사에 따르면 6부의 성립과 함께 중국식 성(姓)의 사여가 있었다고 한다. 그러나 박·석·김 외 중국계 성(姓)의 사용은 대체로 통일신라 시기에 들어와서야 본격화되었다고 여겨지고 있다.(이순근, 1980) 그리고 6부 관련 기사 바로 뒤에 17관등 설치 기사가 나오는데 이때에 몇몇 관등이 설치된 것은 사실이겠지만, 관등이 17개로 정비된 것은 법흥왕 7년(520) 율령 반포를 전후한 시기로 보는 것이 학계의 통설이다. 따라서 유리이사금 때 6촌이 6부로 개편되었다는 기록은 문면 그대로 신빙되지 못하고 있다.(이병도, 1976) 하지만 기록대로 유리이사금대에 6촌이 행정단위인 6부로 개편되었다고 보는 입장도 있다.(이종욱, 1982)

한편 다른 초기 기록과 마찬가지로 부(部)가 처음 정비되기 시작한 시점에 관련 기록을 일괄 기록한 것으로 보면서, 유리이사금 때 부가 처음 분정되기 시작한 것으로 이때 6부가 일시에 모두 설치된 것이 아니라, 실제로는 양부와 사량부 2부의 분정을 시사해 주는 것으로 이해하기도 한다. 6부명 개편 직후 유리이사금이 부를 둘로 나누어 공주 2인으로 하여금 각각 부내(部內) 여자들을 거느리고 편을 둘로 나누어 길쌈을 하게 했다는 가배(嘉俳) 기록에 주목해 볼 때, 이때의 부 개편은 양부와 사량부 2부의 분정을 의미한다고 보는 것이다.(박대재, 2014)

7) 사요왕

신라 제3대 유리왕(노례왕)비의 아버지이다. 『삼국유사』 왕력 제3 노례이질금(弩禮尼叱今)조에서는 노례왕(유리왕)의 비가 사요왕(辭要王)의 딸인 김씨라고 하였다. 이로 보아 사요왕도 김씨 세력임을 알 수 있다.

그런데 『삼국사기』 권1 신라본기1 유리이사금 즉위년(25)조에는 "왕비는 일지갈문왕(日知葛文王)의 딸이다.(혹은 왕비의 성은 박씨이고 허루왕(許婁王)의 딸이라고도 하였다.)(妃日知葛文王之女也(或云妃姓朴 許婁王之女))"고 전한다. 곧 『삼국사기』에서는 노례왕(유리왕)비의 아버지를 "일지갈문왕(日知葛文王)" 혹은 "허루왕(許婁王)"이라고 하여, 『삼국유사』 왕력의 "사요왕(辭要王)"과 다르게 기재한 것이다.

한편 『삼국사기』 권1 신라본기1 파사이사금(婆娑尼師今) 즉위년(81)조에 "왕비는 김씨 사성부인(史省夫人)으로 허루갈문왕(許婁葛文王)의 딸이다.(妃金氏史省夫人 許婁葛文王之女也)"라는 기록이 보인다. 이에 의하면 허루갈문왕은 파사왕비의 아버지인 것이다. 이에 따라 유리왕비의 아버지는 일지갈문왕, 파사왕비의 아버지는 허루갈문왕이었다고 구분해 본다.(이기백, 1974) 하지만 『삼국사기』 유리이사금조의 일설에 허루왕의 딸인 유리왕비의 성이 박씨라는 점으로 보아, 파사왕비인 김씨 사성부인의 아버지인 허루갈문왕과 허루왕이 동일 인물이 아닐 수도 있다. 유리(노례)이사금의 비가 박씨 허루왕의 딸일 가능성이 여전히 남아 있는 것이다.

8) 탈해이질금

신라 제4대 왕으로 석씨의 시조이며, 생몰년 ?-80년, 재위기간은 57-80년이다. 본래 완하국의 왕자 출신으로, 어머니인 적녀국왕의 딸이 알을 낳자 그 나라에서 궤에 알과 칠보, 노비를 넣어 바다에 실어 보냈다. 배가 바다를 건너 아진포(阿珍浦)에 이르자 아진의선(阿珍義先)이 거두어 길렀다. 토함산 위에 석총을 쌓고 7일간 머물다가 호공(瓠公)의 집을 꾀로 빼앗아 살았다. 그의 슬기를 안 남해왕은 딸 아니부인을 탈해에게 아내 삼게 하였다고 한다. 남해왕의 사위로서 유리이사금의 뒤를 이어 즉위하였다. 자세한 설명은 기이편 탈해왕조의 주석을 참고.

9) 완하국

탈해왕이 태어난 나라로 용성국, 정명국이라고도 하며 왜에서 동북으로 일천리에 있었다고 전한다. 『삼국사기』에는 다파나국(多婆那國)으로 되어 있다. 자세한 설명은 기이편 탈해왕조의 용성국 주석을 참고.

10) 함달파왕

탈해왕의 아버지로 완하국의 왕이며 함달왕(含達王)이라고 하였다. 적녀국왕의 딸과 혼인하였는데 알이 나오자 괴이하게 여겨 배로 바다에 실어 보냈다. 이 알에서 탈해왕이 나왔다고 전한다.

『삼국유사』 왕력에 따르면 탈해이질금은 석씨이며, 아버지는 완하국 함달파왕으로 혹은 화하국왕이라고도 한다. 그리고 어머니는 적녀국왕의 딸이고 비는 남해왕의 딸 아로부인이라 하였다. 그리고 『삼국유사』 권1 기이1 제4탈해왕조에서는 탈해가 들어 있는 궤짝이 계림의 동쪽 하서지촌 아진포에 이르자 아진의선이 이를 발견하였는데, 탈해가 자신은 용성국 사람이며, 부왕은 함달파라는 것을 언급하고 있다.

함달파왕에 대해서는 거의 알려진 바가 없지만, 그가 왕으로 있던 완하국의 성격에 주목한 견해가 있다. 이에 따르면 완하국은 흉노로 추정된다고 한다. 『삼국유사』에서는 탈해의 출신지를 "용성국(龍城國)" 혹은 "정명국(正明國)"·"완하국(琓夏國)"·"화하국(花廈國)"이라 하였는데, 여기에는 일찍이 "28용왕(龍王)"이 있었고 또 탈해가 도해(渡海)하는 배를 "적룡(赤龍)"이 보호하였다고 하는 등 설화 내용에 용과 관련된 것이 많다. 그런데 이러한 설화의 내용이 『사기』·『한서』·『후한서』 흉노전의 흉노와 매우 유사한 면이 있으므로 완하국을 흉노로 보는 것이다.(천관우, 1989)

그리고 탈해가 경주로 이주하여 오기 전 함달파왕의 왕자였던 것으로 미루어 보아, 이주하기 전의 사회에서 비교적 중요한 지위에 있었으며 이미 국가를 다스릴 만한 일정한 정치적 역량이 갖추어져 있었던 것으로 파악하기도 한다.(이종욱, 1980)

11) 아로부인

남해왕의 딸이며 탈해왕의 부인으로 아니부인(阿尼夫人), 아효부인(阿孝夫人)이라고도 한다. 그런데 『삼국사기』 권32 잡지1 제사조에 "제2대 남해왕 3년(기원후 6) 봄에 처음으로 시조 혁거세의 묘(廟)를 세워 네 계절에 제사 지내고, 친누이동생 아로(阿老)로써 제사를 주관하게 하였다.(第二代南解王三年春 始立始祖赫居世廟 四時祭之 以親妹阿老主祭)"라고 하였다. 그리고 또 『삼국사기』 권1 신라본기1 남해차차웅조에 따르면 남해왕의 비 운제부인(雲帝夫人)을 아루부인(阿婁夫人)이라고 하였다고도 한다. 이 기록에 따르면 남해차차웅의 누이인 아로와 남해왕의 딸인 아로부인의 이름이 같다. 또한 아루부인의 이름도 아로와 유사한 것을 알 수 있다.

이렇게 신라 왕실 여성 이름이 유사하다는 것에 착안해서 왕실 여성의 이름에 특정한 성격이 내재해 있다고 추정하는 견해가 있다. 혁거세의 비인 아리영(阿伊英, 알영(閼英)), 남해차차웅의 비 아루부인(阿婁夫人), 그리고 남해차차웅의 딸 아로부인과 같이, 이들의 이름은 모두 "ar"(閼, 娥利, 阿婁, 阿老)로 시작하는 것이 특징이다. 이렇게 "ar"이 공통인 이름이 자주 나오는 것은 시조설화에서 근본 혹은 알의 의미를 가지고 있던 상징적인 이름이 후대에도 되풀이 되는 것이다.(三品彰英, 1933)

또는 "ar" 계통의 이름을 가진 여성들이 사제적인 지위와 직능을 가진 것으로 추정하기도 한다. 일본의 가모신사(賀茂神社)에서 봉사하던 미혼의 황녀를 사이인(齋人)이라 하였는데, 『유취국사(類聚國史)』에서는 이를 아레오토메(阿禮乎止賣)라고 전한다. 아레는 산생(産生, あれ)으로 해석되어 그 여사제는 농업생산을 위한 책임을 지고 있었다고 여겨지므로, 이것이 남해왕의 누이인 아로와 비견된다는 것이다.(나희라, 2003)

12) 수장

장례의 한 방법으로 시신을 바다나 호수·강·우물 등의 물 속에 넣어 장례하는 방법이다. 시신을 물속에 넣는 것으로 시신 처리 최종 단계를 끝낸다는 의미에서 일차장으로 분류된다. 장법으로는 비용이 가장 적게 들고 절차와 방법이 간편하기 때문에 지역에 따라서는 신분과 지위가 낮은 사람들에 의해 자주 이용된다. 이 장례법은 동남아시아에 널리 퍼져 있는데, 특히 폴리네시아(Polynesia)·마이크로네시아(Micronesia)·멜라네시아(Melanesia) 지역의 여러 민족에서 행해진다고 한다. 또한 중국의 서장(西藏, 티베트) 지방과 흑룡강성(黑龍江省)의 강안 지방 토착민 사이에서도 이용되는 장례법이라고 한다.

왕력에서는 탈해의 시신을 미소 소정구에 수장하였다고 되어 있으나, 실제 장례가 '수장'의 형식으로 치러졌는지는 알기 어렵다. 그러나 탈해가 미소라는 장소의 소정구에 수장되었다는 기록을 그 무덤의 모습을 설명하는 것으로 이해하는 견해도 있다. 이에 따르면 소정구는 무덤의 이름인 동시에 무덤의 구조 형식으로, 소(疏)는 통(通)자와 뜻이 통하고 정(井)은 우물을 표시하는 ㅁ자형으로 된 구조를 뜻하며 구(丘)는 무덤을 뜻하는 문자로 해석된다고 한다. 그리하여 『삼국유사』의 기록은 탈해왕을 ㅁ자로 된 주구(周溝) 가운데 무덤을 만들어 매장하였음을 뜻한다고 하였다.(강인구, 2000)

13) 동악

신라 오악(五岳)의 하나로 경주 토함산을 가리킨다. 경상북도 경주시 덕황동·불국동과 양북면에 걸쳐 있는 산으로 높이 745m이다. 『삼국사기』 권32 잡지 1 제사조에 기록된 명산대천(名山大川) 제사 가운데 중사(中祀)의 제장에 해당하며 호국의 산으로 신성시하였다. 신라의 고찰인 불국사·석굴암이 위치해 있다. 자세한 설명은 감통편 선도성모수희불사조의 주석을 참고.

14) 파사이질금

신라 제5대 왕으로 생몰년 ?-112년, 재위기간 80-112년이다. 『삼국사기』에 파사왕은 유리왕의 둘째 아들, 혹은 유리왕의 동생 나로(奈老)의 아들이라고도 하였다. 아버지는 노례왕(弩禮王, 유리왕)이고, 어머니는 사요왕(辭要王)의 딸이며, 비는 사초부인(史肖夫人) 또는 사성부인(史省夫人)이라고 한다.

『삼국사기』 권1 신라본기1 파사이사금 즉위년조에 따르면, 일찍이 탈해가 죽었을 때 신료들이 유리왕의 태자인 일성(逸聖)을 왕위에 세우려고 하였으나, 어떤 사람이 말하기를 "일성은 비록 왕위를 이을 만아들(嫡子)이나 위엄과 현명함이 파사에게 미치지 못한다."고 하였으므로 마침내 파사를 임금으로 세웠다고 한다.

『삼국사기』 권1 신라본기1 파사이사금 8년(87)조에 "가소성(加召城)과 마두성(馬頭城)의 두 성을 쌓았다.(築加召馬頭二城)"고 하니, 이때 경주(慶州) 외 다른 지역에 최초로 2성을 쌓았음을 알 수 있다. 『삼국사기』 권1 신라본기1 파사이사금 29년(108)조에는 "군사를 파견하여 비지국(比只國), 다벌국(多伐國), 초팔국(草八國)을 쳐서 병합하였다.(遣兵伐比只國多伐國草八國幷之)"고 한다.

이 기록을 통해 파사왕대가 신라의 국가 형성기임을 의미한다고 본 견해가 있다. 즉 현재의 안강으로 비정되는 비지국, 의창으로 비정되는 다벌국, 기계로 비정되는 초팔국을 병합하였으니 경주에서 북으로 70-80리(28-32km)에 해당하는 거리를 확보했다고 보았다. 또 울산으로 비정되는 굴아화(屈阿火)가 경주에서 남으로 80리(32km) 떨어진 거리로서 남북으로 160리(64km)에 해당하는 지역을 파사왕대에 처음 영역으로 삼았다고 본 것이다.(천관우, 1989)

또한 『삼국사기』에 의하면 파사이사금 22년 2월에 궁성을 쌓아 월성(月城)이라 이름하고 7월에 월성으로 이주하였다고 한다. 이 월성이 지금의 경주 월성(사적 제16호)인 것은 주지의 사실이다. 『삼국사기』 지리지에는 신월성(新月城) 북쪽에 만월성(滿月城)이 있고, 시조 이래로 금성(金城)에 거처하다가 후세에 와서 두 월성에 많이 거처하였다고 하여 2개의 월성이 있었던 것으로 서술하고 있다. 본기에 보이는 월성과 신월성을 분리해 이해하면 모두 3개의 월성이 있었던 것이다. 그러나 신월성은 대개 지금의 월성을 가리키는 것으로 보며, 그 북쪽에 있었던 만월성은 북천 남변의 성동동 전랑지(殿廊址) 내지 경주고등학교 터를 주목하기도 한다. 최근 지표조사를 토대로 신월성은 월성에서 범위를 확장하여 덧붙여 세운 부분으로 추정하기도 한다.(국립경주문화재연구소, 2004)

월성과 금성은 신라의 궁성으로 함께 기록에 나타난다. 『삼국사기』 상고기 기록에서 금성과 월성의 출현 빈도를 살펴보면 3배 이상 압도적으로 금성이 많이 나온다. 이것은 월성이 대부분 왕의 재성(在城)이었기 때문에 "월성"이라는 표현보다는, "궁(宮)", "궁실(宮室)", "궁궐(宮闕)" 등으로 표기되었기 때문이다. 이를 통해 월성과 금성의 관계를 짐작할 수 있다. 금성에는 파사이사금 이전 혁거세, 남해, 유리, 탈해 등 초기의 왕들과 일성이사금과 아달라이사금, 벌휴이사금 즉위 초기의 궁실이 위치하였지만, 나머지 대부분의 왕들은 파사이사금이 축조했던 월성에 궁실을 두었다. 『삼국사기』에 의하면 유례이사금 7년(290) 여름 홍수로 인해 월성이 무너진 적이 있다. 『삼국유사』 왕력에는 유례이사금 때에 월성을 보축(補築)하였다고 하는데, 아마도 이때의 홍수 피해를 복구한 기록으로 이해된다. 그 후 월성은 자비·소지마립간 때 경주에 일어난 대규모 지진 피해로 13년간(475-488) 명활성이 왕성으로 이용된 것을 빼고는 대부분 왕의 재성으로 기능하였다.

파사이사금 때 월성이 축성되기 전까지는 금성이 위치했던 고허촌이 국읍의 중심 기능을 했던 것으로 추정된다. 그런데 파사이사금 때 왕이 월성으로 이거하면서 국읍의 중심지가 바뀌게 되었다. 월성이 왕성이 되면서 그 일대가 국읍의 새로운 정치적 중심지가 되었고, 시조묘, 알영정 등이 위치한 고허촌 지역은 국읍의 제의적 중심지로서 기능하게 되었다. 파사이사금은 유리이사금의 제2자로, 적장자 일성(逸聖)을 물리치고 추대에 의해 즉위하였다. 파사이사금의 즉위를 환영한 국인(國人)의 실체는 훗날 월성이 축조된 양산촌(楊山村, 梁部) 지역 세력이었던 것으로 추정된다. 파사이사금의 비는 사성부인(사초부인)으로 한기부(漢祇部) 이찬 허루(許婁)의 딸이었다. 파사이사금의 장자 지마이사금의 비도 한기부 이찬 마제(摩帝)의 딸이었다. 허루와 마제는 모두 한기부의 대표 세력이었다. 파사이사금은 이들 한기부 세력과 중복된 혼인을 맺음으로써 유리이사금의 적장자인 일성을 제압할 수 있는 권력기반을 마련한 것으로 보인다. 파사이사금이 월성을 축조하기 이전 그 지역은 탈해(脫解)의 거주 지역이었다. 탈해가 이사금에 오르기 전 그 자리를 길지(吉地)라 생각하고, 호공(瓠公)의 거주지였던 곳을 꾀를 부려 차지하였던 것이다. 월성 지역과 탈해와의 관계를 고려하면, 탈해의 손자인 벌휴이사금이 금성으로 궁성을 옮겼던 선대 박씨왕(일성왕-아달라왕)과 달리 월성의 궁실을 다시 수리하고, 그 후손인 석씨왕들이 월성을 왕성으로 선택한 이유도 이와 관련이 있을 것으로 추정된다.(박대재, 2014)

15) 사초부인

파사이질금의 왕비로 사요왕(辭要王)의 딸이라고 한다. 『삼국사기』에는 김씨이며 사성부인(史省夫人)으로 허루갈문왕(許婁葛文王)의 딸이라고 나온다. 『삼국유사』 왕력에 따르면 사초부인은 파사이질금의 비로서 사요왕(辭要王)의 딸이라고 되어 있다. 한편 『삼국사기』 파사이사금 즉위년조에서는 김씨이며 사성부인(史省夫人)으로 허루갈문왕(許婁葛文王)의 딸이라고 하여 기록에 차이가 난다.

『삼국사기』 지마이사금 즉위년조에서는 파사이사금이 사냥을 하고 한기부를 지날 때 이찬 허루가 잔치를 열었는데, 허루의 아내가 딸과 함께 나와 춤을 추고 이찬 마제의 아내 역시 딸과 함께 나왔는데 허루가 언짢아했다고 하였다. 이에 왕이 허루에게 주다(酒多)의 위계를 주어 이찬보다 위에 있게 하였는데, 이것을 후에 각간(角干)이라 일컫게 되었다고 하였다. 이 각간의 유래에 대한 얘기를 두고 이것이 단순히 허루가 파사이사금을 위해 잔치를 베풀었기 때문만이 아닌, 그가 왕의 장인이기 때문이었다고 보기도 한다. 허루가 있던 한기부는 동해변에 위치하여 해상활동에 익숙하였는데, 이러한 실력이 신라 왕실과의 관계를 긴밀하게 만들어 파사이사금 등의 왕비를 배출할 수 있게 하

였다는 것이다.(이종욱, 1980)

유리이사금의 차자인 파사가 장자인 일성을 물리치고 왕위에 먼저 즉위할 수 있었던 기반은 왕비인 사초부인의 출신 세력인 한기부 이찬 허루 세력의 지지가 크게 작용했던 것으로 추정된다. 파사이사금의 아들인 지마이사금도 부왕 재위 중에 한기부 이찬 마제의 딸과 혼인하는데, 이러한 중복된 혼인관계는 파사이사금과 한기부 세력 사이의 깊은 유대관계를 시사해 준다.(박대재, 2014)

16) 지마이질금

신라의 제6대 왕으로 생몰년 ?-134년, 재위기간 112-134년이며, 지미(祇味)라고도 한다. 성은 박씨로 파사왕의 아들이며 어머니는 사초부인(史肖夫人), 왕비는 마제국왕(磨帝國王)의 딸 애례부인(愛禮夫人) 김씨이다. 『삼국사기』 신라본기에서는 "지마이사금(祇摩尼師今)"이라 하여 "지마이질금(祇磨尼叱今)"이라고 표기한 『삼국유사』 왕력과 약간의 차이를 보인다. 또한 그의 어머니를 사성부인(史省夫人)이라고 한 점과 왕비인 김씨 애례부인(愛禮夫人)을 마제갈문왕(摩帝葛文王)의 딸이라고 한 점도 차이가 난다.

지마이사금 4년(115)과 5년(116)에는 직접 병력을 이끌고 황산하(黃山河)를 건너 가야를 공격하였으며, 14년(125)에는 백제 원병의 도움으로 말갈군을 대령책(大嶺柵)에서 물리쳤다. 한편 『삼국유사』 왕력에는 음질국(音質國)과 압량국(押梁國)을 지마이사금 때 멸망시켰다고 하였으나, 『삼국사기』 권1 신라본기 1과 권34 지리지에서는 이를 모두 파사이사금 23년(102)의 사건으로 기록하고 있다. 이에 대해 음질국(음즙벌국)과 압량국(압독국)은 파사이사금 때 처음 복속하였으나, 그 뒤 이반하였다가 지마이사금 때 다시 정복되어 멸망한 것으로 이해한다.(박대재, 1997)

17) 마제국왕

신라 제6대 지마이질금의 왕비인 애례부인의 아버지이다. 『삼국사기』에는 마제갈문왕(磨帝葛文王), 혹은 마제이찬(摩帝伊湌)으로 나온다. 『삼국유사』 왕력에서는 지마이질금의 왕비 애례부인의 아버지를 마제국왕(磨帝國王)으로 기록하고 있다. 이 기사에 대응하는 『삼국사기』 권1 신라본기1 지마이사금 즉위년조에 따르면 왕비인 애례부인의 성은 김씨이고 아버지는 갈문왕 마제(摩帝), 혹은 마제이찬(摩帝伊湌)이라고 하였다. 두 사료 모두 왕비를 애례부인이라 하였으므로 마제국왕과 갈문왕 마제, 마제이찬은 모두 동일 인물로 파악할 수 있다.

『삼국사기』 권1 신라본기1 지마이사금 즉위년조에서는 마제 이찬의 딸이 지마이사금과 혼인하게 되는 과정을 구체적으로 서술하고 있다. 이에 따르면 파사왕이 태자였던 지마이사금을 데리고 한기부(韓歧部)를 지났는데, 이때 이찬 허루(許婁)와 마제(摩帝)가 서로 딸을 내어 태자의 마음을 사려하였다. 결국 왕은 마제의 딸을 태자의 배필로 삼았다. 이 기록을 통해 파사이사금대에 한기부 지역에 마제와 허루라는 인물을 중심으로 한 세력들이 별개의 집단을 형성하고 있었다고 이해한다.(이종욱, 1982)

반면 허루와 마제를 인명이 아닌 부족국가(部族國家)의 명칭으로 이해한 견해도 있다. 이에 따르면 허루와 마제는 고대국가로서의 신라가 성립하기 이전 경주 지역에 존재했던 지역 집단으로 후에 한기부가 되는 지역에 위치하였으며 각개의 단위체를 형성하였다고 한다. 그리고 이찬(伊湌)은 부(部)의 장(長)을 의미한다고 풀이하였다.(노태돈, 1975)

『삼국사기』 권1 신라본기1 지마이사금 즉위년조의 기록에서는 허루와 마제 두 인물이 자신의 딸을 파사의 아들과 혼인시키는 문제로 서로 경쟁하고 있다. 이로 보아 허루와 마제는 관료적인 존재라기보다는 이사금과 거의 대등한 독립 세력으로 이해할 수도 있다. 이찬이라는 칭호 역시 제도화된 경위 또는 구체적 직책이라기보다는 독립성이 강한 세력이 지닌 위호로 이해할 수 있다. 『삼국유사』 왕력의 "마제국왕"을 비롯하여, 『삼국사기』의 "갈문왕마제", "허루갈문왕", "허루왕" 등과 같은 표현이 보이는 것은, 이들이 독립성을 가진 세력임을 뒷받침한다고 이해된다.(하일식, 2006)

『삼국유사』 왕력에 보이는 "마제국왕"이라는 표현을 통해 볼 때 지마이사금 때까지 마제가 속해 있었던 한기부는 신라의 국읍에 포함되지 않은 독립적인 세력이었던 것으로 이해된다. 파사이사금과 지마이사금은 한기부 세력이었던 허루와 마제의 딸과 각각 혼인관계를 맺었는데, 유리이사금의 2자인 파사가 장자인 일성(逸聖)을 물리치고 왕위에 오르고 또 파사의 아들 지마가 일성보다 먼저 왕위에 오를 수 있었던 것도, 모두 한기부 세력과의 혼인을 통한 연대가 있었기 때문인 것으로 추정된다.(박대재, 2014)

18) 애례부인

신라 제6대 지마이질금의 왕비로 성은 김씨이며 마제국왕의 딸이다. 『삼국사기』 권1 신라본기1 지마이사금 즉위년조에 따르면 그녀의 성은 김씨로 아버지인 마제 이찬이 애례부인을 한기부 이찬 허루(許婁)의 딸과 경쟁하게 하여 왕의 아내로 들였다고 한다.

애례부인의 아버지인 마제는 동해변에 위치한 한기부에 살던 일정한 집단의 장이었는데, 해산물을 마련하여 박·김 양 부족의 농산물과 교환하였다고 한다. 이들은 동해변에 위치하여 해상활동에 익숙하였는데, 이러한 실력은 신라 왕실과의 관계를 긴밀하게 만들어 파사이사금과 지마이사금 등의 왕비를 배출하게 되었다고 추정되기도 한다.(이종욱, 1980)

19) 음질국

경상북도 경주시 안강읍 일대에 위치한 국. 음즙벌국(音汁伐國)이라고도 한다. 『삼국유사』 왕력에는 지마이사금대에 압량국(押梁國)과 함께 신라에 멸망당한 것으로 기록하고 있다. 반면 『삼국사기』 권1 신라본기1 파사이사금 23년

(102)조와 같은 책 권34 잡지3에서는 음즙벌국(音汁伐國)이라 하고, 파사이사금 23년(102)에 신라에 항복하였다고 하여 왕력의 기록과 차이가 난다.

『삼국사기』 권1 신라본기1 파사왕 23년(102)조에는 음즙벌국이 신라에 항복한 사실을 다음과 같이 기록하였다. 음즙벌국과 실직곡국(悉直谷國)이 서로 강역을 다투다 파사왕을 찾아와 해결해 주기를 청하였는데, 왕은 금관국(金官國)의 수로왕(首露王)에게 의논하여 다투던 땅을 음즙벌국에 속하게 하였다. 이에 왕이 6부에 명하여 수로왕을 위한 연회를 베풀게 하였는데 오직 한기부(漢祇部)만이 지위가 낮은 사람으로 주관케 하였으므로 수로왕이 노하여 자신의 종으로 하여금 한기부의 우두머리를 죽이게 하였다. 종은 도망쳐 음즙벌국의 우두머리 집에 의지하였는데, 왕이 사람을 시켜 그 종을 찾았으나 내어 주지 않았다. 이에 왕이 노하여 음즙벌국을 공격하고 항복을 받아 내었다고 한다.

음즙벌국과 영역을 다투었던 실직국(실직곡국)은 『삼국사기』 권35 잡지4 지리2 명주 삼척군조에서 "삼척군은 본래 실직국으로 파사왕 때 항복하였다.(三陟郡 本悉直國 婆娑王世來降)"라는 기록에 따라 지금의 삼척(三陟)에 비정하고 있다. 그런데 삼척의 실직국과 안강의 음즙벌국은 육로상 거리가 너무 멀어 영역 분쟁을 일으켰다는 『삼국사기』의 기록은 쉽게 납득이 가지 않는다. 때문에 실직국을 안강 부근의 흥해나 포항 지역에 비정하거나(방용안, 1987), 또는 삼척의 실직국과 관련이 있으면서 청하·신광 등지에서 활동했던 예족(濊族) 계통의 세력 집단과 음즙벌국 사이에서 발생한 영토분쟁으로 이해하기도 한다.(이형우, 2000) 한편 양국의 분쟁은 육상분쟁이 아니라 동남해안 일대의 연안 해역의 해상권을 둘러싼 수역분쟁으로 파악하기도 한다.(박대재, 1997)

20) 압량국

경상북도 경산시 일대에 위치했던 국으로 압량소국(押梁小國), 압독국(押督國), 압탁(押啄)이라고도 한다. 『삼국사기』 권1 신라본기1 파사이사금 23년조에서는 "압독국(押督國)"이라 하였고, 『삼국사기』 권34 잡지3 지리1 장산군조에서는 "압량소국(押梁小國)"이라 하였으며, 「영천청제비(永川菁堤碑)」에서는 "압탁(押啄)"이라고 하였다.

현존하는 대부분의 『삼국유사』 판본에는 "압독국은 지금의 □산이다.(押梁國今□山)"라고 하여 지명의 첫 글자가 결락되어 있다. 다만 일본 천리대학(天理大學) 소장 순암수택본(順菴手澤本)에서 "양(梁)"자가 확인된다. 이에 따르면 압량국(압독국)은 고려시대의 양산에 위치했던 것이다. 그러나 천리대본은 수택본, 즉 후대의 가필본(加筆本)이라는 점에서 '양'이 판본상 원문이었다고 보기 어렵다. 일반적으로 압량국의 위치는 『삼국사기』 권34 지리지 장산군(獐山郡)조의 "압량소국" 기록에 따라 경상북도 경산시 일대로 비정한다. 「영천청제비」에서도 "압탁"이라는 국명이 보이는데, 영천과 경산은 지리적으로 서로 인접해 있어 압독국의 위치는 현재의 경산 일대로 이해되고 있다.

『삼국유사』 왕력에서는 압량국이 지마이질금 때 음질국(音質國)과 함께 신라에 의해 멸망당한 것으로 기록하고 있다. 『삼국사기』 권34 지리지 장산군조에서도 지미왕(祇味王) 때 압량소국을 빼앗아 군(郡)을 설치했다는 기록이 보인다. 왕력과 지리지의 기록이 서로 일치하는 것이다. 반면 『삼국사기』 권1 신라본기1 파사이사금 23년조에서는 "실직·압독 두 나라의 왕이 와서 항복하였다.(悉直押督二國王來降)"라고 하여, 압량국의 멸망이 파사이사금 23년(102)에 이루어진 사실로 기록하고 있어 앞선 기록들과 차이가 난다.

『삼국사기』에 따르면 실직국은 복속된 지 2년 후 반란을 일으켰다가 평정되고 그 무리는 남쪽으로 사민되었다. 압독국 역시 복속된 지 4년 만에 파사이사금이 순행하여 3개월이나 머물면서 구휼하였던 것으로 보아 토착세력의 반발이 비교적 장기간 있었던 것으로 추정된다. 이와 같이 실질국과 압독국이 파사이사금 때 처음 복속된 뒤 반란 등으로 이반되었다가 지마이사금 때 다시 정복되면서 복속 시점이 기록에 따라 다르게 나타나게 되었다고 이해된다.(박대재, 2006)

21) 일성이질금

신라의 제7대 왕으로 생몰년 ?-154년, 재위기간 134-154년이다. 아버지는 노례왕(弩禮王, 유리이사금)의 형 혹은 지마왕(祇磨王)이라고 하며 어머니는 이간생부인(伊刊生夫人)이다. 왕비는 일지갈문왕(日知葛文王) 혹은 지마왕의 딸이라고 전한다.

일성이질금의 아버지에 대한 기록은 사서에 따라서 몇 가지로 다르게 나타난다. 먼저 『삼국유사』 왕력에서는 ① 노례왕(弩禮王)의 형, 혹은 ② 지마왕(祇磨王)으로 기록하고 있으며, 『삼국사기』 권1 신라본기1 일성이사금 즉위조에서는 ③ 유리왕(儒理王), 또는 ④ 일지갈문왕(日知葛文王)으로 서술하고 있다. 이 중에서 ①과 ③, ④의 설은 부자간의 생존연대가 너무 멀어서 역사적 사실로 인정하기 어렵다고 이해되기도 한다. 또한 ②는 『삼국사기』 신라본기 지마이사금 32년조의 기사에서 지마왕이 아들 없이 죽었다고 하였으므로 신빙성이 떨어진다고 하겠다. 이러한 이유 때문에 『삼국사기』 권1 신라본기1 일성이사금 15년(148)조에 박아도(朴阿道)를 갈문왕으로 봉한 사실에 근거하여, 아도갈문왕이 유리이사금의 아들이며 일성이사금의 아버지라는 주장이 제기되기도 하였다. 즉 유리-아도-일성의 순서로 부자관계를 보는 것이다.(이기백, 1974)

한편 『삼국사기』 권1 신라본기1 일성이사금 5년(138)조에는 "금성에 정사당을 설치하였다.(置政事堂於金城)"는 기록을 확인할 수 있다. 정사당은 첨해왕 3년(249) 남당(南堂)이 설치될 때까지 110년간 중앙정부의 정청(政廳) 역할을 담당하였으며 이 시기를 정사당정치시대(政事堂政治時代)라고 부르기도 한다.(이종욱, 1982)

일성이사금이 금성에 설치한 정사당은 파사이사금 때 축조한 궁성인 월성(月城)과 비교되는 새로운 정치 공간이라고 할 수 있다. 파사이사금은 유리이사금의 2자로 장자인 일성을 물리치고 먼저 왕위에 즉위하여 전대의 궁실이 있던 금성을 대신해 새롭게 월성을 축조하고 이거하였다. 파사이사금의 아들

지마이사금도 월성을 궁성으로 사용하였다. 그런데 지마이사금에게 아들이 없어서 비로소 즉위하게 된 일성이사금은 월성을 궁성으로 사용하지 않고, 파사이사금 이전 전대 왕들이 사용하던 금성에 정사당을 설치하여 새로운 정치 공간으로 삼았던 것이다. 이것은 그동안 파사와 지마에 의해 좌절되었던 일성의 즉위가 정통 왕위의 복위(復位)라는 것을 천명하기 위한 정책적인 조치였다고 이해된다.(박대재, 2014)

22) 일지갈문왕

신라 유리이사금(儒理尼師今) 혹은 일성이사금(逸聖尼師今) 때의 갈문왕. 기록에 따라 제3대 유리이사금 왕비의 아버지이거나, 제7대 일성이사금 왕비의 아버지라고도 한다.

『삼국유사』와 『삼국사기』의 기록에는 일지갈문왕(日知葛文王)에 대한 세 가지의 다른 기록이 나타난다. 첫 번째는 『삼국사기』 권1 신라본기1 유리이사금 즉위년조에서 보이는 유리이사금 왕비의 아버지이다. 두 번째는 『삼국유사』 왕력에 보이는 일성이질금의 왕비인 "□례부인"의 아버지이다. 세 번째는 『삼국사기』 권1 신라본기1 일성이사금 즉위년조의 세주에 보이는 일성이사금의 아버지이다.

이 가운데 세 번째의 경우에 대해 『삼국사기』 권1 신라본기1 일성이사금 15년조에서 박아도(朴阿道)를 갈문왕으로 봉하는 기사에 주목하여, 박아도가 일성이사금의 아버지로서 갈문왕에 추봉된 것이라면 일지갈문왕은 일성이사금의 아버지가 될 수 없다고 추정한 견해가 있다.(이기백, 1974) 한편 세 기록의 일지갈문왕이 동명이인일 가능성이 있다고 보기도 한다.(이종욱, 1980)

유리이사금 왕비의 아버지에 대해 『삼국사기』에서는 일지갈문왕, 『삼국유사』 왕력에서는 사요왕(辭要王)이라고 하였다. 한편 일성이사금 왕비의 아버지에 대해 『삼국사기』에서는 지소례왕(支所禮王), 『삼국유사』 왕력에서는 일지갈문왕이라고 하였다. 일지갈문왕에 대해 『삼국사기』에서는 유리이사금 왕비의 아버지, 『삼국유사』에서는 일성이사금 왕비의 아버지로 각각 다르게 기록한 것이다. 『삼국사기』 일성이사금 본기 세주(細註)에 보이는 일성이 일지갈문왕의 아들이라는 설은 두 기록과 다른 제3의 전승으로, 아마도 일성이 일지갈문왕의 외손(外孫)이라는 사실이 와전(訛傳)되거나 당시의 친족(親族) 개념에서 뚜렷이 구분하지 않은 결과일 수 있다. 유리이사금의 제2자인 파사이사금의 출자와 비교해 검토해 보면, 일성과 파사는 이모형제(異母兄弟)일 가능성이 높다. 즉 일성은 일지갈문왕의 딸을, 파사는 허루갈문왕의 딸을 각각 모후(母后)로 하는 것이다. 유리이사금은 일지갈문왕의 딸과 허루갈문왕의 딸에게서 각각 일성과 파사를 얻었던 것으로 추정된다. 『삼국사기』 유리이사금 본기에서 왕비로 일지갈문왕의 딸이라고 기록하면서 동시에 세주에서 혹은 비가 허루왕의 딸 박씨라고도 한다는 것을 병기한 것은 이와 같은 사정과 관련이 있다고 이해된다.(박대재, 2014)

갈문왕은 신라에서 국왕과 혈연, 혼인 등으로 밀접한 관계에 있는 자에게 봉해진 존호(尊號)로 상대(上代)에 집중적으로 등장한다. 그 연원과 피봉(被封) 범위, "갈문"이라는 말의 의미 등에 대해서는 뚜렷한 정설이 존재하지 않는다.

갈문왕에 대한 이해는 이미 『삼국사기』가 편찬된 고려시대에도 확실치 않았던 듯하다. 『삼국사기』 권1 신라본기1 일성이사금 15년조의 세주에는, "신라에서는 죽은 후에 봉하는 왕을 모두 갈문왕이라 하였는데, 그 뜻은 알 수 없다."라고 기록하고 있다. 조선 후기 실학자 안정복은 『동사강목』에서 갈문왕에 대해, "신라에서는 이성(異姓)을 추칭하여 갈문왕이라 하고 본종(本宗)의 정통을 마립간이라고 하였다."라고 설명하면서, 그 말미에 "근거 있는 선유(先儒)의 논은 없으나, 그 뜻이 그럴듯하기에 특별히 이에 밝혀 둔다."라고 하였다.

신라의 금석문에는 「영일냉수리신라비(迎日冷水里新羅碑)」의 "지도로갈문왕(至都盧葛文王)", 「울진봉평신라비(蔚珍鳳坪新羅碑)」와 「울주천전리각석(蔚州川前里刻石)」 추명(追銘)의 "사부지갈문왕(徙夫知葛文王)"이 보인다. 「영일냉수리신라비」의 "지도로갈문왕"은 지증왕(智證王)으로, 「울진봉평신라비」와 「울주천전리각석」의 "사부지갈문왕"은 법흥왕(法興王)의 아우이자 진흥왕(眞興王)의 아버지인 입종갈문왕(立宗葛文王)으로 비정하는 것이 일반적이다.(한국고대사회연구소 편, 1992) 이에 따르면 지증왕에게 생전에 갈문왕 칭호가 붙었으므로 추봉호는 아닌 것이다. 또한 지증, 법흥, 입종이 서로 부자관계라는 점에서 이성(異姓)에게 부여된 존칭도 아니다.

남성에 한하여 책봉된 갈문왕은 왕과의 일정한 관계를 기준으로 왕족 및 왕비족(王妃族)·왕모족(王母族)의 독립된 씨족이나 가계의 장(長)이 되는 것을 원칙으로 한다고 이해된다. 갈문왕의 성격은 네 시기로 구분해 이해되기도 했다. 먼저 1기는 박씨와 김씨의 연합시대로 왕비족인 김씨의 장(長), 즉 왕비의 아버지가 갈문왕에 책봉된 시기이다. 다음으로 2기는 신라의 왕족이 박·석·김씨의 연합으로 확대되면서 각 왕족의 장이 갈문왕에 책봉되는 시기이다. 3기는 눌지마립간 이후 김씨의 왕위상속체제가 확립되면서 왕위계승의 지위에서 밀려난 왕제(王弟)가 가계(家系)의 장(長)으로서 갈문왕에 책봉되는 시기이다. 마지막 4기 신라 중대에 이르러서는 전제왕권이 성립되어 왕의 아버지에 대해 대왕(大王)으로의 추봉이 있을 뿐 갈문왕제는 중단되었던 시기라고 한다. 이에 따르면 갈문왕에게 왕위계승권은 없었으나, 외국 사신의 접견 응대나 국내 귀족의 회합에서 왕과 함께 참석하는 존재로 정치적 발언은 무거웠던 것으로 이해된다.(이기백, 1974)

그러나 이상과 같은 기존의 갈문왕 연구는 금석문 자료의 새로운 발견에 따라 새로운 해석을 필요로 하게 되었다. 특히 「영일냉수리신라비」에서 보이는 지도로갈문왕(至都盧葛文王)은 지증왕이 아직 왕위에 오르지 않았을 시기인 443년, 혹은 이미 왕위에 올랐을 시기인 503년에 갈문왕의 지위에 있었다는 사실을 확인시켜 준다. 따라서 갈문왕이 왕이 될 수 없는 존재였다는 기존의 견해는 수정이 불가피하게 되었다.(문경현, 1990)

이에 따라 새로운 금석문 자료의 기록을 반영하여 눌지왕이 왕실의 안정과 왕권의 강화를 위해 갈문왕제를 개편한 것으로 이해한 견해가 제기되기도 하였다. 이전의 갈문왕이 일반적으로 왕모(王母)의 아버지·왕비의 아버지·왕의 아버지가 사망 후에 추봉된 데 비해, 눌지왕대부터는 추봉 갈문왕 외에 왕제(王弟)를 갈문왕에 책봉하는 새로운 제도가 마련되었다고 보는 것이다. 책봉된 갈문왕은 국왕의 유고가 있을 경우 왕위에 즉위할 수도 있었으며, 신라 국왕인 마립간의 왕권을 분장(分掌)하고 있던 존재로 추정되었다.(선석열, 2003)

한편 안정복의 "왕비의 아버지를 갈문왕이라 칭하였다.(妃后之父 稱葛文王)"라고 한 의견을 수렴하여 신라 상대(上代)의 왕과 갈문왕의 관계를 재고한 연구도 있었다. 이는 신라 상대 갈문왕을 "왕비의 아버지"인 당대 주요 정치 지배 세력에게 예우로서 수여된 명예 작호로 보고 왕위계승·왕실 내 근친혼과 밀접한 관련을 가진 것으로 이해하였다.(하정룡, 1994)

일지갈문왕은 유리이사금 왕비의 아버지 또는 일성이사금 왕비의 아버지로 기록에 나오므로, 비후(妃后)의 부로서 갈문왕에 봉해진 경우라고 할 수 있겠다.

23) 아달라이질금

신라의 제8대 왕으로 생몰년 ?-184년, 재위기간 154-184년이다. 아버지는 일성왕(逸聖王)이고 어머니는 지소례왕의 딸 박씨이다. 왕비는 박씨 내례부인으로 지마왕의 딸이다. 이 왕대에 신라가 계립령(雞立嶺)과 죽령(竹嶺)의 길을 열고, 또한 왜국과 교빙한 사실이 왕력에 기록되어 있다. 자세한 설명은 기이편 연오랑세오녀조의 주석을 참고.

24) 왜국

왜국(倭國)이라는 표현은 왜(倭)라는 대상의 역사적 변화에 따라 그 구체적인 의미가 조금씩 달리 사용되었다. 먼저 『삼국지』 권30 위서30 동이전 왜인조에 보이는 바와 같이 일본열도에 여러 소국(小國)들이 난립하고 있던 시기에는 이들 모든 소국(小國)을 통칭하는 말로 사용되었다. 기나이 지방(畿內地方)의 야마토정권(大和政權)이 태동하여 왕권을 형성·발전시켰던 4세기부터 7세기까지의 왜국은 대체로 야마토정권을 의미하는 경우가 대부분이다. 7세기 후반, 왜국은 천황 중심의 중앙집권적 국가의 기틀을 마련하였으며 700년에 이르러서는 국호를 일본(日本)으로 변경하였다. 이후 왜국이라는 명칭은 공식적으로 사라지게 되었지만 관습적으로 남아 일본국(日本國)을 가리키는 의미로 지속적으로 사용되었다.

『삼국사기』 권2 신라본기2 아달라이사금 5년(158)조에는 "왜인이 와서 교빙하였다.(倭人來聘)"라고 하였고, 같은 왕 20년(173)조에는 "왜의 여왕 비미호가 사신을 보내 와서 예방하였다.(倭女王卑彌乎 遣使來聘)"라고 하여 아달라이사금대 왜국과의 교류 사실을 전하고 있다. 특히 왜의 여왕 비미호는 『삼국지(三國志)』에 등장하는 히미코(卑彌呼)와 같은 인물로 보인다. 『삼국지』의 기록에 따르면 히미코는 왜국들이 서로 다투던 혼란한 시기에 여왕으로 공립(共立)된 인물로서 경초(景初) 2년(238)과 정시(正始) 4년(243)에는 위(魏)에 사신을 보내어 조공하기도 하였다.

『삼국사기』 신라본기에서 왜의 교섭 주체자가 분명하게 기록된 것은 히미코의 경우가 유일하다. 그러나 기사의 등장 시기가 173년으로, 『삼국지』에 등장하는 238년, 243년과 시간적 차이가 있어 사건의 진위 여부를 놓고 이견이 존재한다. 두 기록의 연대 차이를 근거로 『삼국사기』의 기년을 70년 정도 인하해 보아야 한다고 이해하기도 한다.(김광수, 1973)

한편 아달라이사금 때 비미호의 견사 기사를 부정하는 입장에서는 『삼국사기』에 등장하는 비미호를 역사적 실체로 인정하게 되면 그 수명이 지나치게 길어지는 점을 문제 삼아 중국 사서에 근거한 『삼국사기』 초기 기록의 조작으로 이해한다.(木下禮人, 1993) 반면에 『삼국사기』의 비미호 기사를 인정하는 입장에서는 그녀가 왜국왕으로 공립되기 전에 야마타이국(邪馬臺國)의 왕으로 추대되어 즉위 인사를 한 것이며, 그 연대는 신라의 고기록(古記錄)이나 『구삼국사(舊三國史)』에 기록되어 있던 것이라고 추정하기도 한다.(丸龜金, 1982)

히미코의 사망 연대가 『삼국지』 위서 왜인전의 기록을 보면 247년경으로 되어 있는데 173년에 야마타이국 여왕으로 즉위했다면 최소한 75년간 재위한 것이 된다. 비미호의 즉위시 연령은 확인할 수 없지만 최소 10세에 즉위하였다고 해도 최소 85세 이상은 생존했던 것이 된다. 만일 이러한 생몰 연대가 가능하다면 『삼국사기』 권2 신라본기2 아달라이사금 20년(173)조에 등장하는 비미호 기사에 대한 이해가 가능해진다. 히미코는 왜국의 대표로 공립되기 이전에 이미 야마타이국 왕으로 재위해 있었고 즉위 초년에 즉위 사실을 신라에 알리고 견사하여 우호관계를 맺으려 한 것이다. 그렇다면 위의 기록은 중국문헌에도 전하지 않는 신라와 야마타이국 간의 교류를 시사해 주는 중요한 자료라고 평가할 수도 있다.(연민수, 1998)

25) 미륵대원

지금의 충청북도 충주시 상모면에 있었던 고려시대의 원(院)으로 사적 제317호로 지정된 충주 미륵리사지(彌勒里寺址) 동쪽에 위치해 있었던 것으로 추정된다. 충주 미륵리사지에 대한 다섯 차례의 발굴조사 과정을 통해 고려시대 미륵대원의 전모가 드러났다. 미륵리사지 발굴조사 중 미륵리사지 동측에서 전체적인 건물배치가 사찰터와는 성격이 뚜렷하게 차이가 나는 유구(遺構)를 발견하였다. 건물지들은 ㅁ자형으로 동·서·남·북면에 길게 위치하였고 이들 건물지 사이의 중정(中庭)에도 건물이 있었던 것으로 확인되었다. 이 일대가 『삼국유사』 왕력에 등장하는 미륵대원의 옛터로 추정된다. 또한 "대원사(大院寺)"라고 새겨진 명문기와가 출토됨에 따라 이전까지 "미륵리사지"로 불려 왔던 사찰터의 고려시대 명칭이 "대원사"였음을 확인하기도 하였다. 대원사라는 절 이름에서 원(院)의 기능까지 수행하였음을 짐작할 수 있으며, 미륵대원이라는 이름에서 미륵리사지에 위치해 있는 미륵불과 절 이름이 복합된 것임을 알 수 있다. 대체로 대원사의 창건 후에 계립령을 통하는 교통의 요지라는 지리적인 여건과 역원제도의 정비로 인해 대원사 동쪽에 별도의 원을 세우고 미륵대원이라 명명하였던 것으로 추정된다. 미륵대원은 영남으로의 주요 교통로가 계립령에서 조령(鳥嶺)으로 바뀌게 되는 조선 초기 이후에 점차 그 기능을 상실한 것으로 보인다.(청주대학교 박물관, 1993)

계립령은 계립현(雞立峴), 마목현(麻木峴) 등으로 불리기도 하였다. 그 위치에 대해서는 충북 충주시 미륵리에서 수안보 방면으로 넘어가는 지릅재로 보거나 경북 문경시 방면으로 넘어가는 하늘재로 이해하기도 한다. 그러나 미륵리 동·서쪽의 두 고개는 크게 보면 하나의 고갯길(嶺路)로 볼 수 있으므로 양 고갯길 모두를 포함하는 범칭으로 보는 것이 합리적일 듯하다.(최영준, 1990)

『삼국유사』 왕력에서는 미륵대원의 동쪽 고개이 "입현(立峴)"이라고 나타난다. 현존하는 『삼국유사』의 모든 판본에는 "입현"의 앞 글자가 결락되어 정확한 명칭이 "입현"이었는지, 혹은 "□입현"이었는지 확인할 수 없다. 다만 『삼국사기』 권2 신라본기2 아달라이사금 3년(156)조에서, "계립령의 길을 열었다.(開雞立嶺路)"라고 한 것으로 미루어 보아 판본의 원문이 계립현(雞立峴)이었을 가능성이 높다. 계립령로는 개척된 이래로 신라·백제·고구려 삼국이 북진·남하하는 데 중요한 군사로였으며 통일신라 이후 남북을 오가는 데 중추적 역할을 담당하였다. 최근까지도 문경읍 관음리 주민들은 수안보나 충주로 가기 위해 이 길을 종종 이용하고 있다.

26) 벌휴이질금

신라의 제9대 왕으로 생몰년 ?-196년, 재위기간 184-196년이다. 발휘(發暉)라고도 하며 성은 석씨이다. 아버지는 탈해왕의 아들 구추 각간(仇鄒 角干)이며, 어머니는 김씨 지진내례부인(只珍內禮夫人)이다. 『삼국유사』 왕력에서는 벌휴이질금이라는 왕명만 확인되고 관련 기록이 없다. 그는 탈해이질금 이후 처음으로 재등장하는 석씨 왕이다.

『삼국사기』 권2 신라본기2 벌휴이사금 즉위년조에 따르면 왕의 아버지는 탈해이사금의 아들인 구추 각간(仇鄒角干)이다. 그러나 벌휴이질금이 즉위하는 해인 184년은 탈해이질금의 사망으로부터 104년이 지난 후로 세대 간의 간격이 너무 크게 벌어지게 된다. 이를 근거로 탈해(脫解)-구추(仇鄒)-벌휴(伐休)로 이어지는 『삼국사기』의 벌휴왕 가계는 허구라는 주장이 일찍부터 제기되었다. 이에 따르면 탈해계(脫解系)와는 다른 집단인 벌휴계(伐休系)가 북방에서 남하하여 경주에 도래한 후, 경주 지역에서 이미 토함산신(吐含山神)으로 숭배되고 있던 탈해의 계보에 자신의 계보를 부회(附會)하였을 가능성이 높다는 것이다. 이들이 신라에서 지배권을 확립한 뒤 왕성한 정복력을 가지고 영역을 확대한 결과 『삼국사기』 신라본기의 기록과 같이 벌휴이사금-첨해이사금 때 석씨 왕들이 활발한 정복활동을 벌인 것으로 기록되었다고 이해하는 것이다.(천관우, 1989)

한편 사료에서 벌휴이사금의 왕비가 누구인지는 확인할 수 없으나, 왕의 어머니 지진내례부인(只珍內禮夫人)이 김씨인 점으로 미루어 보아, 박씨계는 고립되고 석씨와 김씨의 제휴 시대를 맞게 된 것으로 보기도 한다.(이기백·이기동, 1982)

『삼국사기』 벌휴이사금 즉위년 본기에 따르면, 아달왕에게 아들이 없자 국인들이 왕으로 세웠다고 하며, 왕은 풍운을 점치고 수한과 풍흉을 예지하고, 또 사람들의 사정을 분별하여 백성들이 성인(聖)이라 불렀다고 한다. 또한 『삼국사기』에는 벌휴이사금의 뒤를 이어 왕위를 잇는 내해이사금과 조분이사금은 모두 벌휴의 손(孫)이고, 첨해이사금은 조분의 동모제(同母弟), 유례이사금은 조분의 장자(長子), 기림이사금은 조분의 손(孫), 흘해이사금은 내해의 손(孫)으로 나온다. 이로 보아 벌휴이사금은 석씨 시조 탈해에 버금가는 신령적인 존재로 석씨왕계를 실질적으로 확립한 중시조에 해당하는 인물로 이해된다.

27) 나해이질금

신라의 제10대 왕으로 생몰년 ?-230년, 재위기간 196-230년이다. 성은 석씨이며 신라 제9대 벌휴이질금(伐休尼叱今, 재위 184-196년)의 손자이다. 어머니는 내례부인(內禮夫人)이고 왕비는 조분왕의 누이동생이다. 『삼국유사(三國遺事)』 왕력에서는 나해이질금의 왕명만 기재되고 구체적인 기록은 없다. 『삼국사기(三國史記)』 권2 신라본기2 나해이사금(奈解尼師今) 즉위년조에 따르면, 왕의 성은 석씨이고 벌휴이사금의 손자이다. 벌휴이사금의 태자 골정(骨正)과 둘째 아들 이매(伊買)가 모두 일찍 사망하였고, 맏손자마저도 아직 어렸기 때문에 이매의 아들인 나해가 왕위에 올랐다고 한다.

나해이질금대 신라는 백제와 총 다섯 차례의 크고 작은 전투를 벌였다. 『삼국사기』 신라본기의 기록에 따르면 백제는 나해이질금 4년(199)에 신라의 국경을 침범하였고, 동왕 19년(214)에는 요차성(腰車城)에 쳐들어와 성주 설부를 살해하였다. 이에 신라는 정예군사 6천 명으로 반격하여 백제의 사현성(沙峴城)을 함락시켰다. 이듬해인 나해이질금 20년(215)에는 백제가 장산성(獐山城)을 침입하므로 친히 군사를 이끌고 나아가 격퇴하기도 하였다. 백제는 나해이질금 22년(222)에 우두주(牛頭州)를 침입하기도 하였다.

백제와의 빈번한 전투와 달리 가야와는 화친을 맺고 긴밀한 관계를 유지하였다. 특히 『삼국사기』 권2 신라본기2 나해이사금 14년(209)조에는 "포상의 여덟 나라(浦上八國)가 가라(加羅)를 침범하려고 하였으므로 가라 왕자가 와서 구원을 요청하였다. 왕이 태자 우로(于老)와 이벌찬 이음(利音)에게 명하여 6부의 군사를 이끌고 가서 구원하도록 하였다. 여덟 나라의 장군을 공격하여 죽이고 포로가 되었던 6천 명을 빼앗아 돌려주었다.(浦上八國 謀侵加羅 加羅王子來請救 王命太子于老與伊伐飡利音 將六部兵 往救之 擊殺八國將軍 奪所虜六千人還之)"라고 하여 소위 "포상 8국(浦上八國)"과의 전쟁을 구체적으로 전하고 있다. 이에 대해서는 『삼국사기』 권48 열전8 물계자조와 『삼국유사』 권5 피은8 물계자조에도 구체적으로 기록되어 있다.

포상 8국의 난에 대해서는 『삼국사기』의 초기 기년에 대한 의문을 바탕으로 4세기 전반으로 그 시기를 수정해 보는 시각이 일반적이다. 이에 따르면 가야의 세력권에서는 낙랑군(樂浪郡)의 소멸(313년)로 인하여 포상 8국 전쟁이라는 내분이 발생하였고, 그 결과 전기 가야연맹(前期加耶聯盟)에서 후기 가야연맹(後期加耶聯盟)으로 전환되었다고 한다. 즉, 낙랑군의 소멸 시기와 포상 8국 전쟁을 동 시기 가야 남부 지역의 상황으로 인식하여 전기 가야연맹의 해체과정과 관련지어 보는 것이다.(김태식, 1993)

반면, 포상 8국과 가라 사이의 전쟁을 두고 3세기 초 대방군의 설치로 인해 동북아시아 해상교통로의 중심 거점으로 새롭게 대두되었던 김해 구야국(狗邪國, 가라)에 맞서서 남해안의 8국이 연합, 구야국(가라)의 이권에 도전했던 전쟁으로 이해하여 내해이사금 때에 있었던 사실로 이해하기도 한다. 『삼국유사』 물계자조에서 기록하고 있는 바와 같이 신라는 포상 8국의 군사행동을 신라의 변경에 대한 침공으로 받아들여, 가라의 요청에 따라 구원병을 파견했던 것으로 파악하는 것이다.(박대재, 2006)

28) 조분이질금

신라의 제11대 왕으로 생몰년 ?-247년, 재위기간 230-247년이다. 제분왕(諸賁王)이라고도 하며 성은 석씨이다. 벌휴이사금의 태자인 골정갈문왕(骨正葛文王)의 아들이자 벌휴이사금의 적손(嫡孫)이며 나해이사금의 사위이다. 『삼국유사』 왕력에서는 조분이질금(助賁尼叱今) 외에도 조분왕(助賁王), 제분왕(諸賁王) 등 이칭이 등장하지만 왕과 관련한 구체적인 기록은 없다.

『삼국사기』 권2 신라본기2 조분이사금 즉위년조에 따르면, 그는 벌휴이사금의 손자이자 골정갈문왕(骨正葛文王)의 아들이다. 또한 어머니는 구도갈문왕(仇道葛文王)의 딸 옥모부인(玉帽夫人) 김씨이고, 비는 나해이사금의 딸 아이혜부인(阿爾兮夫人)이다. 나해이사금이 유언으로 사위인 조분에게 왕위를 잇도록 하였다.

조분이사금 때 신라는 활발하게 주변국을 정복해 나갔다. 『삼국사기』 권2 신라본기2 조분이사금 2년(231)조에는, "이찬 우로를 대장군으로 삼아 감문국을 토벌하여 함락시키고 그 땅을 군으로 삼았다.(以伊湌于老爲大將軍 討破甘文國 以其地爲郡)"라고 하였다. 감문국은 지금의 경상북도 김천시 개령면 일대에 비정되며, 경주에서 추풍령(秋風嶺)을 통해 서북쪽 백제 지역으로 진출하는 길목에 해당한다.(이형우, 2000)

또한 조분이사금 7년(236)조에는 "골벌국왕(骨伐國王) 아음부(阿音夫)가 무리를 이끌고 와서 항복하였으므로 집과 토지를 주어 편히 살게 하고 그 땅을 군으로 삼았다.(骨伐國王阿音夫 率衆來降 賜第宅·田莊安之 以其地爲郡)"라는 기록도 보인다. 골벌국은 현재의 경상북도 영천 지역으로, 의성의 소문국(召文國), 대구의 다벌국(多伐國), 개령(開寧)의 감문국(甘文國) 등 주변의 나라들이 모두 먼저 신라에 복속되면서 고립을 면할 수 없었다. 이러한 상황에서 골벌국왕은 어쩔 수 없이 신라에 항복한 것으로 짐작된다. "국왕"이라고 한 점이나 왕명이 전하는 점, 그 지역을 군(郡) 단위로 편제했다는 점 등을 고려해 볼 때 골벌국은 진한의 국 가운데 비교적 규모가 큰 대국(大國)에 가까웠던 것으로 추정된다.(박대재, 2006)

29) 이해이질금

신라의 제12대 왕으로 생몰년 ?-261, 재위기간 247-261년이다. 첨해이사금(沾解尼師今) 혹은 점해왕(詀解王)이라고도 한다. 성은 석씨이며 골정(骨正)의 아들, 어머니는 옥모부인(玉帽夫人)으로 조분이사금(助賁尼師今)의 동모제(同母弟)이다. 『삼국유사』 왕력에서는 이해(理解)이질금 또는 점해왕(詀解王)이라고 하였고, 『삼국사기』 권2 신라본기2에서는 첨해이사금(沾解尼師今)이라고 하였다. 『삼국사기』 권1 신라본기1 첨해이사금 원년조에 따르면 아버지 골정을 세신갈문왕(世神葛文王)에 봉하였다.

왕력에서는 이 왕 때에 "처음으로 고구려와 사신을 교환하였다.(始與高句麗通聘)"라고 하였다. 이에 대해서 『삼국사기』 권2 신라본기2 첨해이사금 2년(248)조에서도 "고구려에 사신을 보내 화친을 맺었다.(遣使高句麗結和)"라고 하여 두 기록이 일치하고 있음을 확인할 수 있다. 본 기록에 등장하는 고구려를 "영서맥(嶺西貊)" 세력으로 추정하고, 신라가 영서 지역을 경유하여 낙랑군으로 가는 교통로를 안전하게 확보하기 위해 그 지역의 맥(貊)과 우호관계를 맺은 것으로 파악하기도 한다.(박대재, 2006)

『삼국사기』 권2 신라본기2 첨해이사금 3년(249)조에는 "궁궐의 남쪽에 남당을 지었다.(作南堂於宮南)"라고 하였고 같은 왕 5년(251)조에는 "처음으로 남당에서 정무를 보았다.(始聽政於南堂)"라고 하였다. 기존 연구에서 남당은 원시 부족사회의 결사조직에서 기원한 귀족회의의 장소로 주목되었으며, 이에 초기의 귀족회의를 "남당회의(南堂會議)"라 이름하고 후대의 화백회의와 연결해 보기도 하였다.(이병도, 1976) 그런데 근래 남당을 귀족회의(和白會議)와 분리하여 이해하고, 군신회의의 장소 내지 왕의 정청(政廳)으로 강조하는 시각이 제기되고 있다.(박남수, 2003) 특히 남당에서 국왕이 주재하는 원회(元會), 기우(祈雨), 양로(養老) 등의 의식이 행해진 것으로 보아 주로 의례를 통한 정치행위가 이루어지던 공간으로 이해되기도 한다.(박대재, 2006) 또한 왕궁의 배치에 대한 연구를 통해 상고기의 "정전(正殿)-남당(南堂)" 체계가 중대 이후 "정전(正殿)-조원전(朝元殿)" 체계로 변화하는 양상이 확인됨을 근거로 남당을 중대의 조원전과 같은 국가의 중심적 의례 공간으로 보기도 한다.(여호규, 2002)

30) 미추이질금

신라 제13대 왕으로 생몰년 ?-284년, 재위기간 262-284년이다. 미조(未祖, 未照) 혹은 미고(未古)·미소(未召)라고도 한다. 김씨로 처음 왕위에 올랐다. 어머니는 이비갈문왕의 딸로 박씨였으며, 왕비는 조분왕의 딸로 석씨였다. 자세한 설명은 기이편 미추왕죽엽군조의 주석을 참고.

31) 구도갈문왕

신라 제13대 미추이사금의 아버지. 김알지(金閼智)의 5대손인 구도갈문왕(仇

道葛文王)은 부인이 이비(伊非=이칠〔伊柒〕)갈문왕의 딸인 술례부인(述禮夫人, 혹은 생호〔生乎〕) 박씨(朴氏)이며, 아들 미추(味鄒)는 김씨(金氏)로서 최초로 왕위에 올랐다. 딸인 옥모부인(玉帽夫人)은 벌휴이사금의 아들 골정갈문왕(骨正葛文王)과 결혼하여 조분이사금과 첨해이사금을 낳았다.

『삼국유사』 왕력에서는 신라 제13대 미추이질금의 아버지가 구도갈문왕이고, 어머니는 생호 혹은 술례부인이라고도 하며, 이비갈문왕의 딸인데 성은 박씨라고 하였다. 그리고 왕비는 제분왕의 딸 광명랑이라고 하였다.

미추의 아버지인 구도에 대해서는 『삼국사기』 권2 신라본기2 아달라이사금조에서 "19년(172) 봄 정월에 구도(仇道)를 파진찬으로 삼고 구수혜(仇須兮)를 일길찬으로 삼았다.(十九年 春正月 以仇道爲波珍湌 仇須兮爲一吉湌)"는 기사가 확인되어, 파진찬에 올랐음을 알 수 있다. 『삼국사기』 권2 신라본기2 벌휴이사금조에서는 "2년(185) 2월에 파진찬 구도(仇道)와 일길찬 구수혜(仇須兮)를 임명하여 좌우군주(左右軍主)로 삼아 소문국(召文國)을 정벌하였는데, 군주의 이름은 여기에서 비롯되었다.(二年 二月 拜波珍湌仇道 一吉湌仇須兮 爲左右軍主 伐召文國 軍主之名 始於此)"고 기록되어, 벌휴왕 2년(185)에 좌군주(左軍主)가 되어 소문국(召文國)을 정벌하였음을 알 수 있다.

구도는 이후 『삼국사기』 권2 신라본기2 벌휴이사금조에 의하면, "7년(190) 가을 8월에 백제가 서쪽 국경에 있는 원산향(圓山鄕)을 습격하였다. 또 진군하여 부곡성(缶谷城)을 에워쌌으므로 구도가 굳센 기병 500명을 거느리고 그들을 공격하니 백제의 군사가 거짓으로 달아났다. 구도가 뒤쫓아가 와산(蛙山)에 이르렀다가 백제에게 패하였다. 왕은 구도가 실책하였다 하여 부곡성주(缶谷城主)로 좌천시키고 설지(薛支)를 좌군주(左軍主)로 삼았다.(七年 秋八月 百濟襲西境圓山鄕 又進圍缶谷城 仇道率勁騎五百擊之 百濟兵佯走 仇道追及蛙山 爲百濟所敗 王以仇道失策 貶爲缶谷城主 以薛支爲左軍主)"고 기록되어, 벌휴왕 7년(190)에 백제의 원산향을 습격했으나 도리어 패하여 부곡성주로 좌천되었음을 알 수 있다.

이후 구도는 기록에서 나타나지 않고 있으며, 『삼국사기』 권2 신라본기2 미추이사금조에 의하면 "2년(263) 2월에 몸소 국조묘(國祖廟)에 제사 지내고 크게 사면하였다. 죽은 아버지 구도(仇道)를 갈문왕으로 봉하였다.(二年 二月 親祀國祖廟 大赦 封考仇道爲葛文王)"고 기록되어, 미추왕이 즉위한 후인 263년에 갈문왕(葛文王)으로 추봉(追封)되었음을 알 수 있다.

벌휴왕 7년에서 미추왕 2년까지는 약 73년이라는 시간적 간격이 있으며, 그 사이에는 3명의 왕이 재위한 것으로 되어 있다. 이에 연대상으로 구도를 미추왕의 아버지로 보기에는 문제가 있을 수 있다는 의견도 있다.(김철준, 1975; 강종훈, 2000)

구도는 원래 박씨 왕 시대에 파진찬(波珍飡)이 되었는데, 석씨 왕인 벌휴왕대에 들어선 후 곧 정치적으로 격이 떨어지는 것을 알 수 있다. 이는 구도 자신이 석씨 왕보다는 박씨 왕들과 깊은 관계에 있었던 사실을 나타내 주는 것으로 생각할 수 있다. 구도의 부인인 술례부인이 박씨 이비갈문왕의 딸이라는 사실도 이와 관계가 있을 것이다. 그런데 김씨족은 구도의 자녀 때에 이르러 다시 석씨족과 깊은 관계를 맺고 있다. 구도의 딸은 벌휴왕의 아들인 골정갈문왕과 결혼하고 있으며, 구도의 아들인 미추왕은 조분왕의 딸인 광명랑을 왕비로 맞이하고 있다.(이종욱, 1980)

32) 유례이질금

신라 제14대 왕으로 생몰년 ?-298년, 재위기간 284-298년이다. "세리지왕(世里智王)"이라고도 한다. 석씨이며, 아버지는 제분왕이고, 어머니는 □소부인 박씨이다. 김씨인 제13대 미추왕의 뒤를 이어 다시 석씨로 왕위에 올랐다. 왕비는 기록에 구체적으로 나타나지 않는다.

『삼국사기』의 주(註)에는 『고기(古記)』를 인용하여 3대와 14대의 두 임금의 이름이 유리(儒理) 혹은 유례(儒禮)로 같다고 하였다. 『삼국유사』 왕력에서는 유례의 다른 이름으로 "세리지왕(世里智王)"이라고 하였다. 이에 대하여 3대·

14대 두 왕은 같은 왕명(王名)으로서 '늙은(老)'의 의미를 가진 역사시대의 눌지(訥祇)가 상대(上代)로 투사되어 만들어졌다고도 보면서, 이들 셋은 '누리(世, 享, 繼)'의 뜻을 지녔는데, 박·석·김의 3성에 각각 이러한 이름을 가진 왕이 병립하여 있던 것을 하나의 계보로 만들어 버린 결과로 보기도 한다.(이병도, 1976)

『삼국사기』 권2 신라본기2 유례이사금 즉위조에 따르면, 유례왕은 "조분왕의 맏아들이고 어머니는 박씨 갈문왕(葛文王) 나음(奈音)의 딸이다. 일찍이 밤길을 가다가 별빛이 입 속으로 들어와 잉태하였는데, 태어나던 날 저녁에 이상한 향기가 방 안에 가득하였다.(助賁王長子 母朴氏 葛文王奈音之女 嘗夜行 星光入口 因有娠 載誕之夕 異香滿室)"고 한다. 이는 유례왕의 아버지인 조분왕의 왕비가 박씨 나음갈문왕의 딸이라는 이야기이다. 그런데 조분왕의 왕비는 또한 나해이사금의 딸 아이혜부인(阿爾兮夫人)이므로, 나음과 나해의 딸 두 사람이 조분왕의 왕비로 나오는 셈이 된다. 그러나 조분왕의 왕비가 구체적으로 2명이었다는 자료가 없으므로, 조분왕은 유례왕의 아버지가 아니라 할아버지일 가능성도 있다고 보기도 한다.(이종욱, 1980)

김씨 왕인 미추왕의 뒤를 이어 석씨족에서 다시 왕위를 계승한 이유는 우선, 벌휴왕에서 첨해왕까지 4명의 왕이 계승되는 동안 석씨족이 집단의 규모를 확대하였기 때문일 것으로 이해된다. 유례왕은 이같이 성장한 세력을 배경으로 하면서 그의 모계인 박씨족의 도움을 받아 왕위에 오른 것으로 추정된다. 선왕인 미추왕은 네 명의 석씨 왕에 이어 조분왕의 사위 자격으로 왕위에 올랐기 때문에, 그 후 쉽게 왕위가 김씨족에게 계승되지 않고 다시 석씨인 유례에게 돌아왔다는 것이다.(이종욱, 1980)

33) 월성

신라의 왕성으로, 현재 경북 경주시 인왕동 387-1에 위치한 사적 제16호 경주 월성으로 추정된다. 신라 파사왕 22년(101)에 축조되었다고 한다. 이 성은 모양이 반달 같다 하여 "반월성(半月城)"·"신월성(新月城)"이라고도 하며, 왕이 계신

곳이라 하여 "재성(在城)"이라고도 한다.

『삼국사기』에 의하면, 탈해가 왕위에 오르기 전에 토함산정에서 조망하다가 이 월성 자리를 길지라 생각하고, 원래 호공(瓠公)의 거주지였던 이곳을 꾀를 부려 차지하였다. 그리고 『삼국사기』 권1 신라본기1 파사이사금 22년(101) 기록에는 "봄 2월에 성을 쌓아 월성(月城)이라 이름하였다. 가을 7월에 왕이 월성에 이거(移居)하였다.(二十二年 春二月 築城名月城 秋七月 王移居月城)"고 했다. 곧, 월성을 궁성으로 쌓은 뒤 금성(金城)에서 이곳으로 왕성을 옮겼음을 알 수 있다. 그 후 여러 차례 궁실을 중수하다가 유례왕 7년(290)에 와서 홍수로 인해 월성이 무너졌다고 하였는데, 아마 이때의 일이 『삼국유사』 왕력에 나타나는 월성 보축 기사와 연결되는 것으로 생각된다.

자비왕 18년(475)에 지진의 피해로 인해 월성에서 명활성으로 이거(移居)하였다가 소지왕 9년(487)에는 월성을 수리하고, 소지왕 10년(488)에 월성으로 다시 이거하였다. 선덕여왕 16년(647)에 비담(毗曇)의 난이 일어났을 때 왕의 군대가 월성에 주둔하였고, 반군은 명활성에 주둔하였다고 한다. 『삼국사기』 진덕왕 5년(651) 기사를 통해서는 조원전(朝元殿)이 월성 내에 있었음을 알 수 있고, 태종무열왕 2년(655) 기사를 통해서는 고루(鼓樓)가 세워졌음을 알 수 있다.

월성은 근래의 지표조사에서 그 둘레가 2,340m이고, 면적이 193,845m^2임이 밝혀졌다.(국립경주문화재연구소, 2004) 성벽은 동·서·북 3면과 서남면은 토석(土石)을 함께 다지고, 그 맨 위에 점토를 이겨 덮었다. 성벽 높이는 일정하지 않으며 대체로 10-20m 정도 되게 쌓았으나, 남면은 문천(蚊川)이 있고 천연단애로 이루어진 곳이라서 거의 성벽을 쌓지 않았다. 지금 지표에서 흔적을 확인할 수 없으나, 당시에는 현재의 성벽 위에 다시 낮은 토장(土墻) 시설이 있었던 것으로 추측된다. 이 성에는 9개소의 문지(門址)가 남아 있다. 그중에서 서쪽의 귀정문지(歸正門址)와 북쪽의 북문지는 문헌과 현지의 방위에 따라 추정할 수 있으며, 동북쪽에 남아 있는 문지는 1979-1980년에 문화재연구소에서

발굴하여 정면 1칸, 측면 2칸의 단층 문루가 있음이 밝혀졌다.(국립경주문화재연구소, 1990)

해자(垓字) 시설도 발견되었는데, 해자 양쪽 석축의 간격은 동쪽으로 가면서 넓어져 최고 20여 미터까지 넓어지다가, 문지 앞에서는 10m 정도의 길이에 1.5m의 폭으로 좁아지며, 서쪽으로 가면서는 다시 넓어졌다. 121m 길이의 해자가 성 주위에 돌려졌음이 확인되었다. 또 이 해자 부근의 문지 북측 지점에서 동북으로 뻗어 있는 목책(木柵)을 발견하였다. 이 목책은 약 1.5m 간격으로 기둥을 세우고 옆으로 다시 원목을 차곡차곡 가로 댄 것이었는데, 수로를 위한 방책으로 보고 있다. 월성 내에는 소지(小池) 2개소가 있었다고 하나, 지금은 매몰되어 확인할 수 없는 상태이다. 월성 내에는 경주 석씨의 시조를 모시는 숭신전(崇信殿)이 있었으나, 1980년에 석탈해왕릉(昔脫解王陵) 남쪽으로 옮겨졌다. 현재의 월성 내에는 1741년에 월성 서쪽에서 이곳으로 옮겨 만든 석빙고(石氷庫, 보물 제66호)가 남아 전한다.(박방룡, 1997)

『삼국사기』 권34 잡지3 지리1 신라조에는 "신월성 북쪽에 만월성이 있다.(新月城北有滿月城)"고 하였는데, 신월성이 지금의 월성을 의미하는 것인지는 확실치 않다. 다만 같은 기록에 "시조 이래로 금성에 거처하였고 후세에 와서 두 월성에 많이 거처하였다.(始祖已來處金城 至後世多處兩月城)"고 하여 월성이 2개임을 언급하고 있다. 본기에 보이는 월성과 신월성을 분리해 이해하면 모두 3개의 월성이 있었던 것이다. 그러나 신월성은 대개 지금의 월성을 가리키는 것으로 보며, 그 북쪽에 있었던 만월성은 북천 남변의 성동동 전랑지(城東洞 殿廊址) 내지 경주고등학교 터를 주목하기도 한다. 최근에는 지표조사를 토대로 만월성은 월성(신월성)에서 범위를 확장하여 덧붙여 세운 부분이 아닌가 추정하는 것이 일반적이다.(국립경주문화재연구소, 2007)

월성과 함께 상고기의 궁성으로 사용되었던 금성(金城)은 문헌기록의 출현 빈도를 살펴보면 월성보다 3배 이상 압도적으로 많이 나타난다. 이것은 월성이 대부분 왕의 재성(在城)이었기 때문에 "월성"이라는 표현보다는, "궁(宮)"

또는 "궁실(宮室)", "궁궐(宮闕)"로 표기되었기 때문이다. 금성에는 파사이사금 이전 초기 왕들과 일성이사금과 아달라이사금, 벌휴이사금 재위 초기의 궁실이 위치하였지만, 나머지 대부분의 왕들은 파사이사금이 축조했던 월성에 궁실을 두었다. 첨해이사금 3년(249) 궁 남쪽에 지은 남당(南堂)은 월성의 정청(도당)으로 일성이사금 때 금성의 정청으로 설치된 정사당(政事堂)과 비교되는 시설이다. 첨해이사금은 2년 후 재위 5년(251) 정월에 남당에서 처음 청정하였다. 이것은 백제 고이왕 28년(261) 정월 초하루 남당 청정에 비견되는 것으로, 신라의 초기 국가 성립을 시사해 주는 획기적인 사건이라 이해된다. 파사이사금이 월성을 축조한 이래로 월성은 왕성으로서 정치적 중심지로 기능하였다. 전대 왕의 궁성이었던 금성은 정치적 기능과 함께 제의적 중심지로도 기능하였다. 파사이사금 때 월성이 왕성으로 축조되고 정치적 중심지가 옮겨 감에 따라 제의적 공간(금성)과 정치적 공간(월성)이 분리되었으며, 이후 점차 정치적 중심지인 월성이 우위를 차지하게 되면서 월성이 위치한 양산촌(양부)이 고허촌(사량부)을 대신해 6부의 수부(首部)로 자리잡게 되었다고 이해된다.(박대재, 2014)

34) 기림이질금

신라 제15대 왕으로 생몰년 ?-310년, 재위기간 298-310년이다. 기립왕(基立王)이라고도 한다. 석씨이고, 제분왕(조분왕)의 둘째 아들이다. 어머니는 아이혜부인(阿爾兮夫人)이다. 『삼국사기』 흘해왕 즉위조에는 기림왕에게 아들이 없었던 것으로 나오고 있다.

기림이사금의 부계통(父系統)에 대해서는 세 가지 기록이 있다. 첫째는 『삼국사기』 권2 신라본기2 기림이사금 즉위조의 "조분이사금의 손자로 아버지는 이찬 걸숙(乞淑)이다.(助賁尼師今之孫也 父乞淑伊飡)"는 기록을 바탕으로 한, 조분왕(助賁王)-걸숙(乞淑)-기림왕(基臨王)의 계보이다. 둘째는 같은 기사의 세주에 기록된 "또는 걸숙을 조분왕의 손자라고도 하였다.(一云 乞淑 助賁之孫

也)"는 기록을 바탕으로 한, 조분왕-□-걸숙-기림왕의 계보이다. 셋째는 『삼국유사』 왕력에 나타난 조분왕-기림왕의 계보이다.

그중 세 번째 설과 관련하여, 기림왕은 조분왕이 죽은 지 63년 후에 세상을 떠나고 있으므로, 둘 사이가 부자간이었을 가능성은 희박하다고 보는 견해가 있다. 따라서 기림왕의 아버지로 되어 있는 걸숙의 존재는 일단 인정할 수 있으며, 세대수를 줄이려는 세계표의 경향을 고려하면 걸숙을 조분왕의 손자로 볼 수 있다는 것이다. 기림왕의 어머니에 대해서는 기록이 잘 남아 있지 않다. 다만 기림왕의 아버지를 조분왕으로 보고 있는 『삼국유사』 왕력에만, 어머니가 조분왕의 왕비인 아이혜부인으로 되어 있다. 기림왕은 조분왕 가계의 성원 자격으로 왕위에 오른 것으로 생각된다.(이종욱, 1980)

『삼국유사』 왕력에서는 정묘년(丁卯年), 곧 기림왕 10년(307)에 "덕업일신 망라사방(德業日新 網羅四方)"의 뜻을 따라 국호를 정하여 신라라 하였는데, 또는 지증·법흥 시대의 일이라고도 한다고 하였다. 『삼국사기』 권2 신라본기2 기림이사금 10년(307)조에서도 "나라 이름을 다시 신라라 하였다.(復國號新羅)"고 기록하였다. 이에 대해서는 『삼국사기』 권4 신라본기4 지증왕 4년(503)조의 "신 등의 생각으로는, 신(新)은 '덕업이 날로 새로워진다.'는 뜻이고 나(羅)는 '사방을 망라한다.'는 뜻이므로 이를 나라 이름으로 삼는 것이 마땅하다고 여겨집니다.(臣等以爲 新者德業日新 羅者網羅四方之義 則其爲國號宜矣)"라는 기사를 따라, 지증왕 4년의 일로 보는 것이 일반적이다.(주보돈, 1994)

그런데 『삼국유사』 왕력에서는 기림이사금 10년에 국호를 "신라"로 정(定)했다고 해서 『삼국사기』의 "복국호(復國號)"와 차이가 난다. 이에 대해 『삼국유사』가 『삼국사기』의 오류를 수정한 것이라고 평가하면서, 신라의 국호로 처음에는 사로(斯盧)나 서나벌(徐那伐)이 사용되다가 4세기에 이르러 신라(新羅)가 새로이 출현하여 병용되었다고 이해한다. 4세기부터 사용되기 시작한 신라 국호는 "망라사방(網羅四方)"이라는 공간적 의미에서 당시까지의 영역 확장을 담아내기 위한 국호라고 보는 것이다.(주보돈, 2003)

『삼국유사』 왕력과 『삼국사기』 본기에 나오는 기림이사금 때 "신라" 국호 기록은 부정하기 곤란하다. "덕업일신(德業日新) 망라사방(網羅四方)"의 유교적 의미는 후대에 붙여진 것이라 할지라도, 신라 국호의 사용은 지증왕 이전 이미 기림이사금 때부터 시작된 것으로 이해된다. 「광개토대왕비」나 「중원고구려비」 등에 보이는 "신라" 국호가 그 단적인 근거이다. 다만 「영일냉수리신라비」에 "사라(斯羅)"가 보이는 것으로 보아, 아직 대내적으로는 국호가 "신라" 하나로 확정된 것은 아니었다. 사로에서 신라로의 전환은 경주 지역을 넘어서 옛 진한 지역 전체를 아우른 영역 국가로의 전환을 의미하는 것으로 이해할 수 있다. 사로국의 진한 제국(諸國)에 대한 통합이 완료된 3세기 후반 이후 국왕의 직접 지배를 받고 있던 경주 지역의 읍락들이 간접 지배를 받던 지방과 구별되는 중앙의 6개 부(部)로 편제되면서, 신라의 국가구조에 큰 변화가 오게 된다. 기림이사금 때 국호를 "신라"로 정한 것은 이러한 국가구조의 새로운 변화를 담아내기 위한 조치였던 것으로 추정된다. 이를 통해 "신라 6부"의 정비가 기림이사금 때 완료된 것으로 이해할 수 있다.(박대재, 2014)

35) 아이혜부인

신라 제11대 조분이사금의 왕비로 아버지는 나해이사금(奈解尼師今)이다. 나해이사금이 유언으로 그의 사위인 조분(助賁)을 왕으로 정함에 따라 왕비가 되었다. 딸은 광명랑(光明娘) 또는 광명부인(光明夫人)으로 미추이사금의 비가 되었다.

『삼국유사』 왕력에서는 유례왕의 어머니를 □소부인(□召夫人)이라 하였다. 한편 『삼국사기』 권2 신라본기2 조분이사금 즉위년조에서, 조분왕의 비는 아이혜부인으로 나해왕의 딸이라고 하였는데, 같은 책 유례이사금 즉위년조에서는 나음갈문왕의 딸이라 하였다. 따라서 유례왕이 조분왕의 손자일 가능성이 있다는 견해도 있다. 또한 왕력에서는 기림왕의 어머니를 아이혜부인이라 하였으나, 기림왕을 조분왕의 아들로 보기 어렵기 때문에, 그의 어머니를

조분왕의 비(妃)인 아이혜부인으로 볼 수 없다고 보기도 한다.(이종욱, 1980)

36) 신라

기원전 57년에서 기원후 935년까지 992년간 존속했으며, 총 56대의 왕이 다스린 신라의 국호이다. 신라의 국호는 시기와 사료에 따라 매우 다양하게 나타난다. 『삼국사기』 권1 신라본기1 시조혁거세거서간 즉위년조에서는 국호를 서나벌(徐那伐)이라 하였고, 『삼국사기』 권1 신라본기1 탈해이사금 9년조에서는 "시림을 바꾸어 계림이라 이름하고 그것을 국호로 삼았다.(改始林名鷄林 因以爲國號)"고 하여 계림(鷄林)이 나타난다.

『삼국사기』 권34 지3 지리1에서는 "지금 살펴보건대, 신라 시조 혁거세는 전한 오봉 원년 갑자에 개국하였다. […] 국호는 서나벌(徐那伐) 또는 사라(斯羅) 또는 사로(斯盧) 또는 신라(新羅)라고 하였다. 탈해왕 9년에 시림(始林)에서 닭의 변괴가 있어서 다시 계림이라고 이름하고 이를 국호로 삼았다. 기림왕 10년에 다시 신라(新羅)라고 이름하였다.(今按新羅始祖赫居世 前漢五鳳元年甲子開國 […] 國號曰徐耶伐 或云斯羅 或云斯盧 或云新羅 脫解王九年 始林有雞怪 更名雞林 因以爲國號 基臨王十年 復號新羅)"고 하여 서나벌(徐那伐), 사라(斯羅), 사로(斯盧), 신라(新羅)의 국호가 초기부터 있었던 것처럼 기록되어 있다.

『제왕운기(帝王韻紀)』 권하(下)에서는 "시라(尸羅)"가 나타나며, 『삼국유사』 권1 기이1 혁거세조에서는 서라벌(徐羅伐), 서벌(徐伐)이 국호로 나타나고 있다. 또한, 『삼국유사』 권4 의해(義解)5 귀축제사조(歸竺諸師條)에서는, "천축인이 해동을 불러 구구타예설라라 하였으니 구구타는 계(鷄)를 말함이요 예설라는 귀(貴)를 말함이다.(天竺人呼海東云 矩矩吒䃜說羅 矩矩吒言雞也 䃜說羅言貴也)"라고 하여 구구타예설라(矩矩吒䃜說羅)와 계귀(雞貴)가 계림과 관련된 국호로 나타나고 있다.

『삼국지(三國志)』, 『진서(晉書)』, 『양서(梁書)』, 『남사(南史)』, 『대당서역구법고승전(大唐西域求法高僧傳)』 등의 중국 측 기록에는 사로(斯盧)·사라(斯羅)·

신로(新盧)·신라(新羅)·설라(薛羅)·계귀(鷄貴)·구구타예설라(矩矩吒䃜說羅)라 하였으며, 『고사기(古事記)』, 『일본서기(日本書紀)』, 『풍토기(風土記)』 등 일본 측 문헌에는 신라(新羅)·신량(新良)·사라(斯羅)·계림(鷄林)·지라기(志羅紀) 등으로 표기하였다. 고구려 금석문인 「광개토대왕비」와 「중원고구려비」에서는 모두 신라(新羅)로 보인다. 신라 금석문인 「영일냉수리신라비(迎日冷水里新羅碑)」에서는 사라(斯羅)로, 「울진봉평신라비(蔚珍鳳坪新羅碑)」에서는 신라(新羅)로 기록되었다.

신라 국호의 해석과 관련해서는 『삼국사기』 신라본기4 지증마립간 4년조에 "사라(斯羅)라고도 하고 혹은 사로(斯盧) 또는 신라(新羅)라고도 칭하였습니다. 신 등의 생각으로는, 신(新)은 덕업이 날로 새로워진다는 뜻이고 나(羅)는 사방을 망라한다는 뜻이므로 이를 나라 이름으로 삼는 것이 마땅하다고 여겨집니다.(或稱斯羅 或稱斯盧 或言新羅 臣等以爲 新者德業日新 羅者網羅四方之義 則其爲國號宜矣)"라고 하여, "덕업일신(德業日新) 망라사방(網羅四方)"이란 유가적인 해석으로 국호를 정한 것으로 되어 있다. 그러나 실은 후세에 유교사상의 영향 하에서 왕도사상(王道思想)의 윤색이 이루어진 것으로 봄이 타당할 것이다.

이에 대하여 신라는 북방계 철기문화를 소유한 기마민족이 남하하여 월성(月城)을 단야(鍛冶, 싀돌)·제련(製鍊, 싀부리〔벌〕)의 성역으로 한 단야족(鍛冶族)이 세운 촌락인 싀불(金城, 始林)이 후일 고대국가로 발전함에 따라서, 그 촌락 명칭이 그대로 국호로 승화되어 신라(新羅, 싀벌)가 되었고, 지배집단의 성씨(姓氏) 또한 김(金, 싀)이 되었다고 하는 견해가 있다.(문경현, 1983)

신라 국호의 변천에 대해서는 종래에 사라(斯羅), 사로(斯盧), 신라(新羅) 등으로 사용되던 것을 신라로 확정한 것에 주목하여 왔다. 이는 『양서(梁書)』 신라전에 신라 국호의 변천을 "위나라 때는 신로(新盧)라 불렀고, 송나라 때는 신라(新羅) 또는 사라(斯羅)라 하였다.(魏時曰新盧 宋時曰新羅 或曰斯羅)"고 하여 시대에 따른 변화가 정리되어 있는 것에 토대를 둔 것이었다.

지금까지 이에 대한 연구는 주로 어학적인 측면에서 사로(斯盧)와 계림(鷄林)의 상관관계를 밝히는 데 주력하였다. 계(鷄)를 "새"로 읽어 계림(鷄林)과 사로(斯盧)는 "새발"의 다른 표기에 지나지 않는 동일체로 파악하였다.(양주동, 1940; 이병도, 1976) 또한 서라벌은 신라 고유어이며 계림은 한자어라 하여 역시 동일체로 파악하기도 하였다.(천관우, 1989)

한편, 신라(新羅), 서벌(徐伐), 사라(斯羅), 사량부(沙梁部), 금성(金城)은 같은 음의 다른 표기이며, 계림과 양부(梁部), 월성(月城) 등도 같은 음의 다른 표기로 보아 음운학적으로 국호를 크게 두 계통으로 구분해 보기도 하였다.(박은용, 1985)

신라 국호의 변천과정을 잘 보여 주는 것은 앞서 살펴본 『삼국사기』 권34 지3 지리1의 기사이다. 이 기사의 전반부는 『양서』 신라전의 기사 내용과 완전히 일치한다. 그런데 지리지의 기사는 『양서』 신라전에 보이지 않는 계림(鷄林)이라는 국호를 보여 주고 있다. 지리지의 이 부분은 『삼국사기』 권1 신라본기1 탈해왕 9년조의 "이에 알지(閼智)라 이름하고 금궤짝으로부터 나왔기 때문에 성을 김(金)이라 하였으며, 시림을 바꾸어 계림(鷄林)이라 이름하고 그것을 나라이름으로 삼았다.(乃名閼智 以其出於金櫝 姓金氏 改始林名雞林 因以爲國號)"는 기사와 『삼국유사』 왕력 혁거세조의 "나라 이름은 서라벌 또는 서벌, 사로, 계림이라고 하는데, 일설에는 탈해왕 때에 이르러 처음으로 계림이라는 국호를 사용하였다고 한다.(國號徐羅伐 又徐伐 或斯盧 或鷄林 一說 至脫解王時 始置鷄林之號)"는 기사 및 『삼국유사』 권1 기이1 신라시조혁거세왕조의 "나라 이름을 서라벌(徐羅伐) 또는 서벌(徐伐)〔지금 풍속에 경자(京字)를 훈(訓)하여 서벌(徐伐)이라 이르는 것도 이 까닭이다〕이라 하고 혹은 사라(斯羅) 또는 사로(斯盧)라고도 하였다. 처음에 왕이 계정(鷄井)에서 출생한 까닭에 혹은 계림국(鷄林國)이라 하니 계룡(鷄龍)이 상서를 나타낸 까닭이었다. 일설에는 탈해 때에 김알지를 얻을 때 닭이 숲속에서 울었으므로 나라 이름을 고쳐 계림(鷄林)이라 하였다 한다. 후세에 드디어 신라(新羅)라는 나라 이름을 정하였다.(國號徐羅伐 又徐伐〔今

俗訓京字云徐伐 以此故也) 或云斯羅 又斯盧 初王生於鷄井 故或云鷄林國 以其鷄龍現瑞也 一說 脫解王時 得金閼智 而鷄鳴於林中 乃改國號爲鷄林 後世遂定新羅之號)"는 기사와 일치한다.

지리지에 정리된 기사를 주목할 때, 신라의 국호는 크게 두 계통으로 나누어 볼 수 있다. 하나는 사로(斯盧) 계통의 국호이며, 다른 하나는 계림(鷄林) 계통의 국호이다. 이 중에서 사로(斯盧) 계통의 국호는 『양서』 신라전에서 보았듯이 위나라 때에는 사로(新盧)로, 송나라 때에는 신라(新羅) 혹은 사라(斯羅)로 표기되었음을 알 수 있다. 한편, 계림(鷄林)이라는 칭호는 『삼국사기』 권1 신라본기1 탈해이사금 9년조에서 볼 수 있듯이, 알지의 탄생과 관련하여 나타나고 있다.

계림이 국호로 사용된 시점에 대해서는 두 가지 기록이 전한다. 하나는 『삼국사기』의 탈해왕대 설이고, 다른 하나는 『삼국유사』 기이편의 혁거세왕대 설이다. 『삼국사기』에는 탈해왕 본기와 지리지의 기사에서 탈해왕대에 알지의 탄생을 계기로 서라벌(徐羅伐)에서 계림(鷄林)으로 국호를 고친 것으로 되어 있다. 반면에 『삼국유사』 기이편에서는 혁거세왕 때에 이미 서라벌(徐羅伐)과 함께 계림(鷄林)이 국호로 나타나고 있다.(노중국, 1990)

『삼국유사』 왕력에서는 기림왕 10년(307)에 "덕업일신 망라사방(德業日新網羅四方)"의 뜻을 따라 국호를 정하여 신라라 하였는데, 또는 지증·법흥 시대의 일이라고도 한다고 하였다. 『삼국사기』 권2 신라본기2 기림이사금 10년(307)조에서도 "나라 이름을 다시 신라라 하였다.(復國號新羅)"고 기록하였다. 『삼국유사』 왕력에서는 기림이사금 10년에 국호를 "신라"로 정(定)했다고 해서, 『삼국사기』의 "복국호(復國號)"와 차이가 나는 것이다.

이에 대해 『삼국유사』가 『삼국사기』의 오류를 수정한 것이라고 평가하면서, 신라의 국호로 처음에는 사로(斯盧)나 서나벌(徐那伐)이 사용되다가 4세기에 이르러 신라(新羅)가 새로이 출현하여 병용되었다고 이해한다. 4세기부터 사용되기 시작한 신라 국호는 "망라사방(網羅四方)"이라는 공간적 의미에서

당시까지의 영역 확장을 담아내기 위한 국호라고 보는 것이다.(주보돈, 2003)

『삼국사기』 신라본기의 기록대로 지증왕 4년(503)에 국호를 "신라"로 확정한 것은 주지의 사실이다. 하지만 『삼국유사』 왕력과 『삼국사기』 본기에 나오는 기림이사금 때 "신라" 국호 기록은 부정하기 곤란하다. "덕업일신 망라사방"의 유교적 의미는 후대에 붙여진 것이라 할지라도, 신라 국호의 사용은 지증왕 이전 이미 기림이사금 때부터 시작된 것으로 이해된다. 「광개토대왕비」나 「중원고구려비」 등에 보이는 "신라" 국호가 그 단적인 근거이다. 다만 「영일냉수리신라비」에 "사라(斯羅)"가 보이는 것으로 보아, 아직 국호가 "신라" 하나로만 확정된 것은 아니었다. 사로에서 신라로의 전환은 경주 지역을 넘어서 옛 진한 지역 전체를 아우른 영역국가로의 전환을 의미하는 것으로 이해할 수 있다. 사로국의 진한 제국(諸國)에 대한 통합이 완료된 3세기 후반 이후 국왕의 직접 지배를 받고 있던 경주 지역의 읍락들이 간접 지배를 받던 지방과 구별되는 중앙의 6개 부(部)로 편제되면서, 신라의 국가구조에 큰 변화가 오게 된다. 기림이사금 때 국호를 "신라"로 변경한 것은 이러한 국가구조의 새로운 변화를 담아내기 위한 조치였던 것으로 추정된다. 이를 통해 6부의 정비가 신라의 국호가 정해진 기림이사금 때 완료된 것으로 이해할 수도 있다.(박대재, 2014)

37) 걸해이질금

신라 제16대 왕으로 생몰년 ?-356년, 재위기간 310-356년이다. 흘해이사금이라고도 하며, 석씨로 아버지는 나해왕의 둘째 아들 우로음 각간이다. 나해이사금의 아들이라고도 하고, 각간(角干) 수로(水老) 또는 우로(于老)의 아들이라고도 한다. 어머니는 조분이사금의 딸인 명원부인(命元夫人)이다. 걸해(흘해)의 왕비에 대한 기록은 찾아볼 수 없으며, 역시 아들이 없었던 것으로 기록되었다. 『삼국유사』 왕력과 흥법3 원종흥법조(原宗興法條)에서는 "걸해(乞解)"라 하였는데, 『삼국사기』 권2 신라본기2에서는 "흘해이사금(訖解尼師今)"이라고 하였다.

제11대 조분왕 이후 제15대 기림왕까지 5명의 왕이 모두 세신(世神) 혹은 골정(骨正)갈문왕의 가계인데도 불구하고, 기림왕이 아들 없이 죽자 이매(伊買)·나해왕의 가계에 속한 걸해(흘해)가 왕으로 추대되었다. 이는 결국 벌휴왕의 가계에 속한 사람들이 석씨 왕 시대에 왕이 될 자격을 가졌던 것을 말해 준다고 이해된다.(이종욱, 1980)

『삼국유사』 왕력에서 걸해이질금대에 백제가 처음으로 침입해왔다는 기록은 『삼국사기』의 문면과는 크게 다르다. 『삼국사기』 권2 신라본기2 흘해이사금조에는 정작 백제와의 관련 기사가 전무한 반면, 탈해이사금대를 비롯한 1-3세기 동안에 백제와 신라는 공방과 화친을 반복했다. 따라서 왕력의 이 기록은 『삼국사기』 초기 기사에 보이는 신라와 백제의 국가 간 접촉 정보와는 다른 것으로 이해된다.(이강래, 2005)

『삼국사기』를 분석해 보면 신라와 백제는 1-3세기대와 6-7세기대의 크게 두 차례의 교전기(交戰期)를 가졌던 것으로 나타난다. 그리고 1-3세기대 신라와 백제 사이의 교전기사(交戰記事)는 다시 1기(64-85년)와 2기(165-283년)로 세분할 수 있다.(박대재, 1999) 이에 따르면 왕력에 보이는 흘해이사금 때 백제가 처음으로 신라를 침범하였다는 기록은 『삼국사기』와 전혀 다른 계통의 기록이라고 할 수 있다.

38) 우로음 각간

신라 나해이사금의 아들이자 장군으로 『삼국사기』에는 “석우로(昔于老)”로 나온다. 신라 제16대 흘해이사금의 아버지이며, 부인은 조분왕의 딸 명원부인(命元夫人)이다.

우로에 관한 기록은 『삼국사기』 열전과 신라본기에 각기 실려 있다. 우로의 출자(出自)에 대하여 『삼국사기』 권2 신라본기2 나해이사금 14년조에서는 나해왕의 태자라고 하였으나, 『삼국사기』 권45 열전5 석우로조에서는 단순히 나해왕의 아들 혹은 각간(角干) 수로(水老)의 아들이라 하였으며, 『삼국유사』 왕력에서는 나해왕의 둘째 아들이라 하였다. 이처럼 기록에 따라서 우로의 출자가 다르게 기술된 것은, 우로가 원래는 나해왕의 둘째 아들이었는데 맏아들인 이음(利音) 또는 나음(奈音)이 나해왕 25년에 죽자 그를 이어 태자가 되었던 데에 기인하는 것으로 보인다. 그리고 『삼국사기』 권2 신라본기 나해이사금조에 보이는 나해의 왕자 이음(利音) 또는 나음(奈音)의 관력(官歷)이 우로보다 훨씬 앞서고 있어, 아무래도 이음(利音)을 태자(太子), 우로를 차자(次子)로 보는 것이 옳다고 여겨진다.

또한 석우로의 생존 연대에도 의심스러운 바가 있다. 우로가 죽을 때 그의 아들은 유약(幼弱)하였다고 했는데, 그가 후일 흘해왕이 되었다고 한다. 그렇다면 우로의 아들인 흘해의 즉위 연대인 310년은 우로가 죽었다고 하는 249년 또는 253년으로부터 약 60년이 지난 후이기 때문에, 흘해의 당시 나이는 60세를 전후하였다고 생각된다. 그런데 『삼국사기』 권2 신라본기2 흘해왕 즉위조에서는 그가 즉위 시에 나이가 어렸다고 기록하고 있으며, 356년에 훙(薨)한 것으로 되어 있다. 이러한 모순은 신라의 세계(世系)가 후에 조작된 근거로서 신라의 초기 편년을 그대로 믿을 수 없는 한 자료로 보기도 하지만(김광수, 1973), 기년상의 문제로 돌리기보다는 나해왕-우로-흘해왕으로 이어지는 계보상에 수정이 가해진 것으로 볼 여지도 있다.(이종욱, 1980)

그중 나해왕과 우로의 사이는 우로의 활동 시기로 보아 대체로 부자간이 거의 틀림없다. 더욱이 우로의 부인인 명원부인은 조분왕의 딸로 되어 있다. 우로와 명원부인은 제9대 벌휴왕에서 시작된 가계상에서 보면 6촌 간이 되어 서로 같은 세대에 속하는 것을 알 수 있다. 따라서 우로에서 점해왕 사이에 일정한 수정이 가해진 것으로 볼 여지가 있다. 구체적으로 몇 세대인지는 모르지만 그 사이에 한두 세대가 빠졌을 가능성이 있다. 제11대 조분왕과 제15대 기림왕 사이에 2대가 있었다면, 제10대 나해왕과 제12대 점해왕 사이에도 2세대 또는 3세대가 있었을 가능성이 있다.

그런데 『삼국사기』 권2 신라본기2 흘해이사금 즉위년조에서 우로가 어린 흘해를 보고 자기의 가(家)를 흥하게 할 인물이라고 했다는 기록은, 우로의 생시에 흘해가 어느 정도 성장해 있어야 가능한 것이다. 우로와 흘해왕이 부자간이 아니라면, 흘해왕은 우로의 손자가 되며, 흘해왕의 아버지가 이러한 말을 한 것을 후일 우로가 한 것처럼 된 것은 아닌가 짐작된다.(이종욱, 1980)

나해왕 14년(209)에 포상 8국(浦上八國)이 가라를 침입하여 그 왕자가 구원을 요청해오자 이찬 이음(利音)과 함께 6부(部)의 군사를 이끌고 이를 섬멸하고 포로가 된 6천 명을 빼앗아 되돌려 주었으며, 조분왕 2년(231)에는 이찬으로서 감문국(甘文國)을 토벌하여 군(郡)으로 삼게 하였다. 조분왕 4년(233)에는 왜인이 쳐들어 왔을 때에 사도(沙道)에서 화공법(火攻法)으로 왜의 전함을 불태우고 섬멸시켰다. 조분왕 15년(244)에는 이찬(伊飡)에서 서불한(舒弗邯)으로 승진되면서 병마관계의 일을 주관하였다. 245년에는 고구려가 북쪽 변경에 침입해 오자 나가 막았으나 패배하여 마두책(馬頭柵)에까지 후퇴하여 지켰고, 부하들과 동고동락하면서 사기를 진작시켰다. 247년 신라의 세력권 내에 있던 사량벌국(沙梁伐國)이 배반하여 백제와 결합하려고 하자 토벌하여 멸망시켰다. 첨해왕 7년(253)에는 왜의 사신을 접대하면서 왜의 왕과 왕비를 가리켜 희롱한 것이 화근이 되어 왜인의 침입을 초래하였으며, 왜의 진영에 스스로 가서 책임을 지고 죽임을 당함으로써 왜군을 물러가게 하였다. 우로가 죽은 해를 『삼국사기』 권2 신라본기2에서는 첨해왕 3년(249)이라 하였고, 『삼국사기』 권45 열전5 석우로조에서는 첨해왕 7년(253)이라고 적고 있어 차이를 보이고 있다.

우로의 부인은 남편의 원수를 갚기 위해 신라에 온 왜국의 사신을 죽였고, 이 때문에 왜인이 금성(金城)을 침공했다. 『삼국사기』에 전하는 이와 같은 우로 전설은 원래 계절풍을 이용한 왜구의 침범이 잦았던 동해안의 우유촌(于柚村) 지역에 퍼져 있던 민간전승이었는데, 뒤에 신라왕족의 영웅설화로 변개, 확대되어 정리되었다고 보는 견해도 있다.(이기동, 1985)

39) 각간

신라 경위(京位)의 17관등 가운데 최고 관등으로, 이벌찬(伊伐湌), 이벌간(伊伐干), 우벌찬(于伐湌), 각찬(角湌), 서발한(舒發翰), 서불한(舒弗邯), 주다(酒多)라고도 하였다. 『삼국사기』 권1 신라본기1 유리이사금 9년조에서 이미 제정되었다고 기록하였으나, 실제는 법흥왕 7년(520)의 율령(律令) 공포 때에 제정된 것으로 여겨지기도 한다. 진골만 받을 수 있는 최고 관등으로 공복(公服)의 빛깔은 자색이었다.

『삼국사기』 권2 신라본기2 나해이사금 10년조에는 일벌찬으로, 「창녕신라진흥왕척경비」에는 일벌간으로, 『양서』 권54 열전 신라전에는 자분한지(子賁旱支)로, 『수서』 권81 열전 신라전에는 이벌간(伊罰干)으로, 「성주사낭혜화상백월보광탑비」에는 서발한(舒發韓)으로 표기되었다.

각간(角干) 관등이 생겨난 배경과 관련해 『삼국사기』 권1 신라본기1 지마이사금(祇摩尼師今) 즉위년조에 의하면, 한기부의 허루(許婁) 이찬과 마제(摩帝) 이찬이 각자 자기 딸을 태자에게 소개하는 과정에서 딸이 태자의 관심을 끌지 못한 허루(許婁)가 섭섭해하자, 왕이 허루에게 주다(酒多)의 관등을 주면서 이찬(伊湌)보다 상위(上位)에 있도록 한 것에서 비롯되었고, 주다(酒多)가 후에 각간(角干)이 되었다고 하였다. "주다"는 "술한"·"수불한"이라고 훈독되는데, 이는 곧 "서발한"·"서불한"과 같은 말로, 발음상으로 외위(外位)의 "술간(述干)"과 관련이 있다고도 한다.(이우태, 1981)

각간은 국가체제가 갖추어지면서 종래 사로국 수장으로서의 간(干)이 왕의 위치로 격상되자, 간(干)의 휘하에 두었던 일벌(一伐)·일척(一尺)·피일(彼日)·아척(阿尺) 중 일벌(一伐)에 간(干)을 첨가하여 만든 것으로 보인다. 간(干)은 수장을 의미하는 말로, '찬(湌)=찬(粲)=한(翰)=한(邯)'은 간(干)과 같은 뜻의 다른 표기라고 한다.(서의식, 1994)

각간의 위상에 대해 『수서』 권81 열전 신라전에는 "그 관은 17등급이 있는데, 그 첫째가 이벌간이며 귀한 것이 상국(相國)과 같다."라 하여 중국의 "상국

(相國)"에 비기고 있다.

신라 중대에 와서 각간 위에 대각간(大角干)·태대각간(太大角干)의 관등이 새롭게 만들어졌다. 그러나 「창녕신라진흥왕척경비」에 이미 "대일벌간(大一伐干)"이 나오는 것으로 보아 이른 시기에 비정규적으로 특설되었던 것으로 보이며, 그 시기는 법흥왕 7년(520) 율령공포 때인 것으로 추정된다. 무열왕 7년(660) 김유신을 대각간으로 임명했고, 문무왕 8년(668) 삼국통일의 공을 세워 다시 태대각간으로 임명했다. 이는 김유신의 공로를 표창한 것으로, 이전의 17관등제의 직급 위에 직위를 더 줌으로써 특별한 대우를 나타낸 것이다.(김철준, 1975)

40) 백제

기원전 18년에 건국되어 기원후 660년까지 678년간 존속했으며, 총 31대 왕이 다스린 삼국시대 국가. 그 국호는 "십제(十濟)" 또는 "백제(伯濟)"에서 "백제(百濟)"로 변화했다고 이해된다.

『삼국사기』에 따르면, 기원전 18년에 비류와 온조 형제가 이끄는 부여족의 한 갈래가 고구려에서의 왕위 다툼에 따라 한강 유역으로 남하하여 건국하였다고 한다. 최초의 국호는 『삼국사기』에 의하면 "십제(十濟)"에서 "백제(百濟)"로, 중국정사에 의하면 "백제(伯濟)"에서 "백제(百濟)"로 변화하였다고 전하며, 그 외에도 "남부여(南扶餘)", "응준(鷹準)" 등이 백제 국호의 별칭으로 전하고 있다.

최초의 국호는 "십제(十濟)"였으나 뒤에 "백제(百濟)"로 바꾸었다. 그 후 성왕이 사비로 천도하면서 일시적으로 "남부여(南扶餘)"로 고치기도 하였다. 『제왕운기(帝王韻紀)』에는 사비로 천도한 이후의 국호를 "응준(鷹準)"으로도 표기하고 있다. 『삼국지(三國志)』 권30 위서30 동이전에는 마한을 구성한 50여 국의 하나로 "백제국(伯濟國)"이 나오고, 『송서(宋書)』 이후에는 "백제(百濟)"로 표기되고 있다. 『일본서기(日本書紀)』에는 백제를 "구다라(クダラ)"로 훈독하고 있다. 이에 따라 대체로 십제(十濟)-백제(伯濟)-백제(百濟)의 순으로 국가가 발전함에 따라 국호가 바뀌었다고 보는 것이 일반적이다.(양기석, 2013)

백제 국호의 유래에 관한 전통적인 설(說)은 첫째, 『삼국사기』 권23 백제본기1 시조 온조왕조의 "백성이 즐겁게 따랐다.(百姓樂從)"는 내용이다. 백제 시조인 온조가 열 명의 신하(十臣)의 보좌를 받아 국가를 운영하였으므로 국호를 당초에는 "십제(十濟)"로 정하였으나, 미추홀의 비류계 주민들을 흡수하면서 백성들이 기뻐하며 따르므로 국호를 "백제(百濟)"로 고쳤다는 것이다. 여기서 십제는 "열제"로 새겨진다. "열"은 백제 최초의 왕성(王城) 이름인 위례성의 "위례"의 촉음(促音)이 되고, "제"는 "성"의 새김이 된다. 그러므로 십제는 위례성을 가리킨다고 볼 수 있다. 위례성(十濟)에서 국가경영의 규모가 확장됨에 따라 많은 성(城)들을 포괄한다는 의미의 백제로 국호가 바뀌었다고 본다.

둘째는 『수서(隋書)』 권81 열전 백제전에는, "백가(百家)가 바다를 건너 와서 건국하였으므로, 여기서 한 글자씩 취하여 국호가 나왔다고 하였다.(百家濟海 因號百濟)"라고 하였다. 이 설은 마치 고려(高麗)라는 국호가 "산고수려(山高水麗)"에서 기원했다는 속설이나, 신라(新羅) 국호에 "덕업일신 망라사방(德業日新 網羅四方)"의 의미를 부여한 것과 같은 후대의 덧붙여진 해석이라 할 수 있다.

셋째는 우리 말에서 "百"의 옛 새김은 "온"이므로 백제를 "온제"로 읽을 수 있고, 이는 시조 이름인 온조(溫祚)와 같다는 설이다. 즉, 시조의 이름에서 국호가 기원했다는 것이다.(도수희, 1994)

넷째는 백제가 "광명(光明)한 성(城)"을 가리키는 "밝잣"에서 유래했다는 것이다. 백제왕의 경우도 "일월(日月)의 아들"이라는 의식을 가졌던 게 분명한 만큼, 그 자신이 "밝음" 자체였으므로 거처하는 공간(城)을 "밝은 성" 즉, 백제로 일컬었다고 보는 것이다.(양주동, 1940)

다섯째는 백제의 "백(百)"이 고구려의 종족 이름을 나타내는 "맥(貊)"이나 "박(狛)"과, "제(濟)"는 성(城)과 연결지어 "맥(박)족의 성"이라는 의미로 해석되어진다. 돌궐 왕족인 퀼테킨의 비문에서 고구려를 "모쿠리"라고 하였는데, "맥구려(貊句麗)"를 가리킨다고 본다. 맥(貊)은 종족 이름을, 구려(句麗)는 성(城)을 가리키고 있다. 마찬가지로 백제도 종족 이름(貊·狛=百)과 성(濟)이라는 말이 조합된 것으로 볼 수도 있다는 것이다.(那珂通世, 1894)

여섯째는, 기본적으로 해상세력의 성격을 갖는 백제가 최초 한강 및 서해안 일대의 포구 세력을 중심으로 성장한 사실과 관련시켜 생각해 볼 때, 백제의 "제(濟)"는 한자어의 해석 그대로 나루터의 의미로 볼 수 있으며, 이같은 의미에서 십제(十濟)는 "열개의 나루터", 백제(百濟)는 "백개의 나루터", 그리고 『삼국지』 권30 위서30 동이전 한조에 보이는 백제(伯濟)는 "으뜸이 되는 나루터"의 뜻으로 새길 수 있다는 견해이다.(조법종, 1989)

한편, 『제왕운기(帝王韻紀)』의 "응준(鷹準)"은 『삼국유사』 권3 흥법3 황룡사9층탑조에서 황룡사 9층탑을 세우면서 층마다 적었던 9개의 외적 즉 9한(韓) 중 5층에 적혀진 "응유(鷹遊)"와 연결된다. "응준"이란 국호는 백제의 부여계(扶餘系) 지배 세력과는 관계짓기가 힘들며, 백제가 마한(馬韓) 등의 지역을 영유하면서 그 지역에 광범위하게 퍼져 있는 '매' 관련 문화를 포용하게 됨으로써 국호로 나타나게 되었다고 한다.(조법종, 1989)

41) 벽골제

백제 때에 만들어진 우리나라 최대의 고대 저수지로, 북으로 전라북도 김제시 신덕동 수월마을에서 시작하여 남으로 부량면 월승리 명금산에 이르는 약 3.3km에 달하는 구간이 잔존하고 있다. 현재 사적 제111호 김제벽골제비 및 제방(金堤碧骨堤碑 및 堤防)으로 지정되어 있다.

『삼국유사』 왕력에서는 흘해왕 20년인 "기축년(329)에 처음으로 벽골제를 쌓았는데 주위가 □만 7천2십6보"라 하였으며, 『삼국사기』 권2 신라본기2 흘해이사금 21년(330)조에서는 "처음으로 벽골지를 만들었는데, 둑의 길이가 1,800보였다.(始開碧骨池 岸長一千八百步)"고 하여, 1년의 차이가 있다. 두 사서에 나타난 1년의 연대 차이는 각각 즉위년칭원법(卽位年稱元法)과 유년칭원법(踰年稱元法)을 취한 것에서 말미암은 것으로 문제될 것은 없다고 이해된다.(강봉룡, 2003)

논란이 되는 문제는 4세기 전반에 벽골제를 축조한 나라가 신라였다는 기사를 사실로 받아들일 수 있는가 하는 점이다. 이에 대하여 330년에 벽골제를 축조한 주체를 기사대로 신라로 보고, 이때 축조된 벽골제가 김제 소재의 것이 아닐 가능성이 있지 않은가 하는 의견을 제시한 견해도 있다.(전덕재, 2000) 그러나 4세기 전반에 신라가 김제 지방을 점령하여 대규모 축제(築堤) 사업을 벌였다는 것은 받아들이기 어려우며, 이 시기에 이 지역은 백제의 영토였으므로 백제 11대 비류왕 27년(330) 때의 사실이 신라의 일인 것처럼 잘못 표기된 것으로 보는 것이 일반적이다.(이병도, 1977)

『삼국사기』에 나오는 둑의 길이 1,800보를 척(尺) 단위로 환산하면 10,800척이며(1,800×6척), 이를 다시 당시에 썼던 당척(唐尺, 30.1cm)을 기준으로 환산하면 약 3,245m라는 계산이 나온다. 그런데 현존하는 벽골제 역시 그 길이가 약 3.3km에 달하는 것으로 실측된 바 있어서, 처음 축조 때와 같은 것으로 나타나고 있다. 현존 벽골제의 제방은 북으로 김제시 신덕동 수월마을에서 시작하여 남으로 부량면 월승리 명금산에 이르는 약 3.3km에 달하는 구간이 남아 있다.

1975년 발굴 조사 시 제방의 밑바닥에서 채취한 탄화된 식물을 시료로 하여 방사성탄소연대 측정을 한 결과, 이 저수지는 대략 4세기 중엽경에 축조되었음이 확인되었다. 수문지 2개소에 대한 발굴조사에 의하면, 제방의 높이는 약 4.3m, 윗변의 너비가 7.5m, 그리고 밑변 너비는 17.5m의 규모로 추산되고 있다. 수문의 너비는 4.2m로서 여기에 사용된 돌기둥의 높이는 5.5m이며, 1개의 무게는 약 8톤에 달하고 있다. 수문 외부에는 호안석(護岸石) 등이 견고하게 구축되어 있다. 저수지 수면의 만수 때 이 제방을 구축함으로써 확보되는 점유 총 면적은 37km^2, 약 1,120만 평의 방대한 지역에 달한 것으로 계산되고 있다. 이러한 토목공사는 정밀도가 매우 높은 수준측정법(水準測定法)을 전제로 해야 비로소 가능한 것으로, 이는 당시 토목기술이 고도로 발달되었음을 입증해 주고 있다.(윤무병, 1976)

「벽골제 중수비(重修碑)」에 나오는 5개 수로(渠)가 미치는 방향과 범위를 통해 유추된 벽골지의 혜택을 받는 지역 범위는 벽골제 제방 서쪽의 김제, 만경 남서부, 부안 동부, 고부 그리고 태인 서부 일대에 미쳤을 것으로 추정할 수 있는데, 이는 오늘날 호남평야의 대부분을 포괄한다. 이러한 벽골제의 규모는 세계 최고(最古)·최대(最大)의 제언으로 보아 손색이 없을 것이다.

벽골제는 330년에 시축된 이후 여러 차례의 수축과 폐기의 과정을 반복해 왔다.

(1) 신라 원성왕 6년(790)에 벽골제를 증축(增築)하는데 전주(全州) 등 7주(州)의 사람들을 징발하여 역사(役事)를 일으킴. (『삼국사기』 권10 신라본기10 원성왕 6년)

(2) 고려 현종 대에 옛날 모습으로 보수하고 인종 21년(1143) 계해년에 증수(增修)하였는데, 끝내 폐기함. (『신증동국여지승람』 권33 김제군 고적조에 인용된 중수비)

(3) 고려 인종 24년(1146) 무당의 말에 따라 내시 봉설(奉說)을 보내어 김제군에 신축한 벽골지의 둑을 무너뜨림. (『고려사』 권17 세가(世家) 17 인종 24년)

(4) 조선 태종 15년(1415) 9월 갑인(甲寅)에 기공하여 10월 정축(丁丑)에 완성함. (『신증동국여지승람』 권33 김제군 고적조)

(5) 세종 2년(1420) 경자(庚子) 9월에 대풍우로 벽골제가 무너지고 수전(水田) 2,098결이 손해를 입음. (『세종실록』 권9 2년 9월 정축〔丁丑〕)

(6) 세종 10년(1428) 윤4월 이익이 적고 폐단이 많았기 때문에 폐기하기로 함. (『세종실록』 권40 10년 윤4월 계미〔癸未〕)

먼저 790년의 첫 증축 시에는 전주 등 7주에서 민을 동원했다고 하였으니, 당시 신라의 지방이 9주였음을 보면, 벽골제 증축을 위해 거의 전국에서 민을 징발했던 셈이다. 이후 다시 현종 연간(1010-1031)에 보수하고, 인종 21년(1143) 또 한 차례의 중수를 거친 벽골제는 불과 3년 만에 무당의 말을 듣고 훼철시키기에 이른다. 이는 벽골제를 보수하고 유지하는 것 자체가 국가에게 매우 큰 부담이 되었을 것임을 짐작할 수 있다.

고려조에 폐기되었던 벽골제는 조선시대에 들어 다시금 복설(復設)의 논의가 활발하게 이루어졌다. 그 논의는 벽골제의 유용성과 유해성(유지 비용 및 폐해 가능성 등)을 지적하는 것이 주를 이루었으며, 결국 태종은 그 유용성을 인정해 1415년에 벽골제를 복설하기로 결정하고 박희중(朴熙中)을 보내어 관찰사 박습(朴習)과 더불어 벽골제를 중수하도록 했다.

『신증동국여지승람』에 전문이 인용된 「벽골제 중수비」에 의하면 당시 벽골제 중수는 옥구진(沃溝鎭) 병마사(兵馬使) 김훈(金訓)과 지김제군사(知金堤郡事) 김방(金倣)의 감독 하에 군 장정 총 1만 명과 일을 처리하는 사람 1백 명을 징발하여 약 1개월 만에 완료한 것으로 전한다.

그러나 벽골제는 막대한 비용을 들여 중수한 지 불과 5년 만인 세종 2년(1420)에 대풍우를 만나 무너졌고, 제방 아래의 수전 2천여 결이 유실되는 대손실을 입기에 이르렀다. 이후 벽골제의 복구 여부를 둘러싸고 찬반 양론이 비슷하게 제기되었고, 조정에서는 그에 대한 판단을 신속하게 내리지 못하고 주춤거렸다. 그러던 중 벽골제 복구에 부정적 여론이 점차 세를 얻어 가면서, 벽골제를 인공적으로 파괴하자는 의견까지 오고 갔으며, 급기야는 피해를 입은지 8년 만인 세종 10년(1428)에 벽골제 폐지를 공식 선언하기에 이르렀다.

벽골제의 존폐를 둘러싼 이러한 논란은 결국 그 규모가 당시로서는 국가적 차원에서조차 감당하기 어려울 정도로 지나치게 방대했던 것에서 연유하는 것이라 하겠는데, 이런 규모의 벽골제가 4세기경에 시축(始築)되었다는 것은 놀라운 일이다. 이런 면에서 벽골제는 한국뿐 아니라 세계 축제사(築堤史)

에서도 그 유례를 찾기 어려운 독보적인 위치를 점한다.(강봉룡, 2003)

그러나 벽골제는 이후 1925년에 동진(東津) 농지개량조합에서 이 제방을 관개용 기간수로(基幹水路)로 개조하여 이용함으로써 그 원형이 크게 손상되었다.

이 제방에 부수된 시설로는 3개소에 수문지(水門址)가 있으며, 거대한 돌기둥들이 우뚝 서 있는 것을 볼 수 있는데, 『신증동국여지승람』에 실려 있는 벽골제 중수비문에 보면 두 개의 수문이 더 있었다고 한다. 제방과 함께 이곳에 건립되어 있는 조선시대의 「김제 벽골제비」는 1959년에 일괄해서 사적 제111호로 지정되었다.

42) 나물마립간

신라 제17대 왕으로 생몰년 ?-402년, 재위기간 356-402년이다. 김씨로 왕위에 오른 두 번째 왕으로, 나밀(那密) 혹은 나밀(奈密)이라고 하였다. 아버지는 구도갈문왕(仇道葛文王) 또는 미추왕의 동생 말구(末仇) 각간(角干)이라고도 한다. 어머니는 휴례부인(休禮夫人) 김씨이다. 나물마립간에 대한 자세한 설명은 기이편 나물왕김제상조의 주석을 참고.

왕력에서는 제17대 나물왕부터 마립간이라고 칭하고 있는 반면, 『삼국사기』에서는 제19대 눌지왕부터 마립간이라 칭하고 있다. 마립간은 신라의 왕호 중 하나로, 이사금(尼師今) 칭호에 이어 제22대 지증마립간 4년(503)까지 사용되었다. 『삼국사기』와 『삼국유사』에 전하는 김대문(金大問)의 설명에 의하면, 마립(麻立)은 방언에서 말뚝을 일컫는 말로, 말뚝은 위계(位階)에 따라 설치되었는데 왕의 말뚝은 주(主)가 되고 신하의 말뚝은 그 아래에 배열되었기 때문에 이로 말미암아 왕의 명칭으로 삼았다고 한다.

마립간(麻立干)은 마립(麻立)과 간(干)의 두 용어가 결합된 표현이다. 마립간의 뜻에 대한 김대문의 설명은 『삼국사기』와 『삼국유사』에 전하고 있는데, 그 내용이 조금 다르다. 『삼국사기』 권3 신라본기3 눌지마립간 즉위년조에 따르면 "마립은 방언에서 말뚝(橛)을 일컫는 말이다. 말뚝은 함조(諴操)를 말하는데, 위계(位階)에 따라 설치되었다. 왕의 말뚝은 주(主)가 되고 신하의 말뚝은 그 아래에 배열되었기 때문에 이로 말미암아 왕의 명칭으로 삼았다.(麻立者 方言謂橛也 橛謂諴操 准位而置 則王橛爲主 臣列於下 因以名之)"고 되어 있다. 그러나 『삼국유사』 권1 기이1 남해왕조에는 "마립은 방언에 궐(橛)을 의미하는 것이니, 궐표(橛標)는 위(位)에 따라 설치하므로 왕궐은 주가 되고 신궐은 아래에 벌려 있어, 이로 인하여 이름한 것이다.(麻立者 方言謂橛也 橛標准位而置 則王橛爲主 臣橛列於下 因以名之)"라 하여 『삼국사기』의 "함조"라는 표현을 "궐표"로 바꿔 썼다. 함조의 뜻은 정확하게 알 수 없으나 한문의 의미로는 궐표와 관계가 없으므로 아마도 신라의 방언이 아닐까 추측하기도 한다. 이 외 이제현의 『역옹패설(櫟翁稗說)』에도 마립이 왕궐(王橛)과 관계된 표현이라는 설명이 전한다. "마립은 방언으로 궐(橛)이다. 신라 초에 군신이 모여 회의할 때 궐을 세워 임금(君)의 위(位)로 삼았으므로 이로 인해 임금을 마립간이라 하였다. 궐을 세운 곳에 위치하는 자라는 뜻이다. 간은 즉 신라의 속어로 서로 존대하는 말이다.(麻立 方言橛也 新羅之初 君臣聚會 立橛爲君位 因號其君曰麻立干 謂當橛者也 干則新羅俗相尊之辭也)"

마립간의 어원에 대해서는, 일찍이 마립이 우리말의 머리를 상징하는 "마리"·"머리", 종(宗)·동량(棟樑)·청(廳) 등을 상징하는 "마루" 등과 같은 어원을 가지고 있으며 마립간은 폐하(陛下)·전하(殿下)와 유사한 존칭으로 보아야 한다는 의견이 있었다.(鮎貝房之進, 1972) 그리고 이 설을 바탕으로 마립은 곧 "마루"로서 상석(上席) 혹은 수석(首席)의 뜻이고 간(干)은 금(今)·감(監)과 같이 존장자를 나타내는 뜻이므로, 마립간은 곧 수석장(首席長) 또는 후세의 군장을 의미하는 상감(上監)과 같은 뜻이라고 본 견해가 있다.(이병도, 1976) 따라서 어원으로 본다면 마립간은 으뜸의 간, 우두머리간 또는 대수장(大首長)을 의미한다고 볼 수 있다.

한편 신라가 언제부터 마립간이라는 왕호를 사용하기 시작했는지에 대해서는 『삼국유사』와 『삼국사기』가 각기 다른 기록을 전하고 있다. 즉 『삼국유사』에는 제17대 나물왕대부터, 『삼국사기』에는 제19대 눌지왕대부터 마립간 칭호를 사용했다고 되어 있는 것이다. 이에 대해서는 대체로 『삼국유사』에 따라 나물왕대부터 마립간이라는 왕호를 사용했다고 보는 견해가 우세하다. 그 이유로는 우선 송대(宋代)에 편찬된 『태평어람(太平御覽)』에 인용된 『진서(秦書)』에서 381년 전진(前秦)에 사신 위두(衛頭)를 파견했던 신라왕 "루한(樓寒)"이 실은 "마립간"의 또 다른 표현이었다는 견해를 들 수 있다. 『삼국사기』 권3 신라본기3 나물이사금 26년조에도 위두의 사신파견 기록이 전하므로, 『진서』의 신라왕 루한은 곧 나물을 말하는 것임을 알 수 있으며 따라서 나물대부터 마립간이라는 칭호가 사용되었다고 보고 있다.(이병도, 1976) 신라에서는 나물왕대에 이르러 새로이 김씨 왕권을 확립하고 전진(前秦)에 사신을 보내 "시대가 변혁되고 이름이 바뀌었다."라고 알리는 등 새로운 정치적 상황이 전개되었으므로 왕호를 마립간으로 변경하여 국가체제의 완비를 알리는 계기로 삼았을 것이라고 한다.(양정석, 1996)

그러나 『진서(秦書)』의 기록은 신라가 이전까지 대외관계가 미약하다가 나물왕대에 이르러 그나마 고구려의 도움을 받아 국제관계에 관심을 가지게 되었던 상황을 반영하는 것이므로, 나물왕대에 신라사에 획기적인 변화가 있었다고는 보기 어렵고 따라서 나물왕대 이사금에서 마립간으로 왕호가 바뀌었을 것으로 추정하는 데에는 보다 신중을 기해야 한다는 견해도 있다.(김희만, 1996) 한편 『삼국유사』와 『삼국사기』에 사용 시기가 달리 기록된 것은 두 왕호가 동시에 사용되었기 때문이라고 보기도 하며, 나아가 나물계와 실성계의 정권 다툼 과정이 왕호 사용의 혼란으로 드러난 것이라는 견해도 있다.(주보돈, 1997)

마립간이라는 왕호가 우두머리 지배자라는 의미를 내포하고 있고 이 시기부터 신라의 변화·발전모습이 뚜렷하게 나타나기 시작하므로, 신라 상고의 후반기를 "마립간기" 혹은 "마립간시대"라고 부르기도 한다. 마립간기는 앞서

이사금 시기에 박·석·김씨가 왕위에 교대로 올랐던 것과는 달리, 김씨가 주도권을 잡으면서 왕위가 김씨에게로 이어지게 된 시기이며, 신라가 주변 나라에 대한 정복을 마무리하고 영역국가적 면모를 드러내면서 고구려·백제·왜와의 관계를 재편한 시기이기도 하다. 또한 고고학적으로는 지금의 경주시 중심부에 대형의 적석목곽분(積石木槨墳)이 축조된 시기와 맞물린다고 할 수 있다.

한편 삼국시대의 금석문 자료에서는 신라왕을 "매금(寐錦)"이라고 칭하는 기록이 확인된다. 414년 건립된 「광개토왕릉비」에는 신라왕을 "신라매금(新羅寐錦)"이라 표현하고 있으며 「중원고구려비」와 「울진봉평신라비」에도 각각 "신라매금"·"동이매금(東夷寐錦)"과 "매금왕(寐錦王)"이라는 표현이 보인다.

초기에는 「광개토왕릉비」에 보이는 "매금"을 이사금과 같은 것으로 보는 견해가 있었으나, 후에 「중원고구려비」와 「울진봉평신라비」가 발견되면서 "매금"을 마립간의 이칭(異稱)으로 보는 견해가 제시되었다.(이병도, 1979; 최광식, 1989) 나물왕대부터 마립간이라는 칭호가 사용되었다는 『삼국유사』의 기록을 긍정적으로 보는 입장에서는 금석문의 건립 시기와 함께 매금의 음이 마립간과 서로 비슷하다는 견해를 방증자료로 삼기도 한다.

43) (전) 나물왕릉

신라 제17대 나물왕의 능으로 전해오고 있는 능은 현재 경주 월성 서북쪽 계림 내 평지의 대형 원형 봉토분이다. 『삼국사기』에는 나물왕의 장지에 관한 기록이 없으나, 『삼국유사』에 첨성대(瞻星臺) 남서쪽에 있다고 기록되어 있어 현 위치(경북 경주시 교동 14)와 일치하고 있다. 현재 사적 제188호 신라나물왕릉(新羅奈勿王陵)으로 지정되어 있다. 하지만 이것은 나물왕릉이 아니며, 황남대총이 나물왕릉일 것이라는 견해도 있다.

전 나물왕릉(傳 奈勿王陵)은 왕성인 월성 서북쪽 계림 내의 평지에 있다. 소형의 원형봉토분으로 봉분 높이는 5.78m이며, 봉분 직경은 21.60m이다. 봉분의 밑부분에 자연석이 드문드문 보이고 있는데, 이는 경주 시내 평지의 적석목곽분과는 달리 호석(護石)에 자연석 받침돌을 받쳐 놓은 것으로, 신라 횡혈식 석실분의 호석 형식을 보여 주는 것이다. 고분의 봉분 규모도 적석목곽분보다는 횡혈식석실분에 알맞은 것으로, 평지고분이지만 매장주체는 횡혈식 석실일 가능성이 많다. 봉분 앞에는 최근에 설치된 전 미추왕릉과 같은 의자형의 혼유석과 조선 왕릉 혼유석 형태의 상석이 있다. 한편 이 고분 주위로는 평면 장방형으로 이 고분을 둘러싸고 있는 담장터 흔적이 보이고 있는데, 이는 이 고분이 일찍부터 특별히 보호되고 있었다는 증거일 것이다.

전 나물왕릉은 김씨 일족의 여러 왕릉 가운데 가장 늦은 시기에 지정되었으니, 이는 매우 이례적이다. 왜냐하면 나물왕이 시조 미추왕을 잇는 두 번째 왕이자 김씨족으로 하여금 왕위를 세습할 수 있도록 기반을 다져 중시조(中始祖)로 숭앙받던 것과 너무나 대조적이기 때문이다. 이러한 역사적 사실과 관련 없이 나물왕릉이 늦게 지정되는 실질적인 이유는 능 소재 기록이 『삼국사기』 신라본기에는 확인되지 않고 『삼국유사』 왕력에서 "능이 점성대의 서남에 있다.(陵在占星臺西南)"고 하였던 점과, 조선조 사회의 억불정책(抑佛政策)과 깊은 관련이 있다.

그러한 이유로 『삼국유사』 왕력에 위치가 분명하게 언급된 나물왕릉과 원성왕릉, 그리고 기록으로 미루어 왕릉의 존재는 인정되나 위치가 분명치 않은 민애왕릉 등은 1730년대의 비정 대상에서 제외되었다. 다만 김씨 일족은 1730년 이후에도 왕릉을 비정하는 작업을 지속적으로 하였으니, 정조 22년(1798)에 그려진 것으로 추정되는 『집경전구기도(集慶殿舊基圖)』에서 나물왕릉이 확인되고 있다.

1910년대에 계림 내의 30호분이 나물왕릉으로 지정되었다. 나물왕릉은 1918년 조선총독부에서 간행한 경주지도(1/10,000)에서 처음으로 확인된다. 그 결과 1933년의 『동경통지(東京通志)』와 『경주읍지(慶州邑誌)』에서 "교리의 첨성대 아래에 있다.(在校里瞻星臺下)"고 하거나, "첨성대 서남이며 지금의 교리에 있다.(在瞻星臺西南今校里)"는 기록으로 나타나게 된다.(이근직, 2006)

나물왕은 후세의 큰 추앙을 받은 실질적인 김씨 왕조의 창시자로서 그 능 규모 또한 컸을 것이고, 재위 시기로 보아 적석목곽분이어야 할 것인데, 현재의 능은 규모가 작은 석실분 형식이어서 어울리지 않는다. 이에 나물왕릉을 신라 최대의 적석목곽분인 대능원의 황남대총으로 비정하는 학계의 견해가 있으며, 『삼국유사』의 기록을 존중하면서 나물왕계 계승의식을 표방한 신라 하대 왕실의 수축 가능성에 무게를 두는 견해도 있다.

나물왕릉을 황남동 98호분(황남대총)에 비정하는 견해는 고고학적 양상에 무게를 둔 것이다. 이 고분은 외형이 하나의 고분을 먼저 만들고 나서 배우자가 사망한 뒤, 원래의 고분 일부를 파내고 연접시켜 만든 표주박 모양의 쌍분(雙墳)이다. 황남대총이 부부합장의 쌍분이 된 데에는 어떤 역사적·사회적 의미가 담겨져 있을 것인데, 북분이 극히 화려한 부장품이 출토된 부인의 무덤으로 밝혀졌으며, 남편 무덤의 부장내용은 상대적으로 그렇지 못한 점이 크게 눈길을 끈다. 여러 정황증거로 보아 이들은 왕의 내외가 분명하며, 그 주인공은 나물왕 부부에 틀림없다고 한다. 곧, 나물왕의 등극은 흘해왕이 후사 없이 죽자, 제11대 조분왕 집안의 사위 자격으로 왕위계승 후보 반열에 오를 수 있었던 미추왕 가문의 왕녀인 보반부인과 나물왕이 혼인함으로써 가능했다. 그러므로 적통의 배경은 의연히 왕비이지만 보반부인에게 있었고, 그러한 연유로 금관 등을 위시한 적통 표시물들이 보반부인의 무덤에만 부장되었다는 것이다.(이종선, 2000)

44) 점성대(첨성대)

신라의 천문 관측 구조물. 경북 경주시 인왕동 839-1에 위치해 있으면 국보 제31호 경주첨성대(慶州瞻星臺)로 지정되어 있다. 신라시대에 천문을 관찰하기 위해 높이 쌓은 대(臺)로 선덕여왕대(632-646)에 축조되었다. "첨성대(瞻星臺)"라고도 하며 현재 경주시 인왕동에 실물이 전한다. 외형은 받침대 역할을 하는 기단부 위에 술병 모양의 원통부(圓筒部)를 올리고 맨 위에 정(井)자형의 정상부를 얹은 모습이다. 현재 동북쪽으로 약간 기울어져 있긴 하나 거의 원형을 간직하고 있다. 첨성대(점성대)는 동양에서 가장 오래된 천문대로 여겨진다.

신라의 첨성대 축조에 관한 기록은 『삼국사기』에는 전하지 않고, 『삼국유사』 권1 기이1 선덕여왕지기삼사(善德王知幾三事)조에 "별기에 이르기를 이 왕대에 돌을 다듬어 첨성대를 쌓았다고 한다.(別記云 是王代 鍊石築瞻星臺)"라 하여 매우 소략하게 기술되어 있다. 첨성대에 관한 기록은 『고려사(高麗史)』 지리지나 『세종실록지리지(世宗實錄地理志)』, 『신증동국여지승람(新增東國輿地勝覽)』, 『증보문헌비고(增補文獻備考)』 등에도 전하는데, 이 중 『세종실록지리지』에는 당 태종 정관(貞觀) 7년(633)에 첨성대가 축조되었다고 하였고, 『증보문헌비고』에는 선덕여왕 16년(647)에 만들었다고 되어 있으나 모두 전거를 알 수 없는 기록이므로 첨성대의 정확한 축조연대는 불분명하다.

경주 첨성대의 원통부는 부채꼴 모양의 돌로 27단을 쌓아 올렸으며, 매끄럽게 잘 다듬어진 외부에 비해 내부는 돌의 뒷뿌리가 삐죽삐죽 나와 벽면이 고르지 않다. 남동쪽으로 난 창을 중심으로 아래쪽은 막돌로 채워져 있고 위쪽은 정상까지 뚫려서 속이 비어 있다. 동쪽 절반이 판돌로 막혀 있는 정상부는 정(井)자 모양으로 맞물린 긴 석재의 끝이 바깥까지 뚫고 나와 있다. 이런 모습은 19-20단, 25-26단에서도 발견되는데 내부에 사다리를 걸치기에 적당했던 것으로 보인다. 『세종실록지리지』와 『신증동국여지승람』에는 "사람이 가운데를 통해 오르내리게 되어 있다.(人由中而上下)"라고 하였는데, 바깥쪽에 사다리를 놓고 창을 통해 안으로 들어간 후 사다리를 이용해 꼭대기까지 올라갔던 것으로 추측된다.

첨성대의 기능에 대한 전통적인 해석은 별을 관측하는 천문 관측대였다는 것이다. 『신증동국여지승람』 경주부 고적 첨성대조에는 "사람이 가운데를 통해 오르내리면서 천문을 관측하였다.(人由中而上下 以候天文)"고 하고 이어서 첨성대가 천문을 관측하는 일과 관련 있음을 짐작케 하는 고려 말 안축(安軸)과 조선 초 조위(曺偉)의 시를 싣고 있다. 이처럼 조선시대에는 첨성대를 천문 관측대로 여기고 있었고, 20세기 초 우리나라에서 활동하면서 첨성대를 조사했던 와다 유지(和田雄治), 루퍼스(W. C. Rufus) 등의 외국인들도 첨성대가 천문 관측대라는 점을 의심하지 않았다. 해방 후 1960년대 경주박물관에 의해 첨성대에 대한 실측이 이루어진 후에도 첨성대는 천문 관측대라는 이해가 변함없이 지속되었다.(홍사준, 1967) 그러나 첨성대가 천문 관측과 관련 있기는 하지만, 첨성대의 내부가 일상적인 관측에 불편하고 첨성대 윗부분에 목조 건물이 있었을 가능성도 희박하므로, 첨성대는 계절에 따라 변하는 해 그림자 길이를 측정하는 데 이용되었을 것이라는 견해도 제기되었다.(전상운, 1964)

한편 첨성대가 천문 관측대가 아니라 신라의 천문학 수준을 과시하기 위한 상징적인 건축물 또는 종교적 상징물이나 별에 제사를 지내는 초성대(醮星臺)였다는 의견도 있다. 즉 신라 천문학자들이 스스로의 천문 능력을 드러내기 위해 신라의 천문대 안에 상징적인 부속 건축물로 첨성대를 만들었을 것이라 추측하거나(김용운, 1974), 첨성대가 불교적 우주관인 수미산(須彌山)을 연상케하며 그 정상부에는 불상과 같은 종교적 상징물이 안치되어 있었을 것이라 보기도 한다.(이용범, 1974)

그러나 첨성대는 천문대로서의 기능과 함께 상징성과 종교성 등을 복합적으로 가지고 있었다고 할 수 있다. 삼국시대의 천문학은 관측 결과에 따라 국가의 길흉을 점치던 점성술(占星術) 부분이 많이 섞여 있었으며 하늘의 움직임에 따라 농사 시기를 결정할 수 있다는 점에서 농업과 깊은 관계가 있었고 따라서 정치와도 관련이 깊었다. 그러므로 삼국시대 천문을 관측하는 일은 신성한 일로 여겨졌을 것이며 첨성대의 건축에는 이러한 면이 반영되었을 것이다.(이문규, 2004)

45) 실성마립간

신라 제18대 왕으로 생몰년 ?-417년, 재위기간 402-417년이다. 실주왕(實主王) 또는 보금(寶金)이라고도 한다. 아버지는 미추왕의 동생 대서지각간(大西

知角干) 또는 이찬(伊湌) 대서지(大西知)라 하였고 어머니는 예생부인(禮生夫人) 석씨로 등야아간(登也阿干) 또는 석등보(昔登保) 아간(阿干)의 딸이다. 왕비는 아류부인(阿留夫人)으로 미추왕의 딸이다. 알지(閼智)의 후예이며, 나물마립간의 뒤를 이어 왕위에 올랐다. 자세한 설명은 기이편 실성왕조의 주석을 참고.

46) 아간

신라의 17관등 중 제6등에 해당되며 아척간(阿尺干), 아찬(阿湌, 阿餐) 등으로도 썼다. 6두품(六頭品)이 승진할 수 있었던 최고 관등으로, 공복(公服)의 색깔은 비색(緋色)이었다. 중아찬(重阿湌)·삼중아찬(三重阿湌)·사중아찬(四重阿湌)의 중위(重位)가 설치되어 있었다.

『삼국사기』 권38 잡지7 직관조에는 아찬(阿湌), 아찬(阿餐), 아척간(阿尺干)이라 하였고, 『양서』 권54 신라전에는 알한지(謁旱支), 「영일냉수리신라비」와 「울진봉평신라비」 및 「단양신라적성비」에는 아간지(阿干支), 「대구무술명오작비」와 『수서』 권81 신라전에는 아척간(阿尺干), 『삼국유사』와 「창녕신라진흥왕척경비」에는 아간(阿干)으로 표기되어 있다.

『삼국사기』·『삼국유사』와 중국·일본의 사서 그리고 금석문에 보이는 아간(아찬)의 여러 표기 방식을 분석하면 대체로 1기인 상고기 후반에서 진흥왕 중엽까지는 아간지(阿干支), 2기인 진흥왕 중엽 이후부터 신문왕대까지는 아간(阿干), 3기인 신문왕대부터 애장왕대 초기까지는 아찬(阿湌), 4기인 애장왕 중엽부터 진성여왕대까지는 아간(阿干), 5기인 진성여왕대부터 신라 말까지는 일정한 통일성 없이 다양한 형태의 표기가 사용되었음을 알 수 있다.(권덕영, 1991)

『삼국사기』 신라본기에 따르면 아간(아찬)은 유리이사금 9년(32) 17관등을 정비할 때 제정되었다고 하나 이 기록은 후대 제도화된 17관등명을 일괄적으로 소급한 것으로 이해되고 있다. 그러나 아찬은 탈해이사금 21년(77) 아찬의 관등을 가진 길문(吉門)이 가야와의 전투에서 승리하여 파진찬(波珍湌)으로 삼았다고 한 이후 계속적으로 등장하고, 비교적 이른 시기의 기록인 『양서』에도 보이므로 신라 상고기에 이미 존재했던 것으로 여겨진다. 아간은 재지적 기반의 수장층인 간(干)군을 재편하는 과정에서 만들어진 것으로 보인다.(김철준, 1975)

『삼국사기』 직관지를 살펴보면 아간(아찬)의 관등을 소지한 사람은 중앙 1급 관청의 차관직과 국학(國學)·상사서(賞賜署)·대도서(大道署) 등의 장관직, 그리고 장군(將軍)·대감(大監) 등의 무관직과 주(州)·소경(小京)에 파견되는 외관의 장·차관직에 보임될 수 있었음을 알 수 있다. 따라서 아간(아찬)은 중앙 1급 관청의 차관직 및 그에 상당하는 관직을 주로 담당하면서 국가 경영에 있어서 정책 입안 및 수행의 실무적인 책임자들의 관등이었으며, 지방관서의 장·차관직을 수행한 상당수의 인물들이 소지했던 관등이라 하겠다.

또한 골품제에서는 6두품 출신자들이 대아찬(大阿湌) 이상으로 승진할 수 없었으므로 이러한 한계를 극복하기 위해 아찬의 관등을 중아찬(重阿湌)에서 사중아찬(四重阿湌)까지 두는 중위제(重位制)가 설치되었다. 중위제는 대체로 통일기를 전후하여 마련되었던 것으로 보이며, 이를 통해 6두품 출신자들이 승진할 수 있는 기회가 마련되었다. 그러나 중위제도는 어디까지나 아찬관등 내에서의 제한된 승진제도였을 뿐 그 자체가 아찬의 범주를 뛰어넘을 수 있는 것은 아니었다.(변태섭, 1956)

한편 『삼국사기』 권3 신라본기3 실성이사금 즉위년조에서 그 어머니를 석등보 "아간(阿干)"의 딸이라 한 것은 『삼국사기』 권1 신라본기1 유리이사금 9년조와 직관지 본문의 기본명칭인 "아찬(阿湌)"과 다를 뿐 아니라 직관지 세주에 나열된 이칭인 "아척간(阿尺干)"·"아찬(阿餐)"과도 다르다. 오히려 이는 『삼국유사』의 왕력·기이편과 동일한 표현이다. 『삼국사기』에는 대체로 "아찬(阿湌)"이라는 표기가 일관되게 사용되고 있는데도 불구하고 이러한 표기가 나타난다는 것은 실성왕의 가계(家系)를 설명하는 『삼국사기』의 기록이 신라본기

의 다른 연대기 자료와는 계통을 달리하고 있기 때문으로 보인다.(하일식, 2000)

47) 아류부인

신라 제18대 실성마립간의 왕비로, 미추왕의 딸이라 전한다. 『삼국사기』 권3 신라본기3 실성이사금 즉위년조에는 실성의 비가 미추왕의 딸이라 하였다. 그러나 미추왕의 재위년대는 262-284년이고 실성왕의 재위년대는 402-417년이므로 둘 사이의 격차가 너무 커 미추왕의 딸이 실성왕의 비가 되었다는 기록은 사실과 맞지 않는다고 보기도 한다. 『삼국사기』 권3 신라본기3 나물왕 즉위년조에는 나물왕(356-402)의 비 김씨도 미추왕의 딸이라 하였으나 역시 같은 이유로 사실로 보기 어렵다고 여겨진다. 『삼국사기』에 나물왕과 실성왕의 왕비들이 미추왕의 딸로 기록된 것은 그들이 미추왕의 혈족 계통에 속한 여자들이기 때문이었을 것으로 보기도 한다. 즉 나물왕과 실성왕은 미추왕의 혈족 후손에 속한 여자를 부인으로 맞아 김씨족 중 미추왕계의 다른 가계 세력과 혼인을 통해 연합했고, 이를 통해 석씨 세력을 제압하고 김씨왕 시대를 열었다는 것이다.(이종욱, 1982)

이와 달리, 상대적으로 연대상의 의문이 가장 적은 김씨 왕실의 세계를 기준으로 『삼국사기』의 기년을 재조정하는 과정에서 미추왕의 재위 연대를 4세기 후반으로 내려보고, 실성왕의 비인 아류부인과 나물왕의 비인 보반부인(保反夫人)이 모두 미추왕의 딸이었다는 기록을 그대로 인정하기도 한다.(선석열, 2001)

나물왕은 392년 실성을 고구려에 인질로 보냈는데, 실성이 왕위에 오른 뒤 이에 대한 앙갚음으로 고구려인을 이용하여 나물왕의 아들 눌지를 살해하려 하였다. 이 때문에 눌지는 실성왕을 죽이고 왕위에 오르게 된다. 따라서 아류부인은 자기의 사위에 의해 남편을 잃은 셈이 된다.

48) 치술

신라 제18대 실성마립간의 딸로, 김제상(金堤上, 또는 박제상)의 처를 이르는 것으로 보기도 한다.

『삼국유사』 왕력 실성마립간조에 전하는 "(실성)왕이 곧 치술(鵄述)의 아버지이다.(王卽鵄述之父)"라는 기록은 왕력 기록으로는 이례적으로 왕의 부모와 왕비 외에 왕의 자식관계를 기술하고 있다. "치술"과 관련된 설화로는 『삼국유사』 권1 기이1 나물왕김제상(奈勿王金堤上)조에 전하는 "치술신모(鵄述神母)" 설화를 들 수 있는데, 김제상이 왜국에서 왕자 미해(美海)를 구한 뒤 화형을 당해 죽자 그 부인이 남편을 그리워 하다가 세 딸을 데리고 치술령에 올라가 왜국을 바라보며 통곡하다 죽어 치술신모가 되었다고 한다.

이 때문에 "왕이 곧 치술(鵄述)의 아버지이다."라는 왕력의 기록을 『삼국유사』 권1 기이1 나물왕김제상(奈勿王金堤上)조와 연결시켜, 실성왕의 딸이라는 "치술"이 곧 김제상의 부인이라고 추정하기도 한다. 이에 따르면 김제상은 실성왕의 사위이며, 그의 전례 없는 충절로 인하여 그 부인인 치술이 『삼국유사』 왕력에 특기되었다고 한다.(선석열, 1997)

한편, 현재 경북 경주시 외동읍과 울산광역시 울주군 두동면 경계에 "치술령(鵄述嶺)"이라는 고개가 있는데 이곳이 설화와 관계 있는 곳으로 여겨진다. 또 『증보문헌비고(增補文獻備考)』 권106 악고(樂考)조에는 눌지왕대 "치술령곡(鵄述嶺曲)"이라는 노래가 지어졌다는 기록도 전해지고 있는데 치술령곡은 후세인들이 앞의 이야기를 소재로 지어 그녀에게 제사를 지낼 때 바친 제의가(祭儀歌)로 추정된다. 치술령곡의 자세한 내용과 형식은 파악할 수 없으나, 제의가의 성격으로 보아 찬양이나 위로의 내용이었으리라 추측된다. 후대에 김종직(金宗直)이 이것을 소재로 하여 "치술령곡"이라는 한시를 짓기도 하였다. 이에 대해서는 기이편 김제상조의 주석을 참고.

49) 눌지마립간

신라 제19대 왕으로 생몰년 ?-458년, 재위기간 417-458년이다. 내지왕(內只王)이라고도 하며 나물왕의 아들로 김씨이다. 어머니는 내례희부인(內禮希夫人) 또는 보반부인(保反夫人), 내례길포(內禮吉怖) 김씨로 미추왕의 딸이고 왕비는 실성마립간의 딸이다. 실성의 뒤를 이어 즉위하여 41년간 다스렸다. 자세한 설명은 기이편 나물왕김제상조의 주석을 참고.

50) 자비마립간

신라 제20대 왕으로 생몰년 ?-479년, 재위기간 458-479년이다. 신라 제19대 눌지마립간의 아들로 김씨이다. 어머니는 아로부인(阿老夫人) 혹은 차로부인(次老夫人)으로 실성왕의 딸이고 왕비는 파호갈문왕(巴胡葛文王) 혹은 미질희각간(未叱希角干)의 딸이다. 눌지의 뒤를 이어 즉위하여 21년간 다스렸다.

『삼국사기』 권3 신라본기3 자비마립간 즉위년조에는 자비마립간에 대해 "눌지왕의 맏아들로 어머니 김씨는 실성왕의 딸이다.(訥祇王長子 母金氏 實聖之女也)"라 하였다. 자비마립간은 눌지마립간대 마련된 왕위의 부자상속제(父子相續制)에 따라 눌지왕의 장자로 왕위에 올랐다.

자비마립간의 왕비에 대해서는 『삼국유사』 왕력에는 파호갈문왕(巴胡葛文王) 혹은 미질희각간의 딸이며 또는 □□각간(角干)의 딸이라 하였는데, 『삼국사기』 권3 신라본기3 자비마립간 4년(461)조에는 서불한(舒弗邯) 미사흔(未斯欣)의 딸을 왕비로 삼았다고 전하므로 파호갈문왕 혹은 미질희각간이 미사흔과 동일인물로 여겨지기도 한다.(이종욱, 1980; 선석열, 2003) 그러나 파호갈문왕을 미사흔의 형 복호(卜好)로 보는 견해도 있다.(今西龍, 1933; 이기동, 1984; 강종훈, 2000) 어느 경우이든 자비마립간은 사촌과 결혼한 셈이 된다.

『삼국유사』 왕력 자비마립간조에는 이 왕대에 비로소 오국(吳國)과 통교했다고 하였으나, 중국의 삼국 중 하나인 손권(孫權)의 오나라는 자비마립간 시기와 연대 차가 있으므로 이 기록 자체를 사실로 받아들일 수는 없으며, 왕력의 오국은 중국 남조를 통틀어 지칭하는 것으로 여겨진다. 이와 더불어 왕력에서는 기미년에 왜국(倭國)의 군대가 침입하자 명활성을 짓고 들어가 피했다는 기록도 전하고 있는데, 이 역시 『삼국사기』의 기록과는 들어맞지 않는다. 그러나 『삼국사기』의 자비마립간대 기사에는 자비마립간 2년(459), 5년(462), 6년(463), 19년(476), 20년(477) 등에 왜인이 거듭 침입해 온 사실을 전하고 있으므로 왕력의 기록은 자비마립간대의 현저한 왜(倭) 관련 사건들을 의식하고 쓰여진 것으로 여겨진다.(이강래, 2005)

한편, 『삼국사기』 권3 신라본기3 자비마립간 12년(469)조에 "춘정월 경도의 방리명을 정하였다.(春正月 定京都坊里名)"는 기록이 보인다. 이에 따르면 자비마립간대에는 왕경을 구분해 방리명(坊里名)을 확정하였다고 한다.

이 기록에 대해서는 신라 초기부터 행정구역의 성격을 가지고 있었던 6부 아래에 새로운 행정단위인 방·리를 편성했다고 보기도 하고(이종욱, 1982), 독자성을 지녔던 부의 성격이 방·리명 제정으로 말미암아 행정구역적 성격으로 변화했다고 보기도 한다.(신동하, 1979; 전미희, 1997) 또 자비왕대 부(部)에 대한 왕권의 통제력이 강화되었던 것은 사실이지만, 자비마립간 12년의 이러한 시도에도 불구하고 부의 독자성이 일시에 없어지지는 않았을 것이라 보는 견해도 있다.(주보돈, 1998; 전덕재, 1996) 그리고 신라 왕경 형성과 도시계획의 정비라는 입장에서, 왕도의 기본 계획이 마련되고 행정조직이 정비되었던 해로 자비마립간 12년을 주목하기도 한다.(민덕식, 1986) 그러나 최근에는, 이제(里制)가 먼저 시행되었고(신형석, 2000), 중고기에는 방제(坊制)가 없었다고 이해하는 견해가 제기되기도 하였다.(전덕재, 2005)

아울러, 자비마립간은 고구려 장수왕의 공격으로 위기에 처한 백제 개로왕(蓋鹵王)이 태자 문주(文周)를 보내 구원을 요청하자 백제에 군사를 파견하기도 하였다. 또한 백성을 징발해 일모성(一牟城), 사시성(沙尸城), 광석성(廣石城), 답달성(沓達城), 구례성(仇禮城), 좌라성(坐羅城) 등을 쌓아 고구려의 침입에도 대비하였다.

자비마립간이 죽은 후에는 그의 맏아들인 소지마립간이 왕위에 올랐다. 능의 위치에 대해서는 전하는 기록이 없으나 금관총(金冠塚)을 그의 능으로 보는 견해가 있다.(이종선, 2000)

51) 아로부인

신라 제19대 눌지마립간의 왕비이자 제20대 자비마립간의 어머니. 차로부인(次老夫人)이라고도 하며 실성왕의 딸로 김씨이다. 아로부인에 대한 기록은 『삼국사기』와 『삼국유사』가 일치하는 편이다. 『삼국사기』 권3 신라본기3 눌지마립간 즉위년조에 왕비가 실성왕의 딸이라 했고, 『삼국사기』 권3 신라본기3 자비마립간 즉위년조에도 왕의 어머니가 실성왕의 딸이라고 기록되어 있다. 다만 그 이름인 "아로부인" 혹은 "차로부인"은 『삼국유사』 왕력 자비마립간조에만 전한다.

눌지왕대 이후에는 자비왕, 소지왕에 이르기까지 각기 전왕(前王)의 장자로서 왕위를 계승하였으므로 각기 부왕(父王)의 비가 왕모(王母)로 기록되었다. 이들 왕모는 모두 김씨로, 이는 왕실세력이 김씨족에게 고정되는 사실로 볼 수 있으며, 왕실을 구성하는 왕족(王族)·왕모족(王母族)·왕비족(王妃族)이 소지왕대에 가까워지면서 나물왕계로 좁아지는 것은 왕위 자체가 초월적 존재로 부각되는 것과 관계가 있다고 한다.(이종욱, 1980)

52) 파호갈문왕

신라 제20대 자비마립간 왕비의 아버지로 미질희각간(未叱希角干)이라고도 하며 신라 제20대 자비마립간 왕비의 아버지이다. 눌지마립간의 동생인 복호(卜好) 또는 미사흔(未斯欣)으로 추정된다.

파호갈문왕에 대해서는 눌지왕의 첫째 동생인 복호(卜好)와 둘째 동생인 미사흔(未斯欣)으로 보는 견해가 갈리고 있다. 복호는 보해(寶海)라고도 하며, 나물왕의 둘째 아들이면서 눌지왕의 동생이다. 눌지왕 2년(418)에 고구려에 볼모로 갔다가 눌지왕 10년 을축에 김제상(金堤上)의 도움으로 돌아왔다. 미사흔은 미질희(未叱希·未叱喜) 또는 미해(美海)라고도 하며 나물왕의 셋째 아들이면서 눌지왕·복호의 동생이다. 『삼국사기』 권3 신라본기3과 권45 열전 박제상조에서는 실성왕 원년에 왜에 갔다가 눌지왕 2년(418)에 귀국했다 하였고, 『삼국유사』 권1 기이1 나물왕김제상조에서는 나물왕 36년(391)에 왜에 볼모로 갔다가 눌지왕 10년(426)에 귀국했다고 한다. 눌지왕 17년(433)에 죽어 서불한(舒弗邯)에 추증되었다.

파호갈문왕을 복호로 보는 견해는 파호와 복호의 음이 서로 비슷하다는 점을 근거로 들고 있다.(今西龍, 1933; 이기동, 1984) 『삼국유사』 권4 의해5 사복불언(蛇福不言)조에서 사동(蛇童)이라는 이름에 대해 "사복(蛇卜) 또는 파(巴) 혹은 복(伏)이라 하는데 모두 아이(童)를 이르는 것이다.(或作蛇卜 又巴 又伏等 皆言童也)"라 주를 단 것이나, 장보고의 이름을 궁복(弓福) 또는 궁파(弓巴)라 한 점도 참고가 된다.(강종훈, 2000)

이에 반해 파호갈문왕을 미사흔과 동일인이라고 보는 견해에서는 『삼국사기』와 『삼국유사』의 다음 기록을 중시한다. 『삼국사기』 권3 신라본기3 자비마립간 4년조에는 "봄 2월에 왕이 미사흔(未斯欣)의 딸을 왕비로 삼았다.(春二月 王納舒弗邯未斯欣女爲妃)"고 하였고, 『삼국사기』 권3 신라본기3 소지마립간 즉위년조에는 "어머니 김씨는 서불한 미사흔의 딸이다.(母金氏 舒弗邯未斯欣之女)"라 하였으며 『삼국유사』의 왕력 비처마립간조에서는 비처왕(소지왕)의 어머니를 미흔(未欣) 각간의 딸이라 전하고 있다. 즉 이 기록의 "미사흔"과 "서불한 미사흔", "미흔 각간"은 모두 동일 인물이고, 그의 딸이 자비마립간과 결혼해 소지마립간을 낳았으므로 『삼국유사』 왕력 자비마립간조의 파호갈문왕과 같은 사람임을 확인할 수 있다는 것이다.(이종욱, 1980; 선석열, 2003) 미사흔이 파호갈문왕으로 불리게 된 이유는 자비마립간 4년(461) 그의 딸이 자비마립간의 왕비가 되자, 왕비의 아버지로서 갈문왕에 추증되었기 때문이라고 한다.(이종욱, 1980)

53) 오국

중국 양자강(揚子江) 유역에 있었던 나라 이름. 오국(吳國)은 중국의 춘추전국시대(春秋戰國時代), 삼국시대(三國時代), 오대십국시대(五代十國時代)에 각각 존재했던 나라로 삼국시대의 오국은 229년부터 280년까지, 오대십국시대의 오국은 902년부터 937년까지 존재했다. 이 세 오국 중 우리나라의 삼국시대와 관련 있는 나라는 고구려와 해상을 통해 관계를 맺은 바 있는 손권(孫權)의 오국이다. 『삼국유사』 왕력 자비마립간조에 나오는 오국은 중국 남조(南朝)의 범칭으로 여겨진다.

중국사에서 오나라는 3번 등장한다. 첫째는 춘추전국시대(春秋戰國時代)인 기원전 6세기 초에 진(晉)나라와 연합하여 초(楚)나라에 대적하였던 나라로 이후 월(越)나라와 대적하다가 멸망하였다. 둘째는 위·촉과 함께 삼국(三國)을 형성했던 나라로, 229년 손권이 건국하였으며 280년 진(晉)나라에 의해 멸망할 때까지 4대 52년간 존재하였다. 셋째는 오대십국(五代十國) 중 하나로 회남(淮南)이라고도 하며, 양행밀(楊行密)이 양주(揚州)를 근거로 회수(淮水) 남쪽에서 강동(江東)에 걸친 땅을 확보하고 902년 오왕으로 봉해진 이후 4대 36년간 이어지다가 937년 멸망한 나라이다.

중국에서 3개의 오나라가 존재했던 기간은 모두 자비마립간의 재위 연대인 458-479년과는 시간 차가 많이 난다. 또한 신라가 자비마립간대에 처음으로 오국과 통교했다는 기록은 『삼국유사』의 왕력에서만 보이고 『삼국사기』에서는 확인되지 않는다.

『삼국사기』 권17 고구려본기5 동천왕 10년(236)조에 "봄 2월 오나라 왕 손권이 사신 호위(胡衛)를 보내 화친하기를 청하였으나 왕이 사신을 잡아두었다가 가을 7월에 목을 베어 머리를 위나라로 보냈다.(東川王 十年 春二月 吳王孫權遣使者胡衛通和 王留其使 至秋七月斬之 傳首於魏)"는 기록이 있다. 이는 고구려와 오나라의 해상을 통한 교섭의 마지막 부분을 전하는 기록이다. 손권의 오나라와 고구려는 233년부터 236년까지 황해 중부 사단항로를 통해 교섭하였으며,

양국의 교섭은 결국 조위(曹魏)의 고구려를 침공을 불러오는 계기가 되기도 했다.(박대재, 2010)

그런데 신라 법흥왕대의 불교 전래 관련 기록들에 등장하는 "양나라 사신(梁使)"은 『해동고승전(海東高僧傳)』 인용 『고기(古記)』에는 "오나라 사신(吳使)"으로 기록되어 있다. 『해동고승전』의 이러한 기록은 『삼국유사』에도 그대로 인용되어, 『삼국유사』 권3 흥법3 아도기라(阿道基羅)조에는 아도화상의 행적에 대한 주에서 "(아도화상은) 또한 『고승전』에서 서축인(西竺人)이라고도 하고 혹은 오(吳)나라에서 왔다고도 한다."고 기록되어 있다. 또 『삼국유사』 권4 탑상4 삼소관음중생사(三所觀音衆生寺)조에서도 양나라의 사람을 "오인(吳人)"이라 기록하였고, 『삼국유사』 권5 신주6 밀본최사(密本摧邪)조에도 흥륜사의 "오당(吳堂)"이 보인다.

이렇듯 『삼국유사』에서는 중국 남조(南朝)의 양(梁)나라를 오나라로 기록한 경우가 종종 확인된다. 따라서 "오(吳)"를 중국 남조(南朝)의 범칭으로 이해하고, 신라에 불교가 전래될 당시 전해진 불교가 남조적인 성격을 가지고 있었던 것으로 보는 견해가 있다.(신종원, 1992) 그리고 이를 바탕으로 왕력의 자비마립간대 오국 통교기사는 중국 특히 남조와의 교섭 개시를 의미한다고 보기도 한다.(이강래, 2005)

54) 명활성

경북 경주시 천군동, 보문동에 위치한 신라시대의 석축성(石築城)으로 사적 제47호 명활산성(明活山城)으로 지정되어 있다. 경주의 동쪽 명활산 정상부를 중심으로 둘레를 따라 자연석을 이용하여 쌓았다. 전체 길이는 약 6km이며 5세기 이전에 축조된 것으로 여겨진다.

명활성을 축성한 연대는 정확히 알 수 없으나 『삼국사기』 권3 신라본기3 실성이사금 4년(405)조에 "여름 4월에 왜의 군사들이 와서 명활성을 공격하였는데 이기지 못하고 돌아갔다.(四年 夏四月 倭兵來攻明活城 不克而歸)"는 기록이 보이므로, 그 이전에 만들어진 성임을 알 수 있다. 또한 성을 쌓은 방법에서도 다듬지 않은 돌을 사용한 신라 초의 방식을 보인다. 『신증동국여지승람(新增東國輿地勝覽)』 권21 경주부 고적조에 의하면, 명활성은 월성(月城)의 동쪽에 있고 석축(石築)으로 둘레가 7,818척이라 하였다. 현재는 대부분 허물어지고 일부만이 남아 있는데 자연석을 깨뜨려 가공 없이 쌓았던 모습을 볼 수 있다. 이는 진흥왕대의 개축 당시 모습인 것으로 추측된다.

눌지왕 15년(431)에는 왜의 군사가 동쪽 변경을 침범해 명활성을 포위하고 공격하였으며 자비왕대에는 명활성을 개축하고 왕이 옮겨가 있었다고 한다. 진흥왕 15년(544)에 성을 수리해서 다시 쌓았고, 진평왕 15년(593)에도 성을 고쳐 쌓았는데 당시 둘레가 3천 보였다. 1988년에는 진흥왕 12년(551)에 만들어진 것으로 추정되는 「명활산성작성비(明活山城作城碑)」가 발견되었는데 이에 따르면 11월 15일-12월 20일의 35일동안 높이 10보(步), 길이 14보 3척(尺) 3촌(寸)의 성벽을 축조했다고 하므로 진흥왕 당시 지속적으로 명활성의 수리와 축조가 이루어졌음을 알 수 있다.(박방룡, 1988) 이후 선덕여왕대에는 비담(毗曇)이 이 성을 근거로 반란을 일으켰으나, 김유신(金庾信)이 평정하기도 하였다. 이 산성은 경주의 서쪽에 있는 선도산성(仙桃山城), 남쪽의 남산성(南山城)과 함께 신라의 도성을 지키기 위해 동쪽에 마련한 산성으로 왕도 방위에 중요한 역할을 하였다.

『삼국유사』의 왕력 기록에 따르면 자비마립간의 기미년(479)에 왜국병(倭國兵)이 침범하니 비로소 명활성을 축성하여 들어가 피하였다고 하였으나, 기미년은 자비마립간과 소지마립간의 교체년으로, 『삼국사기』에 따라 자비마립간이 기미년 2월 3일에 훙거했다면 왕력의 이 기록에 보이는 기미년은 착오일 가능성이 있다. 『삼국사기』의 자비마립간대에는 왜와 관련된 기록이 자주 보이는데, 재위 2년(459)부터 왜인이 배 1백여 척으로 침입하여 월성을 포위 공격하다가 신라군에게 패퇴되었다는 기록 이후 계속해서 왜의 침입과 이에 대한 방어 기사가 등장한다. 특히 자비마립간 6년(463)에는 "봄 2월에 왜인이 삽량성(歃良城)에 침입하였으나 이기지 못하고 돌아갔다. 왕이 벌지(伐智)와 덕지(德智)에게 명하여 군사를 거느리고 중도에 숨어서 기다리고 있다가 공격하여 크게 쳐부수었다. 왕은, 왜인들이 자주 우리 땅을 침입하였으므로 변경에 두 성을 쌓았다.(春二月 倭人侵歃良城 不克而去 王命伐智 德智 領兵伏候於路 要擊大敗之 王以倭人屢侵疆埸 緣邊築二城)"라 하여 왕력과 유사한 기록이 보이고 있다. 이에 대해서는 왕력의 "양주(梁州)"는 문무왕 때 설치한 삽량주(歃良州, 지금의 양산)이며 경덕왕때 양주(良州)로 개칭했던 곳이므로, 삽량성이 공격당한 후 쌓은 두 개의 방어성을 왕력 찬자가 "양주이성(梁州二城)"으로 표현한 것이라 이해하기도 한다. 그리고 이에 따라 왕력의 기미년은 기해년(己亥年, 459)의 오기로 보아야 한다는 견해가 있다.(이강래, 2005)

현재 전하는 『삼국유사』의 판본에는 "이성(二城)"의 "이(二)"자가 보이지 않으나, 석남필사본(石南筆寫本)에 "이(二)"자가 있으므로 원래 왕력의 표기는 "양주이성(梁州二城)"이 맞는 것으로 여겨진다. 『삼국사기』 직관지에는 명활전(明活典)이라는 관서명이 보이는데, 그 명칭으로 미루어 명활성을 관리하는 곳이었던 듯하다. 명활전은 흥덕왕 2년(827) 또는 신덕왕 2년(913)에 설치되었는데 소속 관원으로 대사(大舍) 1인, 간옹(看翁) 1인을 두었다.

55) 비처마립간

신라의 제21대 왕으로 생몰년 ?-500년, 재위기간 479-500년이다. 비처왕(毗處王) 또는 소지마립간(炤知麻立干), 소지왕(炤智王)이라고 하며, 김씨이다. 479년에 즉위하여 21년간 다스렸다. 『삼국유사』 왕력에는 자비마립간(慈悲麻立干)의 셋째 아들로 기록되어 있고, 『삼국사기』 신라본기에는 자비마립간(慈悲麻立干)의 장자(長子)로 기록되어 있다. 어머니는 미사흔(未斯欣) 각간의 딸이다. 왕비는 기보갈문왕(期寶葛文王)의 선혜부인(善兮夫人)이다. 자세한 설명은 기이편 사금갑조의 주석을 참고.

56) 미흔 각간

나물이사금(奈勿尼師今)의 셋째 아들로 생몰년 ?-433년, 성(姓)은 김씨이다. 어머니는 『삼국사기』 권3 신라본기3 눌지마립간 즉위년조에 보반부인(保反夫人) 또는 내례길포(內禮吉怖)라고 나온다. 눌지(訥祗)의 동생이고, 왜(倭)에 인질로 있었다.

『삼국유사』 왕력에 미흔(未欣) 또는 미질희(未叱希)라고 되어 있고, 기이편 나물왕 김제상조에서는 미토희(未吐希)·미해(美海)라 하였으며, 『일본서기』 권9 신공섭정전기(神功攝政前紀) 10월조와 신공(神功) 5년 3월조에는 미질기지(微叱己智) 혹은 미질허지(微叱許智)로 표기하였다. 『삼국사기』 권3 신라본기3 실성이사금 원년조에는 미사흔(未斯欣)으로 나온다.

미흔각간(未欣角干)은 『삼국사기』 권3 신라본기3 실성이사금 원년조에 의하면 "원년 3월에 왜와 우호를 통하고, 나물왕(奈勿王)의 아들 미사흔을 볼모로 삼았다.(元年三月 與倭國通好 以奈勿王子未斯欣爲質)"고 되어 있다. 그리고 『삼국사기』 권3 신라본기3 눌지마립간 2년조의 "가을에 왕의 동생 미사흔이 왜로부터 도망쳐 돌아왔다.(秋 王弟未斯欣自倭國逃還)"는 기사와 『삼국사기』 권45 열전5 박제상조의 "또 11년 임자에는 고구려가 역시 미사흔의 형 복호를 볼모로 삼고자 하였으므로 대왕이 또 그를 보냈다.(又十一年壬子 高句麗亦欲得未斯欣之兄卜好爲質 大王又遣之)"는 기사에 따르면, 미흔각간은 나물왕의 셋째 아들임을 알 수 있다.(이종욱, 1980)

또한 『삼국유사』 왕력에 보이는 제20대 자비마립간(慈悲麻立干)의 왕비가 파호갈문왕(巴胡葛文王)의 딸 또는 미질희(未叱希) 각간 또는 미흔(未欣)각간의 딸이라는 기사를 근거로 해서 기존의 파호갈문왕(巴胡葛文王)이 눌지왕(訥祗王)의 동생인 복호(卜好)였다는 견해(金西龍, 1933; 이기동, 1972; 이기백, 1974)에 대해, 『삼국사기』 권45 열전5 박제상조에 의거해서 파호갈문왕은 복호이라기보다는 미흔각간, 즉 미사흔이라고 보았다.(이종욱, 1980)

미사흔이 왜에 볼모로 간 시기와 귀국 연대에 관해서는 몇 가지 설이 있다. 『삼국사기』 권3 신라본기와 권45 열전 박제상에서는 미사흔이 실성왕 원년(402)에 왜에 갔다가 눌지왕 2년(418)에 귀국했다 하였고, 『삼국유사』 권1 기이1 나물왕김제상조에서는 나물왕 36년(391) 경인(庚寅)에 왜에 볼모로 갔다가 눌지왕 10년(425)에 귀국했다고 한다. 한편 『일본서기』에서는 신공황후 섭정전기에 일본에 왔다가 신공 5년(205)에 신라로 돌아갔다고 되어 있다. 한편 『삼국사기』 권45 열전 박제상에 의하면, 실성왕이 미사흔을 왜에 볼모로 보낸 이유는 미사흔의 아버지 나물왕이 자신을 고구려에 인질로 보낸 원한 때문이었다고 하였다. 미사흔은 눌지왕 17년(433)에 죽어 서불한(舒弗邯)에 추증되었다.

57) 기보갈문왕

신라 제22대 지증마립간(智證麻立干)의 아버지로 성(姓)은 김씨이다. 제19대 눌지마립간(訥祇麻立干)의 동생이고, 제21대 소지마립간(炤知麻立干) 왕비의 아버지였다. 부인은 오생부인(烏生夫人)이다.

『삼국유사』 왕력에는 기보갈문왕(期寶葛文王)이 지증마립간(智證麻立干)의 아버지로 나오는데, 『삼국사기』 권4 신라본기4 지증마립간 즉위년조에는 습보갈문왕(習寶葛文王)이 지증마립간의 아버지로 나온다. 따라서 기보와 습보를 동일인으로 보는 것이 일반적이다.(末松保和, 1954) 기보갈문왕이 갈문왕에 책봉될 수 있었던 이유는 왕의 아우, 왕비의 아버지, 왕의 아버지라는 여러 지위도 있었지만, 실질적으로는 눌지마립간의 아우였기 때문이라고 한다. 그 이유는 갈문왕은 왕위계승이 없는 준왕(準王)과 같은 존재인데, 당시 왕위의 부자상속제가 확립되면서 왕위계승권자의 지위에서 밀려난 왕의 아우를 갈문왕으로 책봉하는 일이 있었기 때문이다.(이기백, 1974)

『삼국유사』 왕력에서는 소지마립간(炤知麻立干)의 왕비를 기보갈문왕(期寶葛文王)의 딸이라고 하였고, 『삼국사기』 권3 신라본기3 소지마립간 즉위년조에는 "왕비는 선혜부인으로 이벌찬 내숙의 딸이다.(妃善兮夫人 乃宿伊伐湌女

也)"라고 기록되어 있다. 여기서 내숙은 소지마립간 8년(486) 2월에 이벌찬이 되어 국정(國政)에 참여하였다는 사실 외에는 알려진 바가 없으며, 내숙과 기보갈문왕이 동일인지도 자세히 알 수 없다. 그의 부인의 경우 『삼국유사』 왕력에는 오생부인(烏生夫人)으로 나오나, 『삼국사기』 권4 신라본기4 지증마립간 즉위년조에는 조생부인(鳥生夫人)으로 나온다.

58) 지정마립간

신라의 제22대 왕으로 생몰년 437-514년, 재위기간 500-514년이다. 지증(智證), 지철로(智哲老) 또는 지도로(智度路)라고도 하며, 성(姓)은 김씨이다. 아버지는 눌지왕의 동생 기보갈문왕(期寶葛文王)이고, 어머니는 오생부인(烏生夫人)으로 눌지왕의 딸이다. 왕비는 영제부인(迎帝夫人)으로 검람대한지등허(儉攬代漢只登許)의 딸이다. 아들로 입종갈문왕과 원종(법흥왕)이 있다. 시호(諡號)를 지증(智證)이라 하였는데, 신라에서 시호를 쓰는 법은 이로부터 시작되었다. 자세한 설명은 기이편 지철로왕조의 주석을 참고.

59) 영제부인

신라 제22대 지증마립간(智證痲立干)의 왕비로 박씨이다. 『삼국사기』 권4 신라본기4 지증마립간 즉위년조에는 연제부인(延帝夫人)으로 되어 있다. 『삼국유사』 왕력에는 그의 아버지가 검람대한지등허각간(儉攬代漢只登許角干)이라 하였는데, 『삼국사기』 권4 신라본기4 지증마립간 즉위년조에는 이찬 등흔(登欣)이라고 되어 있으며, 『삼국유사』 권2 기이2 지철로왕조에 의하면 모량부(牟梁部) 상공(相公)이라고 되어 있다.

『삼국유사』 기이 지철로왕조에서 지증마립간이 모량부 상공의 딸을 왕비로 맞은 것을 두고, 이는 마립간 시기의 왕들이 미추계에 속한 여자를 비로 삼았던 점과는 크게 틀린 현상이라 본 견해가 있다. 이처럼 왕비의 출신이 변한 것은 왕위계승 나아가 왕권 자체에 어떤 변화가 나타난 것을 짐작케 해 준다는 것이다. 이 시기부터 미추왕을 모시는 신궁을 설치하는 등 김씨왕의 시조를 중시하는 경향을 보여 주며, 김씨족들은 하나의 커다란 집단의식을 갖게 되었다고 하였다.(이종욱, 1980)

60) 상고

『삼국유사』 왕력에 나타난 신라의 시기구분에 관한 용어로 제1대 혁거세거서간(赫居世居西干)이 즉위하는 기원전 57년에서 제22대 지증마립간(智證麻立干) 514년까지의 시기를 말한다.

『삼국유사』 왕력에서는 신라의 역사를 제1대 혁거세거서간이 즉위하는 기원전 57년부터 제22대 지증마립간 514년까지를 상고(上古)로, 제23대 법흥왕(法興王)이 즉위하는 514년부터 제28대 진덕여왕(眞德女王) 654년까지를 중고(中古)로, 제29대 태종무열왕(太宗武烈王)이 즉위하는 654년부터 제56대 신라 마지막 왕인 경순왕(敬順王) 935년까지를 하고(下古)로 나누었다. 상고(上古) 시기는 왕호의 변화에 따라 다시 거서간(居西干), 이사금(尼師今), 마립간(麻立干) 시기로 세분될 수 있다. 『삼국사기』에서는 실성이사금이 사망한 417년까지를 이사금 시기라 했으나, 『삼국유사』에서는 실성에 앞선 나물왕부터 마립간 칭호를 사용하고 있어, 그 전 흘해왕(재위 310-356년)까지가 이사금 시기로 나온다.

『삼국사기』 권12 신라본기12 경순왕 9년조에는, 제1대 혁거세(赫居世)가 즉위하는 기원전 57년에서 제28대 진덕여왕 654년까지를 상대(上代)로, 제29대 태종무열왕이 즉위하는 654년에서 제36대 혜공왕(惠恭王) 780년까지를 중대(中代)로, 제37대 선덕왕(宣德王)이 즉위한 780년부터 제56대 신라 마지막 왕인 경순왕 935년까지를 하대(下代)로 나누었다.

한편 왕력이 일연(一然)의 찬술이 아니라는 기존 연구를 바탕으로 상고-중고-하고의 시기구분이 일연의 인식이 아니라 뒤에 왕력을 덧붙인 제자 무극(無極)과 관련될 수도 있다고 보는 시각도 있다.(박미선, 2009)

61) 중고

『삼국유사』 왕력의 시기구분으로 중고기(中古期)는 신라 제23대 법흥왕(法興王)이 즉위하는 514년부터 제28대 진덕여왕(眞德女王) 654년까지의 시기를 말한다. 신라의 시기구분에 관한 자세한 내용은 앞의 "상고" 주석 참고.

신라에 불교가 공인된 법흥왕대(法興王代)로부터 시작되는 중고기(中古期)는 흔히 "불교식왕명(佛教式王名)" 시기라고 불리기도 한다. 『삼국유사』의 시기구분에서 중고기의 설정은 특징으로 꼽히는데, 불교식 왕명, 진종설 등 불교를 통한 왕실의 지배권 확립, 불교의 신성 관념과 관련된 성골 개념 도출 등 사회변화에 불교가 크게 작용하고 있었다.(신형식, 1977; 권영오, 2007)

62) 법흥왕

신라 제23대 왕으로 생몰년 ?-540년, 재위기간 514-540년이다. 이름은 원종(原宗)이고, 성(姓)은 김씨이다. 『삼국사기』 권4 신라본기4 법흥왕 즉위년조에, "법흥왕이 왕위에 올랐다. 이름은 원종이다. 『책부원귀』에는 성은 모이고 이름은 진이라 하였다.(法興王立 諱原宗 冊府元龜 姓募名秦)"라고 하였다. 아버지는 지정왕(智訂王) 즉 지증마립간이고, 어머니는 영제부인(迎帝夫人)이다. 왕비는 파도(巴刀)부인으로 법흥왕이 죽은 후 출가하였으며, 법명은 법류(法流)이고, 영흥사(永興寺)에 살았다. 능은 애공사(哀公寺) 북쪽에 있다고 한다. 자세한 설명은 흥법편 원종흥법염촉멸신조의 주석을 참고.

63) (전) 법흥왕릉

신라 제23대 법흥왕의 능으로 전해오고 있는 왕릉은 현재 경상북도 경주시 효현동 산 63번지에 있으며, 왕경 서편의 선도산에서 서쪽으로 뻗어 내린 능선 중복의 동쪽 사면에 위치해 있다. 봉분 형태는 남북장축의 타원형이며, 봉분의 직경은 13.66m, 봉분 높이는 4.38m이다. 봉분의 북쪽에 받침 석으로 보이는 괴석(塊石)이 일부 노출되어 있어 봉분자락에 호석을 돌린 듯하다. 왕릉

주변의 상석을 비롯한 석물은 최근에 설치한 것이며, 능 뒷부분은 반달 모양으로 두둑하게 둘러쌓은 토성 형태의 사성(莎城)이 있다. 현재의 왕릉은 『삼국사기』 권4 신라본기4 법흥왕 27년조에 기록된 "애공사 북봉(哀公寺北峰)"과 동편의 효현동 삼층석탑을 근거로 조선 영조 6년(1730) 김씨 일족에 의해 지정된 것으로, 봉분의 구조를 통해 볼 때 실제 법흥왕의 능일 가능성이 희박하다고 추정된다.(이근직, 2006)

64) 애공사

애공사(哀公寺)의 위치와 창건 연대를 정확히 알려 주는 기록은 없다. 다만 법흥왕을 이 절의 북쪽에 장사 지냈다는 기록으로 보아, 법흥왕의 명복을 빌기 위하여 세운 사찰로 추정된다. 『삼국유사』 왕력에 의하면, 진지왕의 능도 애공사 북쪽에 있었다고 하며, 태종무열왕의 능은 애공사 동쪽에 있었다고 한다. 한편 『삼국사기』에서는 법흥왕이 능이 애공사 북쪽 봉우리에 있었다고 한다. 위 기록들을 통해 볼 때 애공사를 중심으로 한 왕릉들의 위치 비정이 중요한 문제로 부각되고 있으나, 애공사의 위치를 정확히 알 수 없으므로 왕릉들의 위치 대한 논의도 분분한 실정이다.(이근직, 2006)

65) 파도부인

법흥왕의 왕비로 성(姓)은 박씨이다. 『삼국사기』 법흥왕(法興王) 즉위년조에는 보도부인(保刀夫人)으로 나온다. 『삼국유사』 권3 흥법3 원종흥법염촉멸신(原宗興法厭觸滅身)조에 따르면 법흥왕비 보도부인은 영흥사(永興寺)를 개창하고 출가하여 법명을 묘법(妙法)이라 하였고, 『해동고승전』 권1 법운(法雲)조에도 법흥왕비가 중이 되어 영흥사에 머물렀다고 전한다. 「울주천전리각석」에 보이는 "부걸지비(夫乞支妃)"의 "부걸지(夫乞支)"와 "보도(保刀)"에서 "부(夫)"는 "보(保)"와, "걸(乞)"은 "도(刀, 칼)"와 각각 대응시킬 수 있으므로 곧 보도부인이라 추정한다.(김용선, 1979)

66) 영흥사

신라 법흥왕비 보도부인(保刀夫人)이 건립한 신라 최초의 비구니(比丘尼) 사찰이다. 이 사찰의 위치와 폐사 시기는 정확하지 않다. 영흥사는 『삼국유사』 권3 흥법3 원종흥법염촉멸신조(原宗興法厭髑滅身條)에 의하면 신라 법흥왕 22년인 535년에 창건하기 시작하였다. 『신증동국여지승람(新增東國輿地勝覽)』 권21 경주부조에 의하면, 영흥사는 조선시대까지도 경주부의 성 남쪽에 있었다고 한다. 또한 『삼국유사』 권3 흥법3 아도기라조(阿道基羅條)에 의하면, 전불시대 칠처가람지 가운데 두 번째 가람터로 삼천기(三川岐)를 지적하고 있는데, 이곳이 영흥사라고 하였다. 삼천기는 글자 그대로 동에서 오는 문천(蚊川), 서에서 오는 모랑천(牟梁川), 남에서 오는 인천(麟川)의 삼천이 합류하는 지점이다.

『삼국유사』 권3 흥법3 원종흥법염촉멸신조에 의하면, "처음 역사를 일으켰던 을묘년에 왕비도 또한 영흥사를 세우고 사씨의 유풍을 사모하여 왕과 함께 머리를 깎고 여승이 되어 법명을 묘법이라 하였다.(初興役之乙卯歲 王妃亦創永興寺 慕史氏之遺風 同王落彩爲尼 名妙法)"고 하였다. 또한 『삼국사기』 권4 신라본기4 진흥왕 37년조에 의하면, 진흥왕비 역시 말년에 비구니가 되어 영흥사에 머물다가 죽었다고 한다. 그리고 진평왕 36년(614)에는 "영흥사의 소불(塑佛)이 저절로 헐어지더니 얼마 안 되어 진흥왕비인 비구니가 돌아가셨다."고 하므로, 법흥왕비와 진흥왕비가 모두 이 절과 깊은 관계가 있었음을 알 수 있다.(김복순, 2002)

67) 십재일

불교에서 한 달 가운데 여러 천왕(天王)이 사천하(四天下)를 살펴 관찰한다는 열흘을 말한다. 『삼국유사』 왕력 법흥왕조에 처음으로 십재일을 시행하여 살생을 금하고 승니가 됨을 허락하였다는 내용이 있다. 한편 『삼국사기』 권4 신라본기4 법흥왕 16년조에 "영을 내려 살생을 금하였다.(下令禁殺生)"는 기록도 이와 관련된 것으로 이해된다. 불교에서는 십재일(十齋日)에 배정된 불명(佛名)을 염(念)하여 죄를 덜고, 복을 받으려 하는 것으로 1일에는 정광불(錠光佛), 8일에는 약사불(藥師佛), 14일에는 현겁천불(賢劫千佛), 15일에는 아미타불(阿彌陀佛), 18일에는 지장보살(地藏菩薩), 23일에는 세지보살(勢至菩薩), 24일에는 관세음보살(觀世音菩薩), 28일에는 노사나불(盧舍那佛), 29일에는 약왕보살(藥王菩薩), 30일에는 석가모니불(釋迦牟尼佛)을 염(念)한다.(길상, 1998)

68) 진흥왕

신라 제24대 왕으로 생몰년 ?-576년, 재위기간 540-576년이다. 이름은 삼맥종(彡麥宗) 혹은 심맥부(深麥夫)라고도 하며, 법흥왕의 동생인 입종갈문왕(立宗葛文王)의 아들이다. 『삼국사기』 권4 신라본기4 진흥왕 37년조에 "시호를 진흥(眞興)이라 하고 애공사(哀公寺) 북쪽 산봉우리에 장사 지냈다.(王薨 謚曰眞興 葬于哀公寺北峯)"고 한다. 진흥이라는 칭호가 시호라고 하였으나, 「진흥왕 순수비」에 이미 사용되고 있는 것으로 보아 생존 시의 칭호였음을 알 수 있다. 자세한 설명은 기이편 진흥왕조의 주석을 참고.

69) 입종갈문왕

신라 제24대 진흥왕(眞興王)의 아버지로 사부지갈문왕(徙夫知葛文王, 徙夫智葛文王)이라고도 한다. 김씨이며 사훼부(沙喙部, 사량부) 출신이다. 신라 제23대 법흥왕(法興王)의 동생이며, 부인은 법흥왕의 딸인 지소부인(只召夫人) 김씨이다. 자세한 설명은 기이편 진흥왕조의 주석을 참고.

70) 지소부인

신라 제24대 진흥왕의 어머니이며 입종갈문왕의 부인이다. 혹은 식도부인(息道夫人)이라고 하며 박씨이다. 지소부인의 출자에 대해 『삼국유사』 권1 기이1 진흥왕조와 『삼국사기』 권4 신라본기4 진흥왕 즉위년조는 왕력과는 다른 내용을 전한다. 왕력에서는 지소부인이 "모량리 영사백□의 딸이다.(牟梁里英史伯□之女)"라고 전한다. 그러나 『삼국사기』 진흥왕 본기와 『삼국유사』 기이 진흥왕조에는 지소부인을 법흥왕의 딸이라고 전하여 차이가 있다. 또한 「울주천전리각석」 추명(追銘)에는 "지수시혜비(只須尸兮妃)"라고 기록되어 있다. 지소부인은 법흥왕의 딸, 입종갈문왕의 부인이라는 신분으로 인해 왕실 내의 최고 실력자 중 한사람으로서, 진흥왕의 왕위계승에 관여했던 것으로 이해된다.(이정숙, 1994)

71) 모량리

신라 6부의 하나인 모량부에 위치해 있었던 동리명이다. 왕력에는 진흥왕비의 아버지인 영사백□(英史伯□)의 출신 지역으로 나온다. 모량천(牟梁川) 유역의 지명으로, 현재 경주의 효현리(孝峴里) 일대를 가리킨다고 추정된다. 『삼국유사』 권2 기이2 효소왕대 죽지랑조에는 모량리의 익선(益宣) 아간(阿干)이 나오고, 『삼국유사』 권3 흥법3 원종흥법염촉멸신조에서는 신라 제24대 진흥왕(眞興王, 재위 540-576)의 왕비 사도부인(思刀夫人)의 아버지 영실각간(英失角干)이 모량리 출신이라고 하였다. 또한 『삼국유사』 권5 효선9 대성효이세부모신문왕대조에서는 옛 향전의 기록을 인용하여 모량리의 가난한 여인 경조(慶祖)에게 대성(大城, 김대성)이란 아이가 있었는데, 모량리는 부운촌(浮雲村)이라고도 한다는 점을 언급하였다. 그리고 권5 효선9 손순매아조에서는 모량리 사람 손순이 등장한다. 한편 『삼국사기』 권11 신라본기 11 진성왕(眞聖王) 10년(896)조에는, 나라 서남쪽에서 일어난 적고적(赤袴賊)이 수도의 서부 모량리에까지 이르렀다는 기사가 나온다.

모량리와 관련된 모량부는 신라 6부의 하나로 그 기원은 『삼국유사』 권1 기이1 신라시조혁거세왕조에 나타나 있다. 6촌 가운데 하나인 무산대수촌(茂山大樹村)의 촌장 구례마가 이산(伊山)으로 내려와 점량부(漸梁部) 또는 모량부 손씨(孫氏)의 조상이 되었다고 하였다. 그리고 같은 책 권1 기이1 진한조에는 점탁부(漸涿部)라 하였으며, 「영일냉수리신라비」, 「울진봉평신라비」 등의 금석문에서는 잠훼(岑喙)라 하였다. 부 명칭의 유사성에 주목하여 잠탁부(모량부)가 탁부(양부)에서 분화돼 나오면서 성립한 것으로 보기도 한다.(주보돈, 1992) 반면 잠훼부가 훼부에서 분화된 것이 아니라 경주에 있던 여러 소집단들을 중심으로 새로 형성된 부이거나, 본래 훼부와는 별개로 존립하다가 명칭을 바꾸었을 가능성을 제기하기도 한다.(강종훈, 2000)

모량부는 6부 중의 양부(梁部)나 사량부(沙梁部)에 비하면 그 세력이 미약했던 것으로 생각된다. 503년에 세워진 「냉수리비」에서는 잠탁부, 즉 모량부의 대표가 귀족회의에 참여하지 않고 있음이 확인되는데, 그 이유는 당시 잠탁부가 국정운영에서 배제되었기 때문이라고 보기도 한다. 그러나 524년에 세워진 「봉평비」에서는 잠탁부가 다시 귀족회의에 참여하고 있는데, 이는 500년과 514년에 각각 즉위한 지증왕과 법흥왕의 왕비가 잠탁부 출신이었기 때문이라고 보았다. 그리고 이후 금석문에서 잠탁부는 다시 보이지 않는데, 이는 세력기반의 급격한 약화로 귀족회의에 참석하지 못했기 때문이라고 추정된다.(전덕재, 1996) 이와 비슷한 관점에서 『삼국유사』 효소왕대 죽지랑조에서 모량리의 익선이 죽지의 청을 거절하고 득오를 계속 부역하게 한 것을 두고, 구시대의 왕비 세력인 모량부가 새 시대 왕비 세력인 사량부보다 약세에 몰리자 왕실, 화랑 세력을 향해 불만을 드러낸 것으로 보기도 한다.(황병익, 2007) 이상의 견해들을 종합하면 대체로 진지왕대 이후 모량부 세력은 힘을 잃고 중앙 정계에서 소외된 것으로 보인다.

모량리의 위치에 대해서는 그 명칭의 유사성으로 보아 신라 6부 중의 하나인 모량부가 자리했던 서천(西川)의 지류인 모량천(牟梁川) 유역으로 이해된다. 모량천 유역은 현재 경주 효현동(孝峴洞) 일대이다.(이병도, 1976)

72) 개국

신라 제24대 진흥왕이 사용한 첫 번째 연호로 진흥왕 12년(551)부터 진흥왕

28년(567)까지로 17년간 사용되었다. 개국(開國)은 제24대 진흥왕이 재위 12년(551)에 처음으로 제정하여 독자적으로 사용한 연호이다. 신라에서는 법흥왕이 처음 중국 연호가 아닌 독자적 연호를 사용한 이후 중고기 신라왕들이 이를 좇았다. 이것은 5세기 말에서 6세기경의 신라가 대내적으로 국가체제의 정비, 대외적으로 활발한 영역 확장 등으로 인하여, 신라 지배층의 대중인식(對中認識)에 대한 자주적 입장이 표방된 것이라고 할 수 있다.(김영하, 1980)

그리고 그 뜻은 나라를 연다는 뜻이 있으므로 진흥왕의 친정 시기와 개국(開國)이라는 연호로 개원(改元)한 시기를 연결시켜 보기도 한다. 진흥왕은 즉위시 나이가 어려 태후가 섭정했다. 『삼국사기』 권4 신라본기4 진흥왕 즉위년조에 따르면, "그때 나이는 일곱 살이었다 〔…〕 왕이 어렸으므로 왕태후가 섭정하였다.(時年七歲 〔…〕 王幼少 王太后攝政)"고 전하며, 『삼국유사』 권1 기이1 진흥왕조에는 "즉위 때 나이 15세이므로 태후가 섭정하였다.(卽位時年十五歲 太后攝政)"라고 하였다. 이 두 사료의 즉위시 나이는 차이가 있지만 태후가 섭정한다는 사실은 모두 기록하고 있다. 이 중에서 『삼국사기』에서 서술한 대로 540년 진흥왕의 즉위시 나이를 7세로 보는 입장에서는, 개국(開國)으로 개원하는 진흥왕 12년(551)은 진흥왕이 19세가 되는 때이므로, 이때 비로소 진흥왕이 친정(親政)을 시작하였다는 견해가 있다.(이병도, 1976)

73) 진지왕

신라 제25대 왕으로 생몰년 ?-579년, 재위기간 576-579년이다. 진흥왕의 둘째 아들이다. 어머니는 식도(息途) 혹은 색도부인(色刀夫人)이며 비는 지도부인(知刀夫人)이다. 진흥왕의 태자가 일찍 죽어 즉위하였다. 이름은 사륜(舍輪) 혹은 금륜(金輪)이다. 왕력에서 진지왕의 무덤을 "능"이 아니라 "묘"라고 한 것은 그의 폐위와 관련된 것으로 이해할 수 있다. 자세한 설명은 기이편 도화녀비형랑조의 주석을 참고.

74) (전) 진지왕릉

신라 제25대 진지왕(재위 576-579)과 제46대 문성왕(재위 839-857)이 같이 묻혀 있는 것으로 추정되는 능이 현재 경북 경주시 서악동 산92-2에 위치해 있으며, 사적 177호 신라진지문성왕릉(新羅眞智文聖王陵)으로 지정되어 있다. 높이 5.5m, 지름 20.6m의 원형 봉토무덤으로 밑둘레에 자연석을 이용해 보호석렬(石列)을 둘렀으나 지금은 몇 개만이 남아 있다. 내부는 횡혈식석실묘로 추정된다. 반면 서악동 고분군 중 아래에서 두 번째 무덤이 진지왕릉이라고 보는 견해도 있다.

『삼국사기』 권4 신라본기4 진지왕 4년조에 "왕이 죽어 시호를 진지(眞智)라 하고 영경사 북쪽에 장사 지냈다.(王薨 謚曰眞智 葬于永敬寺北)"고 전하며, 『삼국유사』 왕력에는 "묘가 애공사 북쪽에 있다.(墓在哀公寺北)"고 한다. 현재 사적으로 지정된 진지왕릉은 『삼국사기』의 기록에 따라 영경사로 추정된 서악동 삼층석탑 근처 지역을 근거로 영조 6년(1730)부터 진지왕릉으로 전해져 왔다. 그러나 진지왕과 문성왕은 시대적으로 278년의 시간 차가 있어 두 왕의 합장이 불가능한 것으로 보아 사적으로 지정되어 있는 진지왕릉을 부정하는 견해가 있다.(강인구, 2000) 또 영경사터로 추정한 삼층석탑을 중심으로 하는 절터는 석탑의 양식으로 미루어 진지왕릉이 조영되는 6세기 중엽에 창건된 것이 아니라 9세기 후반의 사찰로 편년된다고 하여, 현재 사적으로 지정된 신라진지문성왕릉(新羅眞智文聖王陵)은 진지왕릉이 아닌 것으로 추정한다.(이근직, 2006)

애공사는 『삼국사기』에서는 법흥왕릉과 진흥왕릉, 『삼국유사』에서는 진지왕릉, 무열왕릉의 위치 기준으로 나오며, 영경사는 또한 『삼국사기』에서 진지왕릉과 무열왕릉의 위치 기준이 된다. 그렇다면 법흥왕릉, 진흥왕릉, 진지왕릉, 무열왕릉은 모두 애공사를 기준으로 위치가 정해져 있으므로 같은 묘역권에 존재함을 알 수 있다. 그런데 이 중 무열왕릉은 그 위치가 무열왕릉비에 의해 비교적 정확히 전하는 능이다. 그리고 그 주위에는 능선에서부터 무열왕릉으로 1호분부터 4호분으로 명명된 서악동 고분군이 존재한다. 따라서 무열왕릉과 같은 묘역권에 있는 서악동 고분군에 법흥왕릉, 진흥왕릉, 진지왕릉이 있을 것으로 추정한다.(강인구, 2000; 이근직, 2006)

그 서악동 고분군 중 3호분을 진지왕릉으로 추정하기도 하는데, 이 고분군은 한 능선상에 1열로 근접해 있는 것으로 보아 혈연적으로 가까운 가족관계에 있는 사람들의 고분으로 보이며, 제일 아래에 무열왕릉(武烈王陵)이 있으므로 무열왕과 가까운 왕들의 무덤으로 생각된다고 한다. 따라서 이 4기의 고분을 1호분부터 각각 법흥·진흥·진지·문흥대왕(무열왕의 부)의 능으로 추정한다.(강인구, 2000) 한편 애공사와 영경사를 같은 절로 보아 진지왕릉을 서악동 고분군 중 1호분으로 보기도 한다. 서악동 고분군의 4호분부터 능선으로 향하는 1호분까지 각각 법흥왕릉, 보도부인릉, 진흥왕릉, 진지왕릉으로 보면서, 무열왕릉과 가장 먼 1호분을 진지왕릉으로 보는 것이다.(이근직, 2006)

75) 진평왕

신라 제26대 왕으로 생몰년 ?-632년, 재위기간 579-632년이다. 성은 김씨(金氏)이며 이름은 황지(皇地), 혹은 백정(白淨)이라고도 한다. 아버지는 진흥왕의 태자인 동륜(銅輪)이며, 어머니는 입종갈문왕(立宗葛文王)의 딸인 만호부인(萬呼夫人)이다. 왕비는 김씨로 복승갈문왕(福勝葛文王)의 딸인 마야부인(摩耶夫人)이다. 자세한 설명은 기이편 천사옥대조의 주석을 참고.

76) 동륜

제24대 진흥왕의 장자(長子)이며 제26대 진평왕의 아버지. 생몰년 ?-572년. 진지왕의 형이며, 어머니는 사도부인(思道夫人) 김씨이고, 부인은 진흥왕의 누이 만호부인(萬呼夫人) 김씨이다. 진흥왕 27년(566)에 태자로 책봉되었으나 일찍 죽어 왕위를 계승하지 못했다. 동륜에 관한 기록은 『삼국사기』 권4 신라본기4 진흥왕 27년조와 33년조에 단편적으로 나타난다. 진흥왕 27년(566)에 동륜이 왕태자가 되었다는 것과 진흥왕 33년(572)에 동륜이 죽었다는 내용이다. 그런데 이와 같은 동륜의 죽음에 대해서 진흥왕대 후기의 정변에 의해 동륜이 갑작스럽게 죽었다는 견해가 있다. 『삼국사기』 진흥왕 후기 기록에는 불교와 관련된 종교행사 기사만 나타나는 점과, 진흥왕이 말년에 불교에 귀의하여 승려가 되었다고 점 등을 들어, 이러한 것이 태자 동륜의 죽음과 관련이 있었을 것으로 추정하는 것이다.(김덕원, 2007)

77) 마야부인

신라 제26대 진평왕의 첫번째 부인이자 제27대 선덕여왕의 어머니이다. 마야부인(摩耶夫人) 또는 복힐구(福肹口) 라고도 한다. 복승갈문왕(福勝葛文王)의 딸로 김씨이다.

『삼국유사』 왕력 진평왕조에서는 "왕비는 마야부인 김씨로 이름은 복힐구이다.(妃摩耶夫人 金氏 名福肹口)"라고 되어 있으며, 『삼국유사』 왕력 선덕여왕조에는 "어머니는 마야부인 김씨이다.(母摩耶夫人金氏)"라고 되어 있다. 또한 『삼국사기』 권4 신라본기4 진평왕조에는 "비는 김씨 마야부인으로 복승갈문왕의 딸이다.(妃金氏摩耶夫人 葛文王福勝之女)"라고 기록되어 있다.

마야부인은 인도에서 정반왕(淨飯王)의 왕비가 되어 석가를 낳은 마야부인(摩耶夫人)과 같은 이름을 가지고 있다. 이는 신라 중고기 왕실이 불교식 왕명을 사용했기 때문에, 진평왕의 부인 역시 불교식 명칭을 사용한 것으로 추측한다.(김철준, 1975) 신라 중고기 전반부인 지증왕~진지왕대의 왕비족은 모두 박씨였다. 그런데 진평왕이 즉위하면서 박씨에서 김씨로 왕비족의 변화가 갑작스럽게 일어난다. 이것은 진지왕이 폐출되고 진평왕이 즉위하는 것과 서로 밀접한 관련성이 있다. 즉 진지왕을 폐출한 세력들이 왕권강화를 꾀하려는 정책의 일환으로 박씨가 아닌 김씨를 왕비로 세운 것으로 파악된다.(신형식, 1984) 이는 마야부인이 아들을 낳지 못하자, 또 다른 세력인 승만부인(僧滿夫人) 손씨를 후비로 들임으로써 왕비족이었던 박씨를 배제하고 있음을 알 수 있다.(박해현, 1988) 그러나 승만부인 역시 아들을 낳지 못하였으므로, 마야부인의 소생인 덕만(德曼)이 왕위에 올라 선덕여왕(善德女王)이 되었다.

78) 승만부인

신라 제26대 진평왕의 두 번째 왕비로, 성은 손씨이다. 이후 아들이 없어 마야부인의 소생인 덕만(德曼)이 왕위를 이었다. 승만부인 손씨는 모량부(牟梁部) 출신으로 승만부인의 등장은 마야부인에 이어 이전까지 박씨를 왕비족으로 하였던 전통에서 벗어난 것이었다. 이는 진평왕이 모량부와의 연대를 통해 여러 정치세력을 제어하고, 왕권을 강화하기 위한 목적이었다. 또한 첫 번째 부인인 마야부인에게서 아들이 없자 아들을 얻기 위한 목적도 있었을 것이다.(박해현, 1988)

그러나 승만부인 역시 아들을 낳지 못하자 진평왕은 자신의 후계자로 덕만(德曼)을 내정하기 위해 모량부와 맺었던 연대관계를 끊고, 김용춘을 내성사신(內省私臣)으로 임명함으로써 사륜계와 정치적인 타협을 맺고 일련의 관제정비를 추진하였다. 이에 모량부는 진평왕의 정책에 불만을 가지게 되었는데, 이러한 상황에서 모량부 출신 익선의 수뢰 사건이 발생하게 된다. 이 사건은 죽지랑(竹旨郞)이 화랑시절, 자신의 낭도인 득오에게 휴가를 주도록 요청하자 득오의 통솔자인 익선이 뇌물을 몇 차례 요구한 일이다. 결국 익선의 수뢰사건은 익선은 물론 그의 출신지인 모량부 세력까지 모두 관직에서 쫓겨나게 하였다. 이는 모량부 세력을 결정적으로 좌절시킨 일대 사건이었던 것으로 이해된다.(이종욱, 1986; 신종원, 2004)

79) 선덕여왕

신라 제27대 왕으로 생몰년 ?-647년, 재위기간 632-647년이다. 진평왕의 장녀로 성은 김씨이다. 어머니는 마야부인 김씨로, 진평왕이 아들이 없자 왕으로 추대되었다. 647년 정월에 일어난 비담(毗曇)·염종(廉宗)의 난 와중에 죽었다. 자세한 설명은 기이편 선덕여왕지기삼사조의 주석을 참고.

80) 성골

신라시대 골품 가운데 최고의 신분. 신라는 중앙집권적 국가로 발전해 가면서 엄격한 신분제인 골품제가 형성되었는데, 그중 성골은 가장 높은 신분으로 왕족 중에서도 왕위에 오를 수 있었던 일부만이 차지하였다.

성골에 관한 기록은 문헌에 따라 조금씩 다른데, 『삼국사기』 권5 신라본기 5 진덕왕 8년조에는 "나라 사람들은 시조 혁거세로부터 진덕왕까지의 28왕을 성골이라고 하였고, 무열왕부터 마지막 왕까지를 진골이라고 했다.(國人謂始祖赫居世至眞德二十八王 謂之聖骨 自武烈至末王 謂之眞骨)"고 하여, 성골과 진골의 시기를 확실히 구분하였다. 또 『삼국유사』 왕력 진덕여왕조에는 "이상은 중고(中古)로 성골이고, 이하는 하고(下古)로 진골이다.(已上中古聖骨 已下下古眞骨)"라고 하고 있다.

골품제는 엄격한 신분제도로서 골품에 따라 정치적인 출세는 물론 일상생활에 속한 모든 면에서 특권과 제약이 가해졌다. 다만 그것을 명문화했던 『삼국사기』 권33 잡지2 색복조에 보이는 834년(흥덕왕 9)의 조처에는 성골에 대한 규정이 없는데, 이때에는 성골 신분이 소멸했기 때문으로 파악된다. 한편 이것은 성골 신분의 존재 자체를 부정하려는 견해를 낳게 했다. 즉 신라 왕족 내에 성골과 진골의 구분이 실제로 없었으며, 성골 관념은 후대의 왕족이 어떤 정치적 의도에 의해 만들었다고 하였다. 그 시기에 대해서도 하대(下代), 즉 진성여왕을 전후해 중국 사상의 영향을 받아 성골로 추존한 것이라고 하는 견해가 있는가 하면(末松保和, 1954), 정치적 의도에서 여왕 통치를 정당화할 필요를 느낀 태종무열왕·문무왕대에 추존되었다는 견해도 있다.(武田幸男, 1975)

그러나 이후 연구에서는 성골의 실재를 부정하는 견해보다는 그것을 인정하는 견해가 주류를 이루게 되었다. 먼저 부계·모계의 관점에서 양계가 모두 왕종(王種)이면 성골이며, 둘 중의 어느 하나가 비왕종(非王種)이면 진골이었다는 견해이다.(이병도, 1976) 또한 직계·방계의 문제에 주목하여, 직계가 성골의 한 조건이 되는 것으로 이해하기도 했다.(김철준, 1975) 그리고 신라 중고기 성골을 표방한 왕족집단이 있었다는 주장도 있다. 중고기 말에 왕족 내 혈연집단의 분지화(分枝化)가 일어나자, 진평왕계가 진흥왕의 장자인 동륜을 직계로 내세우면서, 진지왕계와 구별하기 위해 성골 관념을 내세웠다고 한다.(이기동, 1980)

한편 성골 관념이 진평왕대에 형성된 것이 아니라 중고 시대를 통해 지속적으로 존재했다는 주장도 있다. 성골 신분의 집안은 형제 공동가족으로 왕성 안에 거주구역을 따로 가지고 있었으나, 왕을 기준으로 일정한 친족 범위를 넘어선 방계화(傍系化)된 왕족은 성골 거주 지역을 떠나 다른 곳에 이주하게 되었고, 신분도 진골로 떨어지게 되었다는 것이다. 즉 성골 신분은 왕을 중심으로 정해지고 왕이 교체되면 새로운 성골 집단이 형성된다는 것이다.(이종욱, 1999) 이 밖에도 불교의 종교적 신성(神聖) 관념에서 성골 의식이 형성되었다고 보거나 (문경현, 1983), 왕위계승의 관점에서 성골의 개념을 파악하기도 한다.(서의식, 1994)

81) 음갈문왕

신라 제27대 선덕여왕의 남편으로, 음갈문왕에 대한 기록은 『삼국유사』 왕력에만 전한다. 『삼국유사』 권1 기이1 선덕여왕지기삼사조에는 선덕여왕이 당시 당나라에서 모란을 보낸 사실을 기록하면서 여왕의 배우자가 없다고 하였으나, 『삼국유사』 왕력에는 남편이 음갈문왕(飮葛文王)이라고 밝히고 있어 차이가 난다. 이와 관련하여 음갈문왕(飮葛文王)의 음(飮)을 반(飯)의 간오(刊誤)로 본 견해(武田幸男, 1975)를 수용하여 이것을 불교식 이름으로 보고 있다. 그리고 대신(大臣) 을제(乙祭)와 상대등 알천(閼川)은 각각 고유식 이름과 한자식 이름에 해당하는 것으로 보아 세 사람을 동일 인물로 추정한 견해가 있다.(박남수, 1992) 여왕의 남편이 갈문왕에 책봉되었다는 것은 특수한 예이지만, 왕비족이나 왕모족(王母族)과 마찬가지로 여왕의 배우자 가족의 사회적 중요성이 인정

되었다는 증거로 이해되기도 한다.(이기백, 1974)

82) 진덕여왕

신라 제28대 왕으로 생몰년 ?-654년, 재위기간 647-654년이다. 진평왕의 동생 국기안갈문왕(國其安葛文王)과 아니부인(阿尼夫人) 박씨 사이에서 태어났다. 자세한 설명은 기이편 진덕왕조의 주석을 참고.

83) 국기안갈문왕

신라 제26대 진평왕의 동생이자, 제28대 진덕여왕의 아버지. 성은 김씨, 이름은 국반(國飯) 또는 국분(國芬)이라고 한다. 『삼국사기』에 의하면, 진평왕 원년에 진안갈문왕(眞安葛文王)에 봉해졌다. 부인은 아니부인(阿尼夫人) 박씨이다.

『삼국사기』 권4 신라본기4 진평왕 원년조에는 "8월 동생 백반을 진정갈문왕으로, 국반을 진안갈문왕으로 봉하였다.(封母弟伯飯爲眞正葛文王 國飯爲眞安葛文王)"고 하였다. 국반(國飯)과 백반(白飯)은 모두 석가모니의 작은아버지 이름에서 취한 것으로 파악된다. 진평왕에 의하여 갈문왕에 책봉되었다는 사실은 그 당시 신라의 왕위계승이 장자상속제로 확립된 것과 관련이 있다고 이해되기도 한다. 왕의 아우를 갈문왕으로 책봉한 것은, 왕위계승권은 없어졌으나 그에 대하여 일정한 대우를 해 주었다는 것으로 이해하는 추정하는 것이다.(이기백, 1973)

한편 최근 공개된 파른본 『삼국유사』 왕력에는, "국진안갈문왕(國眞安葛文王)"으로 보인다. 이에 대해 국분(國芬)의 분(芬) 등 당시의 발음으로 분, 반에 가까운 글자가 기안(其安), 진안(眞安)으로 오기되었을 가능성이 크다고 추정하기도 한다.(하일식, 2013)

84) 하고

『삼국유사』 왕력에 나타난 신라사 시기구분 용어로, 제29대 태종무열왕-제

56대 경순왕(654-935) 시대를 가리킨다. 신라시대의 시기구분과 관련하여 『삼국유사』 왕력의 경우 상고(上古), 중고(中古), 하고(下古)로 구분하였는데, 이는 각각 제1대 혁거세거서간-제22대 지증왕, 제23대 법흥왕-제28대 진덕여왕, 제29대 태종무열왕-제56대 경순왕이 다스린 기간이다. 반면 『삼국사기』 권12 신라본기12 경순왕조 말미에는, "나라 사람들이 시조로부터 이때까지를 3대로 나누었는데, 처음부터 진덕왕까지 28명의 왕을 상대(上代)라고 하고, 무열왕부터 혜공왕까지 8명의 왕을 중대(中代)라고 하였으며, 선덕왕(宣德王)부터 경순왕(敬順王)까지 20명의 왕을 하대(下代)라고 했다."고 하였다.

『삼국사기』의 중대와 하대는 『삼국유사』에서 하고(下古)로 묶여졌다. 이러한 『삼국유사』의 시기구분은 불교식 왕명 시기인 중고기를 강조했던 일연의 사관에서 비롯된 것으로 이해된다.(신형식, 1977) 일연은 불교사관에 입각해 신라 중고기 제23대 법흥왕에서 제28대 진덕여왕대에 불교가 공인되어 국가불교로 성립되었으며, 왕들의 이름을 모두 불교에서 따온 불교왕명시대가 전개된 시기를 강조했다. 한편 상고(上古)는 신라의 고유한 토착어로 된 왕명을 사용한 시기로, 하고(下古)는 모두 시호(諡號)의 왕명을 사용한 시기로 나누었다고 이해된다.(末松保和, 1954)

85) 진골

신라시대 골품의 한 등급으로, 성골 다음의 신분이다. 성골시대에는 왕이 될 자격이 없었다고 하며, 진덕여왕을 끝으로 성골이 사라지자 태종무열왕(太宗武烈王)이 즉위하면서 왕위에 오르게 되었다. 진골은 제5관등인 대아찬 이상의 최고 관등에 오를 수 있으며, 중앙관서의 장관직을 독점하였다. 진골 신분은 신라사회 안에서 정치·경제·사회·종교 등 모든 부문에 걸쳐 특권을 누리던 계층이었다. 신라는 골품에 따라 관직 및 생활에 제한이 있었는데, 진골 신분은 최고 관등으로 오를 수 있었으며, 그 아래 6두품에 비해 기물(器物)이나 복색(服色)에 대한 제한도 적었다. 『삼국사기』 잡지에는 골품 신분에 따른 제한이 명시되어 있다.

진골 신분의 왕이 즉위하는 시기는 태종무열왕 때부터이다. 그 이전의 왕위는 성골만이 독점했으나, 성골의 대가 끊김으로써 진골이 왕위에 오를 수 있었다. 그러나 성골과 진골의 신분적 구분이 애매해, 어느 시기에 진골 신분이 성립되었는지에 대해서는 분명하지 않다. 성골과 진골에 대한 구분은 중고시대 말에 왕족 내 혈연집단의 분지화가 일어나자, 진평왕계가 진흥왕의 장자인 동륜(銅輪)을 직계로 내세우면서 다른 왕족과 구별하기 위해 성골 관념을 표방했다는 설이 있다. 이 의견은 이러한 직계 혈연집단에서 멀어져 간 방계 혈연집단이 어느 시기에 성골에서 진골로 강등된 것으로 보고 있다.(이기동, 1980) 반면 진골은 성골과 대조되는 신분이기 때문에 성골이 갖추어지는 것과 동시에 진골 관념이 형성되었으며, 그것은 진흥왕의 장자인 동륜계가 존재하는 시기에 이루어졌다는 설도 있다.(김철준, 1975)

통일기의 진골귀족들은 거대한 재력을 지녔으며 사병(私兵)을 양성하기도 하였다. 그들이 호사한 생활을 반영하는 상징적 존재가 금입택(金入宅)이다. 사원 역시 그들의 원당(願堂)으로 변했는데, 진골귀족은 사원을 경영해 합리적으로 재산을 은닉했다. 진골귀족이 비대해짐에 따라 중대 왕권의 개혁조치는 실패로 기울었고, 한층 미약해진 왕권은 이들을 견제할 수 없게 되었다. 하대에 이르면 중앙의 진골들은 왕위 쟁탈전을 벌이게 되고, 그 과정에서 패배한 세력들이 지방으로 이주하게 된다. 이들 지방 이주 진골은 원래부터 전해오던 토지가 있던 곳으로 낙향하였다. 일단 지방으로 이주한 진골은 중앙으로 진출하는 경우도 있었겠으나, 나머지는 그대로 지방에 살며 점차 지방 호족화되었다. 그 결과 국가의 통제력이 축소되어 조세수취, 인력동원 등도 어려워지는 현상이 나타나게 되었다. 이러한 진골의 성격 변화는 신라 골품제의 질서를 붕괴시켰고, 신라의 멸망을 재촉한 것으로 이해된다.(이종욱, 1999)

86) 태종무열왕

신라 제29대 왕으로 생몰년 603-661년, 재위기간 654-661년이다. 진지왕의 손자이자, 김용춘의 아들이다. 어머니는 진평왕의 딸인 천명부인이며, 비는 문명왕후로 김유신의 여동생이다. 태종(太宗)은 묘호(廟號)이고 무열(武烈)은 시호이며, 이름은 춘추(春秋)이다. 김춘추는 진덕여왕 사후 진골로서 처음으로 왕위에 올랐는데, 그때의 나이가 53세였다. 즉위 후 7년(660)에 당나라 군사와 연합하여 백제를 멸망시켰다. 그러나 백제 멸망 다음 해에 죽음으로써, 시호를 무열(武烈)이라 하고 영경사(永敬寺) 북쪽에 장사를 지냈다.

『삼국사기』에서는 그의 즉위부터를 중대(中代)로 설정했으며, 『삼국유사』에는 이때부터를 하고(下古)로 설정하였다. 이것은 태종무열왕이 즉위한 후 신라 사회에 많은 변화가 일어났음을 나타내는 시대구분이라 하겠다.

김춘추 집안은 진흥왕 33년(572) 태자 동륜의 죽음으로 차자 사륜이 진흥왕 후기의 정국을 주도하면서 등장하였으며, 진흥왕이 죽은 후에는 동륜의 아들인 백정(白淨)을 배제시키고 진지왕으로 즉위함으로서 정권을 잡게 된다. 그러나 재위 4년 만에 "정치가 어지럽고 문란하다.(政亂荒淫)"는 이유로 폐위되었고, 동륜의 아들인 백정이 진평왕으로 즉위하게 됨으로, 진지왕과 그의 아들 김용춘·손자 김춘추를 사륜계(舍輪系)라 이르게 된다. 이후 사륜계는 진평왕과 선덕여왕·진덕여왕을 거치면서 동륜계와의 관련 속에서 정치활동을 수행하다가 김춘추가 무열왕으로 즉위함으로써 그의 가문이 재집권하게 된다.

사륜계의 활동은 금관가야(金官加耶)의 후예인 가야계의 활동과도 같이 한다. 가야계는 금관가야의 후예인 김무력을 중심으로 한 그의 직계자손을 의미하는 것이다. 사륜계와 가야계의 관계는 사륜이 진지왕으로 즉위하는 과정에서부터 성립되어 이후 김춘추가 무열왕으로 즉위하기까지 상호 긴밀한 협조 속에서 이루어지고 있었다. 이러한 관계는 김유신의 누이동생인 문희(文姬)와 김춘추의 결혼으로 더욱 강화되게 된다.

『삼국유사』 권1 기이1 태종춘추공(太宗春秋公)조에는 김춘추와 문희가 결혼하게 되는 일화가 자세하게 전한다. 비슷한 내용이 『삼국사기』 권6 신라본기 6 문무왕(상) 문무왕 즉위년(661)조에도 전한다. 이것은 김춘추와 문희의 결혼이 당시에는 파격적인 것이었음을 보여 주는 기록이라고 할 수 있다.

진덕여왕 즉위 후 김춘추는 그를 지지하는 세력으로 대신(大臣)들을 교체하고, 그 자신은 대신회의를 초월하는 국상(國相)으로 또는 태자와 같은 비상의 직책을 가지고 진덕여왕을 대신하여 섭정하였다. 이로 보면 진덕여왕대는 사실 그의 즉위를 위한 준비기에 불과하였다고 이해하기도 한다.(신형식, 1984) 그가 직접 즉위하지 않았던 것은 아직 그의 즉위에 대한 반대가 있었기 때문이다. 이는 후일 진덕여왕이 사망한 뒤 그가 집권자였음에도 불구하고 상대등이었던 알천(閼川)의 양위를 받는 형식을 취하고 있었던 데서 단적으로 드러난다고 한다.

김춘추는 문왕(文王) 이후 계속 그의 아들인 법민(法敏)을 당에 보내어 『태평송(太平頌)』을 바치게 하고, 인문(仁問)을 당에 숙위(宿衛)시킴으로써 당과의 외교창구를 완전히 장악하였다. 이는 당 문화 수용의 창구 역할을 하였을 뿐만 아니라 당의 정치적인 동향을 본국으로 연락해 주는 창구로서 기능하기도 하였기 때문이다. 이러한 바탕 위에 그는 지배체제를 국왕 중심으로 전환시키기 위하여 본격적으로 당제(唐制)의 수용에 나선다.(김덕원, 2007)

김춘추는 나당동맹의 체결이라는 군사적인 목적과 함께 당의 제도를 수용하려는 정치적인 목적을 가지고 대당외교를 전개하였다. 그런데 당제를 수용하는 과정에서 제일 먼저 복장을 수용하고 있는 사실이 주목된다. 이것은 당과의 유대를 강화하는 효과적인 방법이면서도 당 태종의 환심을 사기 위한 김춘추의 고도의 정치적인 의도가 반영된 자세였다. 또한 관리들의 복장을 통일시킴으로써 새로운 시대의 도래를 상징하는 결과까지 예상하였던 치밀하게 계획된 조치였을 것으로 이해된다.(최현화, 2004)

이러한 유교적인 정치이념은 무열왕으로 즉위한 이후에도 계속되었는데, 자신의 부모를 문흥대왕(文興大王)과 문정태후(文貞太后)로 추봉한 사실이 그러하다. 무열왕 이전에는 왕의 아버지를 갈문왕으로, 왕의 어머니를 부인으로 추봉하였으나, 무열왕대부터는 사실상 갈문왕이 폐지되고 새롭게 대왕의 칭호를 추봉한다. 이는 자신의 가문을 존숭시켜서 왕의 권위를 고양시키려는 의도에서 비롯된 것이다. 가문 존숭과 함께 김춘추는 율령에 대한 정비를 단행하였는데, 무열왕이 즉위한 이후에 형률에 관한 이방부격(理方府格) 60여조에 대한 대대적인 정비를 실시한 것은 이전과는 다른 새로운 지배체제를 지향하고자 하는 의도에서 비롯되었을 것으로 보인다. 그리고 무열왕에 의해서 실시된 율령체제는 문무왕대에도 다시 정비되고 있는 사실을 통해서 지속적으로 이루어져갔다. 결국 김춘추는 무열왕으로 즉위한 이후에 유교적인 정치이념을 수용하여 가조존숭(家祖尊崇)과 율령제에 의한 개혁정치를 실시하였다. 이것은 중고기의 불교적 정치이념과는 완전히 다른 내용으로, 이러한 유교적인 정치이념을 토대로 중대 무열계를 형성하면서 새로운 시대를 열게 되었다고 이해된다.(김덕원, 2007)

87) 용춘

신라의 왕족으로 제25대 진지왕(眞智王)의 아들이자 김춘추(金春秋)의 아버지이다. 김춘추가 신라 제29대 태종무열왕(太宗武烈王)으로 즉위하자 문흥대왕(文興大王)으로 추봉되었다. 용수(龍樹)라고도 하며 탁문흥갈문왕(卓文興葛文王) 또는 문흥갈문왕으로 불리기도 하였다. 부인은 진평왕의 딸인 천명부인(天明夫人)이다. 진평왕 44년(622)에 초대 내성사신(內省私臣)으로 임명되었으며 같은 왕 51년(629)에는 고구려의 낭비성을 함락시키는 공을 세웠다. 선덕왕(善德王)대에 들어서도 왕을 대신하여 지방을 순무하거나 황룡사탑의 창건 책임자로서 활약하였다.

용춘의 아버지인 진지왕은 성골 신분으로 진흥왕의 뒤를 이어 왕위에 올랐지만 재위 4년 만인 579년에 폐위 당하였다. 이후 동륜계(銅輪系)인 진평왕이 새롭게 즉위하였고 이로 인하여 사륜계(舍輪系)인 용춘은 왕위계승권을 상실한 진골 신분으로 떨어지게 되었다.(이종욱, 1980) 용춘은 이러한 족강(族降)과 더불어 정치권으로부터 소외되었다. 그가 진평왕대 중엽까지 진평왕의 딸인 천명부인과 결혼하였을 뿐 별다른 정치활동을 보이지 않은 것도 이러한 까닭 때문이다. 용춘이 신라 정계의 핵심인물로 급부상하게 된 것은 진평왕 44년(622)에 내성사신으로 임명되면서부터이다. 진평왕은 사륜계인 김용춘을 궁정관부의 최고 책임자에 임명하여 잔존해 있던 진흥왕계의 가계내적 갈등을 봉합하고 중고기 왕권의 지속적 안정을 꾀하려 하였다. 이후 용춘은 내성사신이라는 지위를 기반으로 신라 정계에서 눈에 띄는 활약을 펼치는 한편, 김서현(金舒玄)으로 대표되는 금관가야계와의 연합을 통해 신귀족 세력을 형성하게 되었다.(김영하, 1988)

용춘의 죽음에 대해서는 전하는 기사가 없어 정확한 시기를 파악할 수 없다. 다만 『삼국사기』 권5 신라본기5 태종무열왕 원년조에서 "왕의 죽은 아버지를 문흥대왕(文興大王)으로 추봉(追封)하고 어머니를 문정태후(文貞太后)로 삼았나.(追封王考爲文興大王 母爲文貞太后)"라고 하여 김춘추가 왕으로 즉위한 654년 무렵에는 이미 사망하였음을 확인할 수 있다.

한편 왕력에서는 태종무열왕의 아버지 용춘을 가리켜 "탁문흥갈문왕(卓文興葛文王)"이라고 기록하고 있다. 이는 왕력에 등장하는 총 13개의 갈문왕 기사 중 가장 마지막에 보이는 것으로 이후에는 더 이상의 갈문왕이 등장하지 않는다. 이처럼 탁문흥갈문왕을 끝으로 신라에 갈문왕이 등장하지 않는 것에 대해서는 신라의 갈문왕제도가 중대에 이르러 중단되었다고 보는 것이 일반적이다. 이러한 견해에 따르면 신라 중대에는 전제왕권이 성립되면서 왕의 아버지에 대해 갈문왕의 성격을 지닌 대왕(大王)으로 추봉이 있을 뿐, 이전과 같이 왕위계승에서 밀려난 왕제(王弟)나 왕비(王妃), 왕모(王母) 등의 가계장(家系長)을 갈문왕에 책봉하는 갈문왕제도는 중단되었다고 이해하는 것이다.(이기백, 1974)

그런데 최근 공개된 파른본 『삼국유사』 왕력에는, "탁문흥갈문왕(卓文興葛

文王)"이 "각간문흥갈문왕(角干文興葛文王)"으로 보인다. 이에 대해 각간(角干)을 세로로 붙여 쓰면서 일부 획의 먹이 제대로 묻지 않았던 까닭에 오독하여 후대 임신본을 판각할 때 탁(卓)이라고 잘못 새긴 것이라고 추정한다.(하일식, 2013)

88) 훈제부인

신라 태종무열왕(太宗武烈王)의 비(妃)이자 문무왕(文武王)의 어머니로, 문명부인(文明夫人)이라고도 한다. 어릴 때 이름은 문희(文姬) 또는 아지(阿之)로 소판(蘇判) 김서현(金舒玄)의 딸이자 김유신의 누이이기도 하다. 『삼국유사』 권1 기이1 태종춘추공조에는 김춘추와 훈제부인(문희)의 혼인에 관한 유명한 설화가 전한다. 이에 따르면 김춘추와 문희의 혼인은 선덕여왕대에 이루어진 것으로 되어 있다. 그러나 「신라문무대왕릉비」의 기록에 따르면, "돌아가셨을 때 나이가 56세였다."라고 하여 문무왕이 사망했을 때의 나이가 56세였다는 점을 확인시켜준다. 『삼국사기』나 『삼국유사』에서 문무왕이 사망한 해는 681년으로, 이로부터 거슬러 계산해 올라가면 그의 출생연대는 진평왕 48년(626)이 된다. 『삼국사기』 권5 신라본기5의 선덕왕 즉위년은 632년이므로, 김춘추와 문희의 혼인에 선덕왕이 관여했다는 『삼국유사』의 기록은 설화적인 내용일 뿐 실제로 두 사람의 혼인이 이루어진 시기는 선덕왕대가 아닌 진평왕 48년(626) 이전으로 보아야 한다고 이해된다.(末松保和, 1954) 김춘추와 문희(훈제부인)의 혼인은 진평왕 말엽에 이루어진 사륜계와 금관가야계의 연합, 그리고 이를 통해 형성된 신귀족 세력의 등장이라는 정치적 의미를 내포하고 있다고 이해된다.(김영하, 1988) 훈제부인은 김춘추와의 사이에서 법민(法敏)·인문(仁問)·문왕(文王)·노차(老且)·지경(智鏡)·개원(愷元) 등의 자식들을 두었다. 시호는 문명왕후(文明王后)이다.

89) 김유신

신라의 장군으로 생몰년 595-673년이며, 아버지는 김서현(金舒玄)이고 어머니는 만명부인(萬明夫人)이다. 여동생은 신라 제29대 태종무열왕(太宗武烈王)의 비(妃)이자 제30대 문무왕(文武王)의 어머니인 훈제부인(訓帝夫人) 문희이다. 태종무열왕의 딸인 지소부인(智炤夫人)과 혼인하여, 삼광(三光)·원술(元述)·원정(元貞)·장이(長耳)·원망(元望) 등 아들 다섯과 딸 넷을 두었으며, 서자(庶子) 군승(軍勝)이 있었다. 자세한 설명은 기이편 김유신조의 주석을 참고.

90) 문무왕

신라의 제30대 왕으로 생몰년 626-681년, 재위기간 661-681년이며, 이름은 법민(法敏)이다. 아버지는 신라 제29대 태종무열왕(太宗武烈王)이고, 어머니는 훈제부인(訓帝夫人)이며, 비(妃)는 자의왕후(慈義王后)이다. 태종무열왕 2년(655)에 태자(太子)가 되었으며 태종무열왕 8년(661)에 부왕이 사망하자 뒤를 이어 즉위하였다. 왕릉은 감은사(感恩寺) 동쪽의 바다 중에 위치한다고 전한다. 자세한 설명은 기이편 문호왕법민조의 주석을 참고.

91) 선품 해간

신라 제30대 문무왕(文武王)의 비(妃)인 자의왕후(慈義王后)의 아버지이다. 해간은 파진찬(波珍湌)의 이칭으로 신라 골품제 중 제4위에 해당하는 관등이다. 『삼국유사』 권2 기이2 후백제견훤조에 인용된 「이제가기(李磾家記)」에는, 선품(善品)은 신라 제24대 진흥왕(眞興王)의 셋째 아들인 구륜공(仇輪公)의 아들이라고 하였다. 그리고 선품의 아들인 각간(角干) 작진(酌珍)이 왕교파리(王咬巴里)를 맞아 견훤의 아버지인 아자개(阿慈介)를 낳았다고 한다. 그러나 9-10세기에 활약한 견훤과 6세기의 인물인 진흥왕의 세대 수가 5대밖에 차이나지 않아 그대로 신뢰하기 어렵다고 이해된다.(이강래, 2001)

92) (전) 문무왕릉

신라 제30대 문무왕(文武王)의 능으로 전하는 무덤은 현재 경상북도 경주시 양북면 봉길리 인근 바다에 위치하는 문무대왕릉으로 사적 제158호로 지정되었다. 대왕암(大王岩)이라도 한다. 문무왕이 재위 21년 만인 681년에 사망하자 그의 유언에 따라 동해 중의 큰 바위에 장사 지냈다고 전한다.

『삼국사기』 권7 신라본기7 문무왕21년(681)조에 실린 문무왕의 유조(遺詔)에 따르면 "죽고 나서 10일이 지나면 곧 고문(庫門) 바깥뜰에서 서국(西國)의 예식에 따라 화장(火葬)하라.(屬纊之後十日 便於庫門外庭 依西國之式 以火燒葬)"라고 명하였다고 한다. 또한 같은 기록에 "신하들이 유언에 따라 동해 어구의 큰 바위 위에 장사 지냈다.(羣臣以遺言葬東海口大石上)"라고 한다. 문무왕의 유해는 그가 사망한 지 10일 후에 화장된 뒤 동해의 입구에 있는 큰 바위 위에 장사 지낸 것이 된다. 『삼국유사』 권2 기이2 만파식적(萬波息笛)조에서는 장골한 곳은 대왕암(大王岩)이라고 하였다.

경주 감포의 대왕암이 문무왕릉으로 인식되기 시작한 것은 그리 오래 된 일이 아니다. 1970년대 초까지만 하더라도 현재 경상북도 경주시 외동읍 괘릉리에 위치한 괘릉(掛陵)이 문무왕릉으로 알려져 왔다. 이는 괘릉과 관련하여 민간에 "왕의 유해를 수면 위에 걸어 안장하였다."라는 식의 속설이 전하여 수장(水葬)과 관련 있다고 판단되었으며, 그 구조 또한 경주 지역에 위치한 신라 왕릉 중 가장 완비된 능묘제도를 갖추고 있었기 때문이다. 이러한 이유로 괘릉의 피장자를 삼국을 통일한 군주 문무왕에 연결시켜 본 견해가 일반적이었다. 그러나 괘릉에서 멀리 떨어지지 않은 외동면 말방리 토함산 기슭 절터에서 최치원이 찬한 「숭복사비(崇福寺碑)」의 비편이 발견되었고, 이로 인하여 괘릉은 문무왕릉이 아닌 원성왕릉이라는 사실이 밝혀졌다. 따라서 이전까지의 괘릉이 문무왕릉이라는 인식은 사라졌고, 사료의 내용에 근거하여 오늘날의 경주시 감포읍의 대왕암에 문무왕릉을 비정하게 된 것이다.(유석우, 1971)

문무왕을 장사 지냈다고 전하는 대왕암은 동서남북 사방으로 바닷물이 나오고 들어갈 수 있는 구조로 되어 있다. 특히 동쪽으로 나 있는 수로(水路)를 통해 물이 들어온 뒤 서쪽으로 흘러나가는 것이 용이하도록 인위적으로 수로를 파낸 흔적이 희미하게 남아 있다. 내부의 공간은 비교적 넓은 수면이 차지하고 있고 그 가운데에는 석관(石棺)을 상징적으로 처리한 것처럼 남북으로 길고 넓적한 큰 바위가 놓여 있다.(이근직, 2006)

그간 학계에서는 중앙의 큰 바위 안치 방법과 유골의 수장 여부에 대하여 많은 의문이 제기되어 왔다. 이러한 의문은 2001년 3월 한국방송공사(KBS)의 역사 다큐멘터리 '역사스페셜'을 제작하는 과정에서 밝혀지게 되었다. 역사스페셜 제작팀은 초음파 탐지기 등을 이용하여 바위의 조직과 바위의 내부 및 수면 아래를 조사하였는데, 그 결과 대왕암의 내부 또는 아래 부분에는 유골이나 부장품이 존재하지 않음을 확인하게 되었다.(정종목, 2002)

한편 대왕암을 문무왕릉으로 인정하는 일반적인 시각과 달리 이를 문무왕릉으로 보지 않는 견해도 제기되었다. 이에 따르면 대왕암을 문무왕릉으로 보는 시각은 고려시대에 이르러 성립된 것으로, 그 본질적 성격은 해안가에서 흔히 발견되는 "대왕바위신앙"일 뿐 문무왕릉과는 아무런 관련이 없다고 이해한다.(신종원, 2004)

93) 감은사

신라 제31대 신문왕(神文王)대에 완성된 사찰이다. 감은사(感恩寺)는 현재의 경북 경주시 양북면 용당리에 있었던 신라시대 사찰이다. 지금은 절터에 국보 제112호인 삼층석탑 두 개와 건물터가 남아 있다. 신라 제30대 문무왕(文武王)이 짓기 시작하였으나 완성을 보지 못하고 죽자, 그의 아들인 제31대 신문왕(神文王)이 부왕(父王)의 뜻을 받들어 682년에 완성하였다. 발굴조사 결과, 전형적인 통일신라의 쌍탑식 가람 양식으로 남북의 길이가 거의 유사한 정방형(正方形)으로 구성되어 있음이 확인되었다. 금당(金堂) 아래에는 『삼국유사』의 기록과 같이 해룡(海龍)이 된 문무왕(文武王)이 드나들 수 있도록 한 상징적인 공간이 마련되어 있다.

감은사(感恩寺) 절터는 1959년 1차 발굴조사에서 대략적인 성격이 밝혀졌고, 1979년과 1980년의 2차 발굴조사로 전체적인 범위가 밝혀졌다. 조사결과 사찰은 처음 창건된 이후 두 차례에 걸쳐서 중건되었으며, 조선시대 초에서 중기 사이 어느 시기에 폐사되었음이 확인되었다. 현재 절터는 사적 제31호로 지정·보호되고 있다.

『삼국유사』 권2 기이2 만파식적(萬波息笛)조에 인용된 사중기(寺中記)에는 "문무왕(文武王)께서 왜병(倭兵)을 진압하기 위해 이 절을 짓다가 마치지 못하고 돌아가시어 해룡(海龍)이 되셨고, 그 아드님이신 신문왕(神文王)께서 즉위하시어 개요(開耀) 2년(682)에 공사를 마쳤다.(文武王欲鎭倭兵 故始創此寺 未畢而崩 爲海龍 其子神文立 開耀二年畢排)"라고 하였다. 이를 통해 감은사는 신라 제30대 문무왕 때 불력(佛力)을 빌어 왜병을 격퇴하기 위해 짓기 시작한 사찰로 그의 아들인 제31대 신문왕대에 완성되었다는 사실을 확인할 수 있다.

감은사의 건립에 참여한 승려에 관한 기록은 전하는 것이 없으나 다만 감은사의 창건이 용신(龍神)이라는 수호신 신앙에 바탕하고 있었으며 그 입지적 조건도 군사적인 요충지라는 점을 참고하여 신인종(神印宗)과의 관련성을 추측하기도 한다.(문명대, 1976)

『삼국사기』 권38 잡지3 직관(職官) 상(上)에는 감은사성전(感恩寺成典)이라는 관부의 명칭이 보여 신라시대의 감은사가 성전사원(成典寺院)으로서의 위상을 지니고 있었음을 확인할 수 있다. 이밖에도 감은사는 『삼국사기』 신라본기에서 혜공왕 12년(776)과 경문왕 4년(864)에 각각 한 차례씩 신라 국왕이 거동하여 바다를 바라보고 제(祭)를 지내는 장소로 등장한다.

창건 당시의 절터는 남에서부터 중문(中門), 쌍탑(雙塔), 금당(金堂), 강당(講堂) 순으로 배열된 전형적인 쌍탑식가람(雙塔式伽藍)이다. 중문과 강당을 잇는 사방에 회랑(回廊)을 돌렸고 금당과 양측 동서 회랑 사이로 익랑(翼廊)을 두었다. 이와 같이 회랑으로 둘러싸인 가람 중심부의 크기는 남북 길이가

74m, 동서너비가 76m로 거의 정방형(正方形)에 가깝다. 금당은 정연하게 쌓아올린 2중 기단 위에 세워졌으며, 정면 5칸, 측면 3칸이다. 기단의 사방 중앙에는 돌계단이 각각 배치되었고 기단은 턱이 있는 지대석(地臺石) 위에 면석(面石)을 세우고 그 위에 갑석(甲石)을 얹은 가구식(架構式)이다.

금당의 아래에서는 특이하게 지하공간을 이룬 석조유구(石造遺構)가 조사되었다. 이 구조물은 윗면에 남북으로 홈을 둔 사각형의 돌을 정면 6열, 측면 4열로 놓고 이 홈들에 장대석을 끼워 연결하여 귀틀로 하고, 그 위에 동-서 방향으로 장대석들을 마루널처럼 잇대어 깔아 약 60cm 높이의 지하공간을 마련한 것이다. 이 공간은 동해의 용이 된 문무왕을 감은사 금당에 들어오게 했다는『삼국유사』의 기록과 부합되는 것이다.(김재원·윤무병, 1961)

『삼국유사』 만파식적(萬波息笛)조에 인용된「사중기(寺中記)」에는 "금당(金堂) 섬돌 아래에는 동향(東向)으로 구멍 하나를 열었으니 이는 용이 절에 들어와 서릴 수 있는 설비라고 한다.(金堂砌下東向開一穴 乃龍之入寺旋繞之備)"라고 기록하고 있다.

강당은 지대석, 면석, 갑석을 수직으로 쌓은 가구식의 기단 위에 세워졌는데, 처음에는 정면 8칸, 측면 4칸이었으나 후대에는 서쪽 3칸이 축소되어 정면 5칸, 측면 4칸이 되었다. 창건 당시에는 강당 좌우에 각각 독립된 건물을 배치하였으나 후대에는 회랑(回廊)형으로 모습이 바뀌었다. 중문 역시 지대석, 면석, 갑석을 갖춘 가구식의 기단 위에 세워진 것으로 정면 3칸, 측면 2칸이다. 정면 3칸에 각각 2짝씩의 출입문을 달았고, 문과 연결되는 계단이 3칸 전후면에 모두 설치된 것으로 추정된다. 회랑 중 남회랑은 중문 동·서쪽으로 각각 10칸씩 20칸으로 되어 있으며, 동회랑과 서회랑은 남회랑과 접속되는 칸을 포함하여 각각 20칸인데, 남단에서 12번째 칸에 금당에서 연결되는 각각 7칸의 익랑(翼廊)이 연결된다. 이 회랑들도 지대석, 면석, 갑석을 갖춘 가구식 기단으로 꾸며졌다.(국립경주문화재연구소·경주시, 1997)

금당 앞 좌우에 남아 있는 석탑은 국보 제112호로 지정되어 있다. 이 석탑들은 2중기단 밖으로 탑구(塔區)가 돌려져 있는 3중기단의 형식을 취한 삼층석탑이다. 각 부분의 구성이 백제의 석탑과 같이 많은 석재를 사용하였고, 옥개석(屋蓋石) 받침을 5단의 층으로 표현한 것 등이 목조가구를 모방한 흔적으로 판단된다. 건립연대가 확실하여 현존하는 통일신라 초기의 석탑 연구에 중요한 자료가 되고 있다. 감은사지 발굴조사에서는 지정(至正) 11년(1351) 명문이 있는 청동반자(靑銅飯子), 9세기에 제작된 것으로 추정되는 금동여래입상(金銅如來立像) 2구를 비롯하여 많은 기와류, 벽돌류, 토기류, 자기류 등이 4,268점 출토되었다. 그리고 서쪽 석탑의 해체 복원시에는 그 내부 사리공(舍利孔)에서 사리기 외함과 그 안에 들어 있던 사리기(舍利器), 사리병(舍利甁) 등이 출토되었는데, 여기에 새겨진 조각양식이 특이하여 보물 제366호로 지정되어 있다.(국립문화재연구소, 2000)

94) 동명왕

고구려의 건국 시조로 생몰년 기원전 58-기원전 19년, 재위기간 기원전 37-기원전 19년이다. 성은 고씨(高氏)이며, 이름은 사서에 따라 주몽(朱蒙)·추모(鄒牟)·상해(象解)·추몽(鄒蒙)·중모(中牟)·중모(仲牟)·도모(都牟) 등 다양하게 기록되어 있다. 아들로는 2대 유리왕(瑠璃王)이 되는 유리(瑠璃)와 남쪽으로 내려와 위례성에 국가를 건설하고 후에 백제의 시조가 되는 온조(溫祚)와 미추홀에 국가를 건설한 비류(沸流)가 있다. 문헌에 전해져오는 건국신화에 의하면 북부여의 왕인 해모수(解慕漱)와 하백(河伯)의 딸 유화(柳花) 사이에서 알의 형태로 태어났으며, 알을 깨고 나와서 신이한 능력을 발휘하여 금와왕(金蛙王)의 아들과 신하들의 시기를 받아 졸본으로 피하여 고구려를 건국하였다고 한다.

『삼국유사』 권1 기이1 고구려조에는 주몽(朱蒙) 또는 추몽(鄒蒙)이라고 하였고, 『삼국사기』 권13 고구려본기1 동명성왕 즉위년조에는 주몽(朱蒙)·추모(鄒牟)·상해(象解), 「광개토왕릉비」와 「모두루묘지」에서는 추모왕(鄒牟王)이라 하였다. 또한 『삼국사기』 권6 신라본기6 문무왕 10년조에 실린 안승책문(安勝冊文)에서는 중모(中牟), 『일본서기』 권27 천지천황(天智天皇) 7년(668) 겨울 10월조에는 중모(仲牟)라고 기록되어 있다. 그리고 『신찬성씨록』 하지본(下之本) 우경제번(右京諸蕃) 하(下) 고려(高麗)조에는 고구려의 시조를 추모(鄒牟) 또는 주배(朱背)라고 하였다. 이렇게 동명왕을 부르는 호칭은 다양한데, 이는 당시에 한자로 이름을 표기하면서 발음이 같거나 비슷한 한자를 사용했기 때문이다. 『삼국사기』 권13 고구려본기1 시조 동명성왕 즉위년조에 의하면 "주몽"이라는 말의 어원은 부여의 속어에 활 잘 쏘는 사람을 주몽이라고 하였다는 것에서 유래하였다고 한다.

『삼국유사』 권1 기이1 고구려조, 『삼국사기』 권13 고구려본기1 동명성왕 즉위년조, 권23 백제본기1 온조왕 즉위년조에는 주몽의 출생과 건국에 대한 이야기가 실려 있다. 이러한 주몽신화는 부여의 건국신화인 동명신화와 비슷하여 일찍이 주목을 끌었다. 동명신화는 중국문헌인 『논형(論衡)』, 『위략(魏略)』 등에 보이는데, 고리(槀離) 또는 탁리국(橐離國)의 왕자인 동명(東明)이 부여를 건국한 것으로 되어 있어 약간의 차이가 있다. 양자의 관계에 대해서는 동일한 신화로 보는 견해와 별개의 신화로 보는 견해로 대별할 수 있다. 양자를 동일한 신화로 인식하는 입장은 『논형』에 나오는 부여시조 설화인 동명설화는 기실은 고구려 시조 설화가 중국에 전전하는 사이에 본말이 전도되었던 것이라고 보거나,(김상기, 1984) 고리(槀離)를 구려(句麗) 또는 고려(高麗)를 잘못 베낀 것으로 보아 부여시조 신화는 고구려시조 전설을 거꾸로 한 것으로 파악한다.(이병도, 1976)

이에 반해 양자를 별개의 신화로 보는 학자들은 부여종족의 동일한 신화가 부족의 분열과 함께 전승과정에서 변화 윤색되어 고구려시조신화, 백제시조신화로 전화된 것으로 파악하였다.(김정학, 1948) 나아가 고구려의 건국전설은 부여의 건국전설을 계승한 것이라고 하고, 동명은 주몽과 다른 뜻을 가진 말로서, 고유명사가 아니라 어떤 신성한 존재를 가리키는 보통명사라고 해석하였다.(이지린·강인숙, 1976) 동명신화는 북부여, 고구려, 백제 등 부여족 일반에 공통적으로 존재하기 때문에 동명은 이들 부여족 나라들 전체에서 각기 자기네 시조신으로 숭앙되어 전해 내려온 존재이며, 고구려와 백제에서는 동명과는 다른 시조, 즉 고구려의 태조왕(太祖王)이나 백제의 구태왕(仇台王)과 같이 직접적인 왕실의 시조가 별도로 존재하여 모셔졌다고 이해한다.(노명호, 1981)

주몽이 비류국왕 송양과의 싸움에서 항복을 받은 사실을 두고, 『삼국지』 권30 동이전 고구려조에 실린 "본래는 연노부가 왕이 되었는데 점차 미약해져서 지금은 계루부가 대신하였다.(本涓奴部爲王, 稍微弱, 今桂婁部代之)"라는 기록과 연관시켜, 연노부(涓奴部)는 소노부(消奴部)이며 송양(松壤)은 소노부(消奴部)를 가리킨다고 하여, 주몽에 의한 고구려의 건국은 연노부에서 계루부로의 왕실교체를 의미한다고 보기도 한다.(이병도, 1976)

주몽은 건국 후 이듬해 비류국(沸流國) 송양왕(松壤王)의 항복을 받고, 재위 6년(기원전 32)에 태백산 동남쪽의 행인국(荇人國)을 쳐서 그 땅을 빼앗아 성읍(城邑)으로 삼았고, 재위 10년(기원전 28)에는 북옥저를 멸망시켰다. 그리고 재위 19년(기원전 19) 동부여에서 첫 부인 예씨(禮氏)와 왕자 유리가 찾아오자 태자로 삼았다. 그 해 9월에 왕이 돌아가니 용산(龍山)에 장사 지내고 시호를 동명성왕이라 하였다고 한다.

95) 유리왕

고구려 제2대 왕으로 생몰년 ?-18년, 재위기간 기원전 19-기원후 18년이며, 유리명왕(瑠璃明王)이라고도 한다. 성은 해(解)씨이고, 이름은 유리(類利), 누리(累利), 또는 유류(孺留)라고 한다. 동명왕 주몽(朱蒙)의 맏아들로서 어머니는 예씨(禮氏)이고, 왕비는 다물후(多勿侯) 송양(松讓)의 딸이다. 왕비 송씨가 죽은 후 계실(繼室)로서 치희(雉姬)와 화희(禾姬)가 있었다. 서기 18년 두곡(豆谷) 이궁(離宮)에서 사망했으며 두곡 동원(東原)에 장사 지냈다.

왕력에 의하면 이름은 누리(累利) 또는 유류(孺留)라고 하고, 『삼국사기』에는 유리(類利) 또는 유류(儒留)라고 한다. 『위서』 고구려전에는 여달(閭達)·여해(閭諧)라고 기록되어 있는데, 북한학계에서는 이들을 유리왕 이전의 실전(失傳)한 왕으로 파악하기도 한다.

『삼국사기』 권13 고구려본기1 유리왕 즉위년조에 의하면 주몽이 졸본부여로 피신할 때 부인인 예씨(禮氏)는 임신 중이었다. 동명왕 19년(기원전 19) 4월에 아버지를 찾아 부여에서 고구려로 와서 바로 태자로 책봉되었으며, 그 해 9월 동명왕이 사망하자 왕위에 올랐다. 유리왕 2년(기원전 18) 7월에 다물후(多勿侯) 송양(松讓)의 딸을 비(妃)로 삼았다. 다음 해 10월에 왕비가 죽었는데, 『삼국사기』 권13 고구려본기1 대무신왕 즉위년조에는 대무신왕은 유리왕 33년(기원전 14)에 나이 11세로 태자에 책립되었고, 그의 어머니는 다물국왕(多勿國王) 송양(松壤)의 딸이라고 하여 기사의 정확성에 의문을 주고 있다.

왕비가 죽은 후 유리왕은 다시 두 여자를 계실로 삼았는데, 골천인(鶻川人)의 딸인 화희(禾姬)와 한인(漢人) 치희(雉姬)였다. 두 여자가 사랑싸움으로 불화하던 중 화희(禾姬)가 치희(雉姬)에게 한인(漢人)으로서 무례하다고 꾸짖자, 치희(雉姬)가 이를 부끄럽고 분하게 여겨 도망하였다. 왕은 이 말을 듣고 말을 채찍질하여 쫓아갔으나 치희(雉姬)가 화나서 돌아오지 않았다. 어느 날 나무 밑에서 쉬다가 황조(黃鳥, 꾀꼬리)가 모여드는 것을 보고 느낀 바 있어, "펄펄 나는 저 꾀꼬리 암수 서로 정답구나. 외로워라 이 내 몸은 뉘와 함께 돌아갈꼬(翩翩黃鳥 雌雄相依 念我之獨 誰其與歸)"라는 황조가(黃鳥歌)를 지었다.

『삼국사기』 권13 고구려본기1에는 유리왕에게 모두 6명의 아들이 있었던 것으로 확인된다. 먼저 태자인 도절(都切)이 있었으나 유리왕 20년에 죽었고, 뒤를 이어 왕자 해명(解明)이 유리왕 23년에 태자에 책립되었는데, 이 해 국내성(國內城)으로 천도할 때 원래의 수도인 졸본(卒本)에 남아 있었다고 한다. 힘이 세고 용감하다는 소문을 들은 이웃의 황룡국(黃龍國) 왕이 강한 활을 보내자, 고구려를 업신여기지 못하게 하기 위하여 활을 꺾어 황룡국 왕을 부끄럽게 만들었다. 하지만 인접국인 황룡왕(黃龍王)과 원(怨)을 맺었다 하여 유리왕이 자결하도록 하였다고 한다. 유리왕 33년에 셋째 아들인 무휼(無恤)이 태자에 책립되어 후에 대무신왕(大武神王)이 되었다. 그 밖에 유리왕 37년에 물에 빠져 죽은 넷째 왕자 여진(如津)이 있었고, 대무신왕(大武神王) 다음에 왕위에 오른 민중왕(閔中王)인 해색주(解色朱)와, 유리왕의 아들이자 태조왕(太祖王)의 아버지로 전해지는 재사(再思)가 있었다.

유리왕은 재위 22년째인 서기 3년에 도읍을 국내성(國內城)으로 옮기고 위나암성(尉那巖城)을 쌓았다. 재위 31년(12)에는 한(漢)을 찬탈하고 신(新)을 세운 왕망(王莽)이 흉노(匈奴)를 정벌하기 위해 고구려 군사를 징발하려 했으나 이를 거부하고 오히려 한나라를 공격하였다. 왕망(王莽)은 엄우(嚴尤)에게 명하여 고구려 장수인 연비(然丕)를 참수했다고 하는데, 『한서』 왕망전(王莽傳)에는 고구려왕 추(騶)를 참수했다고 하여 차이가 있다. 이에 대하여 당시 한나라 측에 잘못 전해진 기사거나 과장된 기록으로 보거나(이병도, 1977), 고구려 사회에서는 군사적 능력이 뛰어난 영웅들을 일반적으로 "추(騶)"나 "주몽(朱蒙)"이라고 불렀던 데서 비롯된 중국 측의 오인이라고 보는 것이 대체적인 시각이다.(김현숙, 1994)

왕망은 그 후 유리왕을 "하구려후(下句麗侯)"라고 비칭(卑稱)하였는데 이는 고구려의 반발을 사서 고구려는 한나라에 대해 침략을 가속화하였다. 재위 32년(13)에 부여가 침범했으나 대패시켰으며, 재위 33년(14)에 양맥(梁貊)을 쳐서 멸망시키고 한나라의 고구려현(高句麗縣)을 빼앗았다.

그런데 유리왕과 주몽의 관계는 부자관계였고, 유리왕의 왕위계승도 부자상속에 의한 것이었다는 것이 일반적인 견해지만, 『삼국사기』나 『삼국유사』에 동명왕의 성(姓)은 고씨(高氏)로, 유리왕 이하 제5대 모본왕까지는 해씨(解氏)로 되어 있다. 때문에 주몽과 유리왕 사이에는 혈연관계가 없다고 보는 견해도 있다.(池內宏, 1951)

고구려 초기에는 유리왕계의 해씨 세력이 왕위를 계승하다가, 태조왕 때에 계루부 고씨가 왕위를 계승하게 되자 왕실의 권위를 높이기 위해 계루부의 조상인 주몽을 해씨의 조상인 유리왕 앞에 올려놓고 주몽을 개국시조로 삼았다고 보는 것이다. 그리하여 『삼국지』 권30 동이전 고구려조에 실린, "본래는 연노부가 왕이 되었는데 점차 미약해져서 지금은 계루부가 대신하였다."는 기록은 바로 이러한 해씨에서 고씨로의 왕실교체를 반영하는 것이라고 해석하고 있다. 그리고 「광개토왕릉비」에는 일반적인 비문의 형식과는 달리 시조인 주몽 이외에도 유리의 이름이 기록되어 있고, 『삼국사기』에 의하면 주몽과 유리의 남행할 때의 모습이 비슷하며, 이규보의 『동명왕편』에는 주몽과 유리왕이 모두 주술적 능력을 보이고 있다는 것들을 들어, 유리왕은 주몽과 대등한 능력과 실력을 갖추었고 주몽과 대응관계에 있었다고 이해한다.(김용선, 1980) 그렇기 때문에 유리왕 이후의 왕들은 유리왕에 대한 시조의식이 있었으나, 왕권이 약화되고 계루부의 태조왕이 즉위하여 주몽에 대한 시조의식을 강화함으로써 유리설화는 주몽설화의 부속적인 종결부로만 남게 되었다고 추정된다.(이종태, 1990)

96) 국내성

고구려의 두 번째 도성으로 현재 중국 길림성(吉林省) 집안시(集安市) 중심가를 둘러싸고 있는 성곽으로 추정된다. 『삼국유사』 『삼국사기』 등에 따르면, 고구려는 유리왕 22년인 서기 3년에 도읍을 졸본(卒本)에서 국내성(國內城)으로 옮겼다고 한다.

국내성으로 추정되는 성곽은 압록강 중류 지역의 북쪽에 위치한 통구(通溝)분지의 서쪽 끝에 있는데, 성을 중심으로 하여 동쪽에는 용산(龍山), 북쪽에는 우산(禹山), 서쪽에는 칠성산(七星山), 남쪽으로는 압록강이 흐르고 있어, 배산임수 형세의 천험의 요새를 이루고 있다. 성은 현재는 그 원형이 많이 손상되었지만, 아직도 북쪽과 서쪽의 일부 지역에서 벽체가 잘 남은 곳을 볼 수 있다. 내·외벽을 잘 다듬은 장방형의 돌로 쌓은 석축성으로 평면은 거의 네모꼴이며, 둘레는 2,686m에 달한다. 성문은 여섯 곳이 있고, 성안에는 남북을 관통하는 도로와 동서를 가로지르는 2개의 도로가 있었던 것으로 보인다. 도로에 의하여 성내는 크게 6개의 구역으로 구분되는데, 북쪽의 두 지역은 왕궁이 위치하고, 중앙의 동서 구역에는 관청이, 그리고 남쪽 지역에는 일반 백성들이 거주했을 것으로 추정된다.(李殿福·孫玉良, 1990)

성의 외면에는 일정한 거리를 두고 치(雉)가 있고, 또 성문마다 옹성(甕城)을 가진 것으로 보여 고구려 성의 전형적인 특징을 보여 주고 있다. 성벽의 발굴 결과 석축성이 축조되기 이전에 토성이 존재했음이 확인되었다. 국내성은 평상시에 거주용으로 사용되었고 유사시에는 성의 북쪽 2.5km 지점에 있는 산성자산성(山城子山城)으로 피란했을 것으로 생각된다. 산성자산성은 현재 중국학계에서는 사서에 나오는 환도성(丸都城)으로 보는 것이 일반적이다.

한편 유리왕 3년의 국내성으로의 천도기사를 인정하지 않고 산상왕대에 비로소 압록강 유역의 집안 지역으로 천도했다고 보기도 한다.(武田幸男, 1989) 이것은 고구려의 초기 왕계를 부인하고, 『삼국지』 권30 동이전 고구려조에 나오는 산상왕의 "다시 새로운 국을 만들었다.(更作新國)"는 기록을 주요 근거로 하고 있다. 장수왕 15년(427)년에 평양으로 천도하기 이전에는 기본적으로 『삼국사기』 권37 잡지6 지리4에 졸본-국내-평양-장안성으로 천도지가 기록되어 있는 바와 같이 국내 지역에서 벗어나지 않았던 것으로 이해하는 견해가 주류이다.

『삼국사기』 권13 고구려본기1 유리왕 22년조에는 "왕은 국내에 천도하고 위나암성을 쌓았다.(王遷都於國內 築尉那巖城)"라고 하여 위나암성(尉那巖城)이 등장한다. 이에 대하여 패왕조산성(覇王朝山城)을 위나암성(尉那巖城)이라고 보고, 환도성으로의 천도는 산상왕(山上王) 때의 일이라고 보기도 한다. 하지만 위나암성과 환도성은 발음의 완급에 의한 차이일 뿐 동일하다고 보며, 산성인 위나암성(환도성, 산성자산성)과 평지성인 국내성(집안현성)으로 나누어 보는 견해가 현재까지는 널리 받아들여지고 있다. 이는 평지성과 산성으로 구성되어 있는 고구려의 도성 구조와 일치한다고 보기 때문이다.(차용걸, 1993)

국내성은 평양으로 수도를 옮긴 뒤에도 평양과 한성(漢城)과 더불어 고구려 삼경(三京)의 하나였으며, 연개소문 사후에 권력을 빼앗긴 남생(男生)이 국내성을 근거로 동생인 남건(男建)·남산(男産)과 대항하려 한 사실에서 고구려가 망할 때까지 중요한 성으로 역할을 수행했다는 것을 알 수 있다.

97) 대무신왕

고구려 제3대 왕으로 생몰년 3-44년, 재위기간 18-44년이며, 대해주류왕(大解朱留王)이라고도 한다. 이름은 무휼(無恤) 또는 미류(味留)라고 전하며, 어머니는 다물국왕(多勿國王) 송양(松讓)의 딸이다. 11세 때 태자로 책봉되었다가 15세에 즉위하였는데, 27년 동안 재위하면서 고구려의 국가체제 정비와 영토 확장에 큰 공헌을 했다. 시호가 대무신왕(大武神王)인 것은 재위 중에 주위의 많은 나라를 공격하여 혁혁한 무공을 세웠기 때문이다. 『삼국유사』에는 대호신왕(大虎神王)으로 기록되어 있는데, 이는 고려 혜종의 이름 "무(武)"의 피휘(避諱)이다. 아들로는 차비(次妃)와의 사이에서 태어난 왕자 호동(好童)이 있고, 그리고 후에 제5대 모본왕(慕本王)이 된 해우(解憂)가 있다.

대무신왕은 재위 5년(22) 동부여를 공격하여 왕 대소(帶素)를 죽였다. 이 여파로 부여왕의 아우가 분열되어 나와 갈사국을 세웠고, 부여왕의 종제(從弟)는 고구려에 항복하고 그 무리 1만 명은 연나부에 안치되었다. 재위 9년(26)에는 압록강 상류 방면의 개마국(蓋馬國)을 정복하여 군현으로 삼고, 이어서 구다국(句茶國)의 항복을 받았다. 재위 11년(28)에는 한나라 요동태수(遼東太守)의 침략을 물리쳤고, 재위 15년(32)에는 호동왕자의 활약으로 낙랑의 항복을 받는 등 영토를 널리 확장하였다. 대내적으로는 을두지(乙豆智)·송옥구(松屋句) 등 많은 인물을 등용하였고, 부정씨(負鼎氏), 낙씨(絡氏), 대실씨(大室氏) 등 성씨를 하사하는 사성(賜姓) 정책으로 지배층의 세력을 재편하여 정치적 안정을 도모했다. 또한 부여에서 온 1만 명을 연나부에 안치시키고, 폭정을 행하던 비류부장을 교체하는 등 각 부에 대한 영향력을 강화하였다. 특히 대무신왕 때에 5나부(那部) 가운데 가장 강한 계루부(桂婁部), 비류부(沸流部), 연나부(椽那部)가 이미 등장하고 있어, 태조왕 때에 이루어지는 5나부체제의 기본 틀이 이때에 이루어졌음을 보여 준다.(김현숙, 1994) 아울러 처음으로 좌·우보(左右輔)체제를 확립시켜 이들로 하여금 국정 전반에 걸친 중요한 문제를 다루게 함으로써, 고구려의 중앙집권적인 정치체제 형성을 위한 첫 단계를 만들었다고 평가되기도 한다.(이종욱, 1979) 「광개토왕릉비」에서 주몽, 유리와 함께 특별히 비문에 그의 이름을 새기고, 그를 가리켜 "왕업(王業)을 계승하여 발전시켰다."라고 하였다. 재위 27년(44)에 사망하였으며 대수촌원(大獸村原)에 장사 지냈다.

98) 민중왕

고구려 제4대 왕으로 생몰년 ?-48년, 재위기간 44-48년이다. 왕력에는 해씨(解氏)이고 이름은 색주(色朱)이며, 대무신왕의 아들이라고 기록되어 있는데 반하여, 『삼국사기』 권14 고구려본기2 민중왕 즉위년조에서는 이름을 '해색주(解色朱)'라고 하고, 제3대 왕인 대무신왕이 죽자, 태자 해우(解優)가 어리므로 대무신왕의 아우인 민중왕이 왕위에 올랐다고 하여 왕계에 차이를 보이고 있다. 5년 동안 재위하였는데 민중원(閔中原)에서 사냥하다가 한 석굴을 발견하고 좌우의 신하에게 자신의 장지(葬地)로 삼아줄 것을 유언하였는데, 다음 해 죽자 유언을 받들어 석굴에 장사 지내고 묘호를 민중왕이라고 하였다. 민중왕이 석굴에 묻힌 것에 대하여 일종의 "석굴묘" 형식이라고 파악하기도 한다.(정운용, 2007)

99) 모본왕

고구려 제5대 왕으로 생몰년 ?-53년, 재위기간 48-58년이다. 왕력에는 성을 해씨, 이름을 "애류(愛留)" 또는 "우(憂)"라 하였고, 『삼국사기』 권14 고구려본기2 모본왕 즉위년조에서는 이름을 "해우(解憂)" 또는 "해애루(解愛婁)"라고 하여 차이가 있다. 『위서(魏書)』 권100 고구려전의 '如栗死 子莫來代立'에서 '막래(莫來)'를 '모본(慕本)'의 잘못으로 보기도 하나, 이럴 경우 여율(如栗: 대무신왕) 다음에 재위한 민중왕에 대한 기록이 없어 중국 측에서 이를 망각한 것으로 파악하기도 한다.(이병도, 1977)

『삼국사기』 권14 고구려본기2 모본왕조에 의하면 모본왕은 제3대 왕인 대무신왕의 아들로 태자에 책립되었으나 어리다는 이유로 대무신왕의 동생인 민중왕이 왕위를 계승하였기 때문에, 민중왕의 사후에 왕위에 올랐다. 『삼국유사』에는 모본왕이 민중왕의 형이라고 하였다. 재위 2년(49)에 한(漢)나라의 북평(北平)·어양(漁陽)·상곡(上谷)·태원(太原) 등지를 공격하기도 하였으나, 한나라 요동태수 채동(蔡彤)의 노력으로 한나라와 다시 화친을 맺었다.

모본왕은 즉위년 10월에 왕자 익(翊)을 태자로 책립했으나, 죽은 뒤 고추가(古鄒加) 재사(再思)의 아들인 궁(宮)이 제6대 태조왕으로 즉위했다. 그런데 궁의 성은 고씨(高氏)이므로 모본왕을 마지막으로 하여 연노부(涓奴部) 출신의 유리왕계의 해씨왕시대(解氏王時代)는 끝이 나고 계루부 고씨(高氏)의 왕위계승권이 확립되었다고도 보기도 한다.(김용선, 1980)

성품이 사납고 정사를 잘 돌보지 않아 백성들의 원한을 사 결국 재위 6년 만에 왕의 측근 시종으로 파악되는 모본인(慕本人) 두로(杜魯)에게 피살되어 모본원(慕本原)에 장사 지냈다.(조인성, 1980)

100) 국조왕

고구려 제6대 왕으로 생몰년 47-165년, 재위기간 53-146년이며, 태조왕(太祖王)이라고도 한다. 이름은 궁(宮), 아명은 어수(於漱). 유리왕의 아들 고추가(古鄒加) 재사(再思)의 아들이며 어머니는 부여사람이다. 아들은 막근(莫勤)과 막덕(莫德)이 있었으나, 태조왕의 뒤를 이어 즉위한 차대왕(次大王)에 의해서 막덕은 살해되고, 막근은 자살하였다.

태조왕, 국조왕 등 시조적 의미가 있는 시호를 붙인 것은 즉위 과정에서 정상적인 왕위를 이어받은 것이 아니라 혁명적 방법으로 왕위에 올랐기 때문이거나, 중국과의 빈번한 충돌에서 그 활약상이 두드러졌기 때문에 그의 후손들에 의해 붙여졌을 가능성이 있다. 태조왕은 태어나면서부터 능히 볼 줄 알았고 어려서부터 출중하였다고 한다. 모본왕 6년(53)에 왕이 살해되고, 태자가 불초하였기 때문에 여러 관리들이 재사(再思)를 왕으로 추대했으나, 재사(再思)가 나이가 많음을 이유로 사양하므로 7세의 나이로 왕위에 즉위하였다. 하지만 그의 성씨가 고씨(高氏)라는 것과 태조왕의 재위기간이 너무 길다는 점, 유리왕의 손자로 나타나는 왕계상의 무리 등은 태조왕과 그 전대 사이에 왕통의 변화가 있었을 것이라고 추정하는 주된 근거가 되었다. 고구려에서 왕실교대가 있었다는 것은 『삼국지』 권30 동이전 고구려조에 기록된 소노부에서 계루부로의 왕실 교대기록에 근거한 것이다. 일찍이 주몽설화를 근거로 주몽왕대에 왕실교대가 있었음을 추정한 견해가 있었다.(이병도, 1959)

이에 대하여 왕실교대는 태조왕대에 이루어졌다고 보고, 태조왕 이후의 왕들은 그 이전의 해씨왕계의 왕들과는 달리 졸본부여족의 방계에서 등장하여 새롭게 고씨라고 칭하였다고 하였다.(김용선, 1980) 또한 제2대 유리왕부터 제5대 민중왕까지 기록되어 있는 해씨와 고씨의 차이 및 태조라는 왕호에서 풍기는 시조적 성격에서 출발하여 민중왕과 태조왕과의 단절을 인정하고, 태조왕계에 의하여 주몽에 대한 시조의식이 성립하였다고 보기도 한다.(이종태, 1990) 그러나 초기 5왕은 해씨, 태조왕계는 고씨로 파악하지만, 주몽 이후는 모두 계루부왕계라는 점에서 왕실 교대를 부정하는 견해도 있다.(김현숙, 1994) 또한 태조왕계는 해씨족 내에서 보다 좁은 범위의 계보 친족으로서 계루부 내의 방계로 인식하고, 해씨와 고씨계의 변화를 친족집단의 분화로 설명하였다. 그리고 모본왕까지의 초기 왕계와 그 이후의 왕계가 결합하여 추모왕을 시조로 하는 새로운 왕계로 정리된 시점을 소수림왕대로 추정하기도 한다.(노태돈, 1999) 한편 국조왕(國祖王) 등 초기 3왕의 왕호 및 국양왕(國壤王) 이하의 장지명(葬地名) 왕호가 먼저 성립하고, 뒤에 초기 5왕의 왕호가 추가 정리되었다고

보는 견해도 있다.(임기환, 2004)

태조왕은 재위 4년(56)에 동옥저를 정복해 성읍으로 삼음으로써 동으로는 동해, 남으로는 살수(薩水)에 이르기까지 영역을 확장하였다. 16년(68)에는 부여의 망명세력인 갈사국(曷思國)을 병합하였다. 20년(72)에는 관나부(貫那部) 패자(沛者) 달가(達賈)를 보내 조나(藻那)를 공격하여 그 왕을 사로잡았고, 22년(74)에는 환나부(桓那部) 패자 설유(薛儒)로 하여금 주나(朱那)를 공격하게 하여 그 왕자 을음(乙音)을 사로잡는 등 압록강 중류 지역에 자리잡고 있었던 주변 소국들을 모두 고구려의 지배체제하에 편입시켰다. 태조왕은 재위 46년(98)에 책성(柵城)의 순수, 50년(102)의 책성 안무(安撫), 62년(114)의 남해(南海) 지방 순행 등을 통해 확보된 영역에 대한 중앙의 통제력을 강화시켜나갔다.(김영하, 2002)

고구려의 성장을 저지하려는 후한(後漢)에 대해서 때로는 사절을 파견해 평화공세를 펴기도 하고, 때로는 적극적인 투쟁을 통해 그들의 압력을 극복하고 서방진출을 꾀하기도 하였다. 그리하여 재위 69년(121) 1월 후한의 유주자사(幽州刺史) 풍환(馮煥), 현도태수 요광(姚光), 요동태수 채풍(蔡諷)의 침공을 받았지만, 오히려 요동·현도를 공격하고 현도군 소속의 후성(候城)을 불태우는 전과를 올렸다. 4월에는 요동의 선비족과 더불어 요동군 소속의 요대현(遼隊縣)을 공격해 태수 채풍을 살해하였다. 12월과 이듬해인 122년에는 마한·예맥과 함께 현도군·요동군을 공격하였다. 94년(146)에는 요동군의 신안거향(新安居鄕)과 서안평(西安平)을 공격해 대방현령(帶方縣令)을 살해하고 낙랑태수(樂浪太守)의 처자를 생포하는 등 후한과 낙랑과의 교통로를 위협하기도 하였다. 이처럼 태조왕은 재위기간 동안 후한의 압력차단과 서방진출기도를 통해 고구려 국가발전의 기틀을 마련하였다. 태조왕 이후에는 비류부(沸流部), 연나부(椽那部), 환나부(桓那部), 관나부(貫那部) 등의 4부 명칭만 보여 적어도 태조왕 22년경에는 5부체제가 성립된 것으로 이해된다.(노태돈, 1999)

태조왕은 동생 수성(遂成)이 왕위를 찬탈하려고 도모하자, 재위 94년(146)

수성에게 왕위를 물려주고 별궁에서 은거하다가, 차대왕 20년(165) 나이 119세로 죽었다. 『삼국유사』 왕력에서는 이때 신대왕에게 살해당했다고 한다. 그런데 태조왕이 죽은 해에 대해서 『삼국사기』 권15 고구려본기3 차대왕조와 왕력에서는 모두 165년이라고 한 반면에, 『후한서』 권85 동이열전 고구려조에는 건광(建光) 원년(121)에 궁(宮)이 사망하였다고 하고, 『자치통감』 권50 연광(延光) 원년(122) 7월조에는 궁 다음의 고구려 왕 수성이 한나라 포로들을 돌려보내고 현도에 가 투항했다고 한다. 중국 측 기사에 따른다면 태조왕은 121년에 사망하고, 122년 이후의 사실은 태조왕이 아니라 차대왕(수성) 때의 일이 되어 혼란이 생긴다.

101) 차대왕

고구려 제7대 왕으로 생몰년 71-165년, 재위기간 146-165년이다. 태조왕(국조왕)의 동생이고 이름은 수성(遂成)이다. 차대왕은 왕력에 의하면 신대왕에게 살해당하였지만, 『삼국사기』에는 연나부(椽那部) 조의(皁衣) 명림답부(明臨答夫)가 왕을 시해하였다고 하여 차이를 보이고 있다. 태조왕 69년인 121년에 후한(後漢)의 유주자사(幽州刺史) 풍환(馮煥) 등의 고구려 침공을 격파하였고, 그 공으로 군국정사(軍國政事)에 관한 업무를 장악하였다. 이에 더욱 그 세력이 커져 측근 세력들과 더불어 왕위찬탈까지 꾀하다가, 재위 94년(146) 태조왕의 양위를 받아 즉위하였는데 그때 나이가 76세였다. 태자로는 추안(鄒安)이 있었는데, 신대왕 즉위 후 양국공(讓國公)에 봉해졌다.

재위 2년(147) 측근 세력인 관나부 패자(沛者) 미유(彌儒)와 환나부 우태(于台) 어지류(支留)를 좌보(左輔)에, 비류나부 양신(陽神)을 중외대부(中畏大夫)에 임명해 세력을 강화하고 태조왕의 측근 세력이었던 우보(右輔) 고복장(高福章)과 태조왕의 아들인 막근(莫勤)·막덕(莫德)을 제거했다. 태조왕과 차대왕의 관계, 차대왕의 즉위 시기와 과정에 대해서는 『삼국사기』 권15 고구려본기3 차대왕 즉위년조와 『후한서』 권85 동이열전 고구려조의 기록에 차이가 있다. 『삼국사기』에는 차대왕이 태조왕의 동생으로 146년에 태조왕의 선양에 의해서 즉위하였다고 하였다. 이와는 달리 『후한서』에는 태조왕의 아들로서 121년(後漢 安帝 建光 元年)에 태조왕이 사망한 이후에 즉위하였다고 한다.

『삼국사기』에 의하면 태조왕이 양위할 때 나이가 100세이고 재위기간이 94년이며, 태조왕(太祖王)·차대왕(次大王)·신대왕(新大王) 3형제의 재위 연수(在位年數)를 합치면 127년이나 되는데, 태조왕이 7세에 즉위하여 모후가 섭정하였다고 하는 등의 불합리한 면을 보이고 있다. 따라서 태조왕이 죽은 연대는 『후한서』의 기록을 따르고, 그에 수반해 차대왕·신대왕의 즉위년도는 조금씩 올려보기도 한다.(池內宏, 1951) 태조왕의 사망 연대와 차대왕이 그의 동복동생이라는 『삼국사기』 권15 고구려본기3 차대왕 즉위년조의 기록을 부정하는 데는 좀더 신중한 검토와 논거가 필요하다.

차대왕의 즉위와 시해과정을 친태조왕 세력과 반태조왕 세력의 알력이 표출된 사건으로 파악하기도 한다. 즉 모본왕 시해 사건 이후 태조왕이 즉위함으로써 계루부 왕권의 지배를 받게 된 주위의 다른 집단들이 반발하자, 태조왕은 부여계의 연나부와 결합하여 이들을 정복하면서 흡수 병합해 나갔는데, 이러한 부여계 연나부와의 결합이 다른 나집단 출신들의 중앙진출을 억제하게 되면서 이에 반발한 반태조왕 세력이 차대왕을 즉위시켰고, 또 명림답부의 차대왕 시해는 이에 대한 연나부의 반발이라고 보는 것이다.(이종태, 1990)

102) 신대왕

고구려 제8대 왕으로 생몰년 89-179년, 재위기간 165-179년이며, 이름은 백고(伯固) 또는 백구(伯句)이다. 『삼국사기』 권16 고구려본기4 신대왕 즉위년조에는 "태조대왕의 막내동생이다.(大祖大王之季弟)"라고 하였으나, 『후한서』 권85 동이열전 고구려조에는 "수성이 죽자 아들인 백고가 즉위하였다.(遂成死 子伯固立)"라고 하여 차이가 있다. 또 『삼국지』 권30 동이전 고구려조에는 "궁이 죽자 아들인 백고가 즉위하였다.(宮死 子伯固立)"라고 하여, 차대왕(수성) 1

대를 빠뜨리고 태조왕의 아들이라고 기록하였다. 아들로는 고국천왕이 된 남무(男武)와 발기(發岐), 산상왕이 된 연우(延優)와 계수(罽須)가 있다. 즉위과정에 대해 왕력에는 신대왕이 태조왕과 차대왕을 살해하고 왕위를 찬탈한 것처럼 서술되어 있지만, 『삼국사기』에는 차대왕이 명림답부(明臨答夫)에 의해 살해당한 뒤 좌보(左輔) 어지류 등 여러 신하들의 추대로 왕위에 올랐다고 전한다.

신대왕은 즉위한 이듬해인 166년에 대사령(大赦令)을 내리고, 차대왕의 태자 추안(鄒安)을 양국군(讓國君)에 봉하면서 토지를 하사하는 등 반대 세력을 무마하는 데 힘썼다. 또 한편으로는 당시까지 고구려의 최고위직이었던 좌보(左輔)와 우보(右輔)를 단일화해 국상(國相)이라는 관직을 설치하고, 명림답부를 이에 임명함으로써 귀족 세력들의 조정·통제를 도모하는 등 왕을 중심으로 한 중앙집권적 지배체제 정비에 박차를 가하였다. 그리고 재위 12년(176) 왕자 남무를 태자로 책봉함으로써 부자상속제의 기틀을 마련하였다고 평가되기도 한다.(노중국, 1979)

재위 5년(169)에는 대가(大加) 우거(優居)와 주부(主簿) 연인(然人)을 파견해, 당시 요동·요서 지역에서 신흥 세력으로 등장한 공손탁(公孫度)을 도와 부산적(富山賊)을 치게 했다. 그런데 공손탁이 독립 세력으로서 등장한 것은 190년 이후이므로, 이것은 후대의 사실이 신대왕 때의 사건으로 잘못 전해진 것으로 여겨지기도 한다.(이병도, 1977) 재위 8년(172)에 한나라 군대가 쳐들어왔으나, 명림답부의 건의를 받아들여 성을 견고하게 지키는 작전으로 나아가 그들을 피폐하게 만들고, 회군하는 적을 추격해 대파하였다. 91세로 죽자 고국곡(故國谷)에 장사했다.

103) 고국천왕

고구려 제9대 왕으로 생몰년 ?-197년, 재위기간 179-197년이다. 신대왕(新大王)의 아들로서 이름은 남무(男武)이며, 국양왕(國襄王) 또는 국양왕(國壤王)

이라고도 한다. 왕력에 따르면 20년간 다스렸다고 하여, 『삼국사기』와 차이가 있다. 『삼국사기』에 의하면 신대왕의 둘째 아들이고, 왕비는 제나부(堤那部, 椽那部로 추정) 우소(于素)의 딸 우씨(于氏)라고 하였다. 그러나 이는 『삼국지』 동이전 고구려조의 "백고가 죽고, 두 아들이 있었는데 큰 아들은 발기이고 작은 아들은 이이모였다."의 이이모(伊夷模)를 고국천왕에 비정한 것으로 두찬(杜撰)으로 이해되기도 한다. 이이모는 산상왕(山上王) 연우(延優)에 해당하는 인물로 고국천왕 남무가 아니며, 남무는 신대왕 백고(伯固)의 원자(元子)로서 『삼국지』에 그 이름이 빠진 것으로 파악하는 것이다.(이병도, 1977)

고국천왕은 재위 6년(184)에 후한 요동태수의 침입을 격퇴하였고, 13년(191)에는 왕후의 친척으로서 전횡하던 연나부의 좌가려(左可慮)와 어비류(於畀留)의 모반을 진압하였다. 또 귀족 출신이 아닌 을파소(乙巴素)를 국상(國相)에 임명하여 국정을 안정시켰다. 16년(194)에는 진대법(賑貸法)을 실시해 궁핍한 백성들에 대한 구휼책을 마련함으로써 고리대를 억제하면서 왕권의 지지기반을 확대하였다. 이러한 왕권강화 과정을 통하여 왕위계승방법도 형제상속에서 부자상속으로 바뀌게 되었다. 또한 고국천왕대에 나타나는 방위명 부(部)의 존재로 미루어 이때부터 족제적(族制的) 요소보다는 행정적 요소가 강한 오부제(五部制)로의 개편이 시작되었다고 이해한다.(이기백, 1996)

한편 고국천왕의 실재를 부인하려는 견해도 있다. 『삼국지』 동이전 고구려조의 기록에는 고국천왕에 대한 기록이 없고, 신대왕 백고(伯固)가 죽은 후에 왕위를 계승한 것은 산상왕 이이모라고 하였으므로, 고국천왕은 가공의 인물이라는 주장이다.(池內宏, 1951) 그러나 이 세 명의 왕들에 대하여 상세히 기록한 『삼국사기』의 기록에 비하면 『삼국지』의 기록은 상대적으로 소략하며, 타국 사료인 『삼국지』를 표준삼아 『삼국사기』의 세계를 부정하는 것은 신중을 기해야 된다는 지적도 있다.(이기백, 1996)

104) 국천

고구려의 지명으로 국천(國川) 또는 국양(國壤)이라고 하는데, 고국천왕(故國川王)의 장지(葬地)와 관련이 있기도 하다. 국내성(國內城) 지역의 하천으로 추정된다. 고구려는 제9대 고국천왕부터 제19대 광개토왕까지의 시호명은 왕의 장지명으로 하였다. 고국천왕(故國川王)=국양(國壤), 동천왕(東川王), 중천왕(中川王), 서천왕(西川王), 봉상왕(烽上王), 미천왕(美川王)=호양(好壤), 국원왕(國原王), 소수림왕(小獸林王), 국양왕(國壤王), 광개토왕(廣開土王)=국강상(國岡上) 등이 장지명 왕호의 예이다. 이러한 장지명 왕호는 6대 태조왕(太祖王), 7대 차대왕(次大王), 8대 신대왕(新大王)의 왕호의 형식과 차이가 나서 주목을 끄는데, 이를 근거로 고구려 왕호의 성격을 통해 왕호 성립의 배경과 단계성을 검토한 후, 국조왕(國祖王) 등 초기 3왕의 왕호 및 국양왕(國壤王) 이하의 장지명(葬地名) 왕호(王號)가 먼저 성립하고, 뒤에 초기 5왕의 왕호가 추가 정리되어 왕계가 정립되었다고 보는 견해도 있다.(임기환, 2004) 현재 학계에서는 국천을 지금의 압록강으로 비정하는 것이 일반적이지만, 다른 한편 국천을 중천(中川)과 같은 곳으로 보고 국내성 서쪽의 통구하로 비정하는 견해도 제기되고 있다.(정호섭, 2011)

105) 산상왕

고구려 제10대 왕으로 생몰년 ?-227년, 재위기간 197-227년이다. 이름은 연우(延優) 또는 이이모(伊夷模)이며, 신대왕의 아들이고 고국천왕의 동생이다. 고국천왕의 비인 우씨(于氏)의 지원을 받아 형인 발기(發岐 또는 拔奇)를 대신하여 왕위에 올랐다. 산상왕은 이로 인해 그의 형수인 우씨(于氏)를 왕비로 삼았다. 왕위 계승에 불만을 품은 발기의 모반을 물리치고, 환도성(丸都城)을 쌓아 천도했다. 재위 31년(227) 5월에 죽은 후 산상릉(山上陵)에 장사 지냈다.

『삼국지』 권30 동이전 고구려조에 의하면 백고(伯固)가 죽은 후에 장자인 발기가 불초하여 국인(國人)이 소자(小子)인 이이모를 왕으로 추대하였다고 한다. 그러나 『삼국사기』 산상왕 즉위년조에는 신대왕 백고(伯固)에 이어 그 아들인 고국천왕 남무(男武)가 즉위하였으며, 고국천왕이 후사가 없이 죽자 그 동생들인 발기(發岐)와 연우(延優) 사이에 왕위를 둘러싼 분쟁이 있었는데, 고국천왕의 비인 우씨(于氏)의 지원을 받은 연우(延優)가 승리하여 왕이 되었다고 한다. 산상왕은 이로 인해 그의 형수인 우씨(于氏)를 왕비로 삼았는데, 이것은 그때까지 고구려 사회에 널리 행해져 오던 취수혼의 구체적인 예로서 고구려 사회에 왕위의 부자상속을 부정하려는 요소, 즉 형제상속의 경향이 아직도 잠재되었다는 것을 보여 주는 것이다.(노태돈, 1999)

발기는 형이면서도 왕이 되지 못한 것을 원망하여 소노부(消奴部) 세력과 함께 모반하였다. 이렇듯 발기를 도와 고구려의 분열을 조장하는 등 고구려의 성장을 저지하려는 공손씨(公孫氏)와의 긴장 관계가 재위기간 동안 계속되어, 공손씨의 영역인 현도군을 공격하기도 하고, 평주(平州) 사람인 하요(夏瑤)가 이끄는 1,000여 호를 받아들여 책성(柵城)에 안치하기도 하였다.

산상왕은 아들이 없어 고심하던 중에 주통촌(酒桶村)의 여자를 소후(小后)로 삼고 아들을 낳아 이름을 교체(郊彘)라 했다. 교체는 산상왕 17년(213)에 태자로 책봉되고 31년(227) 5월에 산상왕이 죽은 후 산상릉(山上陵)에 장사 지내고 왕위에 오르니 이가 바로 동천왕(東川王)이다. 동천왕 이후에 계속 부자에 의해 왕위가 상속되어가므로 고구려는 산상왕대부터 부자상속이 완전히 확립되었다고 이해된다.(이기백, 1996) 하지만 이에 대해서는 고구려가 처음부터 기본적으로 직계상속제를 원칙으로 하였다는 주장도 있다.(김광수, 1986)

산상왕은 재위 2년(198) 환도성(丸都城)을 쌓고 13년(209)에 이곳으로 천도했다고 한다. 이것을 근거로 고구려의 국내성(집안) 천도를 유리왕대가 아닌 산상왕대로 보기도 한다. 또한 『삼국지』 고구려조의 "이이모가 새로 나라를 세웠다.(伊夷模更作新國)"에 근거하여, 고구려 초기에 소노부에서 계루부로 왕실이 교체되었다는 『삼국지』의 기사는 이것을 가리키는 것이라고 보고, 왕실 교체문제와 관련하여 실제 왕위가 다른 부족으로 넘어가는 것을 가리키는 것은 아니라고 파악하였다.(白鳥庫吉, 1914) 이와 관련해 고구려의 실질적인 시조를 산상왕으로 파악하고, 그 이전의 고구려 왕계는 모두 후대에 날조된 것이라고 추정하기도 한다.(池內宏, 1951) 이와 같은 맥락에서 환도·국내 왕계의 1단계에서 사실상의 시조는 산상왕으로 이후 광개토왕대까지 이어지고, 2단계로 주몽을 시조로 하는 초기의 전설 왕계가 4세기 말에 완성되었으며, 3단계로서 『삼국지』에 근거하여 환도·국내 왕계의 두 왕이 더해지고, 4단계로서 6세기 이후 『후한서』 고구려조에 의하여 태조왕 왕계가 부가되어 현전하는 고구려 왕계가 성립되었다고 추정하기도 한다.(武田幸男, 1989)

하지만 외국 사료와 국내 자료를 비교 검토하는 경우, 외국 자료에 입각하여 국내 자료를 불신하거나 취사선택하는 것은 주의해야 한다. 이질적인 전승 기사를 취합하여 일원적으로 편집하는 과정에서 모순이 생길 수도 있고, 연대 등의 면에서 착오가 생길 수도 있지만 역사적인 사실의 기본 내용마저도 완전히 조작되었다고 보는 것은 옳지 못하다. 국내외의 사료 가운데서 차이점이 발견될 때는 불완전하고 부분적이며 단절적인 전승에 의거하여 기록한 외국 사료보다는, 계승적이며 종합적으로 기록된 국내 사료를 신뢰해야 한다고 이해된다.(노태돈, 1999)

106) 동천왕

고구려 제11대 왕으로 생몰년 209-247년, 재위기간 227-247년이며, 동양왕(東襄王)이라고도 한다. 『삼국사기』에는 이름이 우위거(憂位居)라고 하는데, 소명(小名)은 교체(郊彘)이다. 『삼국지』에는 위궁(位宮)이라고 기록되어 있다. 산상왕의 아들이며, 어머니는 관노부(灌奴部) 주통촌(酒桶村) 출신의 산상왕 소비(小妃)이다. 아들로는 후에 중천왕이 된 연불(然弗)과 예물(預勿), 사구(奢句) 등이 있다. 위(魏)의 침략을 받아 관구검(毌丘儉)에게 환도성을 함락당하기도 하였다. 재위 22년(248)에 죽어, 장지를 시원(柴原)이라 하였다.

위궁이라는 이름은 태어나면서부터 눈을 뜨고 능히 사물을 본 것이 태조왕 궁(宮)을 닮았기 때문에 붙여진 것이라 한다. 이것은 왕실세계에 있어서 전대의 왕들과 혈연적으로 직접 연결되지 않는 태조왕을 동천왕 당시에 혈연적으로 중요시하여 태조왕의 이름으로써 동천왕의 이름을 삼은 것이라고 보는 의견이 있다.(조인성, 1991)

동천왕은 산상왕 17년인 213년 태자로 책봉되었다가 부왕이 죽은 후 즉위하였다. 재위기간의 전반기에는 요동 지방을 중심으로 세력을 떨치고 있던 공손씨(公孫氏)와의 대립이 계속되었다. 그리하여 재위 12년(238)에는 위나라 군대를 도와 공손씨 세력을 멸망시켰다. 그러나 공손씨 세력 멸망 이후 위나라와 국경을 접하게 됨에 따라 위와도 긴장관계로 바뀌었다. 16년(242) 위의 서안평현(西安平縣)을 선제공격 하였지만, 위의 반격을 불러와서 관구검에게 환도성을 함락당하고, 동천왕은 남옥저를 거쳐 북옥저 지역으로 피신하기에 이르렀다. 후에 장군 밀우(密友)와 유유(紐由)의 활약으로 국토를 회복했지만, 이후 40년 동안 고구려의 요동 공략은 소강상태로 접어들 수밖에 없었다. 관구검은 자신의 군공(軍功)을 돌에 새겨놓았다고 하는데, 1906년 이 관구검의 기공비(紀功碑)의 일부가 집안 판차령(板岔嶺)에서 발견됨으로써 환도성의 위치가 현재의 길림성 집안현의 환도산성이라는 설이 유력하게 되었다.

동천왕 때인 233-236년 중국 강남 지역에 위치한 손권의 오나라와 압록강 하구(서안평)를 경유하는 해상 교통로를 통해 교섭하였다. 이러한 고구려와 손오의 해상교섭은 조위의 고구려 침공을 유발한 계기가 되었으며, 관구검의 침공은 고구려와 손오의 해상교섭 재개를 막기 위한 전략적인 군사행동이었다고 이해되기도 한다.(박대재, 2010)

동천왕은 관구검의 침공으로 인해 환도성이 파괴되자 재위 21년(247) 평양(平壤)으로 이거(移居)하였다고 하는데, 그 위치에 대해서는 여러 가지 설이 있다. 재위 22년(248)에 왕이 죽자 왕의 은덕을 사모해 많은 백성들이 따라 죽었는데 이를 순장의 유습으로 보기도 한다.(정운용, 2007) 백성들이 나무(柴)로 죽은 사람들을 덮어 주어 장지를 시원(柴原)이라 하였다고 전한다. 동천왕의 장지와 관련된 동천은 중국 집안의 태왕릉과 임강묘 주변을 흐르는 태왕향의 소하천으로 보는 것이 일반적이다.(정호섭, 2011)

107) 중천왕

고구려의 제12대 왕으로 생몰년 224-270년, 재위기간 248-270년이며, 중양왕(中壤王)이라고도 한다. 이름은 연불(然弗)이며 동천왕의 아들이다. 왕비는 연나부(椽那部) 출신인 연씨(椽氏)이다. 23년간 재위한 후 죽어서 중천지원(中川之原)에 장사 지냈다.

즉위년(248)에 동생 예물(預勿)과 사구(奢句) 등이 모반하자 이들을 처형하였다. 재위 3년(250)에는 국상(國相) 명림어수(明臨於漱)로 하여금 중외(中外)의 병마사(兵馬事)도 관장하게 하여 국상의 권력을 강화시켰다. 4년(251)에는 왕비 연씨를 무고하던 관나부인(貫那夫人)을 서해바다에 수장하였다. 7년(254)에 명림어수가 죽자, 비류부 패자(沛者) 음우(陰友)를 국상에 임명하였다. 8년(255) 왕자 약로(藥盧)를 태자로 삼았고, 다음 해에는 연나부 출신 명림홀도(明臨笏都)에게 공주를 취하게 하였다.

재위 12년(259)에 중국 위(魏)나라 위지해(尉遲楷)가 침략해오자 태자하(太子河) 상류로 추정되는 양맥지곡(梁貊之谷)에서 격파하였다. 13년(260)에는 졸본(卒本)으로 가서 시조묘(始祖廟)에 배알하였다. 재위 23년 만에 죽자 중천지원(中川之原)에 장사 지냈다. 장지와 관련된 중천의 위치에 대해서는 중국 집안 국내성 서쪽의 통구하로 보는 것이 일반적이지만, 최근에는 집안 우산하에서 국내성 남쪽으로 흐르는 소하천으로 비정하기도 한다.(정호섭, 2011)

108) 서천왕

고구려 제13대 왕으로 생몰년 ?-292년, 재위기간 270-292년이며, 서양왕(西壤王)이라고도 한다. 이름은 약로(藥盧) 혹은 약우(若友)이다. 중천왕의 둘째 아들이다. 중천왕 8년(255)에 태자로 책립되었으며, 부왕이 죽자 왕위를 계승하였다. 왕비는 서부(西部) 대사자(大使者) 우수(于漱)의 딸이다. 왕위를 계승하여 서천왕이 된 약로(藥盧)와 서천왕 때 숙신을 격파하고 안국군(安國君)에 봉해진 달가(達賈), 서천왕 때 모반하다 죽은 일우(逸友), 소발 (素勃) 등은 형제간이다.

재위 2년(271) 국상(國相) 음우(陰友)가 죽자 그의 아들 상루(尙婁)를 국상으로 삼았고, 4년(273)에는 기근이 들자 창고를 열어 백성들을 구제하였다. 7년(276)과 19년(288)에는 고구려 중진(重鎭)인 신성(新城)에 순행하여 국경 방어를 강화하였다. 이 신성의 위치에 대해서는 그동안 요령성 무순시 부근의 고이산성이라고 보는 것이 통설이었으나, 최근에는 『삼국사기』 세주의 기록을 믿어 동북 지역인 길림성 훈춘(琿春)으로 파악하기도 한다.(김영하, 2002)

재위 11년(280) 숙신(肅愼)이 침입하여 오자 동생인 달가(達賈)를 보내어 단로성(檀盧城)을 빼앗고 추장을 죽였으며, 숙신인 600여 가를 부여 남쪽의 오천(烏川)에 집단 이주시키고, 적의 부락 6-7개소를 항복받아 부용(附庸)으로 삼았다. 이 전공으로 인하여 달가를 안국군(安國君)에 봉하고 군사관계 일을 관장하게 하였으며, 양맥(梁貊) 및 숙신의 여러 부락을 통솔하도록 하였다.

재위 17년(286)에는 왕위를 찬탈하려던 동생인 일우(逸友)와 소발(素勃)을 처단하였다. 23년(292)에 죽으니 서천지원(西川之原)에 장사하였다. 장지와 관련하여 서천은 중국 집안 서쪽의 마선구하로 보는 것이 일반적이었지만, 최근에는 국내성 서쪽의 통구하를 서천에 비정하기도 한다.(정호섭, 2011)

서천왕릉은 봉상왕 5년인 296년에 모용씨(慕容氏)가 고구려를 침입하였을 때 도굴되었다. 중국에서는 현재 길림성 집안현 칠성산묘구(七星山墓區)에 있는 칠성산 211호 계단적석묘 무덤을 이때 도굴된 서천왕릉으로 추정하고 있다.(吉林省文物考古硏究所, 2004)

109) 봉상왕

고구려 제14대 왕으로 생몰년 ?-300년, 재위기간 292-300년이다. 아버지는 제13대 서천왕(西川王)이다. 선비족의 침입을 물리치기도 했으나, 삼촌 달가와 동생 돌고를 죽이고 궁실을 크게 증축하는 등 실정을 하였다. 그리하여 창조리 등 신하들이 돌고의 아들 을불(乙弗)을 왕으로 세우자 스스로 목을 매어 죽었다. 왕력에는 봉상왕을 치창왕(雉菖王)이라고도 하였으며, 이름을 상부(相夫)라고 하였다. 그리고 『삼국사기』에는 봉상 또는 치갈(雉葛)이라고 하였으며 이름은 상부(相夫) 혹은 삽시루(歃矢婁)이고 서천왕의 태자라고 하였다. 어려서부터 교만하고 방탕하며 의심과 시기심이 많았다고 한다. 즉위년(292) 3월에 삼촌 달가(達賈)를 죽이고 재위 2년(293) 8월에 선비족(鮮卑族) 모용외(慕容廆)의 침입을 고노자(高奴子)의 활약으로 물리쳤다. 같은 해 9월에 아우 돌고(咄固)가 배반할 마음을 가지고 있다고 여겨 자살하게 하였으며, 재위 5년(296) 8월에 다시 모용외의 침입을 물리치고 고노자를 신성태수(新城太守)로 삼았다. 그리고 흉년이 들고 나라가 어지러운데도 궁실을 고치는 등 실정을 행하였다. 이에 국상(國相) 창조리(倉助利)와 신하가 간하였으나, 듣지 않음으로 신하들이 모의하여 왕을 폐하고 돌고의 아들 을불을 왕으로 삼았다. 봉상왕은 화를 면하지 못할 것을 알고 스스로 목매어 죽었으며, 두 아들도 따라 죽었다. 봉산(烽山)의 들에 장사 지내고 왕호를 봉상왕이라고 하였다.

110) 미천왕

고구려 제15대 왕으로 생몰년 ?-331년, 재위기간 300-331년이다. 이름은 호양(好壤), 을불(乙弗) 또는 우불(憂弗, 憂弗)이며 아버지는 고추가(古鄒加) 돌고(咄固)이다. 봉상왕의 폭정으로 인해 국상(國相) 창조리(倉助利)가 여러 신하들과 함께 봉상왕을 폐위시키고 을불을 왕으로 세웠다. 미천왕은 고구려의 영토 확장에 특히 주력하였다. 먼저 재위 3년(302) 9월에 현도군(玄菟郡)을 침략하여 8천 명을 잡았으며, 12년(311) 8월에는 서안평(西安平)을 공격하여 차지하였다. 14년(313) 10월에는 낙랑군(樂浪郡)을 침략하고, 15년(314) 9월에는 대방군(帶方郡)을 침략하였으며, 16년(315) 2월에는 다시 현도성을 공격하여 깨뜨렸다. 20년(319) 12월에는 진(晉)의 평주자사(平州刺史) 최비(崔毖)가 도망쳐 왔으며, 21년(320) 12월에는 요동을 침략하였다.

미천왕 시기 고구려와 선비족 모용씨(전연)의 관계를 요동 지역에 대한 주도권을 놓고 충돌한 것으로 보기도 한다. 미천왕대에 고구려와 모용씨의 관계는 처음에는 고구려의 세력이 강하였다가 319년 고구려·우문부·단부 연합군의 모용씨 공격이 실패로 끝나면서 이후 모용씨의 세력이 우세해졌다. 반(反)모용씨적인 입장을 공공연히 드러내던 고구려는 342년 모용씨 전연(前燕)의 대대적인 침략을 받게 되고, 이후 실리적인 관점에서 전연과의 평화를 모색하게 되었다. 당시 전연은 황제국으로서 자신의 위상을 높이려고 하였으므로 고구려를 책봉국으로 삼고, 대신 요동 지역에 대한 고구려의 지배를 인정하였다. 즉 전연은 명분을, 고구려는 실리를 택했다고 이해하는 것이다.(강선, 2001)

미천왕은 재위 31년(331) 만에 죽었으며, 아들 사유(斯由)가 뒤를 이어 고구려 제16대 고국원왕(故國原王)이 되었다. 왕이 죽자 미천(美川)의 들에 장사지냈다. 장지에 대해 『삼국유사』에서는 호양(好壤)이라고 했는데, 호(好)와 미(美), 양(壤)과 천(川)은 의미상 통하는 것이다. 미천의 위치에 대해서는 최근 집안 서쪽의 마선구하로 비정하기도 한다.(정호섭, 2011)

111) 국원왕

고구려 제16대 왕으로 생몰년 ?-371년, 재위기간 331-371년이며, 강상왕(岡上王), 국강상왕(國罡上王)이라고도 하였다. 이름은 쇠(釗) 또는 사유(斯由)이며, 아버지는 고구려 제15대 미천왕(美川王)이다. 전연(前燕) 모용황(慕容皝)의 침입을 당해 도읍인 환도성이 함락되는 등 국난을 당했으며, 백제와의 평양성 싸움에서 전사하였다.

고국원왕의 장지에 관해서 오랫동안 논란이 있어 왔다. 이와 관련하여 황해남도(黃海南道) 안악군(安岳郡) 오국리(五局里)에 있는 안악 3호분(安岳三號墳)이 고국원왕의 능으로 주장되기도 하였다. 즉 동수설(冬壽說), 미천왕설(美

川王說), 고국원왕설(故國原王說)로 나뉘어지는데 묵서명(墨書銘)의 존재로 인해 묘주가 동수라는 주장은 북한에서 일찍부터 있어 왔다.(전주농, 1959) 그러나 이후 묘주가 고국원왕이고 동수는 배장자(配葬者)라는 견해가 제시되었고(리여성, 1955), 미천왕이 묘주란 설도 제기되었다.(박윤원, 1963)

그러다가 안악 3호분의 묘주가 동수라는 주장이 다시 나왔는데 그 근거로 ① 동수에 대한 묵서명이 있는데 이것이 곧 동수의 묘지명이며, ② 동수는 태수를 칭하고 있는데 묘주를 시종하는 인물들의 직명이 태수급의 속관명(屬官名)이라는 점, ③ 무덤의 구조가 고구려의 묘제인 적석총이 아닌 석곽묘를 비롯한 북중국의 묘제와 유사한 점, ④ 벽화에 등장하는 인물의 복식이 고구려의 것이 아니라는 점을 들었다.(김용준, 1958)

이에 다시 왕릉설이 나왔는데 그 근거로 ① 묘실의 구조형식이 고구려 벽화고분 중에서 가장 복잡 웅대하여, 이것은 왕릉이 아니면 만들 수 없으며, ② 회랑 벽화의 대행렬도에 보이는 깃발에 '성상번(聖上幡)'이란 글자가 확실히 보여 곧 왕을 가리키는 것이며, ③ 서측실의 묘주도에서 묘주가 착용한 의복과 관은 고구려왕이 쓰는 것이었으며, ④ 묘주도에서 묘주를 시립하고 있는 인물들이 홀(笏)을 들고 있는데 홀의 성질로 미루어 왕의 신하로 볼 수 있다는 것이었다. 그러나 어느 왕의 무덤인지에 대해서는 결론을 유보하였다.(전주농, 1959)

이후 서측실 입구 오른쪽 장하독(帳下督) 그림 위에 묵서가 확인되면서 왕릉설의 입지가 강화되었다. 기왕에 알려진 묵서도 묘주의 묘지명이 아닌, 서측실 입구 왼쪽 장하독에 관한 기록일 가능성이 많기 때문이며, 나아가 묘주는 동수와 별개의 존재일 가능성이 높아지기 때문이다. 이에 힘입어 북한에서는 미천왕릉설이 나왔는데 그 근거는 다음과 같다. 미천왕릉은 원래 국내성에 있었으나, 고국원왕 12년(342) 전연의 침입을 받아 그 유해를 빼앗겼다가 이듬해 2월에 반환되었고 7월에 평양동황성(平壤東黃城)으로 천도하였다. 이에 고국원왕은 부왕을 재장(再葬)할 곳을 평양 이남에서 찾았고, 이에 안악 지방에 능을 축조했다는 것이다. 그리고 동수가 미천왕 유해의 반환, 미천왕릉의 구축 문제 등에서 공을 세웠기 때문에 이를 기려 왕실에서 묵서명을 써 주었다고 하였다.(주영헌, 1963)

이후 미천왕릉설은 1970년대까지 북한 학계의 통설이 되었으나, 1990년대에 와서 고국원왕설이 다시 나왔다. 즉 ① 묵서의 주인공인 동수는 미천왕 사후에 고구려로 망명한 인물로 미천왕과는 관련이 없으며, ② 미천왕의 유해를 다시 찾아왔을 때는 아직 평양동황성으로 천도하기 전이므로 미천왕릉도 국내성이나 환도성 부근에 있었을 것이며, ③ 고국원왕 말기의 수도는 평양동황성인데 그가 죽은 곳은 황해도 신원군(新原郡) 하성으로 비정되는 남평양(南平壤)으로서 고국원왕릉은 국내성이나 환도성 부근에 조영되지 않았다. 이때 고국원이란 지명이 문제가 되지만, 삼국시대에는 충주를 국원(國原)이라 했기 때문에 안악 지방이 고구려 시대에는 "고국원"으로 불렸을 가능성도 있다는 것이다.(박진욱, 1990)

한국에서는 먼저 안악 3호분이 동수의 묘라는 견해가 제기되고 고국원왕릉설과 미천왕릉설에 대한 비판이 시도되었다. 즉 동수가 고국원왕보다 먼저(357년) 죽었으므로 고국원왕릉에 동수에 관한 묵서가 있을 수 없고, 미천왕의 시신을 전연에서 찾아온 것이 343년인데 안악 3호분이 축조된 것은 동수가 죽은 357년이기 때문에 미천왕릉일 수 없다는 것이었다.(김원룡, 1987)

이후 한국에서는 대체로 동수묘설이 타당성을 인정받아 왔다. 이후 안악 3호분에 있는 문자 자료들을 치밀하게 분석한 견해도 나왔는데 ① 동수 묵서명은 중국이나 한반도에서 발견된 당시 묘지명들과 비교해 볼 때, 문장의 체제나 형식 등이 유사하므로 묘주의 묘지명으로 볼 수 있고, ② 장하독은 문헌에 태수의 속관으로 나오는 바, 태수급인 동수와 장하독이 동일 인물일 수는 없으며 오히려 장하독이 있음으로 해서 묘주는 태수급이 될 수 있다. ③ 영화란 연호는 12년으로 끝나며 이듬해 정월 승평(升平)으로 개원하는데, 왕릉이라면 개원한 지 10개월이 지나도록 영화 13년으로 했다는 것이 납득하기 어려우며, ④ 미천왕을 전후한 시기의 고구려 왕릉은 국도였던 국내성 부근에 있었는데 미천왕릉만이 안악에 있다는 것은 납득하기 어려우며, ⑤ 묵서명에 열거된 관직이나 관등명은 당시 고구려의 것이 아니고 동진(東晋)에서 수여한 것도 아닌 동수가 자칭했다는 이유를 들었다.(공석구, 1998)

한편 중국 길림성 집안에 있는 태왕릉(太王陵)을 고국원왕릉으로 비정하기도 한다. 근거로 ① 광개토왕릉비(廣開土王陵碑)에서 가장 가까이 소재한 태왕릉은 능비에 적혀 있는 '국강상(國罡上)'이 분명한데 그러한 태왕릉의 소재지는 국강상왕(國罡上王)으로도 불렸던 고국원왕의 그것과 부합하며, ② 태왕릉은 외적 규모에 비해 관대(棺臺)가 작은데 이는 백제와의 싸움에서 전사한 고국원왕의 유해를 확보하지 못했기 때문이며, ③ 태왕릉의 고분 양식인 계단식 석실 적석총은 고국원왕의 재위기간과 연결된다는 것이다.(이도학, 2005)

112) 평양성

고구려 고국원왕 때 증축한 성곽으로 평양성에 관한 최초의 기록은 『삼국사기』 권17 고구려본기5 동천왕 21년(247)조에 보인다. 그에 따르면 "왕은 환도성이 난을 겪어서 다시 도읍으로 삼을 수 없다고 하여, 평양성을 쌓고 백성과 종묘사직을 그 곳으로 옮겼다.(春二月 王以丸都城經亂 不可復都 築平壤城 移民及廟社)"고 한다. 그러나 동천왕대에는 낙랑군이 아직도 토성동 일대를 중심으로 한 평양 지방에 건재하고 있었으므로 지금의 평양으로 천도하였다는 것은 생각할 수 없다고 한다. 결국 현재의 평양시와 평양성의 위치가 다르다는 것이다. 그리고 평양성을 지금의 강계읍(江界邑)으로 비정하였다. 당시에는 고구려의 도읍이 일시적인 피난도시의 성격을 띠고 있었으므로 국내성의 대안(對岸)에 위치하는 것이 합리적이며, 강계가 여기에 적합한 곳이라고 하였다. 그리고 고국원왕 때에 증축한 평양성도 마찬가지로 강계의 성곽이었다고 보았다.(이병도, 1976)

334년에 증축한 평양성을 현재 평양의 청암동토성(淸岩洞土城)으로 비정하고, 넓게는 청암동토성의 중심 산성으로 추측되는 평양성의 북성까지로 범위를 파악하는 견해도 있다. 여기서는 청암동토성의 축조연대가 그곳에서 출토된 수막새 등의 유물로 보아 5세기 초까지 올라가는 것으로 보고, 평지토성인 청암동토성과 중심이 되는 산성인 평양성의 북성이 한 조를 이룬 것으로 추측하였다.(민덕식, 1989)

미천왕 때 고구려에 의해 낙랑군이 패퇴한 이후 고구려가 평양 지역에 지속적인 관심을 기울인 점을 고려하여 고국원왕 때의 평양성을 지금의 평양시로 보기도 한다. 낙랑군을 몰아낸 것은 고구려의 군사적 압력에 의한 것이었음을 고려할 때 고구려가 낙랑의 중심지였던 평양에 성을 수축하고, 왕이 그 근처에 옮겨 머무른 것은 자연스러운 일이라고 하였다. 물론 낙랑이 패퇴한 이후에도 여전히 그 잔존 세력이 있었을 것임을 인정할 수 있으나, 오히려 그러한 점이 이 지역에 대한 정책을 적극적으로 추진토록 한 요인으로 작용했다고 하였다.(신동하, 1988)

이와 비슷한 논시에시 334년에 증축한 평양성을 현재의 평양 지역으로 추정하면서, 313년에 낙랑군 지역을 장악한 후 지역 경영에 본격적으로 나선 고구려 정권의 의지를 보여 주는 기사라고 해석하기도 한다. 이 지역에 대한 고구려의 적극적인 경영은 당시 대방군 지역으로 영역을 확장해 가는 백제의 동향과 관련이 있으며, 안악 3호분의 피장자인 동수(冬壽)의 존재를 통해서도 알 수 있듯이 고구려가 과거 낙랑·대방군 지역에 대해 본격적인 지배에 나섰음을 알 수 있다고 하였다. 고국원왕 13년(343)에 평양 동황성(東黃城)으로 천도한 것도 전연(前燕)의 침입으로 국내성이 황폐화되었음을 고려할 때, 평양성은 지금의 평양으로 보는 것이 가장 합당하다고 하였다.(임기환, 2007)

113) 안시성

왕력에 따르면 고국원왕 임인년(342) 8월에 도읍을 안시성으로 옮겼다고 하고, 안시성은 곧 환도성이라고도 하였다. 『삼국사기』 권18 고구려본기6 고국원왕 12년조(342)에는 가을 8월에 왕이 환도성으로 옮겨서 거처했다고 하였다. 즉 왕력의 안시성은 『삼국사기』의 환도성을 가리킨다고 할 수 있다. 그리고 『삼국사기』 권37 잡지6 지리4에서는 안시성이 예전의 안촌홀(安村忽)로서 혹은 환도성이라고도 부른다고 하였다.

그러나 고구려의 안시성은 환도성이 아니라 현재 중국 요령성 해성시(海城市) 동남쪽에 위치한 영성자(英城子)산성으로 보는 것이 통설이다.(島田好, 1927) 안시성은 영류왕 25년(642)에 연개소문(淵蓋蘇文)이 정변을 일으켰을 당시에도 그 성주가 항복하지 않은 성이었으며, 보장왕 4년(645)에는 당 태종(太宗)의 포위 공격을 이겨 냈다. 671년에는 당의 고간(高侃)이 안시성에서 고구려 유민의 군대를 물리치기도 했다. 이 안시성과 왕력의 안시성이 어떠한 관계에 있는지는 의문이다.

114) 소수림왕

고구려 제17대 왕으로 생몰년 ?-384년, 재위기간 371-384년이다. 이름은 구부(丘夫)이며 아버지는 고구려 제16대 국원왕이다. 전진(前秦)으로부터 불교를 수용하고 율령을 반포하고 태학(太學)을 두는 등 국내외적으로 안정된 체제를 정비하였다. 고국원왕 25년(355)에 태자가 되었으며, 41년(371)에 고국원왕이 죽자 즉위했다.

『삼국사기』에 의하면, 소수림왕 2년(372)에 전진(前秦)의 부견(符堅)이 사신과 승려 순도(順道)를 파견하여 불상과 경문을 보내왔고, 왕 4년(374)에는 승려 아도(阿道)가 왔다. 5년(375)에 초문사(肖門寺)와 이불란사(伊弗蘭寺)를 세워 순도와 아도를 머물게 했는데, 이것이 우리나라 불교의 시작이라고 하였다.

이러한 불교의 전래와 관련하여 고구려 불교의 성격을 정권과 밀착된 불도징(佛圖澄)계의 북조불교(北朝佛教)라고 보기도 한다. 불도징은 서역의 고승으로 후조(後趙) 왕실로부터 국사(國師) 대우를 받았으며 이후 불교는 왕실의 보호를 받게 되었다. 이러한 후조불교의 특성은 고구려에 불교를 전달한 것으로 알려진 전진의 경우에도 크게 다를 바 없었으며, 전진의 부견이 고구려에 전한 불교도 이러한 성격을 띤 것으로 주장하였다.(이용범, 1973)

불교가 전진보다는 전연(前燕)을 통해 고구려에 전래되었을 가능성이 제기되기도 하였다. 전연 옆에 있던 후조는 숭불정책을 표방하였는데, 전연이 후조의 영역을 장악하는 과정에서 불교를 접하게 되었을 것으로 보았다. 즉 전연의 불교는 전연이 후조의 영역이던 북중국으로 진출한 것이 계기가 되어 후조의 불교와 서역승, 그리고 고승 도안(道安) 등의 영향을 받게 되었는데, 이후 전연이 342년 고구려를 침공한 이후 전연과 고구려는 빈번한 교류를 가지게 되었다. 즉 미천왕의 시신과 왕모 주씨(周氏)의 반환 교섭 등으로 양국간의 왕래가 활발했으며, 13년 동안 전연에 포로로 있던 주씨가 그 동안 불교를 믿게 되어서 고구려에 돌아올 때 포교했을 가능성을 제기하였다. 또 전연으로 잡혀갔던 남녀 포로 5만여 명을 비롯하여 전연으로 갔던 고구려인 및 전연이 고구려와 통교하면서 고구려에 갔던 전연인들도 불교가 고구려에 전파되는 데 영향을 주었을 것으로 파악하였다. 소수림왕 2년(372)에 전진에서 승려 순도가 와서 불상과 경문을 전하자, 고구려에서도 사신을 보내어 회사(回謝)하면서 방물을 전하였다는 사실도 고구려 왕실이 이미 불교를 접한 것에 대한 방증이 된다고 하였다.(지배선, 1987)

불교가 고구려에 전래된 것에 대해서 불교의 초전(初傳)과 공전(公傳)을 구별하는 관점도 있다. 즉 중국의 고승 지둔(支遁)과 서신 왕래를 한 고구려 도인(道人)의 존재로 미루어 보아 소수림왕 이전에 이미 초전(初傳)되었으나 그 정확한 시기는 알 수 없다고 하였다. 그리고 『삼국사기』에 남아 있는 기록대로 소수림왕 2년(372) 전진으로부터 불교가 전해진 다음, 초문사와 이불란사를 지어 순도와 아도를 머물게 한 것을 국가적인 차원에서 불교를 수용한 공전(公傳)으로 파악하였다.(김영태, 1990)

그리고 불교를 받아들이는 주체인 고구려의 입장을 중시하는 관점에서 순도가 불경과 불상을 가지고 온 것은 불교의 전래, 초문사와 이불란사를 지어 순도와 아도를 머물게 한 것은 불교의 수용, 그리고 고국양왕 9년(392)에 왕이 불법을 믿고 복을 구하라고 명을 내린 것을 불교의 공인으로 보기도 한다.(최광식, 2007)

소수림왕은 재위 13년(384) 만에 죽어 소수림(小獸林)에 장사 지냈고, 아들이 없어 동생 이속(伊速)이 뒤를 이어 고구려 제18대 국양왕(國壤王)이 되었다.

115) 국양왕

고구려 제18대 왕으로 생몰년 ?-391년, 재위기간 384-391년이며, 이름은 이속(伊速) 또는 어지복(於只支)이다. 아버지는 고구려 제16대 국원왕이고, 형은 제17대 소수림왕이다. 『삼국사기』에서는 고국양왕으로 보이며, 이름을 이련(伊連) 혹은 어지지(於只支)라 하였다. 국양왕은 재위 8년(391) 만에 죽었는데 아들 담덕(談德)이 뒤를 이어 제19대 광개토왕(廣開土王)이 되었다. 왕이 죽자 고국양(故國壤)에 장사 지냈다. 국양왕의 능에 대해서는 중국 길림성 집안에 있는 태왕릉(太王陵)을 국양왕릉으로 비정하기도 한다. 태왕릉에서 출토된 「신묘년호대왕명(辛卯年好大王銘)」 청동방울을 장례 관련 물품으로 파악하고 이것을 391년 광개토왕이 즉위하고 선왕인 국양왕의 장례용으로 만들었다고 한 것이다. 명문에 있는 신묘년은 391년에 해당하고 호대왕은 광개토왕에 해당하며 청동방울이 장례용품이기 때문에 그것이 출토된 태왕릉은 국양왕릉이라는 것이다.(백승옥, 2005; 이희준, 2006)

116) 광개토왕

고구려 제19대 왕으로 생몰년 375-413년, 재위기간 391-413년이다(『삼국유사』와 『삼국사기』에는 모두 임진년(392)이 즉위년으로 나오지만, 학계에서는 광개토왕릉비에 밝혀진 391년을 즉위년으로 보고 있다). 이름은 담덕(談德)이며 아버지는 제18대 국양왕(고국양왕)이다. 고국양왕 3년(386)에 태자가 되었다. 광개토왕은 왕 2년(392)에서 5년(395)에 걸쳐 백제를 여러 차례 격파했으며, 9년(399)에서

15년(405)까지는 주로 후연(後燕)과 싸우며 요동 지역을 확보하였다.

광개토왕의 영토 확장에 대해서는 「광개토왕릉비(廣開土王陵碑)」에 잘 나타나 있다. 「광개토왕릉비」에서는 특히 신묘년조(391)의 기사가 논쟁이 되었다. 즉 다른 기년기사가 연호로 편년되어 있는 데 비해 간지기년법을 취하고 있으며, 광개토왕의 즉위년임에도 영락 5년조(395)보다 뒤에 위치하고 있다. 해당 조문은 '百殘新羅舊是屬民由來朝貢而倭以辛卯年來渡海破百殘□□〔新〕羅以爲臣民'이라는 문장인데 구래의 해석에 의하면, "백잔, 신라는 원래 (고구려의) 속민으로서 조공해 왔다. 그런데 왜가 신묘년에 바다를 건너와서 백잔, □□, 신라를 깨뜨리고 신민으로 삼았다."는 것이다. 여기서 결자(缺字) 부분에 대해서는 임나(任那) 또는 가라(加羅)의 국명으로 추정한 이래(那珂通世, 1893), 이 해에 왜(일본)는 백잔(백제)·임나(혹은 가라)·신라에 미치는 광대한 지역에 출병해서 이들 국가를 고구려와의 종속관계로부터 타파하고 새로이 왜에 신속시켰다는 의미로서 파악하였다.(末松保和, 1949)

이러한 의견에 대해 국내에서는 해당 문장을 '百殘新羅舊是屬民 由來朝貢而倭以辛卯年來 渡海破 百殘□□□羅 以爲臣民'으로 끊어 읽으면서 비판하는 시각이 제기되었다. '渡海破'의 주체를 왜가 아닌 고구려로, '破'의 객체를 왜로 보고 있는 점이 특징이다. 즉 백잔(백제)과 신라는 고구려의 신민이었는데, 백잔이 왜와 상통했기 때문에 신라는 불리한 정세가 되었고, 이러한 사태에 대응해 광개토왕이 영락 6년(396)에 수군을 이끌고 출진했다는 것이다.(정인보, 1955)

이후 결자 부분에 '招倭侵' 혹은 '聯侵新'을 보입하고, "왜가 신묘년에 침입해 왔기 때문에 고구려는 바다를 건너가서 왜를 격파했다. 백제는 왜를 끌어들여 신라를 침략하고 신라를 백제의 신민으로 삼았다."고 해석하기도 한다. 이러한 해석은 왜가 신묘년에 와서 또 바다를 건넜다는 점에 대한 의문, 고구려가 자국의 속민인 백제·신라를 침략한 왜를 토벌하지 않은 점에 대한 의문 등에서 나온 것으로 문장 논리 전개상의 문제와 역사적 상황론에 입각한 해

석이었다.(박시형, 1966)

한편 일본학계 일각에서는 일본 육군참모본부에서 만주에 사카와(酒勾景信)를 보내 비문을 변조했음을 주장하기도 했는데, 비문 변조를 은폐하기 위해 석회를 바르고 그 후 석회를 바를 때 잘못 새긴 곳에 가공을 가했다는 것이다.(이진희, 1972)

그 후 변조설에서 주장한 신묘년조의 '來渡海破' 중에서 '破'를 '故'로 읽으면 합리적인 해석이 가능하다고 하면서, 조선총독부 소장 탁본에는 '破'가 '故'로 보임을 지적하였다. 그리고 결자 부분에서 '將侵' 혹은 '欲取'를 보입하고, "백제가 끌어들인 왜가 신묘년 이래 바다를 건너 백제에 왔기 때문에, 왜와 연계한 백제가 신라를 공격하여 신라를 신민으로 삼으려 하였다."라고 해석했다.(천관우, 1979)

신묘년조의 앞 문장 '由來朝貢'의 '來'를 '未'로 판독하고, 이에 따라 신묘년조의 '來渡海破'를 '來侵湯破'로 풀이하여, "백제와 신라는 옛날 우리 고구려의 속민이었음에도 조공을 하지 않고, 왜는 신묘년부터 내침하였다. 그래서 왕은 백제와 □□를 휩쓸어 격파하고 신라를 □□하여 신민을 삼았다."고 해석하였다. 여기서 '未'의 판독은 조선총독부 탁본에 나오는 '來'와 '未'의 실측을 통해서 자형상 '未'에 가깝다고 본 데 따른 것이다.(김영만, 1980)

이후 '왜(倭)'자 위작설도 나왔다. 이에 의하면 신묘년조의 '倭'는 '後'의 위작이며, 비문변조설에서 제기한 '來渡海破'의 '來渡海'를 '不貢因'으로 파악하고 '破'의 주체를 광개토왕, 그리고 결자 부분을 '倭寇'로 보입했다. 이러한 위작설의 근거는 미야케(三宅米吉)가 사카와(酒勾)본을 정정해서 작성한 해석문에서 사카와본의 제4면 9행의 마지막 글자인 '後'가 없어지고 대신 '之'로 바뀐 점에 의한 것이다. 그리고 제4면의 마지막 '後'는 원래 있었던 다른 한 글자를 쌍구가묵(雙句加墨)하고 나서 실수로 잔류시킨 것으로 보았는데, 원래 있었던 다른 한 글자는 신묘년조의 위작된 '倭'라고 하였다.(이형구 · 박노희, 1986)

광개토왕의 능에 대해서는 「광개토왕릉비」의 광개토왕 호칭과 관련지어 중국 길림성 집안에 있는 태왕릉(太王陵)으로 비정하는 것이 일반적이다. 그러나 태왕이 광개토왕만을 가리키는 용어가 아님을 주장하며, 태왕릉의 관대(棺臺)가 능의 외적 규모에 비해 작음 등을 들어 이를 부정하고 입지 조건이나 5세기 초기로 편년되는 와당이 출토된 장군총(將軍塚)을 광개토왕릉으로 보기도 한다.(이도학, 2005) 또한 태왕릉의 연도(羨道)가 광개토왕릉비의 전면 방향과 다르지만, 장군총의 연도는 능비에서 정확히 동북쪽에 있음을 들어 장군총을 광개토왕릉으로 비정하기도 한다.(백승옥, 2006)

117) 장수왕

고구려 제20대 왕으로 생몰년 394-491년, 재위기간 413-491년이다. 왕력에서는 이름을 신련(臣連)이라 하였는데, 『삼국사기』에는 거련(巨連) 또는 연(璉)이라 하였다. 광개토왕 18년(408)에 태자가 되었다. 자세한 설명은 기이편 나물왕김제상조의 주석을 참고.

118) 문자명왕

고구려 제21대 왕으로 생몰년 ?-519년, 재위기간 491-519년이다. 이름은 개운(个雲) 혹은 고운(高雲)이며, 아버지는 고추대가(古鄒大加) 조다(助多)이고, 할아버지는 제20대 장수왕이다. 왕력에서는 이름을 명리호(明理好) 또는 개운(个雲)·고운(高雲)이라고 하였으며, 『삼국사기』에서는 나운(羅雲)이라 하였다. 조다가 일찍 죽자 장수왕의 대손(大孫)이 되었다.

문자명왕 7년(498) 금강사(金剛寺)를 창건하였다. 장수왕의 정책을 계승하여 남조의 제(齊), 양(梁), 북조의 북위(北魏)에 대한 양면외교를 전개하고 국제적으로 고구려의 지위를 확고하게 유지하였다. 문자명왕대의 대북위관계에 대해서는 양국이 화평한 교류를 지속하였는데 이는 각자의 대외 정세에 영향을 받았기 때문으로 보기도 한다. 고구려는 신라나 백제 등과 대립하고 있었기 때문에 북위와의 관계를 안정시킬 필요가 있었고, 북위 역시 잦은 반란을 겪고 남조의 양(梁)과 대립하였기 때문에 주변 제국에 대한 영향력이 현저히 떨어졌다. 이러한 서로의 필요가 맞아떨어져 양국은 표면상으로는 충돌없는 관계를 유지하였고, 이것은 고구려 양단외교의 한 모습이라고 하였다.(김진한, 2006)

119) 안장왕

고구려 제22대 왕으로 생몰년 ?-531년, 재위기간 519-531년이다. 이름은 흥안(興安)으로 아버지는 제21대 문자명왕이다. 문자명왕 7년(498)에 태자가 되었다. 안장왕 시기에 고구려는 5세기에 확립되었던 "대왕전제체제(大王專制體制)"가 무너지면서 점차 귀족들의 힘이 강해지게 된 것으로 이해된다. 즉 『일본서기』 권17 계체기 25년 12월조의 기사를 근거로 안장왕이 피살되었다고 보면서, 이것이 6세기 중반 고구려의 외척 간 왕위 계승 분쟁과 그로 인한 대규모 학살 사건을 초래하는 단초가 되었다고 이해한다.(김현숙, 2005)

안장왕의 죽음에 대해서는 국내성을 세력 근거지로 하는 국내계 귀족 세력의 동향과 관련지어 파악하기도 한다. 이들은 본래 5세기 장수왕의 평양 천도에 반대했던 세력으로서, 평양 천도 이후에도 국내성 지역에서 세력 기반을 가지고 있었으며 안장왕 역시 즉위한 후에 국내계 세력과 일정한 정치적 타협을 모색했다고 하였다. 따라서 안장왕의 시해에는 문자명왕대 말에서 안장왕대에 다시 세력을 만회해 가는 국내계 세력의 동향이 하나의 변수가 되었다고 하였다.(임기환, 2004)

120) 안원왕

고구려 제23대 왕으로 생몰년 ?-545년, 재위기간 531-545년이다. 이름은 보영(寶迎)으로 아버지는 제21대 문자명왕이며, 형은 제22대 안장왕이다. 『삼국사기』에서는 이름을 보연(寶延)이라 하였다. 안장왕이 재위 13년(531)에 죽었는데, 아들이 없었으므로 아우인 보영이 즉위하였다.

121) 양원왕

고구려 제24대 왕으로 생몰년 ?-559년, 재위기간 545-559년이다. 이름은 평성(平成)이며 아버지는 제23대 안원왕이다. 왕력에서는 양강왕(陽崗王)이라고 하였다. 『삼국사기』에서는 양강상호왕(陽崗上好王)이라고도 하였다. 안원왕 3년(533)에 태자가 되었다. 양원왕은 외척들 간의 세력 다툼 끝에 즉위한 것으로 보인다. 이 시대에는 세력 다툼에서 승리한 평양계 귀족 세력이 정국을 주도한 것으로 생각되며, 밖으로는 돌궐이 침입하고 백제와 신라가 한강 유역을 빼앗는 등 위기 상황이 계속되었다.

양원왕대의 정국에 관해서는 안원왕 말년에 외척들 간의 세력 다툼을 시사하는 기록이 있어 주목된다. 즉 『일본서기』 권19 흠명기 6년조(545)와 7년조(546)에는 추군(麤群)과 세군(細群) 세력이 다툰 끝에 세군이 패하여 2000여 명이 죽임을 당했다는 내용이 실려 있다. 이에 대해서 추군과 세군을 각각 평양과 국내성에 기반을 둔 귀족 세력으로 파악하면서 양원왕 초기의 정국 운영은 양원왕의 즉위를 지원하던 추군계를 중심으로 이루어졌을 가능성이 높다고 파악하기도 한다. 그리고 양원왕 즉위 시에 추군과 세군 사이에 왕위계승전이 치열했음을 상기하면서 양원왕과 대립하였던 국내성 세력은 양원왕의 즉위에 반대하는 입장에 서 있었던 세군 세력과 동일한 존재이거나, 아니면 세군 세력을 지지하고 그들과 정치적 입장을 같이하는 세력으로 파악하였다. 또한 『삼국사기』의 기사에서 보는 바와 같이 국내성 세력이 하나의 갈등 세력으로 존재하고 있음을 들면서 지방에서는 계속 중앙 정권과 정치적 입장을 달리하는 정치 세력이 상존하고 있다고 하였다. 그리고 환도 세력을 단순히 지방 세력으로서가 아니라, 환도 지역과 연고를 맺고 있는 중앙 귀족까지를 포괄한 하나의 정치 세력권으로 이해할 것을 주장하였다. 또한 국내 지역에 세력 기반을 두고 있던 이들을 고구려 초기 이래 중앙 귀족으로 성장한 전통적인 구귀족 세력과 연결시키면서 국내 지역뿐만 아니라 평양 일대에서도 상당한 세력 기반을 형성한 것으로 보았다.(임기환, 2004)

한편 『주서』와 『구당서』의 고려전 기사를 바탕으로 6세기 중반 이후부터 640년 무렵까지 고구려의 국정이 귀족들에 의해 주도된 것으로 파악하기도 한다. 그 실체는 당시 귀족들 간의 역관계에서 한 세력이 우월한 위치를 확보하면 장기 집권을 할 수 있었으며 귀족층 내에서 대대로를 선임하는 일이 관례화되어 그에 관한 준칙이 마련되었다고 하였다. 그리하여 현실적으로 주도적인 귀족 세력이 형성되어 상당히 안정된 기반이 확보되었다는 것이다. 그리고 이러한 정치체제가 이루어진 6세기 중반 이후의 시기를 "귀족연립정권기"라고 명명하였다.(노태돈, 1999)

『양서』 권3 무제 하 태청 2년조에 따르면 양원왕은 재위 3년(548) 3월에 남조(南朝)의 양(梁)으로부터 책봉을 받았는데, 이 3년간의 시차를 양원왕 즉위 초 고구려 내정이 안정을 찾아가는 과정을 반영한 것으로 보기도 한다. 책봉을 통해 양원왕은 양과 새로운 관계를 수립하게 되었으며, 이는 자신의 대외적 입지를 넓히는 데도 기여했을 것으로 파악하였다. 『삼국사기』 권19 고구려본기7 양원왕 2년조의 왕도의 배나무 가지가 서로 붙었다는 기록이나 4년조의 환도(丸都)에서 상서로운 벼를 바쳤다는 사실도 양원왕이 정국을 수습해 가는 과정을 상징적으로 보여 준다고 하였다. 그러나 551년 유연(柔然)이 돌궐(突厥)에 궤멸당하고, 북제(北齊)에서 요해(遼海) 원정을 단행하면서 고구려와 포로 송환 문제를 둘러싸고 갈등을 빚는 등 대륙 정세가 불안해졌다. 그리고 남으로는 백제와 신라 연합군이 한수 유역으로 진출하자 양원왕은 난국을 타개하기 위한 통합의 구심점으로 부상했을 것이라고 한다. 그는 유인을 송환하여 북제와의 갈등을 해결하고 신라와 물밑 접촉을 하여 백제와 갈라놓는 데 성공하였으며, 재위 7년(552) 장안성(長安城)을 축조하여 국내 방비체제를 강화해 나갔다. 재위 12년에는 환도에서 반란이 일어났으나 이를 진압하여 왕권에 도전하던 귀족 세력이 제거되고, 이는 뒤이은 평원왕대 내정의 안정을 가져오는 밑거름이 되었다고 하였다. 결국 양원왕은 고구려 안팎의 위기를 극복하고자 노력하였고, 상당한 성과를 거두었다는 것이다.(김진한, 2007)

경주 오릉

오릉 내 숭덕전 전경

경주 전 탈해왕릉

경주 전 지마왕릉

경주 전 일성왕릉

벽골제 수문
—왕력 제16 걸해이질금

경주 전 아달라왕릉

경주 전 미추왕릉 전경

경주 전 미추왕릉

경주 전 나물왕릉

경주 첨성대—왕력 제17 나물마립간

경주 금관총

경주 황남대총

명활산성 석축—왕력 제20 자비마립간

영일냉수리신라비—왕력 제22 지정마립간

경주 전 법흥왕릉 전경

경주 효현동 삼층석탑—왕력 제23 법흥왕

경주 전 진평왕릉

경주 전 진덕왕릉

대왕암—왕력 제30 문무왕

경주 전 진흥왕릉

경주 전 진지왕릉

감은사지 동탑

경주 전 신문왕릉

경주 전 효소왕릉

경주 전 성덕왕릉

경주 전 성덕왕릉 석물

경주 전 경덕왕릉

망덕사지 당간지주—왕력 제32 효소왕

경주 전 경덕왕릉 상석

경지사 추정지—왕력 제35 경덕왕

괘릉 석사자—왕력 제38 원성왕

경주 괘릉—왕력 제38 원성왕

괘릉 석물—왕력 제38 원성왕

숭복사지 쌍탑—왕력 제38 원성왕

무장사지 삼층석탑—왕력 제39 소성왕

경주 전 헌덕왕릉

흥덕왕릉 사자상

경주 전 헌강왕릉

경주 전 헌강왕릉 호석

흥덕왕릉 십이지신상

경주 전 민애왕릉

경주 전 경애왕릉

김해 전 수로왕릉

산청 전 구형왕릉

연천 전 경순왕릉

황복사지 삼층석탑
—왕력 제54 경명왕

전 수로왕릉 정문에 그려진 쌍어문

공주 무령왕릉 입구

공주 송산리고분군 전경

부여 능산리고분군

익산 쌍릉(전 무왕릉)

논산 전 견훤묘

122) 평원왕

고구려 제25대 왕으로 생몰년 ?-590년, 재위기간 559-590년이다. 이름은 양성(陽城)이며 아버지는 제24대 양원왕이다. 왕력에서는 평강왕(平岡王)이라고도 하였다. 『남사(南史)』에는 고양(高陽)이라 하였다. 『삼국사기』에서는 평강상호왕(平崗上好王)이라고도 하였으며, 『수서(隋書)』와 『당서(唐書)』에서는 탕(湯)이라 하였다. 양원왕 13년(557)에 태자가 되었다. 평원왕은 28년(586)에 도읍을 장안성(長安城)으로 옮기고, 중국 남조(南朝)의 진(陳), 북조(北朝)의 북제(北齊), 북주(北周)와의 외교를 적극적으로 전개하였다. 새로 등장하는 수(隋)에 대해서도 교섭을 꾀하였다.

평원왕 28년(586)에 도읍을 옮긴 장안성은 현재의 평양시로 이해된다. 이보다 먼저 양원왕 8년조(552)에 장안성을 쌓았다는 기사가 있는데, 이를 축성 계획의 수립과 부지 조성 등 일부 공사의 개시를 뜻하는 것으로 보고, 평양성 석각을 통해 평원왕 8년(566)부터 내성 축조가 시작되었고, 11년(569)에 외성의 일부를 쌓기 시작했으며, 31년(589)에 외성과 북성을 쌓기 시작하여 영양왕 4년(593)에 공사를 끝낸 것으로 이해된다.(심정보, 2005)

장안성이 만들어진 배경에 대해서는 581년 수의 건국과 수에 의한 돌궐(突厥)의 격파 등 동북아의 정세 변화와 583년 건설된 수의 대흥성(大興城)과도 무관하지 않다고 보기도 한다. 즉 계속 지연되던 천도가 수의 강경한 대외정책으로 인한 정세 변화와 대흥성 천도에 자극되어 급속히 추진되었다는 것이다. 수의 공격 목표는 돌궐 다음으로 고구려가 될 것이 확실했기 때문에 고구려는 수와 일전을 각오할 수밖에 없었다. 그리고 장안성으로의 천도는 수에 대한 결전의 표시인 만큼 천도에 대한 제반 사업도 급속히 진행되었다고 한다. 장안성은 북성(北城), 내성(內城), 중성(中城), 외성(外城)으로 이루어졌는데, 특히 외성의 축조는 대동강(大同江)과 보통강(普通江)의 범람으로부터 도성 주민을 보호하는 목적도 있었지만, 그보다는 589년에 수가 남조의 진(陳)을 멸하고 통일 제국이 된 사태의 진전이 가져온 결과라고 하였다. 이곳은 수의 수군이 대동강을 거슬러 올라와 직접 맞닿는 곳이므로 군사적 의미가 매우 크고, 외성과 함께 축조된 것으로 보이는 중성 남벽도 이러한 전략적 고려에서 지어진 것으로 보았다.(민덕식, 2003)

장안성의 구조에 관해서는 북성과 내성, 외성의 3개 구획으로 파악하고 외성에서는 조방제(條坊制)가 시행되었을 가능성이 있으며 왕도의 도시 거주 구역, 즉 조방제를 시행한 구역을 둘러싸는 나성(羅城)이 존재했다고 한다. 장안성의 조방제는 한반도 최초의 조방제로서 북위의 낙양을 모방한 도성 만들기를 한 결과였으며, 방격(方格)의 그리드(grid)로 이루어져 있었다고 보기도 한다.(田中俊明, 2005)

123) 영양왕

고구려 제26대 왕으로 생몰년 ?-618년, 재위기간 590-618년이다. 평양왕(平陽王)이라고도 하며, 이름은 원(元) 혹은 대원(大元)이라고 하였다. 아버지는 제25대 평원왕이다. 평원왕 7년(565)에 태자가 되었다.

589년 수(隋)가 진(陳)을 멸하고 남북조(南北朝)를 통일하면서 동아시아 정세는 급변하게 되었다. 대륙을 통일한 수는 그 국세를 동쪽의 고구려로 뻗치게 되었고, 이에 대한 고구려의 대응이 주목되면서 양국간의 관계가 관심사로 떠올랐다. 영양왕 9년(598) 고구려의 요서 공격은 고구려와 수의 첫 번째 충돌로 주목된다. 6세기 말 수가 중국을 통일하고 대외적으로 팽창하면서 양국의 관계는 기본적으로 적대적인 방향으로 진행되었고 영양왕 9년 고구려의 요서 공격은 그 결과였다. 그러나 당시 고구려와 수의 관계가 적대적인 상태만으로 일관한 것은 아니라고 보기도 한다. 즉 전쟁이 벌어졌던 기간을 제외하고는 양국의 조공책봉 관계는 지속되었으며 고구려는 수와의 타협의 여지를 두려고 노력하였다. 고구려는 수의 반격을 예상할 수 있는 상황에서 먼저 공격을 시작하였으며, 이후 반격한 수의 입장을 헤아려 철군의 명분을 주었다. 그리하여 고구려의 세력권에 대한 수의 인정을 받고자 하였으며 이를 위해서 수와의 관계가 적대적으로 바뀌는 것 역시 바라지 않았다. 이러한 여러 조건을 고려하여 고구려의 요서 공격은 국지전의 성격을 띠었으며, 수의 위신을 세워 줌으로써 고구려는 수의 침공군을 철군시키고 고구려의 세력권을 인정받았다. 그 결과 고구려는 7세기 초까지 동아시아 세계의 세력균형을 유지할 수 있었다고 한다.(이성제, 2005)

한편 고구려가 598년 수를 선제공격할 때 영주(지금의 요령성 조양시)를 택한 것은 요서 지역의 주도권 장악이라는 상징적 의미 외에 위축된 교역망을 회복하려는 의도가 작용했던 결과라고 보기도 한다. 수는 대운하를 완성하여 강남과 화북을 잇는 유통망을 구축한 다음 이를 주변 제국과의 대외교역망과 연결시키고자 하였으며, 토욕혼(吐谷渾), 돌궐(突厥)과의 상생도 그러한 의도가 바탕에 깔려 있다고 하였다. 수는 이를 동북방에도 적용하여 요서 지역을 장악하고 영주도독부(營州總管府)를 설치했다. 그러나 이러한 정책은 이 지역에 이미 대외 교역의 거점을 마련하고 말갈(靺鞨), 실위(室韋), 남조(南朝)에 걸쳐 광역의 교역망을 운영하고 있던 고구려와 충돌하게 되었고, 이 때문에 598년 고구려와 수의 충돌은 영주를 중심으로 벌어졌다고 하였다. 즉 이 전쟁은 동북아와 남조까지 포괄하는 고구려 중심의 교역망을 장악하려는 수와 이를 유지하려는 고구려 사이에 벌어진 경제 패권 쟁탈전의 성격도 띠고 있다고 하였다.(김창석, 2006)

124) 영류왕

고구려 제27대 왕으로 생몰년 ?-642년, 재위기간 618-642년이다. 이름은 건세(建歲), 건무(建武) 또는 성(成)이라고 하였으며, 영양왕의 이모제(異母弟)이다. 재위 25년(642) 10월 연개소문의 정변으로 죽임을 당하였다. 영류왕은 왕 2년(619)에서 6년에 걸쳐 거의 매년 사신을 당에 파견하여 조공했으며, 23년(640)에는 세자 환권(桓權)을 당나라에 보내 조공하였다. 14년(631)에는 당과의 긴장 관계가 시작되어 그 해 2월부터 천리장성(千里長城)을 쌓기 시작했다.

고구려의 천리장성은 『삼국사기』에 의하면 영류왕 14년부터 쌓기 시작하여 16년 만에 공사를 마쳤다고 한다. 여기에 따르면 천리장성은 보장왕 5년(646)에 완성되었다는 계산이 나오지만, 이미 당은 보장왕 3년(644)부터 고구려 침입을 시작했기 때문에 영류왕 25년(642)에 연개소문이 축성의 감독을 맡았다는 기록으로 보아 보장왕 초에 완성된 것으로 보기도 한다. 천리장성은 고구려의 외적 방어선의 목적으로 설치된 방어성이라기보다는, 요하를 따라 경제적인 이유로 건설된 교통로를 지켜 주는 보호시설이었다고 파악하기도 한다. 원래 농안(農安) 일대에서 요하(遼河)를 따라 영구(營口)까지 하변로(河邊路)가 있었는데, 이것은 요하를 따라 북방의 곡식과 남방 해안의 어염을 교환하는 데 필요한 통로였다고 한다. 따라서 이를 보호하기 위한 시설로서 성곽이 축조되었다는 것이다. 따라서 연개소문에 의해서 완성된 천리장성은 기존의 하변로를 수비했던 기존의 성곽시설을 보강하여 전시체제로 전환시킨 것을 의미한다고 하였다. 천리장성의 시발점과 종착점은 수·당의 침입 이후로 신성으로부터 비사성까지로 추정하였다.(신형식, 1997)

다른 한편 천리장성의 시발점과 종착점이 모두 송요대평원(松遼大平原)의 한복판에 위치하고 있음에 주목하기도 한다. 즉 천리장성은 농안 일대에서 출발하여 송화강(松花江)·요하 분수령의 대평원을 가로지른 다음, 요하 동안(東岸)을 따라 요하 하구의 영구에 이르는 구간에 축조되었다고 하였다. 그리고 이것은 고구려가 기존의 산성방어체계와 다른 새로운 방어선을 구축하였음을 의미한다고 하였다. 즉 천리장성은 기존의 산성을 단순히 연결한 산성연방선(山城聯防線)이 아니라 실제의 새로운 군사방어선이라는 것이다.(여호규, 1999)

125) 보장왕

고구려 제28대 왕으로 생몰년 ?-682년, 재위기간 642-668년이며, 이름을 장(臧) 혹은 보장(寶臧)이라 하였다. 재위 27년(668)에 고구려가 망하자 당으로 끌려갔다. 그 후 몰래 말갈과 통하다가 681년 공주(邛州)로 소환되어 이듬해 그곳에서 죽었으며, 위위경(衛尉卿)에 추증되었다. 보장왕은 642년 연개소문(淵蓋蘇文)의 정변에 의하여 즉위하였다. 한편 『삼국유사』 권3 흥법3 보장봉로 보덕이암조에서는 보장왕대에 당에서 들여온 도교를 숭상하게 되자 승려 보덕이 남쪽 완산주의 고대산으로 이주했음을 전하고 있다. 그리고 보장왕대에 당 태종이 고구려 원정에 나섰다가 이기지 못하고 돌아간 것, 668년에 나라가 멸망하여 왕이 당으로 끌려간 것 등을 서술하고 있다. 보장왕은 재위 27년(668) 만에 나라가 망하여 당으로 끌려갔다. 당 고종(唐 高宗) 영순(永淳) 초년(682)에 공주(邛州)에서 죽어 위위경(衛尉卿)에 추증되고, 힐리(詰利)의 무덤 왼쪽에 장사 지냈다고 하였다.

126) **온조왕**

백제의 건국 시조로 생몰년 ?-기원후 28년, 재위기간 기원전 18-기원후 28년이며, 고구려의 시조 주몽(朱蒙)의 아들이다. 어머니에 대해서는 『삼국사기』 권23 백제본기 온조왕 즉위년조의 본문에는 졸본부여(卒本扶餘) 왕의 딸이라 하였고, 세주(細注)에는 월군녀(越郡女) 또는 졸본 사람 연타발(延陀勃)의 딸 소서노(召西奴)라고 하였다. 주몽의 맏아들이 북부여(北扶餘)에서 졸본부여로 내려와 태자가 되자, 형 비류(沸流)와 함께 남하하여 한강 유역에 정착, 백제를 세웠다. 기원전 18년에 즉위하여 기원후 28년까지 재위하였다. 재위 45년 만에 죽자, 맏아들 다루(多婁)가 왕위를 이었다. 『삼국사기』 백제본기와 『삼국유사』, 『해동고승전』에는 백제의 시조로 온조 또는 비류를 들고 있으나, 『삼국사기』 지리지나 중국의 정사(正史), 『속일본기(續日本紀)』에서는 동명(東明), 우태(優台), 구태(仇台), 도모(都慕) 등을 백제의 시조로 언급하고 있다.

온조왕은 『삼국유사』 권2 기이2 남부여전백제(南扶餘前百濟)조에 따르면 "시조 온조는 동명의 셋째 아들로서 신체(身體)가 크고 심성이 효우(孝友)하였으며 말타기와 활쏘기를 잘하였다.(始祖溫祚乃東明第三子 體洪大 性孝友 善騎射)"고 한다. 『해동고승전(海東高僧傳)』 권1 마라난타(摩羅難陀)조에는 "은조(恩

祖)"로도 표기되었다. 온조의 출자와 건국과정에 대해서는 『삼국사기』 권23 백제본기1 온조왕 즉위년조와 『삼국유사』 권2 기이2 남부여전백제조에 전한다. 『삼국유사』는 『삼국사기』의 기록을 거의 그대로 전재하였으나, 『삼국사기』에서 "부여(扶餘)로 성씨를 삼았다."고 한 것을 "해(解)로 성씨를 삼았다."라고 하여 차이가 난다.

『삼국사기』 백제본기 본문과 세주에는 온조시조설과 비류시조설이 동시에 각각 전한다. 이와 같이 두 개의 시조설이 동시에 남아 전하는 것은 백제 초기의 지배세력이 여러 계통이었음을 보여 주는 것으로 여겨진다. 백제 초기의 정치 세력이 온조계와 비류계로 나뉘어 오랫동안 왕위계승에서 경쟁적 위치에 있었던 것을 나타낸다고 보는 것이다.(천관우, 1989)

또는 처음에 비류는 미추홀에서, 온조는 한강 유역에서 각각 나라를 세운 후, 두 집단이 중심이 되어 연맹을 형성하고 연맹장을 배출했던 상황을 반영하는 것이라고 이해하기도 한다. 이 견해에서는 비류가 형으로 설정되어 있는 것은 당시 그 세력이 온조보다 우월하였음을 반영하는 것이며, 비류 시조설이 후대까지 남아 전하게 된 것은 비류를 시조로 하는 집단이 백제 후기까지 존속되었기 때문인 것으로 추측하였다.(노중국, 1988)

한편, 『삼국사기』에 전하는 온조왕의 건국 기록을 그대로 믿기가 어렵다는 이유로, 이를 사실로 받아들이지 않는 견해도 있다. 이에 따르면 백제의 실질적인 건국은 제8대 고이왕대(이병도, 1976), 혹은 제13대 근초고왕대(今西龍, 1934)에 이루어졌다고 한다.

온조왕대 기록에서 주목되는 내용은 말갈(靺鞨), 마한(馬韓)과의 관계이다. 이 중 말갈과는 빈번한 전투가 이루어졌다. 이때의 말갈이 구체적으로 어떤 세력을 가리키는지에 대해서는 자세히 알 수 없으나, 당시 말갈의 침입 지역은 대체로 오늘날의 개성, 연천, 포천을 중심으로 하는 백제의 북부와 동북부에 해당된다. 마한과의 관계에서는, 처음에는 온조왕이 신록(神鹿)을 잡아 마한(馬韓)에 보내고 천도(遷都)할 때도 마한에 고하며, 온조가 처음 옮겨왔을 때 마한왕이 동북(東北)의 땅을 떼어 주어 살게 했다는 것으로 보아 백제가 마한에 신속(臣屬)한 듯이 보인다. 그러나 그 후 온조는 마한을 침범하여 국읍(國邑)을 병탄하고, 이에 저항하던 잔존 세력도 멸망시켰다. 온조왕대 마한의 멸망에 대해서는, 이때의 마한을 『삼국지』 동이전 한(韓)조에 보이는 "목지국(目支國)"으로 보면서 3세기 중엽 고이왕대의 일로 이해하기도 한다.(이병도, 1976) 다른 한편 이때 멸망시킨 마한 세력을 아산만 유역에 있던 마한의 일부 집단으로 한정하여 사실로 인정할 수 있다고 이해하기도 한다.(박찬규, 1995)

127) 위례성

하북위례성(河北慰禮城)과 하남위례성(河南慰禮城)으로 구분해서 보기도 한다. 『삼국유사』를 포함한 전통 기록에서는 위례성을 지금의 충남 천안의 직산(稷山)에 비정하였지만, 현재 일반적으로는 서울의 몽촌토성(夢村土城) 또는 풍납토성(風納土城) 일대의 강남 지역을 위례성으로 보고 있다. 위례성(慰禮城)은 백제 최초의 도읍지로, 그 의미에 대해서는 대략 3가지의 견해가 있다. 첫째는 위례가 "울타리"를 뜻한다는 것으로, 정약용이 "慰禮"와 "圍哩"의 소리가 서로 비슷하다는 점을 들어 "책(柵)을 세우고 흙을 쌓아 만든 담을 의미한다."라고 해석한 이래 울타리, 토담, 울 안·울 밖의 담장에 해당하는 것으로 본 견해이다.(양주동, 1940) 둘째, 위례를 한강과 관련시킨 해석으로, 『삼국사기』의 "욱리하(郁里河)"와 「광개토왕릉비」의 "아리수(阿利水)"를 한강과 같은 이름으로 파악하여 욱리, 아리, 위례 등이 모두 한강을 뜻하는 것으로 이해한 견해이다.(신채호, 1929) 셋째, "어라하(於羅瑕)"가 왕을 의미한다는 『주서(周書)』의 기록에 착안하여 위례가 왕(王) 혹은 대(大)를 뜻하는 어라와 같은 말이며 따라서 위례성은 왕성 내지 대성을 뜻한다는 해석이다.(이병선, 1982)

위례성에 관한 기록은 『삼국사기』 권23 백제본기1 온조왕즉위년(기원전 18)조에 처음 보인다. 그에 따르면 온조왕은 졸본부여(卒本扶餘)에서 내려온 뒤 하남의 땅, 즉 "하남위례성(河南慰禮城)"에 도읍했다고 한다. 그 후 온조왕 8

년에는 말갈(靺鞨)이 위례성을 포위하였는데 왕이 성문을 닫고 나가지 않았다고 하므로, 이때의 "위례성"은 왕성(王城)을 말하는 듯하다. 그런데 온조왕 13년(기원전 7)에 낙랑·말갈에 대한 국방상의 문제와 여러 불길한 사태 등을 이유로 왕이 천도를 결심하였다. 이때 한수(漢水)의 남쪽을 보니 오래도록 안전을 도모할 만하므로, 한산(漢山) 아래 책(柵)을 세우고 왕성인 "위례성"의 민호를 옮기고 마한에 천도사실을 고하였다. 그리고 온조왕 14년(기원전 6) 정월에는 천도를 단행하였다. 온조왕 13·14년조의 기록은 온조왕 즉위년조에서 처음에 "하남위례성(河南慰禮城)"에 도읍하였다는 기록과 배치되어 혼란을 주고 있다.

이에 대해서는 대체로 온조왕 즉위년의 정도(定都) 기사는 본래 온조왕 14년 기록에 삽입되어야 할 것이 건국 사실의 정리 과정에서 잘못 부회된 것이라 이해하고 있다. 사료를 정리하면 온조는 졸본부여에서 남하한 후 먼저 한강 이북의 위례성에 도읍하였다가 낙랑과 말갈의 침입에 대비하기 위해 한강 남쪽의 하남위례성으로 도읍을 옮겼다는 것이다. 따라서 위례성은 한강 북쪽에도 있고 남쪽에도 있다고 할 수 있다는 것이다.(이병도, 1976)

1984-1985년 두 차례에 걸쳐 몽촌토성(夢村土城)에 대한 발굴조사가 이루어져 목책(木柵)과 해자(垓字) 등이 조사되고 타날문토기(打捺文土器)와 회유전문도기편(灰釉錢文陶器片) 등이 발굴되면서 몽촌토성이 하남위례성의 유력한 후보지로 떠오르게 되었다.(성주탁, 2002) 그러나 최근 풍납토성(風納土城)에 대한 조사가 이루어져 성벽과 주거지, 제사유적 등이 본격적으로 발굴되자, 백제 한성시대의 도읍지를 풍납토성을 중심으로 하는 지역으로 보는 것이 설득력을 얻어 가고 있다.(이형구, 2000; 신희권, 2002) 또한 『삼국사기』 권25 백제본기 3 개로왕 21년(475)조에서 백제의 수도 함락을 묘사한 기록 중에 "북성(北城)을 공격하여 7일 만에 함락시키고, 남성(南城)으로 옮겨 공격하였다.(來攻北城七日而拔之 移攻南城)"는 내용을 참고하여, 북성을 풍납토성으로, 남성을 몽촌토성으로 보는 의견이 받아들여지고 있다.(이도학, 1992; 김기섭, 2002)

한편 하북과 하남에 2개 위례성이 존재했다는 입장에 반대하면서, 위례성은 곧 하남위례성과 같은 곳이라고 보고, 위례성은 하남 즉 한강 남쪽에 위치한다는 점을 강조한 견해도 있다. 그리고 온조왕 14년의 천도는 하북위례성에서 하남위례성으로의 천도가 아닌, 위례성에서 한성 즉 남성(南城)으로의 천도라고 이해하였다. 이 견해에서는 백제의 첫 도읍지인 위례성은 한강 남쪽 중 최북단에 위치하는 풍납토성이며, 온조왕 14년 천도한 한성은 몽촌토성이라고 보았다.(강인구, 1993) 또는 하북위례성은 고이왕계의 왕성으로, 하남위례성은 온조-초고왕계의 왕성으로 구분해 보면서, 고이왕계가 머물던 하북위례성으로 파주 주월리의 육계토성(六溪土城)을 지목하기도 한다.(김기섭, 2002)

『삼국사기』 편찬 당시에도 위례성(慰禮城)의 문제를 해결하기 어려웠음은 위례성이 『삼국사기』 권37 잡지6 지리4 삼국유명미상지분(三國有名未詳地分)조에 들어 있는 것을 보아도 단적으로 알 수 있다. 이처럼 위례성은 백제의 첫 도읍지로 백제 초기사에서 차지하는 위상이 매우 높고 중요한 지역이지만, 하북위례성의 실재 문제와 위례성과 하남위례성의 관계 문제, 각각의 위치 비정 등에 있어 연구자 간의 견해 차이가 많다.

128) 사천

백제의 첫 도읍지인 위례성의 다른 이름이다. 『삼국유사』 왕력에는 온조왕이 "위례성에 도읍하였는데 또는 사천이라고 하며 지금(고려)의 직산이다.(都慰禮城 一云 虵川 今稷山)"라고 하였다. 즉 사천은 위례성의 이칭으로, 고려시대의 직산이라는 것이다. 사천에 대해서는 『삼국사기』 권6 신라본기 6 문무왕 8년(668)조에 신라가 고구려 군사를 사천(蛇川) 벌판에서 싸워 크게 이겼다는 내용이 있고, 같은 책 권18 고구려본기6 장수왕 2년(414)조에도 왕이 사천의 뜰에서 사냥하여 흰 노루를 잡았다는 기록이 있다. 그러나 이때의 사천은 평양시 동쪽의 합장강(合掌江) 일대로 추정되어 직산과는 별개의 곳으로 여겨진다. 『삼국유사』에서는 사천이 지금(고려)의 직산이라 하였지만, 직산의 옛 지명은 사천이 아니라 "사산(蛇山)"이었다. 『삼국사기』 권35 잡지4 지리2 신라 한주 백성군(白城郡) 사산현조에는 "사산현은 본래 고구려의 현으로 경덕왕대도 그대로 두었는데 지금(고려)의 직산현이다.(蛇山縣 本高句麗縣 景德王因之 今稷山縣)"라 하여, 사산이 직산의 옛 지명임을 밝히고 있다. 또한 『삼국사기』 권47 열전7 소나(素那)조에는 소나가 백성군(白城郡) 사산 사람이며, 사산현의 경계가 백제의 땅과 맞물려 있었으므로 거의 매달 서로의 침입과 공격이 벌어졌다는 내용이 전한다. 따라서 왕력에 보이는 사천(虵川)은 사산(虵山)의 오자일 가능성이 있다.

129) 직산

현재의 충남 천안시 직산읍으로 백제의 첫 도읍지인 위례성(慰禮城)이 있었다고 전해지는 곳이다. 본래 백제의 영토였다가 고구려가 취해 사산현(蛇山縣)으로 고쳤고, 경덕왕 16년(757)에는 백성군(白城郡, 경기도 안성시)의 영현(領縣)이 되었다. 고려(高麗) 태조 23년(940)에 직산현(稷山縣)으로 고쳤고, 현종(顯宗) 9년(1018) 천안부(天安府)의 속현(屬縣)이 되었다. 고종 32년(1895) 군으로 승격하였고, 2002년 천안시 직산읍이 되었다.

백제 위례성이 직산에 있었다고 보는 설은 조선시대 문인들이 가장 많이 추종하던 견해였다. 예를 들어 조선 전기의 문인 서거정(徐居正, 1420-1488)의 문집인 『사가집(四佳集)』 중 사가시집(四佳詩集) 보유(補遺)3에 인용된 「직산제원루시서(稷山濟源樓詩序)」에 의하면, 서거정은 처음에 온조가 부아악 즉 삼각산(三角山)에 올라 살 만한 땅을 살펴본 후 하남위례성(河南慰禮城)에 도읍하였다는 기록과 위례성이 직산(稷山)이라는 설에 대하여 부아악과 직산의 거리가 200리나 된다는 점에 의문을 품었다. 그러나 후에 『삼국사절요(三國史節要)』를 편찬할 때 여러 고서를 살펴보니 역시 직산이 온조의 첫 도읍지임에 의심의 여지가 없고, 거기서 후에 남한산으로 옮겼던 것이라고 하였다. 그리고 제원루(濟源樓)라는 이름도 백제의 근원이 이 땅에서 나왔다는 데서 얻은 이름일 것이라고 추론하였다. 안정복(安鼎福)의 『동사강목(東史綱目)』 부록 하권 백제강역고(百濟疆域考)에서도 위례성에 대해 "『삼국유사』에서 지금의 직산현이라고 하였다."라고 주를 달아 위례성=직산설을 그대로 따르고 있다.

근대 이후에도 도읍으로서의 직산 위례성에 대해 긍정적으로 보는 입장이 없던 것은 아니다. 최남선은 『조선상식(朝鮮常識)』 백제강역조에서 위례성은 현재의 직산 성거산을 말한다고 한 바 있고, 신채호는 『조선상고사(朝鮮上古史)』에서 백제가 아신왕대 이곳으로 임시로 천도하여 "신위례성(新慰禮城)"이라 불렀다는 견해를 밝힌 바 있다. 또는 백제가 근초고왕대까지 이곳에 도읍했다가 한산으로 도읍을 옮겼다고 보기도 하고(김재붕, 1974), 직산이 백제의 첫 도읍지는 아니더라도 백제의 수도와 깊은 관계가 있는 지역이었을 것이라고 추정하기도 한다.(민병달, 2000)

그러나 일반적으로 백제의 첫 도읍지인 위례성은 직산 지역이 아니라 한강 유역에 있었던 것이라 이해되고 있다. 무엇보다도 『삼국사기』에는 관련 기록이 보이지 않기 때문이다. 일찍이 조선 후기의 실학자 정약용(丁若鏞)은 「강역고(疆域考)」에서 『삼국사기』의 위례성 관련 기록과 직산의 위치를 비교하여 위례성이 직산이 될 수 없음을 논증한 바 있다. 『삼국사기』에 따르면 위례성은 한수(漢水) 즉 한강과 가까운 곳에 위치하고 있음을 알 수 있는데, 직산은 너무 멀다는 것이 그 대표적인 이유이다. 그리하여 현재는 백제의 첫 도읍지 위례성이 직산에 있었다는 설을 따르는 사람은 많지 않으며, 위례성은 한강 유역에 있었던 것으로 여겨지고 있다.

직산을 위례성에 비정하는 인식이 가장 먼저 나타나는 기록은 『삼국유사』이다. 직산 위례성설은 일연 자신의 견해였을 가능성도 있고, 일연이 독자적인 근거 자료를 참고한 것일 수도 있다. 직산 위례성설이 생겨난 이유에 대해서는, 직산 일대가 본래 마한(馬韓)의 중심지였는데 후세에 이것이 잊혀졌기 때문에 잘못하여 백제의 도읍지였던 위례로 전해졌을 것이라고 보는 견해(이병도, 1976)와 백제 제22대 문주왕(文周王)대 웅진(熊津) 천도 후, 한강 이북의 주민들이 이곳으로 사민(徙民)되어 원래 거주지였던 위례성의 이름을 따서 위례산성(慰禮山城)으로 불렀기 때문에 이 지역에 위례산성의 명칭이 나타났을 것이라 추측하는 견해(충남대학교 백제연구소, 2003)가 있다.

현재 충남 천안시 북면 운룡리에 남아 있는 위례산성에 대해서는 1989년부터 4차례 시굴 및 발굴조사가 이루어진 바 있다. 이에 따르면 위례산성 초축(初築) 연대의 상한은 4세기 이전으로 올라갈 수 없다고 한다.(서울대학교 인문학연구소, 1997) 성 내부에서 4-5세기 전반경에 비정되는 백제 양식의 토기가 출토되었기 때문에, 이곳이 당시 백제의 관방(關防) 시설이었을 것이라고 추정하기도 한다. 또한 백제와 신라가 이 일대를 경계로 상호 각축하고 있던 무렵과 관련된 문헌사료나 전설이 가장 두드러진다는 점도 주목된다.(황인덕, 2003)

130) 한산

백제의 도읍지로, 왕력에 따르면 백제 온조왕(溫祚王) 14년(기원전 5)에 위례성(慰禮城)에서 이곳으로 도읍을 옮겼다고 한다. 『삼국사기』에는 온조왕 13년(기원전 6) 온조가 도읍을 옮기기 위해 한수(漢水)의 남쪽 땅을 돌아본 후 한산(漢山) 아래로 나아가 목책을 세우고 위례성의 민가들을 옮겼으며 온조왕 14년에 천도했다고 하였다. 한산은 또한 『삼국사기』 근초고왕 26년(371)에 도읍을 옮긴 곳으로 나오고 있기도 하다.

왕력에서는 한산에 대해 "병진년(온조왕 14, 기원전 5)에 한산으로 도읍을 옮겼는데 지금의 광주이다.(丙辰 移都漢山 今廣州)"라 하였다. 또한 『삼국유사』 권2 기이2 남부여전백제조(南扶餘前百濟)에 인용된 『고전기(古典記)』에는 "동명왕의 셋째 아들 온조는 전한(前漢) 홍가(鴻佳) 3년 계유(癸酉)에 졸본부여로부터 위례성에 와서 도읍을 세우고 왕을 칭하더니, 14년 병진(丙辰)에 도읍을 한산〔지금의 광주(廣州)〕으로 옮기고 389년을 지냈다. 13세 근초고왕 때인 함안(咸安) 원년에는 고구려의 남평양(南平壤)을 취하여 도읍을 북한성(北漢城)〔지금의 양주(楊州)〕으로 옮기고 105년을 지냈다.(按古典記云 東明王第三子溫祚

以前漢鴻佳三年癸酉 自卒本扶餘至慰禮城 立都稱王 十四年丙辰 移都漢山〔今廣州〕 歷三百八十九年 至十三世近肖古王 咸安元年 取高句麗南平壤 移都北漢城〔今楊州〕 歷一百五年)"라고 전하고 있다. 두 기록에 따르면 백제는 온조왕 14년 위례성에서 한산으로 천도한 것이 된다.

그러나 『삼국사기』 권37 잡지6 지리4에 인용된 『고전기』에는 "동명왕의 셋째 아들 온조는 전한 홍가 3년 계묘(癸卯)에 졸본부여로부터 위례성에 와서 도읍을 세우고 왕을 칭해 389년을 지냈다. 13세 근초고왕에 이르러 고구려의 남평양(南平壤)을 빼앗아 한성(漢城)에 도읍하고 105년을 지냈다.(按古典記 東明王第三子溫祚 以前漢鴻嘉三年癸卯 自卒本扶餘至慰禮城 立都稱王 歷三百八十九年 至十三世近肖古王 取高句麗南平壤 都漢城 歷一百五年)"고 되어 있어 그 내용이 조금 다르다. 즉 『삼국유사』에 인용된 『고전기』에는 온조왕 14년에 도읍을 한산으로 옮겨 389년을 지냈다고 하였으나 『삼국사기』에 인용된 『고전기(古典記)』에는 온조가 처음부터 위례에 도읍하여 389년을 지냈다고 하여 온조왕의 천도 사실을 기록하지 않고 있는 것이다.

그런데 『삼국사기』 권23 백제본기1 온조왕 14년(기원전 5)조에는 이 해에 온조왕이 천도한 것으로 되어 있다. 다만 이때 천도한 곳이 어딘지는 명확히 전하지 않고, 위례성의 민가들을 한산 아래로 옮겼다고만 하였는데, 이때 옮긴 곳은 대체로 "하남위례성(河南慰禮城)"이라고 보고 있다. 그런데 이 하남위례성이 곧 『삼국유사』에 나타난 천도지인 한산과 동일한 곳인지에 대해서는 확실히 알 수 없다.

이에 대해서는 하남위례성을 한산이 아닌 "한성"과 같은 곳으로 보는 것이 일반적이지만(이병도, 1976), 하남위례성과 한성은 별개의 곳이고 한성은 한산과 같은 곳이라 이해하는 견해도 있다.(최몽룡·권오영, 1985) 이때 천도한 하남위례성의 위치에 대해서는 북한산성설, 춘궁리설, 몽촌토성-이성산성 중간설 등이 나온바 있지만 현재는 풍납토성과 몽촌토성을 합하여 불렀던 것으로 이해하는 견해가 대세이다.(이도학, 1992; 김기섭, 1995)

한편 『삼국사기』에 나타나는 한산에 관한 최초의 기록은 온조의 남하 세력이 한산에 이르러 부아악(負兒嶽)에 올라 살만한 땅을 살펴보았다는 『삼국사기』 권23 백제본기1 온조왕 즉위년조의 기사로, 이후 한산은 『삼국사기』에 꾸준히 등장하고 있다. 온조왕 27년(9)에는 마한(馬韓)의 원산성(圓山城)과 금현성(錦峴城)이 항복하자 그 성의 백성들을 한산의 북쪽으로 옮겼고, 43년(25)에는 남옥저(南沃沮)의 백성 20여 가(家)들이 투항해 오자 그들을 한산의 서쪽에 안치하였다. 또한 기루왕 27년(103)과 개루왕 4년(131), 비유왕 29년(455)에는 왕이 이곳에서 전렵(田獵)을 하였고, 침류왕 2년(385)에는 한산에 불사(佛寺)를 창건하기도 하였다.

한산과 관련하여 주목할 만한 기록은 『삼국사기』 권24 백제본기2 근초고왕 26년(371)조의 "한산으로 도읍을 옮겼다.(移都漢山)"라는 기사이다. 근초고왕 26년조에 따르면 겨울에 왕이 태자와 함께 정병(精兵) 3만을 이끌고 고구려의 평양성을 공격하고 고국원왕(故國原王)을 전사시켰으며, 이후 군사를 이끌고 물러나 한산으로 도읍을 옮겼다고 한다. 그러나 앞서 살펴본 『고전기(古典記)』에는 근초고왕이 이도(移都)한 곳이 한산이 아니라 한성 또는 북한성이라 기록되어 있어 차이가 있다. 근초고왕이 도읍을 옮긴 한산의 위치에 대해서는 남한산성설(津田左右吉, 1964), 북한산성설(이도학, 1992), 광주설(김영수, 1957), 이성산성설(성주탁, 2002) 등이 있다. 또는 근초고왕대에 일시적으로 한산 즉 이성산성에 거주하였다가 그로부터 20여 년이 지난 후에 춘궁리 일대로 비정되는 한성으로 내려왔다고 보기도 한다.(최몽룡 · 권오영, 1985)

이외 성수동, 자양동, 구의동 일대 '뚝섬지구'의 지리적 환경과 토성지를 한산의 위치로 주목하기도 하며(강인구, 1993), 근초고왕대의 한산과 개로왕대의 한성을 동일한 것으로 보고 이를 몽촌토성에 비정하는 견해도 있다.(여호규, 2002) 한편 한산은 왕도 즉 지역적으로 도성이나 왕성을 포괄하는 행정구역이고, 한성은 왕도인 한산 내에 존재하는 왕성 및 도성이라고 이해하면서, 한성은 풍납토성과 몽촌토성에, 한산은 이들 성을 포함한 현재의 서울 강동구와

송파구 일대로 이해하기도 한다.(전우식, 2005)

131) 광주

광주는 고려시대와 조선시대에 걸쳐 백제의 두 번째 도읍지로 여겨졌던 곳으로, 지금의 경기도 광주시(廣州市)·하남시(河南市)·성남시(城南市)와 서울시 강동구(江東區) 일부 지역에 해당된다. 본래 신라의 한주(漢州)였던 것을 고려(高麗) 태조(太祖) 23년(940) 개칭하였고 성종(成宗) 2년(983)에는 목(牧)을 두었다. 조선 선조(宣祖) 10년(1577)에 부(府)로 승격시켰으며, 인조(仁祖) 2년(1624)에 남한산성(南漢山城)을 수축한 뒤 4년 광주부의 치소(治所)를 성안으로 옮겼다. 고종(高宗) 32년(1895)에 군(郡)이 되었고 2001년 광주시로 승격되었다.

왕력에 따르면 광주는 온조왕 14년 병진(丙辰, 기원전 5)에 도읍을 옮긴 한산과 동일한 지역을 가리킨다. 또한 『고려사(高麗史)』 권56 지리10 양광도(楊廣道) 광주목(廣州牧)조와 『신증동국여지승람(新增東國輿地勝覽)』 권6 경기도 광주목조에서도 공통적으로 광주목이 백제 온조왕이 위례성으로부터 옮겨 도읍한 곳이며, 곧 남한산성(南漢山城)이라고 하였다. 정약용(丁若鏞)이 「강역고(疆域考)」에서 광주고읍(廣州古邑)을 하남위례성으로 비정한 이래 1980년대까지 이 의견이 받아들여졌다.

그러나 1999년부터 2002년까지 백제왕궁터로 전해지던 하남시 교산동 일대를 조사한 결과 백제 관련 유물은 발견되지 않았고, 통일신라부터 조선 후기까지 존속한 지방관청으로 추정되는 대형건물지 정도만 확인되었다.(경기문화재연구원·하남시, 2004) 때문에 현재는 하남위례성을 광주고읍에 비정하지 않고, 몽촌토성(夢村土城) 또는 풍납토성(風納土城)에 비정하는 견해가 많다.

132) 다루왕

백제 제2대 왕으로 생몰년 ?-77년, 재위기간 28-77년이며, 아버지는 시조 온조왕(溫祚王)이다. 온조왕 28년(10) 태자(太子)가 되었다. 재위 49년 만에 죽자 아들 기루왕(己婁王)이 즉위하였다. 왕력에는 온조왕의 둘째 아들이라 하였으나, 『삼국사기』에는 온조왕의 원자(元子) 즉 맏아들이라고 기록되어 차이가 있다. 『삼국사기』에 따르면 다루왕은 왕위에 오르기 전인 온조왕 28년(10)에 태자로 책봉되었고, 또 자신의 재위 6년(33)에는 아들 기루를 태자로 책봉하였다. 그러나 너무 일찍부터 부자상속과 태자책립(太子冊立)의 기록이 나타나기 때문에 다루왕과 기루왕대 보이는 태자책봉은 역사적 사실로 믿을 수 없다고 보기도 한다.(이기백, 1996)

한편 백제 초기에 보이는 왕계를 해씨(解氏)를 칭한 비류(沸流) 세력과 부여씨(扶餘氏)를 칭한 온조 세력으로 나누고, "婁"자의 왕명을 가지고 있는 다루왕, 기루왕, 개루왕을 해씨(解氏) 출신의 비류 세력으로 파악한 견해가 있다. 북부여왕 해부루(解夫婁), 백제의 비류(沸流), 고구려의 유류(孺留), 대해주류(大解朱留) 등 "婁"나 "留"로 끝나는 왕명을 가진 왕들의 성씨가 모두 해씨이기 때문이라는 것이다. 이에 따르면 백제 초기와 왕계는 온조 세력과 비류 세력이 연맹장의 지위를 교대로 차지함으로써 이원적인 구성을 가졌으나, 후일 온조계가 왕위를 세습하게 되면서 온조계 중심으로 왕계가 일원화되었다고 한다.(노중국, 1988)

다루왕은 즉위 2년(29) 시조 동명묘(東明廟)에 배알하고 남단(南壇)에서 천지(天地)에 제사지냈다. 이는 보통 즉위 의례로 여겨지며, 특히 천지제사는 백제에서만 확인된다는 점이 주목된다.(최광식, 2006)

다루왕대에는 말갈과 자주 교전하였는데, 주로 백제 북쪽 및 동북 지역에서 전투를 벌인 것으로 여겨진다. 한편 재위 후반부에는 신라와 주로 전투를 벌였는데, 당시 백제와 신라의 전투에 대해서는 그 지명의 사실성을 의심하거나 연대를 조정하는 견해도 있다.(강종훈, 2000; 선석열, 2001) 그러나 온조왕대 아산만 유역 세력을 정벌하고 남하한 백제가 상주의 사벌국(沙伐國)이나 개령(開寧)의 감문국(甘文國)과 보은, 옥천 등에서 벌였던 전쟁으로 이해하기도 한

다.(박대재, 1999)

이외 다루왕은 재위 6년(33) 나라 남쪽의 주(州)·군(郡)에 영을 내려 처음으로 논을 만들게 하였으며, 11년에는 동부(東部)와 서부(西部)를 순행하였다.

133) 기루왕

백제 제3대 왕으로 생몰년 ?-128년, 재위기간 77-128년이며, 아버지는 제2대 다루왕(多婁王)이다. 다루왕 6년(33) 태자(太子)가 되었고, 재위 51년 만에 죽자 아들 개루왕(蓋婁王)이 즉위하였다. 『삼국사기』 권23 백제본기1 기루왕 즉위년조에는 "다루왕의 맏아들이다. 뜻과 식견이 넓고 원대하여 사소한 일에 마음을 두지 않았다. 다루왕이 재위 제6년에 태자로 삼았고, 50년에 이르러 왕이 죽자 왕위를 이었다.(多婁王之元子 志識宏遠 不留心細事 多婁王在位第六年 立爲太子 至五十年王薨 繼位)"라고 하였다. 현재 전하는 백제왕계가 백제 멸망 이후에 조작되었다고 보는 입장에서는 기루왕의 존재도 허구로 설정된 것이라 이해하고 있다.(今西龍, 1934) 그러나 『삼국사기』의 초기 기록이 당시의 시대상을 반영한다고 이해하면서, 기루왕의 존재를 사실로 인정하기도 한다. 다만 온조왕(溫祚王)부터 사반왕(沙泮王)까지 이어지는 일관된 부자상속은 의문의 여지가 있으며(천관우, 1989), 다루왕과 기루왕대 보이는 태자책립(太子冊立) 또한 역사적 사실로 믿을 수 없다고 보고 있다.(이기백, 1996)

한편 백제 초기에 보이는 왕계를 해씨(解氏)를 칭한 비류 세력과 부여씨(扶餘氏)를 칭한 온조 세력으로 나누고, "婁"자의 왕명을 가지고 있는 다루왕, 기루왕, 개루왕을 해씨(解氏) 출신으로 파악한 견해가 있다.(노중국, 1988) 기루왕 29년(105)에는 사신(使臣)을 신라에 보내 화친을 청하였다고 하는데 같은 내용이 『삼국사기』 권1 신라본기1 파사이사금(婆娑尼師今) 26년(105) 춘정월조에 기록되어 있다. 또한 37년(113)에도 사신을 신라에 보내 예방(禮訪)하였고, 49년(125)에는 신라가 말갈(靺鞨)의 침략을 받아 백제에 구원을 요청하자 왕이 5명의 장군을 보내기도 하였다. 『삼국사기』 다루왕조의 기사는 대부분 천문 및 기상이변, 지진, 가뭄 등의 기사로 채워져 있는데, 이를 기루왕 치세가 큰 시련기였음을 나타내는 것으로 해석하기도 한다.(신형식, 1982)

기루왕은 재위 51년 만인 128년에 죽었고 그 뒤를 이어 아들 개루왕이 왕위에 올랐다. 『삼국유사』 왕력에는 기루왕이 55년간 다스렸다고 하였으나, 이는 왕력에서 치세년 산정을 잘못한 것으로 본래는 51년이라 표기되어야 맞다고 본다.(이강래, 2005)

134) 개루왕

백제 제4대 왕으로 생몰년 ?-166년, 재위기간 128-166년이며, 아버지는 제3대 기루왕(己婁王)이다. 아들로는 제5대 초고왕(肖古王)과 제8대 고이왕(古爾王)이 있으나 고이왕이 개루왕의 실제 아들인지에 대해서는 의심의 여지가 있다. 현재 전하는 백제왕계가 백제 멸망 이후에 조작되었다고 보는 입장에서는, 제21대 개로왕(蓋鹵王)의 이칭인 근개루왕(近蓋婁王)의 존재에 주목하면서 개루왕의 존재를 인정하지 않기도 한다.(今西龍, 1934) 그러나 이후 "近"자를 "相似" 혹은 "큰"의 뜻으로 보아 선대의 왕을 추념(追念)하기 위해 붙인 왕명으로 이해하고, 개루왕이 조작된 왕명이 아님을 주장하는 견해도 있다.(천관우, 1989)

개루왕대에는 재위 5년(132) 북한산성(北漢山城)을 축조하였고, 28년(155)에는 신라의 아찬(阿湌) 길선(吉宣)이 모반하다가 백제로 도망오자 이를 보내지 않았다가 신라의 침공을 받기도 하였다. 기루왕 9년(85) 신라와의 전투 이후 80여 년간은 백제와 신라 사이에 충돌이 없는 평화기였는데, 이 평화기가 깨어지는 계기가 바로 길선의 도주사건이다. 그런데 이와 관련된 기록이 『삼국사기』 권2 신라본기2 아달라이사금 12년(165)조에 전하고 있어 백제본기와는 10년의 차이가 난다. 둘 중 어느 기록이 옳은지 알 수 없으나 대부분 신라 측의 자료가 백제본기에 기계적으로 삽입되면서 발생한 오류라고 보고 있다.(이강래, 1996)

개루왕은 재위 38년 만인 166년에 죽었고, 그 뒤를 이어 아들 초고왕이 즉위하였다. 그런데 왕력에는 제8대 고이왕을 초고왕의 모제(母弟)라 하였고, 『삼국사기』 권24 백제본기2 고이왕 즉위년조에도 고이왕은 개루왕의 "둘째 아들(第二子)"이며, 초고왕의 동복동생이라고 기록하였다. 즉 이에 따르면 개루왕은 초고왕 외에 고이왕도 아들로 둔 셈이 된다. 그러나 이에 대해서는 의심의 여지가 있다. 고이왕이 개루왕 말년에 태어났다 하더라도 다음 제5대 초고왕의 재위년 48년, 제5대 구수왕의 재위년 20년, 고이왕 재위년 53년을 합하면 고이왕은 123년이나 생존한 것이 되는데, 이러한 일은 있을 수 없기 때문이다.(김철준, 1990)

이에 대해서는 "母弟"를 동복동생이 아닌 "어머니의 동생"으로 해석하면서 고이왕이 초고왕과는 계통을 달리하는 우태-비류계 출신이었던 것으로 이해하는 견해도 있다.(천관우, 1989) 이와는 달리 고이왕이 특별한 이유 때문에 개루왕의 왕계에 의도적으로 연결되었다고 이해하기도 한다. 즉 고이왕을 초고왕의 모제라고 한 것은 계보적인 의제(擬制)일 뿐 믿을 수 없는 내용이며, 고이왕을 계부상 구수왕 혹은 사반왕과 연결시키기 위한 목적에서 왜곡·조작했다는 것이다.(이기동, 1996) 또한 "둘째 아들"이라는 표현은 전왕(前王)과의 혈연관계가 없는 왕이 즉위하였을 경우 부회되는 경우가 많다는 점에서도(강종원, 2002), 고이왕이 개루왕의 아들이었다는 『삼국유사』와 『삼국사기』의 기록은 믿기 어려운 내용이라고 보는 것이다.

한편 개루왕과 관련하여 흥미로운 기록이 『삼국사기』 권48 열전8 도미(都彌)조에 전하고 있다. 이에 따르면 개루왕은 도미의 아내가 용모가 아름답다는 말을 듣고 이를 취하고자 하였으나 끝내 뜻을 이루지 못하였다고 한다. 이 기록에 보이는 개루왕을 종래에는 기록의 정황상 근개루왕(近蓋婁王), 즉 백제 제21대 개로왕(蓋鹵王)으로 이해하는 것이 일반적이었다. 반면 원래의 기록대로 개루왕(蓋婁王)으로 볼 여지가 있다고 보기도 한다. 이에 따르면 제4대 개루왕 또한 신라와의 전쟁을 도발하는 등 무력적인 군주의 성격을 가지고 있었고, 도미부부는 해로(海路)를 통해 도망하였으므로 도미전의 내용을 2세기

대의 일로 이해하는 데 문제가 없다는 것이다.(박대재, 2007)

135) 초고왕

백제 제5대 왕으로 생몰년 ?-214년, 재위기간 166-214년이다. 초고(肖故) 또는 소고(素古)라고도 하며, 제4대 개루왕(蓋婁王)의 아들이다. 재위 38년 만에 죽자 아들 구수왕(仇首王)이 왕위에 올랐다. 왕력과 『삼국사기』 권23 백제본기1 초고왕 즉위년조에는 초고왕(肖古王) 또는 소고라고 하였으며 『삼국유사』 왕력의 고이왕조에는 초고(肖故)라고 하였다. 『일본서기』 권9 신공왕후 54년(254)조에도 "초고(肖古)"가 보이지만, 이는 제13대 근초고왕(近肖古王)을 가리키는 것이다.

초고왕에 대해서는, 초고왕·구수왕·개루왕 등의 왕명에 "近"자가 붙은 근초고왕·근구수왕·근개루왕(개로왕) 등의 왕명이 후대에 등장하는 것에 주목하여 이를 허위의 존재로 보는 견해가 있다. 현재 전하는 백제왕의 세계는 백제 멸망 이후에 조작되었다는 것이다.(今西龍, 1934) 그러나 이후 "近"자를 "相似" 혹은 "큰"의 뜻으로 보아 선대의 왕을 추념(追念)하기 위해 붙인 왕명으로 이해하고, 초고왕이 조작된 왕명이 아님을 주장하는 견해도 있다.(천관우, 1989)

또한 백제 초기의 왕계를 온조(溫祚)-초고(肖古)-구수(仇首)의 부여씨(扶餘氏) 왕계와 비류(沸流)-다루(多婁)-기루(己婁)-개루(蓋婁)의 해씨(解氏) 왕계로 나누고, 초고왕은 부여씨로는 최초로 연맹체의 주도권을 장악하여 연맹장의 지위에 오른 인물이라고 이해하기도 한다. 이에 따르면 『삼국사기』 권23 백제본기1 초고왕 23년(188)조에 궁실(宮室)을 중수(重修)하였다고 한 것은 부여씨의 왕위세습 후 왕실의 위엄을 높이기 위한 조처로 여겨진다고 한다. 또한 초고왕 48년(213) 가을 7월에는 서부인(西部人) 회회(茴會)가 흰 사슴을 포획하여 바쳤다는 기록이 있는데 이는 초고왕대에 지배영역의 확대가 꾸준히 추진된 것을 말해 주는 것으로 이해하고 있다.(노중국, 1988)

초고왕대에는 재위 2년(167) 신라의 서쪽 변경을 습격하여 남녀 1천 명을 사로잡은 것을 시작으로 모산성(母山城), 원산향(圓山鄕), 와산(蛙山), 요거성(腰車城) 등에서 전투를 벌였는데 이 시기 백제와 신라의 주된 전장은 예천, 옥천, 보은을 잇는 소백산맥 일대였다. 또한 초고왕 45년(210)에는 말갈(靺鞨)이 사도성(沙道城)으로 쳐들어오자 이를 격퇴하였고 49년에는 말갈의 석문성(石門城)을 공격해 빼앗기도 하였다.

136) 구수왕

백제 제6대 왕으로 생몰년 ?-234년, 재위기간 214-234년이다. 귀수왕(貴須王)이라고도 하며 제5대 초고왕(肖古王)의 아들이다. 재위 21년 만에 죽자 아들 사반왕이 왕위에 올랐으나 곧 폐위되었다. 『일본서기』 권9 신공왕후 55년(255)조에도 "귀수(貴須)"가 보이지만, 이는 제14대 근구수왕(近仇首王)을 가리키는 것이다.

구수왕대에는 재위 3년(216)과 7년(220), 11년(224)에 적현성(赤峴城), 사도성(沙道城), 우곡(牛谷) 등에서 말갈(靺鞨)과 전투한 바 있는데 이때 말갈은 대체로 북쪽 변경 지역을 침투한 것으로 여겨진다. 또한 구수왕 5년(218), 7년(220), 16년(229)에는 장산성(獐山城, 경북 경산), 우두진(牛頭鎭, 강원 춘천 또는 경북 예천), 봉산(烽山, 경북 영주) 등에서 신라와 대전한 기록이 있다. 이들 기록에서 보이는 지명이 당시 신라의 영역 내에 포함되었는지의 여부를 확인할 수 없기 때문에 사실로 보기 어렵다고 이해하기도 한다.(강종훈, 2000; 선석열, 2001) 한편 당시 백제가 전투하였던 세력을 신라의 재지세력(在地勢力)으로 보면서 교전 사실을 인정하는 견해도 있다.(박대재, 1999)

137) 사반왕

백제 제7대 왕으로 즉위년은 234년이며, 제6대 구수왕(仇首王)의 아들이다. 사반왕(沙伴王), 사비왕(沙沸王), 사이왕(沙伊王)이라고도 하였다. 구수왕의 뒤를 이어 왕위에 올랐으나 곧 폐위되었다. 사반왕의 즉위 및 폐위에 대해서 『삼국사기』 권24 백제본기2 고이왕 즉위년조에는 "구수왕이 재위 21년에 죽자, 맏아들 사반이 왕위를 이었으나 어려서 정치를 할 수가 없었으므로, 초고왕의 모제(母弟) 고이가 왕위에 올랐다.(仇首王在位二十一年薨 長子沙伴 嗣位 而幼少不能爲政 肖古王母弟古爾卽位)"라고 전하고 있다. 이에 따르면 사반왕은 전왕의 맏아들로서 직계상속으로 왕위에 올랐으나 폐위되었고 제5대 초고왕의 모제(母弟)인 고이가 즉위하였다고 한다. 폐위된 뒤 사반왕이 죽음을 당했는지의 여부는 사료상을 통해서는 알 수가 없다.

한편 『삼국유사』 기이 남부여전백제조에서도 『삼국사기』와 같이 사반왕에 대한 폐위설을 전하면서도 한편으로 사반왕의 사망설을 덧붙이고 있다. 이 기록에서 사반왕의 사망 시기는 악초(樂初) 2년 기미라 하였지만, 기미년은 경초(景初) 3년(239)으로 『삼국사기』에 따르면 고이왕 6년에 해당된다. 즉 이에 따르면 구수왕이 죽은 뒤 사반왕이 즉위하여 5년간 재위하다가 죽자 그 뒤를 이어 고이왕이 왕위에 오른 것이 된다.

『삼국사기』와 『삼국유사』에 전하는 사반왕의 폐위 이유와 고이왕의 출자, 사반왕의 사망설 등을 볼 때, 사반왕의 폐위 혹은 고이왕의 즉위는 정치적 세력교체와 관련이 있는 것으로 여겨진다. 이에 대해서는 대부분 고이왕의 즉위에 초점을 맞추어, 고이왕이 백제사에서 중요한 위치를 차지하는 왕이라는 점에서 실질적인 건국 시기를 고이왕대로 보기도 하고(이병도, 1976), 이 시기에 왕위계승의 원칙이 부자상속에서 형제상속으로 변하였다고 추정하기도 한다.(이기백, 1996)

138) 고이왕

백제 제8대 왕으로 생몰년 ?-286년, 재위기간 234-286년이며, 제4대 개루왕(蓋婁王)의 둘째 아들이다. 제6대 구수왕(仇首王)이 재위 21년 만에 죽고 구수왕의 맏아들 사반왕(沙伴王)이 즉위하였으나 폐위되자 개루왕의 둘째 아들이자 제5대 초고왕(肖古王)의 동생인 고이왕(古爾王)가 즉위하였다. 234년부터 286년까지 재위하였으며, 재위 53년 만에 죽자 책계왕(責稽王)이 왕위를 이었다.

『삼국사기』 권24 백제본기2 고이왕 즉위년조에 "구수왕이 재위 21년 만에 죽고 맏아들 사반이 왕위를 계승하였으나 나이가 어려서 정치를 할 수 없었으므로, 초고왕의 모제(母弟) 고이가 왕위에 올랐다.(仇首王在位二十一年薨 長子沙伴嗣位 而幼少不能爲政 肖古王母弟古尒卽位)"고 하였다. 또한 『삼국유사』 권2 기이2 남부여전백제조에는 "사비왕은〔또는 사이왕이라고도 한다〕 구수가 죽자 왕위를 이었으나 어려서 정치를 할 수 없었으므로 즉시 폐하고 고이왕을 세웠다. 혹은 악초(樂初) 2년 기미에 사비왕이 죽고 고이가 즉위하였다.(又沙沸王〔一作沙伊王〕 仇首崩 嗣位 而幼少不能政 卽癈而立古爾王 或云至樂初二年己未乃崩 古爾方立)"고 하였다.

이에 따르면 사반왕의 사망 시기가 악초 2년 기미라 하였지만, 기미년은 경초(景初) 3년(239)이므로 『삼국사기』에 따르면 고이왕 6년에 해당된다. 즉, 구수왕이 죽은 뒤 사반왕이 즉위하여 5년간 재위하다가 죽자 그 뒤를 이어 고이왕이 왕위에 오른 것이 된다.

『삼국사기』 백제본기가 초기부터 부자상속, 그것도 장자상속이 일관되게 적용되고 있는 가운데, 고이왕이 "개루의 2자(二子)"로 기록되어 있는 점은 고이왕의 정변에 의한 즉위 가능성을 보여 준다고 추측하기도 한다.(김기섭, 2000) 한편 고이왕이 개루왕의 둘째 아들이라고 기록되어 있는 것은 계보상의 의제일 뿐 신빙성이 없으며, 계보상 구수왕과 연결시키기 위한 목적에서 이루어졌을 가능성이 크다고 보기도 한다.(이기백·이기동, 1982) 이에 대하여, 고이왕이 초고왕의 모제라는 것은 동모제(同母弟)라기 보다는 모(母)의 제(弟)로 해석되며, 이러한 경우 부여씨 왕계가 아닌 별개세력의 등장으로 보아 왕실 교체 현상으로 받아들이는 견해가 있다.(천관우, 1989)

고이왕은 즉위 후에 왕권의 강화와 체제 정비를 꾸준히 추진하여 백제의 국가적 기반을 마련했던 인물로 평가된다. 고이왕의 등장과 함께 백제는 대내외적으로 크게 변모된 모습을 보인다. 대내적으로는 지배체제의 골격을 갖추기 위해서 노력하여 3차례에 걸쳐서 제천사지(祭天祀地)를 시행하였다. 이것은 국왕의 권위를 강조하고 제의체계의 정비를 통한 집권력의 강화 차원에서 이루어진 것으로 보인다.

『삼국사기』 고이왕 13년(246)조에는 "위(魏)나라의 유주자사(幽州刺史) 관구검(毋丘儉)이 낙랑태수(樂浪太守) 유무(劉茂)와 대방태수(帶方太守) 왕준(王遵)이 고구려를 치므로 왕은 그 틈을 타서 좌장 진충(眞忠)을 보내어 낙랑의 변방 주민들을 빼앗았다. 낙랑태수 유무가 소식을 듣고 노하자 왕이 침략 받을까 두려워 주민을 돌려주었다."고 한다. 이 기사는 『삼국지』 권30 위서 동이전 한(韓)조에 전하는 이른바 기리영전투 기사와 관련하여 주목받았다. 기리영전투의 주체인 신지를 곧 백제의 고이왕으로 보고 전투를 주도했을 것으로 보기도 한다.(이병도, 1976; 천관우, 1989; 이기동,1996)

『삼국사기』 권24 백제본기2 고이왕 27년(260) 6좌평, 16품의 관등을 제정하였으며, 품계에 따라 관인들의 복색을 정하였다고 한다. 그리고 이듬해 고이왕 28년(261)에는 국왕이 자주색의 소매가 큰 두루마기와 푸른 비단바지를 입고서 금화로 장식한 검은 비단관을 썼으며, 흰 가죽띠를 두르고 검은 가죽신을 신은 모습으로 남당에 앉아서 정사를 보았다고 한다. 고이왕 29년(262)에는 관리로서 재물을 받은 자와 도둑질을 한 자는 물건 값의 3배를 배상하고 종신금고에 처하는 형벌을 부과했다고 한다. 고이왕 27년(270) 체제 정비 기사에 관하여, 이를 취신하여 이때에 6좌평 16관등제가 정비되어 전제왕권이 성립되었다고 보기도 한다.(이종욱, 1978) 반면, 『주서』와 『구당서』가 기록하고 있는 사비시대의 사실이 소급 부회된 것으로 이해하는 입장도 있다.(노중국, 1988)

고이왕을 『주서(周書)』, 『수서(隋書)』 백제전(百濟傳)과 『한원(翰苑)』 백제(百濟) 소인(所引), 『괄지지(括地志)』에 보이는 구태(仇台)와 동일 인물로 보기도 한다. 중국 기록에 의하면 구태가 대방고지(帶方故地)에 세운 것이 백제인데, 이 구태와 고이는 자음(字音)상으로 구(仇, Ku)와 고(古, Ko, Ku)는 동음(同音)이요,

태(台)의 동음은 이(以, i)로서 이와 같다는 것이다.(이병도, 1976) 그러나 위구태(尉仇台), 우태(優台), 부태(夫台), 호태(好台) 등에서 보는 바와 같이 부여 계통의 인명이나 관직명에 많이 붙는 태(台)는 이(i)보다는 치(chi), 티(ti)로 읽는 것이 옳다는 견해도 있다.(이홍직, 1971)

고이왕은 『진서』 마한전에서 서진(西晉)과 교섭한 마한의 맹주인 "마한주(馬韓主)"로 이해되며, 3세기 후반 고이왕대에 백제가 마한의 중심국으로 성장하여 국가체제를 확립하였다고 파악된다. 고이왕대 백제가 국가체제를 정비하는 과정은 대내적으로 남당(南堂)에서의 청정과 관위제의 시행, 대외적으로는 마한 북부 제국(諸國)과 중국 군현 사이의 기리영(崎離營)전쟁을 틈탄 영토 팽창으로 이해되기도 한다.(박대재, 2006)

139) 책계왕

백제 제9대 왕으로 생몰년 ?-298년, 재위기간 286-298년이다. 제8대 고이왕(古爾王)의 아들이며, 청계(青稽)라고도 한다. 왕력에서는 청체(青替)라고도 하나 잘못이라고 하였다. 부인은 대방왕(帶方王)의 딸 보과(寶菓)이다. 재위 13년(298)에 한(漢)과 맥인(貊人)의 침입으로 죽음을 당하였으며, 아들 분서왕(汾西王)이 왕위에 올랐다

『삼국사기』 책계왕 본기에 "대방의 왕녀 보과를 취하여 부인으로 삼았다.(王娶帶方王女寶菓爲夫人)"고 하였다. 책계왕이 대방의 왕녀 보과와 혼인하게 된 이유는 고이왕 22년 이후부터 신라와 공방전을 치르고 있는 상황에서 외부의 침입으로부터 상호 구원으로 보기도 한다. 비정상적으로 왕위에 오른 고이가 자기 세력의 강화와 보호, 왕실의 안정을 찾으려는 의도에서 아들 책계를 대방왕녀와 혼인시킨 것으로 보는 의견도 있다.(천관우, 1989; 양기석, 1989)

140) 분서왕

백제 제10대 왕으로 생몰년 ?-304년, 재위기간 298-304년이며, 제9대 책계왕

(責稽王)의 아들이다. 재위 7년(304)에 중국 군현에 대한 공격을 단행하여 낙랑의 서쪽 현(縣)을 취하기도 하였으나, 이로 인해 낙랑태수가 보낸 자객에 의해 죽임을 당했다.

141) 비류왕

백제 제11대 왕으로 생몰년 ?-344년, 재위기간 304-344년이다. 제6대 구수왕(仇首王)의 둘째 아들이며, 사반왕(沙伴王)과는 형제이다. 『삼국사기』 권24 백제본기2 비류왕 즉위년조에 "성품이 너그럽고 인자하여 남을 사랑하였으며, 또 힘이 세고 활을 잘 쏘았다. 오랫동안 민간에 있었는데, 칭찬이 널리 퍼졌다. 분서왕이 죽었을 때 비록 아들이 있었으나 모두 어려서 왕위에 오르지 못하여 신하와 백성들이 추대하여 즉위하였다.(性寬慈愛人 又强力善射 久在民間 令譽流聞 及汾西之終 雖有子 皆幼不得立 是以 爲臣民推戴卽位)"고 하였다.

비류왕의 왕위계승에 대한 연구는 세 가지 측면에서 이루어졌다. 첫째, 비류왕의 즉위 사실을 허구로 보는 견해로, 이는 『삼국사기』 초기 기록에 대한 불신에서 비롯되어 근초고왕대 이전의 왕계를 허구 내지는 조작으로 보아 인정하지 않고 있다.(津田左右吉, 1921; 太田亮, 1928) 둘째, 비류왕의 즉위를 역사적 사실로 보는 견해로 비류왕의 즉위를 고이계에서 다시 초고계로의 왕위계승이라고 하는 측면에서 비류왕의 존재 자체는 인정하지만, 비류왕이 구수왕의 제2자(子)라고 하는 기록에는 의문을 갖는다.(이기백, 1996; 이기백 · 이기동, 1982; 강종원, 2002) 셋째, 비류왕의 존재와 왕위계승에 따른 기록을 사실 그대로 인정하는 견해가 있다.(노중국, 1978; 최재석, 1986; 양기석, 1990)

여기서 비류왕이 구수왕의 둘째 아들일 경우에는 고이왕과 마찬가지로 생존 연수에 문제가 있다. 곧, 구수왕(214-234)이 234년에 사망했으므로 아들인 비류왕이 그 해에 출생했다고 하더라도 70살에 왕위에 오르고 41년간 재위하다가 344년에 110세로 죽은 것이 된다. 이에 대하여, 『삼국사기』 백제본기의 장자(長子)상속의 틀 속에서 둘째 아들은 흔히 자신의 실력(武力)으로 왕위를 차지한 사람을 가리킨다고 보면서 비류왕이 구수왕의 실제 아들이 아닐 가능성이 있다고 하였다.(김기섭, 2000) 그럼에도 불구하고 그를 구수왕의 둘째 아들로 기록하여 구수왕과 계보를 연결시킨 것은 고이왕과 마찬가지로 전(前)왕 계보와 결부시키고자 하는 계보상(系譜上)의 의제(擬制)때문이라고 본다.(이기백·이기동, 1982)

142) 계왕

백제 제12대 왕으로 생몰년 ?-346년, 재위기간 344-346년이며, 제10대 분서왕(汾西王)의 아들이다. 분서왕이 죽었을 때 왕자들이 아직 어렸으므로 친척 가운데 힘세고 활을 잘 쏘던 비류왕이 신하들의 추대를 받아 즉위하였고, 비류왕이 죽고 다시 왕위계승권이 분서왕의 아들인 계왕(契王)에게로 돌아왔다. 재위 3년 만에 죽자 비류왕의 아들인 근초고왕(近肖古王)이 왕위에 올랐다.

계왕은 왕위에 오른 후 3년 만에 죽고 계왕의 직계에 대한 언급이 전혀 없어서 실제 계왕이 재위하지 않았을 가능성이 제기되기도 하였다.(김철준, 1982) 그러나 사료상에 왕위를 이은 사실이 분명하게 보이고 있으므로 사실성이 인정된다. 계왕과 관련해서는 즉위시의 내용과 왕 3년 사망기록밖에 없다. 이에 대하여, 계왕의 즉위는 비류왕의 직계로의 왕위계승을 차단하기 위한 방편이었으며, 이러한 정국상황에서 계왕의 직계 등에 대한 기록이 누락되었다고 보기도 한다. 즉, 계왕이 왕위에 오르게 되자 근초고왕은 진씨(眞氏) 세력을 지지기반으로 하여 비정상적인 방법으로 왕위를 승계하였다고 보는 견해가 있다.(강종원, 2002)

한편, 계왕의 뒤를 잇고 있는 근초고왕의 업적으로 보아 이미 비류왕대에 근초고왕이 상당한 정치적 역량을 가지고 있었을 것이며, 계왕이 재위 3년 만에 돌연 사망한 점, 계왕의 후계 문제에 대해 아무 언급이 없는 점 등을 들어 근초고왕이 실력에 의해 왕위를 계승하였을 가능성을 제기하기도 한다. 즉, 계

왕은 실권을 상실한 상태에서 명목상 왕위를 계승하였을 가능성이 크다는 것이다.(김철준, 1982)

143) 근초고왕

백제 제13대 왕으로 생몰년 ?-375년, 재위기간 346-375년이다. 백제의 제13대 왕으로 제11대 비류왕(比流王)의 둘째 아들이다. 재위 30년에 죽자 아들 근구수왕(近仇首王)이 왕위에 올랐다. 『일본서기(日本書紀)』에는 초고왕(肖古王), 속고왕(速古王), 『진서(晋書)』에는 여구(餘句), 『신찬성씨록(新撰姓氏錄)』에는 근속고왕(近速古王), 『고사기(古事記)』에는 조고왕(照古王)으로 기록되어 있다. 이 중 초고, 속고, 조고는 모두 같은 음을 달리 표현한 예로서, 백제의 고유어를 한자로 표기할 때 생긴 차이로 보인다. 그리고 『진서(晋書)』의 여구는 백제 왕실의 성씨인 부여를 간략하게 줄여 '여'자만 취하고 근초고 혹은 초고에서도 앞의 글자를 생략한 채 뒷 글자 '고'만 취하는 바람에 생긴 중국식의 새로운 표기로 본다.(김기섭, 2000)

근초고왕에 대해서는 일반적으로 비류왕의 둘째 아들이라고 하는 『삼국사기』 백제본기의 내용을 그대로 받아들이고 있었다. 근초고왕 이전의 기록을 불신하는 입장에서는 근초고왕대 새로운 왕조의 출현이라는 의견이 있었지만, 근초고왕이 비류왕의 직자(直子)인가 아닌가에 대한 구체적인 검토는 없었다. 그러나 비류왕의 왕명이 온조(溫祚)의 형으로 기록되어 있는 비류(沸流)와 음이 비슷한 것과, 재위 시의 정책성향이 비류와 크게 다른 점을 들어 비류와 근초고왕이 직자(直子)관계가 아닐 가능성에 대한 언급이 있었으며(김두진, 1999), 최근에는 비류왕과 근초고왕을 이질적인 계통으로 보는 견해가 제기되었다.(김기섭, 2000)

근초고왕은 비류왕의 둘째 아들로 기록되어 있는데, 『삼국사기』에 나타난 제2자(子)로 왕위에 오르는 인물은, 직자관계가 아니라 전왕과 혈연관계를 부회하기 위해 사용된 것으로 보는 견해가 있다. 그렇다면 근초고왕의 경우도 단지 비류왕과의 혈연관계를 나타내기 위해 둘째 아들로 기록하였던 것으로 볼 수 있다. 따라서 근초고왕의 '近'이 초고왕을 계승한다는 의미에서 붙여졌다고 한다면, 근초고왕의 왕계는 초고왕에서 찾아야 할 것이다. 『진서(晋書)』 간문제기(簡文帝紀) 함안(咸安) 2년 6월조의 "遣使拜百濟王餘句爲鎭東將軍領樂浪太守"를 통해 근초고왕의 성이 부여씨(扶餘氏)임을 알 수 있다. 그런데, 『삼국사기』 권23 백제본기1 온조왕 즉위년조에 "其世系與高句麗同出扶餘 故以扶餘爲氏"라 하여 온조왕 역시 부여씨로 기록되어 있다. 초고왕에 '近'자를 붙여 이루어진 근초고왕이 부여씨이므로 초고왕 역시 부여씨였을것으로 추정된다면, 근초고왕의 계통은 온조-초고계로 연결될 수 있다.(강종원, 1997)

근초고왕은 고구려의 평양성을 공격해 고국원왕을 죽이는 전과를 올렸으며, 근초고왕 27년(372)에는 동진(東晋)에 조공하고 진동장군령낙랑태수(鎭東將軍領樂浪太守)라는 작호를 받았다. 『삼국사기』에는 근초고왕 때 백제가 군사적으로 고구려를 압도하여, 북쪽 영토를 대동강 근처까지 확장한 사실만 대략적으로 적어놓았지만, 근초고왕의 군사활동이 북방으로만 전개되었던 것은 아니다. 『일본서기』 신공기 49년조를 해석하여, 369년 무렵에 전라도 지역에까지 진격하였다고 보기도 한다. 그렇다면, 마한을 정복하여 그 영토가 전라도 남해안 일대까지 미쳤고(이병도, 1976), 이와 함께 낙동강 유역에 진출하여 가야제국에 대한 지배권도 확립했다는 견해가 있다.(천관우, 1989)

144) 북한산

백제의 제13대 근초고왕이 371년 도읍한 곳으로 전한다. 왕력에서는 "북한산으로 도읍을 옮겼다.(移都北漢山)"고 하였고, 『삼국유사』 남부여·전백제조에서는 고전기를 인용하여 "근초고왕이 고구려의 남평양을 취하고 북한성(지금의 양주이다)으로 도읍을 옮겼다.(取高句麗南平壤 移都北漢城(今楊州))"고 되어 있다. 또한 『삼국사기』 권24 백제본기2 근초고왕 26년조에는 "한산으로 도읍을 옮겼다.(移都漢山)"고 하였고, 『삼국사기』 권37 잡지6 지리4에는 "고구려의 남평양을 취하고 한성으로 도읍했다.(取高句麗南平壤 都漢城)"고 되어 있다.

왕력의 북한산은 『삼국유사』에서 동일한 예를 확인할 수 없어 위치 비정이 막연하지만, 『삼국유사』 남부여·전백제조에 북한성이 확인되기 때문에 동일한 지역으로 볼 수 있다, 특히 『삼국유사』 남부여전백제조의 북한성은 세주에 의하면 고려 때의 양주라고 한다. 그리고 양주는 같은 책에서 남평양으로 되어 있으며, 『삼국사기』 지리지에 의하면 양주는 고구려 때의 북한산군이다. 북한산을 근초고왕 때의 천도지로 서술한 것은 근초고왕이 이 지역을 탈취하였다는 사실에 근거하고 있다. 북한성은 남평양과 동일한 지역인데, 『삼국유사』 남부여·전백제조 따르면 근초고왕이 남평양을 빼앗아 이곳으로 천도했음을 설명하기 때문이다. 즉, 남평양 탈취와 천도는 인과관계로 엮여진 셈인데 남평양 탈취와 천도는 『삼국사기』 지리지에서도 확인할 수 있다. 그러나 근초고왕의 남평양 탈취는 고구려의 한강 점유가 백제에 앞선 것으로 오인한 데서 생긴 두찬(杜撰)으로 이해되기도 한다.(이병도, 1977) 한편 『삼국사기』 지리지와 『삼국유사』 남부여·전백제조의 남평양 탈취 기사는 근초고왕의 평양성 공격 기사로 정정해야 한다는 견해도 있다. 북한산 천도는 남평양 탈취에 따른 결과인 셈인데, 남평양 탈취가 사실이 아니라면, 북한산 천도 역시 성립될 수 없다고 한다.(전우식, 2005)

145) 근구수왕

백제 제14대 왕으로 생몰년 ?-384년, 재위기간 375-384년이며, 제13대 근초고왕(近肖古王)의 아들이다. 왕비(王妃)는 아이부인(阿尒夫人)으로 침류왕(枕流王)을 낳았다. 재위 10년에 죽자 아들 침류왕이 왕위에 올랐다. 태자 때부터 근초고왕을 도와 적극적으로 군사 활동을 하였다. 『일본서기(日本書紀)』에는 귀수(貴須) 또는 귀수(貴首), 『신찬성씨록(新撰姓氏錄)』에는 근귀수(近貴首), 『삼국사기』 권24 백제본기2 근구수왕 즉위년조에는 수(須)라고 기록되어 있다.

근구수왕 역시 근초고왕과 마찬가지로 왕명을 제6대 구수왕(仇首王)에

'근(近)'자(字)를 붙여하여 사용하였다. 이것은 근초고왕이 초고왕(肖古王)에 근(近)자를 붙인 것과 성격을 같이하는 것으로서, 근초고왕에 의해 다져진 초고(肖古)계의 우위가 이 시기에 와서 확립되었음을 보여 준다고 한다. 근초고왕대부터 태자 근구수는 대(對)고구려전에서 최고사령관으로서 핵심적인 역할을 담당하였고, 백제의 평양성 공격과 그 전투에서의 승리는 근구수에 의해 주도된 것이었다. 따라서 근구수는 태자로 있으면서 병권을 관장하고 있었고, 왕위를 이은 후에도 여전히 병권을 장악하였던 것으로 보인다.(노중국, 1988)

146) 침류왕

백제 제15대 왕으로 생몰년 ?-385년, 재위기간 384-385년이다. 제14대 근구수왕(近仇首王)의 아들이며, 어머니는 아이부인(阿尒夫人)이다. 재위 2년에 죽자 진사왕(辰斯王)이 왕위에 올랐다. 침류왕의 단명의 원인이 무엇인지 분명하지 않으나, 그의 사후 태자 아신(阿莘)이 있음에도 불구하고, 동생인 진사(辰斯)가 왕위에 오르고 있는 사실을 불교의 공인과정에서 빚어진 찬반 양 세력의 갈등 때문이라고 보기도 한다.(노중국, 1988)

백제의 불교 전래 시기와 관련하여, 『일본서기(日本書紀)』 추고기(推古紀) 32년조를 토대로 백제에 불교가 처음 전해진 시기를 452년설 또는 524년설을 주장하기도 하나(末松保和, 1954; 鎌田茂雄, 1987), 백제와 동진 사이의 교류를 참작하고, 384년설을 부정할 만한 적극적인 자료가 없는 가운데 침류왕대 전래설은 여전히 타당하게 받아들여지고 있다.(신종원, 1991) 한편, 중국 강남(江南)이나 동남아시아 또는 인도에서 직접 바닷길을 따라 3세기경에는 불교가 전해졌을 것으로 추청하여, 더욱 이른 시기에 불교가 백제에 전해졌다고 보는 견해도 있다.(신동하, 1989; 목정배, 1989)

『삼국사기』 권24 백제본기2 침류왕 즉위년조에는 침류왕의 어머니가 아이부인(阿尒夫人)으로 나온다. 이에 대하여, 신라본기와 달리 모계(母系)의 표시가 없는 백제본기에서 침류왕의 어머니가 기록되어 있는 것은 예외적인 사례이다. 아이(阿尒)는 여성을 표시하는 고어(古語)로 범어(梵語)에서 여승(女僧)을 아니(阿尼)라고 부른다. 이 범어의 차용(借用)으로 볼 경우 침류왕대의 불교 전래와 관련을 갖는 것으로 보는 견해가 있다.(이병도, 1977)

147) 진사왕

백제 제16대 왕으로 생몰년 ?-392년, 재위기간 385-392년이다. 제14대 근구수왕의 둘째 아들이며, 제15대 침류왕(枕流王)의 아우이다. 재위 8년에 죽자 침류왕의 아들인 아신왕(阿莘王)이 왕위에 올랐다. 『진서(晋書)』에는 여휘(餘暉)로 기록되어 있다. 『삼국사기』 권25 백제본기3 진사왕 즉위년조에 "침류왕이 죽었는데 태자가 어리므로 숙부인 진사가 왕위에 올랐다.(枕流之薨也 太子少 故叔父辰斯卽位)"고 하였다. 그런데 『일본서기(日本書紀)』 신공기(神功紀) 65년조와 응신기(應神紀) 3년조에는 진사왕의 즉위 및 죽음과 관련하여 다른 기사가 실려 있다. 신공기 65년조에는 "백제의 침류왕이 죽자 왕자 아화의 나이가 어리므로 숙부인 진사가 왕위를 빼앗아 왕이 되었다.(百濟枕流王薨 王子阿花年少 叔父辰斯奪立爲王)"고 하여, 진사가 태자 아화에게 돌아가야 할 왕위를 찬탈한 것으로 되어 있다. 그리고 응신기 3년조에는 "백제의 진사왕이 왕위에 올라 귀국 천황에게 실례하였다 〔…〕 이로 말미암아 백제국이 진사왕을 죽여 사죄하였다.(是歲 百濟辰斯王立之 失禮於貴國天皇 〔…〕 由是 百濟國殺辰斯王以謝之)"고 하여 백제가 진사왕을 죽이고 아신왕을 옹립하였다고 하였다. 이것은 결국 진사왕이 비정상적인 방법으로 왕위에 올랐음을 보여 주고 있다.

진사왕은 자신의 조카인 아신 대신 즉위한 것으로 되어 있다. 특히 전왕(前王)의 아들이 나이가 어리다고는 하나 태자로 책봉될 정도라면 왕위계승에서 우선순위는 확보된 것임에도 불구하고 태자 아신은 바로 즉위하지 못하고 진사왕 8년에 왕이 죽은 이후에야 왕위에 올랐다. 진사왕은 빈번한 토목공사 등을 실시하여 왕권을 신장하고자 하였다. 고구려와 말갈의 침입에 대비하기 위하여 대대적인 축성 사업을 벌였으며, 궁전을 대대적으로 수리하는 등 토목공사를 일으켜 왕실의 위엄을 과시하려 하였다. 그러나 무모한 토목공사의 실시와 고구려전에서의 패배는 백제의 지배세력 간에 동요를 일으켜 진사왕 자신의 정치적 기반을 와해시키는 결과가 되어 재위 8년 만에 죽게 된다. 진사왕의 죽음에 대해서는 『삼국사기』에서는 "왕이 구원에서 사냥하였는데 열흘이 지나도 돌아오지 않았다. 11월에 왕이 구원의 행궁에서 죽었다.(王田於狗原 經旬不返 十日月 薨於狗原行宮)"고 되어 있으나, 『일본서기』 응신기에는 "백제국이 진사왕을 살해했다.(百濟國殺辰斯王)"고 되어 있어 진사왕의 죽음에 문제가 있었던 것으로 이해된다.(이도학, 1995; 양기석, 1995b)

148) 아신왕

백제 제17대 왕으로 생몰년 ?-405년, 재위기간 392-405년이며, 제15대 침류왕(枕流王)의 아들로 전해진다. 재위 14년에 죽자 아들인 전지왕이 왕위에 올랐다. 『삼국사기』에는 아방(阿芳), 『일본서기(日本書紀)』 응신기에는 아화(阿花)라고 기록되어 있다. 아신왕의 출자와 관련하여, 『삼국사기』에는 침류왕의 아들로, 왕력에는 진사왕의 아들이라고 달리 기록되어 있다. 아신왕의 즉위에 대해 『일본서기』 응신기 3년조에는 "백제의 진사왕이 왕위에 올라 귀국 천황에게 실례하여 기각숙네, 우전시벌숙네, 석천숙네, 목토숙네를 보내 무례한 상황을 꾸짖었다. 이로 말미암아 백제국이 진사왕을 죽여 사죄하였다. 기각숙네 등은 다시 아화를 세워 왕으로 삼고 돌아왔다.(是歲 百濟辰斯王立之 失禮於貴國天皇 故遣紀角宿禰 羽田矢代宿禰 石川宿禰 木菟宿禰 嘖讓其无禮狀 由是 百濟國殺辰斯王以謝之 紀角宿禰等 便立阿花爲王而歸)"고 하였다. 이에 의하면 진사왕의 죽음 이후 그를 왕위에 앉힌 주체는 기각숙네(紀角宿禰) 등으로 나온다. 따라서 『일본서기』의 기사대로라면 아신왕은 왜(倭)의 문책사에 의해 옹립된 셈이 된다. 그러나 왜에 의한 옹립은 사실로 보기는 어려우며, 기각숙네를 위시한 왜인 등은 실존성이 의심스러운 존재이다. 따라서 '백제가 진사왕을 죽였다'는 표현은 정변의 결과였음을 암시하고 있는 것이고, 그 결과 이루어지는

아신왕의 즉위 역시 진사왕을 암살한 세력에 의해 행해졌을 것으로 이해된다.(문동석, 2007)

아신왕은 즉위 후 먼저 왕권의 정통성을 과시하고 지배세력간의 결속을 다지기 위하여 시조묘인 동명묘(東明廟)에 배알함과 동시에 남단(南壇)에서 천지에 제사지냈다. 동명묘 제사는 한성시대에만 나타나고 있는 현상으로, 왕은 시조에 대한 제사뿐만 아니라 당시의 천지제사를 주관하고 있었다. 이러한 대제전을 왕이 주제함은 동명의 후예로서의 신성한 권위를 과시함으로써 지배권위를 인정받고 권력을 강화하고자 하였다.(노명호, 1981)

아신왕 4년(395)에는 고구려를 공격하였으나, 고구려왕 담덕(談德, 광개토왕)이 군사 7천 명을 거느리고 항거하여 크게 패하여 죽은 사람이 8천 명이었다고 한다. 왕이 다시 보복하려 친히 군사 7천 명을 이끌었으나, 큰 눈을 만나 회군하였다. 이후에도 고구려를 공격하려고 하였으나 뜻을 이루지 못하였다.

149) 전지왕

백제 제18대 왕으로 생몰년 ?-420년, 재위기간 405-420년이다. 제17대 아신왕(阿莘王)의 아들이며, 진지(眞支) 또는 직지(直支), 영(映)이라고도 한다. 비(妃)는 팔수부인(八須夫人)이다. 재위 16년에 죽자 아들 구이신왕(久爾辛王)이 왕위에 올랐다. 왕력에는 진지(眞支), 영(映)이라고 되어 있고, 『삼국사기』에는 직지(直支), 영(映)으로, 『양서(梁書)』에는 여영(餘映)으로 기록되어 있다.

아신왕이 죽자 왜에 인질로 체류하고 있던 태자 전지가 8년 만에 귀국길에 오르게 되었는데, 전지왕의 즉위 과정에 또 다시 왕위계승분쟁이 발생하였다. 아신왕의 맏아들로서 차기 왕위계승권을 가진 태자 전지가 아신왕이 죽었다는 전갈을 받고 귀국길에 오르고 있을 때, 큰 아우인 훈해(訓解)가 일시 섭정을 하면서 태자 전지의 환국을 기다리고 있었다. 이때 작은 아우인 설례(碟禮)가 왕위계승의 원칙을 무시하고 형 훈해를 죽이고 왕위를 찬탈하였으나 한성 사람 해충과 그의 지지 세력에 의해서 진압되고 전지가 왕위에 오르게 되었다.

전지왕 4년(408) 상좌평이 설치와 관련하여, 5세기 왕권의 대귀족 통제력이 흔들리기 시작한 시기에 설치되었고, 전지왕의 정치적 기반이 허약한 상황에서 실권을 장악한 유력한 귀족 세력 간에 그들의 권익을 보호하기 위해 취한 조처라고 보아 상좌평을 귀족 세력들의 이익과 의사를 대변하기 위한 장치로 파악하고 있다.(노중국, 1988; 양기석, 1990) 그러나 이와 달리 오히려 왕권 중심의 정치체제의 확립 과정에서 나타나는 제도적 장치의 측면으로 보기도 한다.(노태돈, 1981; 주보돈, 1992)

150) **구이신왕**

백제 제19대 왕으로 생몰년 ?-427년, 재위기간 420-427년이며, 제18대 전지왕(腆支王)의 아들이다. 그런데 『송서(宋書)』 백제전에는 여영(餘映, 전지왕)-여비(餘毗, 비유왕)으로 왕실 계보를 기록하고 있을 뿐, 중간의 구이신왕은 언급하지 않고 있다. 또한 전지왕이 경평(景平) 2년(424)에 송에 사신을 파견한 것으로 되어 있다. 따라서 구이신왕의 존재를 인정하지 않는 견해도 있다. 그러나 『일본서기(日本書紀)』에서는 전지왕의 사망과 구이신왕의 즉위를 응신 25년(414)으로 기록하면서, 응신 39년(428)조에는 전지왕이 생존하고 있었던 것으로 기록되어 있어 혼동을 보이고 있으나 구이신왕의 즉위 자체는 부정할 수 없다. 그리고 전지왕의 사망 시기를 정확하게 말하기는 어렵지만, 『송서』의 기록을 존중하여 424년까지 생존해 있었다고 한다면, 구이신왕의 재위는 424년 이후부터 427년까지로 볼 수 있다고 한다.(노중국, 1988)

그러나 424년 조공이 아직 전지왕이 생존한 것으로 잘못 안 중국 측의 오해에서 비롯된 것이라면, 414년이나 420년 중의 어느 해에 사망한 것으로 보고 구이신왕은 그 이후에 즉위한 것으로 이해해야 한다고 보기도 한다.(이기백·이기동, 1982) 『송서』의 기록이 중국 측의 오해에서 비롯된 것이라면, 전지왕의 사망과 구이신왕의 즉위는 『삼국사기』에 기록된 420년을 따르는 것이 합리적이라고 이해된다.(문동석, 2007)

구이신왕은 『삼국사기』에는 즉위년 기사와 사망 기사만 있지만, 『일본서기』 응신기에 25년조에 "백제의 직지왕이 떠나니 아들인 구이신이 왕위에 올랐다. 왕이 나이가 어렸으므로 목만치가 국정을 잡았는데 왕모와 서로 정을 통하고 무례한 행동이 많았다. 천황이 이 소식을 듣고 그를 불렀다."고 하였다. 나이가 어린 구이신왕이 재위한 동안 목만치가 국정을 전횡하였다고 하는 것은 『삼국사기』의 공백 부분을 메워 주는 자료로 활용할 수 있다.

151) 비유왕

백제 제20대 왕으로 생몰년 ?-455년, 재위기간 427-455년이며, 제19대 구이신왕(久爾辛王)의 아들이다. 『삼국사기』 백제본기 본문에 "구이신왕의 장자"라고 하였으나, 세주에서는 "혹은 전지왕의 서자(庶子)라고도 한다."라는 이설을 소개하고 있다. 이와 관련하여, 비유왕의 연령관계를 비교하면, 구이신왕의 아들로서 비유왕이 즉위하였다면, 당시 극히 연소하였을 것으로 짐작할 수 있다. 구이신왕이 15세에 비유왕을 낳았다고 하더라도 즉위 당시 비유왕은 9세에 불과함으로 구이신왕이 20세에 비유왕을 낳았다면 비유왕은 4세에 불과한 것이다. 그러므로 이러한 연령관계를 생각한다면 비유왕이 구이신왕의 아들이라기보다는 형제일 가능성이 상대적으로 중시된다고 한다.(이도학, 1995; 이기백, 1996) 즉, 비유왕은 전지왕의 아들(庶子)이고 구이신왕의 서제(庶弟)라는 것이다. 비유왕을 전지왕의 아들이라고 할 때 구이신왕대의 목만치의 전횡, 『삼국사기』에 구이신왕대에 즉위 기사와 사망 기사밖에 없는 사실, 그리고 전지왕의 아들이요 구이신왕의 동생인 비유왕의 즉위라고 하는 일련의 사건은 비유왕의 즉위에 어떤 정치적 암투가 있었던 것으로 볼 수 있다고 한다.(문동석, 2007)

비유왕의 사망에 대하여 『삼국사기』에 "검은 용이 한강에 나타났는데 잠깐 동안에 구름과 안개가 끼어 캄캄해지더니 날아가 버렸다. 왕이 죽었다.(黑龍見漢江 須臾雲霧晦冥飛去 王薨)"고 하였다. 이를 통해, 흑룡이 날아가는 것과 왕의 사망을 연계시켜 보여줌으로써 곧 비유왕이 정변에 의해 희생되었을 가능성을 암시한다고 추정한다.(이도학, 1995) 또한 비유왕이 정변에 의해 희생된 것은 그의 아들인 개로왕이 즉위한 후 부왕인 비유왕의 능원이 "해골은 맨땅에 임시로 매장되어 있고(先王之骸骨· 權攢於露地)"에서 보듯이 제대로 조영되지 못하고 방치되어 있었다고 하는 사실에서도 짐작할 수 있다고 한다.(노중국, 1988)

152) 개로왕

백제 제21대 왕으로 생몰년 ?-475년, 재위기간 455-475년이며, 제20대 비유왕(毗有王)의 아들이다. 근개로왕(近蓋鹵王), 경사(慶司)라고도 한다. 재위 21년(475) 고구려에 의해 한성(漢城)이 함락당할 때 죽었다. 『일본서기(日本書紀)』에는 가수리군(加須利君)으로 기록되어 있다.

개로왕이 즉위한 뒤 13년에 이르기까지 아무런 기록이 보이지 않고, 한성(漢城)이 함락된 후 개로왕을 죽인 고구려군의 장수 재승걸루(再曾桀婁)와 고이만년(古爾萬年)이 본래 백제인이었으나 죄를 짓고 고구려로 도망간 자였던 것으로 되어 있다. 이 같은 사실을 통해 개로왕 초기에 어떤 정변이 있었을 가능성을 추론하기도 하였다.(천관우, 1989) 정변의 성격에 대해서는 개로왕이 이제까지 쇠약해 있던 왕권을 강화하고 확립하고자 하는 목적으로 보기도 한다.(노중국, 1988)

개로왕이 왕권을 확립하고자 왕족 출신의 인물들을 대거 등용하여 친위세력으로 삼으려고 하였고, 고구려의 압력에 대한 적극적인 외교책도 추진하였다. 비유왕이 신라와 맺은 우호관계의 유지에 노력하였으며, 북위(北魏)에 사신을 보내어 군사 원조를 요청하기도 하였다. 또한 『일본서기』에 의하면 개로왕 7년(461)에 왕제(王弟) 곤지(昆支)를 왜에 파견하였다. 곤지의 왜국 파견 목적은 분명하지 않으나 고구려의 남진 압력에 대항하기 위해 왜의 군사력을 정략적으로 이용하기 위한 것으로 추정된다. 그리고 성곽과 궁실을 짓고 부왕

(父王)의 능묘(陵墓)를 새롭게 조영하는 대토목공사를 일으켰다. 이러한 대토목공사는 개로왕이 왕권의 신장과 왕실의 위엄을 과시하기 위해 실행한 정책이라고 보기도 한다.(이도학, 1995)

개로왕 21년(475) 고구려는 대대적으로 백제를 공격하였다. 왕도(王都) 한성(漢城)을 공격함에 미쳐 먼저 북성(北城)을 공격하여 7일 만에 함락시키고, 다시 남성(南城)을 공격하였다. 남성(南城)에 있던 개로왕은 고구려군에게 붙잡혀 아단성(阿旦城) 아래에서 죽임을 당하였다.

153) 문주왕

백제의 제22대 왕으로 생몰년 ?-477년, 재위기간 475-477년이며, 문명(文明)이라고도 한다. 『삼국유사』·『삼국사기』에 따르면 아버지는 제21대 개로왕(蓋鹵王)이지만 개로왕의 동생이라는 주장이 있다. 아들은 제23대 삼근왕(三斤王)이다. 475년 고구려군에게 피살된 부왕을 이어 폐허가 된 한성에서 왕위에 올랐다. 귀족 세력의 도움을 받아 웅진으로 천도하였지만 귀족들의 정쟁을 제어하지 못하고, 재위 3년(477)에 병관좌평 해구(解仇)에게 피살되었다.

『삼국사기』 권26 백제본기4 문주왕 즉위년조의 세주에는 문주(汶洲)로 되어 있다. 문주왕의 가계에 대해서는 『삼국사기』 권26 백제본기4 문주왕 즉위년조와 『삼국유사』 왕력에는 제21대 개로왕(蓋鹵王)이 아버지로 되어 있다. 그런데 『일본서기』 권14 웅략기 21년조에는 개로왕의 동생으로 되어 있다. 이 모순되는 견해에 대해 문주왕이 개로왕 즉위 후에 상좌평(上佐平)에 이르렀고 상좌평과 같은 최고위직은 대체로 왕제(王弟)가 임명되는 사실을 볼 때, 문주왕은 개로왕의 동생일 가능성이 크다는 견해가 있다.(이기백, 1996) 한편, 『남제서』 권58 열전 백제전에 따르면 모대(牟大) 즉 24대 동성왕이 망조부(亡祖父)인 모도(牟都)를 이어 백제왕이 되었다는 기사가 있다. 이때 모도를 문주왕으로 파악하고, 『송서』 권97 열전 백제전에 보이는 여도(餘都)와 같은 인물이라 보기도 한다.(이기동, 1996)

문주왕은 고구려군이 개로왕을 피살하고 수도인 한성을 함락한 국가적 위기 상황 속에서 왕위에 즉위하였다. 그가 왕자로 있었을 때는 개로왕을 보좌하고 최고관직인 상좌평(上佐平)에 있으면서 지위를 누렸을 것이다. 특히 고구려군의 침입을 받자 개로왕이 신라에 구원병을 요청하는 특임을 그에게 맡긴 것은 차기 왕으로서의 지위를 확고히 할 수 있는 계기가 될 수 있던 것이다. 하지만 신라의 구원병을 이끌고 돌아왔을 때는 한성이 함락되고 개로왕이 세상을 떠난 후였다. 고구려군에게 패배를 당하고 왕이 되었지만 그 권위는 떨어졌고 개로왕의 왕권강화정책에 억눌려 있던 귀족들의 불만이 밖으로 나타나기 시작했다.

개로왕 정권에 참여한 지배계급이 패전과 천도의 혼란기에 몰락하면서 문주왕은 개로왕 정권에서 소외되어 있던 귀족들의 도움을 받게 되었다. 이때 등장하는 세력이 해씨(解氏)이다. 해씨는 목씨(木氏) 세력과 함께 웅진 천도를 주도함으로써 중앙 정계의 실력자로 등장하였다. 해씨는 고구려의 재침입을 고려하면서 자신들의 근거지였던 북방(北方) 지역에서 멀지 않고 토착세력이 강하지 않은 지역인 웅진(熊津)을 선택하였다. 동시에 그들에게 우호적인 연씨(燕氏) 세력이 웅진 근처에 있었던 것도 고려되었을 것이다.(정재윤, 2000)

477년 병관좌평 해구(解仇)가 사냥을 기회로 삼아 문주왕을 살해하고 왕의 맏아들인 삼근(三斤)을 옹립하였다. 한편 『삼국사기』에서는 문주왕이 재위 4년에 사망한 것으로 되어 있으나, 유년칭원법(踰年稱元法)을 따른 『삼국유사』의 기록과 재위 3년이라 언급한 『삼국사기』 권30 연표에 따라 재위기간이 3년이었던 것으로 이해한다.(이병도, 1977)

154) 웅천

웅천(熊川)은 웅진(熊津)으로도 불리며 지금의 충청남도 공주이다. 백제 제22대 문주왕(文周王)이 즉위한 후(475년) 한성에서 이곳으로 천도하였다. 웅천은 백제 멸망 후 신문왕대 웅천주가 되었으며 경덕왕 16년(757)에 이름을 웅주(熊

州)로 고쳤다. 그리고 고려시대에 오늘날의 이름인 공주(公州)가 되었다. 자세한 설명은 기이편 남부여전백제조의 주석을 참고.

155) 삼근왕

백제의 제23대 왕으로 생몰년 465-479년, 재위기간 477-479년이다. 제22대 문주왕(文周王)의 장자로 해구(解仇)에 의해 13세의 어린 나이로 즉위하였다. 재위 2년에 해구의 반란을 겪었으며, 반란이 평정된 다음 해(479)에 죽어 동성왕(東城王)이 즉위하였다. 왕력에 의하면 삼걸왕(三乞王)이라고도 하는데, 『삼국사기』 세주에는 임걸(壬乞)로 되어 있다.

병관좌평 해구(解仇)가 문주왕을 살해한 후 삼근왕이 왕위를 이었는데, 어린 왕 역시 해구를 비롯한 귀족들의 정권농단을 막을 수 없었다. 삼근왕은 즉위와 동시에 모든 군무와 정사를 해구에게 맡기었고, 해구는 왕이 즉위한 지 채 1년도 안 되어서 반란을 일으켰다. 해구가 반란을 일으킨 원인으로 정권에서 소외되고 있는 귀족들의 반발이 지적되고 있다. 특히 진씨(眞氏) 세력이 삼근왕을 옹립하고 해구 세력에 대항한 것으로 파악된다.(이도학, 1995) 하지만 해구의 의도와는 다르게 반란은 실패하여 주동자인 해구는 죽음을 당하였고, 반란을 평정한 진로(眞老)가 정권을 장악하였다. 삼근왕은 재위 3년(479) 만에 죽게 되는데, 이것은 진씨 세력이 해구의 반란을 평정한 이후 삼근왕을 반역신이 옹립한 왕이라는 이유로 폐위시키고 그들의 권력 기반을 더욱 확고히 하기 위해, 다루기 쉬운 곤지(昆支)의 아들인 동성왕(東城王)을 옹립한 것으로 이해하기도 한다.(노중국, 1988)

156) 동성왕

백제의 제24대 왕으로 생몰년 ?-501년, 재위기간 479-501년이다. 제21대 왕인 개로왕의 손자이며 그 둘째 아들인 곤지(昆支)가 아버지이다. 동성왕은 23년의 재위기간 동안에 구귀족과 신진귀족의 대립 사이에서 왕권강화를 추진하여 정치적 불안정을 해소하려 하였다. 하지만 점차 강해지는 신진귀족을 견제하려다 501년에 피살되었다. 동성왕의 이름은 다양하게 기록되고 있다. 왕력에 모대(牟大), 마제(麻帝), 여대(餘大)로 나와 있으며, 『삼국사기』의 세주에는 마모(摩牟)로 되어 있다. 그리고 『삼국사기』 동성왕 23년조에 의하면, "동성왕(東城王)"은 시호(諡號)이며, 모대(牟大), 마제(麻帝) 등은 왕이 살아 있었을 때 사용한 휘(諱)이다. 이 기사는 백제에서 시호제(諡號制)가 실시되었다는 것을 알려 준다.

왕력에는 동성왕이 삼근왕(三斤王)의 당제(堂弟) 즉 사촌동생으로 되어 있다. 『삼국사기』에는 문주왕의 아우인 곤지(昆支)의 아들로 되어 있고, 『일본서기』 권14 웅략기 23년조에는 말다왕(末多王), 곧 동성왕은 곤지(昆支)의 다섯 아들 중 둘째 아들이라 했다. 그런데 『남제서』 백제전에 따르면 동성왕인 모대(牟大)가 할아버지 모도(牟都)의 왕위를 이었다고 하였고, 『양서』 백제전에는 모도(牟都)의 아들이라고 하고 있다. 이에 대해 『삼국사기』 동성왕 23년조 세주에서 "삼한고기(三韓古記)에는 모도가 왕이 되었다는 사실이 없다. 모대는 개로왕의 손자이고, 개로왕의 둘째 아들인 곤지의 아들이다.(三韓古記 無牟都爲王之事 又按牟大盖鹵王之孫 盖鹵第二子昆支之子)"고 적기하였다.

동성왕은 금강 유역의 신진 세력을 정치 전면에 등장시키면서 정국 안정과 왕권 강화를 추진하였다. 그는 우두성(牛頭城)·사현성(沙峴城)·이산성(耳山城)과 같은 성곽을 웅진 주변에 건설하여 방어를 강화하였다. 또한 궁실을 중수하고 웅진교(熊津橋)를 가설하였으며 임류각(臨流閣)을 궁궐 동쪽에 세웠는데, 이러한 대토목공사를 통해 왕도로서 웅진의 위상을 강화하였다고 이해된다.(남형종, 1993) 외교적으로는 중국의 남제로부터 책봉을 받고 우호관계를 유지하여 고구려를 견제하였으며, 신라의 소지왕(479-499)과 결혼동맹을 맺어 고구려의 침입을 저지하려 하였다. 그러나 신라의 지증왕이 즉위(500)하면서 고구려와의 관계를 개선하자, 동성왕은 백제와 신라의 국경선에 있는 전략적 요충지인 탄현(炭峴)에 성책을 설치하여 신라를 견제하였다.(양기석, 1994)

동성왕은 왕도를 웅진에서 사비(泗沘)로 도읍을 옮기려는 계획을 세웠다. 여기에는 위사좌평(衛士佐平) 백가(苩加)의 세력이 날로 확대되는 것을 경계하려는 이유도 있었다. 백가는 동성왕 8년(486)에 위사좌평(衛士佐平)이 되었는데, 위사좌평은 왕궁을 지키는 임무를 책임지는 것으로 제1품의 관직이었다. 동성왕은 재위 23년(501)에 백가에게 부여와 익산 사이에 있는 가림성(加林城)을 지키게 했다. 하지만 백가는 병을 핑계로 거절하였고 왕은 허락하지 않았다. 결국 백가는 동성왕 23년에 자객을 보내 사비에서 사냥을 하고 있던 왕을 피살하였다. 그리고 무령왕이 즉위한 이듬해 봄 가림성에서 반란을 일으켰지만 곧 토벌되어 사망하였다.

157) 무령왕

백제의 제25대 왕으로 생몰년 462-523년, 재위기간 501-523년이며, 이름은 사마(斯摩) 또는 융(隆)이다. 『삼국유사』와 『삼국사기』에는 제24대 동성왕(東城王)의 둘째 아들로 되어 있으나, 무령왕이 곤지(昆支)의 아들이며 동성왕과는 이모형제(異母兄弟)가 된다는 견해도 있다. 아들은 제26대 왕인 성왕(聖王)이다. 1971년 충남 공주에서 무령왕릉과 지석(誌石)이 발견되었다. 『삼국유사』와 『삼국사기』에서는 무령왕이 동성왕(모대왕)의 둘째 아들로 되어 있다. 그런데 『일본서기』 권16 무열기 4년조에는 두 가지 설이 혼재되어 있다. 즉 본문는 무령왕이 개로왕의 아들이라고 기록한 반면에, 본문에 인용된 『백제신찬(百濟新撰)』에는 무령왕이 개로왕의 아우인 곤지(昆支)의 아들이며 동성왕의 배다른 형(異母兄)이라고 되어 있다. 이 기록을 고려해 무령왕을 곤지(昆支)의 아들로 보기도 한다.(이도학, 1995)

무령왕릉에서 발견된 지석에 따르면 무령왕은 개로왕 8년(462)에 태어나 40세(501)에 즉위하였다. 왕은 즉위 후 동성왕을 살해하고 반란을 일으킨 백가(苩加)를 처단하고 왕권의 안정과 국력 부흥에 힘썼다. 그는 동성왕 피살의 원인이 된 신진 세력의 권한을 일정하게 억제하면서 귀족 세력들의 세력 균형을 추구하였다. 그리고 지방 통치를 위해서 호족이나 중앙의 유력한 귀족들이 파견된 "담로"에 왕의 자제(子弟)와 종족(宗族)을 파견하였다. 『양서』 권54 열전48 백제전에 따르면 "도성을 고마(固麻)라 하였고 읍(邑)을 담로(檐魯)라 하였는데, 중국의 군현(郡縣)과 같은 말이다. 그 나라에는 22담로가 있는데, 모두 (왕의) 자제와 종족을 나누어 거처하게 하였다.(號所治城曰固麻 謂邑曰檐魯 如中國之言郡縣也 其國有二十二檐魯 皆以子弟宗族分據之)"고 나와 있다. 이 기사를 무령왕대의 사실로 이해하는 입장에서 보면, 무령왕은 왕권의 강화를 위해 왕족을 중용하는 정책을 실시한 것으로 보인다.(노중국, 1991)

무령왕은 재정의 안정적인 확보를 위해 수리시설을 넓히고 유민들을 귀농시키는 정책을 실시하였다. 이것은 백제가 한강을 상실한 후 수리시설의 확충과 호남평야를 개발함으로써 경제적 기반을 넓히기 위한 조치로 이해된다.(양기석, 1995a) 대외적으로도 무령왕은 중국의 양(梁)으로부터 작호를 받고 고구려의 침공을 막아냈으며 가야 지역에 적극적으로 진출하여 백제의 영향력을 확대하였다. 무령왕의 백제 중흥 정책은 뚜렷한 성과를 이룬 것으로 보이는데, 『양서』에 따르면 "백제가 다시 강국이 되었다.(百濟更爲强國)"고 하였다. 무령왕은 재위 23년(523) 만에 사망하였고, 2년 뒤에 공주 송산리 무령왕릉에 안장되었다.

158) 부여융

왕력에 따르면 "(무령왕을) 『남사』에서 부여융이라 했는데 잘못이다. 융은 의자왕의 태자이다.(南史云名扶餘隆 誤矣 隆乃義慈王之太子)"라고 지적하였다. 『남사』 권79 열전69 백제전에 따르면 "보통(普通) 2년(521, 백제 무령왕 21)에 (백제)왕 여융(餘隆)이 비로소 다시 사신을 파견하여 표문을 올렸다."라고 기록되어 있다. 이 내용은 『양서』 백제전에도 그대로 기록되어 있는데, 이때의 여융(餘隆)은 무령왕을 말한다. 그리고 『삼국사기』 권26 백제본기4 무령왕 즉위년조의 세주에는 무령왕의 이름이 융(隆)임을 밝히고 있다. 즉 왕력의 지적은 융(隆)을 의자왕의 아들로만 이해한 결과로 판단된다. 의자왕의 아들인 부여 융(생몰년 615-682년)은 나당 연합군에 의해 백제가 멸망하자 당에 잡혀갔다. 665년에 웅진도독으로 귀국하여 취리산회맹(就利山會盟)에 참여하였으나 곧 당으로 돌아가 682년 그곳에서 사망하였다. 그의 묘지는 중국 하남성 낙양(洛陽)의 북망산(北芒山)에 있었다고 한다.

159) 성왕

백제의 제26대 왕으로 생몰년 ?-554년, 재위기간 523-554년이며, 이름은 명농(明穠)이다. 제25대 무령왕(武寧王)의 아들로 523년에 즉위하였다. 재위 32년(554)에 신라와 벌인 관산성 전투에서 전사하였다. 아들은 제27대 왕인 위덕왕(威德王)이며, 1995년에 발견된 「창왕명석조사리감(百濟昌王銘石造舍利龕)」을 통해 딸이 있었다는 사실이 밝혀졌다. 자세한 설명은 기이편 남부여전백제조의 주석을 참고.

160) 사비

사비는 백제의 마지막 수도로 성왕 16년(538)에 웅진에서 천도하였다. 소부리(所夫里)라고도 하며, 지금의 충남 부여이다. 자세한 설명은 기이편 남부여전백제조의 주석을 참고.

161) 남부여

남부여(南扶餘)는 백제의 국호로, 성왕이 재위 16년(538)에 사비로 천도하면서 새로 정한 것으로 백제의 부여계승의식을 보여 주고 있다. 자세한 설명은 기이편 남부여전백제조의 주석을 참고.

162) 위덕왕

백제의 제27대 왕으로 생몰년 ?-598년, 재위기간 554-598년이며, 제26대 성왕(聖王)의 맏아들로 554년에 즉위하였다. 관산성(管山城) 전투의 패배로 왕권의 권위가 위축되어 있었던 상황에서 즉위하였기 때문에 왕권을 강화시키기 위해 노력하였다. 위덕왕은 재위 45년(598)에 사망하고 아들로 아좌태자(阿佐太子)가 있었으나 왕위에 오르지 못했다.

위덕왕(威德王)의 이름은 왕력에 의하면 고(高) 또는 명(明)이며, 『삼국사기』에는 창(昌)으로 되어 있다. 1995년 부여 능산리사지(陵山里寺址)에서 발견된 「백제창왕명석조사리감(百濟昌王銘石造舍利龕)」에는 창왕(昌王)이라 했다. 『삼국사기』에 따르면 위덕왕은 성왕 전사 이후 바로 왕위에 오른 것으로 보이나, 『일본서기』 흠명기 18년조에 위덕왕이 성왕 사후 3년에 즉위한 것으로 보아 관산성 전투 이후 즉위가 순탄치 않았던 것으로 보인다.

위덕왕은 성왕이 신라군의 습격으로 사망했던 관산성(管山城) 전투에서 선봉에 있었다. 그러나 성왕이 사망하고 3만에 가까운 사졸들이 전사할 정도로 큰 패배를 당한 백제는 충격에 휩싸였다. 위덕왕은 즉위하면서 큰 곤경에 처하게 되었고, 신흥 세력인 사씨(沙氏)·연씨(燕氏) 등이 주축이 된 귀족 세력이 대두하여 왕권은 크게 위축되었다.(이기백·이기동, 1982)

『삼국사기』에서 위덕왕에 대한 기록은 거의 남아 있지 않다. 재위 45년 동안 중국에 사신을 보냈다는 기록을 제외하면 백제의 국내 상황을 전해 주는 내용은 거의 없다고 볼 수 있다. 이것은 위덕왕의 권력이 상당히 위축되었다는 사실을 반영한다고 보기도 한다. 이와 달리 위덕왕이 점차 왕권을 강화하고 있었다고 보는 견해도 있다. 위덕왕은 집권 초기에 관산성 전투를 주도한 목씨(木氏)·진씨(眞氏) 세력에게 패전의 책임을 물어 정권에서 배제시켰다. 그리고 사씨(沙氏)·연씨(燕氏) 등의 주화파를 등용하면서도 동시에 전쟁을 통한 방법으로 꾸준히 왕권을 강화시키려 했다. 위덕왕 14년(567) 이후에는 거의 전쟁이 없었고 대내적인 체제 정비에 전념할 수 있는 상황이 형성되었다고 한다. 『삼국사기』에는 위덕왕의 행적이 거의 나타나지 않지만, 이 시기 왕은 불교이념을 통한 배타적인 왕족 의식을 높였고, 중국과 활발한 외교를 통해 왕권을 점차

높였던 것으로 파악하는 것이다.(양기석, 1990)

위덕왕을 이은 혜왕이나 법왕이 1년 만에 왕위에서 물러난 것을 고려하면 당시 백제 정세가 좋지 않았던 것으로 이해된다. 위덕왕은 재위 45년(598)에 사망하였다. 당시 아들인 아좌태자(阿佐太子)가 있었으나 왕위에 오르지 못했으며, 동생으로 추정되는 혜왕(惠王)이 왕위에 올랐다. 2007년에 발견된 왕흥사(王興寺) 터 사리함을 통해 또 다른 아들이 있었음이 추정되기도 한다.

163) 혜왕

백제의 제28대 왕으로 생몰년 ?-599년, 재위기간 598-599년이다. 『삼국유사』에는 제27대 위덕왕의 아들로 기록되었으나, 『삼국사기』와 『일본서기』에 따라 제26대 성왕(聖王)의 둘째 아들이며 위덕왕의 동생으로 추정된다. 598년에 즉위하여 다음 해에 사망하였다. 아들은 제29대왕 법왕(法王)이다. 혜왕(惠王)의 이름은 왕력에 의하면 계(季) 또는 헌왕(獻王)이다. 왕력에는 위덕왕의 아들로 기록되었으나, 『삼국사기』에는 명왕(明王), 즉 성왕(聖王)의 둘째 아들로 창왕(昌王)인 위덕왕(威德王)이 사망하자 즉위하였다고 한다. 또한 『일본서기』 권19 흠명기 16년조에 따르면 혜(惠)는 위덕왕의 동생이라고 기록되어 있다. 이를 통해 볼 때 혜왕(惠王)은 성왕의 아들로 판단된다. 혜왕은 위덕왕을 이어 598년에 즉위하였으나 다음 해에 사망하였다.

164) 법왕

백제의 제29대 왕으로 생몰년 ?-600년, 재위기간 599-600년이다. 제28대 혜왕의 아들로 599년에 즉위하여 불교 진흥에 힘썼으나 다음 해에 사망하였다. 아들은 제30대 무왕(武王)이다. 법왕(法王)의 이름은 왕력에 효순(孝順) 또는 선(宣)으로 기록되었다. 『수서』 백제전과 『한원』 백제조에는 위덕왕(威德王)의 아들로 되어 있다. 자세한 설명은 흥법편 법왕금살조를 참고.

165) 무왕

백제의 제30대 왕으로 생몰년 ?-641년, 재위기간 600-641년이다. 제29대 법왕(法王)의 아들로 600년에 즉위하여 재위 42년에 사망하였다. 이름은 무강(武康), 헌병(獻丙), 일기사덕(一耆篩德), 장(璋)이며, 아들은 제31대 의자왕(義慈王)이다. 자세한 설명은 기이편 무왕조의 주석을 참고.

166) 의자왕

백제 제31대 왕으로 생몰년 ? -660년, 재위기간 641-660년이다. 아버지는 무왕(武王)으로, 641년에 즉위하여 백제가 멸망하던 660년까지 재위하였다. 『삼국유사』 기이2 무왕조에 무왕의 부인이 진평왕의 딸 선화공주라고 나오기 때문에 의자왕의 어머니를 선화공주(善花公主)로 보기도 한다.(신채호, 1948) 『삼국사기』 의자왕 20년조에는 의자왕의 아들로 태자 효(孝)와 왕자 융(隆), 태(泰), 연(演) 등의 이름이 전해지는데, 『구당서』 백제국전에서는 왕자 융(隆)을 태자로 보고 있어 차이가 난다. 「대당평제국비명(大唐平百濟國碑銘)」에서도 융을 태자라고 하고 있다.

『삼국사기』에 의하면 의자왕은 용감하며 대담하고 결단력이 있고, 효로써 부모를 섬기고 형제와 우애하여 당시에 해동증자(海東曾子)로까지 칭송되었다. 의자왕은 아들의 이름을 효(孝)로 지을 정도로 효도의 덕을 강조하였는데(이기백, 1996), 이러한 유교 정치사상의 강조는 자제를 당나라의 국학에 입학시키는 등 유학에 깊은 관심을 가졌던 아버지인 무왕의 영향이 컸으리라 생각된다.(노중국, 1988)

의자왕은 성왕 32년(554) 관산성(管山城, 충청북도 옥천군) 패전 후 진행되었던 귀족 중심의 정치운영체제를 타파하기 위하여 즉위 초에 정치적 변혁을 단행하였다. 『일본서기』 황극기(皇極紀) 원년(元年, 642) 2월조에 의하면 "금년 정월에 임금의 어머니가 돌아가시자, 동생의 아들 교기(翹岐)를 비롯하여 누이의 딸 4명과 내좌평(內佐平) 기미(岐味) 등 유명한 인사 40여 명을 섬으로 추방

하였다.(今年正月, 國主母薨, 又弟王子兒翹岐及其母妹女子四人內佐平岐味有高名之人四十餘 被放於島)"라고 한 것이 그것이다.(이병도, 1959)

그리고 국내를 순무하고 사형수 이외의 죄수를 방면하는 등 민심수습에 적극적으로 나섰다. 대외적으로는 지금까지 고구려와 중국에 대해 취해 온 양면적인 외교노선을 수정하여 친고구려 정책으로 돌아섰다. 이러한 정책 변경은 고구려에서 연개소문이 집권한 뒤, 대중국 강경노선 정책을 추진한 것과 깊이 관련된 것 같다. 재위 2년(642) 2월에는 친히 군사를 이끌고 신라에 대한 공격을 감행하여 신라 서쪽의 40여 성을 함락시켰다. 8월에는 장군 윤충(允忠)을 보내어 대야성(大耶城)을 공격하게 하여 성을 함락시키고, 항복한 김춘추의 사위인 성주 품석(品釋)과 그 처자를 죽이고 그 머리를 잘라 왕도에 전하는 등 신라를 큰 곤경으로 몰아넣었다. 그러나 의자왕은 말년에 이르러 사치와 방종으로 궁중 내부의 갈등과 부패를 초래하게 되고, 마침내 백제 정국을 파국으로 몰아넣었다고 이해된다. 궁중 내에서 왕이 총애하는 군대부인(君大夫人)이 권력을 장악하고 나아가 정치에 관여하여 어진 신하들을 제거함에 따라 지배층 내부에 알력이 발생하였다. 의자왕이 만년에 사치와 방종으로 빠진 이유에 대하여 정치적 긴장의 완화로 인한 결과로 해석하기도 한다. 즉 의자왕은 정적을 제거한 후 귀족 세력의 견제에서 벗어나 권력 독주가 가능해지자, 정치적 긴장에서 해방되었고, 이것이 음황과 궁중부패로 이어졌다고 하는 것이다.(이도학, 2004)

신라에 대한 빈번한 전쟁은 승리에 못지않게 국력을 피폐시키고 백성을 도탄에 빠지게 하였다. 또한 친고구려 정책으로의 전환은 당나라의 불만을 가져와 고립에 빠진 신라가 당나라와 연합을 하게 하는 원인이 되었다. 의자왕 20년(660) 신라와 당나라 연합군은 백제 공격을 개시하였다. 의자왕은 사비성을 버리고 태자와 함께 웅진성(공주)으로 피했다가 사비성이 함락되자 마침내 당군에 항복하고 말았다. 왕은 태자 효, 왕자 융 및 대좌평 사택천복(沙宅千福) 등 대신(大臣)·장사(將士) 88명과 백성 1만 2,000여 명과 함께 당나라로 압송

되어 갔는데, 『구당서』 권199 상 백제국전에 의하면 의자왕은 낙양에 이른지 수일 만에 병사하였고, 패망한 군주들인 오(吳)나라 마지막 황제인 손호(孫皓)와 진(陳)나라 마지막 황제인 진숙보(陳叔寶)의 무덤 곁에 묻혔다고 한다. 충청남도와 부여군에서는 1995년부터 중국 낙양의 북망산 일대에서 의자왕의 무덤을 찾기 위해 많은 노력을 하였으나 결국 찾지 못하고, "백제 역사 찾기" 사업의 하나로 2007년 9월에 사적 14호인 부여 능산리고분군에 의자왕과 그의 아들 부여융(扶餘隆)의 가묘(假墓) 및 제단을 설치하였다.

167) 가락국

낙동강 하류의 김해 지역을 중심으로 위치해 있었던 가야의 중심국을 가리키는 다른 용어이다. 『삼국유사』 권2 가락국기조에는 "후한 세조 광무제 건무 18년 임인 3월(後漢 世祖 光武帝 建武 18年 壬寅 三月)", 즉 기원후 42년에 건국된 것으로 기록되어 있다. 또한 『삼국유사』 왕력에서는 "가락국은 또한 가야라 한다.(駕洛國(一作伽耶))"라 하여 가락국을 가야라고도 했음을 알 수 있다. 김해의 기야(기락)에 대한 다른 명칭으로 구야(狗邪), 가라(加羅), 임나(任那), 수나라(須那羅), 금관(金官) 등이 알려져 있다.

구야는 『삼국지』 동이전에 보이며, 가라는 『삼국사기』에, 임나와 수나라는 『일본서기』에 자주 보인다. 이 가운데 가락(駕洛)은 『삼국유사』에 채록되어 있는 「가락국기(駕洛國記)」에서 주로 보인다. 「가라국기」는 『삼국사기』에 앞서 고려 전기에 편찬되었는데, 가야에 대한 국내 문헌 중에서 가장 오래된 기록이다. 가락국기는 가락국에 대한 사실을 중심으로 기록하겠다는 의식에서 편찬되었다. 「가락국기」는 수로왕이 나라 이름을 대가락(大駕洛)이라 하였음을 분명히 하고 있다. 대가락은 가야의 나라 중에서 큰 세력이었다는 역사와 자존의식의 반영으로, 가야인들 자신이 의식하고 사용하였을 가능성이 가장 높은 용어로 생각된다. 반면 『삼국사기』에 자주 보이는 금관국은 쇠(金)의 어원을 갖는 것으로 보이며, 대체로 가야의 멸망기 혹은 멸망 후에 붙여진 명칭으로 이해된다. 「김유신비문(金庾信碑文)」을 인용한 『삼국사기』 김유신전(金庾信傳)에서 처음 국호를 가야(加耶)라 하였다가 금관국(金官國)으로 고쳤다고 전하는 내용은 이러한 사정을 보여 준다. 특히 여기에서 532년에 신라에게 멸망한 가락국을 남가야(南加耶)로 표현하고 있는 것은 고령의 대가야를 북가야(北加耶)로 의식했던 때문으로, 금관국의 용례에는 562년 대가야를 병합했던 신라의 역사인식이 개재된 것으로 생각된다. 마찬가지로 금관가야는 가장 일반적으로 사용하고 있는 명칭이기는 하나, 그대로가 사서에서 확인되는 용례는 아니다. 금관가야는 고려시대 「본조사략」 단계에 조합되어 사용되기 시작한 용어로, 점차 그 사용을 지양해야 할 용어의 하나로 이해되기도 한다.(이영식, 2000)

168) 금주

현재 경상남도 김해시(金海市)의 고려시대 지명. 가야의 중심지였으며, 가락국(금관가야)이 신라 법흥왕 19년(532) 정복된 이후에는 금관소경(金官小京), 김해소경(金海小京) 등으로 불리다가, 고려 태조 23년(940)에 김해부(金海府)로 바뀌었다. 이후 임해현(臨海縣)으로 강등되었다가 다시 임해군(臨海郡)이 되었다. 광종 22년(971)에 금주도호부(金州都護府)로 승격되었고, 성종 14년(995)에 금주 안동도호부(金州安東都護府)로 개칭되었다가, 현종 3년(1012)에 금주(金州)로 개칭되었다.

『고려사(高麗史)』 권57 지(志)11 지리(地理) 경상도(慶尙道)금주조(金州條)에 의하면, 금주(金州)는 원래 가락국(駕洛國)이었다. 신라 법흥왕이 가락국(금관가야)의 마지막 왕인 구형왕의 투항을 접수한 후에는, 그를 귀빈으로 대접하고 가락국의 옛 땅을 식읍(食邑)으로 주었는데, 이것을 금관군(金官郡)이라고 불렀다. 문무왕은 금관 소경(小京)을 설치하였고, 경덕왕은 김해(金海) 소경으로 만들었다. 고려 태조 23년(940)에 전국의 주, 부, 군, 현의 명칭이 고쳐짐에 따라 김해부(金海府)가 되었고, 후에 낮추어서 임해현(臨海縣)이 되었다가 다시 군으로 승격되었다. 광종 22년(971)에 금주도호부(金州都護府)로 승격되었고, 성종 14년(995)에 금주 안동도호부(金州安東都護府)로 고쳤으며, 현종 3년(1012)에 금주(金州)로 개칭되었다. 이후 원종 11년(1270)에 금녕도호부(金寧都護府)로 승격되었고, 충렬왕 19년(1293)에 낮추어져 현이 되었고, 34년(1308)에는 금주목으로 승격되었다. 충선왕 2년(1310)에 전국의 목이 없어짐에 따라 다시 김해부로 되었다.

『삼국유사』 왕력의 "지금의 금주(金州)"라는 기록을 통해, 현재의 김해 지역이 『삼국유사』 왕력이 쓰여질 당시에는 금주(金州)라는 명칭으로 불리워졌음을 알 수 있다. 그렇다면 『삼국유사』 왕력은 금주가 김해부로 개칭되는 충선왕 2년(1310) 이전에 쓰여진 것으로 볼 수 있으며, 1280년대에 편찬된 『삼국유사』 본문과 비교해 볼 때, 편찬 시기의 차이가 별로 나지 않는 기록으로 볼 수 있다.(가락국사적개발연구원, 2004)

169) 수로왕

가락국의 시조로 생몰년 ?~199년, 재위기간 42~199년이다. 9간(干)이 구지봉(龜旨峰)에 모였을 때, 붉은 보자기에 싸여 하늘로부터 내려온 금합(金盒) 안에 있던 황금알 여섯 개 중의 하나에서 태어났다. 9간의 추대로 왕위에 올랐으며, 아유타국(阿踰陀國)의 공주 허황옥(許黃玉)을 왕비로 삼았다. 아들은 제2대 거등왕(居登王)이다. 자세한 설명은 기이편 가락국기조 주석을 참고.

170) 개황력

『삼국유사』 왕력과 기이편 가락국기에 인용된 사료명으로, 가락국(금관가야)의 왕실역사를 기록한 책으로 추정된다.

『삼국유사』 왕력과 『삼국유사』 권2 기이2 가락국기(駕洛國記)에는 『개황력(開皇曆)』과 『개황록(開皇錄)』이 인용되어 있다. 『개황력(開皇曆)』과 『개황록(開皇錄)』은 동일한 책으로, 편찬된 시기에 관한 논의가 있다. 개황(開皇)은 수(隋)

의 연호로 581-600년까지 사용되었으며, 금관가야 멸망 이후인 신라 진평왕(眞平王 579-632)대에 해당된다. 이에 『개황력』은 책의 명칭으로 보아 수 문제(文帝) 개황연간(開皇年間)에 편찬되었다는 견해가 있다.(三品彰英, 1979)

그러나 그 당시 신라는 "건복(建福, 584-633)"이라는 독자적인 연호를 사용하고 있었으므로, 『개황력』은 적어도 신라가 중국 연호를 사용하기 시작한 진덕여왕 4년(650) 이후에 편찬된 것으로 생각된다. 『개황력』은 금관가야 왕실의 역사를 기록한 책으로 추측되는데, 김유신(金庾信), 문명왕후(文明王后) 등 가야계 후손의 정치적 비중이 절정에 달하고 금관소경을 설치하기도 한 문무왕대(文武王代)에 편찬된 것으로 보인다.(김태식, 1993)

『삼국유사』 권2 기이2 가락국기(駕洛國記)에 의하면, 661년에 문무왕이 즉위하면서 수로왕묘(首露王廟) 제사에 대해 내린 제지(制旨)에서, "가야국(伽耶國) 원군(元君)의 9대손인 구충왕(仇衝王)이 우리나라에 항복할 때에 데리고 온 아들 세종(世宗)의 아들인 솔우공(率友公)의 아들 서운(庶云) 잡간(匝干)의 딸 문명왕후(文明王后)가 곧 나를 낳으신 분이다. 이런 연유로 원군은 나에게 15대 시조가 되는 것이다. 그분이 다스리던 나라는 이미 오래전 없어졌으나 장사를 지낸 능묘는 지금도 그대로 있으니 종묘에 합하여 계속 제사지내도록 하라고 하였다."고 하였다. 여기서 문무왕 자신과 수로왕의 세계를 인식하고 있으므로, 김해 김씨의 기원은 적어도 7세기 중반 문무왕대에는 정리가 이루어졌을 것이며, 이에 따라 통일기 무렵 가야 김씨 세력의 성씨 취득을 계기로 가락국의 왕력인 『개황력』이 편찬되었다는 의견도 있다.(남재우, 2005)

반면, 『개황력』과 『개황록』은 가락국기에 인용된 사료이므로, 이는 가락국의 사료로 신라 말이나 고려 초에 편찬된 것으로 보는 의견이 있다. "개황"을 수의 연호가 아닌 "황국(皇國)을 개창(開創)하였다."는 뜻으로 풀이하여, 시조 수로왕이 황명(皇命)으로 가락국을 개창하여 10세 구형왕이 신라에 투항한 사실을 기록한 사서로 본 것이다. 이는 후삼국과 고려 초 무렵에 신라 진골사회의 몰락 과정에서 소외되었던 가락왕계와 가락인들이 복고적으로 조상의 영광을 추원(追願)하면서 수로왕의 건국설화를 중심으로 구형왕에 이르기까지의 연대기를 편찬했다고 본 것이다. "황(皇)"자를 쓴 뜻은 우리 역사상에서 그다지 흔한 일이 아니니, 고려 태조가 중국에 통일왕조가 아직 나타나지 않은 배경에서 천수(天授)라는 연호를 칭함과 같이, 『개황록』도 이러한 사회적 여건에서 편찬된 사서라고 보았다.(정중환, 1990)

171) 거등왕

가락국(금관가야)의 제2대 왕으로 생몰년 ?-253년, 재위기간 199-253년이며, 시조 수로왕(首露王)과 허황후(許皇后)의 아들이다. 왕비는 천부경(泉府卿) 신보(申輔)의 딸 모정부인(慕貞夫人)이다. 태자는 제3대 마품왕이다. 자세한 설명은 기이편 가락국기조 주석을 참고.

172) 허황후

가락국(금관가야) 시조 수로왕의 왕비로 생몰년 33-189년이며 제2대 거등왕의 어머니이며, 성은 허씨(許氏)이고 이름은 황옥(黃玉)이다. 수로왕을 원군(元君)이라 하고 왕비를 허황후(許皇后)라고 하면서 거등왕을 세조(世祖)라고 한 것은, 가락국기 찬자(撰者)인 고려시대 금관지주사(金官知州事)의 표현이었다. 한편, 수로왕을 세조라고 하고 왕비를 허왕후(許王后)라고 한 표현도 보이는데, 이는 『개황력(開皇曆)』 이래 신라 중대(中代) 시기의 용어 표현으로 추정된다. "황후(皇后)"는 왕(王)과 천자(天子)의 아내를 구별하는 의미로 쓴 것이 아니라, 왕과 왕비 및 그 후손이 어머니를 지칭할 때 "황후"라고 썼다. 곧, 천자의 어머니를 지칭할 때는 "태후(太后)"라고 해야 하는데, 이를 "황후"라고 칭한 것이다. 이는 허황후의 죽음을 높여 "붕(崩)"으로 표기한 가락국기 찬자의 필법으로 생각된다.(김태식, 1998)

『삼국유사』 권2 기이2 가락국기에서는 허황후의 도래 과정과 수로왕과의 결혼담을 전하고 있다. 허황후는 아유타국(阿踰陀國)의 공주로, 후한(後漢) 광무제(光武帝) 건무(建武) 24년(48년)에 배를 타고 김해 가락국에 도착하였고, 가락국의 시조인 수로왕(首露王)은 이를 미리 알고 그를 기다려 왕비로 맞이하였다. 수로왕이 천명(天命)을 빌어 허황후의 도래를 예견하고 있다던지, 천신(天神)인 상제(上帝)의 명령으로 가락국에 오게 되었다는 허황후의 설명은 신성성을 강조함은 물론, 천제자(天帝子)로서 도래의 당위성을 말해 주는 것이기도 하다. 9간에 의해 추대된 수로왕은 9간, 즉 토착 세력 자신의 처녀 가운데 왕비를 간택해 줄 것을 요청받았으나, 모두 거절하고 먼 아유타국에서 온 공주를 맞이하여 혼인하고 있다.

허황후 집단의 성격과, 그 출신지로 나타나고 있는 아유타국에 대해서는 많은 논의가 있다. 먼저 허황후의 성격을 신령(神靈)과의 결혼 제의(祭儀)를 담당하는 해변(海邊)의 공창무녀(空唱巫女)로 보면서, 아유타국에서 왔다는 것은 사실이 아니라, 불교적으로 가장 인연이 깊은 나라였다는 점과 관련이 깊다는 의견이 있다. 여기서 아유타국은 인도 갠지스 강 상류인 사라유 강의 동안(東岸)에 있던 고대 도시국가인 아요디아(Ayodyha) 왕국을 가리키며, 아소카 왕의 옛 자취가 있고, 저명한 조사(祖師)들이 머물던 곳이므로 불교와 밀접한 관련이 있다고 한다.(三品彰英, 1979) 이와 비슷한 견해로, 가락국 건국신화의 일부를 이루는 혼인담에서 왕권의 정당성을 갖추기 위한 방편으로 신성성을 강조하기 위해, 불교와 인연이 깊은 아유타국과 관련시킨 것이라는 의견도 있다.(백승충, 2001)

한편, 허황후를 인도 아요디아 왕국이 1세기 이전에 타이 메남 강가에 건설한 식민국(植民國)인 아유티야(Ayuthya)에서 온 왕녀로 보기도 한다. 곧, 가락국기에 의하면 허황후는 5월에 배로 출발해서 7월에 도착하였는데, 아요디아가 있는 갠지스 강 상류까지는 배가 거슬러 올라갈 수 없으므로, 왕녀의 사실상 출발지는 오늘날의 타이 메남 강가에 있는 아유티야라는 것이다.(이종기, 1977)

또한, 허황후를 인도 아요디아국에서 중국 사천성(四川省) 안악현(安岳縣)

으로 집단 이주해 살던 허씨족(許氏族) 중에서 배를 타고 황해를 건너온 소녀라고 보는 견해가 있다.(김병모, 1994) 이 밖에 일본에 있던 가락국(駕洛國)의 분국(分國)에서 본국인(本國人)과의 결혼을 위해 돌아온 왕녀라고 보는 의견도 있다.(김석형, 1966)

허황후의 출자와 관련해서는 중국과 관련된 내용이 많다. "한사잡물(漢肆雜物)"이라 하여 중국 상점의 여러 물건을 언급한 점, 천부경(泉府卿)·종정감(宗正監)·사농경(司農卿) 등 중국계 관직이 많다는 점, 바다를 건너오면서 옷·필단·금은주옥·장신구 등 중국 물품을 많이 가져온 점 등이 그러하다. 이에 따라 허황후 집단이 선진문물을 가진 도래인임은 분명하며, 낙랑에서 온 유이민 혹은 수시로 왕래한 상인 집단과 관련시키는 견해도 있다. 수로왕비의 결혼과 관련지어 가락 건국 신화를 살펴보면, 수로왕으로 상징되는 왕족은 2세기 중후반 무렵에 낙랑 지역에서 도래한 유이민 세력 중 하나이며, 기존의 서열을 이루고 있던 연합적 지배 세력인 가락 9간에 의하여 추대된 것으로 생각된다. 그리고 허황후로 표상되는 왕비족도 낙랑 지역에서 도래한 2차 유이민이거나 낙랑 지역에서 수시로 왕래하는 상인 집단의 일족이었을 것으로 상정하고 있는데, 이는 허왕후 일행이 도착할 때 수로왕이 그들을 맞이하는 모습이나 물품들의 이름에서도 추정 가능하다고 한다. 다만, 사료에 보이는 중국계 관직명과 세조, 원군(元君), 황후, 왕후 등의 중국식 용어는 후대에 일괄 윤색했을 가능성도 있으므로, 허황후의 출자와 관련된 증거로 삼기에는 한계가 있음도 분명하다. 중국식으로의 윤색 과정은 수로왕 신화와 마찬가지로 신라 문무왕대로 추정되는데, 황금(黃金)=황제(皇帝)이고 황(黃)은 황옥(黃玉)과 같은 의미임을 참고하면, 허황옥도 사실 황제인 소호금천씨(少昊金天氏)에서 유래한 것이 된다고 한다. 따라서 김해 김씨의 기원은 물론 허황옥이라는 황후명까지도 모두 소호금천씨와 연결되어 있는 것으로 추론하기도 한다.(김태식, 1998)

천제자이면서도 허황후가 수로나 탈해와는 달리 난생 설화를 가지지 못한 것은, 2차 도래 집단이면서 수로와 혼인하기 위해 온 부차적인 집단이기 때문이라고 한다. 물론 붉은 돛을 달고 붉은 깃발을 휘날리는 허황후의 첫 모습은 도래자로서의 신성성과 위엄을 갖추고 있다. 또한 결혼담의 한 구절로 높은 언덕에서 쉬면서 입고 있던 비단바지를 벗어 폐백으로 삼아 산신령에게 바치는 내용은, 이 지역 전통의 산악숭배를 배경으로 한 통과의례 혹은 결혼에서의 폐백 행위와 관련될 수 있다.(백승충, 2001)

허황옥이 아유타국에서 가져왔다는 파사석탑(婆娑石塔)의 "파사"에 대하여, 중국인들이 서역을 통칭하는 말로 사용했던 "파사(波斯)", 즉 페르시아라는 뜻으로 풀이한다.(김병모, 1997)

허왕후는 태자 거등왕(居登王)을 출산하고, 후한 영제 중평(中平) 6년(189) 3월 1일에 157세로 세상을 떠났다. 나라 사람들은 마치 땅이 무너진 듯 슬퍼하였으며, 구지봉 동북쪽 언덕에 장사 지냈다. 허황후가 죽자 가락국 백성들은 황후를 잊지 못하여 황후가 거쳐 온 곳 각각에 주포촌, 능현, 기출변 등의 이름을 붙이는 한편, 사모하는 놀이로 매년 7월 29일에 황후의 도래 과정을 경주(競走)의 형태로 재현하고 있다. 또한, 8대 질지왕(銍知王) 때에는 허황후의 명복을 빌기 위해, 혼례를 치른 곳에 왕후사(王后寺)를 지었다고 한다.

173) 마품왕

가락국(금관가야) 제3대 왕으로 생몰년 ?-291년, 재위기간 254-291년이다. 마품왕(馬品王)이라고도 하며, 왕비는 종정감(宗正監) 조광(趙匡)의 손녀 호구(好仇)로 태자 거질미(居叱旀)를 낳았다. 자세한 설명은 기이편 가락국기조 주석을 참고.

174) 천부경

가락국(금관가야) 초기의 관직명으로 전하며, 원래 중국 고대 이상적인 물가조절 관청의 관직명이었다. 천부(泉府)는 『주례(周禮)』 지관(地官)2 천부조(泉府

條)에 의하면, 주(周)나라 시대에 시세(市稅)를 받는 일과 공비(公費)로 시장에서 팔리지 않는 물품을 사들여 다시 그것을 원가로 파는 일을 맡아 물가를 조절하던 관아(官衙)를 가리킨다(泉府 掌人以市之征布 斂市之不售貨之滯於民用者 以其賈買之 物楬而書之 以待不時而買者). 이는 고구려, 백제, 신라의 어느 나라 관직에도 보이지 않는 것이며, 가락국기에 언급되는 관직이나 사람 이름에 중국계가 지나치게 많다. 『삼국유사』 가락국기에 의하면, 수로왕이 신라식의 고위 관제에 이어 그 아래의 관료를 주관(周官)과 한의(漢儀) 제도로 나누어 정하였다거나, 신보(申輔)와 조광(趙匡)의 관직이 천부경(泉府卿)과 종정감(宗正監)이었다는 점도 그러하다.

이러한 관직의 본뜻을 살펴볼 때, 성숙한 고대국가가 아니었던 가야에 천부(泉府)라는 이상적인 물가 조절 관청이 있었을 가능성은 희박하고, 수로왕의 일족도 아니고 허왕후의 시종에 지나지 않는 사람이 종정(宗正)의 직임을 맡았을 수도 없다. 종정감의 종정은 주 관제의 소종백(小宗伯)으로, 진(秦) 때에 송성이라고 하였고, 후한(後漢) 이후에는 종정경(宗正卿)이라고 하였으며, 황족의 일을 담당하고 모두 황족으로 그 직에 임명하였다고 한다. 천부경은 물론, 종정감, 사농경(司農卿)과 같은 중국계 관직명은 실제로 가락국에서 사용되었다고 보기는 어렵고, 아마도 7세기 중엽 이후 신라와 당나라 사이의 관계가 긴밀해지면서 중국 관제에 대한 이해가 심화된 이후에 부회된 것으로 여겨진다.(김태식, 1998)

한편, 천부경이나 종정감에 임명되었던 신보나 조광을 허황후 집단 내에서 활동한 남계(男系) 수장의 위치에 있었던 인물로 해석하면서, 이들이 가졌던 천부경이나 종정감 등을 허황후 집단 내의 제의나 의례를 관장하던 관직으로 보기도 한다.(김두진, 1999)

175) 신보

가락국(금관가야) 제2대 거등왕의 왕비인 모정부인(慕貞夫人)의 아버지로 허황후를 따라 48년경에 가락국에 온 잉신(媵臣) 출신의 도래인으로 천부경(泉府卿)의 관직에 있었다고 전해진다. 잉신이란 귀한 여자의 결혼 때 데리고 가는 비천한 남자를 의미한다.(김태식, 1998)

『삼국유사』 가락국기에 의하면 "또 시종해 온 잉신 두 사람이 있었는데 그 이름은 신보, 조광이었다. 그들의 아내는 모정, 모량이라고 했으며, 또 노비까지 있었는데 모두 합하여 20여 명이었다.(其他侍從媵臣二員 名曰申輔趙匡 其妻二人 號慕貞慕良 或臧獲幷計二十餘口)"는 기록이 있다.

또한 『삼국유사』 가락국기에 의하면, "잉신 천부경 신보와 종정감 조광 등은 나라에 도착한 지 30년 뒤에 각기 두 딸을 낳고 부부가 한두 해를 넘기지 않고 모두 세상을 떠났다. 그 나머지의 노비들은 온 지 7-8년간 아직 자식을 낳지 못하여 고향을 그리는 슬픔을 품고 모두 머리를 고향 언덕쪽으로 두고 죽으니, 그들이 살던 빈관은 텅 비어 사람이 없었다.(媵臣泉府卿申輔 宗正監趙匡等 到國三十年後 各産二女焉 夫與婦踰一二年 而皆抛信也 其餘臧獲之輩 自來七八年間 未有玆子生 唯抱懷土之悲 皆首丘而沒 所舍賓館 闃其無人)"라고 하였다.

이는 가야 왕력과의 연관성을 고려하여 신보(申輔)와 조광(趙匡)이 각기 두 딸을 낳고 죽었다고 조정한 것으로 보인다. 곧, 『삼국유사』 왕력과 가락국기에서 제2대 거등왕비는 천부경 신보의 딸 모정으로, 태자 마품을 낳았다고 하였고, 제3대 마품왕비는 종정감 조광의 손녀 호구로서 태자 거질미를 낳았다는 것이다.

176) 모정부인

가락국(금관가야) 제2대 거등왕의 왕비로 천부경(泉府卿) 신보(申輔)의 딸이며, 제3대 마품왕의 어머니이다. 『삼국유사』 권2 기이2 가락국기에 관련 기록이 보이는데, 모정이 신보의 부인으로 나와 있기도 하다. 따라서 이 두 사람의 모정이 동명이인인지 또는 기록의 혼란인지는 분명히 알 수 없다. 신보의 아내와 딸이 같은 이름으로 기록된 것은 허황후 집단이 수로 집단과 교혼을 하고 있었을지라도 왕비족으로서 위치를 더 강하게 가졌기 때문으로 이해된다.(김두진, 1999) 이와 비슷한 관점에서, 어머니의 이름인 모정(慕貞)을 딸이 그대로 취한 것은 허황후 집단이 왕비족으로서 3대 마품왕비까지 배출하였던 영향력 행사와 관련이 있는 것으로 보기도 한다.(백승충, 2001)

177) 거질미왕

가락국(금관가야) 제4대 왕으로 생몰년 ?-346년, 재위기간 291-346년이다. 왕비는 아궁(阿躬) 아간(阿干)의 손녀 아지(阿志)이며, 아들로 이품왕을 낳았다. 『삼국유사』 권2 기이2 가락국기 주석 참고.

178) 호구

가락국(금관가야) 제3대 마품왕의 왕비로 종정감(宗正監) 조광(趙匡)의 손녀이며, 제4대 거질미왕(居叱彌王)을 낳았다. 『삼국유사』 기이 가락국기에 의하면, 조광에게 딸만 있었던 것으로 되어 있기 때문에, 호구는 조광의 외손녀로 추정되지만 분명하지 않다. 오히려 가락국기에는 호구가 조광의 손녀로 분명하게 나와 있다. 조광에게 손녀가 있었다면, 분명 그의 아들이 있어야 할 것인데, 딸만 있는 것으로 기록된 것이다. 이는 허황후 집단이 왕비족으로서의 위치를 강하게 가졌기 때문으로 해석하기도 한다.(김두진, 1999) 이를 통해 허황옥이 왕비가 된 데 이어 2대 거등왕비와 3대 마품왕비까지 250년 동안 허황후 집단이 왕비를 독점적으로 배출하는 등 가락국 조정에 강한 영향력을 미치고 있음을 알 수 있다고 한다.(백승충, 2001)

179) 이품왕

가락국(금관가야) 제5대 왕으로 생몰년 ?-407년, 재위기간 346-407년이다. 왕비는 사농경(司農卿) 극충(克忠)의 딸인 정신(貞信)이고, 아들로 좌지왕을 낳았다. 『삼국유사』 권2 기이2 가락국기 이시품왕(伊尸品王) 주석 참고.

180) 아지

가락국(금관가야) 제4대 거질미왕의 왕비로 아궁(阿躬) 아간(阿干)의 손녀이며, 제5대 이품왕(이시품왕)을 낳았다.

『삼국유사』 권2 기이2 가락국기에 의하면, 아궁 아간은 아도간(我刀干)의 다른 표기이며, 수로왕에 의하여 아도(我刀)의 명칭이 아궁으로 바뀌었다. 또한, 아간은 신라 관등이 사용되었다는 내용에 맞추어진 명칭으로 생각된다. 따라서 아도간의 집단은 가락국이 성립되고 일정한 시기가 경과한 뒤에도 왕비를 내는 유력한 세력으로 등장하였음을 생각할 수 있다.(이영식, 1994)

이러한 사실은 제 2-3대의 거등왕과 마품왕이 허황후를 따라 도래하였던 천부경(泉府卿) 신보(申輔)와 종정감(宗正監) 조광(趙匡)과 같은 허황후 집단의 여자를 왕비로 맞이하였음과 함께, 허황후 일족의 행방에 대하여 그 명맥이 길지 않았음을 보여 주는 것으로 기술하고 있다는 사실에서, 어떠한 이유에서든 허황후 집단이 왕비를 내는 자격을 상실한 이후의 공백을 아도간 집단이 대신하였던 것으로 이해할 수 있다. 그러나 아도간 집단에서 왕비를 내었던 흔적은 이 한 사례에 불과하고, 이후에는 대아간(大阿干)·각간(角干)·사간(沙干) 등으로 표기된 사람들의 딸이 왕비로 맞아들여지고 있다. 아간·각간·사간(沙干) 등의 관등명이 수로왕에 의하여 사용되었다고 하는 전승에 비추어 볼 때, 아도간 집단에서 왕비를 내었던 전통도 그다지 오래 유지되었던 것 같지는 않으며, 이러한 점은 9간(干) 집단의 세력이 완전히 가락국의 정치세력에 편입된 흔적으로 이해할 수 있다.(이영식, 1994)

수로를 맞이하는 제의(祭儀)에서 9간 중 아도간은 중심적 역할을 하였다. 아도간이 수로를 비롯한 6란(卵)이 들어 있는 금궤를 자신의 집으로 운반하여 평상 위에 모시는 것을 끝으로 수로왕을 맞이하는 제의가 일단락되고 무리들이 해산하였다고 하며, 다음날 탄생한 수로는 십여 일가량이 경과한 후에 가락국의 왕위에 오른 것으로 서술되고 있다. 이에 의하면, 수로가 탄생하고 성장하였던 곳은 아도간의 집이었으며, 아도간은 수로 집단이 김해 지역에 정착하는 데 도움을 주었고, 후원자적인 위치에 있었던 토착 집단으로 묘사되었다. 이러한 가락국 건국신화에 보이는 아도간과 수로의 관계를 고려하면, 새롭게 이주해 온 수로집단이 토착 집단인 9간 사회를 일방적으로 정복하는 과정은 상상하기 어렵다고 이해된다.(이현혜, 1984)

181) 좌지왕

가락국(금관가야) 제6대 왕으로 생몰년 ?~421년, 재위기간 407~421년이다. 왕비는 도령대아간(道寧大阿干)의 딸 복수(福壽)이며, 제7대 취희왕(吹希王)을 낳았다. 자세한 설명은 기이편 가락국기의 주석을 참고.

182) 정신

가락국(금관가야) 제5대 이품왕의 왕비로 사농경(司農卿) 극충(克忠)의 딸이며, 제6대 좌지왕을 낳았다.

『통전(通典)』 직관(職官) 사농경조(司農卿條)에 의하면, 사농경은 한(漢) 9경(卿)의 하나로서, 전곡(錢穀)의 일을 주관하며, 그 관직명은 남북조(南北朝) 및 수(隋)·당(唐)을 거쳐 명대(明代)에 이르기까지 거의 그대로 지속되었다고 한다. 사농경은 천부경(泉府卿), 종정감(宗正監)과 함께 중국계 관직명으로, 실제로 가락국에서 사용되었다고 보기는 극히 어렵고, 아마도 7세기 중엽 이후 신라와 당나라 사이의 관계가 긴밀해지면서 중국 관제에 대한 이해가 심화된 이후에 부회된 것으로 여겨진다.(김태식, 1998)

183) 취희왕

가락국(금관가야) 제7대 왕으로 생몰년 ?-451년, 재위기간 421-451년이다. 취희왕의 또 다른 표기로는 김희(金喜), 질가(叱嘉)가 있다. 왕비는 진사각간(進思角干)의 딸 인덕(仁德)이고, 질지왕(銍知王)을 낳았다. 자세한 설명은 기이편 가락국기조의 주석을 참고.

184) 복수

가락국(금관가야) 제6대 좌지왕(坐知王)의 왕비이자, 제7대 취희왕(吹希王)의 어머니로, 도녕(道寧) 대아간(大阿干)의 딸이다. 『삼국유사』 왕력에는 취희왕 어머니의 이름을 "복(福)"이라고만 하고 출자에 대해서도 기록하지 않았다. 그러나 『삼국유사』 권2 기이2 가락국기조의 끝부분에 전하는 가락국의 세계(世系)에 따르면 "(좌지왕의) 왕비는 도녕 대아간의 딸 복수(福壽)이고 아들 취희(吹希)를 낳았다.(王妃道寧大阿干女福壽 生子吹希)"고 하였으므로, 이름이 "복수"이고 아버지가 도녕 대아간임을 알 수 있다.

185) 질지왕

가락국(금관가야) 제8대 왕으로 생몰년 ?-492년, 재위기간 451-492년이며, 김질왕(金銍王)이라고도 한다. 아버지는 제7대 취희왕(吹希王)이고 어머니는 진사(進思) 각간(角干)의 딸 인덕(仁德)이다. 왕비는 김상(金相) 사간(沙干)의 딸 방원(邦媛)이고, 아들은 제9대 겸지왕(鉗知王)이다. 자세한 설명은 기이편 가락국기조의 주석을 참고.

186) 인덕

가락국(금관가야) 제7대 취희왕(吹希王)의 왕비이자 제8대 질지왕(銍知王)의 어머니로 진사(進思) 각간(角干)의 딸이다. 『삼국유사』 왕력에는 인덕의 출자에 대한 기록이 없으나, 『삼국유사』 권2 기이2 가락국기조의 끝부분에 전하는 가락국의 세계(世系)에는 "(취희왕의) 왕비는 진사 각간의 딸 인덕(仁德)이고 왕자 질지(銍知)를 낳았다.(王妃進思角干女仁德 生王子銍知)"고 하여 아버지가 진사 각간임을 밝히고 있다.

187) 겸지왕

가락국(금관가야) 제9대 왕으로 생몰년 ?-521년, 재위기간 492-521년이며, 김겸왕(金鉗王)이라고도 한다. 아버지는 제8대 질지왕(銍知王)이고 어머니는 김상(金相) 사간(沙干)의 딸 방원(邦媛)이다. 왕비는 출충(出忠) 각간(角干)의 딸 숙(淑)이고, 아들은 제10대 구형왕(仇衡王)이다. 자세한 설명은 기이편 가락국기조의 주석을 참고.

188) 방원

가락국(금관가야) 제8대 질지왕(銍知王)의 왕비이자 제9대 겸지왕(鉗知王)의 어머니로 김상(金相) 사간(沙干)의 딸이다. 『삼국유사』 왕력에는 그 이름만 전하고 출자에 대한 언급이 없으나, 『삼국유사』 권2 기이2 가락국기조의 가락국 세계(世系)에 따르면 "(질지왕의) 왕비는 김상 사간의 딸 방원(邦媛)이고 왕자 겸지(鉗知)를 낳았다.(王妃金相沙干女邦媛 生王子鉗知)"라고 하여 아버지를 김상 사간으로 기록하였다.

189) 구충왕

가락국(금관가야)의 마지막 제10대 왕으로 생몰년 미상, 재위기간 521-532년이다. 아버지는 제9대 겸지왕(鉗知王)이고 어머니는 출충(出忠) 각간(角干)의 딸 숙(淑)이다. 양(梁) 중대통(中大通) 4년(532) 9월에 신라에 투항하였다. 왕비는 분질수이질(分叱水爾叱)의 딸 계화(桂花)이며, 세종(世宗) 각간, 무도(茂刀) 각간, 무득(茂得) 각간 등 세 아들을 두었다. 자세한 설명은 기이편 가락국기조를 참고.

190) □녀(숙)

가락국(금관가야) 제9대 겸지왕(鉗知王)의 왕비이자 제10대 구형왕(仇衡王)의 어머니로 출충(出忠) 각간(角干)의 딸이다. 『삼국유사』 왕력에는 구충왕 어머니의 이름을 "□女"라 하였으나, 『삼국유사』 권2 기이2 가락국기조의 끝부분에 전하는 가락국의 세계(世系)에 따르면 "(겸지왕의) 왕비는 출충 각간의 딸

숙(淑)이고 왕자 구형(仇衡)을 낳았다.(王妃出忠角干女淑 生王子仇衡)"고 하여, 구형왕 어머니의 이름이 숙이었다고 기록하였다. 또한 이 기록에서는 아버지가 출충 각간임도 밝히고 있다.

191) 신문왕

신라의 제31대 왕으로 생몰년 ?-692년, 재위기간 681-692년이며, 이름은 정명(政明)이고 자(字)는 일소(日炤)이다. 아버지는 제30대 문무왕(文武王)이고 어머니는 자의왕후(慈義王后)이다. 문무왕 5년(665)에 태자로 책봉되었다. 자세한 설명은 기이편 만파식적조의 주석을 참고.

192) 신목왕후

신라 제31대 신문왕(神文王)의 왕비(王妃)이자 신라 제32대 효소왕(孝昭王)의 어머니. 김운공(金運公)의 딸로, 신문왕의 첫 번째 비(妃)인 소판(蘇判) 김흠돌(金欽突)의 딸 김(金)씨가 아버지의 반란에 연루되어 출궁당하자 그 뒤를 이어 정비(正妃)로 맞아들여졌다. 이공(悝恭)을 낳았는데, 후에 신라 제32대 효소왕으로 즉위하였다. 효소왕 9년(700) 6월 1일에 사망하였다.

아버지인 김운공은 『삼국사기』에서 "김흠운(金欽運)" 또는 "김흠운(金欽雲)"이라고 하였다. 김운공은 신라 제29대 태종무열왕(太宗武烈王)의 사위로 무열왕 2년(655) 신라가 백제의 조천성(助川城)을 공략할 때 백제군의 기습을 받아 전사한 인물이었다. 신문왕이 신목왕후(神穆王后)를 비(妃)로 맞아들인 신문왕 3년(683)은 김운공이 사망한 지 30여 년이 흐른 시기였으므로 신목왕후의 가문이 지니는 정치적 영향력은 상대적으로 미약했을 것이다. 이러한 이유로 말미암아 신문왕은 김운공의 딸인 신목왕후를 새로운 왕비로 맞이하였을 것으로 이해되기도 한다. 즉 신문왕은 비교적 열악한 가문의 딸을 자신의 비(妃)로 택함으로써 왕권 행사에 부담을 갖지 않으려 했다고 본 것이다.(박해현, 2003)

한편 신문왕의 사후 신목왕후는 왕으로 즉위한 아들 효소왕을 대신하여 섭정하였을 것이라는 주장이 제기된 바 있다. 왜냐하면 그녀의 아들인 태자 이공은 6세라는 어린 나이로 왕위에 올랐기 때문이다. 이러한 즉위 시의 상황으로 인하여 효소왕은 독자적으로 정국을 운영할 능력을 갖추지 못한 것으로 판단된다. 때문에 효소왕의 경우에도 당연히 진흥왕(眞興王)이나 혜공왕(惠恭王)의 사례와 같이 왕의 어머니인 신목왕후가 섭정하였을 것으로 보는 것이다.(김수태, 1996) 반면 효소왕의 경우 진흥왕이나 혜공왕과 같이 사료상의 섭정에 대한 기록이 보이지 않는 점에 주목하여 신목왕후의 세력기반이 미약했기 때문에 섭정이 이루어지지 못했다고 보기도 한다.(박해현, 2003) 신목왕후의 죽음에 대해서는 「황복사금동사리함명문(皇福寺金銅舍利函銘文)」에서, 효소왕 9년(700)에 해당하는 성력(聖曆) 3년 6월 1일에 사망하였다고 기록하고 있다.

193) 김운공

신라 제31대 신문왕의 왕비(王妃)인 신목왕후(神穆王后)의 아버지로 제17대 나물왕(奈勿王)의 8대손으로 아버지는 잡찬(迊飡) 달복(達福)이다. 태종무열왕(太宗武烈王) 2년(655)에 백제와의 전투에서 전사하였다. 『삼국유사』와 『삼국사기』에서 각각 신목왕후의 아버지로 기록되어 있는 김운공과 김흠운은 동일한 인물이라고 이해된다.(김수태, 1996) 『삼국사기』 효소왕 즉위조에는 "김흠운(金欽運)" 또는 "김흠운(金欽雲)"이라고 하였다. 『삼국사기』 열전 김흠운(金歆運)조에는 구체적인 기록이 전한다. 이에 따르면 김운공은 신라 제17대 나물왕(奈勿王)의 8대손으로, 아버지는 잡찬 달복이다. 어려서 화랑 문노(文努)의 아래서 어울려 놀았는데 명예와 기개를 중시하였다고 한다. 태종무열왕 2년(655)에 신라가 고구려와 백제에게 북쪽 변방 33성을 빼앗기자 그는 낭당대감(郎幢大監)으로 출전하였다. 백제 땅 양산(陽山) 아래서 진을 치고 조천성(助川城)을 공략하려 하다가 백제군의 기습을 받아 끝내 대감(大監) 예파(穢破)와 소감(小監) 적득(狄得)과 함께 전사하였다.

194) 효소왕

신라의 제32대 왕으로 생몰년 687-702년, 재위기간 692-702년이며, 이름은 이공(惶恭, 理恭) 혹은 이홍(惶洪, 理洪)이다. 아버지는 제31대 신문왕(神文王)이고 어머니는 신목왕후(神穆王后)이다. 신문왕의 뒤를 이어 6세의 나이로 왕위에 올랐다. 재위 10년째 되는 해인 효소왕 10년(701) 7월에 사망하였다. 자세한 설명은 기이편 효소왕대죽지랑조의 주석을 참고.

195) (전) 효소왕릉

효소왕릉이라고 전해지는 능은 현재 경상북도 경주시 조양동 산 8에 위치해 있으며, 사적 제184호 신라 효소왕릉으로 지정되어 있다. 능의 외형은 원형봉토분이며 봉분 높이는 4.3m, 봉분의 직경은 18.34m, 둘레는 57.5m이다. 봉분 자락에는 자연석을 사용하여 보호석렬(保護石列)을 마련한 것 같으나 대부분 묻혀 있어 일반 민묘(民墓)보다 규모가 조금 크게 보일 뿐이다. 이에 대해서 무덤 앞에 있는 혼유석(魂遊石)이 빈약하고 무덤의 규모도 작아 통일신라기의 왕릉으로는 생각할 수 없다는 주장도 일찍부터 제기된 바 있다. 왕력과 『삼국사기』 신라본기에는 효소왕릉(孝昭王陵)의 위치에 대해서 모두 동일하게 망덕사(望德寺) 동쪽에 있음을 전하고 있다. 그러나 현재 효소왕릉으로 전해지는 무덤은 망덕사지(望德寺址)로부터 남동쪽으로 약 8km가량 떨어진 지점에 위치해 있어 문헌의 기록과 일치하지 않는다. 오히려 망덕사지로부터 동쪽으로 200m가량 떨어진 곳에 위치한 전 신문왕릉(傳 神文王陵)이 실제의 효소왕릉일 가능성이 높다고 추정된다.(강우방, 1990)

196) 망덕사

현재 경상북도 경주시 배반동에 위치했던 것으로 추정된다. 『삼국유사』에서는 문무왕대 당의 침입을 막기 위해 만든 사천왕사(四天王寺)를 당 사신에게 숨기기 위해 그 맞은편에 망덕사를 지었다는 연기설화가 전한다. 현재 절터에는 보물 제69호로 지정된 당간지주(幢竿支柱)와 쌍탑지, 건물지 등이 남아 있다. 자세한 설명은 감통편 진신수공조의 주석을 참고.

197) 성덕왕

신라 제33대 왕으로 생몰년 ?-737년, 재위기간 702-737년이며, 이름은 흥광(興光) 또는 융기(隆基)이다. 아버지는 신라 제31대 신문왕(神文王)이고 어머니는 신문왕의 둘째 왕비(王妃)인 신목왕후(神穆王后)이다. 신라 제32대 효소왕(孝昭王)이 젊은 나이로 후사(後嗣)없이 서거하자, 국인에 의하여 국왕으로 추대되었다. 첫 번째 왕비는 원태(元大) 아간(阿干)의 딸인 배소왕후(陪昭王后)이고, 두 번째 왕비는 순원(順元) 각간(角干)의 딸 점물왕후(占勿王后)이다. 성덕왕은 범물왕후와의 사이에서 태자 승경(承慶)을 낳았는데, 후에 신라 제34대 효성왕(孝成王)으로 즉위하였다. 재위한 지 36년째 되는 해인 737년에 서거하여 시호를 성덕(聖德)이라 하였다. 자세한 설명은 기이편 성덕왕조의 주석을 참고.

198) 배소왕후

신라 제33대 성덕왕(聖德王)의 첫 번째 왕비(王妃)로, 시호는 성정왕후(成貞王后) 혹은 엄정왕후(嚴貞王后)이다. 원대(元大) 아간(阿干)의 딸로 성덕왕 3년(704)에 왕비로 책봉되었으나, 왕 15년(716)에 출궁(出宮)당하였다. 성덕왕과의 사이에서 왕자(王子)인 중경(重慶)을 낳았다. 중경은 성덕왕 14년(715)에 태자(太子)로 임명되었다가, 같은 왕 16년(717)에 사망하였다. 배소왕후의 아버지인 원대 아간은 『삼국사기』 성덕왕 3년(704)조에서 성덕왕비(聖德王妃)의 아버지로 기록되어 있는 김원태(金元泰)와 동일한 인물로 보인다. 성덕왕 15년에 이루어진 배소왕후의 출궁은 당시 정치세력 간의 대립과 갈등으로 인해 벌어진 결과로 이해된다. 성덕왕은 배소왕후의 출궁이 있은 지 4년 후인 720년에 김순원(金順元)의 딸인 점물왕후(占勿王后)를 새로운 비로 맞아들이는데, 이는 김순원의 정치세력과 무관하지 않은 것으로 보이기 때문이다.(이기백 · 이기동, 1982) 김원태 세력은 김순원 세력에게 제압당하였고, 그 결과로 배소왕후의 출궁이 벌어지게 되었다고 이해된다.(김수태, 1996)

199) 점물왕후

신라 제33대 성덕왕(聖德王)의 두 번째 왕비(王妃)로 시호는 소덕(炤德)이며, 아버지는 순원(順元) 각간(角干)이다. 성덕왕 19년(720)에 왕비로 책봉되어 같은 왕 23년(724)에 사망하였다. 성덕왕과의 사이에서는 왕자(王子) 승경(承慶)과 헌영(憲英)을 낳았는데, 이들은 후에 각각 신라 제34대 효성왕(孝成王)과 제35대 경덕왕(景德王)으로 즉위하였다.

성덕왕이 점물왕후를 두 번째 비로 맞이한 것은 성덕왕 19년(720)의 일로, 첫 번째 비였던 배소왕후(陪炤王后)가 출궁 당한 지 4년 만에 이루어진 일이었다. 점물왕후의 입궁(入宮)은 그녀의 아버지인 김순원이 신라 정계에서 득세하는 과정과 관련 있다고 이해된다. 배소왕후의 출궁에 즈음하여 점물왕후의 아버지인 김순원은 자신의 세력과 대립하던 김원태 세력을 제거하였고, 그 후 자신의 딸인 점물왕후를 성덕왕의 두 번째 비로 들이게 된 것이다. 이러한 김순원 세력의 성격에 대해서는 효소왕대에 몰락했다가 성덕왕대 재등장한 왕당파(王黨派)로 보기도 하고(김수태, 1996), 성덕왕을 옹립한 진골 귀족 세력 중 하나로 파악하기도 한다.(박해현, 2003)

200) 순원 각간

신라 제33대 성덕왕(聖德王)의 두 번째 왕비(王妃)인 점물왕후(占勿王后)의 아버지로 김(金)씨이다. 신라 제32대 효소왕(孝昭王)대에 중시(中侍)의 직을 역임하다가 효소왕 9년(700)에 일어난 경영(慶永)의 모반에 연루되어 파면되었다. 이후 성덕왕대 정계에 복귀하여 황복사(皇福寺) 석탑에 사리함을 안치하는 사업의 책임자로 활약하였으며, 자신의 딸을 왕의 두 번째 비로 들이기도 하였다. 왕력에는 순무(順无) 각간(角干)이라고 하였는데, 순원(順元)의 오각(誤刻)으로 판단된다.

김순원의 정치적 성격에 대해서는 상이한 견해가 존재한다. 그를 신라 중대(中代) 왕당파(王黨派) 세력을 대표하는 인물로 파악한 견해이다. 이러한 입장에서는 김순원이 효소왕대 국왕의 최측근인 중시(中侍)직을 역임하면서 위축된 왕권을 강화하기 위해 개혁에 앞장서다 진골귀족 세력에 의해 파면되는 인물로 본다. 그리고 성덕왕대에 들어서 정계에 복귀한 뒤에는 국왕의 편에 서서 진골귀족 세력에 대항하여 전제왕권을 확립하는 데 핵심적인 역할을 담당한 인물로 평가한다.(김수태, 1996) 반대로 김순원을 신라 중대의 왕권을 견제하는 여러 진골귀족 세력 중 하나로 보기도 한다. 김순원은 반효소왕계 인물로 미약한 효소왕권을 누르고 중시직에 올랐다가 반란의 실패로 파면되었다고 한다. 이후 김순원은 성덕왕을 옹립하여 다시 정계에 복귀하였고, 또 다른 진골귀족 세력 중 하나인 김원태 세력과의 경쟁을 통해 외척으로까지 성장하였다는 것이다.(박해현, 2003)

『삼국사기』 권9 신라본기9 효성왕 3년(739)조에는 "이찬 순원의 딸 혜명(惠明)을 맞이하여 비로 삼았다.(納伊湌順元女惠明爲妃)"라고 한 기록이 보인다. 이러한 기록에 따르면 김순원은 자신의 또 다른 딸인 혜명을 외손자인 효성왕(孝成王)과 혼인시킨 것이 된다. 반면 왕력에서는 효성왕의 비인 혜명왕후(惠明王后)를 "진종 각간의 딸(眞宗角干之女)"이라고 하여 『삼국사기』와는 다른 기록을 보여 주고 있다. 이러한 기록의 차이에 대해 혜명왕후는 『삼국사기』의 기록과 같이 순원의 딸이고, 진종은 "영종의 딸이 후궁으로 들어갔다.(永宗女入後宮)"라는 『삼국사기』 권9 신라본기9 효성왕 4년(740)조에 나오는 영종을 말하는 것으로 파악하기도 한다.(井上秀雄, 1974)

201) (전) 성덕왕릉

신라 성덕왕릉(聖德王陵)으로 전해지는 무덤은 현재 사적 제28호로 지정되어 경상북도 경주시 조양동 산 8에 위치하고 있다. 왕력에는 성덕왕릉의 위치에 관하여 "동촌(東村) 남쪽에 있는데 양장곡(楊長谷)이라고도 한다.(陵在東村南 一云楊長谷)"라고 하였다. 또한 『삼국사기』에는 "이거사(移車寺) 남쪽에 장사 지냈다.(葬移車寺南)"라고 하였다. 따라서 현재의 전 성덕왕릉(傳 聖德王陵)을 기준으로 하여 무덤 북쪽에 위치한 폐사지(廢寺址)를 이거사로 비정하기도 한다.

전 성덕왕릉은 양식적으로 십이지신상, 석물, 능비 등 신라 능묘제의 완성된 구성물을 모두 갖춘 가장 이른 시기의 무덤이라는 점에서 주목된다. 무덤의 외형은 높이가 4.5m이고 직경이 14.65m인 원형봉토분이다. 무덤의 아래에 두른 호석(護石)은 전 신문왕릉의 호석 구조에서 한 단계 발전한 형식으로 높이 90cm 정도의 판석(板石)을 면석(面石)으로 세우고 그 위에 갑석(甲石)을 올렸다. 면석들 사이에는 탱주(撑柱)를 끼워 고정시켰고 탱주 바깥쪽에는 삼각형의 받침돌을 세워 보강하였다. 이 삼각형의 받침돌 사이에는 십이지신상(十二支神像)이 환조(丸彫)로 배치되었는데, 중앙에 놓여 있지 않고 좌와 우로 이동하여 배치된 경우가 많다. 이는 처음 왕릉이 조성된 시기와 십이지신상이 추가된 시기가 다르기 때문으로 보기도 한다. 이에 따르면 전 성덕왕릉의 십이지신상은 신라 제35대 경덕왕 때 추가된 것으로, 십이지신상의 고유 방향에 맞게 배치하다 보니 받침돌 사이의 일정한 위치를 고집하지 못했다는 것이다.(강우방, 1990)

십이지신상은 모두 방형 기단 위에 갑옷을 입고 무기를 들고 서 있는 모습인데, 현재는 심하게 훼손당한 채 남아 있다. 호석 밖으로는 판석을 깔아 회랑(廻廊)을 설치하였고, 회랑 밖으로는 석주를 세워 돌난간을 둘렀다. 난간의 석주에는 상하 2개소에 관석(貫石)을 끼우기 위한 둥근 구멍이 있다. 무덤의 앞에는 안상문(眼象紋)이 새겨진 석상(石床)이 놓여 있으며, 파손이 심한 무인석(武人石) 1구와 상반신만 남은 석인(石人) 1구가 좌우로 위치하고 있다. 무덤에는 무덤 영역의 네 모퉁이에 각각 1구씩 총 4구의 석사자(石獅子)가 배치되어 있다. 무덤 전방에서 100m가량 떨어진 지점에는 경상북도 유형문화재 제96호로 지정된 귀부(龜趺)가 위치해 있다. 귀부의 존재로 보아 능비(陵碑)가 있었을 것으로 추정되나 지금은 비신(碑身)과 이수(螭首)가 없어져 전하지 않는다. 다만 귀부의 주변 조사를 통해 약간의 비석 조각이 발견되었는데, 판독된 명문(銘文)은 "무(武)"와 "적(跡)" 두 자뿐이다.

한편 왕력에서 성덕왕릉의 위치를 설명하면서 언급하였던 "동촌(東村) 남쪽"을 현재의 경주시 남산동 일대로 보아, 그곳에 위치한 전 정강왕릉(傳定康王陵)을 성덕왕의 능으로 비정하는 견해도 제기된 바 있다.(강인구, 2000)

202) 양장곡

경주시 남산동 일대를 양장곡으로 비정한 견해가 있다. 이 견해는 월성(月城)의 동쪽인 경주시 보문동과 배반동 일대를 동촌으로 비정한 뒤, 그 남쪽에 두 기의 신라 왕릉이 위치한 남산 북쪽 골짜기를 양장곡으로 추정한 것이다. 현재 이곳에는 헌강왕릉(憲康王陵)과 정강왕릉(定康王陵)으로 전하는 신라시대 왕릉 두 기가 존재하는데, 이를 각각 성덕왕릉과 경덕왕릉으로 보았다.(강인구, 2000) 반면에 왕력이 찬술된 고려시대 경주의 동촌 범위는 보문동·배반동은 물론 동방동까지도 포함된다고 하여, 왕력에 언급된 양장곡을 전 성덕왕릉(傳聖德王陵)이 위치한 지금의 동방동 남쪽의 조양동 일대로 보기도 한다.(이근직, 2006)

203) 효성왕

신라 제34대 왕으로 생몰년 ?-742년, 재위기간 737-742년이며, 성은 김씨(金氏), 이름은 승경(承慶)이다. 성덕왕의 둘째 아들로, 형인 태자 중경(重慶)이 성덕왕 16년(717)에 죽었으므로, 724년 태자로 책봉되었다가 성덕왕이 죽자 즉위하였다. 어머니는 소덕왕후(炤德王后)이고, 왕비는 혜명(惠明)이다. 그는 재위 6년째 되던 742년 5월에 승하하였는데, 시호를 효성이라 하였다. 유명(遺命)

에 따라 법류사(法流寺)에서 화장해 유골을 동해에 뿌렸다. 자세한 설명은 기이편 효성왕조의 주석을 참고.

204) 혜명왕후

신라 제36대 효성왕의 비로, 아버지는 이찬(伊湌) 순원(順元) 혹은 진종(眞宗) 각간(角干)으로 기록되어 있다. 왕력에는 "왕비는 혜명왕후로 진종 각간의 딸이다.(妃惠明王后 眞宗角干之女)"라고 기록되어 있는 반면, 『삼국사기』 효성왕 3년조(739)에는 "이찬 순원의 딸인 혜명을 받아들여 비로 삼았다.(納伊湌順元女惠明爲妃)"라고 기록되어 있어 혜명왕후의 아버지가 누구인가에 대한 논의가 진행되었다. 순원과 진종을 동일 인물이 착종된 것으로 볼 수도 있으나, 왕력에 성덕왕의 비가 순원 각간의 딸이라고 하는 기록이 보이므로 같은 편목 내에서 동일 인물이 다르게 기록되었을 가능성은 희박하다. 이에 혜명황후는 『삼국사기』의 기록과 같이 순원의 딸이고, 진종은 "영종의 딸이 후궁으로 들어갔다.(永宗女入後宮)"는 『삼국사기』 권9 신라본기9 효성왕 4년조(740)에 나오는 영종을 말하는 것으로 파악한 견해가 있다. 이렇게 본다면 효성왕에게는 첫째 왕비인 박씨, 즉 진종의 딸이 있고, 순원의 딸인 혜명왕후가 둘째 왕비가 되는 것이다.(井上秀雄, 1974; 김수태, 1996)

그러나 이때 문제가 되는 것은 영종의 딸이 "후궁(後宮)"으로 기록되어 있는 사실이다. 앞의 견해에서는 이에 대해 명확한 언급을 하고 있지 않은데, 만약 박씨 왕비를 후궁으로 볼 수 있다면 박씨 왕비 존재 가능성의 가장 큰 근거인 『신당서(新唐書)』, 『책부원귀(冊府元龜)』 등 중국사료에, 혜명왕후보다 먼저 박씨 왕비를 왕비로 책봉하고 있는 기사가 보이므로 이에 대한 다른 해석이 필요하다. 때문에 진종과 영종은 다른 인물이고, 효성왕에게는 영종의 딸인 후궁이 첫째 왕비인 박씨, 둘째 왕비인 혜명왕후와 함께 왕비로 있었다고 설명하는 견해가 있다.(박해현, 2003) 이러한 기록들의 차이점은 후일 효성왕의 왕비로 순원의 딸인 혜명만을 인식한 데서 비롯된 것으로 보인다.

205) 경덕왕

신라 제35대 왕으로 생몰년 ?-765년, 재위기간 742-765년이며, 성은 김씨, 이름은 헌영(憲英)이다. 제33대 성덕왕의 셋째 아들이며, 어머니는 소덕태후(炤德太后)이고, 제34대 효성왕의 동복동생(同母弟)이다. 효성왕에게 아들이 없었기 때문에 태자로 책봉되었다가 왕위를 계승하였다. 왕비는 이찬(伊飡) 김순정(金順貞)의 딸인 삼모부인(三毛夫人)과 의충(義忠) 각간(角干)의 딸인 만월부인(滿月夫人)이다. 재위 24년(765) 6월에 승하하여 시호를 경덕(景德)이라 하고 경지사(頃只寺) 서쪽 봉우리에 장사 지내고 능을 만들었다. 후에 이를 양장곡(楊長谷)으로 이장하였다고 한다. 자세한 설명은 기이편 경덕왕충담사표훈대덕조의 주석을 참고.

206) 삼모부인

신라 제35대 경덕왕의 비로 사량부인(沙梁夫人)이라고도 한다. 아버지는 이찬(伊飡) 김순정(金順貞)이다. 자식이 없다는 이유로 출궁(出宮)당하였다. 경덕왕 2년(743) 김의충(金義忠)의 딸인 만월부인(滿月夫人)이 후비(後妃)가 되는 사실을 통해, 이 시기를 전후하여 출궁당한 것으로 볼 수 있다. 이후 『삼국유사』 권3 탑상4 황룡사종 분황사약사 봉덕사종조(皇龍寺鐘芬皇寺藥師奉德寺鐘)에 의하면 754년 황룡사종의 조성시에 시주하였다는 기록이 확인된다.

삼모부인(三毛夫人)이 언제 경덕왕의 비가 되는지에 대해서는 『삼국사기』 권9 신라본기9 경덕왕 즉위년조(742)에 이미 삼모부인의 존재가 기록되어 있는 점을 근거로 경덕왕이 태자 시절 혼인한 것으로 파악한다.(濱田耕策, 2002) 한편 삼모부인(三毛夫人)의 출궁과 만월부인(滿月夫人)의 입궁에 대해 이를 경덕왕의 왕권강화책에서 나온 것이며 만월부인에게서 아들을 얻고자 노력한 사실을 고려한다면 첫째 부인의 무자(無子)로 인한 출궁은 대체로 받아들일 수 있다는 견해도 있다. 즉 이는 경덕왕의 의지에 의해 삼모부인이 출궁되었다고 보는 것이다.(김수태, 1996) 그러나 경덕왕이 후비인 만월부인에게서 15년 동안이나 아들이 없었으나 왕비를 폐출하지 않은 점을 생각해 본다면 삼모부인의 출궁에는 정치적 원인이 개입되었다고 생각할 수 있다. 이에 이를 경덕왕의 의지가 아닌 김순원(金順元) 세력에 의한 것으로 보는 견해가 있다.(신정훈, 2000) 즉 삼모부인 세력(김순정 세력)은 이미 정치적 주도권을 가지고 있던 김순원 세력에게는 위협적 존재로 인식되었던 것이다. 삼모부인 세력에는 경덕왕 13년(754) 황룡사종 주조에 참여하고 있는 효정(孝貞), 김순정의 손자인 김옹(金邕) 등의 인물이 속해 있는데, 이들은 왕의 측근 인물들로 김순원 세력의 정치적 영향력을 제한할 가능성이 있었다. 이에 김순원 세력은 삼모부인을 출궁시키고 정치적으로 부담이 없는 김의충(金義忠)의 딸인 만월부인을 납비(納妃)시켰다고 보는 것이다.

반면 삼모부인이 경덕왕의 태자 시절 이미 비로 책봉되었다는 사실을 토대로, 당대에 영향력이 있던 김순원 세력과 김순정 세력이 혈연적 혹은 그에 상응하는 관계였다고 보고 삼모부인의 출궁이 김순정 세력 내의 자의적 선택이었다고 보는 견해도 있다.(박해현, 2003) 이 견해는 삼모부인과 만월부인이 모두 김순정 세력이었다는 점을 바탕으로 하고 있는데, 이에 따르면 경덕왕이 태자로 책봉될 때 김순정의 딸을 태자비로 바쳤으나 혼인한 지 몇 년이 지나도 후사가 없자 김순정 측에서는 하루빨리 후계를 정하는 것이 그들의 세력 유지에 필요하였으므로 만월부인으로 새 왕비를 간택했던 것으로 본다.

207) 만월부인

신라 제35대 경덕왕의 후비(後妃)로 제36대 혜공왕의 어머니이며, 의충(義忠) 각간(角干)의 딸이다. 제35대 경덕왕의 선비(先妃)인 삼모부인(三毛夫人)이 아들이 없어 궁에서 쫓겨난 뒤, 경덕왕 2년(743)에 차비(次妃)로 들어갔다. 이후 혜공왕 즉위 당시 나이가 여덟 살이었으므로 태후(太后)의 지위로 섭정하였다. 시호는 경수황후(景垂王后) 혹은 경목왕후(景穆王后)이다. 혜공왕을 낳게 되는 과정에 대한 기록이 『삼국유사』 권2 기이2 경덕왕충담사표훈대덕(景德王

忠談師表訓大德)조에 나오는데, 비(妃)가 되고 나서 아들을 낳지 못하자, 경덕왕이 불국사의 승려 표훈(表訓)으로 하여금 하늘로 올라가 천제(天帝)에게 아들을 낳도록 간청하게 하여 혜공왕을 낳게 되었다.

최근 2011년 5월 경주 동천동 57-7 표암 바위면에서 사찰과 불번이 새겨진 선각화와 함께 명문 각석이 발견되었는데, 천보(天寶) 2년(743, 경덕왕 2년)이라는 연호와 "□월부인(月夫人)"이라는 명문을 통해 볼 때 만월부인과 관련된 것으로 추정되기도 한다. 이에 따르면 만월부인은 아들을 간구하는 의식을 치르면서 표암 부근에 위치했던 사찰에 불번을 봉안했던 것으로 짐작되며, 이는 『삼국유사』 기이편에 전하는 표훈대덕의 고사와도 관련이 있는 것으로 보인다.(박대재, 2013)

208) 의충 각간

신라 제35대 경덕왕(景德王)의 왕비(王妃)인 만월부인(滿月夫人)의 아버지로 생몰년 ?-739년이며, 의충(義忠)으로도 쓴다. 성덕왕 34년(735)에 하정사(賀正使)로 입당하였다가 같은 해 2월에 귀국할 때 당나라 현종(玄宗)이 패강(浿江) 이남에 대한 신라의 영유권을 인정하는 조서(詔書)를 가지고 왔다. 효성왕 원년(737)에 아찬으로서 시중(侍中)이 되었다가, 같은 왕 3년(739)에 죽었는데, 그의 관등은 서불한(舒弗邯)에까지 이르렀다.

의충의 출신과 관련하여 혜공왕대에 완성된 성덕대왕신종의 명문에는 '是知朝於元舅之賢 夕於忠臣之輔 無言不擇'이라는 구절이 있는데, 여기서 원구는 왕의 외척을 뜻한다. 당시 왕의 외척으로 생각되는 인물로는 신종 제작의 제1책임자로 나와 있는 김옹(金邕)인데, 그가 혜공왕의 외척이라면 경덕왕의 둘째 부인이자 혜공왕의 모후인 만월부인과는 남매지간이다. 그리고 『속일본기』 권33 보구(寶龜) 5년(774) 3월조에는 신라의 상재(上宰) 김순정(金順貞)의 손자가 김옹이라는 구절이 나오는데, 이상의 자료를 바탕으로 의충을 김순정의 아들이자 김옹의 아버지로 파악하는 견해가 있다.(박해현, 2003) 의충은 『삼국사기』

의 기록처럼 대당외교를 통해 신라가 패강 이남의 땅을 정식으로 인정받는 데 기여하는데, 이를 통해 그는 성덕왕의 왕권강화에 적극 참여하는 당시 대표적인 왕당파의 한 사람으로 파악된다.(김수태, 1996)

209) 경지사

신라 제35대 경덕왕(景德王)과 김유신(金庾信)의 장지(葬地)와 관련된 사찰로, 모지사(毛只寺) 혹은 모지사(毛祇寺)라고도 한다. 모(毛)와 경(頃), 지(祇)와 지(只)의 차이만 없으면 표기 방법과 내용이 동일하다는 것을 알 수 있는데, 지(祇)와 지(只)는 "다만"이라는 의미와 함께 동일한 발음을 공유하고 있어 문제되지 않는다. 반면 경지사의 경(頃)은 항(項) > 경(頃)이라는 변화 양상을 거쳤거나 왕력 편찬 시 이미 저본으로 한 사료의 난독(難讀)으로 인하여 오독(誤讀)했을 가능성, 혹은 후대에 중간(重刊)되는 과정에서 오각(誤刻)의 여지가 있다고 보기도 하였다.(권상로, 1994) 즉 일반적으로 모지사(毛祇寺), 모지사(毛只寺), 경지사(頃只寺)는 동일한 것으로 이해된다. 모지사의 위치에 대해서는 대표적으로 전(傳) 김유신묘(金庾信墓)의 동쪽 계곡에 세워진 금산재(金山齋) 일원의 절터로 비정하는 견해가 있다. 금산재는 조선 후기에 금산사(金山寺)라는 사찰이 있었으며, 국립경주박물관에 전시되고 있는 석조미륵반가사유상이 출토된 곳이기도 하다. 따라서 이를 모지사로 볼 수 있고, 이렇게 본다면 역으로 모지사 서쪽 언덕 위에 조영된 전 김유신묘가 경덕왕릉이 된다고 보기도 한다.(이근직, 2006)

210) (전) 경덕왕릉

신라 제35대 경덕왕의 능으로 전하는 무덤으로 경상북도 경주시 내남면 부지리 산 8에 위치하며 사적 제23호로 지정되었다. 경덕왕은 재위 24년(765)에 승하하였는데, 모지사(毛只寺) 또는 경지사(頃只寺) 서쪽 봉우리에 장사 지내고서 돌을 다듬어 능을 만들었다가 후에 양장곡(楊長谷)으로 이장하였다고 한다. 왕릉은 산 능선 중턱의 일부를 깎아 낸 후 평지를 마련한 뒤 조영하였다. 봉분 직경은 21.08m, 봉분 높이는 6.15m이며, 묘제는 횡혈식석실분이다. 봉분자락의 호석에는 36개의 면석과 탱석을 마련하였으며, 그 가운데 방향에 맞는 12개의 탱석에는 무복(武服)의 십이지신상을 부조하였다. 면석과 탱석 위에는 36개의 갑석이 놓여 있다. 호석을 두른 회랑에는 박석(薄石)을 깔았으며, 박석의 가장자리를 둘러 난간석 40개를 세웠다. 왕릉 남동쪽에는 안상문을 새긴 상석(床石)이 놓여 있으나 석사자, 석인상은 설치되지 않았다.

현재의 능은 조선 전기까지 피장자를 알지 못하였으나, 조선 영조 6년(1730)에 이르러 김씨 일족에 의해 경덕왕릉으로 지정된 것이다. 당시 김씨 일족은 『삼국사기』 신라본기의 기록에 따라 언덕 또는 봉우리를 뜻하는 "잠(岑)"과 현재 왕릉의 자연지리적 조건이 일치한 데 주목하여 비정하였다. 그러나 왕릉의 동편에 모지사(毛祇寺)라는 절이 찾아지지 않는다는 점에 있어 경덕왕릉을 새롭게 비정해 볼 수 있는 가능성이 제시되었다. 모지사(毛祇寺), 모지사(毛只寺), 경지사(頃只寺)는 대체로 동일 사찰로 판단하고 있다. 이렇게 본다면 비슷한 공간에 김유신묘와 경덕왕릉이 동시에 존재해야 하고, 아울러 모지사는 경덕왕릉 동편에 있는 사찰이면서, 김유신묘 남쪽에 있는 사찰이어야 한다. 그러나 현재의 전(傳) 경덕왕릉(景德王陵)과 전(傳) 김유신묘(金庾信墓)는 이러한 위치적 특성을 가지고 있지 않으므로 경덕왕릉을 다른 왕릉으로 비정하는 연구들이 진행되었다.

첫째는 전(傳) 헌강왕릉(憲康王陵)을 경덕왕릉으로 비정하는 견해이다. 이는 양장곡의 위치를 비정하는 것에서 시작된다. 즉 『삼국유사』 왕력 성덕왕조와 경덕왕조에 의하면 두 왕릉은 모두 "양장곡"에 위치하는 것으로 기록되어 있다. 아울러 이곳은 "동촌(東村)의 남쪽"으로 지칭되는데, 당시 동촌은 현재의 보문동과 배반동 일대를 지칭하므로 그 남쪽은 남산동 일대로 비정된다. 이렇게 볼 때 현재의 남산동에 있는 전(傳) 헌강왕릉과 전(傳) 정강왕릉이 각각 성덕왕릉과 경덕왕릉이 된다고 한다.(강인구, 2000)

둘째는 전 김유신묘를 경덕왕릉으로 비정하는 견해이다. 이는 모지사를 전 김유신묘의 동쪽 계곡에 세워진 금산재(金山齋) 일원의 절터로 비정하는 것에서 시작된다. 금산재는 조선 후기에 금산사(金山寺)라는 사찰이 있었으며, 국립경주박물관에 전시되고 있는 석조미륵반가사유상이 출토된 곳이기도 하다. 따라서 역으로 모지사 서쪽 언덕 위에 조영된 전 김유신묘가 경덕왕릉이 되는 것이다. 아울러 『삼국유사』 왕력 경덕왕조에 나오는 이장(移葬) 관련 기록은 효성왕 또는 경덕왕이 부왕인 성덕왕의 능을 돌을 다듬어 조영하였던 사실이 착종된 것으로 파악한다. 한편 전 경덕왕릉의 피장자에 대해서는 이를 소성왕릉(昭聖王陵)일 가능성이 큰 것으로 본다.(이근직, 2006) 이는 십이지신상의 조각양식을 통해 전 김유신묘를 8세기 중엽으로, 전 경덕왕릉을 9세기 초로 편년한 견해(강우방, 1990)에 따른 것이다.

211) 혜공왕

신라 제36대 왕으로 생몰년 758-780년, 재위기간 765-780년이며 성은 김씨(金氏), 이름은 건운(乾運)이다. 신라 제35대 경덕왕의 아들로, 어머니는 만월부인(滿月夫人)이다. 즉위시 왕의 나이가 8세였으므로 태후(太后)가 섭정하였다. 왕비는 위정(魏正) 각간(角干)의 딸인 신파부인(혹은 이찬 유성의 딸인 신보부인)과 김장(金將) 각간(角干)의 딸인 창창부인(昌昌夫人)이다. 혜공왕 16년(780) 김지정(金志貞)의 반란을 상대등 김양상(金良相)과 이찬 김경신(金敬信)이 진압하는 과정에서 왕과 후비(后妃)가 시해되었다. 자세한 설명은 기이편 혜공왕조의 주석을 참고.

212) 신파부인

신라 제36대 혜공왕의 비로, 신보왕후(新寶王后)라고도 한다. 『삼국사기』 권9 신라본기9 혜공왕 16년조(780)의 "원비 신보왕후는 이찬 유성의 딸(元妃新寶王后 伊湌維誠之女)"이라는 기록과 『삼국유사』 왕력의 "처음 왕비는 신파부인으로, 위정 각간의 딸(先妃神巴夫人 魏正角干之女)"이라는 기사를 통해 혜공왕의 첫째 왕비는 이찬 유성의 딸인 신보부인 혹은 위정 각간의 딸인 신파부인임을 알 수 있다. 이때 유성과 위정은 동일 인물로 보인다.(이병도, 1977) 유성(維誠)은 경덕왕 초 중시(中侍)에 임명된 인물로, 경덕왕대 왕당파로 분류할 수 있는데, 이러한 유성의 딸을 왕비로 맞아들임으로써 경덕왕으로 상징되는 전제왕권을 혜공왕대까지 유지 회복시키고자 하였다고 이해된다.(김수태, 1996)

213) 위정 각간

신라 제36대 혜공왕의 왕비인 신파부인(神巴夫人)의 아버지이다. 『삼국사기』 권9 신라본기9 혜공왕 16년조에 "첫째 왕비 신보왕후(新寶王后)는 이찬 유성(維誠)의 딸(元妃新寶王后 伊湌維誠之女)"이라 하였고, 『삼국유사』 권1 왕력에는 "처음 왕비는 신파부인으로 위정 각간의 딸(先妃神巴夫人 魏正角干之女)"이라 하였으므로, 이찬 유성과 위정 각간은 동일인이라 할 수 있다. 또한 유성은 『삼국사기』 권9 신라본기9 경덕왕 3년(744)조에 의하면 시중이 되었다고 하는 유정(惟正)과 동일인물이라고 여겨지기도 한다.(박해현, 2003)

214) 창창부인

신라 제36대 혜공왕의 두 번째 왕비로 추정되며, 김장 각간(金將角干)의 딸이다. 『삼국사기』 권9 신라본기9 혜공왕 16년조에 의하면, 차비는 이찬 김장의 딸인데 그 입궁한 연월은 사기에 전하지 아니하며, 이 해 4월에 상대등 김양상이 이찬 김경신과 함께 군사를 일으켜 김지정 등을 살해할 때 왕과 후비가 난병(亂兵)에 시해되었다고 한다.

215) 선덕왕

신라 제37대 왕으로 생몰년 ?-785년, 재위기간 780-785년이며, 이름은 양상(亮相) 혹은 양상(良相)이라고 한다. 아버지는 효방 해간(孝方海干)이고 어머니는 사소부인(四召夫人)이다. 아버지인 효방 해간이 원훈 각간(元訓角干)의 아들이므로 선덕왕은 원훈 각간의 손자가 되며, 어머니인 사소부인은 성덕왕(聖德王)의 딸이므로 또한 성덕왕의 외손도 된다. 선덕왕은 재위 6년째인 785년 정월에 병상에 누워 오랫동안 일어나지 못하므로 교서를 내려 불교 의식에 따라 화장하고 그 뼈를 동해에 뿌려 달라고 한 뒤 13일에 서거하였다.

선덕왕은 즉위하기 이전의 행적이 여러 사료에서 드러난다. 먼저 『삼국사기』 권9 신라본기9 경덕왕 23년(764)조에 시중이 되었다고 전하며, 혜공왕 7년(771)년 주성된 성덕대왕신종(聖德大王神鍾)의 명문(銘文)에 의하면 "숙정대령(肅正臺令)", "수성부령(修城府令)", "검교감은사사(檢校感恩寺使)" 등의 관직을 겸하였다. 그리고 『삼국사기』 권9 신라본기9 혜공왕10년(774)조에서는 "이찬 양상을 상대등으로 삼았다.(拜伊湌良相爲上大等)"고 하였다. 김양상은 상대등이 된 이후 정치적으로 적극적인 행동을 취했는데, 이는 『삼국사기』 권9 신라본기9 혜공왕13년(777)조에 "상대등 양상이 왕에게 글을 올려 시국의 정치를 극론(極論)하였다.(上大等良相上疏 極論時政)"는 기록을 보아 알 수 있다.

김양상(선덕왕)의 정치적 성격은 대체로 "반전제주의(反專制主義)"적인 것으로 본다. 신라 중대의 성격은 무열왕의 한화 정책으로 대표되며 "전제주의적"이라는 말로 표현될 수 있다고 여겨서, 경덕왕 18년(759)에 한식으로 개칭한 관직과 관부의 명칭을 혜공왕 12년(776)에 모두 복구시키는 개혁은 상대등이었던 김양상의 의도가 반영된 것이므로 김양상이 "반전제주의적" 임을 보여 주는 것이라 한다. 이러한 반전제주의적 정책을 막기 위해 혜공왕은 혜공왕 9년(773)부터 동왕 12년(776)에 이르는 시기 동안 견당사를 8차례나 파견하였다고 하며 김양상(선덕왕)은 이러한 행동에 대하여 혜공왕 13년(777) 시정(時政)을 극론하는 것으로 반대의 뜻을 표명한 것이라고 추측한다.(이기백, 1974)

한편 선덕왕의 즉위에 대해서는 『삼국사기』와 『삼국유사』에서 전하는 내용이 다르므로 두 사료 중 어느 한쪽을 중시하느냐에 상반된 의견이 제시되었다. 『삼국사기』 권9 신라본기9 혜공왕 16년(780)조에는 "2월에 […] 이찬 김지정(金志貞)이 반란을 일으켜 무리를 모아 궁궐을 에워싸고 침범하였다. 여름 4월에 상대등 김양상(金良相)이 이찬 경신(敬信)과 함께 군사를 일으켜 김지정 등을 죽였으나, 왕과 왕비는 반란군에게 살해되었다.(二月 〔…〕 伊飡金志貞叛 聚衆 圍犯宮闕 夏四月 上大等金良相與伊飡敬信 擧兵誅志貞等 王與后妃爲亂兵所害)"고 전한다. 그러나 이와 달리 『삼국유사』 권2 기이2 경덕왕충담사표훈대덕(景德王忠談師表訓大德)조에서는 "마침내 왕은 선덕(宣德)과 김양상에게 시해되었다.(修爲宣德與金良相所弑)"고 전한다. 위 두 기록 중 『삼국유사』 권2 기이2 경덕왕·충담사·표훈대덕조에는 "선덕과 김양상(宣德與金良相)"이라고 같은 인물이 두 번 열거 되어 있다. 김양상을 『삼국사기』의 내용에 따라 김경신(원성왕)으로 보고, 『삼국사기』의 내용보다 『삼국유사』의 내용을 신뢰하여 김양상(선덕왕)과 김경신(원성왕)이 함께 혜공왕을 시해한 후 김양상이 왕위에 올랐다고 보는 견해가 있다.(이기백, 1974)

반면, 『삼국사기』의 내용을 더 신뢰하여 혜공왕은 김지정의 반란군에게 살해되었고, 난을 진압한 김경신(원성왕)은 무열계인 김주원을 견제하고 그들의 반발을 무마하려는 측면에서 왕위에 대한 야심이 없는 김양상(선덕왕)을 즉위하도록 뒷받침하였을 것이라는 견해가 있다.(신형식, 1977) 더 나아가 선덕왕은 김경신의 도움으로 즉위하였지만 선덕왕의 왕위계승은 정당했다고 보기도 한다. 『삼국사기』 권10 신라본기10 원성왕조에서는 혜공왕 말년에 (김지정의) 반란이 일어나 양상이 진압하고자 하였는데 이때 경신이 난을 평정시킨 공이 있어 선덕왕의 즉위 후 상대등이 되었다고 하므로 선덕왕의 즉위에 김경신이 기여했음을 알 수 있다. 이 외에 김양상이 정당하게 왕위를 계승했다고 보아, 선덕왕은 상대등으로서 귀족들의 추대에 의하여 왕위에 올랐음을 알 수 있다고 한다.(김수태, 1996)

『삼국사기』 권32 잡지1 제사신라종묘지제(祭祀新羅宗廟之制)조에 의하면, "제37대 선덕왕 때에 이르러 사직단(社稷壇)을 세웠다.(至第三十七代宣德王 立社稷壇)"고 하는데, 이 사직단은 천자의 지제(地祭)가 아닌 제후의 예를 행하는 곳이라 한다.(신종원, 1992) 그리고 이러한 사직단이 세워진다는 것은 신라에 오묘제와 함께 중국적 제사 체계가 편성됨을 의미한다고 이해된다.(최광식, 1994)

216) 효방 해간

신라 제37대 선덕왕의 아버지로 부인은 사소부인(四召夫人)이며 선덕왕이 즉위한 후 개성대왕(開聖大王)으로 추봉되었다. 부인인 사소부인이 성덕왕(聖德王)의 딸이므로 효방은 성덕왕의 사위가 된다. 『삼국사기』 권1 왕력에는 "효방해간(孝方海干)"으로 되어 있고, 『삼국사기』 삼국사기 권9 신라본기9 선덕왕조에는 "해찬 효방(海湌孝芳)"으로 기록되어 있다. 『삼국사기』 권8 신라본기8 성덕왕33년(734)조에는 732년에 숙위를 교대할 예정이던 김효방(金孝方)이 죽었기 때문에 당(唐) 조정에서 김충신을 숙위에 머무르게 하였다는 기사가 보이는데, 이 김효방은 효방 해간과 동일한 인물로 파악된다. 그러므로 김효방은 대략 732년 9월부터 김사란(金思蘭)이 김충신 대신 신라로 귀국한 733년 1월 사이에 당에서 사망하였음을 추정할 수 있다.

217) 원훈 각간

신라 제37대 선덕왕의 할아버지로 개성대왕(開聖大王)으로 추봉된 효방 해간(孝方海干)의 아버지이다. 『삼국사기』 권9 신라본기9 선덕왕 즉위조에는 해찬(海湌) 효방(孝芳)이라고 하여 표기상 차이가 있다. 여기서 해찬과 해간은 신라 17관등 중 4번째 관등인 파진찬(波珍湌)을 가리킨다. 그의 아들 김효방(金孝芳)은 성덕왕의 딸 사소부인(四召夫人)과 결혼했다.

218) 사소부인

신라 제37대 선덕왕의 어머니이자 제33대 성덕왕(聖德王)의 딸이다. 효방해간(孝方海干)의 부인으로 선덕왕이 즉위한 후 정의태후(貞懿太后)라는 시호를 받았다.

219) 구족왕후

신라 제37대 선덕왕의 부인으로 낭품 각간(狼品角干)의 딸이다. 『삼국사기』 권9 신라본기9 선덕왕 즉위년조에는 일설에 아찬 의공(阿飡義恭)의 딸이라고도 하였다. 아찬 의공은 선덕왕 즉위년에 시중(侍中)이 되었다. 『삼국사기』 권10 신라본기10 원성왕 즉위년조에 의하면 선덕왕 사후 원성왕이 즉위한 후 전왕비(前王妃) 구족왕후는 외궁(外宮)으로 보내지고, 조(租) 3만 4천 석을 하사받았다고 한다.

220) 낭품 각간

신라 제37대 선덕왕의 비(妃)인 구족왕후(具足王后)의 아버지이다. 『삼국사기』 권9 신라본기9 선덕왕조에는 일설에 의하면 구족왕후(具足王后)가 의공 아찬(義恭阿飡)의 딸이라는 점을 언급하였다.

221) 원성왕

신라 제38대 왕으로 생몰년 ?-798년, 재위기간 785-798년이며, 이름은 경신(敬愼) 혹은 경신(敬信)이라고 한다. 『신당서』에는 경칙(敬則)이라고 하였다. 나물왕의 12세손(世孫)이고, 아버지는 효양 대아간(孝讓大阿干)이고 어머니는 지오부인(知烏夫人)이다. 아들로는 태자에 인겸(仁謙)이 있었는데 원성왕 즉위년에 태자에 올랐지만 일찍 죽었고, 그의 아들 준옹(俊邕)이 궁중에서 자라서 원성이 죽은 후 왕위를 계승하였다. 자세한 설명은 기이편 원성대왕조의 주석을 참고.

222) 효양 대아간

신라 제38대 원성왕의 아버지로, 원성왕 즉위 후 명덕대왕(明德大王)으로 추봉되었다. 부인은 창근이기(昌近伊己)의 딸인 지오부인(知烏夫人)이다. 탑상편 무장사미타전조의 주석을 참고.

223) 대아간

신라시대 17등 관등 중 제5등으로 대아찬(大阿飡)이라고도 한다. 『삼국사기』에는 유리이사금 9년조에 17관등제가 제정(又設官有十七等)되었다고 하였으나, 일반적으로 법흥왕 7년(520)의 율령(律令) 공포 때 제정된 것으로 생각된다.(변태섭, 1956) 대아간은 진골만이 받을 수 있는 관등으로, 공복(公服)의 빛깔은 자색(紫色)이었다. 집사부(執事部)의 장관직인 중시(中侍)나 그 밖에 중앙의 제1급 중앙행정관서의 장관직인 영(令)에 취임하기 위해서는 대아찬 이상의 관등을 가져야 하였으므로, 바로 아래 관등인 아찬(阿飡)과는 큰 차이가 있었다.

224) 지오부인

신라 제38대 원성왕의 어머니로 창근이기(昌近伊己)의 딸 박씨이다. 원성왕 즉위 후 소문왕후(昭文王后)로 추봉되었다. 『삼국사기』 권10 신라본기10 원성왕 즉위년조에는 계오부인(繼烏夫人)이라고도 하였다.

225) 신술 각간

신라 제38대 원성왕(元聖王)의 왕비인 숙정부인의 아버지이다. 또한 원성왕의 아들이자 제39대 소성왕(昭聖王)의 아버지인 인겸의 부인, 성목태후(聖穆太后)의 아버지이다. 원성왕 가계를 검토해 보면, 신술 각간은 원성왕비인 숙정부인(淑貞夫人) 김씨의 아버지이며, 또한 원성왕의 첫째 아들인 인겸(仁謙)의 부인이자 제39대 소성왕의 어머니인 성목태후의 아버지이기도 하다. 즉, 신술 각간은 원성왕의 장인인 동시에 원성왕의 아들 인겸의 장인이 된다. 신술 각간에게는 여러 명의 딸이 있어, 한명은 원성왕과 혼인한 숙정부인이고, 또 한명은 숙정부인의 아들 인겸과 혼인한 성목태후임을 알 수 있다. 그러므로 신술 각간의 가계는 당시 상당한 정치사회적 지위를 가졌던 김씨 가계의 하나였음을 알 수 있다.(김창겸, 2003)

226) (전) 원성왕릉

신라 제38대 원성왕의 무덤으로 전해지는 능은 경상북도 경주시 외동읍 괘릉리 산17에 위치한 사적 제26호로 지정되었다. 괘릉이라고도 불리는데 왕릉이 조성할 때 이곳에 있었던 작은 연못을 그대로 둔 채, 왕의 유해를 수면 위에 걸어(掛) 안장하였다는 속설에 따라서 붙여졌다고 전한다. 통일신라시대의 가장 완비된 능묘제도를 보여 주고 있는 이 괘릉은 봉분과 그 전방의 석조물로 이루어져 있다. 능은 외형상 원형토분(圓形土墳)으로 규모는 지름 약 23m, 높이 약 6m이다. 봉분 아래에는 봉토(封土)를 보호하기 위한 호석(護石)이 설치되어 있다. 호석에는 무복(武服)을 입고 무기를 잡고 있는 십이지신상을 조각했으며, 그 조각 수법은 신라 십이지신상의 조각품 중 가장 우수한 것으로 손꼽히고 있다. 호석의 밖으로는 회랑을 조성하고 그 둘레에는 돌난간을 설치하였다.

봉분의 바로 앞에는 동쪽으로 약간 치우쳐 사각형 석상(石床)이 놓여 있다. 봉분의 중심에서 남쪽으로 약 80m 떨어진 지점부터 양 옆으로 돌사자 두 쌍, 문인석(文人石) 한 쌍, 무인석(武人石) 한 쌍과 화표석(華表石) 한 쌍이 얼굴을 마주 대하고 차례로 늘어서 있다. 이 석조물들의 조각 수법은 매우 당당하고 치밀하여 이와 같은 유형의 신라 조각품 중 가장 우수한 것으로 꼽히고 있다. 특히 힘이 넘치는 모습의 무인석은 서역인의 얼굴을 하고 있어 주목되는데, 페르시아 무인상이라는 주장도 있으며 동서 문화의 교류적 측면에서 크게 중시되고 있다. 괘릉의 능묘제도는 당나라와의 문물 교류를 통하여 그 능묘제도의 영향을 받아 이루어진 것이지만, 십이지신상을 호석에 배치하는 것은 신라인의 창안이다.(강우방, 1973)

『삼국사기』 권10 신라본기10 원성왕 14년조에는 유해를 봉덕사(奉德寺) 남쪽에서 화장했다고 한다(王薨. 諡曰元聖, 以遺命擧柩燒於奉德寺南). 그러나 『삼국유사』 왕력에는 원성왕릉이 토함산 동곡사(洞鵠寺)에 있으며, 동곡사는 당시의 숭복사(崇福寺)라 하고 최치원(崔致遠)이 비문을 쓴 비석이 있다고 하였다. 현재 괘릉에 비석은 남아 있지 않으나 인근에 숭복사 터가 있어 괘릉이 원성왕의 능이라는 견해를 뒷받침하고 있다.

227) 곡사

곡사(鵠寺)는 원래 신라 제37대 선덕왕(宣德王)대 이전에 원성왕(元聖王)의 외삼촌이자, 원성왕의 비인 숙정왕후의 외조부되는 김원량(金元良)이 세운 것으로, 제38대 원성왕이 죽자 풍수설에 의해 곡사의 위치에 능을 만들고 절은 지금의 위치인 경주시 외동읍으로 옮겼다. 그 후 이 절은 원성왕의 추복원찰(追福願刹)로 이어져 내려왔으며, 헌강왕(憲康王) 11년(885)에는 이름을 대숭복사(大崇福寺)로 바꾸었다.

신라 하대는 왕위 계승 과정에서 진골귀족 간에 끊임없는 왕위 쟁탈전이 벌어져, 정치적 혼란이 계속되던 시기였다. 이에 경문왕(景文王)은 즉위 후 자신의 왕위에 도전하는 다른 왕실 귀족들을 자기편으로 만드는 것이 가장 긴급한 과제였다. 그리하여 원성왕계 내에서의 각 분파관념을 없애고 자신의 정권으로 귀속시키려는 회유연합책을 폈다. 그러한 노력의 표현으로 가장 먼저 행한 것이 바로 곡사의 중창이었다. 원성왕은 신라 하대 왕위 계승에 있어 중시조(中始祖)가 된다. 그러므로 원성왕에 대한 인식을 새롭게 하여 분열된 왕실을 통합하고자 그동안 황폐하게 방치되었던 원성왕의 원찰인 곡사에 관심을 기울여 이를 웅장하게 중창하는 역사를 시작한 것이다.(김창겸, 1988) 이러한 곡사의 중창에 대해 당시 경문왕이 통제권에서 벗어난 불교계를 다시금 정비하기 위한 작업에 관심을 두었고, 정법전(政法典)을 정비하고 불교계를 통제하고자 하였던 원성왕에 주목하여 원성왕을 위한 곡사 중창이 이루어졌다고 보기도 한다.(조범환, 1999)

헌강왕 11년(885)에는 곡사의 이름을 대숭복사로 바꾸었다. 「대숭복사비명」에는 이러한 개명을 두고 중국의 예를 들고 있다. 진(陳)나라의 보덕사(報德寺)가 수(隋)나라에 와서 흥국사(興國寺)라 한 것과 같아, "보덕(報德)"이라는 말보다 "흥덕(興德)"이라는 말이 국가를 단위로 할 때 더 합당하다는 것이다.

이러한 의미는 곡사에서도 마찬가지로 이해된다. 절 뒤에 고니 모양의 바위로 이름 붙여져 한 지역만을 의미하던 "곡사" 대신에 포괄적 의미로 국가를 단위로 하는 "대숭복사"로 바꾸게 하였던 것이다. 또한 최치원으로 하여금 「대숭복사비명」을 짓게 하였다.(이구의, 2004)

「대숭복사비명」의 서문은 숭복사를 중창한 임금의 덕과 나라의 태평을 강조하는 내용으로, 승려 비명에서 맨 앞부분에 승려의 업적을 기리고 찬양하는 내용과 비슷한 구성이다. 전개 부분에는 숭복사의 중창 과정이 담겨 있는데, 숭복사의 유래와 기원, 경문왕과 곡사의 중수, 제49대 헌강왕의 등극와 숭복사 개칭(改稱), 제50대 정강왕(定康王)의 비명 찬술 명령 계승, 제51대 진성왕(眞聖王)의 비문 찬술 독려, 그리고 최치원의 비명 찬술 동기 등 여섯 부분으로 되어 있다. 「대숭복사비명」에는 숭복사에 대한 경문왕계 왕실의 입장과 당시 시대 상황이 잘 반영되었다고 이해된다.(장일규, 2006)

숭복사지(崇福寺址)에는 현재 금당지(金堂址), 석단(石壇)을 비롯하여 동서로 삼층석탑 2기가 남아 있다. 특히 서탑(경상북도문화재자료 제94호)은 기단부에 팔부신중(八部神衆)이 양각되어 있으며, 각 옥개석(屋蓋石)의 받침은 4단으로 되어 있다. 동탑은 서탑과 같은 크기와 양식으로 보이나 현재는 일부 파괴된 기단부와 1층의 옥신(屋身), 2개의 옥개석만이 남아 있다. 숭복사지에 위치해 있던 쌍귀부와 "국사대웅(國寺大雄)"과 "개와대웅(蓋瓦大雄)" 등의 문자가 새겨진 평기와 등은 현재 국립경주박물관에 전시되어 있다.

228) 최치원

신라 6두품 출신의 학자로 경문왕 10년(870) 당나라에 유학하였으며, 헌강왕 11년(885)에 귀국한 후에는 신라 제51대 진성왕(眞聖王)에게 시무책(時務策)을 올려 6두품이 오를 수 있는 최고 관등인 아찬에 올랐다. 고려 현종 때 문창후(文昌侯)로 봉해졌으며 가야산에서 죽었다고 전해진다. 『삼국사기』 권46 열전 6 최치원조에 의하면, "자(字)는 고운(孤雲) 혹은 해운(海雲)이며, 경주 사량부 출생이다.(字孤雲 或云海雲 王京沙梁部人也)" 라고, 『삼국유사』 권1 기이1 신라시조혁거세왕조에서는 "치원은 본피부 사람이다.(致遠乃本彼部人也)"라고 기록되어 있어 차이를 보인다. 아버지 견일(肩逸)은 신라 제48대 경문왕이 숭복사를 창건할 때 발원문을 작성하는 등의 행적을 보아 이름 있는 문사(文士)였음을 알 수 있으며, 최치원 가계는 경문왕과 밀접한 관련을 맺고 있었던 것으로 이해된다.(장일규, 2002)

최치원은 경문왕대 강화되기 시작한 유교 진흥책을 통해 경문왕 10년(870)인 13세에 당 유학의 길에 오르게 되는데, 아버지인 견일은 "10년 동안에 과거에 합격하지 못하면 내 아들이 아니다.(十年不第進士則勿謂吾兒 吾亦不謂有兒)"라고 하고 오직 학문 수학에 열중하기만을 원했다. 이로 미루어 보아 견일은 중국문화에 대한 관심이 깊었고 당 과거급제와 영달에 최고의 가치를 두었으며 요컨대 골품의 열세를 당의 권위와 학문의 힘으로써 만회하려고 하였던 것으로 생각된다.(이기백, 1974)

최치원은 헌강왕 4년(878) 18세의 나이로 빈공과(賓貢科)에 장원으로 급제했다. 헌강왕 7년(881)에는 제도행영병마도통(諸道行營兵馬都統) 고변(高駢)의 종사관으로 있으면서 「토황소격문(討黃巢檄文)」을 지어, 황소(黃巢)의 난을 진압하는 데 기여하였다. 이때 군무(軍務)에 종사하면서 지은 글들은 훗날 『계원필경(桂苑筆耕)』 20권으로 엮어졌다. 28세의 나이가 되는 헌강왕 11년(885) 신라로 귀국하였다. 귀국 동기에 대해서는 고변의 실권(失權)과 도교 혹신(惑信)으로 인한 관직 진출의 좌절을 들기도 하고(김복순, 2002), 헌강왕의 왕권강화에 대한 지원 때문에 귀국을 결심했던 것으로 이해하기도 한다.(장일규, 2002)

최치원은 귀국 직후 헌강왕의 문한기구(文翰機構)의 확장으로 인해 왕실의 측근인 문한관(文翰官)을 맡았다. 그러나 최치원은 다시 골품제의 한계와 국정문란으로 뜻을 펼 수가 없었다. 당시 신라사회는 중앙 귀족들의 권력쟁탈과 함께 지배체제가 흔들리면서 도적 떼와 반란이 횡행했다. 진성여왕 5년(891) 양길과 궁예가 세력을 확장했고, 다음 해에는 견훤이 자립하여 후백제를 세웠다. 진성여왕 8년(894)에 집권체제가 극도로 해이해지고 골품제사회의 누적된 모순이 심화됨에 따라 야기된 여러 가지 문제점들을 해결해보고자 한 노력으로 「시무10조(時務十條)」를 올렸으나, 골품제의 모순과 왕권의 미약으로 실현되지 못했다.

그 후 42세경인 효공왕 2년(898)부터는 관직을 내놓고 은둔생활을 하였다. 『삼국사기』에서는 난세를 만나 스스로 불우하다고 여겼던 이유에서 비롯되어, 최치원의 은둔은 골품제도상에서 취해지는 신분 한계의 불만과 진골귀족의 견제 때문에 이루어졌다고 보고 있다.(이기백, 1974) 그러나 최치원이 전란도 피하고 병도 치료하기 위하여 가족을 이끌고 해인사에 은거하였던 것이며, 그의 무덤이 홍산(鴻山)에 있다는 설로 보아 만년에 해인사에 머물다가 효공왕 12년(908) 이후 지병으로 죽은 것으로 보기도 한다.(김복순, 2002)

저술로는 시문집으로 『계원필경(桂苑筆耕)』, 『금체시(今體詩)』, 『오언칠언금체시(五言七言今體詩)』, 『잡시부(雜詩賦)』, 『중산복궤집(中山覆簣集)』 등이 있고 사서(史書)로 『제왕연대력(帝王年代曆)』이 있다. 불교 관련 저술로 『부석존자전(浮石尊者傳)』, 『법장화상전(法藏和尙傳)』, 『석이정전(釋利貞傳)』 등이 있다. 그러나 오늘날 전하는 것은 『계원필경』, 『법장화상전』, 「사산비명(四山碑銘)」뿐이고, 그 외 「동문선(東文選)」에 시문 약간, 사기(寺記) 등에 기(記), 원문(願文), 찬(讚) 등이 전할 뿐이다.

229) 소성왕

신라 제39대 왕으로 생몰년 ?-800년, 재위기간 799-800년이며, 이름은 준옹(俊邕)이다. 신라 제38대 원성왕(元聖王)의 맏아들인 혜충태자(惠忠太子)의 아들로, 원성왕이 죽은 뒤 왕위에 올랐으나 이듬해인 800년에 죽었다. 어머니는 성목태후(聖穆太后), 비는 계화왕후(桂花王后)이다. 『삼국사기』 권10 신라본기 10 소성왕 즉위년조에 의하면 소성왕은 왕위에 오르기 전 궁에서 자라면서 원성왕 5년(789)에 대아찬(大阿湌)으로 당나라에 사신으로 갔으며, 그 다음 해에 파진찬(波珍飡)을 제수 받아 재상이 되었다. 원성왕 7년(791) 10월에는 시중에 임명되었으나, 그 이듬해 8월에 병으로 물러났다. 이후 태자에 책봉된 아버지 인겸(仁謙)이 일찍 죽고 그에 뒤이어 태자가 된 숙부 의영(義英)이 또한 죽자, 원성왕 11년(795)에 태자로 책봉되었다. 재위 원년(799)에 아버지 인겸을 혜충대왕으로, 어머니 김씨를 성목태후로 추봉하였다. 왕력과 『구당서』 권199 동이전 신라조에서는 왕위에 오른 해인 799년에, 『삼국사기』 권10 신라본기10 소성왕 2년조에는 이듬해인 800년 서거하였다고 기록되어 있다.

230) 성목태후

신라 제39대 소성왕과 제41대 헌덕왕의 어머니. 신술 각간(神述角干)의 딸이며 혜충태자(惠忠太子)의 부인이다. 왕력에는 헌덕왕(憲德王)은 소성왕(昭聖王)의 동모제(同母弟)라 하였으므로, 성목태후는 신라 제39대 소성왕과 제41대 헌덕왕의 어머니가 된다.(김창겸, 2003)

성목태후의 성(姓)에 대해서는 『삼국사기』 권10 신라본기10 원성왕조에 의하여 김씨(金氏), 『구당서』 권199 동이전 신라조에는 신씨(申氏)라고 한다. 하지만 『삼국사기』 권10 신라본기10 애장왕 6년조의 세주에 따르면 "신씨는 김신술의 딸로써 신(神)과 동음인 신(申)으로 성씨를 삼은 잘못이다.(申氏 金神述之女 以神字同韻申爲氏 誤也)"라고 하였으므로 『구당서』 아버지의 이름을 따라 성목태후를 신씨라 한 것은 잘못된 것이라고 할 수 있다. 즉 성목태후는 김신술의 딸이며, 성은 김씨인 것이다. 이는 당에 책봉을 받는 과정에서 동성혼인(同姓婚姻)의 사실을 감추기 위하여 일부러 그렇게 알렸던 것이 중국 사서에 그대로 기록되어진 것이라고 한다.(이병도, 1977) 또한 원성왕비인 숙정부인(淑貞夫人) 김씨의 아버지도 김신술임을 볼 때, 성목태후와 숙정부인은 자매관계임을 추정할 수 있다.(김창겸, 2003)

『동문선(東文選)』에 전하는 최치원(崔致遠)의 「신라가야산해인사선안주원벽기(新羅伽倻山海印寺善安住院壁記)」에서는 "이때에 성목왕태후(聖穆王太后)

께서 천하에 국모(國母)로 군림하시면서 불교도들을 아들처럼 육성하시다가, 이 소문을 듣고 공경하며 기뻐하시어 날짜를 정하여 귀의하시고, 좋은 음식과 예물을 내리셨다.(于時聖穆王太后 母儀四夷 子育三學 聞風敬悅 誓日歸依 捨以嘉蔬 副之束帛)"라는 기록이 있다. 이에 의하면, 애장왕 2년(802) 신림(神琳)의 제자 순응(順應)이 당나라로 구법을 떠났다가 돌아온 뒤 해인사(海印寺)를 창건한다는 이야기를 듣고 성목태후가 불사(佛事)를 도왔음을 알 수 있다.(최원식, 1985)

231) 계화왕후

신라 제39대 소성왕의 왕비로 계화부인(桂花夫人)이라고도 한다. 아버지는 숙명공(夙明公), 아들은 신라 제40대 애장왕(哀莊王)이다. 계화왕후의 성은 『삼국사기』 권10 신라본기10 소성왕 즉위년조에는 김씨(金氏), 『신당서』 권220 동이전 신라조, 『구당서』 권199 동이전 신라조에는 숙씨(叔氏), 『책부원귀』 권965 외신부 봉책3에서는 화씨(和氏)라고 하여 달리 표기되어 있다. 그렇지만 계화왕후 아버지의 이름이 숙명(叔明)이므로 숙씨라 한 것은 당시 당(唐)과의 외교상 동성 간 혼인의 사실을 감추기 위한 것에 불과하고, 본래의 성은 김씨였을 것이다.(이병도, 1977) 『책부원귀』의 화씨(和氏)는 숙씨(叔氏)의 오자(誤字)인 것으로 보인다.(김창겸, 2003) 『삼국유사』 권3 탑상4 무장사미타전조에는 계화왕후가 소성왕이 먼저 세상을 떠나자 그 명복을 빌기 위해 무장사에 6의(六衣)의 성대한 복장을 희사하고, 9부(九府)에 쌓아두었던 재물을 모두 냈다고 하였다. 그리고 이름난 장인을 불러 아미타상(彌陀) 한 구를 만들고 아울러 여러 신중(神衆)을 만들어 모셨다고 한다.

232) 숙명공

나물왕(奈勿王)의 13세손으로, 신라 제39대 소성왕(昭聖王)의 왕비인 계화왕후(桂花王后)의 아버지이다. 『삼국사기』 권10 신라본기10 애장왕 6년조에서는 숙명(叔明)이라고 하였다.

233) 애장왕

신라 제40대 왕으로 생몰년 788-809년, 재위기간 800-809년이며, 이름은 중희(重熙) 또는 청명(淸明)이다. 아버지는 제39대 소성왕(昭聖王)이고, 어머니는 계화왕후(桂花王后)이다. 어린 나이에 즉위하여 숙부인 각간 언승(角干彦昇)이 섭정을 맡았다. 애장왕 10년(809)에 숙부들이 일으킨 반란에 의해 시해당했다. 자세한 설명은 기이편 조설조의 주석을 참고.

234) 헌덕왕

신라 제41대 왕으로 생몰년 ?-826년, 재위기간 809-826년. 이름은 언승(彦昇)이며, 아버지는 혜충태자(惠忠太子)인 인겸(仁謙), 비는 충공 각간의 딸인 귀승랑(貴勝娘)이다. 제40대 애장왕의 숙부로서 섭정직에 있었으며, 809년 난을 일으켜 왕을 시해하고 스스로 왕위에 올랐다. 자세한 설명은 기이편 조설조의 주석을 참고.

235) 황아왕후

신라 제41대 헌덕왕의 비. 귀승랑(貴勝娘)이라고도 하며, 충공각간(忠恭角干) 또는 예영(禮英)의 딸이다. 『삼국사기』 권10 신라본기 10 헌덕왕 즉위년조에서는 귀승부인(貴勝夫人)으로 기록되어 있다. 『삼국사기』에 의하면 헌덕왕은, 숙부인 예영(禮英)의 딸로서 자신과는 4촌 남매인 귀승랑과 근친혼을 하였다. 왕력에서도 헌덕왕은 아우인 충공(忠恭)의 딸로서, 동시에 자신에게 질녀인 귀승랑과 근친혼을 하였다. 이에 따른다면 헌덕왕이 자신보다 나이가 아래인 동생이 혼인하여 그의 딸이 성인 여자가 되도록 기다렸다가 귀승랑과 결혼하였다는 것이 된다. 그러나 이는 일반적으로 이해하기 어려운 조건이므로, 『삼국사기』의 기록에 따라 귀승랑은 김씨이고 아버지는 예영이라고 이해하는 견해가 있다.(김창겸, 2003) 황아왕후의 성은 『구당서』 권220 동이열전과 『책부원귀』 권965 외신부에서는 진씨(眞氏), 『삼국사기』 권10 신라본기10 헌덕왕 즉위년조에서는 정씨(貞氏)라고 기록하고 있다. "정씨"의 경우 이름에 대한 기록은 남아 있지 않으나 귀승부인의 이름에 정(貞)자가 포함되어 있었기 때문에 정씨로 간주된 것으로 본다. 이것으로 보면 "진씨" 표기의 경우 "진(眞)"은 "정(貞)" 자의 오기로 보인다. 따라서 『삼국사기』 권10 신라본기10 헌덕왕 즉위년조의 세주에서와 같이 『삼국사기』의 편자는 문제가 있다고 보고 있다. 귀승랑의 아버지가 예영(禮英)이든 충공(忠恭)이든 그들은 모두 원성왕의 후손이다. 그러므로 아버지의 성씨를 취한다면 당연히 김씨라고 해야 한다. 그럼에도 불구하고 다른 글자로 성씨를 표기한 것은 당과의 대외관계, 즉 동성 간 족내혼이 당에 알려지는 것을 꺼려서 가칭한 것에 불과하다고 이해한다.(이병도, 1977)

236) (전) 헌덕왕릉

신라 제41대 헌덕왕의 능으로 추정되는 무덤은 현재 경상북도 경주시 동천동 80에 사적 제29호로 지정되어 있다. 헌덕왕릉은 1469년 경주 지역에 전해 오던 신라 왕릉을 직접 조사한 후에 기록하였다고 알려진 『경상도속찬지리지』에서 비정되어 전해 오는 왕릉이다. 왕력에서는 "천림촌의 북쪽에 있다.(泉林村北)"고 기록되어 있고, 『삼국사기』 권10 신라본기10 헌덕왕 18년조에서는 "천림사의 북쪽에 있다.(泉林寺北)"고 기록하고 있다. 천림사의 위치는 정확히 알 수 없으나 현재 위치의 왕릉 남쪽의 절터를 천림사라고 본다.

현재 왕릉의 봉분직경은 26.06m, 봉분 높이는 6m로 묘제는 횡혈식석실분이다. 원형 봉토분이며 면석과 탱석은 각각 48개를 마련하였고 고유한 방향에 맞게 탱석에다 오른쪽을 보고 있는 십이지신상을 부조하였다. 이전 시기의 왕릉에 면석과 탱석을 각각 36개 마련한 것과 차이를 보이며 또한 그만큼 봉분의 직경이 커진 까닭에 전 헌덕왕릉은 십이지신상이 부조된 신라 왕릉 가운데 가장 큰 규모를 자랑한다. 십이지신상 중 자상(子像), 축상(丑像), 인상(寅

像), 묘상(卯像), 해상(亥像)만이 남아 있고 나머지는 조선 영조 18년(1742) 8월 22일에 경주에 태풍과 비가 몰아쳐 북천이 범람할 때 유실되어, 경상도 관찰사가 다시 수축하였다. 이곳에 있던 호인상(胡人像)은 현재 경주고등학교 정원에 있다. 1970년대 정비·보수되어 호석 일부와 석난간을 새로 마련했으며, 후에 왕릉의 남동쪽에 탁자식 형태의 상석을 설치하였다.(이근직, 2006) 전 헌덕왕릉은 삼국시대 후기에는 하천 가까운 낮은 지점에는 왕릉이 조영되지 않는 점, 상석(床石)이 설치되어 있지 않은 점, 봉분 크기가 거대한 점을 들어 전 헌덕왕릉을 진평왕릉으로 비정하기도 하지만(강인구, 2000), 대부분 헌덕왕릉으로 추정하고 있다.

237) 천림촌

현재 경상북도 경주시 동천동에 위치하고 있는 헌덕왕릉의 남쪽에 있었던 촌으로 추정된다. 왕력에서는 헌덕왕릉의 위치에 대해 "천림촌의 북쪽에 있다.(泉林村北)"고 기록하였고, 『삼국사기』 권10 신라본기10 헌덕왕 18년조에서는 "천림사의 북쪽에 있다.(泉林寺北)"라고 기록하였다. 천림(泉林)은 오늘날 동천동 헌덕왕릉의 남쪽에 형성되어 있는 숲으로 생각되는데, 알천인 북천의 범람을 제어하던 곳이다. 이 천림을 중심으로 천림촌이 있었으며, 그곳에는 천림사(泉林寺)라는 사찰이 있었던 것으로 보인다. 이곳에서는 성덕왕 14년(715)에 "크게 가뭄이 들자 왕이 하서주 용명악의 거사인 이효를 불러 천림사 못가에서 기우제를 지냈는데 비가 열흘 동안이나 내렸다.(王召河西州龍鳴嶽居士理曉祈雨於林川寺池上 則雨浹旬)"고 한다. 천림촌은 알천의 흐름인 명활산과 금학산을 벗어나 수세(水勢)를 형성하는 지점에 위치하고 있으므로, 그곳에 숲을 형성하였다는 것은 중요한 점이다. 또한 천림사의 북쪽에 저수지가 있었다는 사실은, 알천의 물을 한 곳으로 모은 후에 그곳에서 경주분지내 방향으로 흘러 내려 보냈음을 짐작하게 한다.(이근직, 2006)

238) 흥덕왕

신라 제42대 왕으로 생몰년 ?-836년, 재위기간 826-836년이다. 이름은 수종(秀宗)인데 뒤에 고쳐서 경휘(景暉, 景徽)라 하였으며 제41대 헌덕왕과 형제간이다. 재위 11년(836)에 죽어, 유언에 따라 왕비 창화부인(昌花夫人)과 함께 합장되었다. 자세한 설명은 기이편 흥덕왕앵무조의 주석을 참고.

239) 창화부인

신라 제42대 흥덕왕의 비로, 제39대 소성왕(昭聖王)의 딸이며, 시호는 정목왕후(定穆王后)이다. 『삼국사기』 권10 신라본기10 흥덕왕 즉위년조에는 장화부인(章和夫人)으로 표기되어 있다. 창화부인의 어머니는 소성왕비인 계화부인(桂花夫人) 김씨로서 숙명공(夙明公)의 딸이다. 그렇다면 창화부인의 성은 부계(父系)를 따라도 김씨(金氏)이고, 모계(母系)를 따라도 김씨이다. 그렇지만 『구당서』, 『신당서』에는 박씨(朴氏), 진씨(眞氏)라고 기록되어 있다. 여기에서 박씨라고 한 것은 가칭(假稱)이며 진씨 또한 당과의 외교관계에서 김씨간의 근친혼을 숨기기 위한 가칭한 성의 표기에 불과하여 김씨로 보는 것이 타당하다고 이해된다.(김창겸, 2003)

240) (전) 흥덕왕릉

신라 제42대 흥덕왕(興德王)의 무덤으로 추정되는 능으로 현재 경상북도 경주시 안강읍 육통리 산 42에 위치한다. 흥덕왕은 『삼국사기』 권10 신라본기10 흥덕왕 즉위년조의 "왕이 비를 그리워하여 못내 잊지 못하고 서운해하면서 즐거움을 멀리하였다.(王思不能忘 悵然不樂)"에서 보듯이 비를 총애하였고, 때문에 『삼국사기』 권10 신라본기10 흥덕왕 11년조 "장화왕비의 능에 합장하였다.(合葬章和王妃之陵)"에서처럼 흥덕왕의 유언대로 그는 먼저 죽은 왕비의 능에 합장되었음을 알 수 있다. 왕릉 소재지에 대해서는 『삼국유사』 왕력에 "안강 북쪽 비화양에 있으니 왕비 창화부인과 합장하였다.(陵在安康北比火壤 與妃

昌花合葬)"로 기록되어 있다. 왕릉의 외형은 원형봉토분이며, 왕릉의 봉분 직경은 20.77m, 봉분 높이는 5.97m이다. 봉분 둘레에는 십이지신상이 남아 있으며, 왕릉 네 모서리에 각각 석사자상을 한 마리씩 배치하였고, 전방의 좌우에는 석인상, 호인상, 화표석 1쌍을 각각 마주보도록 배치하였다. 왕릉의 전방 좌측의 동쪽에는 흥덕왕릉비를 세웠던 귀부가 남아 있으나 파손이 있으며 비신(碑身)과 이수(螭首)는 없어졌다. 왕릉 남쪽의 상석은 잔석(殘石)을 보강하여 탁자식으로 복원하였다. 1977년 8월에 실시한 국립경주박물관과 사적관리사무소의 발굴조사 시 상당수의 비편이 발견되었는데, 이수의 제액(題額)에서 "흥덕(興德)"이 확인됨으로서 흥덕왕릉임이 입증되었다. 따라서 이 흥덕왕릉은 신라 왕릉 가운데 피장자가 확인되는 몇 안 되는 능묘 중의 하나가 되었다.(이근직, 2006)

241) 희강왕

신라 제43대 왕으로 생몰년 ?-838년, 재위기간 836-838년이다. 성은 김씨(金氏)이고 이름은 개륭(愷隆), 혹은 제옹(悌顒)이다. 아버지는 원성왕의 손자인 헌진(憲眞), 혹은 헌정(憲貞) 각간이고 어머니는 미도부인(美道夫人)이며, 비는 문목왕후(文穆王后)이다. 희강왕의 이름은 『삼국유사』에 따르면 개륭(愷隆), 혹은 제옹(悌顒)인데, 『삼국사기』에서는 제륭(悌隆), 혹은 제옹(悌顒)으로 기록하고 있다. 따라서 『삼국유사』의 '愷'를 '悌'의 오각(誤刻)으로 보기도 한다.(이병도, 1977) 제륭의 아버지인 헌정은 균정과 형제이며 헌정은 애장왕대에 시중(侍中)을 지낸바 있지만, 그 밖에 헌정에 관해서는 헌덕왕이 헌정에게 지팡이(檀杖)를 하사하였다는 기록만 남아 있을 뿐이다. 그의 아들인 제륭 역시 김헌창의 반란을 진압하는 데 참여하였다는 기록이 전부이고 그 외 정치적 움직임이 기록된 바 없다. 따라서 헌정의 가계는 예영계 내에서 그다지 큰 비중을 차지하지 못하고 있었던 것으로 생각된다.(윤병희, 1982) 이에 반해 당시 제륭의 숙부 균정은 흥덕왕에 의해 상대등(上大等)에 임명된 상태였다. 신라 하대 왕위계승을 살펴보면 상대등에 임명된 인물들은 선왕(先王)에게 태자가 없을 경우, 대개 다음 왕위를 물려받았음을 알 수 있다. 이것은 비록 균정이 그동안 왕위를 독점하고 있던 인겸태자계의 후손은 아니지만, 예영계 내에서는 왕위계승상에서 가장 우위를 점하고 있었음을 의미한다.(이기백, 1980)

이렇듯 상대적으로 열세였던 제륭은 당시 시중(侍中)이자, 흥덕왕의 조카였던 김명(金明)의 도움으로 균정과 직접적으로 대립할 수 있게 된다. 이것은 예영계 내에서 낮은 처우를 받는 것에 불만을 가졌던 제륭과, 전왕(前王)인 흥덕왕과 같은 인겸태자계였음에도 왕위계승에서 밀려나야만 했던 김명의 이해관계가 맞아떨어진 결과로 생각된다. 결국 궁궐 내에서 제륭과 균정 사이에 무력충돌이 벌어지는데, 여기서 제륭과 김명이 균정을 죽이고 승리함으로써 제륭은 왕위에 올랐다. 그러나 희강왕의 즉위는 사실상 인겸태자계 내에서 가장 강력한 세력이었던 김명의 후원에 의한 것이었으므로 실권은 김명이 가지고 있었던 것으로 생각된다. 희강왕 2년(837) 희강왕이 김명을 상대등으로 임명한 사실은 이를 단적으로 보여 주고 있다. 결국 김명은 희강왕 3년(838)에 반란을 일으켰고, 이에 희강왕은 스스로 목을 메고 목숨을 끊었다. 소산에 장사 지냈다고 하는데, 현재 경북 경주시 내남면 망성리 산 34에 전 희강왕릉이 있다.

242) 헌진 각간

신라 제43대 희강왕의 아버지로 원성왕(元聖王)의 셋째아들인 예영의 아들이다. 『삼국사기』 권10 신라본기10 희강왕 원년조에서는 희강왕의 아버지를 헌정(憲貞)으로 기록하고 있는데 헌진(憲眞)과 헌정(憲貞)은 동일인물로 생각된다. 『삼국사기』 권10 신라본기10 애장왕(哀莊王) 8년(807)조를 보면 "이찬 김헌창〔혹은 헌정이라고 한다〕을 시중(侍中)으로 삼았다.(伊飡金憲昌〔一作貞〕 爲侍中)"는 기록이 보이는데, 이 기사에 등장하는 김헌창이 김주원의 아들인 김헌창인지 혹은 예영의 아들 김헌정인지는 불분명하다. 그러나 김헌창은 헌덕왕 5

년(813)에 무진주(武珍州) 도독(都督)에 임명되었고, 헌덕왕 6년(814)에 정식으로 시중에 임명된 기사가 나오고 있어 애장왕 8년에 시중에 임명된 것은 김헌정으로 보는 견해가 있다.(이기백, 1974) 한편 이를 헌덕왕 2년(810)에 견당사로 입당한 김헌장(金憲章)과 동일인으로 보기도 한다.(이기동, 1984) 『삼국사기』를 보면 헌덕왕 11년(819)에 이르러 김헌정이 병으로 걸을 수 없을 정도가 되었다는 기록이 있으므로 이 시기에 사망한 것으로 추측된다. 희강왕 2년(837)에 익성대왕(翌成大王)으로 추봉되었는데, 왕력에서는 그의 시호를 흥성대왕(興聖大王)이라 하였다.

243) 예영 잡간

신라 제38대 원성왕의 셋째 아들이자, 신라 제43대 희강왕의 할아버지. 『삼국유사』 권2 기이2 원성대왕조에 따르면 예영이 신라 제38대 원성왕의 셋째 아들로, 어머니는 신술 각간의 딸 김씨이다. 예영은 헌정, 균정 두 아들을 두었는데 이 둘 모두 왕이 되지는 못하였지만 예영의 손자대부터는 신라의 왕위를 계승하였다. 『삼국사기』 권10 신라본기10 원성왕 7년(791)조의 기록에 따르면 장자(長子) 인겸이 먼저 태자에 책봉되었으나 왕위를 잇기 전에 사망하여 시호를 혜충이라 하였고, 원성왕 10년(794)조를 보면 둘째 의영을 다시 태자에 책봉하였지만 역시 일찍 사망하여 시호를 헌평이라 하였다고 한다. 이후 원성왕은 태자로 셋째인 예영이 아닌 인겸의 아들 준옹(俊邕)을 책봉하였고 이후 왕위는 한동안 인겸태자계가 이어가게 된다. 그러나 신라 제42대 흥덕왕대(826-836)를 기점으로 인겸태자계의 후손이 왕위를 잇지 못하는 상황이 오자, 예영의 아들인 균정이 강력한 왕위계승권자로 부상하게 되었으며, 그의 손자 제륭은 제43대 희강왕으로 즉위하였다. 희강왕 이후의 신라왕계는 제44대 민애왕을 제외하고는 모두 예영의 후손들이 이어 나가게 된다.

244) 미도부인

신라 제43대 희강왕의 어머니로 원성왕의 손자인 헌정의 부인으로 충연 대아간(忠衍大阿干)의 딸이다. 심내부인(沈乃夫人) 혹은 파리부인(巴利夫人) 혹은 포도부인(包道夫人)으로 불리며, 시호는 순성태후(順成太后)이다. 왕력에는 충연 대아간의 딸로 기록하고 있는 데 비해, 『삼국사기』 권10 신라본기10 희강왕 원년조에서는 포도부인으로만 기록하고 있어 차이를 보인다. 그러나 두 기록 모두 희강왕의 어머니에 대한 기록이기 때문에 미도부인과 포도부인은 동일 인물로 보는 것이 일반적이다.(김창겸, 2003) 희강왕은 어머니를 동왕 2년(837) 순성태후(順成太后)에 봉하였다.

245) 문목왕후

신라 제43대 희강왕의 왕비로 김충공(金忠恭)의 딸이며, 혈연상 문목왕후와 희강왕은 재종형제(再從兄弟)이다. 이렇게 문목왕후와 희강왕이 근친혼을 한 것은 왕위를 독점하고 있던 인겸태자계가 방계인 예영계와의 결속을 다지기 위한 것으로 생각된다. 『삼국사기』 권10 신라본기10 희강왕 원년조(836)에는 갈문왕(葛文王) 충공(忠恭)의 딸로 기록되어 있다.

문목왕후의 가계는 원성왕-인겸태자-김충공-문목왕후로 이어지며 희강왕의 가계는 원성왕-예영-헌정-제륭(희강왕)으로 이어지고 있음을 보면, 희강왕과 문목왕후는 육촌 간이면서 근친혼을 했음을 알 수 있다. 신라 제42대 흥덕왕의 동생인 김충공은 흥덕왕대 상대등을 역임한 인물이었다. 후사가 없었던 흥덕왕은 차기 왕위를 동생 김충공에게 물려줌으로서 인겸태자계가 지속적으로 왕위를 계승해 나갈 것을 희망하였다. 제39대 소성왕, 제41대 헌덕왕, 제42대 흥덕왕과 김충공은 모두 인겸태자의 아들로 형제였기 때문에 혈연적 배경이나 당시 정치적 상황으로 보았을 때, 충공은 충분히 다음 왕위를 계승할 수 있는 입장이었다. 그런 김충공의 딸인 문목왕후가 근친인 예영계인 제륭과 혼인한 것은 원성왕계 내부의 단합을 공고히 하기 위한 목적이 있었던 것으로 생각된다. 실제 김충공의 또 다른 딸인 조명부인(照明夫人)도 예영의 아들이자 제륭(悌隆)의 숙부인 김균정(金均貞)의 후처가 되어 의정(誼靖, 후에 제47대 헌안왕)을 낳기도 하였다. 이러한 근친혼은 신라 하대에 들어오면서, 특히 원성왕계 내부에서 자주 일어나고 있는데, 이것은 근친왕족들이 국가의 요직을 독점하고 왕실가족의 분열을 막고자 하는 데 그 목적이 있었던 것으로 생각된다. 본래 원성왕계는 김주원(金周元)계를 밀어내고 왕위를 차지했던 만큼, 내부적인 단합을 우선시할 필요가 있었다. 또한 실제로 김주원의 아들인 김헌창에 의해 왕실에 대한 반란이 일어나자, 이러한 경향이 더욱 강화되었던 것으로 생각된다. 결국 원성왕계 내부에서 직계라고 할 수 있는 인겸태자계는 예영계와의 단합을 혼인을 통해 강화하고자 하였으며, 그 대표적인 예가 문목왕후라 할 수 있다. 희강왕과 문목왕후의 혼인은 결국 예영계와 인겸태자계의 결합으로 볼 수 있다.(이기동, 1980)

246) 충효 각간

신라 제43대 희강왕의 장인이자 신라 제44대 민애왕의 아버지이다. 제38대 원성왕(元聖王)의 손자로 제39대 소성왕(昭聖王), 제41대 헌덕왕(憲德王), 제42대 흥덕왕(興德王)과 김충공(金忠恭)은 모두 형제이다. 헌덕왕 9년(817)부터 동왕 13년(821)년까지 약 4년간 시중(侍中)을, 그리고 동왕 14년(822)부터 흥덕왕 10년(835)까지 약 13년간 상대등(上大等)을 역임하였다. 헌덕왕 14년(822) 김헌창의 반란이 일어나자 그 진압에 나서 군공(軍功)을 세우기도 하였다. 형인 김수종(金秀宗)이 신라 제42대 흥덕왕으로 즉위하자, 왕의 정치적 후원자로서 실권을 장악하였고 후사가 없던 흥덕왕의 사후, 왕위계승이 유력시 되었다. 그러나 흥덕왕보다 먼저 사망함으로써 인겸태자계가 독점하였던 왕위계승에 예영계가 참여할 수 있는 계기를 제공하였다. 후에 아들 민애왕에 의해 선강대왕(宣康大王)으로 추봉되었다.

왕력에는 제43대 희강왕의 비 문목부인의 아버지를 충효 각간 또는 중공 각간으로 기록하고 있으며(妃文穆王后 忠孝角干之女 一云重恭角干), 『삼국사기』 권10 신라본기10 희강왕 원년조(836)에는 희강왕의 비 문목부인의 아버지를 갈문왕(葛文王) 충공(忠恭)으로 기록하고 있다.(妃文穆夫人 葛文王忠恭之女) 희강왕의 비가 문목부인임은 『삼국유사』와 『삼국사기』가 동일하게 기록하고 있으므로 문목부인의 아버지로 나타나는 충효(忠孝), 중공(重恭), 충공(忠恭)은 모두 동일 인물임을 알 수 있다.

김충공은 헌덕왕 9년(817)부터 동왕 13년(821)년까지 약 4년간 시중을 역임하였으며 헌덕왕 14년(822)년 1월 형인 김수종(흥덕왕)이 부군(副君)이 되어 상대등 자리에서 물러나자, 그를 대신하여 상대등의 지위에 올랐다. 그로부터 두 달뒤 김헌창의 반란이 일어나자 반란 진압에 적극 대처하여 공을 세웠으며, 정사당(政事堂)에서 직접 정무를 총괄하였다. 그리하여 흥덕왕 즉위 후에도 흥덕왕 10년(835)까지 약 13년간 상대등을 역임하면서 계속 정치적 실권을 장악하였다.

흥덕왕은 즉위 당시(826) 이미 50세의 고령이었고, 또 즉위한 지 2개월 만에 왕비를 잃고 상심하여 재취까지 단념하면서 후사가 없는 상황이었다. 따라서 후계자로 예정되었던 사람은 왕의 동생으로 흥덕왕의 정치를 보좌하였던 상대등 김충공이었다. 그런데 『삼국사기』 권10 신라본기10 흥덕왕 10년조(835)를 보면 김충공 다음으로 김균정이 상대등의 지위에 취임하였음을 볼 수 있다. 김균정은 그동안 왕위를 독점했던 인겸태자의 직계손이 아니라 원성왕-예영-균정으로 이어지는 가계의 인물로 방계에 해당한다. 이러한 인물이 인겸태자의 직계손인 김충공 다음으로 상대등에 임명된 것은 선뜻 납득하기 힘들다. 당시 흥덕왕에게는 후사가 없었기 때문에 상대등의 임명은 곧 후계자 지명과 같은 성격을 가지고 있기 때문이다. 따라서 이러한 인사조치는 김충공의 사망에 따른 어쩔 수 없는 조치로 생각된다. 흥덕왕에게 후사가 없고, 김충공마저 사망했다면, 인겸태자계 내에서는 더 이상 왕위를 적합하게 이을 수 있는 인물이 없었기 때문이다. 물론 김충공의 아들 명(明)이 있긴 했지만, 흥덕왕 10

년(835) 당시 명은 19세로 아직 국정을 책임지기에는 어린 나이였다. 따라서 김충공의 사망을 직접적을 언급한 사료는 없지만, 흥덕왕 사후 왕위쟁탈전에 김충공의 이름이 전혀 드러나지 않는 점, 그의 아들인 명이 대신 시중에 임명되어 왕위쟁탈전에 뛰어든 점을 고려하면 충공은 835년경 사망한 것으로 보는 것이 타당할 것이다.(이기백, 1974)

한편 『삼국사기』 권10 신라본기10 헌덕왕 13년조(821)에는 "여름 4월 시중 김충공이 죽었으므로 이찬 영공(永恭)을 시중으로 삼았다.(十三年 夏四月 侍中金忠恭卒 伊湌永恭爲侍中)"는 기록이 보이는데, 여기에 따르면 김충공은 이미 821년에 사망한 것이 된다. 그러나 바로 이듬해인 헌덕왕 14년조(822)에 충공이 김헌창의 반란 진압에 참여하는 내용이 있으며, 『삼국사기』 권45 열전5 녹진조를 보면 "헌덕왕 14년(822)에 〔…〕 각간 충공(忠恭) 이 상대등(上大等)이 되어 정사당(政事堂)에 앉아 내외 관원을 주의(注擬)하였다.(十四年 〔…〕 時忠恭角干爲上大等 坐政事堂 注擬內外官)"는 기록이 보이므로 헌덕왕 13년의 기록은 잘못된 것으로 보인다. 이에 대해서는 시중 김충공이 821년 봄에 있었던 흉년의 책임을 지고 물러난 것을 잘못 기록하였다는 견해가 있다.(이기백, 1974)

결국 충공의 사망에 의해 흥덕왕 사후 김충공-김명으로 이어질 수 있었던 인겸계의 왕위계승권은 예영계의 균정에게 넘어가게 되었다. 충공의 아들인 김명은 이러한 상황에 대해 불만을 가지게 되었으며 여기에 더하여 흥덕왕이 후사에 대한 명확한 언급 없이 사망함으로써 예영계와 인겸태자계 간의 왕위계승분쟁이 촉발되었다. 김명은 우선 예영계 내에서 균정과 대립하고 있던 균정의 조카 제륭을 후원하여 균정을 제거하고 제륭을 왕위에 즉위시켰는데 이가 제43대 희강왕이다. 희강왕 3년(838) 김명이 희강왕에게 반란을 일으키자 희강왕은 자결하였고 결국 김명은 왕위에 올랐으니 이가 제44대 민애왕이다.

최치원이 지은 「봉암사지증대사적조탑비(鳳巖寺智證大師寂照塔碑)」를 보면 "흥덕대왕이 대업을 계승하고 선강태자가 감무를 하게 됨에 사악한 무리를 제거하여 나라를 구제하며 선을 좋아하여 집안을 살찌게 했다.(及興德大王

纂戎 宣康太子監撫 去邪毉國의 樂善肥家)"하였다. 여기서 충공 각간을 선강태자라고 한 것을 보면, 당시 사람들에게 흥덕왕의 후계자로 간주되어 개혁 정치를 주도하였음을 알 수 있다.(이기동, 1997)

247) 민애왕

신라 제44대 왕으로 생몰년 817-839년, 재위기간 838-839년이며, 이름은 명(明)이다. 아버지는 인겸태자의 아들인 충공(忠恭)이고 어머니는 인겸태자의 딸인 귀파부인(貴巴夫人)이다. 비는 영공 각간의 딸 무용황후(无容皇后)이다. 본래 김명은 아버지 충공의 뒤를 이어 왕위를 계승할 인물이었으나, 충공이 제42대 흥덕왕(興德王)보다 먼저 사망하여 그 지위를 상실하였다. 흥덕왕 사후 균정(均貞)과 제륭(悌隆) 사이에 왕위계승분쟁이 일어나자, 김명은 제륭을 도와 균정을 죽였으며, 왕위에 오른 제륭(제43대 희강왕)마저 제거하고 스스로 왕위에 오르니 이가 민애왕(閔哀王)이다. 그러나 균정의 아들 우징(祐徵)이 청해진대사(淸海鎭大使) 장보고(張保皐)와 연합하여 일으킨 반란에 패함으로서, 민애왕 정권은 1년을 넘기지 못하고 무너지고 만다. 대구 팔공산의 동화사 비로암 삼층석탑에서 발견된 『신라민애대왕석탑기(新羅敏哀大王石塔記)』의 명문에 의하면, 민애왕은 839년 1월 23일 23세로 서거하였다고 한다.(황수영, 1969) 이는 민애왕이 1월 22일에 서거하였다고 기록한 왕력의 기록과는 약간의 차이가 있지만 거의 일치한다고 볼 수 있다.

248) 귀파부인

신라 제44대 민애왕의 어머니로 제38대 원성왕의 아들인 인겸태자(仁謙太子)의 딸이다. 『삼국유사』에는 혜충왕(惠忠王)의 딸 귀파부인(貴巴夫人)으로 기록되어 있다. 한편 『삼국사기』 권10 신라본기10 민애왕 즉위년조에서는 "어머니 박씨 귀보부인(貴寶夫人)을 선의태후(宣懿太后)로 삼았다.(母朴氏 貴寶夫人爲宣懿太后)"라고 하여 약간 다르게 기록되어 있는데, 귀파부인(貴巴夫人)과 귀보부

인(貴寶夫人)은 동일 인물로 생각된다.(김창겸, 2003)

그런데 『삼국유사』의 기록에 나타나는 혜충왕은 원성왕의 아들인 인겸태자를 가리키는데, 이 경우 귀파부인의 성은 김씨가 된다. 이는 앞서 귀파부인의 성을 박씨로 기록한 『삼국사기』의 기록과는 상충된다. 신라 하대의 원성왕계는 원성왕-인겸태자-소성왕-애장왕으로 이어졌는데 『삼국유사』에 따르면 귀파부인은 바로 인겸태자의 딸이고, 남편인 충공 역시 인겸태자의 아들이므로 민애왕의 부모는 남매간이었음을 알 수 있다. 당시 원성왕계 내에서 권력의 독점을 위해 근친혼이 성행했음을 감안한다면, 이는 충분히 가능한 일이며 오히려 당연한 사례에 속한다. 따라서 귀파부인의 성은 김씨로 보는 것이 일반적이며, 『삼국사기』에서 귀파부인을 박씨로 기록한 것에 대해서는 신라가 중국으로부터 책봉받는 과정에서 불필요한 마찰을 피하기 위해 일부러 왕비의 성이 김씨인 것을 숨겼을 것으로 추정하고 있다.(문경현, 1990) 혹은 『삼국사기』의 기록을 신뢰하여 귀파부인은 박씨이며, 이것은 본래 무열왕계의 왕비족이었던 박씨를 원성왕계가 왕비로 끌어들였던 대표적인 사례였다고 이해하는 견해도 있다.(신형식, 1984)

249) 무용황후

신라 제44대 민애왕의 비로 영공 각간(永公角干)의 딸이다. 『삼국사기』 권10, 신라본기10 민애왕 즉위조(838)를 보면 "아내 김씨를 윤용왕후로 삼았다.(妻金氏爲允容王后)"고 기록하고 있으므로, 무용황후와 윤용왕후는 동일 인물로 생각된다.(정구복 외, 1997)

250) 영공 각간

신라 제44대 민애왕의 비인 무용황후의 아버지이다. 『삼국사기』에 의하면 영공(永恭)은 헌덕왕 13년(821) 시중(侍中)에 임명되었다가, 흥덕왕 2년(827) 시중직에서 물러났다. 여기에 등장하는 영공을, 왕력에 등장하는 영공 각간(永公

角干)으로 추정한다.(김창겸, 2003)

251) 신무왕

신라 제45대 왕으로 생몰년 ?~839년, 재위 기간 839년 1월-7월이며, 아버지는 김균정(金均貞), 어머니는 박씨 진교부인(眞矯夫人)이다. 836년 제42대 흥덕왕이 사망하자, 아버지 김균정의 왕위계승을 지지하였다. 그러나 균정은 왕위계승을 두고 조카인 제륭(悌隆)과 대립하게 되고, 결국 무력 대결에서 패해 죽었다. 아버지가 사망하자, 우징은 희강왕 2년(837) 청해진으로 내려가 대사(大使) 장보고(張保皐)에게 군사적 원조를 요청하였다. 민애왕 2년(839) 장보고(張保皐), 김양(金陽)등과 함께 경주로 쳐들어가 민애왕을 죽이고 왕위에 올랐으나 얼마 지나지 않아 병사(病死)하였다. 자세한 설명은 기이편 신무대왕염장궁파의 주석을 참고.

252) 균정각간

신라 제45대 신무왕의 아버지로 생몰년 ?~836년이다. 신라 제38대 원성왕(元聖王)의 셋째 아들인 예영(禮英)의 아들로 신라 제43대 희강왕(僖康王)의 아버지인 헌정(憲貞)과 형제이다. 그의 두 아들은 각각 신라 제45대 신무왕(神武王)과 제47대 헌안왕(憲安王)이 되었다. 제41대 헌덕왕(憲德王)대에 시중을 역임하였고, 김헌창(金憲昌)의 반란이 일어나자 토벌군 사령관으로 활약하는 등 정치력과 군공을 모두 갖추고 있었다. 제42대 흥덕왕(興德王)이 후사 없이 서거하자 균정은 왕위에 오르고자 하였으나, 조카 제륭(悌隆)이 이에 반발하여 왕위계승분쟁이 벌어졌고 결국 무력 대결에서 패해 사망하였다.

균정의 가계는 제38대 원성왕-예영-균정-제45대 신무왕(우징)으로 이어지는데, 가계에서 보이듯이 본래 균정은 정식으로 왕위를 이어나가던 집안은 아니었다. 본래 이 시기 신라의 왕위는 제38대 원성왕-인겸태자-제39대 소성왕-제40대 애장왕으로 이어졌던 인겸태자계가 이어 가고 있었는데, 제42대 흥덕왕에 이르러 왕에게 후사가 없자, 예영계인 균정이 강력한 왕위계승권자로 부상하게 되었던 것이다.(윤병희, 1982)

결국 균정은 왕위에 오르지는 못하지만 그의 아들들은 왕위를 계승하였다. 균정의 처 진교부인(眞矯夫人)이 낳은 우징은 제45대 신무왕이 되었고, 균정의 후처 조명부인(照明夫人)이 낳은 의정은 제47대 헌안왕이 되었다. 한편, 후처인 조명부인은 흥덕왕의 동생이자 인겸태자계 내에서 가장 유력한 왕위계승권자였던 김충공(金忠恭)의 딸이었는데 이러한 근친혼은 인겸태자계가 원성왕 집안 내부의 결합을 공고히 하기 위해 행했던 것으로 생각된다.(김창겸, 2003)

균정은 일찍이 신라의 정계에서 두각을 나타냈던 인물이었다. 『삼국사기』 권10 신라본기10 애장왕 3년(802)조에 의하면 그는 일찍이 일본에 가왕자(假王子)로 파견될 예정이었으나 본인이 사양하여 실현되지 않았다.(冬十二月 授均貞大阿爲假王子 欲以質倭國 均貞辭之) 헌덕왕 4년(812)에 시중(侍中)에 임명되었으며 헌덕왕 14년(822) 김헌창의 반란이 일어나자 그의 아들 김우징과 함께 토벌군 사령관으로서 공훈을 세웠다. 당시 흥덕왕은 자신에게 후사가 없어 동생인 충공(忠恭)에게 왕위를 물려주고자 그를 상대등에 임명하였으나 충공은 예상보다 일찍 사망하였다. 이에 흥덕왕은 충공의 후임으로 가능한 자신의 조카들 가운데 지명하고자 하였으나, 835년 당시 그의 조카는 충공의 아들 김명뿐이었다. 이때 김명은 19세로 부친의 자리를 계승하기에는 연령과 관록이 부족하였다. 따라서 흥덕왕은 비록 예영계이기는 하나 시중 경력과 군공(軍功)을 갖춘 김균정을 후임 상대등에 임명하였다. 그러나 한편으로 흥덕왕은 김명을 시중(侍中)에 임명하여 예영계에 대한 일종의 견제를 꾀했다.(이기동, 1985)

이러한 인겸태자계와 예영계의 균형은 흥덕왕 당대에는 유지되었으나 이로부터 2년 후인 836년 흥덕왕이 후계자에 대한 별다른 언급 없이 서거하자, 곧 왕위계승분쟁이 일어나게 된다. 신라 하대에는 상대등직에 오른 인물이 대개 왕위를 계승했던 만큼, 김균정은 당연히 자신이 즉위할 것으로 생각하였고, 그의 아들인 김우징(金祐徵), 조카 김예징(金禮徵), 김주원계의 김양(金陽) 등이 그를 후원하였다. 그러나 여기에 김명이 김균정의 조카인 제륭을 왕으로 추대하며 반발하자, 사태는 무력 대결 양상으로 흘러갔다. 결국 이 왕위계승분쟁은 김균정과 김명의 대립이라는 면에서는 예영계와 인겸태자계의 싸움이었으며, 김균정과 김제륭의 대립이라는 면에서는 예영계 내부의 싸움이었다.(이기동, 1985)

김균정은 이 싸움에서 패하여 죽었으며, 그 아들 김우징은 837년 청해진으로 피신하였다. 후에 김우징은 민애왕(김명)을 죽이고 왕위에 올랐으며, 즉위한 그해에 아버지 균정을 성덕대왕(成德大王)으로 추봉하였다.

253) 정교부인

신라 제45대 신무왕의 어머니이며, 김균정(金均貞)의 부인이며, 성은 박씨(朴氏)이다. 『삼국사기』 권10 신라본기10 신무왕 즉위조에는 '어머니 박씨 진교부인(母 朴氏 眞矯夫人)'라고만 기록되어 있고 그 이상의 기록은 없다. 따라서 신무왕의 모계에 대해서는 자세히 알 수 없다. 또한 정교부인의 성씨에 대해서는 신라 하대의 왕모(王母)와 왕비의 실제 성이 김씨이면서도 중국과의 책봉 문제상 박씨나 아버지 이름에서 한 자를 성씨로 가칭(假稱)하는 경우가 많아서 『삼국사기』 기록의 실제 진위 여부는 확인하기 어렵다.(김창겸, 2003)

254) 문성왕

신라 제46대 왕으로 생몰년 ?-857년, 재위기간 839-857년이다. 이름은 경응이며 아버지는 신무왕, 어머니는 정종태후이고 비(妃)는 소명왕후(炤明王后)이다. 아버지인 신무왕이 왕위계승쟁탈전에서 승리한 뒤, 즉위하여 정치적 안정을 다져 갔으나 재위 반년 만에 서거한 후 문성왕이 즉위하였는데, 이때 이후 많은 반란이 일어난다. 841년 일길찬(一吉湌) 홍필(弘弼)이 반란을 일으키고, 846년 청해진대사(大使) 장보고(張保皐)가 자기 딸을 왕비로 삼게 하려다가 실패한 데 대한 보복으로 반란을 일으켰다. 847년 양순(良順)·흥종(興宗) 등이 모반하였으며, 849년 이찬(伊湌) 김식(金式)·대흔(大昕) 등이 반란을 일으켰다. 재위 19년(856)에 숙부인 상대등 의정(誼靖)에게 왕위를 양위한다는 유조를 내린 후 서거하였으며 능은 경주 공작지(孔雀趾)에 있다고 전한다. 자세한 설명은 기이편 조설조의 주석을 참고.

255) 진종태후

신라 제45대 신무왕의 왕비로 왕력에는 그녀의 아버지가 □명해□(□明海□)이라 하여 결락된 상태로 전해지고 있어 정확한 이름을 알 수 없다. 그렇지만 가족관계 기록이 대체로 인명+관등으로 표기함을 기본으로 하였음을 염두에 두면, 명해(明海)가 하나의 인명이 아니고 □명(□明)은 이름이고, 해□(海□)은 관등인 것으로 생각할 수 있다. 이러한 추측이 가능하다면 이름은 □명(□明)이고 관등은 해찬(海湌) 또는 해간(海干)으로 볼 수 있다. 그리고 만약 □명(□明)이 이름이라면 사료 상 같은 시기의 인물로는 애장왕 김청명(金淸明)과 그 동생 김체명(金體明)이 있다. 이 중 청명은 애장왕이라는 시호가 있어 이름으로 기록하지 않았을 것이므로, 체명을 □명(□明)으로 생각해 볼 수 있다고 한다.(김창겸, 2003)

256) 소명왕후

신라 제46대 문성왕의 왕비로 문성왕의 왕비는 2명이 있었다. 『삼국사기』 권11 신라본기11 문성왕 3년조 기록을 살펴보면 "처 박씨를 왕비로 책봉하였다.(妻朴氏爲王妃)"라고 기록되어 있으며, 4년조에는 "봄 3월 이찬 위흔의 딸을 비로 들이었다.(春三月 納伊湌魏昕之女爲妃)"라 하였다. 두 사람 중 누가 소명왕후인지는 알 수 없다.(김창겸, 2003)

257) 헌안왕

신라 제47대 왕으로 생몰년 ?-861년, 재위기간 857-861년이다. 김씨이며 이름은 의정으로, 문성왕의 유조에 의해 왕으로 즉위하였다. 재위 5년(861) 정월 29일에 죽어 공작지(孔雀趾)에 장사 지냈다. 자세한 설명은 기이편 경문대왕조의 주석을 참고.

258) 흔명부인

신라 제47대 헌안왕의 어머니로 김충공(金忠恭)의 딸이다. 『삼국사기』 권10 신라본기10 신무왕 즉위조를 살펴보면 '어머니 박씨 진교부인(母 朴氏 眞矯夫人)'라 하여, 헌안왕의 아버지인 김균정에게는 신무왕의 어머니인 진교부인(眞矯夫人)이 있었던 것이다. 왕력에 등장하는 흔명부인과 함께 김균정에게는 2명의 부인이 있었음을 알 수 있다. 결국 2명의 부인 가운데 흔명부인이 헌안왕의 어머니이다.(김창겸, 2003)

259) 경문왕

신라 제48대 왕으로 생몰년 ?-875년, 재위기간 861-875년이다. 이름은 응렴(膺廉)이며 아버지는 김계명(金啓明), 어머니는 광화부인(光和夫人)이다. 왕비는 헌안왕의 딸인 문자황후(文資皇后)이다. 집권 당시의 빈번한 모반을 평정하고 신라 하대 경문왕가(景文王家)의 왕위계승이 성립할 수 있는 기반을 마련하였다. 자세한 설명은 기이편의 경문대왕조를 참고.

260) 계명 각간

신라 제43대 희강왕의 아들이며, 제48대 경문왕의 아버지이다. 제46대 문성왕 10년(848)부터 시중(侍中)이 되어 강력한 정치력을 행사하였으며, 경문왕의 즉위에 중심적인 역할을 담당하였다. 희강왕의 아버지는 헌정(憲貞)이고, 헌정의 아버지는 제38대 원성왕의 셋째 아들 예영(禮英)이다. 그러므로 계명과 경문왕은 원성왕계 내 예영계, 그중에서도 헌정계에 속한다.(김창겸, 2003) 계명은 제46대 문성왕 10년(848)부터 파진찬(波珍湌)으로 집사성(執事省) 시중(侍中)이 되어 헌안왕 정권에서 최고 실력자의 한 명으로 활약하였다. 그리하여 계명은 아들 응렴(膺廉)이 왕으로 즉위하는 데 아주 큰 영향력을 행사하였다. 제47대 헌안왕은 즉위 당시, 다른 정치세력들의 도전을 물리치고 왕위에 올라서기 위해서 계명의 도움이 필요하였다. 사실 계명은 당시 왕실 내에서 혈연적으로나 정치적으로 유리한 지위에 있었기에 헌안왕에게는 언제든지 가장 강력한 도전세력으로 변할 수도 있는 존재였을 것이다. 이러한 이유에서 헌안왕은 자신의 정권유지를 위하여 자신의 딸과 계명의 아들 응렴의 혼인을 제의함으로써 정치적 연합을 형성하였다.(송은일, 2004) 계명은 경문왕 6년(866)에 의공대왕으로 추봉되었다.

261) 광화부인

신라 제45대 신무왕(神武王)의 딸이며 제48대 경문왕(景文王)의 어머니이다. 『삼국사기』 권11 신라본기11 경문왕 즉위조에는 광의부인(光義夫人)이라고도 하였다. 신무왕의 아들인 제46대 문성왕(文聖王)과는 남매간이다. 그럼에도 불구하고 『삼국사기』 권11 신라본기 11 경문왕 6년 기사에는 "어머니 박씨 부인을 광의왕태후라 하였다.(母朴氏光和夫人爲光懿王太后)"라고 되어 있어 다소 혼란이 있으나, 이것은 왕모와 왕비를 당으로부터 책봉 받는 과정에서 외교상 박씨를 가칭(假稱)한 것에 불과하고 실제로는 김씨가 옳다고 이해된다.(김창겸, 2003)

262) 문자황후

신라 제48대 경문왕의 왕비이며 제47대 헌안왕의 큰딸이다. 『삼국사기』에는 영화부인(寧花夫人)으로 기록되어 있다. 경문왕과 문자황후의 혼인에 대해서는 『삼국유사』 권2 기이2 48경문대왕(四十八景文大王)조와 『삼국사기』 권11 신라본기11 헌안왕 4년 기사에 설화가 전해지고 있다. 경문왕에게는 왕비가 2명이 있었다. 경문왕 설화에서 전해오듯이 모두 헌안왕의 딸로서 첫째 왕비는 문자황후로 큰딸이며, 차비(次妃)는 경문왕 3년(863)에 혼인한 헌안왕의 작은딸이다. 문자황후와 경문왕의 자식으로는 뒤를 이어 왕위에 오르는 제49대 헌강왕(憲康王), 제50대 정강왕(定康王), 제51대 진성여왕(眞聖女王)이 있다. 한편 왕력에서는 "어머니는 문자황후로 혹은 의명왕후라고 한다.(母文資皇后 一云義明王后)"라고 하여 문자황후의 이칭을 의명왕후라고 설명하고 있다. 하지만 이것은 『삼국사기』 권11 신라본기11 헌강왕 즉위조에 서술되어 있는 "왕비는 의명부인이다.(妃懿明夫人)"라는 기록이 누락되어 잘못 기술되어 있는 것으로, 문자황후와 의명왕후는 동일인물이 아니다.(김창겸, 2003)

263) 헌강왕

신라 제49대 왕으로 생몰년 ?-886년, 재위기간 875-886년이다. 성은 김씨(金氏), 이름은 정(晸)이며 아버지는 경문왕, 어머니는 문자황후이다. 자세한 설명은 기이편 처용랑망해사조의 주석을 참고.

264) 정강왕

신라 제50대 왕으로 생몰년 ?-887년, 재위기간 886-887년이다. 성은 김씨(金氏)이며 이름은 황(晃)이다. 왕력에서는 제44대 민애왕의 동생이라는 기록이 있어 혼란을 초래한다. 정강왕이 민애왕의 동생이라면 원성왕의 장자인 인겸(仁謙)의 손자로서 원성왕의 셋째 아들 예영(禮英)의 5대손인 헌강왕이 죽을 때까지 생존해 있다가 왕위를 계승하였다는 것이다. 이것은 원성왕의 3대 후손이 그 당시까지 생존하여서 왕이 되었다는 것으로 논리상 성립되지 않는다. 따라서 『삼국사기』의 제48대 경문왕의 둘째 아들이라는 기록이 합당하다. 즉 헌강왕은 경문왕의 맏아들이고 정강왕은 헌강왕의 동생이다. 그러므로 정강왕의 부계(父系)는 헌강왕의 부계와 동일하므로 경문왕 가계의 연장이다. 그리고 정강왕의 모계(母系) 또한 어머니에 대한 다른 기록이 없는 것으로 보아 동모형(同母兄)인 헌강왕과 동일한 듯하다.(김창겸, 2003) 또한 왕력에서는 정강왕은 병오년(丙午年), 즉 886년에 즉위하였다가 그 해에 서거하였다고 하였으나, 『삼국사기』 권11 신라본기11에서는 그 다음 해인 정미년(丁未年) 7월 5일에 서거하였다고 하여 차이를 보이고 있다. 정강왕 2년(887) 5월에 자신의 여동생인 진성여왕(眞聖女王)에게 왕위를 잇게 한 후 7월 5일에 죽어 보리사(菩提寺) 동남쪽에 장사 지냈다.

265) 진성여왕

신라 제51대 왕으로 생몰년 ?~897년, 재위기간 887-897년이다. 성은 김씨이며 이름은 만헌(曼憲)으로 경문왕의 딸이다. 자세한 설명은 기이편 진성여대왕조의 주석을 참고.

266) 위홍

왕력에 따르면 신라 제51대 진성여왕의 남편으로 경문왕의 동생이다. 그리고 『삼국유사』 진성여대왕 거타지조에 따르면 신라 제48대 경문왕의 동생이며 신라 제51대 진성여왕의 유모 부호부인(鳧好夫人)의 남편이다. 자세한 설명은 기이편 진성여대왕조의 주석을 참고.

267) 대각간

신라 17관등 위에 설치된 비상위(非常位) 관등으로서 각간(角干)에서 분화하여 격상된 것이다. 대각찬(大角湌)·대일벌간(大一伐干) 등으로도 표기한다. 신라는 법흥왕(法興王)대에 17관등제를 완성하였는데, 이후 가야를 병합하고, 고구려·백제와 대규모의 전쟁을 되풀이하면서 귀족들이 여러 차례에 걸쳐 공을 세우게 되었다. 이들을 예우해 주기 위해서 대각간이라는 각간 위의 비상위 관등을 설치한 것으로 생각된다.

『삼국사기』 권38 잡지7 직관 상(上) 대각간조에서는 "태종왕 7년 백제를 멸망시키고 공을 논하여 대장군 김유신에게 대각간을 수여하였다. 앞의 17관등 위에 이를 더한 것으로서 비상의 관등이었다.(太宗王七年 滅百濟論功 授大將軍金庾信大角干 於前十七位之上 加之 非常位也)"라 하여 태종무열왕 7년에 대각간이 처음 성립된 것 같은 인상을 주고 있다. 그러나 『삼국사기』 권44 열전4 거칠부조에서는 "구진 대각찬(仇珍大角湌)"이라 하여 기사에 나오는 "구진대각찬(仇珍大角湌)"의 존재가 확인된다. 이 기사에 따르면 대각간이 진흥왕대에는 성립되어 있었다는 것을 알 수 있다. 「창녕신라진흥왕척경비(昌寧新羅眞興王拓境碑)」에도 "굴진지 대일벌간(屈珎智 大一伐干)"이 나오고 있다. 구진대각찬은 진흥왕이 551년에 백제 성왕(聖王)의 요청에 의해 군사를 동원하여 고구려를 공격하도록 한 9장군 중의 하나였다. 이 "구진(仇珍)"은 창녕비에 나오는 굴진지(屈珎智)의 "굴진(屈珎)"과 음이 유사하고 대각간, 대일벌간은 표기의 차이에 지나지 않으며 양자의 활동 시기도 같기 때문에 동일 인물이라고 할 수 있다.

그런데 창녕비가 세워진 것은 561년이고 진흥왕이 성왕의 요청에 의해 고구려를 공격한 후 한강 상류 지역을 확보한 것은 551년이어서 10년의 차이가 난다. 따라서 구진이 언제 대각간이 되었느냐는 문제는 대각간이라는 비상위의 설치 시기를 추론하는 것과 연관된다. 『삼국사기』에서 한 번만 나오는 인물의 경우 그가 지닌 관등은 최종의 것을 소급해서 표기하는 것이 일반적이었다고 한다. 그렇다면 거칠부전에서 구진이 대각간으로 나오는 것은 그의 최종 관등인 대각간을 이 시기로 소급시켰을 가능성이 크다고 할 수 있다. 그러면 대각간의 설치 시기는 551년 이후에서 561년 이전의 어느 시기로 잡을 수 있을 것이다.(노중국, 1997)

그리고 대각간 위에 설치한 비상위 관등으로서 태대각간(太大角干)이 있다. 그 설치 시기는 분명하지 않으나, 태대각간은 대각간에서 분화된 것으로 생각되기 때문에 대각간 설치 시기의 상한인 551년 이후에 설치된 것으로 보아야 할 것이다. 가장 유력한 시기는 진평왕대로 생각된다. 『삼국사기』 권39

잡지8 직관 중 내성(內省)조에 따르면 진평왕 44년(622)에 내성사신(內省私臣)을 설치하였는데 거기에 해당하는 관등이 금하(衿荷)에서 태대각간까지였다. 진평왕대는 고구려·백제와의 전쟁이 심하였고 여러 관부가 만들어진 시기였으므로, 이 과정에서 대각간보다 상위의 관등인 태대각간이 설치된 것으로 볼 수 있다.(정구복 외, 1997)

268) 미황산

신라 제51대 진성여왕의 유골을 뿌렸다고 전해지는 곳으로 그 위치는 알 수 없다. 『삼국사기』 권11 신라본기11 진성여왕 11년조에서는 황산(黃山)에 장사지냈다고 하였다. 그러나 미황산과 황산의 현재 위치는 알 수 없다. 진성여왕릉에 대해서는, 『경주읍지(慶州邑誌)』와 『경주김씨선원록(慶州金氏璿源錄)』의 기록을 근거로 경남 양산군(梁山郡) 물금면(勿禁面) 어곡리(魚谷里)에 있는 전 진성여왕릉(傳眞聖女王陵)이 본래 진성여왕의 능이며, 따라서 이곳이 미황산이라고 주장하기도 한다. 그러나 문헌들이 근대에 편찬된 것으로 사료적 가치가 떨어지고, 어곡리에 있는 전 진성여왕릉은 무덤 형식으로 볼 때 조선시대의 민묘이며 신라시대의 유물도 발견된 바가 없음을 들어 이를 부인하는 견해도 있다. 또한 『동경잡기(東京雜記)』 권1 능묘조에서는 당시의 양산군(梁山郡) 황산역(黃山驛)에 진성여왕릉이 있다고 하였다.(정중환, 1970)

269) 효공왕

신라 제52대 왕으로 생몰년 ?-912년, 재위기간 897-912년이며, 성은 김씨(金氏), 이름은 요(嶢)이다. 아버지는 신라 제49대 헌강왕(憲康王)이고, 어머니는 문자왕후(文資王后), 또는 의명왕태후(義明王太后) 김씨이다. 효공왕은 진성여왕의 양위에 따라 897년 즉위하였다. 재위 16년(912)에 서거하였는데, 시호를 효공(孝恭)이라 하고 사자사(師子寺) 북쪽에서 화장하여 뼈를 구지제(仇知堤) 동쪽산 허리에 묻었다. 자세한 설명은 기이편 효공왕조의 주석을 참고.

270) 문자왕후

신라 제52대 효공왕의 어머니이며, 김씨이다. 의명왕태후(義明王太后)라고도 한다. 문자왕후가 경문왕의 첫째 왕비인 영화부인(寧花夫人)의 시호이므로, 왕력의 기록은 따를 수 없다는 견해가 있다. 이러한 혼선이 생긴 이유는 당시 정치적 사정이 복잡하기도 하였지만, 이에 더하여 효공왕 어머니의 집안이 미천하여 왕실에 접근할 수 없었던 데에 큰 이유가 있다고 하였다. 따라서 설령 효공왕 어머니의 이름이 의명왕태후이고 김씨라 해도 그녀의 신분은 진골이 아니라고 하였다.(김창겸, 2003)

271) 사자사

『삼국사기』 권12 신라본기12 효공왕 16년조에는 "왕을 사자사 북쪽에 장사 지냈다.(葬于師子寺北)"고 하였다. 그러나 왕력에서는 "왕을 사자사 북쪽에 화장하고 뼈를 구지제 동쪽 산허리에 묻었다.(火葬師子寺北 骨藏于仇知堤東山脇)"고 하였다. 이에 따르면 사자사(師子寺)는 왕릉이 조영된 곳이 아니라 화장한 곳이며, 화장 후에 유해는 구지제 동쪽 산허리에 매장된 것으로 기록되어 있다. 현재 전 효공왕릉 남쪽에 남아 있는 절터가 사자사지로 추정된다. 또한 1936년 현재의 경주역 광장으로 이건된 황오동 삼층석탑(皇吾洞 三層石塔)이 전 사자사 삼층석탑으로 추정된다. 황오동 삼층석탑은 원래 경주시 배반동 장골(長谷)의 사자사지로 추정되는 곳에 무너져 있었는데, 1936년 경주역을 현재의 위치로 옮길 때 이를 기념하기 위해 석탑재를 모아 복원하였다.(이근직, 2006)

272) 구지제

신라시대 경주에 있던 못으로, 효공왕릉과 관계가 있는 곳이다. 효공왕의 능으로 추정되는 왕릉은 현재 경주시 배반동 산 14번지에 있다. 하지만 현재 전 일성왕릉의 서편 바로 아래에 있는 "강당못"을 신라시대의 구지제로 비정하는 의견이 있다.(이근직, 2006) 현재 이 강당못은 주변에서 초석과 와편이 출토된

까닭에 장창곡(長倉谷) 제5사지로 명명되어 있다.(국립경주문화재연구소, 2004)

273) (전) 효공왕릉

신라 제52대 효공왕의 능으로 전해오는 왕릉으로 경북 경주시 배반동 산 14번지에 위치하며 사적 제183호로 지정되어 있다. 왕릉은 구릉을 삭평한 뒤 조영하였으며, 외형은 원형봉토분이고 봉분의 직경은 21.2m, 높이는 5m이다. 묘제는 횡혈식석실분으로 추정된다. 무덤 밑부분에는 무덤을 보호하기 위해 쌓았던 돌이 몇 개 남아 있으며, 아무런 장식이 없는 단순한 형태의 무덤이다. 호석은 괴석을 이용하여 사선으로 축조하였으며, 현재 봉분자락 남쪽과 서쪽 일부분에서 확인된다. 이에 기댄 받침석 역시 50cm 내외 규모의 괴석이며, 남서쪽에서 6개, 동북쪽에서 3개가 확인된다. 받침석간의 간격은 170-210cm 내외이다. 전 효공왕릉은 효공왕이 죽은 뒤 "사자사 북쪽에 장사 지냈다.(葬于師子寺北)"는 『삼국사기』 권12 신라본기12 효공왕 16년조의 기록과 그 남쪽 약 900m 지점에 있는 배반동 장골(長谷)의 삼층석탑을 근거로 조선 영조 6년(1730)에 이르러 김씨 일족에 의해 현재의 왕릉으로 비정되었다. 하지만 왕력에 의하면 왕릉 비정의 근거가 된 사자사는 왕릉이 조영된 곳이 아니라 화장한 곳이며, 화장 후 유해는 구지제 동쪽 산허리에 매장된 것으로 기록되어 있다. 따라서 효공왕릉은 사자사 북쪽이 아니라 구지제(仇知堤)라는 못 동쪽의 산기슭에 있음을 알 수 있으며, 따라서 산의 서쪽 기슭에 있는 왕릉에 국한된다. 이러한 지형적 조건에 맞추어서 경주시 탑동 산 23번지에 있는 전 일성왕릉(傳 逸聖王陵)을 효공왕릉으로 비정한 견해가 있다. 현재 경주에서 남산의 서쪽 기슭에 있는 왕릉으로는 전 지마왕릉·전 일성왕릉·전 아달라왕릉·전 신덕왕릉·전 경명왕릉·전 경애왕릉이 있는데, 그중에서 단독릉이면서 서편에 못이 있는 경우는 전 일성왕릉뿐이다. 전 일성왕릉 서편 바로 아래에는 강당못이 있어 이곳이 신라시대의 구지제였을 가능성이 있으며, 따라서 효공왕릉은 전 일성왕릉으로 추정된다는 것이다.(이근직, 2006)

274) 신덕왕

신라 제53대 왕으로 생몰년 ?-917년, 재위기간 912-917년이며, 신라 하대 최초의 박씨 왕으로 이름은 경휘(景徽) 또는 수종(秀宗)이다. 아버지는 문원(文元) 이간이며 조부는 문관(文官) 해간, 의부(義父)는 예겸(銳謙) 각간이다. 어머니는 진화부인(眞花夫人)이며 외조부는 순홍(順弘) 각간, 외증조부는 원린(元隣) 각간이다. 왕비는 자성왕후(資成王后)이며, 제54대 경명왕(景明王)과 제55대 경애왕(景哀王)을 낳았다. 재위 6년(917)에 죽었는데, 화장하여 뼈를 잠현(箴峴) 남쪽에 묻었다.

신덕왕의 가계에 대해서는 『삼국유사』와 『삼국사기』가 조금 차이를 보이고 있다. 왕력에서는 아버지는 문원(文元) 이간이며 조부는 문관 해간, 의부는 예겸(銳謙) 각간이라 하였다. 또 어머니는 진화부인(眞花夫人)이며 외조부는 순홍(順弘) 각간, 외증조부는 아달라왕(阿達羅王)의 원손(元孫)인 원린(元隣) 각간이라 하였으며, 왕비는 자성왕후(資成王后)로 의성(懿成)·효자(孝資)라고도 하였다. 한편 『삼국사기』 권12 신라본기12 신덕왕 즉위년조에서는 신덕왕이 박씨로서 아달라왕의 원손이며 아버지를 예겸(乂兼) 또는 예겸(銳謙)이라 하였고 어머니는 정화부인(貞和夫人), 왕비는 김씨로서 헌강왕(憲康王)의 딸이라고 하였다.

『삼국유사』에서는 신덕왕을 아달라왕의 외원손(外元孫)으로 언급하고 있지만, 『삼국사기』에서는 친원손(親元孫)으로 보고 있는 점이 다르다. 신덕왕의 부계에 대한 설명도 서로 다르다고 할 수 있다. 또한 왕력에서는 신덕왕의 친부(親父)를 문원 이간, 의부를 예겸 각간이라 하였지만, 『삼국사기』에서는 신덕왕의 아버지를 예겸(乂兼) 또는 예겸(銳謙)이라 하였다. 이에 대해 『삼국유사』의 기록을 받아들이는 입장에서 신덕왕의 친부를 문원, 의부를 예겸이라 파악하고 두 사람을 각각 박씨와 김씨로 생각하기도 한다. 신덕왕이 의부계를 갖게 된 이유는 그의 어머니인 진화부인이 처음에 문원과 혼인하여 신덕왕을 낳은 뒤, 예겸에게 개가하여 신덕왕은 예겸의 아들로 받아들여지고, 아울러 김씨 가문 혈족의 일원으로 신분이 변경되었기 때문이라고 하였다. 신덕왕은 예겸의 정치적 영향력으로 헌강왕의 딸과 혼인하였고, 효공왕과는 처남의 관계로 맺어져 왕위를 계승하게 되었다고 보았다.(김창겸, 2003)

『삼국사기』에는 예겸의 성씨에 대한 언급이 없는데 김씨로 추정하는 견해가 있다. 『삼국사기』의 기재 방식에 의하면 왕가에 속한 김씨 귀족에 대해서는 대부분 성을 모칭(冒稱)하지 않고 이름만 쓰는 것이 관례이므로, 예겸의 성도 박씨가 아닌 김씨라는 것이다. 그런데 예겸은 김씨인데도 신덕왕의 성씨가 박씨인 것은 어머니 쪽의 성을 따른 것이라고 하였다.(末松保和, 1954) 한편 신덕왕이 왕위에 오르게 되자 이를 합리화하기 위해서 그의 출자 또는 그의 모계의 출자를 아달라왕에 결부시키고 그의 가문을 높이기 위해서 여러 가지 조작을 꾸민 것으로 파악한 견해가 있다. 신라는 하대로 갈수록 진골 왕종(王種)이 점차 절멸해갔고 근친결혼과 치열한 왕위계승다툼이 그러한 현상을 부채질하였다. 그리하여 효공왕이 죽은 뒤에 나물왕계에 속하는 김씨 가문에는 진골로서 왕위에 오를 수 있는 자가 없어졌으므로 진골은 아니지만 왕과 혈연적으로 가장 가까운 가계로 넘어가게 되었고, 그것이 신덕왕이었다는 것이다. 신덕왕은 처음부터 김씨 가문에 속하는 자가 아니고 박씨 가계의 인물이며 그가 원래 미미한 골품에 속했기 때문에 그를 높이기 위해서 여러 가지 조작을 가한 결과가 『삼국유사』에서처럼 장황한 가계 설명으로 나타났다는 것이다.(이종항, 1975)

왕력에는 신덕왕의 부계와 모계를 모두 박씨라고 하면서 아달라왕의 직계 후손인 것처럼 표기되어 있으나 실제로는 그렇지 않았던 것으로 보인다. 『삼국사기』에 의하면 아달라이사금에게는 아들이 없다고 하여 후손 여부를 알 수 없기 때문이다. 이에 대해 신덕왕을 혁거세를 시조로 하는 박씨 세력 집단의 후손 중 한 사람인데, 일단 왕위에 오른 뒤 그의 계통을 찾다보니 박씨 왕으로 마지막에 재위하였던 아달라왕에게 연결되었던 것이라는 추측도 있다.(이종욱, 1980) 이처럼 신덕왕의 가계에 대해서는 연구자에 따라 다양한 관점을 지니고 있으나, 일반적으로 『삼국사기』의 기록을 많이 따른다.

한편 신덕왕의 즉위를 박씨 왕계의 재등장으로 보기보다는, 헌강왕의 사위라는 자격으로 헌강왕계를 이어받았다는 측면에서 이해하는 견해가 있다. 이에 따르면 효공왕에게 자손이 없어 국인이 신덕왕을 추대하였다고 하는 『삼국사기』의 기록을 들면서, 이것이 헌강왕의 사위라는 자격으로 왕위에 오른 것을 가리킨다고 하였다.(이배용, 1985)

이와는 다르게, 신덕왕의 즉위에 대해서 상대 말(上代末)의 국가적 위기상황과 그 극복이라는 과제가 진골 왕의 등장으로 해결될 수 있었던 역사적 경험에 비추어 그와 유사한 신라 말의 위기상황 속에서 김씨 왕실을 대신할 박씨 왕실의 등장으로 사태를 극복하려는 의식이 나타나게 되었고, 그 결과 신덕왕이 즉위한 것으로 파악하기도 한다.(전기웅, 1989) 또는 신덕왕의 즉위와 관련하여 국인으로 표현되는 지지 세력의 역할을 더 강조하는 견해도 있다. 원래 신덕왕은 효종(孝宗)과 마찬가지로 다 헌강왕의 사위였으나 계강(繼康), 예겸(乂兼) 등 그를 지지한 귀족 세력에 의해 효종을 누르고 즉위한 것이며, 그 자체의 세력도 무시할 수 없다는 것이다.(조범환, 1991)

한편 신덕왕의 즉위는 신라 하대에 김씨 세력 안에서 왕위계승전이 벌어질 때 박씨 세력이 상대적으로 세력을 유지했기 때문에 가능했다고 보기도 한다. 즉 신라 하대의 왕위계승전으로 인하여 김씨 세력이 분열·제거되고 지방으로 쫓겨난 상황에서 상대적으로 그 힘을 유지하던 박씨족이 왕을 배출하게 되었다는 것이다. 박씨족의 왕위계승은 김씨족 세력의 상대적인 축소, 약화를 보여 주는 것이며 나아가 중앙 귀족 전체의 세력 축소를 의미한다고 하였다. 따라서 신덕왕은 김씨족 세력이 약해진 틈을 타, 박씨족의 세력을 바탕으로 즉위할 수 있었던 것으로 파악하였다.(이종욱, 1999) 신덕왕의 즉위를 골품제와 관련시켜 이해하는 견해도 있다. 원래 진골이 아니었던 그가 즉위한 것은 이제 신라 왕실의 왕위계승상에 있어 골품제 규정이 기본요건으로서 기능을 완전히 상실하였고, 나아가서는 골품제 자체가 소멸되었음을 나타낸 것으로 파

악하기도 한다.(김창겸, 2003)

왕력에서는 신덕왕이 서거하자 화장하여 뼈를 잠현(箴峴) 남쪽에 묻었다고 하는데, 『삼국사기』 권12 신라본기12 신덕왕 6년조 7월에서는 죽성(竹城)에 장사 지냈다고 하여 차이가 난다.

275) 진화부인

신라 제53대 신덕왕의 어머니로 문원 이간(文元伊干)과의 사이에서 신덕왕을 낳았다. 정화부인(貞和夫人)이라고도 하며 신덕왕 즉위년(912)에 정화태후(貞和太后)가 되었다. 왕력의 기록에 따라 박씨 가문 출신이라는 것을 인정한다면, 그녀의 부와 조부인 순홍(順弘)과 원린(元隣)이 골품제 규정상 각간 관등을 실제로 가졌다는 것을 믿기 어렵다는 견해가 있다. 신라시대의 왕비와 왕모가 실제로는 김씨임에도 대당(對唐) 교섭상 근친상혼(近親相婚)을 보이지 않기 위해 박씨를 가성(假姓)한 경우가 많았듯이, 진화부인도 원래 김씨일 가능성이 크다고 한다.(문경현, 1990) 한편 신덕왕의 즉위에 그의 모계 세력이 중요한 역할을 한 것으로 추정하기도 한다. 그것은 『삼국유사』 왕력의 기록에 따라 신덕왕이 왕위에 오른 뒤에 친부인 문원(文元) 이간을 비롯해서 외조부인 순홍 각간까지 성무대왕(成武大王)으로 추봉한 것으로 보아 알 수 있다고 한다.(조범환, 1991) 또한 진화부인이 문원 이간과의 사이에서 신덕왕을 낳은 뒤, 다시 예겸에게 개가하였을 것이라고 추정하기도 한다. 이후 진화부인의 아들 신덕왕은 예겸의 아들로 받아들여지고, 아울러 김씨 가문 혈족의 일원으로 편입되면서 신분이 변경되었다고 추측하였다. 또 예겸이 신덕왕의 의부(義父)로 기록된 것도 그 때문이라고 한다.(김창겸, 2003)

276) 순홍 각간

신라 제53대 신덕왕의 외조부로, 원린(元隣) 각간의 아들이며 신덕왕이 왕이 된 뒤에 성무대왕(成武大王)으로 추봉되었다. 왕력의 기록대로 순홍이 아달라왕(阿達羅王)의 원손이라면 성씨가 박씨가 되지만, 그와 그 아버지인 원린이 골품제 규정상 박씨로서 각간 관등을 실제로 가졌다는 것은 믿기 어렵다는 견해가 있다. 따라서 왕력에서 순홍이 각간으로 표기된 것은 신덕왕이 즉위한 후 모후인 진화부인의 선대인 순홍과 원린을 추증하였거나, 혹은 『삼국유사』의 찬자가 왕력을 비롯하여 여러 곳에서 상당수의 인물을 각간 등으로 표기하였듯이, 첨가하였거나 아니면 자칭했을 가능성이 있다고 보기도 한다.(김창겸, 2003)

277) 문원이간

신라 제53대 신덕왕의 아버지로, 신덕왕이 즉위한 뒤에 흥렴대왕(興廉大王)으로 추봉되었다. 문원 이간에 대해서는, 정치권력의 중심에서 벗어나 있었던 인물로 파악하여 김씨 진골귀족 중심의 권력구조에서 차상위 집단에 해당했던 것으로 본 견해가 있다. 이들은 경문왕가 김씨 왕실에서는 권력의 중심에서 벗어나 있었으니 진성여왕의 치세 후반기부터 정치의 주도권을 장악하게 되었다고 하였다. 이들은 진성여왕의 실정이 사람들에게 비난의 대상이 되면서 당시 정치적 진출이 제한되고 있던 6두품 계층 등과 연합하게 되었고, 그 결과 경문왕가 김씨 세력을 밀어내고 박씨 출신의 신덕왕을 즉위시키게 된 것이라고 한다.(전기웅, 2006)

한편 신덕왕의 즉위에는 그의 의부(義父)인 예겸의 지지가 큰 역할을 한 것으로 보기도 한다. 이에 따르면 경휘의 어머니인 진화부인은 처음에 문원 이간과 혼인하였으나, 그 후 예겸에게 개가하였고 이에 따라 진화부인의 아들인 신덕왕도 예겸의 친족 일원으로 편입되어 김씨로 인정받게 되었다고 한다. 예겸은 당시 정치권의 원로로서 효공왕 3년(899) 자신의 딸을 효공왕과 혼인시켜 국구(國舅)가 되었고, 또 의자(義子) 신덕왕을 헌강왕의 딸과 혼인시킴으로써 당시 왕실 내에서 자신의 위치를 더욱 확고히 하였다. 이처럼 신덕왕은 친부보다는 의부의 영향에 의하여 헌강왕의 딸과 혼인함으로써 헌강왕의 사위가 되었고, 동시에 효공왕과는 처남·매부 관계가 성립되어 즉위할 수 있는 혈연적 발판을 이루었다고 한다.(김창겸, 2003)

278) 예겸 각간

신라 제53대 신덕왕의 의부(義父), 예겸(乂兼) 또는 예겸(銳謙)이라고 한다. 『삼국사기』에는 의부가 아니라 그냥 아버지로 표현되어 있다. 헌강왕 즉위년(875)에 대아찬으로서 시중이 되었다. 신덕왕 즉위년(912)에 선성대왕(宣聖大王)으로 추봉되었으며 딸은 효공왕의 비가 되었다. 『삼국사기』에는 예겸의 성씨에 대한 언급이 없는데 이를 두고 예겸을 김씨로 추정한 견해가 있다. 『삼국사기』의 기재 방식에 의하면 왕가에 속한 김씨 귀족에 대해서는 대부분 성을 모칭(冒稱)하지 않고 이름만 쓰는 것이 관례이므로, 예겸의 성도 박씨가 아닌 김씨라는 것이다.(末松保和, 1954)

『삼국사기』 신라본기에는 예겸이 헌강왕 즉위년(875)에 시중이 되어 6년 동안 재임하고 헌강왕 6년(880)에 천재지변으로 인해 퇴임한 것으로 기록되어 있다. 예겸이 퇴임한 이유는 퇴임 1년 전(879)에 일길찬 신홍(信弘)의 모반사건과 관련되었기 때문으로 파악하기도 한다. 이후 예겸은 효공왕 3년(899) 효공왕에게 딸을 납비(納妃)하면서 다시 정계에서 활약하는데, 이때에는 효공왕의 장인으로서 상당한 정치적 실권을 행사하였을 것이라고 한다. 그리고 경휘(景徽, 신덕왕)가 헌강왕의 사위가 된 것도 의부인 예겸이 시중의 지위에 있을 때로 추정되며 당시 예겸이 가진 정치적인 세력을 발판으로 다른 귀족들을 포섭하여 효공왕 사후에 경휘가 왕으로 추대된 것으로 보았다.(조범환, 1991)

예겸의 시중 임명이 경문왕의 친동생이며 헌강왕의 숙부인 위홍(魏弘)의 상대등 임명과 함께 이루어졌다는 점에서, 그가 당시 경문왕가의 왕권과 밀접한 관계가 있었다고 추측하였다. 예겸은 헌강왕 6년(880)에 시중에서 물러났지만 퇴임 후에도 정치권의 원로로서 지위를 유지하고 있었는데 이는 효공왕 3년(899) 딸을 효공왕과 혼인시켰고, 경휘를 헌강왕의 딸과 혼인시킴으로써

왕실 내에서 자신의 지위를 더욱 확고히 했다고 한다.(김창겸, 2003)

진성여왕대에 여왕의 실정을 비판하였던 6두품 지식인들은 새로 등장하는 예겸 세력을 지지하였던 것으로 생각된다. 신라의 정치가 예겸의 주도로 진행되는 동안 6두품의 정치적 역할이 확대되었던 사실은 그들이 예겸 세력의 개혁을 지지하고 그에 동참했음을 보여 준다고 하였다. 다시 말해 예겸이 주도한 정치적 변화를 지지한 세력은 진골귀족에 의해 정치적 진출이 제한된 6두품과 권력의 중심에서 벗어나 있었던 박씨 세력과 같이, 정치적으로 소외되어 있던 인물들이었다. 이처럼 경문왕가 김씨 왕실에서 권력의 중심에서 벗어나 있었던 집단이 정치의 주도권을 장악하게 되는 과정이 진성여왕 후반부터 진행되고 있었다고 하였다. 한편 예겸이 여왕으로부터 선양이라는 형태로 퇴위를 이끌어 내고 효공왕을 즉위시킴으로써 경문왕가 혈통을 유지하려는 왕실의 입장을 충족시켰으며, 경휘와 그 경쟁자인 효종 간의 왕위계승을 둘러싼 충돌을 피할 수 있게 한 점도 언급하였다. 효공왕 즉위 이후 김씨왕실과 진골귀족들의 반발은 시중 준흥(俊興)과의 타협을 통해 무마할 수 있었는데, 이처럼 예겸은 효공왕이 즉위한 뒤에도 일선에 나서지 않은 채, 효공왕비의 아버지이며 왕실의 후원자로써 배후에서 정국을 이끈 것으로 파악하였다.(전기웅, 2006)

279) 자성왕후

신라 제53대 신덕왕의 왕비이며, 의성(懿成) 혹은 효자(孝資)라고도 한다. 『삼국사기』에서는 김씨이며 헌강왕의 딸이라고 하였다. 신덕왕 즉위년(912)에 의성왕후(義成王后)가 되었다. 신덕왕과의 사이에서 신라 제54대 경명왕(景明王)과 제55대 경애왕(景哀王)을 낳았다. 의성왕후(懿成王后)의 모계가 효공왕과 다름을 들어 의성왕후가 헌강왕의 정비 소생이라고 주장한 견해가 있다. 효공왕이 헌강왕의 서자 출신이므로 친남매는 아니고 이를 근거로 의성왕후는 헌강왕 정비의 소생이라고 하였다. 그리고 그녀가 신덕왕에게 출가한 것은 헌강왕의 생존시, 어쩌면 신덕왕의 의부 예겸의 시중 재임시인 헌강왕 1-5년(875-879)의 일이라고 하였다. 그런데 헌강왕이 효공왕의 어머니 김씨를 만난 것은 헌강왕 말년의 일이므로 의성왕후가 효공왕의 어머니 김씨의 소생이라고 보기에는 시차상 무리가 있다고 하였다.(김창겸, 2003)

280) 잠현

경주에 있던 옛 고개로 신덕왕 사후 화장하여 뼈를 잠현 남쪽에 묻었다고 한다. 왕력에서는 신덕왕을 화장하여 뼈를 잠현 남쪽에 묻었다고 하였다. 그러나 『삼국사기』 권12 신라본기12 신덕왕 6년조에서는 신덕왕을 죽성(竹城)에 장사 지냈다고 하여 차이를 보인다. 따라서 잠현과 죽성을 동일한 장소의 이칭(異稱)으로 보기도 한다. 즉 형산강으로 합류하는 문천(蚊川), 인천(麟川), 서천(西川), 북천(北川) 등의 계곡 산록의 지명에서 대나무와 관련된 명칭이 집중되어 있음에 주목한 것이다. 이러한 현상이 나타난 것은 고대 이래 그곳에 대나무가 많았기 때문이며, 죽성이란 지명도 이곳과 관계가 있었던 것으로 생각하였다. 그리고 죽성과 잠현이 동일 지명이라는 전제하에서, 잠현을 현재의 대발골 고개, 즉 백률사(栢栗寺) 근방 다부리(多富里)에서 전 탈해왕릉(傳脫解王陵)으로 넘어가는 고개로 추정하였다.(강인구, 2000)

281) (전) 신덕왕릉

신라 제53대 신덕왕의 능으로 전해오는 왕릉은 경북 경주시 배동 73-1번지에 위치한 배리삼릉(拜里三陵, 사적 제219호) 중 가운데 무덤이다. 『삼국사기』에는 죽성(竹城)에 장례를 지낸 것으로 되어 있으나, 『삼국유사』 왕력에서는 화장 후 잠현(箴峴)의 남쪽에 뼈를 묻은 것으로 기록하였다. 전 신덕왕릉은 봉분 높이 5.75m이고 봉분 지름은 19.43m이다. 1963년 석실 내부에 대한 조사가 진행되었는데 내부 구조는 할석으로 쌓은 횡혈식석실분으로 평면이 정방형에 가깝고 남벽 중앙에 비교적 긴 이중의 연도가 있는데 천정은 궁륭형이다. 현실내에는 연도와 직각되게 관대를 동서로 만들고 그 위에 판석 2매를 놓아 시상대(尸床臺)를 마련하였다. 북벽과 연접한 동·서벽에 연도 천정 높이만 하게 장방형 구획을 만들고 상하로 나누어 백(白)·황(黃)·주(朱)·청색(靑色)을 칠했으나 벽화의 구체적인 내용은 알 수 없으며 원래 사신(四神)을 그렸던 것으로 추측하기도 한다. 이것은 본격적인 벽화는 아니지만 벽화가 알려지지 않은 경주의 신라 무덤에서는 처음 발견되는 것으로 주목되는 자료이다. 그리고 벽화 외에 다른 유물은 발견되지 않았다.(박일훈, 1963)

현재의 능은 조선 영조 6년(1730)에 비정된 것이다. 당시 경주부윤으로 있던 경주 김씨 문중의 김시형(金始炯)이 박씨 일족과 타협하여 전승을 잃어버린 왕릉을 찾는 작업을 행하였는데, 양 문중은 남산을 기준으로 하여 남산 동쪽에 있는 능들은 김씨 왕의 능으로, 남산 서쪽에 있는 능들은 박씨 왕의 능으로 정하였다. 그리하여 오릉(五陵) 남쪽에 해당하는 남산 서북록 일원의 배리삼릉도 박씨 왕릉이 되었다. 왕릉 앞의 능표석은 박씨 일족이 고종 8년(1871)에 세웠으며, 상석은 조선 왕릉의 혼유석 형식으로 설치한 것이다. 현재 죽성과 잠현의 지리적 상황은 알 수 없으나, 석성(石城)·토성(土城)·목책성(木柵城)으로 추정되는 성곽시설 내에 왕릉이 위치한 예를 찾을 수 없다. 그리고 죽성이라는 표현은 주변에 대나무가 많이 있음으로 해서 생긴 은유적 표현으로서 성곽시설은 아닌 것으로 생각된다. 따라서 화장한 유해를 봉안한 골호(骨壺)를 단순히 매납하였을 가능성도 있다고 본다.(이근직, 2006)

전 신덕왕릉은 산록에 위치하고 있고 내부구조가 천정이 높은 횡혈식석실분인 점, 그리고 분구의 규모와 호석의 축석상태가 통일 전후 시기의 형식이라는 점 등을 들어 신덕왕릉이 아니라고 보기도 한다. 그리고 아달라왕과 신덕왕이 비록 혈연관계이지만 700여 년의 시간 차가 존재하고, 이러한 인물들이 동일한 묘역에 위치한 전례가 없음을 들어 배리삼릉이 이들의 묘가 될 수 없다고 주장하였다.(강인구, 2000)

282) 경명왕

신라 제54대 왕으로 생몰년 ?-924년, 재위기간 917-924년이다. 아버지는 신라 제53대 신덕왕(神德王)이며 어머니는 자성왕후(資成王后) 또는 의성왕후(義成王后), 왕비는 대존각간(大尊角干)의 딸이다. 경명왕은 재위 8년(924)에 죽었는데 황복사에서 화장하여 뼈를 성등잉산(省等仍山) 서쪽에 뿌렸다. 자세한 설명은 기이편 경명왕조의 주석을 참고.

283) 장사택

신라 제54대 경명왕의 왕비이며 성은 김씨이며, 아버지는 대존 각간(大尊 角干)이고, 조부는 수종 이간(水宗 伊干)이다. 왕비의 이름은 알 수 없지만 장사택이 신라의 35개 금입택(金入宅)의 하나였음으로 미루어 보아 왕비의 가문은 장사택의 택주(宅主)로서 부호(富豪)일 뿐만 아니라 왕권에 비견될 만한 유력한 귀족임을 알 수 있다.(이기동, 1978) 경명왕 왕비의 가계(家系)는 무주 장사현에 사회경제적 기반을 가진 유력한 김씨가(金氏家)였다고 보기도 한다.(김창겸, 2003)

284) 대존 각간

신라 제54대 경명왕비인 장사택의 아버지로 김씨이며, 후에 성희대왕(聖僖大王)으로 추봉된다. 아버지는 수종 이간(水宗 伊干)으로 「보림사 철조비로자나불좌상조상기(寶林寺 鐵造毘盧舍那佛坐像造像記)」의 "대중 12년(헌안왕 2, 858) 무인 7월 17일 무주 장사현 부관 김수종이 아뢰였다. (大中 十二年 戊寅 七月 十七日 武州長沙副官金邃宗聞奏)"라는 기록으로 보아, 무주 장사현의 부관을 지냈음을 알 수 있다. 장사택은 신라의 35개 금입택(金入宅)의 하나였음으로 미루어 보아 대존 각간의 가문은 택주(宅主)로서 부호(富豪)일 뿐만 아니라 왕권에 비견될 만한 유력한 귀족이었다고 이해된다.(이기동, 1978)

285) 황복사

경상북도 경주시 구황동에 있었던 신라시대의 사찰로 왕실과 관계된 사찰로 추정되나 창건자 및 창건연대는 알 수 없다. 현재의 사지(寺址)에서 '황복(皇福)', '왕복(王福)' 등의 명문기와편이 출토되어 이곳이 황복사였음을 확인할 수 있었다. 자세한 설명은 의해편 의상전교조의 주석을 참고.

286) (전) 경명왕릉

신라 제54대 경명왕의 능으로 전해오는 왕릉은 현재 경북 경주시 배동 73-1 번지에 있는 배리삼릉(사적 제219호) 중 가장 먼저 보이는 남쪽 무덤이다. 전 경명왕릉은 봉분 높이가 4.49m이며 직경은 15.92m이다. 묘제는 횡혈식석실분으로 추정되며 봉분자락에는 괴석을 쌓은 호석과 괴석의 받침석이 2-3개 확인된다. 왕릉 남쪽에는 최근에 설치한 조선 왕릉의 혼유석 형태를 한 상석 3기가 나란히 마련되어 있다.

경명왕은 『삼국사기』 권12 신라본기12 경명왕 8년조에서는 황복사(黃福寺) 북쪽에 장사 지낸 것으로 되어 있으나, 『삼국유사』 왕력에서는 황복사에서 화장한 후 성등잉산(省等仍山) 서쪽에 산골한 것으로 되어 있다. 그러나 조선 영조 6년(1730)에 박씨 일족은 황복사와 관련이 없는 남산 서쪽 자락에 있는 고분을 경명왕릉으로 지정하였다. 현재 배리삼릉이 전 아달라왕릉, 전 신덕왕릉, 전 경명왕릉임을 부정하는 견해도 있다. 즉 아달라왕과 경명왕은 700여 년의 시간 차가 있는데, 같은 혈족이면서도 이렇게 시간 차가 나는 왕들이 한 묘역에 묻힌 예가 없었다. 따라서 경명왕릉은 이 묘역에 있지 않다는 것이다.(강인구, 2000)

현재 황복사지의 위치를 토대로 경명왕릉의 존재 자체를 부정하기도 한다. 황복사는 왕경 중심에 있는 낭산(狼山) 동북단에 있는 것으로 생각되는데 현재 황복사지 북쪽에는 아무런 고분이 없다. 또한 전 경명왕릉이 있는 배리삼릉과 낭산의 황복사지는 서로 동북-서남 방향으로 약 4km 정도 되는 먼 거리에 위치하고 있다. 따라서 경명왕의 유해는 『삼국사기』 신라본기의 기록처럼 왕릉을 조영한 것이 아니라, 왕력의 기록처럼 화장하였음을 알 수 있다고 한다. 즉 경명왕릉은 존재하지 않는다는 것이다.(이근직, 2006)

287) 경애왕

신라 제55대 왕으로 재위기간 924-927년이며, 성은 박씨이고 이름은 위응이다. 아버지는 신덕왕(神德王)이며 어머니는 자성왕후(資成王后)로, 경명왕(景明王)의 동생이다. 927년 견훤의 침입을 받아 자살하였다. 자세한 설명은 기이편 경애왕조의 주석을 참고.

288) 경순왕

신라 제56대 왕. 생몰년 ?-978년, 재위기간 927-935년. 김씨이며 이름은 부(傅)이다. 아버지는 신흥대왕(神興大王)으로 추봉된 효종 이간(孝宗 伊干)이며 어머니는 헌강왕의 딸인 계아태후(桂娥太后)이다. 경애왕 4년(927)년 후백제 견훤에 의해 왕으로 옹립되었으나, 경순왕 9년(935) 고려태조 왕건에게 귀부하였다. 자세한 설명은 기이편 김부대왕조의 주석을 참고.

289) 효종 이간

신라 제56대 경순왕의 아버지. 서발한 인경의 아들이다. 효공왕 6년(902) 봄 3월조를 통해 집사성의 시중이 되었고, 경순왕이 즉위하자 신흥대왕(神興大王)으로 추봉되었다. 자세한 설명은 효선편 빈녀양모조의 주석을 참고.

290) 의흥대왕

신라 제56대 경순왕의 조부이며, 효종의 아버지로 김씨이다. 『삼국사기』 권48 열전8 효녀지은(孝女知恩)전에는 서발한(舒發翰) 인경(仁慶)으로 보인다. 조선 순조 14년(1814)에 세워진 「신라경순왕전비(新羅敬順王殿碑)」에는 실홍(實虹)

으로 보이며, 문성왕-김안(金安)-김민공(金敏恭)-김실홍(金實紅)-김효종(金孝宗)-경순왕으로 가계가 기록되어 있다.(김창겸, 2003)

291) 계아

신라 제56대 경순왕의 어머니이며 헌강왕의 딸이다. 『삼국사기』 권12 신라본기12 경순왕 원년조(927)에 "어머니를 왕태후로 삼았다.(母爲王太后)"라는 기록이 남아 있다. 『삼국유사』 권5 효선9 빈녀양모(貧女養母)조와 『삼국사기』 권48 열전8 효녀지은(孝女知恩)조를 살펴보면, 화랑으로서 진성여왕 때에 많은 문객을 거느리고 있었던 효종 이간이 효녀 지은을 도와준 소식이 진성여왕에게 전해져 헌강왕의 딸과 혼인을 하였다고 전해지는데, 여기에 기록된 헌강왕의 딸이 바로 계아이다.(김창겸, 2003)

292) (전) 경순왕릉

신라 제56대 경순왕(927-935)의 능으로 추정되는 무덤은 경기도 연천군 고랑포리 산 18-2번지에 위치하며, 사적 제244호로 지정되었다. 높이는 3m이며 능 앞에는 단조로운 형식의 비가 있고, 그 전면에는 '신라경순왕지릉(新羅敬順王之陵)'이라 새겨져 있으며 후면에는 간략한 내력이 기록되어 있다. 봉분 둘레와 능 주위에는 각각 호석(護石)과 곡장(曲墻)을 돌렸고 장명등(長明燈)·망주석(望柱石) 등이 있다. 경순왕릉은 오랫동안 잊혀져 오다가 조선 영조 때 현재의 위치에 있는 것이 확인되었으며, 신라의 왕도인 경주 지역을 벗어나 타 지역에 있는 유일한 신라 왕릉이다.

293) 후고려

궁예가 901년 송악에서 고구려를 계승하여 세운 나라의 국호이다. 궁예는 901년에 왕이라 칭하고 나라를 세웠는데, 왕력에 따르면 국호를 고려라고 하였다. 『삼국사기』 권50 열전10 궁예조에는, "옛날에 신라가 당에 청병하여 고구려를 파(破)하였기 때문에 평양 옛 서울이 황폐하여 풀만 무성하니 내가 반드시 그 원수를 갚으리라.(往者新羅請兵於唐 以破高句麗 故平壤舊都鞠爲茂草 吾必報其讎)"라고 하였다. 고도(古都) 평양(平壤)이 폐허가 된 모습을 지적하여 강조함으로써 고구려계 유민들을 고무하고, 신라에 대한 적개심을 고취하여 고려에 귀부하도록 유도하려는 목적으로 보인다. 즉, 궁예 정권은 옛날 고구려 영역에서 나라를 세워 민심을 얻기 위해 국호를 고려라고 한 것이다.(최규성, 1987)

294) 궁예

후고려의 왕으로 생몰년 ?-918년, 재위기간 901-918년이다. 궁예는 국호를 고려(高麗)·마진(摩震)·태봉(泰封)이라 하였으며, 철원(鐵原), 송악(松岳)을 도읍으로 삼았다. 918년 왕건(王建)이 추대되자 도망갔으나 평강(平康)에서 백성들에게 죽임을 당하였다.

궁예의 출생이나 가계 및 성장과정의 대략은 『삼국사기』 신라본기 진성왕 5년조부터 경명왕 2년조까지의 기사와 『삼국사기』 권50 열전10 궁예조에 전하고 있다. 궁예의 출신에 대해 일반적으로는 왕위계승전에서 희생된 왕자로 보고 있으며, 구체적으로 궁예가 헌안왕의 아들(정청주, 1986), 또는 경문왕의 아들(신호철, 1982)로 보는 견해가 있다. 그 밖에 몰락한 진골귀족의 후예(조인성, 1989)라는 견해도 있다. 궁예가 왕자라는 사실은 당시에는 물론이고, 고려시대에도, 공식적으로 확인되지 않았다. 『삼국사기』 찬자들이 궁예가 헌안왕과 경문왕 중 누구의 아들인지 확정하지 못했던 것이나, 『삼국사기』 본기에 궁예의 출생에 관한 기사가 전혀 나오고 있지 않다는 사실을 근거로 궁예왕자설이 부정되기도 하였다. 즉, 궁예의 반신라적 행위를 합리화하고, 반신라 세력을 포섭하기 위해, 궁예에게 정통성과 권위를 부여하기 위한 정치적 목적으로 궁예와 그 측근들이 조작한 것으로 보는 것이다. 궁예를 왕자라고 조작했던 이유 중 하나로 『삼국사기』 권50 열전10 궁예조의 "중오일생(重五日生, 5월 5일)"

에 주목하기도 한다. 중국에서는 중오일생이 부모를 해치는 것으로 믿는 풍습과, 그를 기피하여 버리는 경우도 있었다고 한다. 따라서 궁예가 중오일생이라고 한 점은 궁예의 반란을 예언한 것이며, 결국 궁예의 반신라적 행위를 합리화하기 위한 것이었다고도 한다.(조인성, 2007) 그러나 고려의 건국을 합리화하는 과정에서 궁예가 폄하(貶下)되었다는 점을 고려하고, 그것이 조작되었다면 고려시대에 이미 비판되었을 것이기 때문에 신라 왕실과 관련된 그의 출생설을 조작된 것으로만 볼 수는 없다고도 한다. 따라서 궁예는 왕위계승과 관련된 모반 사건으로 희생된 왕자 출신임이 확실하다고 이해하기도 한다.(정선용, 1997)

『삼국사기』 권50 열전10 궁예조에 따르면 궁예는 열 살 즈음에 영월 세달사에 출가하여 장년에 이르기까지 승려였으며, 미륵불을 자칭하고 20여 권의 경전을 저술하고 강설하였다. 장성한 후 신라 말 전국에서 도적들이 봉기하자, 죽주(竹州)의 기훤(箕萱) 휘하에 들어갔으나 기훤이 홀대하자 북원(北原, 원주)의 양길(梁吉)세력에 의지해서 사세 기반을 길러 나갔다. 이후 894년 명주(溟州, 강릉)에서 장군이라 칭하고, 895년에는 강원도와 패서(浿西) 지역의 세력이 합세하자 임금을 칭할 만하다고 하고 내외의 관직을 설치하기 시작하였다. 896년에는 철원에 도읍하였고 송악(松岳)의 해상무역을 통해 경제력을 쌓은 왕건 일가 세력과의 결합은 궁예의 군사력과 경제력을 확대시켰다. 898년에는 송악으로 도읍을 옮겼고, 901년에는 국호를 고려라고 칭하고 자신을 왕으로 부르게 하였다. 이어 904년에 국호를 마진으로 바꾸고 연호를 처음으로 제정하여 무태(武泰)라고 하였다. 905년에는 도읍을 다시 철원으로 옮기고 연호를 성책(聖冊)이라 고쳤으며, 911년에는 다시 연호를 고쳐 수덕만세(水德萬歲)라고 하고 국호를 태봉으로 변경하였다. 궁예는 미륵불을 자칭하고 자신 및 아들까지 신격화시키기도 하였다. 전륜성왕이자 미륵불로서 정교일치(政敎一致)적 전제주의를 추구하였다. 미륵관심법(彌勒觀心法)이라는 비법을 강조하여 계율을 중시함으로써 율령에 의한 지배와 종교적 계율의 엄수를 강조하는

신정적(神政的) 전제주의 통치방법을 부각시켰다.(홍승기, 1992)

그러나 궁예는 전제군주로서 횡포가 심하였다. 그리고 자신의 지위를 합리화하기 위해 미륵신앙을 이용하여 자신은 미륵불(彌勒佛), 두 아들은 보살(菩薩, 청광보살〔靑光菩薩〕·신광보살〔神光菩薩〕)이라고 하였다. 915년에는 부인 강(康) 씨를 간통죄를 씌워 죽이고, 두 아들까지 죽였다. 이와 함께 반대 세력에 대한 정치적 숙청이 이루어졌으며, 백성을 괴롭히고 호화로운 생활을 하였다. 궁예의 횡포로 인해 마침내 신하들이 왕건을 추대하자 왕위에서 축출되어 918년 변복 차림으로 도망하다가 부양(斧壤, 평강)에서 백성에게 죽임을 당하였다.

295) 북원

지금의 강원도 원주(原州)이다. 신라 말 양길의 세력이 북원을 중심으로 활동하였고 궁예가 양길에게 의탁하였다. 『삼국사기』 권35 잡지(雜志)4 지리(地理)에 따르면, 북원경은 본래 고구려의 평원군(平原郡)이었고, 신라 문무왕이 북원소경(北原小京)을 설치하고, 신문왕 5년(685)에 성을 쌓았다. 『고려사』 권56 지리지10에 따르면, 태조 23년(930)에 원주로 고쳤고, 현종 9년(1018)에 지주사(知州事)로 되었고, 고종 46년(1259) 일신현(一新縣)이 되었다. 이후 충렬왕 34년(1308) 원주목(原州牧)으로 승격되었다. 평량경(平凉京) 또는 평량(平凉)이라고도 부르며 소속된 군(郡)이 2개, 현(縣)이 5개라고 한다.(원주시사편찬위원회, 2000)

296) 양길

신라 진성여왕 때 일어난 북원(北原)의 지방세력으로 『삼국사기』 권50 열전10 견훤조에는 "양길(良吉)"로, 『삼국사기』 권50 열전10 궁예조에는 "양길(梁吉)"로 표기되어 있다. 궁예는 891년 죽주(竹州, 죽산)의 기훤(箕萱) 휘하에 있다가 892년 양길에게로 몸을 의탁한다. 『삼국사기』 권50 열전10 견훤조에 따르면, 이때 "북원의 도적 양길의 세력이 강성하여 궁예가 스스로 투항하여 휘하가 되니, 견훤이 이것을 듣고 양길에게 관직을 주어 비장(裨將)으로 삼았다.(北原賊良吉雄强 弓裔自投爲麾下 萱聞之 遙授良吉職爲裨將)"고 한다. 궁예가 양길에게 갔을 당시 양길의 세력은 지극히 미약하여, 그의 판도 역시 북원의 범주를 못 벗어난 것으로 보인다. 왜냐하면 궁예가 양길로부터 겨우 100여 기의 군사를 나누어 받아 거느리고 처음으로 정복한 지역이 지금의 영월 일대인 주천(酒泉)과 나성(奈城)인데, 이들 지역은 바로 북원의 인접 지역이었기 때문이다. 궁예가 북원의 동쪽 지방에 대한 정복 사업으로 명주(溟州, 강릉)에 입성하게 된 894년경부터 양길과 궁예 사이에는 관계 변화가 있었던 것으로 보인다. 이때 궁예의 세력을 알 수 있는 기록으로 『삼국사기』 권11 신라본기11 진성왕 8년조(894)에 따르면 궁예의 무리가 600여 명이라고 하고, 『삼국사기』 권50 열전10 궁예조에 따르면, 궁예의 군사가 이미 3,500여 명이었다고 되어 있어 차이가 있다. 이에 일반적으로 『삼국사기』 열전을 따르며, 궁예의 군사가 3,500여 명이나 될 정도로 세력이 급성장했다면, 이미 양길로서는 궁예를 통제할 수 없었을 것이라고 한다.(최규성, 1987) 궁예는 명주에 입성한 뒤 휘하 장병들의 군심을 얻어 장군에 추대되었다. 이와 더불어 양길의 휘하에서 벗어나 독립세력을 구축하여 송악군(松岳郡)으로부터 왕건(王建)의 투항을 받아 강력한 지배자로 등장하였다. 이때 양길은 북원에 있으면서 아직도 국원(國原, 충주) 등 30여 성을 가진 강대한 세력을 형성하고 있었는데, 궁예의 영토가 넓고 인구가 많다는 말을 듣고 899년에 국원 등지의 10여 성주(城主)들과 함께 비뇌성(非惱城)으로 진군하여 습격하려 하였다. 그러나 이 사실을 알아차린 궁예에게 오히려 습격당하여 크게 패하였다.(정선용, 1997)

297) **철원성**

왕력에 의하면 궁예는 896년 철원에 도읍을 정하였으며, 897년 송악으로 천도하고, 914년에 다시 철원으로 천도하였다고 되어 있다. 그러나 『삼국사기』 권12 신라본기12 효공왕 2년조에는 898년에 송악으로 도읍을 정하고, 905년에 철원으로 천도하였다고 되어 있다. 그리고 『삼국사기』 권50 열전10 궁예조에는 898년 송악에 도읍하고 904년 철원으로 천도하였다고 하여 기록의 차이가 있다. 일반적으로는 궁예가 송악에서 철원으로 천도한 시기에 대하여 『삼국사기』 신라본기의 905년을 따르고 있다.

궁예가 철원으로 도읍한 까닭은 궁예의 초기 세력 기반이 양길과 연관되어 있었기 때문에 양길 세력과의 대립을 피하려는 데에 있었다. 즉, 철원으로 도읍한 것은 양길과의 전면적인 대립을 피해 북상하던 궁예가 평야지대를 이루고 있는 철원 지역의 경제력과 이에 바탕을 둔 지방 세력들과의 협조를 기대하기 위한 것으로 볼 수 있다. 양길 세력을 평정한 궁예는 송악으로 천도하였다가 905년 다시 철원으로 환도하였다. 『삼국사기』 권12 신라본기12 효공왕 7년조에 "궁예가 국도를 옮기려 하여 철원, 부양 등지에 가서 산수를 둘러보았다.(弓裔欲移都 到鐵圓斧壤周覽山水)"고 하여 903년에 이미 철원 일대를 답사하면서 환도를 계획하고 있었던 것으로 보인다. 그리고 궁궐을 사치스럽게 만들고 905년에 철원으로 천도하였다. 이후 강성한 세력을 갖게 된 궁예는 천도를 전후하여 본격적으로 신라를 공격하는 것으로 보아 신라를 병합하려는 과정에서 철원으로 천도했음을 알 수 있다. 송악의 경우 신라와의 접경에서 멀리 떨어진 해안가에 위치하였기 때문에 내륙에서의 싸움이 요구되는 궁예의 반신라 정책에서 중요성이 떨어졌기 때문으로 보인다.(정선용, 1997)

또한 궁예는 자신의 초기 세력과 양길을 평정하는 과정에서 귀부한 세력을 하나로 결집시키기 위해 철원을 주목하였던 것으로 보인다. 『삼국사기』 권50 열전10 궁예조에는 "청주의 민가 1천 호를 철원성으로 옮겨 서울로 삼았다.(移靑州人戶一千 入鐵圓城爲京)"고 하였는데, 고구려계 유민과는 성격을 달리하는 청주(靑州)민호(民戶) 1천(千)을 철원에 옮겨 충원한 이유는 궁예가 자신의 세력 기반을 확고하게 다지기 위한 작업이라는 것이다.(정선용, 1997) 궁예가 철원으로 천도를 한 이유에 대하여, 일반적으로는 풍수지리(風水地理)를 주목하거나 참위설(讖緯說)을 언급하나(최병헌, 1975), 궁예는 전제왕권을 구축하기

위한 자체기반의 확충을 위하여 천도를 단행한 것으로 보는 견해도 있다.(정선용, 1997)

현재 강원도 철원에는 궁예도성(弓裔都城)이 남아 있다. 성의 위치는 현재 비무장지대인 철원군 철원읍 홍원리이며, 축성 연대는 서기 903-904년경으로 추정된다. 이 도성은 외성(外城)과 내성(內城)으로 이중(二重) 축조된 성인데, 밑 부분은 석축(石築)으로 상단은 토축(土築)으로 쌓았고, 규모는 외성은 둘레 4,370m, 내성은 577m이다. 내성에는 궁예만이 사용하였던 어수정과 석등 등 많은 유적이 있었으나 대부분 파괴되었으며, 현재 휴전선 비무장지대 내에 유지가 일부 남아 있다고 한다.

298) 동주

동주(東州)는 강원도 철원(鐵原)의 고려시대 이름이다. 『삼국사기』 권37 잡지6 지리에 따르면 모을동비(毛乙冬非)라고도 한다. 왕력에 따르면, 896년 궁예는 철원에 도읍하였고, 905년에 다시 이 지역으로 도읍을 옮기고, 911년에 국호를 태봉(泰封)으로 고쳤다고 한다. 『고려사』 권58 지리지12에 따르면, 신라 경덕왕은 철성군(鐵城郡)으로 만들었고 고려(高麗) 태조가 왕이 되자 수도를 송악으로 옮기고 철원을 동주라고 고쳤다. 현종 9년(1018)에 지동주사(知東州事)로 고쳤고, 고종 41년(1254)에 목(牧)으로 승격시켰으며, 충선왕 2년(1310)에 철원부(鐵原府)가 되었다. 창원(昌原) 또는 륙창(陸昌)이라고도 부르며, 보개산(寶蓋山)이 있고 소속된 군(郡)이 1개, 현(縣)이 7개 있다고 한다.

299) 송악군

궁예가 898년 철원에서 도읍을 옮긴 곳으로 지금의 개성(開城)이다. 왕력에 의하면 궁예는 896년 철원에 도읍을 정하였으며, 897년 송악으로 천도하고, 914년에 다시 철원으로 천도하였다고 되어 있다. 그러나 『삼국사기』 권12 신라본기12 효공왕 2년조에는 898년에 송악으로 도읍을 정하고, 905년에 철원으로 천도하였다고 되어 있다. 그리고 『삼국사기』 권50 열전10 궁예조에는 898년 송악에 도읍하고 904년 철원으로 천도하였다고 하여 기록의 차이가 있다. 일반적으로는 궁예가 송악으로 천도한 시기에 대하여 『삼국사기』 신라본기의 898년을 따르고 있다. 궁예가 송악으로 도읍을 옮긴 이유에 대하여, 『삼국사기』 권50 열전10 궁예조에는 "송악군은 한수 북쪽의 이름난 군으로, 산수가 기이하고 수려하다고 하여 드디어 도읍으로 정했다.(松岳郡漢北名郡 山水奇秀 遂定以爲都)"고 하였으나 이러한 이유보다는 양길(梁吉)과의 대결을 위한 것으로 보인다. 즉, 송악은 궁예가 패서 지역과 한강 하류 일대를 장악함으로써, 한강 수로를 타고 북상하는 양길에 대비할 수 있었던 곳이기 때문이라는 것이다. 특히 왕건 세력의 자발적인 귀부를 받았던 궁예는 송악에 천도함으로써 수전(水戰)에 익숙한 송악 세력의 적극적인 협조도 기대할 수 있었다. 그래서 양길과의 대결을 위해 송악으로 천도한 궁예는 마침내 899년에 양길을 제압하게 된다. 이후 양길 세력을 평정한 후에는 905년 다시 철원으로 환도하였다고 한다.(정선용, 1997) 또한 궁예가 송악으로 천도한 또 다른 이유는 송악에 근거를 둔 왕건가(王建家) 및 그에 인접한 패서 호족들과의 결합을 보다 공고히 하면서 그들의 군사적, 경제적 기반을 적극 이용하기 위함이었다. 그 결과 송악에 천도한 지 3년 만인 901년 궁예는 후고려를 건국할 수 있었다.(조인성, 2007) 이후 신하들에 의해 추대된 왕건(王建)은 고려(高麗)를 건국하였으며, 919년에 자신의 근거지인 송악으로 도읍을 옮겼다.

300) 고려

왕력에는 901년에 궁예가 국호를 고려(高麗)라 칭했다고 하였다. 궁예가 국호를 고려로 정한 것은 그 자신이 본래 신라 왕실 출신으로 자기를 버린 신라에 대해 원한을 가지고 있었고, 그 신라가 고구려를 무너뜨려 도읍인 평양을 피폐하게 만들었으므로 고구려의 원수를 갚겠다고 표방한 것에서 볼 수 있다. 그리고 궁예가 국호를 고려로 한 배경에 대해서는 그가 차지한 지역이 대체로 옛 고구려 땅이었고, 주민들이 고구려계가 많았으며 고구려적 정서가 짙었기 때문이라고 한다. 즉 고구려 지향적인 토착 의식 또는 유민 의식이 강했기 때문인데 궁예는 그 점을 감안한 것으로 보인다. 원래 궁예 자신이 버림받은 신라의 왕자 출신으로서 자기의 개인적 원한과 고구려의 원수를 갚는 것은 궤를 같이했다고 한다. 그리고 그것은 성공을 거두어 새로운 나라의 건국으로 발전해 가게 되었고, 그에 따라 맨 먼저 내세워진 것이 고구려에서도 썼던 국호 고려의 채택이었다고 한다. 고구려는 427년 평양 천도에 즈음하여 국호를 고려로 했던 것으로 보이는데, 중국 측 기록에서도 5세기 이후부터 고구려를 고려로 칭한 기록이 많이 나타나고 있다. 궁예는 송악의 호족인 왕건 집안 등의 조력을 얻어 기세를 떨치면서 궁예가 건국한 고려의 출발은 고구려의 부흥과 관련을 맺으면서 시작되었다는 것이다. 그러나 이후 궁예는 905년에 수도를 철원으로 옮기고, 911년에는 국호를 태봉(泰封)으로 바꾸면서 전제적 왕권을 추구하게 되었다. 이는 고구려 부흥을 내세워 옛 고구려 지역과 주민들의 호응을 얻었던 처음의 표방이나 의지를 저버린 처사였으므로 918년 왕건이 즉위하면서 다시 국호를 고려로 바꾸었다고 한다. 즉 고구려의 역사와 전통문화를 계승할 것임을 다시 천명한 것이다.(박용운, 2006)

301) 마진

궁예는 904년에 국호를 마진(摩震)이라고 하였으며, 무태(武泰)라는 연호(年號)를 사용하였다. 마진의 뜻에 대하여, 마진 국호는 곧 마하진단(摩訶震旦)의 약칭으로 범어(梵語)로 마하(摩訶)는 대(大)의 뜻이요, 진단(震旦)은 Cinitana의 음역(音譯)으로 진인(秦人)의 주지(住地)라는 뜻이라고 한다. 본래는 인도인(印度人)이 중국(中國)을 지칭한 명사(名詞)인데 그 이름이 확대되어 동방전체(東方全體)를 의미하는 말로 변하였다고 한다. 즉 마진은 마하진단의 대동방국(大東方國)으로 해석한다.(이병도, 1977) 이와 같이 마진을 대동방국(大東方國)으로 이해하는 것이 타당하다면, 마진이라는 국호 제정을 단순히 도참신앙을

맹신해서 고친 것으로 해석하는 것은 온당하지 않다. 또한 국호를 마진으로 고친 이유는 궁예정권의 판도가 구(舊) 고구려 말기의 판도를 벗어나 죽령과 조령선으로 확산됨으로써 확대된 판도 내의 주민들의 감정도 고려해야 했을 것이며, 영토 확장과 국력 신장에 따른 적합한 새로운 국호가 필요하게 되었기 때문으로 본다.(최규성, 1987)

302) 태조

고려 제1대 왕으로 생몰년 877-943년, 재위기간 918-943년이다. 태조 왕건은 송악 지방 호족의 자제로 태어나 궁예의 부장으로 활동하였다. 그 후 궁예가 실정하자 918년 신하들의 추대를 받아 왕으로 즉위하였다. 자세한 설명은 기이편 김부대왕조의 주석을 참고.

303) 법왕사

고려 태조 왕건이 불력(佛力)으로 창업(創業)의 뜻을 이루고자 개경에 도읍하면서 세운 10사(寺) 가운데 하나로, 태조 2년(919)에 개성에 위치한 것으로 보인다. 『신증동국여지승람』 권5 개성부(開城府) 하(下)조에 따르면 "법왕사(法王寺) 옛터는 연경궁 동쪽에 있다.(古基在延慶東)"고 하였다. 또한 『고려사』 지리지 현종(顯宗) 15년(1024) 경성(京城)에 5부방리(部方里)를 정하고 있는데, 그 중 북부방(北部坊)에 법왕, 자운, 왕륜 사내방(舍乃坊)이 있다. 이들 방명(坊名)이 모두 10사(寺)의 이름과 일치하고 있는 것으로 미루어 이들 사원이 위치한 곳을 중심으로 방(坊)을 갈랐던 것을 알 수 있다.(허흥식, 1986) 태조는 개경 내외에 많은 사찰을 세우고 있는데, 태조 2년(919)에 법왕·왕륜 등 10사를 도성 안에 처음 창건하였다. 이것은 도읍으로서의 면모를 갖추기 위한 것과 아울러 태조 자신이 불법의 수호자임을 널리 알리기 위한 것으로 보인다.(한기문, 1998) 법왕사는 화엄종 승려 균여(均如)가 광종 13년(962)에 이곳에서 화엄경을 강론하였고, 고려 말 권근(權近)이 남긴 「법왕사조사당기(法王寺祖師堂記)」에 의해,

절 서쪽에 위치한 조사당에 비로자나불 삼존 화상과 화엄존사들의 진영이 걸려 있었던 점으로 미루어 고려 말까지 화엄종 소속이었을 것으로 추정된다.(안지원, 2005)

304) 왕륜사

고려 태조 왕건이 919년 개경에 도읍하면서 세운 10사(寺) 가운데 하나로, 연등행사가 이루어지던 곳이다. 왕륜(王輪)이란 사찰명은 국왕(國王)과 법왕(法王)을 동일시했던 태조의 사상이 반영되었다고 볼 수 있다. 이는 쉬지 않고 법륜(法輪)을 굴려 중생을 구제하고 있는 부처님처럼 늘 좋은 정치를 백성들에게 베풀겠다는 태조의 의지가 나타난 것이다.(안지원, 2005) 『신증동국여지승람(新增東國輿地勝覽)』 권5 개성부(開城府) 상(上)조에 따르면 "송악산 기슭에 있는데, 고려 때는 큰 절이었다.(在松岳山麓高麗爲大刹)"고 하였다. 왕륜사는 10사 중 법왕사와 함께 호국의 상징으로 보여진다. 왕륜사에는 고려 초기 연등행사가 있었던 것으로 보인다. 정종(靖宗) 4년(1038) 이전에는 연등일에 왕륜사로 행행한 기사가 보이나 정종 4년부터 고려 말까지 연등일에는 봉은사로 행향하였다. 연등행사 후 왕륜사로 행향하였던 것이 어떤 연유에서 봉은사로 바뀌었는지는 알 수 없으나 왕륜사는 한때 연등행사 후에 들르던 사찰임을 알 수 있다.

305) 내제석

제석원(帝釋院) 또는 내제석원(內帝釋院)이라고 하며, 고려(高麗) 태조(太祖)가 재위 2년(919)에 송악(松岳)에 창건한 10대 사찰 중 하나이다. 제석도량(帝釋道場)이 열린 제석신앙(帝釋信仰)의 중심 사찰이다. 10대 사찰은 경주 중심의 고대적 불교기반을 송악으로 재편하려는 의도가 반영된 것이다.(한기문, 1998) 내제석은 제석신앙의 중심 사원으로, 제석을 모시는 제석도량이 행해졌던 곳이다. 제석은 욕계(欲界), 색계(色界), 무색계(無色界)로 나누는 불교 세계관에서 욕계인 수미산(須彌山), 그중에서도 정상에 해당하는 도리천(忉利天)을 주지하는 신이다. 도리천은 천상과 바로 연결되는 곳으로 이곳에 사는 제석은 인간과 가장 밀접한 관계를 맺는 신이 된다. 제석은 사천왕(四天王)과 팔부신중(八部神衆)을 거느리면서 부처님을 공양하고 인간사회에 정법(正法)을 이루게 한다. 또한 병과 재앙·전쟁으로부터 인간을 수호하고 수명을 장수하게 하며, 사회를 안정시키는 능력을 가지고 있다. 제석의 이러한 능력은 인간의 선행 정도에 따라서 강해지며, 이로 인하여 인간들에 대한 수호력도 함께 증가하게 된다. 따라서 이러한 제석신앙은 민중교화의 의미를 가지게 하였으며, 후삼국 통일 후 새로운 국가의 운영과 왕실의 안정을 도모하는 고려의 호국적 의미로 나아가게 되는 것이다. 궐내에 세워졌던 내제석은 본래 제석원이라 지칭되었으나, 태조 7년(924)에 궐 밖에 창건된 외제석(外帝釋)과 구분하기 위하여 후에 "내(內)"자를 붙인 것으로 보인다. 『고려사』에는 외제석 창건 후에도 내·외가 붙지 않은 "제석원"에 관한 기록이 보이는데, 이는 외제석이 창건되기 전에 구태여 내·외를 붙여 구별할 필요가 없어 내세석을 제석원이라 부르던 관례가 계속 남은 것이다.(안지원, 2005) 이처럼 고려의 내제석과 외제석은 내덕(內德)·외덕(外德)의 분류에 따라 세워졌다. 이러한 근거로 고려의 내제석은 제석신앙, 외제석은 사천왕(四天王)을 비롯한 제석이 통솔하는 신들에 대한 의례가 행하여 졌던 것으로 파악한다.(서윤길, 1976)

306) 사나

고려 태조 2년(919)에 창건된 10대 사찰 중 하나이다. 『고려사』 권29 세가29 충렬왕 5년조에는 사나를 "사나사(舍那寺)"라고 하였고, 「봉암사정진대사원오탑비(鳳巖寺靜眞大師圓悟塔碑)」에 의하면 "사나선원(舍那禪院)"이라고 하였다. 사나사는 "선원(禪院)"이라는 이칭은 물론이고, 이엄(利嚴)·긍양(兢讓)·찬유(璨幽) 등의 선승(禪僧)이 주지하였다는 사실로 미루어 선종사원이었던 것으로 이해된다.(한기문, 1998)

307) 천선원

천선원(天禪院)은 고려(高麗) 태조(太祖)가 재위 2년(919) 송악(松岳)에 창건한 10대 사찰 중 하나이다. 시대에 따라 천선원(天禪院), 당사(唐寺), 대사(大寺), 광통보제사(廣通普濟寺), 보제(普濟), 연복사(演福寺)의 명칭으로 나타난다.(한기문, 1998) 『고려도경(高麗圖經)』 권18 사우(祠宇)조에 "광통보제사는 왕부의 남쪽 태안문(泰安門) 안에서 곧장 북쪽으로 백여 보의 지점에 있다. 절의 액자는 '관도(官道)'에 남향으로 걸려 있고, 중문의 방은 '신통지문(神通之門)'이다. 정전(正殿)은 극히 웅장하여 왕의 거처를 능가하는데 그 방(榜)은 '나한보전(羅漢寶殿)'이다. 가운데에는 금선(金仙)·문수(文殊)·보현(普賢) 세 상이 놓여 있고, 곁에는 나한 5백 구를 늘어놓았는데 그 의상(儀相)이 고고(古高)하다. 양쪽 월랑에도 그 상이 그려져 있다. 정전 서쪽에는 5층 탑이 있는데 높이가 2백 척이 넘는다. 뒤는 법당이고 곁은 승방인데 1백 명을 수용할 만하다. 맞은편에 거대한 종이 있는데 소리는 가라앉아 시원하지 못하다."라고 하는 기록이 남아 있어 당시의 모습을 보여 준다. 천선원은 진관선사(眞觀禪師) 석초(釋超)가 머물렀던 곳이며, 3대선우(三大禪宇)로서 3년마다 담선대회(談禪大會)가 열렸던 곳이다. 또한 5백나한제 기우(祈雨), 기각북구(祈却北寇)의 행사가 역대왕에 의해 열렸던 것으로 보아 선종사찰(禪宗寺刹) 중심으로서의 기능과 더불어 호국(護國) 사찰의 기능도 함께 지녔던 것으로 보인다.

308) 신흥

신흥사(新興寺)는 고려(高麗) 태조(太祖)가 재위 2년(919)에 송악(松岳)에 창건한 10대 사찰 중 하나이다. 삼한공신(三韓功臣)을 모신 원당(願堂)이며 무차대회(無遮大會)가 열렸던 곳이다. 무차대회는 도속귀천(道俗貴賤)을 가리지 않고 재시(財施)·법시(法施)를 베푸는 법회이다. 이러한 성격으로 미루어보아 태조는 당시 불교의 민중화와 포교에 노력했음을 짐작할 수 있다.(허흥식, 1986)

309) (영)통

고려(高麗) 태조(太祖) 2년(919)에 창건된 10대 사찰 중 하나이다. 왕력에는 "통(通)"으로만 기록되었기 때문에 영통의 사찰명에 대해서는 영통사(靈通寺)와 원통사(圓通寺)로 보는 두 가지 이견이 존재한다. 통설에는 "고려 태조 2년 기묘에 왕이 진경대사에 명하여 개산하고 원통사라 갈액하다."라고 하는 「원통사지(圓通寺誌)」에 의거하여 원통사라고 본다.(이병도, 1977) 그러나 진경대사 심희(審希)의 생몰년은 885-923년(태조6년)으로 원숙(元宿)한 곳은 진주(晉州)의 봉림선당(鳳林禪堂)이었다. 또한 그가 주로 경명왕(景明王)의 존숭을 받았고, 「봉림사진경대사보월능공탑비(鳳林寺眞鏡大師寶月凌空塔碑)」도 경명왕의 친찬(親撰)인 점으로 보아 위와 같이 「원통사지(圓通寺誌)」에 의거하여 원통사로 추정한 것은 사실과 거리가 멀다고 본다. 왕력에 "통(通)"으로만 기록된 이 사찰은, 균여(均如)가 태조 21년(938) 영통사의 선사(禪師) 의순공(義順公)에 수학한 적이 있었던 점에 유의하여 영통사로 본다. 그리고 균여는 화엄종 승려이므로 영통사는 화엄사원임을 추정할 수 있다고 한다.(한기문, 1998)

310) 유암

개성 남산 서남쪽 기슭의 지명이다. 고려 태조 3년(920) 이곳 아래에 유시(油市)라는 시장을 설치하였다. 왕력에 "경진(920)에 유암 아래에 유시를 설치하였다.(庚辰乳岩下立油市)"라고 하여 유암에 대한 기록이 전한다. 조선 순조 30년(1830)에 간행된 개경부 읍지(邑誌)인 『중경지(中京誌)』에는 "유석은 남산 서쪽 기슭에 있다."는 기록이 보인다. "유암(乳岩)"과 "유석(乳石)"은 그 뜻이 통하므로, 따라서 유암은 남산 서쪽 기슭의 유석이라는 곳으로 추정된다.(홍희유, 1989)

311) 대흥사

고려(高麗) 태조(太祖)가 재위 4년(921)에 창건한 사찰로, 송악(松岳, 지금의 개경) 북쪽 오관산(五冠山)에 위치하였다.

312) 일월사

고려 태조(太祖) 5년(922) 개경(開京)에 창건된 사찰이다. 『고려사』 권1 세가(世家)1 태조 5년조의 "일월사를 궁성 서북에 창건하였다.(創日月寺于宮城西北)"는 기록을 통해 그 위치와 창건 연도를 알 수 있다.

313) 외제석원

고려 태조 7년(924) 개경(開京)에 창건된 사찰이다. 『고려사』 권1 세가(世家)1 태조 7년조에는 "외제석원·구요당(九耀堂)·신중원(神衆院)을 창건하였다."는 기록을 통해 전하고 있다. 외제석원의 위치에 대해 전하는 기록은 없으나, 고려 태조 초기에 개경 성내와 송악산 기슭에 많은 절을 창건한 것으로 볼 때, 외제석사 또한 개경에 위치한 것으로 추측할 수 있다. 그리고 고려 태조가 919년 창건한 내제석원(內帝釋院)과 구별할 목적으로 "외"자를 붙인 것으로 보이며, 이는 궁궐의 안과 밖이라는 위치상의 차이를 말하는 것이다. 그러므로 외제석원은 개경 궁궐의 밖에 있었던 사찰로 볼 수 있다. 외제석원은 내제석원과 함께 제석신앙의 중심 사찰이었다. 내제석원이 존재하는데 다시 외제석원을 창건한 이유는 외제석원은 궁궐 밖에 위치하고 있기 때문에 내제석원보다는 귀족들과 일반민이 접근하기 용이하며, 제석신앙을 확산시키는 데 유리하였기 때문으로 추정된다.(안지원, 2005)

314) 신중원

고려 태조(太祖) 7년(924) 개경(開京)에 창건된 사찰이다. 『고려사』 권1 세가(世家)1 태조 7년조에 창건 기사가 전한다. 신중원의 위치에 대해 전하는 기록은 없으나 고려 태조 초기에 개경 성내와 송악산 기슭에 많은 사찰을 창건한 것으로 볼 때, 신중원 또한 개성 성내나 송악산 기슭에 있었을 것으로 본다. 태조 초기에 창건된 사찰들은 대부분 개경의 궁궐 주변이나 송악산에 위치하였다. 이러한 이유는 당시 사찰의 기능과 관련 있었다. 태조는 팔관회(八關會)·연등회(燃燈會)·제석신앙(帝釋信仰)·무차대회(無遮大會)·미륵신앙(彌勒信仰) 등 중요 불교행사를 각 사찰에 분담시켜 각 종파(宗派)의 근거지로 삼았으며, 그곳에서 중요한 불교행사를 주관하게 하였다. 이것은 정치적으로 매우 의미 있는 일이며, 동시에 사찰의 위치가 아직 제도적으로 완성되지 않은 궁궐을 보완하는 기능도 하였다. 이와 같은 사찰의 설치는 태조 초기 대체로 개경의 중심부 궁궐 주변을 중심으로 이루어졌으나 점차 창건되는 사찰의 위치가 개경 중심부에서 송악산 위쪽으로 확대되었다. 그 이유는 후삼국 통일을 전후하여 개경의 도시구조 틀이 잡히게 되었기 때문에, 중심부에는 더 이상 큰 사찰이 들어설 공간이 확보되기 어려웠기 때문으로 추측한다.(박종진, 2000)

신중원은 명칭 그대로 신중(神衆)을 모시는 곳이다. 신중은 불경 속에서 부처와 중생을 보호하는 임무를 지닌 신격들로 등장한다. 불교의 신중에는 화엄신중(華嚴神衆)·천병신중(天兵神衆) 등이 있다. 신중원에 모신 신중이 화엄신중인지 천병신중인지 정확히 알 수는 없다. 그러나 후삼국 통일전쟁기에는 화엄신중 사상이 유행하여 공동체 구성원의 정신적 결속력을 다지는 데 효과적이었다고 한다.(남동신, 1993) 그리고 태조 23년(940) 12월 개태사(開泰寺) 낙성화엄법회(落成華嚴法會) 때 태조가 직접 찬술한 법회의 글에서 화엄신중에 귀의함을 밝히고 있는 점 등을 고려한다면 신중원에 모신 신중은 화엄신중이었을 가능성이 크다. 신중원이 창건된 시기는 고려가 견훤의 공격을 받아 위기에 처해 있었고, 후백제에 맞서 호족들을 연합하기 위해 태조가 혼신의 노력을 기울이던 시기였다. 이러한 시대적 상황을 고려한다면 신중원은 불교의 호법신들을 모시는 사찰로 태조에 의해 후삼국 통일 전쟁기의 위기 상황에서 호국을 강조하여 내적 결속력을 강화하는 역할을 담당하였다고 볼 수 있다.(안지원, 2005)

315) 흥국사

고려 태조(太祖) 7년(924) 개경(開京) 창건된 사찰이다. 흥국사의 창건 기사에 대해서는 왕력에만 전하고 있다. 흥국사에는 고려의 명장 강감찬(姜邯贊)이 이름을 짓고 찬(撰)하였다고 하는 오중탑(五重塔)이 있었다고 한다. 자세한 설명은 흥법편 순도조려조의 주석을 참고.

316) 묘사

고려 태조(太祖) 10년(927) 개경(開京)에 창건된 사찰이다. 『고려사』 권1 세가(世家) 태조 10년 왕이 김락과 신숭겸의 죽음을 심히 애통해하여 지묘사를 창건하여 명복을 빌었다는 기록을 들어 묘사를 지묘사로 보는 견해가 있다.(이병도, 1979) 묘사를 지묘사로 본다면 궁예를 몰아내고 왕건을 추대하여 고려를 세우는 데 큰 공을 한 김락과 신숭겸의 명복을 비는 원당(願堂)의 성격을 띤다고 할 수 있다. 묘사의 위치에 대해서는 전하는 기록이 없으나, 고려 태조 초기에 개경 성내와 송악산 기슭에 집중적으로 절을 설치하였으므로 묘사 역시 개경 성내나 송악산 기슭에 있었던 절로 추측할 수 있다.(박종진, 2000)

317) 귀산사

고려 태조(太祖) 12년(929) 개경(開京)에 창건된 사찰이다. 귀산사의 창건 기사는 『삼국유사』 왕력에만 나타나고 있다. 귀산사는 『신증동국여지승람』 권4 개성부(開城府) 상(上) "송악산 소격전 동쪽에 귀산사가 있다.(在松岳山昭格殿東旁 龜山寺)"는 기록을 통해 위치를 확인할 수 있다.

318) 후백제

후삼국 중 하나로 견훤(甄萱)에 의해 건국되었으며, 936년 고려 태조 왕건(王建)에 의해 멸망당하였다. 자세한 설명은 기이편 후백제견훤조의 주석을 참고.

319) 견훤

후백제의 건국자로 생몰년 867-936년, 재위기간 892-935년이다. 자세한 설명은 기이편 후백제견훤조의 주석을 참고.

320) 광주

후백제의 시조 견훤이 최초에 도읍한 곳으로 지금의 광주광역시 일대에 해당한다. 『삼국사기』 권36 잡지(雜志)5 지리(地理)3 무주(武州)조에 따르면 “무주는 본래 백제의 땅으로 신문왕 6년 무진주로 삼고 경덕왕이 무주로 고쳤으며 지금의 광주이다.(武州 本百濟地 神文王六年 爲武珍州 景德王改爲武州 今光州)”라는 기록이 보인다. 이것을 통해 광주는 신라 영역에 편입된 뒤 신문왕 6년(686) 무진주라 하였고, 경덕왕 16년(757) 무주로 고쳐 현 전라남도 지역의 중심 치소로 삼았음을 알 수 있다. 이후 후삼국 시대에 후백제의 견훤이 이곳을 근거로 후백제를 세웠다.

321) 신검

후백제 제2대 왕으로 재위기간 935-936년이다. 935년 3월에 자신의 아버지 견훤을 금산사(金山寺)에 유폐하고 아우인 금강(金剛)을 죽인 다음 왕위에 올랐으며, 이듬해 9월에 고려 태조(太祖) 왕건(王建)의 군사에게 패하여 왕위에 오른 지 1년 반 만에 항복하였다. 『삼국유사』 권2 기이2 후백제견훤(後百濟甄萱)조에 인용된 이제가기(李磾家記)를 통해 신검의 어머니가 상원부인(上院夫人)임을 알 수 있다. 견훤이 여러 아들 중에서 넷째 아들 금강(金剛)에게 왕위를 물려주려고 하자 이에 불안을 느낀 신검은 935년(견훤 44) 3월에 능환(能奐)과 두 아우 양검(良劍)·용검(龍劍) 등의 권유를 받아들여 견훤을 금산사에 유폐시키고, 아우 금강을 죽이고 즉위하였다.

신검은 왕위에 오른 후 자신을 추대했던 세력들을 중심으로 정치개혁을 통해 새로운 지배체제를 확립하고자 하였다. 신검이 추구했던 정치개혁의 내용은 구체적으로 알 수 없지만 그가 왕위에 오른 후 내린 교서를 통해 어느 정도 짐작할 수 있다. 교서의 내용은 크게 두 부분으로 되어 있는데 전반부에서는 대체로 신검 자신이 정변을 일으켜 왕위에 오른 것에 대해 정당성을 주장하고 있다. 후반부에는 신검이 왕위에 오른 후 새로운 정치질서를 위해 유신정치(維新政治)를 실시하겠다는 뜻을 표명하고 있으며 경내(境內)의 죄수들을 대사하라는 것을 포함하고 있다. 견훤이 고려에 귀부하자 경순왕(敬順王) 또한 왕건에게 상황을 타진하였다. 이처럼 견훤의 고려 귀부와 신라 왕실 또한 고려에 기울게 되자 이로 인해 금강 추대 세력 및 지방 호족 세력들의 반발에 직면하여 신검은 이들 반대 세력을 회유하기 위해 유신정치를 표방하고 죄수들에 대한 대사면 조치를 단행했던 것이다.(신호철, 1993)

이러한 내분을 틈타 고려 태조는 4만 3천여 명의 군사를 이끌고 천안부(天安府)에 이르러 진용을 정돈한 다음 일선군(一善郡)으로 진격하였다. 이에 후백제의 신검이 대군을 이끌고 북상해 마침내 일리천(一利川)을 사이에 두고 대진했으나 패배해 왕위에 오른 지 1년 반 만에 멸망하였다. 신검·양검·용검 등 세 사람의 처리에 대해서는 기록이 약간씩 다르다. 신검은 모반을 일으킨 것이 능환이나 동생들의 협박에 의한 것이어서 죄가 아우보다 가벼워 죽이지 않았으며 뿐만 아니라 관직을 주었다고 한다. 그러나 신검도 처음에는 살려 주었으나 얼마 안 가 죽인 것 같다. 그것은 『삼국사기』의 찬자가 "혹은 3형제가 다 참형되었다고도 한다.(一云 三兄弟皆伏誅)"는 주석을 붙여 놓고 있는 데서 알 수 있다.(김갑동, 2002)

부록 연표

	서기 간지	국가 국왕		주요 사건
기원전	57 갑자	신라 혁거세 1(년)		4월: 신라, 혁거세(赫居世) 거서간(居西干) 즉위. 왕호를 거서간, 국호를 서나벌(徐那伐)이라 함.
	54 정묘	4		4월 1일: 신라, 일식.
	53 무진	5		1월: 신라, 알영(閼英)을 왕비로 맞음.
	50 신미	8		신라: 왜가 변방을 침입했다가 물러감.
	49 임신	9		3월: 신라, 혜성 나타남.
	44 정축	14		4월: 신라, 혜성 나타남.
	41 경진	17		신라왕, 왕비 알영과 함께 6부(部)를 순행하고 농상(農桑) 장려.
	39 임오	19		1월: 신라, 변한(卞韓)이 항복을 청함.
	37 갑신	21	고구려 동명성왕1	신라, 경성(京城)을 쌓고 금성(金城)이라 함. 고구려, 주몽 즉위하여 국호를 고구려, 성을 고씨(高氏)라 함. 동명성왕, 비류국(沸流國) 송양(松讓)과 활쏘기를 겨룸.
	36 을유	22	2	6월: 고구려, 비류왕 송양(松讓)이 항복해 오자 그곳을 다물도(多勿都)라 함.
	35 병술	23	3	3월: 고구려, 황룡이 골령(鶻嶺)에 나타남. 7월: 고구려, 경운(慶雲)이 골령에 나타남.
	34 정해	24	4	6월 1일: 신라, 일식. 4월: 고구려, 심한 운무로 사람이 7일 동안 빛을 분간 못함. 7월: 고구려, 성곽과 왕실을 지음.
	32 기축	26	6	1월: 신라, 금성(金城)에 궁실 지음. 8월: 고구려, 신작(神雀)이 궁정에 모여듦. 10월: 고구려, 오이(烏伊)와 부분노(扶芬奴)를 보내 행인국(荇人國)을 병합하고 성읍(城邑)으로 삼음.

28 계사	30	10		4월 그믐: 신라, 일식. 낙랑인이 침범하다가 신라의 풍속이 순후함을 보고 물러감. 9월: 고구려, 난새(鸞)가 왕대(王臺)에 모여듦. 11월: 고구려, 부위염(扶尉猒)을 보내 북옥저를 병합함.
26 을미	32	12		8월 그믐: 신라, 일식.
24 정유	34	14		8월: 고구려, 동명왕의 어머니 유화부인(柳花夫人)이 동부여에서 사망. 동부여 금와왕(金蛙王)이 태후(太后)의 예로 장사 지내고 신묘(神廟)를 세움. 10월: 고구려, 부여에 사신을 보냄.
20 신축	38	18		2월: 신라, 호공(瓠公)을 마한에 보내어 교빙.
19 임인	39	19 유리1		4월: 고구려, 동명왕의 아들 유리(琉璃)가 어머니 예씨(禮氏)와 함께 부여에서 도망옴. 9월: 고구려, 동명성왕 서거, 유리왕 즉위. 신라, 마한왕이 죽자 사신을 보내어 조문. 4월: 고구려, 동명왕의 아들 유리(琉璃)가 어머니 예씨(禮氏)와 함께 부여에서 도망 옴. 9월: 고구려, 동명성왕 서거, 유리왕 즉위. 신라, 마한 왕이 서거하자 사신을 보내어 조문.
18 계묘	40	2 2	백제 온조1	백제, 비류(沸流)·온조(溫祚) 형제가 졸본부여(卒本扶餘)에서 남하. 온조왕(溫祚王)이 하남위례성(河南慰禮城)에 백제(百濟) 건국. 5월: 백제, 동명묘(東明廟)를 세움. 7월: 고구려, 송양(松讓)의 딸을 맞아 왕비로 삼음. 9월: 백제, 왕이 서쪽으로 순무(巡撫)하여 백장(白獐)을 얻음.
17 갑진	41	3	2	1월: 백제, 말갈(靺鞨)의 침입을 막기 위해 방비 강화, 2월: 백제, 을음(乙音)을 좌보(左輔)로 삼음. 7월: 고구려, 골천(鶻川)에 이궁(離宮) 건립. 9월: 고구려, 왕비 송씨 사망.
16 을사	42	4	3	9월: 백제, 말갈이 백제의 북변을 공격하여 격퇴.
15 병오	43	5	4	2월 그믐월: 신라, 일식. 봄~여름: 백제, 가뭄이 들고 전염병이 퍼짐. 8월: 백제, 온조왕이 낙랑(樂浪)에 사신을 보내 우호관계를 맺음.
13 무신	45	7	6	7월: 백제, 그믐. 일식.
11 경술	47	9	8	2월: 백제, 말갈을 대부현(大斧峴)에서 격퇴. 7월: 백제, 마수성(馬首城) 축조. 낙랑과의 화친이 깨짐.

9 임자	49	11	10	4월: 고구려, 선비(鮮卑)를 공격하여 항복받음. 이 전투의 공으로 부분노(夫芬奴)에게 황금 30금과 말 10필을 하사. 10월: 백제, 북쪽 국경을 침입한 말갈을 격퇴.
8 계축	50	12	11	4월: 낙랑, 말갈을 사주하여 병산책(瓶山柵) 습격, 7월: 백제, 독산책(禿山柵), 구천책(狗川柵)을 쌓아 낙랑로(樂浪路)를 막음.
6 을묘	52	14	13	1월: 부여, 대소왕(帶素王), 고구려에 인질을 요구. 2월: 고구려, 왕모 예씨 사망. 7월: 백제, 한산(漢山)에 책을 세우고 위례성의 백성을 이주시킴. 8월: 백제, 마한(馬韓)에 사신을 보냄. 마한과의 경계 정함. 북으로 패하(浿河), 남으로 웅천(熊川), 동으로 주양(走壤), 서로 대해(大海)에 이르는 영역 확보. 9월: 백제, 성궐(城闕)을 조영. 11월: 부여, 대소왕, 고구려를 치려다가 물러남.
5 병진	53	15	14	1월: 백제, 하남 위례성에서 한산으로 천도(遷都). 7월: 한강 서북에 성을 쌓고 한성 민호를 이주. 신라, 동옥저의 사자가 좋은 말 20필을 바침.
4 정사	54	16	15	1월: 백제, 궁실(宮室)을 세움. 2월: 신라, 혜성이 나타남.
2 기미	56	18	17	4월: 백제, 국모묘(國母廟)를 세움. 봄: 백제, 낙랑이 위례성을 불태움.
1 경신	57	19	18	10월: 백제, 말갈을 칠중하(七重河)에서 격퇴하고 추장 소모(素牟)를 사로잡음. 11월: 백제, 낙랑의 우두산성(牛頭山城)을 습격.
기원후 2 임술	59	21	20	8월: 고구려, 지진 발생. 9월 1일: 신라, 일식.
3 계해	60	22	21	10월: 고구려, 졸본(卒本)에서 국내성(國內城)으로 천도. 위나암성(尉那巖城) 쌓음. 11월: 고구려, 대보 협보(大輔 陜父)가 왕의 실정(失政)을 간하다 미움을 받아 남쪽의 한(韓)으로 망명. 신라, 폭우와 벼락으로 성의 남문이 흔들림.
4 갑자	61 남해1	23	22	2월: 고구려, 왕자 해명(解明)을 태자(太子)로 책봉. 3월: 신라, 혁거세거서간 서거. 남해차차웅(南解次次雄) 즉위. 7월: 신라, 수도를 습격한 낙랑군을 격퇴. 8월: 백제, 석두성(石頭城)과 고목성(高木城)을 쌓음. 9월: 백제, 말갈을 부현(斧峴)에서 격파.
6 병인	3	25	24	1월: 신라, 시조묘(始祖廟)를 세움. 7월: 백제, 웅천책(熊川柵)을 세우나 마한왕의 질책으로 철거. 10월 1일: 신라, 일식.

7 정묘	4	26	25	2월: 백제, 진한(辰韓)과 마한(馬韓)·변한(弁韓)을 병합하고자 함. 7월: 고구려, 왕태자(王太子) 해명(解明)이 황룡국왕(黃龍國王)과 상견.
8 무진	5	27	26	1월: 신라, 왕의 장녀와 석탈해 혼인. 7월: 백제, 마한 정복 문제 논의. 8월: 백제, 마한을 공격하여 일부 지역을 통합함. 원산성(圓山城), 금현성(金峴城)만 항복치 않음.
9 기사	6	28	27	4월: 백제, 원산성·금현성이 항복. 마한을 멸망시키고 그 백성을 한산의 북쪽으로 이주시킴. 7월: 백제, 대두산성(大豆山城) 축조. 8월: 부여 대소왕(帶素王), 고구려에 항복을 권고. 고구려, 태자 해명에게 주변국과의 불화를 초래한 이유로 자결하도록 한 뒤 태자를 동원(東原)에 장사 지내고 묘(廟)를 세움.
10 경오	7	29	28	2월: 백제, 원자인 다루(多婁)를 태자로 책봉하고 내외병사(內外兵事)를 맡김. 4월: 백제, 서리가 보리를 해침. 7월: 신라, 석탈해를 대보(大輔)로 삼고 군국정사(軍國政事)를 맡김. 고구려, 이궁(離宮)을 두곡(豆谷)에 세움.
12 임신	9	31	30	고구려, 신(新)이 고구려군을 흉노정벌에 동원코자 하매 불응하고 신의 요서대윤(遼西大尹) 전담(田譚)을 죽임. 신이 고구려왕을 하구려후(下句麗侯)로 강등한다고 포고. 이 해부터 신의 변방을 자주 공격.
13 계유	10	32	31	1월: 백제, 국내 민호(民戶)를 남북의 2부(部)로 나눔. 5월: 백제, 지진 발생. 6월: 백제, 지진 발생. 11월: 고구려, 부여가 침공하자 왕자 무휼(無恤)이 학반령(鶴盤嶺)에서 격퇴.
14 갑술	11	33	32	1월: 고구려, 무휼을 태자로 봉하고 군정을 맡김. 8월: 고구려, 양맥(梁貊)을 멸하고 한(漢)의 고구려현(高句麗縣)을 공격. 신라, 병선 100여 척으로 해변의 민호를 침략한 왜구를 격퇴. 낙랑이 금성을 습격.
15 을해	12	34	33	봄~여름: 백제, 가뭄. 기근과 도적 발생. 8월: 백제, 동부와 서부의 2부를 추가 설치.
16 병자	13	35	33	10월: 백제. 옛 마한 장수 주근(周勤)이 우곡성에서 반란을 일으켜 진압함.
18 무인	15	37 대무신 1	36	7월: 백제, 탕정성(湯井城)을 쌓고 대두성(大豆城) 주민을 거주하게 함. 8월: 백제, 원산성과 금현성을 수리하고 고사부리성(古沙夫里城) 축조. 10월: 고구려, 왕자 여진(如津)이 익사함, 왕골령(王骨嶺)에서 장사 지냄. 유리왕 두곡의 이궁에서 서거, 두곡의 동원에서 장사 지냄. 대무신왕(大武神王) 즉위.

19 기묘	16	2	37	1월: 고구려, 왕경에 지진 발생. 죄수들을 크게 사면함. 2월: 신라, 북명인(北溟人), 경전(耕田)하다가 얻은 예왕인(濊王印)을 신라에 바침. 백제, 우박. 봄에 가물어 기근이 들자 한산 동북의 부락민 1천여 호가 고구려(高句麗)로 도망.
20 경진	17	3	38	2월: 백제, 온조왕, 주양과 패하 등 북쪽 경계를 순행. 농상을 권하고 민생을 살핌. 3월: 고구려, 동명왕묘를 세움. 국왕, 골구천(骨句川)에 사냥 갔다가 신마(神馬)를 얻음. 부여 대소왕이 머리 하나에 몸통이 둘인 적오(赤烏)를 보내옴. 고구려가 부여를 병합할 징조로 여김.
21 신사	18	4	39	12월: 고구려, 부여를 공격하기 위한 원정 개시. 행군 도중 부정씨(負鼎氏), 괴유(怪由), 마려(麻盧) 등을 만나 신하로 삼음.
22 임오	19	5	40	2월: 고구려, 부여를 공격하여 대소왕을 죽임. 7월: 고구려, 부여 대소왕의 종제(從弟)가 1만여 명을 이끌고 항복. 11월: 백제, 말갈이 술천성(述川城)을 습격. 다시 부현성(斧峴城)을 습격하나 격퇴. 신라, 역질이 있어 많은 사람 죽음.
23 계미	20	6	41	1월: 백제 해루(解婁)를 우보(右輔)로 삼음. 2월: 백제, 위례성 개축 가을: 신라, 혜성 나타남.
24 갑신	21 유리1	7	42	9월: 신라, 황재(蝗災) 발생. 남해차차웅 서거. 유리(儒理) 이사금(尼師今) 즉위.
25 을유	2	8	43	2월: 고구려, 을두지를 좌보, 송옥구(松屋句)를 우보(右輔)로 삼아 군국사를 맡김.
26 병술	3	9	44	10월: 고구려, 개마국(蓋馬國)을 멸함. 12월: 고구려, 구다국왕(句茶國王) 항복해 옴.
27 정해	4	10	45	1월: 고구려, 을두지를 좌보, 송옥구(松屋句)를 우보(右輔)로 삼아 군국사를 맡김. 10월: 백제, 지진으로 민가가 재난을 입음. 백제, 봄·여름에 큰 가뭄이 듬. 고구려, 낙랑을 멸함.
28 무자	5	11	46 다루 1	3월: 백제, 온조왕 서거. 다루왕(多婁王) 즉위. 7월: 고구려, 한나라 요동 태수(遼東太守)가 위나암성을 포위 공격해 옴. 11월: 신라 왕, 국내를 순행.
29 기축	6	12	2	백제, 시조 동명묘에 제사를 지냄.
30 경인	7	13	3	7월: 고구려, 매구곡인(買溝谷人) 상수(尙須)의 무리 투항해 옴. 10월: 백제, 동부 흘우 마수산(馬首山) 서쪽에서 말갈 격퇴. 낙랑, 한나라가 왕준(王遵)을 보내어 왕조(王調)의 난을 평정. 낙랑군 동부도위(東部都尉)를 폐지.

31 신묘	8	14	4	8월: 백제, 고목성에서 말갈과 싸워 크게 승리.
32 임진	9	15	5	봄: 신라, 6부의 이름을 고치고(혹은 정하고) 성(姓)을 내렸으며, 17관등제를 제정, 실시. 4월: 고구려, 호동왕자(好童王子)가 낙랑공주(樂浪公主) 최씨녀(崔氏女)를 아내로 삼음. 낙랑을 공격하여 항복받음. 8월 15일: 신라 유리 이사금 때로, 한가위 행사인 가배(嘉俳)가 시작됨. 회소곡(會蘇曲)을 부름. 11월: 고구려, 호동왕자, 원비(元妃)의 모함을 받아 자살. 12월: 고구려, 후한에 사신을 보내어 수호.
33 계사	10	16	6	2월: 백제, 남쪽 여러 지역에서 처음으로 벼농사를 짓게 함.
34 갑오	11	17	7	2월: 백제, 흘우(屹于)를 우보로 삼음. 9월: 백제, 말갈이 마수성을 불태움. 겨울: 백제, 말갈이 병산성(瓶山城)을 습격.
36 병신	13	19	9	8월: 신라, 낙랑이 북쪽 변방의 타산성(朶山城)을 침공.
37 정유	14	20	10	10월: 백제, 흘우를 좌보로 진회(眞會)를 우보로 삼음. 겨울: 고구려, 후한의 낙랑군을 멸함. 신라, 고구려에 멸망한 낙랑인 오천 명과 대방인이 귀부해 옴.
38 무술	15	21	11	10월: 백제, 곡식이 여물지 않아 술 빚는 것을 금지함. 왕이 동·서부를 순무하고 자활(自活)할 수 없는 자에게 곡식 2석씩 줌.
40 경자	17	23	13	9월: 신라, 화려(華麗)·불내인(不耐人)이 기병으로 북쪽 변경 습격. 맥인(貊人)이 이를 격파.
42 임인	19	25	15	3월: 가야, 변진구야(弁辰狗耶)의 9간이 수로(首露)를 왕으로 추대. 금관가야 건국. 신라, 이서국(伊西國)을 공격하여 병합.
43 계묘	20	26	16	3월: 가야, 수로왕이 신답평(新畓平)에 도읍을 정함.
44 갑진	21	27 민중1	17	10월: 고구려, 대무신왕 서거. 민중왕 즉위. 가야, 나성 1500보(步)와 궁궐 공사 완성.
46 병오	23	3	19	11월: 고구려, 혜성이 나타나 20일 만에 사라짐.
47 정미	24	4	20	10월: 대가(大加) 대승(戴升) 등 1만여 호, 낙랑군에 붙음.
48 무신	25	5 모본1	21	봄: 고구려, 민중왕 서거. 모본왕 즉위. 7월: 가야 수로왕, 허황옥(許黃玉)을 왕비로 삼음. 9간(干)의 명칭을 고침. 8월: 고구려, 홍수로 30여 곳의 산 붕괴. 10월: 고구려, 왕자 익(翊)을 태자로 책봉.

49 기유	26	2	22	2월: 신라, 혜성이 관측됨. 봄: 고구려, 후한의 북평(北平)·선양(漁陽)·토곡(土谷)·태원(太原)을 공격. 8월: 고구려, 사자를 보내어 국내의 기민을 구제. 10월: 부여, 후한에 사신을 보내어 수교.
53 계축	30	6 태조1	26	11월: 고구려, 두로(杜魯)가 모본왕을 죽이고, 태조왕을 옹립. 태후 섭정. 이로부터 고구려왕계, 계루부(桂婁部) 출신으로 고정.
54 갑인	31	2	27	2월: 신라, 혜성이 관측됨.
55 을묘	32	3	28	2월: 고구려, 요서 10성을 쌓아 후한에 대항. 8월: 고구려, 남쪽 지방에 충해로 흉년. 8월: 백제, 말갈이 북변을 공격. 봄~여름: 가뭄. 사형수들의 죄를 사해 줌.
56 병진	33	4	29	2월: 백제, 우곡성(牛谷城)을 쌓아 말갈에 대비. 7월: 고구려, 동옥저 정벌.
57 정사	34 탈해1	5	30	10월: 신라, 유리이사금 서거. 탈해이사금 즉위.
58 무오	2	6	31	1월: 신라, 호공(瓠公)을 대보로 삼음. 2월: 신라, 탈해이사금, 시조묘에 제사 지냄.
59 기미	3	7	32	3월: 신라, 탈해이사금, 토함산(土含山)에 올라감. 5월: 신라, 왜와 화친을 맺고 교빙. 6월: 신라, 혜성이 관측됨.
61 신유	5	9	34	8월: 신라, 마한의 장수 맹소(孟召), 복암성(覆巖城)을 들어 항복해 옴.
63 계해	7	11	36	10월: 백제, 낭자곡성(娘子谷城)까지 국토를 넓힘. 신라에 사신을 보내어 회견을 청하였으나 신라가 불응.
64 갑자	8	12	37	8월: 백제, 신라의 와산성(蛙山城) 공격. 10월: 백제, 구양성(狗壤城) 공격. 신라는 기병 3천으로 격퇴시킴.
65 을축	9	13	38	3월: 신라, 금성 시림(始林)의 금상자에서 김알지(金閼智) 탄생. 신라, 시림을 계림(鷄林)으로 고치고 국호로 삼음.
66 병인	10	14	39	백제, 신라의 와산성을 공격하여 탈취하나 얼마 뒤 다시 빼앗김.
67 정묘	11	15	30	1월: 신라, 국내 행정구역을 주(州)·군(郡)으로 나누고 박씨의 귀척으로 국내의 주군(州郡)을 다스리게 하고 주주(州主)·군주(郡主)로 부름. 2월: 신라, 순정(順貞)을 이벌찬(伊伐飡)으로 삼고 정사(政事)를 맡김.
68 무진	12	16	41	8월: 고구려, 갈사국왕(曷思國王)의 손자 도두(都頭)가 내강(來降)해 옴. 도두로서 우태(于台)를 삼음. 낙랑, 영평십일년명칠이배(永平十一年銘漆耳杯)를 제작.

70 경오	14	18	43	백제, 신라 침공.
72 임신	16	20	45	2월: 고구려, 조나국(藻那國)을 공격하여 왕을 사로잡음.
73 계유	17	21	46	5월 1일: 백제, 일식. 신라, 왜인이 목출도(木出島)에 침입. 우조(羽鳥)를 보내 막게 했으나 실패함.
74 갑술	18	22	47	8월: 신라, 백제가 변경에 침입하므로 군사를 보내 막음. 10월: 고구려, 주나(朱那)를 쳐서 그 왕자 을음(乙音)을 사로잡아 고추가(古鄒加)를 삼음.
75 을해	19	23	48	10월: 백제, 신라의 와산성을 쳐서 빼앗음. 신라, 큰 가뭄이 있어 백성들이 굶주려 창고를 열어 구휼함.
76 병자	20	24	49	9월: 신라, 와산성 수복.
77 정축	21	25	50 기루1	3월: 신라, 길문(吉門) 황산진구(黃山津口)에서 가야군 격파. 6월: 신라, 아찬(阿飡) 길문(吉門)이 황산진구(黃山津口)에서 가야군과 싸워 이김. 길문을 파진찬(波珍飡)으로 삼음. 9월: 백제, 다루왕 서거. 기루왕(己婁王) 즉위. 10월: 고구려, 부여 사신이 와서 사슴과 토끼를 바침. 11월: 고구려, 수도에 큰 눈이 내림.
78 무인	22	26	2	2월: 신라, 혜성이 출현했다가 20일 만에 사라짐.
80 경진	24 파사1	28	4	4월: 신라, 수도에 태풍이 일어나 금성 동문이 부서짐. 신라, 탈해 이사금 재위 중 우시산국(于尸山國)과 거칠산국(居柒山國)을 멸함. 〈돌아악(突阿樂)〉이 이루어짐. 8월: 신라, 탈해이사금 서거. 파사(婆娑)이사금 즉위.
81 신사	2	29	5	2월: 신라, 국왕, 시조묘에 제사. 3월: 신라, 국왕, 주군(州郡)을 순행. 백성들에게 구휼을 베풀고 죄수들을 풀어 줌.
82 임오	3	30	6	3월: 신라, 유사(有司)로 하여금 농상(農桑)을 권하고 병혁(兵革)을 단련하여 뜻하지 않은 사건에 대비하라고 지시.
84 갑신	5	32	8	2월: 신라, 명선(明宣)을 이찬(伊飡)으로 삼고, 윤량(允良)을 파진찬(波珍飡)으로 삼음. 5월: 신라, 고타군주(古陀郡主)가 푸른 소를 바침. 신라, 남신현(南新縣)의 보리 줄기가 서로 합쳐짐.
85 을유	6	33	9	1월: 백제, 군사를 보내 신라 변경을 공격. 2월: 신라, 길원(吉元)을 아찬에 임명함. 4월: 신라·백제, 혜성이 관측됨.
87 정해	8	35	11	7월: 신라, 각자의 성루를 수리하도록 지시하고, 가소성(加召城), 마두성(馬頭城)을 쌓음. 8월 그믐: 백제, 일식.

89 기축	10	37	13	6월: 백제, 지진 발생. 민가(民家)가 넘어지고 사망자 다수.
90 경인	11	38	14	3월: 백제, 가뭄으로 보리 흉년. 7월: 신라, 사자(使者) 10명을 나누어 보내 주주·군주를 염찰하여 근무 태만자는 폄출함.
92 임진	13	40	16	6월 1일: 백제, 일식.
93 계사	14	41	17	1월: 신라, 윤량을 이찬으로 삼고 계기(啓其)를 파진찬으로 삼음. 2월: 신라, 국왕, 고소부리군(古所夫里郡)을 순행하여 고령자에게 곡식 지급. 10월: 신라, 왕경에 지진 발생.
94 갑오	15	42	18	2월: 신라, 가야가 마두성을 공격하자 아찬 길원(吉元)을 보내 막음. 3월: 신라, 알천(閼川)에서 열병 실시.
96 병신	17	44	20	9월: 신라, 가야가 남부 지역을 침공. 가성주(加城主) 장세(長世) 전사. 왕이 나가 싸워 격퇴.
97 정유	18	45	21	1월: 신라, 신라왕이 군사를 일으켜 가야를 치려 하자 가야왕이 사신을 보내 죄를 청하므로 그만둠.
98 무술	19	46	22	3월: 고구려, 고구려왕, 동으로 책성(柵城)에 순수(巡守)하다 서계산(西罽山)에서 백록(白鹿)을 잡음. 산석(山石)에 공(功)을 새기고 돌아옴. 4월: 신라, 왕경에 가뭄.
99 기해	20	47	23	8월: 백제, 서리로 콩 농사 피해.
100 경자	21	48	24	신라, 왕경에 지진이 일어나 민가가 부서지고 사망자 발생.
101 신축	22	49	25	2월: 신라, 월성(月城) 축조. 7월: 신라, 국왕, 월성으로 거처를 옮김.
102 임인	23	51	27	8월: 신라, 음즙벌국(音汁伐國: 안강)과 실직곡국(悉直谷國: 삼척)의 영토 분쟁 발생. 가야 수로왕이 중재하였으나 음즙벌국이 이에 불복하여 반란. 신라, 음즙벌국과 실직국, 압독국(押督國: 경산)을 병합. 고구려, 사람을 보내어 책성을 안무(安撫).
103 계묘	24	52	28	백제, 국왕 한산에서 사냥 중 신록(神鹿)을 잡음.
104 갑진	25	52	28	7월: 신라, 실직국이 반란을 일으켜 이를 평정. 그 무리들을 남쪽으로 옮김.
105 을사	26	53	29	1월: 고구려, 한나라의 요동 6현(縣)을 공략, 요동태수 경기(耿夔)에게 패함. 부여, 사신을 보내 호랑이를 바침. 백제, 신라에 강화 요청. 화평 성립. 2월: 고구려, 왕경에 큰 눈이 내림. 고구려, 요동태수 경기, 맥인(貊人)을 격파함.

106 병오	27	54	30	1월: 신라, 국왕, 압독에 순행하여 곤궁한 자에게 곡식을 지급함. 3월: 신라, 국왕, 압독에서 돌아옴. 8월: 신라, 마두성주에 명하여 가야를 치게 함.
107 정미	28	55	31	10월: 고구려, 동해곡태수(東海谷太守)가 주표(朱豹)를 바침. 백제, 얼음이 얼지 않음.
108 무신	29	56	32	봄: 고구려, 심한 가뭄으로 백성들이 굶주림. 5월: 신라, 홍수가 나서 민간에 기근 발생, 구휼 실시. 군사를 보내어 비지국(比只國)·초인국(草人國)·다벌국(多伐國)을 병합. 7월: 말갈, 백제의 우곡(牛谷)에 들어와 약탈. 봄~여름: 백제, 흉년이 들어 백성이 서로 잡아먹을 정도가 됨. 여름: 고구려, 백성이 주리므로 진휼.
109 기유	30	57	33	1월: 고구려, 후한에 사신을 보내 안제(安帝)의 원복(元服) 대착식(戴着式)을 하례함. 7월: 신라, 황충이 심하여 왕이 산천에 제사를 지냄.
111 신해	32	59	35	3월: 고구려, 예맥(濊貊)과 함께 현도를 침. 4월: 신라, 금성의 문이 부서짐. 5~7월: 신라, 비가 오지 않음. 신라, 백제의 나이군(奈已郡) 점령. 부여, 왕이 보기(步騎) 8천으로 후한의 낙랑군을 습격.
112 임자	33 지마1	60	36	10월: 신라, 파사이사금 서거, 사릉원에 장사 지냄. 지마(祇摩) 이사금 즉위.
113 계축	2	61	37	2월: 신라, 국왕, 시조묘에 제사 지냄. 3월: 백제, 신라에 사신을 보내 교빙(交聘). 신라, 창영(昌永)을 이찬, 옥권(玉權)을 파진찬, 신권을 일길찬(一吉飡), 순선(順宣)을 급찬(級飡)에 임명.
114 갑인	3	62	38	3월: 고구려, 일식. 신라, 우박이 와서 보리싹이 상함. 4월: 신라, 큰 물난리가 남. 8월: 고구려, 국왕, 남해를 순수함. 10월: 고구려, 국왕 남해에서 환도.
115 을묘	4	63	39	2월: 가야, 신라의 남쪽 변경을 침략. 7월: 신라, 국왕, 가야를 공격하다가 황산하(黃山河)에서 가야의 복병에게 패퇴함.
116 병진	5	64	40	3월: 고구려, 일식. 6월: 백제, 큰 물난리가 남. 복구 시행. 8월: 신라, 군사 1만으로 가야를 공격하였으나 실패. 12월: 고구려, 큰 눈이 옴.
118 무오	7	66	42	6월: 고구려, 예맥과 함께 후한의 현도에 침입해 화려성(華麗城)을 공격. 8월: 관리들에게 명하여 효순자(孝順者)를 천거하게 하고 환과고독자(鰥寡孤獨者)에게 의식을 제공하게 함.

121 신유	10	69	45	1월: 신라, 익종(翌宗)을 이찬, 흔련(欣連)을 파진찬, 임권(林權)을 아찬에 임명. 2월: 신라, 대증산성(大甑山城) 축조. 봄: 고구려, 후한 유주 자사 풍환(馮煥), 현도 태수 요광(姚光), 요동 태수 채풍(蔡諷) 등 침입. 왕의 아우 수성(遂成)이 격퇴함. 4월: 신라, 왜구가 침입. 고구려, 국왕, 선비(鮮卑)와 함께 요대현(遼隊縣)을 공격, 요동 태수 채풍 등을 신창에서 살해. 10월: 고구려, 숙신(肅愼)의 사신이 와서 공물을 바침. 11월: 고구려, 수성으로 하여금 군국정사를 통제하게 함. 12월: 고구려, 마한·예맥과 연합하여 현도성을 공격했으나 부여, 후한이 합세하여 대패함. 고구려, 왕이 부여에 행차하여 태후묘(太后廟)에 제사 지냄.
122 임술	11	70	46	7월: 신라, 황충의 피해로 농사를 망쳐 흉년. 고구려, 마한, 예맥과 함께 요동을 공격. 부여가 요동을 돕자 이를 격파. 신라, 왜군이 침입했다는 뜬소문으로 도성 사람들이 산속으로 피난감.
123 계해	12	71	47	3월: 신라, 왜와 수교. 10월: 고구려, 패자 목도루(沛者 穆度婁)를 좌보로 삼고 고복장(高福章)을 우보로 삼아 수성과 함께 정사에 참여하게 함. 신라, 금성 동쪽의 민가가 함몰되어 연못이 생김.
124 갑자	13	72	48	4월: 신라, 왜군의 침입설이 나돎. 9월 그믐: 신라·고구려, 일식. 10월: 고구려, 후한에 사신 보냄. 11월: 고구려, 왕도에 지진.
125 을축	14	73	49	1월: 신라, 말갈이 북경(北境)에 쳐들어와 약탈 자행. 7월: 백제, 신라가 말갈의 침략을 받아 군사를 청하자 5명의 장군을 보내어 구원.
127 정묘	16	75	51	7월 1일: 신라, 일식.
128 무진	17	76	52 개루1	8월: 신라, 장성(長星)이 하늘에 비침. 동부 지역에 지진. 11월: 백제, 기루왕 서거. 개루왕(蓋婁王) 즉위.
129 기사	18	77	2	신라, 이찬 창영 사망. 파진찬 옥권으로 이찬을 삼아 정사(政事)에 참여하게 함.
131 신미	20	79	4	5월: 신라, 홍수가 나서 민가가 떠내려감. 백제, 국왕, 한산으로 사냥.
132 임신	21	80	5	2월: 백제, 북한산성을 쌓음. 2월: 신라, 궁성 남문에 화재. 7월: 고구려, 미유(彌儒), 어지류(於支留), 양신(陽神) 등이 수성에게 왕권을 잡도록 충동함.
134 갑술	23 일성1	82	7	8월: 신라, 지마이사금 서거. 일성(逸聖)이사금 즉위. 죄수들을 크게 사면해 줌. 봄~여름: 신라, 큰 가뭄.

135 을해	2	83	8	1월: 신라, 시조묘에 제사.
136 병자	3	84	9	1월: 신라, 웅선(雄宣)을 이찬에 임명하여 내외의 병마사를 맡기고, 근종(近宗)으로 일길찬을 삼음.
137 정축	4	85	10	2월: 말갈, 신라 한변계(寒邊界)에 들어와 장령(長嶺)의 5책을 소각. 8월: 백제, 혜성 관측됨.
138 무인	5	86	11	2월: 신라, 금성에 정사당(政事堂) 지음. 7월: 신라, 알천 서쪽에서 대규모 열병 실시. 10월: 신라, 국왕 북쪽으로 순행하여 친히 태백산(太白山)에 제사함.
139 기묘	6	87	12	7월: 신라, 서리로 콩 농사 피해. 8~10월: 신라, 말갈, 장령(長嶺)에 침입하여 노략질함.
140 경진	7	88	13	2월: 신라, 장령에 목책을 세워 말갈의 침입에 대비.
141 신사	8	89	14	9월: 그믐. 신라, 일식.
142 임오	9	90	15	7월: 신라, 말갈을 칠 것을 논의하였으나 중지. 9월: 고구려, 환도성(丸都城)에 지진.
143 계미	10	91	16	2월: 신라, 궁실(宮室)을 수리.
144 갑신	11	92	17	2월: 신라, 제주군(諸州郡)에 영을 내려 제방(堤防)을 보수하고 황무지를 개척하게 함. 또 백성들이 금(金)·은(銀)·주옥(朱玉)을 사용하는 것을 금함.
145 을유	12	93	18	봄~여름: 신라, 가뭄과 기근이 들어 곡식을 보내 구휼함.
146 병술	13	94 차대1	19	7월: 고구려, 수성이 왜산(倭山) 아래에서 사냥하며 왕위 찬탈을 도모. 8월: 고구려, 후한 요동군의 서안평현(西安平縣)을 공격. 대방령(帶方令)을 죽이고 낙랑태수의 처자를 잡아 옴. 10월: 고구려 우보 고복장, 수성이 모반하려 함을 만류. 신라, 압독이 반란을 일으켜 이를 평정. 12월: 고구려, 태조왕, 아우 수성에게 왕위를 선양. 차대왕(次大王) 즉위.
147 정해	14	2	20	2월: 고구려, 관나부인(貫那部人) 패자 미유를 좌보로 삼음. 3월: 고구려, 왕의 반대파인 우보 고복장을 죽임. 7월: 고구려, 우보 목도루 물러남. 환나부 우태(于台) 어지류를 좌보로 삼고 대주부(大主簿)의 관작을 더해 줌. 10월: 고구려, 비류나인 양신(沸流那人 陽神)을 중외대부(中畏大夫)로 삼고 우태의 관작을 더해 줌. 신라, 신하들에게 명하여 지혜와 용기를 갖춘 장수를 추천하게 함.

148 무자	15	3	21	1월: 신라, 박아도(朴阿道)를 갈문왕(葛文王)에 봉함. 4월: 고구려, 고구려 왕 태조대왕의 원자 막근을 죽임. 그 아들 막덕은 자살.
149 기축	16	4	22	1월: 신라, 득훈(得訓)을 사찬(沙湌)으로 삼고 선충(宣忠)을 나마(奈麻)로 삼음. 4월 그믐: 고구려, 일식. 5월: 고구려, 5성(星)이 동쪽 하늘에 모임. 얼음이 얼지 않음. 8월: 신라, 혜성 관측됨. 왕경에 전염병이 번짐.
151 신묘	18	6	24	2월: 신라, 이찬 웅선이 사망. 대선(大宣)으로 이찬을 삼아 내외의 병마사를 겸임하게 함.
153 계사	20	8	26	10월: 신라, 궁성 문이 불탐. 10월: 신라, 혜성 관측됨. 12월: 고구려, 월식.
154 갑오	21 아달라 1	9	27	2월: 신라, 일성 이사금 서거. 아달라(阿達羅)이사금 즉위. 3월: 신라, 계원(繼元)을 이찬으로 삼아 군국정사를 맡김.
155 을미	2	10	28	1월: 신라, 국왕 시조묘에 제사. 신라, 홍선(興宣)을 일길찬에 임명.
156 병신	3	11	29	4월: 신라, 계립령로(鷄立嶺路)를 개통.
157 정유	4	12	30	2월: 신라, 감물(甘勿), 마산(馬山)의 2현을 처음으로 설치. 3월: 신라, 왕이 장령진(長嶺鎭)을 순행(巡行)하여 병사들을 위문. 신라, 신라의 연오랑(延烏郞)과 세오녀(細烏女)가 왜국으로 건너감.
158 무술	5	13	31	2월: 고구려, 혜성 관측됨. 3월: 신라, 죽령로(竹嶺路) 개통. 5월 그믐: 고구려, 일식.
160 경자	7	15	33	4월: 신라, 폭우로 알천이 넘치고 민가가 떠내려감. 금성 북문이 무너짐.
161 신축	8	16	34	7월: 신라, 황충이 곡식을 해치고, 해어(海魚)가 많이 나와 죽음. 고구려, 일식.
162 임인	9	17	35	신라, 국왕, 사도성(沙道城)에 순행하여 수졸을 위로함.
164 갑진	11	19	37	1월: 신라, 왕경에 용(龍)이 나타남.
165 을사	12	20 신대1	38	1월: 고구려·백제, 일식. 10월: 고구려, 연나부 조의 명림답부(椽那部 皂衣 明臨荅夫), 차대왕을 시해. 신대왕(新大王) 즉위. 신라, 아찬 길선, 모반을 꾀하다가 발각되어 백제로 도망, 신라와 백제 간의 군사 충돌을 야기함.

166 병오	13	2	39 초고1	1월: 신라, 일식. 고구려, 명림답부로 국상(國相)을 삼고 관작에 해자를 더하여 줌. 좌보, 우보를 국상이라 고침. 차대왕의 태자 추안(鄒安)을 사면해 주고, 구산수(狗山瀨), 누두곡(婁豆谷)을 주고 양국군(讓國君)에 봉함. 백제, 개루왕 서거. 초고왕(肖古王) 즉위.
167 정미	14	3	2	봄: 부여 왕 부태, 현도군을 공격. 7월: 백제, 초고왕, 신라 서쪽의 2성을 공격하여 주민 1천 명을 잡아 옴. 8월: 백제, 신라 아달라이사금이 2만의 군사로 직접 공격하자 주민을 반환함. 9월: 고구려, 졸본(卒本)에 가서 시조묘에 제사 지냄. 10월: 국왕, 졸본에서 돌아옴.
168 무신	15	4	3	12월: 고구려, 선비와 함께 후한의 유주(幽州), 병주(幷州)를 공격. 신라, 이찬 계원 사망. 흥선을 이찬에 임명.
169 기유	16	5	4	고구려, 후한의 현도태수 경림이 침입. 대가(大加) 우거(優居), 주부(主簿) 연인(然人) 등을 보내 현도태수 공손도(公孫度)를 도와서 부산적(富山賊)을 토벌함.
170 경술	17	6	5	2월: 신라, 시조묘 중수. 10월: 백제, 신라의 변경을 침공.
171 신해	18	7	6	신라, 곡식이 귀해 백성들이 굶주림.
172 임자	19	8	7	11월: 고구려, 명림답부가 지휘하는 고구려군, 후한의 침략군을 좌원(坐原)에서 패퇴시킴. 명림답부에게 좌원(坐原)과 질산(質山)을 식읍으로 줌. 신라, 구도(仇道)를 파진찬에, 구수혜(仇須兮)를 일길찬에 임명. 시조묘에 제사. 왕경에 역병이 크게 번짐.
173 계축	20	9	8	5월: 신라, 왜의 여왕 비미호(卑彌乎), 사신을 보내 교빙함.
174 갑인	21	10	9	2월: 신라, 가뭄이 심하여 우물이 마름.
176 병진	23	12	11	3월: 고구려, 왕자 남무(男武)를 왕태자로 책봉.
177 정사	24	13	12	10월 그믐: 고구려, 일식.
179 기미	26	15 고국천 1	14	9월: 고구려, 국상 명림답부 사망. 질산에 장사 지내고 수묘호(守墓戶) 20가(家)를 내림. 12월: 고구려, 신대왕 서거. 고국천왕(故國川王) 즉위.
180 경신	27	2	15	2월: 고구려, 비(妃) 우씨(于氏)를 왕후로 삼음. 9월: 고구려, 왕이 졸본에 가서 시조묘에 제사.
182 임술	29	4	17	3월: 고구려, 혜성 관측됨. 7월: 고구려, 혜성 관측됨.

184 갑자	31 벌휴1	6	19	3월: 신라, 아달라이사금 서거. 벌휴(伐休)이사금 즉위. 고구려, 후한의 요동태수가 침입하자 왕자를 보내 막게 하였으나 실패. 왕이 직접 군대를 이끌고 격파함.
185 을축	2	7	20	1월: 신라, 국왕 시조묘에 제사. 2월: 신라, 파진찬 구도(仇道)와 일길찬 구수혜(仇須兮)를 좌우군주로 삼아 소문국(召文國)을 치게 함.
186 병인	3	8	21	1월: 신라, 주군을 순행하여 풍속을 시찰함. 2월: 고구려, 우씨를 왕후로 삼음. 5월 그믐: 고구려·신라, 일식. 7월: 신라, 남신현에서 가화(嘉禾)를 바침. 10월: 백제, 혜성 20일 출현.
187 정묘	4	9	22	3월: 신라, 주군에 명을 내려 토목공사로 농시(農時)를 방해하지 못하게 함. 5월: 백제, 큰 가뭄. 왕경의 우물과 한수가 마름.
188 무진	5	10	23	2월: 신라, 백제가 모산성(母山城)을 공격하므로 파진찬 구도에게 명하게 막게 함. 백제, 궁실 중수.
189 기사	6	11	24	4월 1일: 백제, 일식. 7월: 신라, 구도, 구양성에서 백제와 싸워 500명을 살획, 승리함. 고구려, 요동태수 군대의 침입을 좌원(坐原)에서 격파.
190 경오	7	12	25	3월: 신라, 백제가 서변의 원산향(圓山鄕)을 침입하고 부곡성(缶谷城)을 포위. 구도가 이를 치다가 와산(蛙山)에서 패함. 구도의 실책을 물어 부곡성의 성주로 좌천시키고, 설지(薛支)를 좌군주로 삼음. 9월: 고구려, 중외대부(中畏大夫), 패자 어비류(於畀留), 평자(評者) 좌가려(左可慮) 등, 국권을 남용하다 임금에게 처벌받게 되자 4연나(椽那)와 함께 모반.
191 신미	8	13	26	4월: 고구려, 을파소(乙巴素)를 국상으로 삼아 정책을 맡김. 좌가려 등의 반란 진압. 9월: 백제·신라, 혜성이 관측됨. 10월: 고구려, 안류(晏留)에게 을파소를 천거한 공로로 대사자(大使者)의 직을 내림.
192 임신	9	14	27	1월: 신라, 국량(國良)으로 아찬을 삼고, 술명(述明)으로 일길찬을 삼음. 4월: 신라, 왕경에 큰 눈이 옴. 신라, 홍수로 10여 곳의 산이 붕괴됨.
193 계유	10	15	28	6월: 신라, 왜인 천여 명이 기근으로 식량을 구걸함. 11월: 신라, 일식.
194 갑술	11	16	29	6월 그믐: 신라, 일식. 7월: 고구려, 서리가 내려 흉년이 들자 곡식을 내려 진휼함. 10월: 고구려, 을파소에 의해 진대법(賑貸法) 실시.
196 병자	13 나해1	18	31	1~4월: 신라, 가뭄. 2월: 신라, 궁실 중수. 4월: 신라, 벌휴이사금 서거. 나해(奈解)이사금 즉위.

197 정축	2	19 산상1	32	5월: 고구려, 고국천왕 서거. 고국천원(故國川原)에 장사 지냄. 산상왕(山上王) 즉위. 산상왕의 형 발기(發岐), 산상왕의 즉위에 불복하여 난을 일으켰으나 패하여 사망. 고구려, 산상왕, 자신의 왕위 등극에 도움을 준 고국천왕의 왕비 우씨를 왕후로 삼음.
198 무인	3	2	33	2월: 고구려, 환도성 쌓음. 사면령 내림. 신라, 서부 지역에 큰 물난리 발생. 수해를 입은 주현(州縣)에 1년간 조조(租調)를 면해 줌. 사신을 보내 수해 지역을 위로함.
199 기묘	4	3	34	3월: 가야, 수로왕 서거. 거등왕(居登王) 즉위. 5월: 신라, 국서에 공수로 수재를 만난 주현에 1년간 지세와 호세를 면제해 줌. 7월: 백제, 지진 발생. 가야, 수로왕릉 축조. 수로왕 묘(廟) 건립. 백제, 신라의 변경 침공.
200 경진	5	4	35	9월 1일: 신라, 일식. 알천에서 대규모 열병 실시.
201 신사	6	5	36	2월: 가야, 신라에 화의 요청. 3월 1일: 신라, 일식.
203 계미	8	7	38	8월: 고구려, 국상 을파소 사망. 고우루로 국상을 삼음. 10월: 신라, 말갈이 국경에 침입. 고구려, 왕이 산천에서 자식 갖기를 기원함.
204 갑신	9	8	39	7월: 백제, 신라의 요차성(腰車城: 지금의 경상북도 상주)을 함락시키고 성주 설부(薛夫)를 죽임. 신라 왕, 6부 정병을 거느리고 사현성(沙峴城)을 침공. 10월: 백제, 혜성 관측됨.
205 을유	10	9	40	2월: 신라, 진충(眞忠)을 일벌찬(一伐飡)으로 삼아 국정에 참여하게 함. 신라, 서리와 우박이 곡식을 해침.
207 정해	12	11	42	1월: 신라, 왕자 이음(利音)을 이벌찬(伊伐飡)으로 삼아 내외의 병마사를 맡김.
208 무자	13	12	43	4월: 신라, 왜군이 국경을 침입. 이벌찬 이음으로 하여금 격퇴하게 함. 11월: 고구려, 국왕, 후녀(后女)를 만남. 가을: 백제, 충해와 가뭄으로 흉년이 듦. 신라, 국왕, 서쪽의 군읍을 순방함.
209 기축	14	13	44	3월: 고구려, 왕후, 임금의 총애를 받은 주통촌(酒桶村)의 여인을 살해하려 했으나 실패. 7월: 신라, 가야가 포상팔국(浦上八國)의 침입을 받자 신라에 구원을 요청. 태자 우로(于老)와 이음에게 명하여 구원하게 함. 포상팔국의 장수들을 죽이고 포로 6천여 명 포획.

				9월: 고구려, 주통촌의 여인, 동천왕을 낳음. 그 여인을 소후(小后)에 봉함. 도읍을 환도로 옮김.
210 경인	15	14	45	2월: 백제, 적현성(赤峴城), 사도성(沙道城)을 쌓고 동부의 주민을 이주. 10월: 말갈이 사도성을 침공하나 실패. 신라, 봄부터 여름까지 가뭄. 사면령을 내림.
211 신묘	16	15	46	1월: 신라, 훤견(萱堅)으로 이찬을 삼고 윤종(允宗)으로 일길찬을 삼음. 8월: 백제, 황충(蝗蟲)이 돎. 백제, 얼음이 얼지 않음.
212 임진	17	16	47	3월: 신라, 가야의 왕자를 볼모로 삼음. 6월 그믐: 백제, 일식. 신라, 골포(骨浦), 칠포(柒浦), 고사포(古史浦) 등 3국이 갈화성(竭火城)을 침공하여 격퇴시킴. 물계자, 논공행사에 불만을 품고 은둔.
213 계사	18	17	48	1월: 고구려, 교체(郊彘)를 왕태자로 책봉. 백제, 서부인(西部人) 회회(茴會), 흰 사슴을 바침.
214 갑오	19	18	49 구수1	7월: 신라, 백제가 국서(國西)의 요차성을 치므로 이음이 가서 백제를 쳐 사현성을 깨뜨림. 백제, 요차성을 공격하여 성주를 죽임. 9월: 백제, 북부인(北部人) 진과(眞果)에게 명해 말갈의 석문성(石門城) 침공. 10월: 백제, 말갈이 기병으로 술천(述川)에 침입. 초고왕 서거, 구수왕(仇首王) 즉위.
216 병신	21	20	3	8월: 백제, 말갈 적현성을 포위하고 공격하나 실패. 사도성에서 말갈 대파.
217 정유	22	21	4	2월: 백제, 사도성 옆에 2책을 세움. 8월: 고구려, 후한 평주인(平州人) 하요(夏瑤) 등 1000여 가가 투항해 오자 이들을 받아들여 책성에 안치시킴. 10월: 고구려, 혜성 관측됨. 고구려, 지진.
218 무술	23	22	5	7월: 신라, 백제가 장산성(獐山城)에 침입하자 격퇴.
219 기해	24	23	6	2월 그믐: 고구려, 일식.
220 경자	25	24	7	3월: 부여, 위나라에 사신을 보냄. 신라, 이벌찬 이음 사망. 충훤(忠萱)을 이벌찬에 임명하여 병마사를 맡김. 10월: 백제, 말갈이 북변을 침공하나 실패.
221 신축	26	25	8	5월: 백제, 국도 동편에 큰 물이 나서 산 40여 개소가 무너짐. 6월 그믐: 백제, 일식. 8월: 백제, 한산 서쪽에서 대규모 열병(閱兵) 실시.

222 임인	27	26	9	2월: 백제, 관리를 시켜 제방을 수리케 함. 3월: 백제, 권농령(勸農令)을 내림. 10월: 신라, 백제가 우두주(牛頭州)에 침입. 이벌찬 충훤, 패하여 진주(鎭主)로 좌천됨. 연진(連珍)으로 이벌찬을 삼음. 11월 그믐: 백제, 일식.
224 갑진	29	28	11	7월: 신라, 이벌찬 연진, 백제와 봉산(烽山) 아래에서 싸워 승리. 8월: 신라, 봉산성(烽山城)을 쌓음. 10월: 백제, 혜성 관측됨.
226 병오	31	30	13	10월: 신라, 중앙과 지방의 죄가 가벼운 죄인을 풀어줌. 봄~7월: 신라, 계속된 가뭄으로 흉년.
227 정미	32	31 동천1	14	2월: 신라, 국왕, 서남 지역의 군읍을 순수. 3월: 신라, 파진찬 강훤(康萱)을 이찬에 임명. 백제, 우박 내림. 4월: 백제 왕, 큰 가뭄으로 동명묘에 제사하니 비가 옴. 5월: 고구려, 산상왕 서거, 산상릉(山上陵)에 장사 지냄. 동천왕(東川王) 즉위.
228 무신	33	2	15	2월: 고구려, 졸본에 가서 시조묘에 제사하고 사면령을 내림. 3월: 고구려, 우씨를 왕태후에 봉함.
229 기유	34	3	16	9월: 신라, 큰 지진 발생. 10월: 신라, 큰 눈이 내림. 11월: 백제, 역병 심화. 국왕 한천(寒泉)에 사냥 나감.
230 경술	35 조분1	4	17	7월: 고구려, 국상 고우루 사망. 우태 명림어수(明臨於漱)를 국상에 임명. 신라, 국왕 시조묘 배알. 신라, 연충(連忠)을 이찬에 임명하여 군국정사를 맡김.
231 신해	2	5	18	4월: 백제, 우박. 7월: 신라, 이찬 우로를 대장군으로 삼아 감문국(甘文國)을 치고 그 땅을 군으로 삼음.
232 임자	3	6	19	4월: 신라, 왜인이 침공하여 금성을 포위하였으나 격퇴시킴.
233 계축	4	7	20	4월: 신라, 큰 바람이 붐. 5월: 신라, 왜인이 동변에 침입하여 노략질함. 7월: 신라, 이찬 우로가 사도에서 왜군과 싸워 대승. 고구려, 오(吳)의 사자가 요동에서 도망쳐 망명하였으나 돌려보냄.
234 갑인	5	8	21 사반1 고이1	9월: 고구려, 태후 우씨 사망. 고구려, 위(魏)에서 사신을 보내어 화친을 맺음. 백제, 구수왕 서거. 사반왕(沙伴王) 즉위하나 곧 서거하고 고이왕(古爾王) 즉위.
235 을묘	6	9	2	1월: 신라, 국왕, 동쪽으로 순행하여 백성들을 위무하고 진휼함. 고구려, 오나라 사신 도착.
236 병진	7	10	3	2월: 신라, 골벌국왕 아음부(阿音夫), 신라에 투항. 복속지를 군으로 삼음. 7월: 고구려, 2월에 온 오의 사신 호위(胡衛)를 죽여 위에 보냄.

237 정사	8	11	4	8월: 신라, 황충이 돎. 고구려, 위나라에 사신 보내어 연호의 개칭을 하례(賀禮)
238 무오	9	12	5	1월: 백제, 천지에 제사하며 고취를 사용하게 함. 4월: 백제, 왕궁 문기둥에 벼락. 고구려, 위의 태부사마선왕(太傅司馬宣王)이 요동의 공손연(公孫淵)을 치자, 주부 대가를 파견하여 돕게 함. 낙랑, 위의 낙랑태수 선우사(鮮于嗣)와 대방태수 유흔(劉昕)을 보내어 공손씨 지배하에 있던 2군을 취함.
239 기미	10	13	6	1~5월: 백제, 가뭄 피해. 고구려, 위나라 요동군 지역을 공격.
240 경신	11	14	7	봄: 백제, 신라의 서변을 습격. 4월: 백제, 진충(眞忠)을 좌장(左將)으로 삼아 내외병마(內外兵馬)를 맡김. 7월: 백제, 석천(石川)에서 열병식(閱兵式)을 거행.
242 임술	13	16	9	2월: 백제, 남쪽 물가에 도전(稻田)을 개척. 가을: 신라, 풍년이 듦. 고구려, 요동과 서안평을 공격하여 격파.
243 계해	14	17	10	1월: 고구려, 왕자 연불을 왕태자로 책봉하고 국내의 죄수들을 사면해 줌. 백제, 제단을 만들고 천지산천에 제사.
244 갑자	15	18	11	1월: 신라, 우로를 서불한(舒弗邯)에 임명하고 병마사를 맡김. 8월: 고구려, 위나라 유주자사(幽州刺史) 관구검(毌丘儉)의 침입을 받음. 고구려, 위의 요동 지방을 공격.
245 을축	16	19	12	3월: 고구려, 국왕, 동해인(東海人)이 미인을 바치자 후궁으로 삼음. 10월: 신라, 고구려가 북변을 침입. 우로가 고구려와 싸우다 패배. 현도태수(玄菟太守) 王頎(왕기), 고구려에 침공. 왕, 옥저로 달아남.
246 병인	17	20	13	8월: 백제, 좌장 진충을 시켜 낙랑 변방의 백성들을 쳐 빼앗음. 10월: 고구려, 위의 유주자사 관구검, 낙랑태수 유무 및 삭방태수 왕준과 함께 고구려 침입. 고구려 대패함. 환도성, 관구검의 군대에 함락됨. 동천왕, 옥저로 도망. 관구검, 자신의 기공비 세우고 물러감.
247 정묘	18 첨해1	21	14	1월: 백제, 남단에서 천지신명께 제사. 2월: 고구려, 평양성 축조. 3월: 백제, 진충을 우보로 삼고 진물(珍勿)을 좌장으로 삼아 병마를 맡김. 5월: 신라, 조분이사금 서거. 첨해(沾解)이사금 즉위. 7월: 신라, 국왕, 시조묘에 배알(拜謁). 사신을 왜에 보냄. 신라, 국왕, 부친 골정(骨正)을 세신갈문왕(世神葛文王)에 봉함.
248 무진	2	22 중천1	15	1월: 신라, 이찬 장훤(長萱)을 서불한에 임명. 2월: 신라, 고구려에 사신을 보내어 화친 요청. 9월: 고구려, 동천왕이 서거하자 시원(柴原)에 장사 지냄. 장례일에 왕을 추모하여 자살하는 자가 많았음. 중천왕(中川王) 즉위.

				10월: 고구려, 연씨를 왕후로 삼음. 11월: 고구려, 왕의 아우 예물(預物), 사구(奢句) 등이 모반을 꾀하여 처형.
249 기사	3	2	16	4월: 신라, 왜국 사신이 서불한 우로를 죽임. 7월: 신라, 궁궐 남쪽에 남당(南堂)을 세움. 봄: 신라, 사벌국(沙伐國)을 멸함. 신라, 양부(良夫)를 이찬에 임명함.
250 경오	4	3	17	2월: 고구려, 국상 명림어수에게 내외의 병마사를 겸장(兼掌)하게 함.
251 신미	5	4	18	1월: 신라, 국왕, 처음으로 남당에서 정사를 봄. 4월: 고구려, 왕후와 시샘을 벌인 관나부인을 가죽자루에 넣어 서해에 던져 죽임. 신라, 한기부인(漢祇部人) 부도(夫道)를 아찬에 임명하고 물장고(物藏庫)의 업무를 맡김.
253 계유	7	6	20	5~7월: 신라, 가뭄 때문에 조묘(祖廟)와 명산(名山)에 제사 지냄. 기근이 들어 도적이 많이 발생. 9월 17일: 가야, 거등왕 서거. 마품왕(麻品王) 즉위.
254 갑술	8	7	21	4월: 고구려, 국상 명림어수 사망. 음우(陰友)를 국상에 임명
255 을해	9	8	22	9~10월: 백제, 신라를 쳐서 괴곡(槐谷)의 서쪽에서 싸움. 또 봉산성을 침. 고구려, 왕자 약로(藥盧)를 왕태자로 책봉하고 사면령을 내림.
256 병자	10	9	23	10월 그믐: 신라, 일식. 11월: 고구려, 연나부의 명림홀도(明臨笏覩)를 공주와 혼인시켜 부마도위로 삼음. 12월: 고구려, 겨울에 눈이 오지 않고 역병이 크게 번짐.
257 정축	11	10	24	1월: 백제, 큰 가뭄.
258 무인	12	11	25	백제, 말갈 사신이 와서 양마(良馬)를 바침.
259 기묘	13	12	26	7월: 신라, 가뭄과 충해로 흉년이 들고 도적 발생. 12월: 고구려, 울지해(蔚遲楷)가 이끈 위군을 양맥곡(梁貊谷)에서 대파시킴.
260 경진	14	13	27	1월: 백제, 6좌평(佐平)과 16관등(官等)을 정함. 2월: 백제, 공복제(公服制)를 실시함. 3월: 백제, 왕의 동생 우수(優壽)로 내신좌평(內臣佐平)을 삼음. 7월: 신라, 혜성이 나타나 25일 만에 사라짐. 큰 홍수로 40여 곳의 산이 붕괴됨.
261 신사	15	14	28	1월: 백제, 왕, 남당(南堂)에 앉아 정사를 봄. 2월: 신라, 달벌성(達伐城: 지금의 대구)을 쌓음. 백제, 진가(眞可)를 내두좌평(內頭佐平)에 임명.

				3월: 신라, 백제가 사신을 보내어 화친을 요청하였으나 허락하지 않음. 12월 8일: 신라, 첨해이사금 서거. 김씨 최초의 왕 미추(味鄒)이사금 즉위.
262 임오	미추1	15	29	1월: 백제, 영을 내려 관인(官人)으로 부정한 재물을 받은 자와 도적질한 자는 장물의 3배를 징수하고 종신(終身)토록 금고(禁錮)하게 함. 7월: 신라, 금성 서문(西門)에 화재가 나서 민가까지 불탐.
263 계미	2	16	30	10월: 신라, 이찬 양부(良夫)를 서불한으로 삼아 내외의 병마사를 맡김. 2월: 신라 왕, 국조묘에 제사. 부친인 구도를 갈문왕(葛文王)에 봉함. 고구려, 아도(阿道)가 불법을 전하기 위해 들어옴.
264 갑신	3	17	31	2월: 신라, 왕, 동으로 순행하여 바다에 이름. 3월: 신라, 왕, 황산(黃山) 순행. 고구려, 아도가 대궐에 들어가 불법 행하기를 청함.
266 병술	5	19	33	8월: 신라, 봉산성에 침입한 백제군을 성주 직선(直宣)이 장사(壯士) 200명을 거느리고 나아가 물리침.
268 무자	7	21	35	여름: 신라, 가뭄. 군신을 남당에 모아 놓고 정형(政刑)의 득실을 물음. 봄~여름: 신라, 가뭄으로 흉년이 듦.
269 기축	8	22	36	9월: 백제, 혜성 관측됨.
270 경인	9	23 서천1	37	10월: 고구려, 중천왕 서거. 서천왕 즉위.
271 신묘	10	2	38	1월: 고구려, 서부(西部) 대사자(大使者) 우수(于漱)의 딸로 왕후를 삼음. 7월: 고구려, 국상(國相) 음우(陰友) 사망. 9월: 고구려, 상루(尙婁)로 국상을 삼음.
272 임진	11	3	39	2월: 신라, 농사에 나쁜 모든 것 없애도록 영을 내림. 4월: 고구려, 서리로 보리 농사 피해. 7월: 신라, 서리·우박으로 농사 피해. 11월: 백제, 군사를 보내어 신라를 침범.
273 계사	12	4	40	7월 1일: 고구려, 일식. 백성이 주리므로 곳간(倉)을 열어 구제.
276 병신	15	7	43	2월: 신라, 거료(巨僚)들이 궁실을 개작(改作)하기를 청하였으나 왕이 거절함. 4월: 고구려, 왕, 신성(新城) 지방 순행. 8월: 고구려, 왕, 신성에서 환도.
277 정유	16	8	44	백제, 진나라에 사신을 보내어 수호.
278 무술	17	9	45	10월: 신라, 백제가 괴곡성(槐谷城)을 침입하므로 파진찬(波珍飡) 정원(正原)으로 하여금 막음.

280 경자	19	11	47	10월: 고구려, 숙신(肅愼) 침입. 왕제 달가(達賈)를 보내어 이를 격퇴하고 항복을 받음. 숙신족 600여 가를 이주시키고 그 지역을 고구려에 예속시킴. 달가로 안국군(安國君)을 삼고 내외의 병마사를 맡겨 양맥과 숙신의 여러 마을을 통솔하게 함.
281 신축	20	12	48	신라, 홍권(弘權)을 이찬으로, 양질(良質)을 일길찬, 광겸(光謙)을 사찬으로 삼음. 국왕, 시조묘에 배알함. 양산 서쪽에서 열병식 거행.
283 계묘	22	14	50	9월: 백제, 군사를 보내어 신라의 변경을 침입. 10월: 신라, 백제가 괴곡성을 포위하자 양질(良質)로 막게 함.
284 갑진	23 유례1	15	51	10월: 신라, 미추이사금 서거, 대릉에 장사 지냄. 유례(儒禮)이사금 즉위.
285 을사	2	16	52	2월: 신라, 이찬 홍권을 서불한으로 삼고 기무(機務)를 맡김. 부여, 의려(依慮)를 왕으로 옹립. 모용외(慕容廆)가 침입하여 옴에 의려왕(依慮王)은 자살. 자제(子弟)는 옥저로 피함.
286 병오	3	17	53 책계1	1월: 백제, 신라에 사신을 보내어 화친함. 2월: 고구려, 왕의 아우 일우(逸友)·소발(素勃) 등 모반죄로 처형. 10월: 백제, 위례성 수리. 아차성(阿且城), 사성(蛇城)을 쌓아 고구려의 공격에 대비함. 11월: 백제, 고이왕 서거. 책계왕(責稽王) 즉위. 고구려의 침입을 받은 대방(帶方)을 구원. 부여, 진(晋)의 동이교위(東夷校尉)의 원조로 나라를 회복.
287 정미	4	18	2	4월: 신라, 왜인이 일례부(一禮部)에 침입.
288 무신	5	19	3	9월: 고구려, 지진.
289 기유	6	20	4	5월: 신라, 왜의 침입에 대비하여 선박과 무기를 수리 정비.
290 경술	7	21	5	4월: 신라, 홍수로 월성(月城)이 무너짐.
291 신해	8	22	6	1월 29일: 가야, 마품왕 서거. 거질미왕(居叱彌王) 즉위. 1월: 신라, 말구(末仇)를 이벌찬에 임명. 신라, 월성을 보수.
292 임자	9	23 봉상1	7	3월: 고구려, 왕이 숙부 달가(達賈)를 처형. 6월: 신라, 왜군이 사도성에 침입하여 일길찬 대곡(大谷)에 막게 함. 9월: 고구려, 지진 발생. 고구려, 서천왕 서거. 봉상왕(烽上王) 즉위.
293 계축	10	2	8	2월: 신라, 사도성을 개축하고 사벌주(沙伐州)의 호민(豪民) 80여 가를 이주시킴.

				8월: 고구려, 모용외가 내침. 왕이 피난. 북부(北部) 소형(小兄) 고노자(高奴子)의 도움으로 모용외를 물리침. 고노자에게 대형(大兄)의 관작 수여. 9월: 고구려, 왕이 아우 돌고(咄固)를 죄 없이 죽이자 돌고의 아들 을불(乙弗)이 도망감.
294 갑인	11	3	9	여름: 신라, 왜군이 장봉성을 침공하였으나 격퇴. 9월: 고구려, 국상 상루 사망. 대사자 창조리(倉助利)를 국상으로 삼음.
295 을묘	12	4	10	봄: 신라, 왜 정벌 방책 논의.
296 병진	13	5	11	8월: 고구려, 모용외가 재침입하여 고국원에서 서천왕의 능묘를 파헤치다 물러감. 고노자를 신성태수로 삼아 모용외의 침입에 대비.
297 정사	14	6	12	1월: 신라, 이서국(伊西國)이 침입하여 금성을 포위함.
298 무오	15 기림1	7	13 분서1	9월: 백제, 책계왕, 고구려·낙랑(혹은 한, 맥인) 연합군에게 피살. 분서왕(汾西王) 즉위. 고구려, 서리와 우박으로 흉년이 들어 백성들이 굶주림. 10월: 고구려, 왕이 궁중을 새로 넓혀 더욱 사치스럽게 장식. 백성들의 고역 증가. 12월: 신라, 유례이사금 서거. 기림이사금(基臨尼師今) 즉위.
299 기미	2	8	2	1월: 신라, 장흔을 이찬으로 삼아 내외병마사(內外兵馬事)를 겸하게 함.
300 경신	3	9 미천1	3	1월: 신라, 왜와 사신 교환. 3월: 신라, 낙랑·대방 유민들이 투항해 옴. 2~7월: 고구려, 큰 가뭄으로 기근 발생. 8월: 고구려, 궁실을 수리하여 백성의 원망이 커짐. 국상 창조리(倉助利)가 봉상왕을 폐하고 미천왕을 옹립. 봉상왕 자살.
302 임술	5	3	5	4월: 백제, 혜성이 낮에 나타남. 9월: 고구려, 왕이 군사 3만 명을 거느리고 현도군에 침입하여 8천 명을 사로잡아 평양으로 옮김.
304 갑자	7	5	7 비류1	2월: 백제, 분서왕, 몰래 군사를 보내 낙랑 서쪽 현을 공취. 7월: 신라, 경도(京都)에 지진. 민가 파손 및 사상자 발생. 10월: 백제, 분서왕, 낙랑이 보낸 자객에게 피살. 비류왕(比流王) 즉위.
307 정묘	10	8	4	신라, 신라(新羅)를 국호로 사용하기 시작.
308 무진	11	9	5	1월 그믐: 백제, 일식.

310 기사	13 흘해1	11	7	신라, 국왕이 위독해지자 죄수들을 사면해 줌. 6월: 기림이사금 서거. 흘해(訖解)이사금 즉위.
311 신미	2	12	8	1월: 신라, 급리(急利)를 아찬으로 삼아 정치와 병마사를 맡게 함. 2월: 신라, 국왕, 시조묘에 제사. 8월: 고구려, 장군을 보내어 요동의 서안평을 공격하여 탈취함.
312 임신	3	13	9	2월: 백제, 백성들의 고통을 순문하고 곡식 3석을 하사. 3월: 신라, 왜 왕이 사신을 보내어 왜 왕자의 배필을 구하자 아찬 급리의 딸을 보냄. 4월: 백제, 해구(解仇)를 병관좌평(兵官佐平)으로 삼음.
313 계유	4	14	10	1월: 백제, 왕이 친히 희생(犧牲)을 잡아 남부에서 천지에 제사. 7월: 신라, 가뭄과 병충해로 기근이 심하여 구휼함. 10월: 고구려, 낙랑군을 공격하여 멸망시키고 남녀 2천 명을 포로로 잡음.
314 갑술	5	15	11	1월: 신라, 아찬 급리를 이찬에 임명. 고구려, 왕자 사유(斯由)를 태자로 책봉. 2월: 신라, 궁궐을 중수하다가 비가 오지 않아 중지함. 9월: 고구려, 대방군을 공격하여 점령.
315 을해	6	16	12	2월: 고구려, 현도성을 공격하여 점령. 8월: 고구려, 혜성이 관측됨.
316 병자	7	17	13	봄: 백제, 가뭄. 큰 별이 서쪽으로 떨어짐.
317 정축	8	18	14	봄~여름: 신라, 가뭄. 왕이 죄수를 직접 조사하여 풀어 줌.
319 기묘	10	20	16	12월: 고구려, 동진의 평주자사 최비가 망명옴. 모용외, 우하성(于河城)을 공격하여 점령. 왕이 자주 군사를 보내어 요동을 공격하자 모용외가 모용인(慕容仁)과 모용한(慕容翰)을 보내어 침. 왕이 화맹을 요구하니 이들이 돌아감.
320 경진	11	21	17	8월: 백제, 궁성 서쪽에 사대(射臺)를 짓고 매월 초하루와 보름 활 쏘는 연습을 함. 12월: 고구려, 요동을 공격. 모용인에게 대패.
321 신사	12	22	18	1월: 백제, 왕의 서제 우복으로 내신좌평을 삼음. 7월: 백제, 혜성이 관측됨.
324 갑신	15	25	21	7월: 고구려, 일본에 철순(鐵盾)과 철적(鐵的)을 보냄.
325 을유	16	26	22	11월: 백제, 국왕 구원(狗原) 북쪽에 사냥 나감.
327 정해	18	28	24	9월: 백제, 내신좌평 우복이 북한산성(北漢山城)에서 반란을 일으키나 평정.
330 경인	21	31	27	백제, 처음으로 벽골지(碧骨池)를 팜. 고구려, 후조왕 석근(石勤)에게 사신을 보내어 호시(楛矢)를 줌.

331 신묘	22	32 고국원 1	28	2월: 고구려, 미천왕 서거, 미천원에 장사 지냄. 고국원왕(故國原王) 즉위. 백제, 봄·여름에 가물고 기근이 들어 사람들이 상식함.
332 임진	23	2	29	2월: 고구려, 졸본에서 시조묘에 제사 지냄. 백성을 순문하고 늙고 병든 자들을 위로함. 3월: 고구려, 국왕, 졸본에서 돌아옴.
333 계사	24	3	30	5월: 백제, 왕궁에 불이 나서 민가로 번짐. 10월: 궁실 수리. 진의(眞義)를 내신좌평에 임명.
334 갑오	25	4	31	8월: 고구려, 평양성을 증축함.
335 을미	26	5	32	1월: 고구려, 북쪽에 신성을 쌓음. 7월: 고구려, 서리로 곡식 피해. 10월: 백제, 일식.
336 병신	27	6	33	1월: 백제, 혜성이 관측됨. 3월: 고구려, 사신을 동진에 보내어 방물(方物)을 바침. 큰 별이 서북(西北)으로 흐름.
337 정유	28	7	34	1월: 고구려, 모용인의 부하였던 동수(冬壽) 등 귀화. 2월: 신라, 백제에 사신을 보내어 교빙.
338 무술	29	8	35	고구려, 연(燕)의 호군(護軍) 송황(宋晃) 등이 후조(後趙)의 군대에 패하여 망명 옴. 후조가 고구려와 제휴하여 둔전병(屯田兵) 1만 명을 양성함.
339 기해	30	9	36	고구려, 연왕(燕王) 모용황(慕容皝)의 군사가 신성에 침입. 왕이 화맹을 요청하자 물러감.
340 경갑	31	10	37	고구려, 세자를 모용황에게 보내어 조공.
342 임인	33	12	39	2월: 고구려, 환도성(丸都城), 국내성(國內城)을 수리. 8월: 고구려, 국왕, 환도성에 이거(移居). 11월: 고구려, 선비의 모용황, 남도와 북도로 나누어 침입. 남도의 고구려 방어군 대패. 환도성 함락. 고국원왕, 단웅곡(斷熊谷)으로 달아남. 미천왕릉 도굴하고 왕모 주씨(王母 周氏) 및 왕비를 포로로 잡아감.
343 계묘	34	13	40	2월: 고구려, 왕의 아우를 연에 보내어 진귀한 물건을 바치고 미천왕의 시신을 돌려받음. 7월: 고구려, 국왕, 평양 동쪽의 황성(黃城)으로 옮김. 큰 눈이 내림. 동진에 사신을 보내어 조공.
344 갑진	35	14	41 계1	2월: 신라, 왜 왕이 혼인을 청하였으나 거절. 10월: 백제, 비류왕 서거. 계왕(契王) 즉위.
345 을사	36	15	2	1월: 신라, 강세(康世)를 이벌찬에 임명. 2월: 신라, 왜 왕, 서신을 보내 절교함. 10월: 고구려, 연왕 황이 모용각을 시켜 남소성을 쳐 빼앗아 주둔병을 두고감.

346 병오	37	16	3 근초고 1	7월 8일: 가야, 거질미왕 서거. 이시품왕(伊尸品王) 즉위. 백제, 계왕 서거. 근초고왕(近肖古王) 즉위. 신라, 왜군이 풍도(風島)와 금성에 침입. 강세를 시켜 격퇴. 부여, 전연이 침공.
347 정미	38	17	2	1월: 백제, 천신과 지신에 제사. 백제, 진정(眞淨)을 배(拜)하여 조정좌평(朝廷佐平)에 임명. 부여, 전연의 침공을 받아 왕 현(玄)과 5만 명이 사로잡혀감.
349 기유	40	19	4	고구려, 전동이호군(前東夷護軍) 송황(宋晃)을 연에 돌려보냄.
350 경술	41	20	5	4월: 신라, 물난리로 관·민가가 떠내려가고 산 13곳이 붕괴됨.
355 을묘	46	25	10	1월: 고구려, 왕자 구부(丘夫)를 왕태자로 책봉. 12월: 고구려, 연에 사신을 보내 조공과 볼모를 두고 왕모 주씨를 환귀케 함. 연에서 왕을 정동대장군영주자사(征東大將軍營州刺史)로 삼고 낙랑공(樂浪公)에 봉함
356 병진	47 나물1	26	11	4월: 신라, 흘해이사금 서거. 나물(奈勿)마립간(麻立干) 즉위.
357 정사	2	27	12	봄: 신라, 사신을 각 지방에 파견하여 백성을 위로하고 곡식 지급. 효제(孝悌)가 남다른 자에게는 관직 1등급씩 하사함.
358 무오	3	28	13	2월: 신라, 국왕, 시조묘에 제사.
360 경신	5	30	15	백제, 서기 편찬.
364 갑자	9	34	19	4월: 신라, 왜군 침입. 부현(斧峴) 동원(東原)에서 복병술로 대패시킴.
366 병인	11	36	21	3월: 백제, 신라에 사신 보냄. 고구려, 승려 도림(道琳) 입적.
368 무진	13	38	23	3월: 백제, 일식. 백제, 신라에 사신을 보내어 양마 2필 선물.
369 기사	14	39	24	5월: 백제, 칠지도를 만들어 왜 왕에게 보냄. 9월: 백제, 고구려 고국원왕(故國原王)이 침략. 11월: 백제, 한수 이남에서 사열식. 전군이 황색 깃발 사용.
370 경오	15	40	25	10월: 고구려, 왜에 사신 파견. 고구려, 진(秦)이 전연을 멸망시켜 전연의 태부(太傅) 모용평(慕容評)이 망명해 오자 그를 잡아서 진에 보냄.
371 신미	16	41 소수림 1	26	10월 23일: 백제, 태자 근구수가 평양성을 침공하여 고국원왕 전사시킴. 10월: 고구려, 소수림왕(小獸林王) 즉위. 백제, 한산으로 천도. 동진(東晋)에 사신을 보냄. 근초고왕이 책봉받음.

372 임신	17	2	27	1월: 백제, 동진에 사신을 보냄. 지진. 6월: 고구려, 태학(太學)을 세워 자제를 교육시킴. 전진왕 부견(符堅)이 사신과 승려 순도(順道)를 보내 불상과 경문을 전함으로써 고구려에 불교를 전파. 전진에 답사를 보냄. 신라, 봄부터 여름까지 큰 가뭄. 기근이 들어 사망자 다수 발생. 곡식을 내어 진휼함.
373 계유	18	3	28	고구려, 율령(律令) 반포. 2월: 백제, 동진에 사신을 보냄. 7월: 백제, 청목령(靑木嶺)에 축성. 11월: 신라, 백제의 독산성주(禿山城主)가 휘하의 300명과 함께 투항하자 6부에 분거(分居)하게 함. 신라와 백제 간의 외교적 마찰 야기.
374 갑술	19	4	29	고구려, 승려 아도(阿道)가 동진에서 옴.
375 을해	20	5	30 근구수 1	2월: 고구려, 초문사(肖門寺)를 창건하여 순도를 두고, 이불란사(伊佛蘭寺)를 창건하여 아도를 둠. 7월: 고구려, 백제의 수곡성(水谷城)을 공격하여 함락함. 11월: 백제, 근초고왕 서거. 근구수왕(近仇首王) 즉위. 백제, 박사 고흥이 서기를 편찬. 왕인이 일본에 한문을 전수함.
376 병자	21	6	2	백제, 진고도(眞高道)를 내신좌평에 임명. 7월: 신라, 부사군(夫沙郡)에서 일각록(一角鹿) 헌상. 풍년이 듦. 11월: 고구려, 백제의 북경(北境)에 침입.
377 정축	22	7	3	7월: 신라, 전진에 최초로 독자적으로 사신을 보냄. 10월: 백제, 군사 3만으로 고구려 평양성을 공격. 11월: 고구려, 눈이 내리지 않고 질병이 크게 퍼짐. 백제를 공격하고 전진에 사신을 보냄.
378 무인	23	8	4	9월: 고구려, 거란이 북변에 침입하여 8개 부락(部落)을 함락함. 기근이 들어 백성들이 굶주림.
379 기묘	24	9	5	3월: 백제, 진에 사신을 보냈으나 해상에서 폭풍을 맞아 가지 못함. 4월: 백제, 흙비가 내림.
380 경진	25	10	6	5월: 백제, 지진.
381 신사	26	11	7	2월: 신라, 가뭄으로 흉년이 듦. 전진에 사신을 보냄.
382 임오	27	12	8	6월: 백제, 가뭄과 기근. 자식을 파는 자가 생기자 관곡을 내어 판 자식을 대매함. 신라, 나물마립간, 사신 위두를 전진에 파견. 외교 관계 수립.
384 갑신	29	14 고국양 1	10 침류1	4월: 백제, 근구수왕 서거. 침류왕(枕流王) 즉위. 7월: 백제, 동진에 사신을 보내 방물 헌상. 9월: 백제, 동진의 마라난타(摩羅難陀)가 불교를 전래. 11월: 고구려, 소수림왕 서거. 고국양왕(故國壤王) 즉위.

385 을유	30	2	2 진사1	2월: 백제, 한산에 사찰을 세우고 승려 10명을 둠. 침류왕 서거. 진사왕(辰斯王) 즉위. 6월: 고구려, 4만 명을 거느리고 요동을 공격하여 요동과 현도를 함락하고 1만 명을 포로로 함. 11월: 고구려, 연왕 모용농(慕容農)이 침입하여 요동과 현도를 다시 빼앗아감.
386 병술	31	3	2	봄: 백제, 관방(關防)을 두어 국방 강화. 청목령에서 팔곤성(八坤城)과 서해로 이어지는 장성 축조. 7월: 백제, 서리로 농사 피해. 8월: 고구려, 백제를 침범. 10월: 고구려, 날씨가 따뜻하여 복숭아나무와 오얏나무의 꽃이 핌.
387 정해	32	4	3	9월: 백제, 말갈과 관미령에서 싸우나 패배.
388 무자	33	5	4	4월: 고구려, 큰 가뭄. 황충의 피해. 신라, 경도에 지진. 6월: 신라, 지진. 겨울: 신라, 물이 얼지 않음.
389 기축	34	6	5	봄: 고구려, 기근으로 사람들이 서로 잡아먹음. 7월: 신라, 황충의 피해로 흉년. 9월: 백제, 고구려의 남쪽 변방을 침략.
390 경인	35	7	6	7월: 백제, 혜성. 9월: 백제, 진가모(眞嘉謨)가 고구려의 도압성(都押城)을 함락, 200명을 포획. 진가모를 병관좌평으로 삼음.
391 신묘	36	8 광개토 1	7	1월: 백제, 궁실을 중수하고 연못과 산을 만들어 기금이초(奇禽異草)를 키움. 3월: 고구려, 국왕, 불교를 믿도록 명함. 4월: 백제, 말갈이 북변의 적현성을 침공. 5월: 고구려, 고국양왕 서거. 광개토왕(廣開土王) 즉위(『삼국사기』에서는 392년에 즉위하였다고 함). 영락(永樂) 연호 사용. 8월: 고구려, 평양, 9곳에 사원을 창건. 고구려, 백제 공격.
392 임진	37	2	8 아신1	1월: 신라, 고구려에서 사신을 보내자 실성(實聖)을 볼모로 보냄. 5월: 백제, 일식. 7월: 고구려, 백제를 쳐서 석현(石峴) 등 10성을 빼앗음. 8월: 고구려, 백제가 남변을 침입해 옴. 9월: 고구려, 거란을 쳐서 포로 500여 명을 잡아오고, 거란의 본국을 함락시켜 1만 명을 포로로 잡음. 10월: 고구려, 백제를 공격. 관미성(關彌城)을 함락시킴. 11월: 백제, 진사왕이 구원의 행궁(行宮)에서 서거하고 아신왕(阿莘王) 즉위.
393 계사	38	3	2	5월: 신라, 왜군이 금성을 포위하였으나 독산(獨山)에서 대파시킴. 7월: 백제, 동명묘 배알. 빼앗긴 관미성(關彌城)을 포위 공격하나 실패.

394 갑오	39	4	3	2월: 백제, 전지(腆支)를 태자로 책봉. 왕의 서제 홍(洪)을 내신좌평으로 삼음. 7월: 백제, 고구려와 수곡성(水谷城) 아래에서 싸우나 패배. 8월: 고구려, 남방에 7성(城) 쌓고 백제에 대비.
395 을미	40	5	4	고구려, 비려(卑麗)를 정벌. 2월: 백제, 혜성 관측됨. 8월: 신라, 북변을 침범한 말갈을 실직에서 대파. 백제, 패수에서 고구려와 싸우다 참패. 11월: 백제, 고구려를 치려다 큰 눈으로 회군.
397 정유	42	7	6	5월: 백제, 일본과 수교하여 태자 전지를 일본에 볼모로 파견. 7월: 백제, 한수 남쪽에서 군사 열병. 신라, 북부 하슬라(何瑟羅) 지역 기근. 죄수들을 사면하고, 1년간 조조(租調)를 면해 줌. 고구려, 후연의 요동성 점령.
398 무술	43	8	7	1월: 고구려, 북위에 사신 파견. 숙신(肅愼) 정복. 2월: 백제, 진무(眞武)를 병관좌평에 임명. 3월: 백제, 쌍현성 쌓음. 고구려를 정벌하려다 회군.
399 기해	44	9	8	7월: 신라, 황충의 피해. 8월: 백제, 고구려 원정 위해 병마를 징발, 백성들 다수 신라로 도망.
400 경자	45	10	9	1월: 고구려, 후연에 사신을 보내어 조공. 2월: 백제, 혜성. 고구려, 후연의 침입. 신성과 남소성이 함락됨. 6월 1일: 백제, 일식. 고구려, 광개토왕, 보병과 기병 5만을 보내 백제·가야·왜 연합군을 물리쳐 신라를 구원함.
401 신축	46	11	10	봄~여름: 신라, 가뭄. 7월: 신라, 고구려에 볼모로 가 있던 실성(實聖)이 돌아옴.
402 임인	47 실성1	12	11	2월: 신라, 나물마립간 서거. 실성마립간 즉위. 3월: 신라, 왜와 통호(通好)하고 미사흔(未斯欣)을 볼모로 보냄. 고구려, 후연의 숙군성(宿軍城)을 공격하여 함락함.
403 계묘	2	13	12	1월: 신라, 미사품(未斯品)을 서불한으로 삼아 군국정사를 맡김. 2월: 백제, 일본이 사신을 보냄. 7월: 백제, 신라 변경을 침공. 11월: 고구려, 후연 침공.
404 갑진	3	14	13	2월: 신라, 국왕, 시조묘 배알. 11월: 고구려, 왕이 친히 후연 공격. 백제, 일본와 연합하여 고구려의 대방(帶方) 지역을 공격하나 격퇴 당함.
405 을사	4	15	14 전지1	1월: 고구려, 요동성을 침공한 후연왕 모용희(慕容熙)의 군대를 격퇴. 4월: 신라, 명활성(明活城)을 공격한 왜구를 독산 남쪽에서 격퇴. 9월: 백제, 아신왕 서거. 전지왕(腆支王) 즉위.

406 병오	5	16	2	1월: 백제, 동명묘 배알하고 남단(南壇)에서 천지에 제사. 사면령. 2월: 백제, 동진에 사신을 보냄. 7월: 신라, 황충의 피해. 고구려, 황충의 피해와 가뭄. 10월: 신라, 왕도에 지진. 11월: 신라, 얼음이 얼지 않음. 12월: 고구려, 목저성(木底城)을 공격한 후연왕 모용희(慕容熙)의 군대를 격퇴.
407 정미	6	17	3	2월: 백제, 여신(餘信)을 내신좌평, 해수(解須)를 내법좌평, 해구(解丘)를 병관좌평으로 삼음. 고구려, 궁궐 중수. 3월: 신라, 왜구가 동해변에 침입, 격퇴. 4월 10일: 가야, 이시품왕 서거. 좌지왕(坐知王) 즉위. 6월: 신라, 왜구가 남해변에 침입하여 노략질 자행.
408 무신	7	18	4	1월: 백제, 여신을 상좌평(上佐平)에 임명. 군국정사(軍國政事)를 맡김. 2월: 신라, 왜구의 소굴인 대마도(對馬島)를 정벌하려다 미사품의 만류로 중지. 3월: 고구려, 북연에 사신 보냄. 4월: 고구려, 왕자 거련(巨連)을 태자로 책봉. 7월: 고구려, 나라 동쪽에 독산(禿山) 등 6성을 쌓고, 평양의 민호(民戶)를 옮김. 8월: 고구려, 왕이 남쪽으로 순행.
409 기유	8	19	5	백제, 일본의 사신이 와서 야명주(夜明珠)를 바침.
410 경술	9	20	6	고구려, 동부여를 통합.
412 임자	11	22	8	신라, 나물마립간의 아들 복호(卜好)를 고구려에 볼모로 보냄.
413 계축	12	23 장수1	9	8월: 신라, 왜에 양의(良醫) 파견. 평양주(平壤州)에 큰 다리 완성. 10월: 고구려, 광개토왕 서거. 장수왕(長壽王) 즉위. 고구려, 고익(高翼)을 동진에 사신으로 보내어 표를 올림. 장수왕, 동진으로부터 고구려낙랑군공(高句麗樂浪郡公)의 작호를 받음.
414 갑인	13	2	10	1월: 신라, 왜에서 사신을 보내어 의사를 구함. 8월: 신라인 김무(金武), 왜 왕의 병을 치료. 9월 29일: 고구려, 광개토왕비(廣開土王碑) 건립. 국왕, 사천원에 사냥감.
415 을묘	14	3	11	5월: 백제, 혜성 관측됨. 8월: 신라, 풍도에서 왜군 격퇴.
416 병진	15	4	12	3월: 신라, 동해가에서 고래를 잡음. 5월: 신라, 토함산이 붕괴됨. 8월: 백제, 신라 변경 침공. 동진, 전지왕에게 작호를 보내어 '사지절도독백제제군사진동장군백제왕(使侍節都督 百濟諸軍事鎭東將軍百濟王)'에 봉함.

417 정사	16 눌지1	5	13	1월 1일: 백제, 일식. 4월: 백제, 가뭄. 기근. 5월: 신라, 눌지이사금(訥祇尼師今), 고구려의 도움으로 실성마립간을 죽이고 즉위. 7월: 백제, 동북부 사람들을 징발하여 사구성(沙口城)을 쌓음.
418 무오	2	6	14	1월: 신라, 박제상(朴堤上), 왕의 아우 복호를 고구려에서 구출해 옴. 국왕, 시조묘에 배알. 여름: 백제, 일본에 사신과 흰 비단(白綿) 10필을 보냄. 가을: 신라, 왕의 아우 미사흔이 왜에서 도망쳐 나옴. 박제상, 왜에서 사망.
419 기미	3	7	15	1월: 백제, 혜성 관측됨. 4월: 신라, 우곡(牛谷)에서 물이 솟아남. 5월: 고구려, 동부 지역에 큰 홍수. 사신을 보내어 위문함. 11월 1일: 백제, 일식.
420 경신	4	8	16 구이신1	3월: 백제, 전지왕 서거. 구이신왕(久爾辛王) 즉위. 봄: 신라, 가뭄. 7월: 신라, 기근 발생으로 자손을 파는 자가 생김. 고구려·백제의 왕, 각각 송으로부터 작호를 받음.
421 신유	5	9	2	5월 12일: 가야, 좌지왕 서거, 취희왕(吹希王) 즉위.
422 임술	6	10	3	고구려, 장수왕, 송(宋)으로부터 작호를 받음.
423 계해	7	11	4	3월: 고구려, 송에 사신을 보냄. 4월: 신라, 남당에서 경로회를 행하고 곡물과 옷감을 하사함.
424 갑자	8	12	5	2월: 신라, 고구려에 사신을 보내 교빙함. 9월: 고구려, 큰 풍년이 들어 왕이 궁중에서 군신들과 연회를 벌임. 백제, 장위(張威)를 송(宋)에 사신으로 보냄. 송나라 사신이 옴.
425 을축	9	13	6	백제, 송의 사신이 옴. 고구려, 북위에 사신을 보내 조공.
427 정묘	11	15	8 비유1	12월: 백제, 구이신왕 서거. 비유왕(毗有王) 즉위. 고구려, 평양으로 천도.
428 무진	12	16	2	2월: 백제, 국왕, 4부를 순무하고 빈민에게 곡식 하사. 일본의 사신 및 수행인 50인이 옴.
429 기사	13	17	3	10월: 백제, 해수를 상좌평으로 삼음. 가을, 백제, 송에 사신을 보내어 조공. 신라, 새로 시제(矢堤)를 쌓음.
430 경오	14	18	4	4월: 백제, 송의 사신이 와서 전지왕의 작호를 내림.
431 신미	15	19	5	4월: 신라, 왜구가 동해변에 침입하여 명활산성을 포위하다 돌아감.

432 임신	16	20	6	봄: 신라, 흉년.
433 계유	17	21	7	5월: 신라, 미사흔 서거. 서불한으로 추증함. 7월: 백제, 사신을 신라에 보내 화친을 청함. 신라가 이에 따름.
434 갑술	18	22	8	2월: 백제, 신라에 사신 보내어 좋은 말 2필을 선물. 9월: 백제, 신라에 흰 매를 보냄. 10월: 신라, 백제에 황금과 명주를 보내 답례.
435 을해	19	23	9	2월: 신라, 역대 왕의 능원을 보수. 시조묘에 제사 지냄. 6월: 고구려, 북위에서 왕에게 작호를 내림. 가을: 고구려, 북위에 답사 파견. 연왕 풍홍(馮弘), 위의 잦은 침략으로 고구려에 망명할 뜻을 타진.
436 병자	20	24	10	4월: 고구려, 북위가 북연의 백랑성(白狼城)을 공격함에 장수왕은 장수 갈로맹광(葛盧孟光)을 파견. 북연왕 풍홍이 투항해 옴. 5월: 고구려, 북위의 사신이 와서 풍홍을 보낼 것을 요청함.
437 정축	21	25	11	2월: 고구려, 북위에 사신을 보냄.
438 무인	22	26	12	3월: 고구려, 북풍(北豐)에 안치시킨 북연왕 풍홍이 송으로 가려 하자 그 자손 10여 명과 함께 죽임. 송의 군대와 충돌이 야기되자 송에 사신 보냄. 4월: 신라, 우두군의 홍수로 민가가 떠내려감. 백성들에게 우거법(牛車法)을 가르침.
439 기묘	23	27	13	11월: 고구려, 북위에 사신을 보냄. 12월: 고구려, 북위에 사신을 보냄. 고구려, 송에 말 800필을 보냄.
440 경진	24	28	14	4월 1일: 백제, 일식. 6월: 신라, 왜구가 동해변을 침입. 왜구, 남변을 침입하여 노략질. 10월: 백제, 송에 사신을 보냄.
441 신사	25	29	15	2월: 신라, 사물현(史勿縣)에서 꼬리가 긴 흰 꿩을 잡아 바치자 곡식을 하사. 고구려, 송에 사신 파견.
443 계미	27	31	17	고구려·백제, 송에 사신 파견.
444 갑신	28	32	18	4월: 신라, 금성에 침입했다가 물러가는 왜구를 추격하다 대패.
447 무자	31	35	21	5월: 백제, 궁성 남쪽 못 속에서 불이 일어나 밤새도록 타다가 꺼짐. 7월: 가뭄으로 흉년이 들어 신라로 도망하는 백성이 늘어남.
450 경인	34	38	24	7월: 신라, 하슬라(何瑟羅: 강릉) 성주 삼직이 실직원야(悉直原野)에 사냥 나온 고구려 장수를 살해. 고구려가 서쪽 국경을 보복 공격하여 신라 왕이 사과하자 철수, 고구려와 신라 사이의 대결이 시작됨. 백제, 송에서 요노(腰弩)를 얻어옴.

451 신묘	35	39	25	2월 3일: 가야, 취희왕 서거. 질지왕(銍知王) 즉위. 고구려, 송에 사신 보냄.
452 임진	36	40	26	7월: 신라, 대산군(大山郡)에서 가화(加禾)를 바침. 가야, 수로왕과 허황옥의 명복을 빌기 위하여 왕후사(王后寺)를 창건.
453 계사	37	41	27	1월: 신라, 일본 윤공왕(允恭王)이 죽자 기인(伎人) 80명을 보냄. 2월: 고구려, 송나라에 사신 보냄. 신라, 봄부터 가뭄. 11월: 신라, 일본에 갔던 조사(弔使) 귀국.
454 갑오	38	42	28	7월: 신라, 우박으로 농산물 피해. 고구려, 신라의 북쪽 국경을 침략. 8월: 백제, 황충. 백제, 흉년이 듦. 혜성이 나타남.
455 을미	39	43	29 개로1	2월: 고구려, 송에 사신을 보냄. 3월: 백제 왕, 한산에서 사냥. 9월: 백제, 비유왕 서거, 개로왕(蓋鹵王) 즉위 10월: 신라, 고구려가 백제를 공격하자 신라가 백제를 구원.
457 정유	41	45	3	4월: 신라, 서리로 보리 농사 피해. 10월: 백제, 송에서 개로왕에게 작호를 내림.
458 무술	42 자비1	46	4	2월: 신라, 지진. 묵호자(墨胡子)가 고구려에서 와서 불교 전파. 8월: 신라, 눌지마립간 서거. 자비마립간(慈悲麻立干) 즉위. 고구려, 백제, 송나라에 사신을 보냄. 백제, 장군 11명 송의 작호를 받음.
459 기해	2	47	5	2월: 신라, 국왕, 시조묘에 배알. 4월: 신라, 왜구, 병선 100여 척으로 동해변과 월성에 침입, 퇴각하는 왜구를 대파함. 고구려, 송에 사신을 보냄.
461 신축	4	49	7	2월: 신라, 국왕, 서불한 미사흔의 딸을 왕비로 삼음.
462 임인	5	50	8	3월: 고구려, 위(魏)에 사신을 보냄. 5월: 신라, 왜구, 활개성(活開城)에 침입하여 포로 1천여 명을 데리고 돌아감.
463 계묘	6	51	9	2월: 신라, 삽량성(插良城)에 침입한 왜구를 격파. 연변(緣邊)에 2성(城)을 축조. 7월: 신라, 열병 거행. 고구려, 송 세조(世祖)에게서 관작을 받음.
464 갑진	7	52	10	고구려, 신라를 공격. 백제와 가야가 신라를 지원.
465 을사	8	53	11	2월: 고구려, 북위에 사신을 보냄. 4월: 신라, 홍수로 산 17곳이 붕괴됨. 5월: 신라, 사벌군(상주)에 황충의 피해.
466 병오	9	54	12	3월: 고구려, 북위, 고구려에 왕가의 여자를 보내도록 요구하였으나 거절함.

467 정미	10	55	13	2월: 고구려, 북위에 사신을 보냄. 봄: 신라, 관리에게 명하여 전함을 수리하게 함.
468 무신	11	56	14	2월: 고구려, 말갈병 1만과 함께 신라의 실직성(悉直城: 삼척)을 공략함. 4월: 고구려, 북위에 사신 보냄. 9월: 신라, 하슬라 지역의 15세 이상 남자를 징발하여 이하(泥河)에 성을 쌓음. 10월 1일: 백제, 일식.
469 기유	12	57	15	1월: 신라, 왕경의 방리(坊里)명을 정함. 서쪽에 큰 홍수. 2월: 고구려, 북위에 사신을 보냄. 7월: 신라, 국왕, 수해 지역을 위문. 8월: 백제, 고구려의 남쪽 국경을 침공. 10월: 백제, 쌍현성 수리. 청목령에 대책을 설치하고 북한산성의 군대를 나누어 지킴.
470 경술	13	58	16	2월: 고구려, 북위에 사신을 보냄. 신라, 삼년산성(三年山城) 축조.
471 신해	14	59	17	2월: 신라, 모로성(芼老城)을 축조. 3월: 신라, 왕경에 지진 발생. 9월: 고구려, 민노각(民奴各) 등, 북위로 도망.
472 임자	15	60	18	2월: 백제, 북위(北魏)에 여례(餘禮) 등을 보내 고구려의 남침을 호소. 고구려, 북위에 사신을 보냄. 7월: 고구려, 북위에 사신을 보냄. 공물도 전보다 배나 증가.
473 계축	16	61	19	1월: 신라, 아찬 벌지(伐智)와 급찬(級湌) 덕지(德智)를 좌우장군에 임명. 2월: 고구려, 북위에 사신을 보냄. 7월: 신라, 명활성 보수. 8월: 고구려, 북위에 사신을 보냄.
474 갑인	17	62	20	3월: 고구려, 송에 사신을 보냄. 7월: 고구려, 북위에 사신 보냄. 신라, 일모성(一牟城), 사시성(沙尸城), 구례성(仇禮城), 좌라성(坐羅城), 광석성(廣石城), 답달성(沓達城) 등을 축조.
475 을묘	18	63	21 문주1	3월: 고구려, 북위에 사신을 보냄. 8월: 고구려, 북위에 사신을 보냄. 9월: 백제, 고구려의 침공으로 한성 함락. 개로왕 피살. 10월: 백제, 웅진(熊津)으로 천도하고 문주왕(文周王) 즉위. 신라에 구원병 요청. 고구려, 포로 8000여 명을 데리고 귀환.
476 병진	19	64	2	2월: 고구려, 북위에 사신을 보냄. 백제, 대두산성 수리, 한강 이북의 민호 이주. 3월: 백제, 송에 사신을 보내나 고구려가 막아 돌아옴. 4월: 백제, 탐라(耽羅) 백제에 방물 바침. 사신에게 은솔(恩率) 벼슬을 줌.

				6월: 신라, 동쪽 변경을 침입한 왜구 격퇴. 7월: 고구려, 북위에 사신 보냄. 8월: 백제, 해구(解仇)를 병관좌평에 임명. 9월: 고구려, 북위에 사신 보냄.
477 정사	20	65	3 삼근1	2월: 백제, 궁실 중수. 고구려, 북위에 사신을 보냄. 5월: 신라, 왜구, 5갈래로 나누어 신라에 침입했다가 격퇴됨. 7월: 백제, 내신좌평 곤지(昆支) 사망. 9월: 백제, 문주왕 해구에게 피살. 삼근왕(三斤王) 즉위. 삼근왕 해구에게 정치 일임. 고구려, 북위에 사신을 보냄.
478 무오	21	66	2	2월 1일: 백제, 일식. 봄: 백제, 병관좌평 해구가 은솔 연신(燕信)과 대두성에서 반란. 해구는 사망하고 연신은 고구려로 도망. 10월: 신라, 지진. 고구려, 북위에 사신 보냄.
479 기미	22 소지1	67	3 동성1	2월 3일: 자비마립간 서거. 소지마립간(炤知麻立干) 즉위. 3월: 백제, 남제(南齊)에 사신을 보냄. 고구려, 북위에 사신을 보냄. 봄~여름: 백제, 큰 가뭄. 9월: 대두성을 두곡으로 옮김. 11월: 삼근왕 서거. 동성왕(東城王) 즉위. 가야, 남제에 사신 보냄.
480 경신	2	68	2	2월: 신라, 국왕, 시조묘 배알. 4월: 고구려, 남제(南齊)와 교빙. 북위와 외교적 마찰 야기. 11월: 신라, 말갈이 북변을 침입.
481 신유	3	69	3	2월: 신라, 왕이 비열성(比列城)에 행차하여 군사들을 위로. 3월: 고구려, 말갈과 함께 신라의 북변을 공격하여 7성 점령. 신라가 백제·가야와 함께 이들을 이하(泥河) 서쪽에서 격퇴. 고구려, 남제에 사신을 보냄.
482 임술	4	70	4	1월: 백제, 진로(眞老)를 병관좌평에 임명. 2월: 신라, 금성 남문에 화재 발생. 4월: 신라, 오랜 장마로 사면령 내림. 5월: 신라, 왜구가 변방 침입. 9월: 백제, 말갈이 한산성 침입, 한산성 함락. 10월: 백제, 폭설.
483 계해	5	71	5	2월: 백제, 남제에 사신을 보냄. 남제에서 삼근왕에게 관작을 보냄. 4월: 백제, 국왕, 웅진 북쪽으로 사냥감. 봄: 백제, 국왕, 한산성의 백성을 위문. 7월: 신라, 큰 홍수. 고구려, 신라의 북변 공격. 10월: 신라, 국왕, 일선계(一善界)에 가서 재난을 입은 백성들을 위문. 고구려, 북위에 사신 보냄. 11월: 신라, 왕도에 역병이 크게 번짐.

484 갑자	6	72	6	1월: 신라, 오합(烏合)을 이벌찬에 임명. 2월: 백제, 남제에 교빙을 청함. 5월: 백제, 신라와 교빙. 7월: 백제, 내법좌평(內法佐平) 사약사(沙若思)를 남제에 사신을 보내나 고구려의 방해로 돌아옴. 신라, 고구려가 북변을 침입하자 백제의 구원병과 함께 모산성에서 격파. 10월: 백제, 북위에 사신을 보냄.
485 을축	7	73	7	2월: 신라, 구벌성(仇伐城)을 쌓음. 4월: 신라, 국왕, 시조묘에 제사하고 수묘호(守廟戶) 20가를 더 둠. 5월: 고구려, 북위에 사신을 보냄. 백제, 신라에 사신을 보냄. 7월: 고구려, 북위에 사신을 보냄.
486 병인	8	74	8	1월: 신라, 이찬 실죽(實竹)을 장군에 임명. 일선계의 정부(丁夫) 3천 명을 징발하여 삼년산성·굴산성(屈山城) 개축. 2월: 신라, 내숙(乃宿)을 이벌찬으로 삼음. 백제, 백가를 위사좌평에 임명. 3월: 고구려·백제, 남제에 사신을 보냄. 4월: 신라, 왜구가 변방 침입. 고구려, 북위에 사신을 보냄. 7월: 백제, 궁실 중수. 우두성 축조. 8월: 신라, 낭산(狼山) 남쪽에서 대규모 열병 거행.
487 정묘	9	75	9	2월: 신라, 나을(奈乙)에 신궁(神宮) 건립. 3월: 신라, 처음으로 사방에 우역(郵驛)을 두고, 관도(官道)를 수리함. 5월: 고구려, 북위에 사신 보냄. 7월: 신라, 월성 수리.
488 무진	10	76	10	1월: 신라, 국왕, 월성으로 거처를 이주. 2월: 신라, 국왕, 일선군에 행차하여 환과고독자(鰥寡孤獨者)를 위문. 고구려, 북위에 사신 보냄. 3월: 신라, 국왕, 환도 길에 주변 군현의 죄수들을 사면해 줌. 4월: 고구려, 북위에 사신을 보냄. 6월: 신라, 동양에서 육안구(六眼龜)를 바침. 7월: 신라, 도나성(刀那城) 축조.
489 기사	11	77	11	1월: 신라, 유식백성(遊食百姓)을 농업에 종사하게 함. 2월: 고구려, 북위에 사신을 보냄. 신라의 북변 침입. 6월: 고구려, 북위에 사신을 보냄. 10월: 고구려, 신라의 호산성(狐山城) 함락. 북위에 사신을 보냄. 백제, 큰 풍년. 제단을 설치하고 천지에 제사. 11월: 백제, 남당에서 군신과 연회.
490 경오	12	78	12	2월: 신라, 비라성(鄙羅城)을 증축. 3월: 신라, 처음으로 국도(國都)에 시장을 개설하여 사방의 물건들이 통하게 함.

				7월: 백제, 사현성(沙峴城), 이산성(耳山城) 축조. 고구려, 북위에 사신 파견. 9월: 고구려, 북위에 사신을 보냄. 백제, 국왕이 서쪽 사비원에 사냥나감. 연돌(燕突)을 달솔에 임명.
491 신미	13	79	13	5월: 고구려, 북위에 사신을 보냄. 6월: 백제, 웅천의 홍수로 200여 호 피해. 7월: 백제, 기근으로 신라로 600호 이주. 9월: 고구려, 북위에 사신 보냄. 12월: 고구려, 장수왕 서거.
492 임신	14	문자명 1	14	1월: 고구려, 문자명왕(文咨明王) 즉위. 3월: 고구려, 북위의 사신이 와서 왕에게 관작을 전함. 답사로 종숙(從叔) 승간(升干)을 북위에 보냄. 6월: 고구려, 북위에 사신 보냄. 8월: 고구려, 북위에 사신 보냄. 10월 4일: 가야, 질지왕 서거. 겸지왕(鉗知王) 즉위.
493 계유	15	2	15	3월: 신라, 백제 왕이 사신을 보내 청혼하자 이벌찬 비지(比智)의 딸을 보냄. 7월: 신라, 임해진(臨海鎭)과 장령진(長嶺鎭)의 두 진(鎭)을 설치하여 왜적에 대비. 9월: 고구려, 왜에서 사신을 보내어 공인(工人)을 구하자 순류지(順流枳), 노류지(奴流枳) 등을 보냄. 10월: 고구려, 지진.
494 갑술	16	3	16	1월: 부여, 물길(勿吉)의 공격으로 멸망. 왕실은 고구려에 내투. 고구려, 북위에 사신을 보냄. 4월: 신라, 큰 홍수. 7월: 신라, 고구려와 살수(薩水)에서 싸우다가 패하여 견아성(犬牙城)으로 후퇴. 백제군이 도와 줌. 북위에 사신을 보냄. 고구려, 남제 왕이 관작을 보냄.
495 을해	17	4	17	1월: 신라, 국왕, 신궁에 제사. 2월: 고구려, 가뭄. 북위에 사신을 보냄. 5월: 고구려, 북위에 사신을 보냄. 8월: 고구려, 백제 치양성(雉壤城) 공격. 백제, 신라에 구원병을 요청.
496 병자	18	5	18	2월: 가야, 신라에 흰 꿩을 선물. 3월: 신라, 궁실 중수. 5월: 신라, 알천(閼川)이 범람하여 민가 200여 호가 떠내려감. 7월: 신라, 고구려가 우산성(牛山城)에 침입함에 장군 실죽이 니하에서 격파. 고구려, 남제에서 문자명왕에게 관직 수여.

497 정축	19	6	19	4월: 신라, 왜구가 변경에 침입. 5월: 백제, 홍수. 연돌(燕突)을 병관좌평으로 삼음. 7월: 신라, 관리들에게 목민관이 될 만한 인재를 추천하게 함. 8월: 고구려, 남제에서 왕에게 관작을 보내옴. 신라의 우산성(牛山城)을 함락함.
498 무인	20	7	20	1월: 고구려, 왕자 흥안(興安)을 태자로 책봉. 백제, 웅진교(熊津橋) 가설. 7월: 백제, 사정성(沙井城) 축조. 고구려, 금강사(金剛寺) 창건. 8월: 백제, 동성왕이 탐라 정벌을 위해 무진주(武珍州)까지 행차하자 탐라가 사신을 보내어 사죄. 탐라국을 복속시킴.
499 기묘	21	8	21	여름: 백제, 기근으로 식인, 도적 발생. 한산인 2천 여 호가 고구려로 이주. 10월: 백제, 역병.
500 경진	22 지증1	9	22	3월: 신라, 왜구가 장봉진(長峯鎭)에 침입. 봄: 백제, 신하들의 만류에도 불구하고 왕궁 동쪽에 임류각(臨流閣)을 지음. 가뭄. 8월: 고구려, 북위에 사신을 보냄. 9월: 신라, 국왕, 날이군(捺已郡)에 순행하여 파로(波路)의 딸 벽화(碧花)를 만남. 11월: 신라, 소지마립간 서거. 지증왕(智證王) 즉위.
501 신사	2	10	23 무령1	1월: 고구려, 북위에 사신을 보냄. 3월: 백제, 서리로 보리 피해. 5월: 배제, 가뭄이 계속됨 7월: 백제, 탄현(炭峴)에 책 설치하고 신라에 대비. 8월: 백제, 가림성(加林城)을 축조하고 위사좌평 백가 파견. 11월: 백제, 고구려의 수곡성 공격. 12월: 백제, 동성왕, 귀족 백가가 보낸 자객에게 암살당함. 무령왕(武寧王) 즉위. 고구려, 북위에 사신을 보냄. 신라, 지증왕, 사자를 파견하여 배필을 구함.
502 임오	3	11	2	1월: 백제, 백가가 가림성에서 반란. 무령왕, 친히 백가의 반란을 토벌. 2월: 신라, 국왕, 신궁에 제사. 순장법(殉葬法) 폐지. 주군에 농업을 권장. 3월: 신라, 우경법(牛耕法) 실시. 봄: 백제, 기근 및 전염병. 양에서 왕에게 관작을 보냄. 4월: 고구려, 양(梁)에서 왕에게 관작을 보내옴. 8월: 고구려, 황충의 피해. 10월: 고구려, 지진 발생. 11월: 백제, 고구려의 변경 공격. 12월: 고구려, 북위에 사신을 보냄.
503 계미	4	12	3	9월: 백제, 말갈 마수책(馬首柵)을 불태우고 고목성을 공격하나 실패. 10월: 신라, 국호를 신라, 왕호(王號)를 왕(王)으로 함. 11월: 백제, 고구려의 수곡성 공격. 겨울: 백제, 물이 얼지 않음.

504 갑신	5	13	4	4월: 고구려, 예실불(芮悉佛)을 북위에 보내 조공. 신라, 상복법(喪服法) 제정. 9월: 신라, 파리성(波里城) 등 12성 축조.
505 을유	6	14	5	2월: 신라, 주(州)·군(郡)·현(縣)을 정함. 실직주(悉直州)를 설치하고 이사부(異斯夫)를 군주(軍主)로 삼음. 11월: 신라, 처음으로 얼음을 보관하고, 주즙(舟楫)을 권장.
506 병술	7	15	6	7월: 백제, 말갈이 고목성을 침공. 여름: 신라, 봄부터 가뭄이 들어 창고를 열어 진휼. 9월: 고구려, 북위에 사신을 보냄. 11월: 고구려, 백제를 공격하려다가 눈을 만나 회군.
507 정해	8	16	7	2월: 고구려, 북위에 사신을 보냄. 5월: 백제, 고목성 남쪽에 2책을 세우고 장령성(長嶺城)을 축조하여 말갈에 대비. 10월: 백제, 고구려가 말갈과 함께 공격해 오자 이를 물리침.
508 무자	9	17	8	5월: 고구려, 북위에 사신을 보냄. 12월: 백제, 탐라가 백제와 처음으로 통교. 고구려, 북위에 사신을 보냄. 고구려, 양에서 왕에게 관작을 보내옴.
509 을축	10	18	9	1월: 신라, 왕경에 동시(東市) 설치. 3월: 신라, 함정을 파서 맹수의 해를 예방. 5월: 고구려, 북위에 사신 보냄. 백제, 일본에서 사신이 옴.
510 경인	11	19	10	1월: 백제, 제방을 쌓고 유민을 정착시킴. 5월: 신라, 지진 발생. 12월: 고구려, 북위에 사신 보냄.
512 임진	13	21	12	4월: 백제, 양(梁)에 사신을 보냄. 6월: 신라, 이사부, 우산국(于山國) 정벌. 9월: 고구려, 백제를 침공하여 가불성(加弗城), 원산성(圓山城) 함락. 12월: 백제, 왜에 사신을 보냄.
513 계사	14	22	13	1월: 고구려, 북위에 사신을 보냄. 5월: 고구려, 북위에 사신을 보냄. 6월: 백제, 오경박사(五經博士) 단양이(段楊爾)를 일본에 파견. 12월: 고구려 북위에 사신을 보냄.
514 갑오	15 법흥1	23	14	1월: 신라, 아시촌(阿尸村)에 소경(小京) 설치. 7월: 신라, 6부 및 남쪽의 인호(人戶)를 아시촌소경에 이주시킴. 지증왕 서거. 법흥왕(法興王) 즉위. 시호(諡號)를 처음 제정.
515 을미	2	24	15	10월: 고구려, 북위에 사신 보냄. 신라, 왜에 백제사자 문귀(文貴) 장군 파면 요청.
516 병신	3	25	16	1월: 신라, 신궁에 제사. 4월: 고구려, 양나라에 사신을 보냄. 9월: 고구려, 사신 안정(安定) 일본에 도착. 백제, 오경박사 고안무(高安茂)를 일본에 파견.

517 정유	4	26	17	4월: 신라, 병부(兵部) 설치. 고구려에서 사신을 파견.
518 무술	5	27	18	2월: 신라, 주산성(株山城) 축조. 3월: 고구려, 왕궁 남문이 부서짐. 4월: 고구려 북위에 사신을 보냄. 5월: 고구려 북위에 사신을 보냄.
519 기해	6	28 안장1	19	고구려, 문자명왕 서거. 안장왕(安臧王) 즉위. 북위에서 안장왕에게 작위를 보내옴.
520 경자	7	2	20	1월: 신라, 율령(律令) 반포, 공복(公服) 제정. 고구려, 양에 사신을 보냄. 2월: 고구려, 양과 북위가 고구려 왕에게 관작을 보내옴. 9월: 고구려 양에 사신을 보냄.
521 신축	8	3	21	4월: 고구려, 국왕, 졸본에 가서 시조묘에 제사. 4월 7일: 가야, 겸지왕 서거. 구형왕(仇衡王) 즉위. 8월: 백제, 기근으로 신라로의 도망자 생김. 11월: 백제·신라, 양에 사신을 보냄. 12월: 백제, 양으로부터 무령왕이 영동대장군에 봉해짐.
522 임인	9	4	22	3월: 신라, 가야 왕이 청혼하여 이찬 비조부(比助夫)의 누이를 보냄.
523 계묘	10	5	23 성1	2월: 백제, 쌍현성 축조. 5월: 무령왕 서거. 성왕(聖王) 즉위. 시호법 시작. 8월: 고구려, 백제 침공. 11월: 고구려, 북위에 좋은 말을 바침. 신라, 감사지(監舍知) 19인을 둠.
524 갑진	11	6	2	9월: 신라, 국왕이 남변을 순시하자 가야왕이 와서 만남. 백제, 양에서 왕에게 관작을 보냄. 신라, 군사당주(軍師幢主)를 둠.
525 을사	12	7	3	2월: 신라, 대아찬(大阿飡) 이등(伊登)을 사벌주 군주로 임명. 백제·신라, 교빙.
526 병오	13	8	4	3월: 고구려, 양나라에 사신 보냄. 10월: 백제, 웅진성 수리. 사정책(沙井柵) 축조. 백제, 승려 겸익(謙益) 인도에 감.
527 정미	14	9	5	11월: 고구려, 양나라에 사신 보냄. 신라, 흥륜사(興輪寺)·영취사(靈鷲寺) 창건. 백제, 대통사(大通寺)·대도사(大島寺) 창건.
528 무신	15	10	6	2월: 신라, 화엄사(華嚴寺) 창건. 신라, 이차돈(異次頓)의 순교.
529 기유	16	11	7	10월: 고구려가 북변을 공격하자 백제, 군사 3만으로 오곡원(五谷原)에서 대파. 신라, 불법에 따라 살생을 금함.

531 신해	18	13 안원1	9	3월: 신라, 제방(堤防) 보수. 4월: 신라, 이찬 철부(哲夫)를 상대등(上大等)에 임명.(상대등의 첫 설치.) 5월: 고구려, 안장왕 서거. 안원왕(安原王) 즉위. 양나라가 안원왕에게 관작을 보내옴.
532 임자	19	2	10	3월: 고구려, 북위에서 왕에게 작호를 보내옴. 4월: 고구려, 양나라에 사신 보냄. 6월: 고구려, 북위에 사신 보냄. 9월: 금관가야(金官加耶) 구형왕, 신라에 항복.(금관가야 멸망) 11월: 고구려, 양나라에 사신 보냄.
533 계축	20	3	11	1월: 고구려, 평성(平成)을 태자로 책봉. 2월: 고구려, 북위에 사신 보냄.
534 갑인	21	4	12	3월: 백제, 양에 사신 파견. 고구려, 동위에서 왕에게 작호를 보내옴. 북위에 사신을 보냄. 신라, 상대등 철부 사망.
535 을묘	22	5	13	2월: 고구려, 양나라에 사신 보냄. 5월: 고구려, 남쪽 지방에 홍수 피해. 신라, 흥륜사, 영흥사 창건. 고구려, 북위에 사신 보냄.
536 병진	23	6	14	8월: 고구려, 동위에 사신 파견. 신라, 첫 연호 건원(建元) 사용.
537 정사	24	7	15	12월: 고구려, 동위에 사신 보냄. 고구려, 고흘(高紇)이 백암성(白巖城)에서 돌궐 대파.
538 무오	25	8	16	1월: 신라 법흥왕, 외관(外官)이 가족을 데리고 부임하는 것을 허용. 봄: 백제, 성왕, 사비성(泗沘城) 천도. 국호를 남부여(南扶餘)로 함. 12월: 백제, 일본에 태자상(太子像)·관불기(灌佛器) 등을 보냄. 신라, 백율사(栢栗寺) 창건.
539 기미	26	9	17	5월: 고구려, 동위에 사신 보냄. 8월: 고구려, 동위에 사신 보냄.
540 경신	27 진흥1	10	18	7월: 신라, 법흥왕 서거. 진흥왕(眞興王) 즉위. 9월: 백제, 고구려 우산성(牛山城)을 공격. 12월: 고구려, 동위에 사신 보냄. 가야, 왜에 사신 보냄. 고구려, 왜에 사신 보냄. 신라, 왜에 사신 보냄.
541 신유	2	11	19	3월: 고구려, 양나라에 사신 보냄. 백제, 양나라에 사신 보내어 모시박사(毛詩博士), 공장(工匠), 화사(畵師), 열반경(涅槃經) 등을 요청. 신라에 사신 보내어 화친을 요청. 신라, 이사부를 병부령(兵部令)으로 삼아 내외의 병마사를 맡김.

542 임술	3	12	20	12월: 고구려, 동위에 사신을 보냄.
543 계해	4	13	21	11월: 고구려, 동위에 사신 보냄.
544 갑자	5	14	22	1월: 백제, 일본에 사신 파견. 2월: 신라, 흥륜사 창건. 3월: 신라, 출가하여 승려가 되는 것을 허락. 10월: 백제, 사신 득문(得文), 기마(奇麻) 일본에서 귀국. 11월: 고구려, 동위에 사신 파견. 백제, 일본에 사신 파견. 신라, 대당 설치, 중원소경(中原小京: 지금의 충주) 설치. 화엄사 창건.
545 을축	6	15 양원1	23	3월: 고구려, 안원왕 서거. 양원왕(陽原王) 즉위. 7월: 신라, 거칠부(居柒夫) 등 국사(國史) 편찬. 9월: 백제, 일본을 위하여 장륙불상(丈六佛像) 주조. 일본에 사신 파견. 12월: 고구려, 동위에 사신 보냄.
546 병인	7	2	24	1월: 백제, 사신 기련(己連) 등 일본에서 귀국. 6월: 백제, 약엽례(掠葉禮) 등 일본에 파견. 11월: 고구려, 동위에 사신 보냄.
547 정묘	8	3	25	7월: 고구려, 동위에 사신 보냄. 백암성(白巖城)을 쌓고 산성을 수리. 백제, 장륙불상 완성.
548 무진	9	4	26	2월: 고구려, 예(濊)와 공모하여 백제 독산성(獨山城)을 공격. 백제, 사신을 신라에 보내어 구원 요청, 신라의 구원으로 고구려군 철수. 7월: 백제, 약엽례 등, 일본에서 귀국. 9월: 고구려, 동위에 사신 파견.
549 기사	10	5	27	봄: 신라, 각덕(覺德), 양의 사신과 함께 불사리(佛舍利)를 가져옴. 10월: 백제, 양에 사신을 보냈으나 후경(侯景)에게 피랍됨. 고구려, 동위에 사신 파견. 신라, 대관대감(大官大監)을 둠.
550 경오	11	6	28	1월: 백제, 고구려의 도살성 점령. 3월: 고구려, 백제의 금현성 점령. 신라, 이사부가 백제의 도살성(道薩城)과 금현성(金峴城)을 점령. 6월: 고구려, 북제에 사신 보냄. 9월: 고구려, 북제에서 왕에게 작호를 보내옴.
551 신미	12	7	29	1월: 신라, 연호를 개국(開國)으로 고침. 3월: 신라, 가야의 악사 우륵(于勒)이 신라로 이주하자 진흥왕이 우륵과 그의 제자 니문(尼文)을 불러 하림궁(河臨宮)에 머무르며 음악을 연주하게 함. 5월: 고구려, 북제에 사신 보냄. 9월: 고구려, 돌궐이 신성과 백암성(白巖城)을 습격하였으나 격퇴시킴. 11월: 신라, 승려 혜량(惠亮), 처음으로 백좌강회(百座講會)와 팔관회(八關會) 개최. 백제, 신라와 연합하여 고구려 공격. 한강 하류 지역 점령. 신라, 죽령(竹嶺) 이북 10군(郡) 점령.

552 임신	13	8	30	5월: 백제, 목협금돈(木劦今敦) 등을 왜에 보냄. 10월: 백제, 성왕, 금동석가상 1구, 미륵석불, 경론 약간 권을 일본에 보냄. 달솔 노리사치계(怒唎斯致契)를 일본국에 보내 불상과 불경 등을 전함. 고구려, 장안성(長安城)을 축조함. 북제의 요청을 받아들여 유민 5000호를 돌려줌. 신라, 가야인 우륵을 국원(國原)에 안치하고 계고(階古)·만덕(萬德)·법지(法知) 등으로 하여금 우륵에게 음악을 배우도록 함. 상주정(上州停) 설치.
553 계유	14	9	31	2월: 신라, 신궁(新宮)을 고쳐 황룡사(皇龍寺)를 짓기 시작. 7월: 신라, 백제가 차지하고 있던 한강 하류 지역을 빼앗아 한산주를 설치하고, 신주(新州) 군주(軍主)를 둠. 10월: 신라 왕, 백제 성왕의 왕녀를 맞아 소비(小妃)로 삼음. 백제, 왕자 여창(餘昌)이 일본에서 고취(鼓吹)를 들음. 신라, 법주사(法住寺) 창건. 고구려, 북제의 공격을 받은 거란 1만여 호가 복속해 옴.
554 갑술	15	10	32 위덕1	2월: 백제, 삼근(三斤), 계덕(季德) 기마차(己麻次) 등을 일본에 파견. 3월: 백제, 일본에 갔던 사신 문차(文次)가 귀국. 7월: 백제, 국왕, 신라를 공격하기 위해 군사를 이끌고 구천(狗川)에 이름. 백제와 신라, 관산성(管山城: 충북 옥천) 전투, 백제 성왕 전사함. 위덕왕 즉위. 10월: 고구려, 백제의 웅천성(熊川城)을 공격함. 백제, 일본에 역박사, 오경박사, 의학박사를 보냄. 담혜(曇惠) 등 승려 9명 일본에 감.
555 을해	16	11	2	1월: 신라, (완산주 설치) 하주(下州) 설치. 10월: 신라, 북한산(北漢山) 순행하고 북한산진흥왕순수비를 세움. 11월: 고구려, 북제에 사신 파견.
556 병자	17	12	3	7월: 신라, 비열홀주(比烈忽州)를 두고 사찬 성종(成宗)을 군주로 임명. 신라, 혜명(惠明)이 갑사(甲寺) 중건. 백제, 일본에 체류하던 왕자 혜(惠) 귀국.
557 정축	18	13	4	10월: 고구려, 환도성의 우주리(于朱里) 모반. 신라, 국원소경 설치. 사벌주를 폐지하고 감문주(甘文州)를 설치. 신주를 폐지하고 북한산주(北漢山州) 설치.
558 무인	19	14	5	2월: 신라, 나마(奈麻) 신득(身得)이 포노(砲弩)를 생산. 신라, 귀족 자제와 6부의 호민을 국원에 사민.
559 기묘	20	15 평원1	6	3월: 고구려, 양원왕 서거. 평원왕(平原王) 즉위.
560 경진	21	2	7	1월: 고구려, 북제에서 왕에게 관작을 보내옴.

561 신사	22	3	8	2월: 신라, 비자벌(比子伐)에서 군신회의(群臣會議) 개최. 8월: 신라, 창녕에 진흥왕순수비 건립. 11월: 고구려, 진(陳)에 사신 파견. 백제, 위덕왕, 군사를 보내 신라를 공격하나 대패.
562 임오	23	4	9	1월: 신라, 대가야(大加耶) 정복. 2월: 고구려, 진에서 왕에게 관작을 보내옴. 7월: 백제, 신라의 변경 침범. 9월: 신라, 가야가 반란을 일으켰으나 곧 평정. 사다함(斯多含)이 공이 커 토지와 포로를 하사하였으나 토지는 부하에게 나누어 주고 포로는 풀어줌. 11월: 신라, 왜에 사신 보냄. 백제, 일본의 화약사주(和藥使主)가 내외전(內外典)·약서·명당도·불상·기악조도 등 가지고 감.
564 갑신	25	6	11	고구려, 북제에 사신 파견. 신라, 북제에 사신 파견. 각 소경에 사신(仕臣)을 둠.
565 을유	26	7	12	1월: 고구려, 왕자 원(元)을 태자로 책봉. 북제에 사신 보냄. 2월: 신라, 북제에서 왕에게 관작을 보냄. 9월: 신라, 대야주(大耶州) 설치. 진의 사신 유사(劉思)와 승려 명관(明觀)이 불경 2700여 권을 가져옴. 신라, 품주(稟主)에 전대등(典大等) 2인을 둠.
566 병술	27	8	13	2월: 신라, 지원사(祗園寺)·실제사(實際寺) 창건. 12월: 고구려, 진나라에 사신 보냄. 신라, 진나라에 사신 보냄.
567 정해	28	9	14	3월: 신라, 진에 사신 파견. 9월: 백제, 북제에 사신 보냄.
568 무자	29	10	15	3월: 신라, 진나라에 사신 파견. 10월: 신라, 북한산주를 폐지하고 남천주(南川州)를 설치, 비열홀주를 폐지하고 달홀주(達忽州)를 설치.
569 기축	30	11	16	신라, 황룡사 준공.
570 경인	31	12	17	4월: 고구려 사신 일본 난파(難波)에 도착. 6월: 신라, 진나라에 사신 보냄. 7월: 고구려 사신, 일본 상락관(相樂館)에서 향응받음. 11월: 고구려, 진나라에 사신 보냄. 백제, 북제의 후주(後主)가 위덕왕에게 관작을 보냄.
571 신묘	32	13	18	2월: 고구려, 진나라에 사신 보냄. 8월: 고구려, 궁실을 중수. 신라, 일본에 조사(弔使) 파견. 신라, 진나라에 사신 보냄. 백제, 북제에서 왕에게 관작을 보내옴
572 임진	33	14	19	1월: 신라, 연호를 홍제(鴻濟)로 고침. 3월: 신라, 태자 동륜(銅輪) 사망, 북제에 사신 보냄. 백제, 북제에 사신 보냄. 5월: 고구려 사신, 일본 상락관(相樂館)에 머묾.

				7월: 고구려 사신 일본에서 귀국. 10월: 신라, 전사한 장병을 위하여 팔관회 개최.
573 계사	34	15	20	고구려, 북제에 사신 보냄. 백제, 북제에 사신 파견.
574 갑오	35	16	21	1월: 고구려, 진에 사신 파견. 3월: 신라, 황룡사금동장륙상(皇龍寺金銅丈六像) 완성. 5월: 고구려, 사신이 일본 월해(越海)의 해변에 정박. 11월: 신라, 일본에 사신 파견.
575 을미	36	17	22	2월: 백제, 일본에 사신 파견. 6월: 백제, 일본에 사신 파견. 신라, 황룡사장륙상 눈물 흘림.
576 병신	37 진지1	18	23	봄: 신라, 원화(源花) 제도 시작. 8월: 신라, 진흥왕 서거. 진지왕(眞智王) 즉위. 진흥왕 비(妃), 비구니가 됨. 이찬 거칠부를 상대등으로 삼아 군국정사를 맡김. 신라, 안홍법사(安弘法師)가 불사리(佛舍利)를 가져옴.(호승(胡僧) 곤마라(昆摩羅) 등과 돌아옴.) 고구려, 의연(義淵)을 북제에 보내어 도승 법상(道僧 法上)에게 불교의 시말을 배워오게 함.
577 정유	2	19	24	2월: 신라, 국왕이 친히 신궁에 제사. 7월: 백제, 진나라에 사신 보냄. 10월: 백제, 신라 일선(一善)을 공격. 신라, 내리서성(內利山城) 축조. 11월: 백제, 북주에 사신 보냄. 불공(佛工), 사공(寺工), 경론사(經論師) 등 일본에 감. 고구려, 북주에 사신 보냄. 북주에서 왕에게 관작을 보냄.
578 무술	3	20	25	7월: 신라, 진나라에 사신 보냄. 알야산성(閼也山城)에서 백제와 싸워 패배. 백제, 북주(北周)에 사신 보냄. 월성산(月城山)에 수원사(水原寺) 창건.
579 기해	4 진평1	21	26	2월: 백제, 웅현성(熊峴城)과 송술성(松述城) 축조. 신라, 진지왕 폐위, 진평왕(眞平王) 즉위. 7월 17일: 신라, 진지왕 서거. 8월: 신라, 이찬 노리부(弩里夫)를 상대등에 임명. 왕의 동생 백반(伯飯)을 진정갈문왕(眞正葛文王), 국반(國飯)을 진안갈문왕(眞安葛文王)에 봉함. 10월: 신라, 지질정(枳叱政)을 일본에 보내어 불상 전달. 백제, 혜성. 신라, 옥대(玉帶) 만듦. 백제, 지혜(智惠)가 안흥사(安興寺) 벽에 53불 그림.
580 경자	2	22	27	2월: 신라, 국왕이 신궁에 친히 제사. 김후직(金后稷)을 병부령(兵部令) 임명. 6월: 신라, 안도(安刀)·실소(失消)를 왜에 보냄.
581 신축	3	23	28	1월: 신라, 위화부(位和府) 설치. 2월 그믐: 고구려, 유성이 떨어짐. 7월: 신라, 진나라에 사신 보냄. 고구려, 서리와 우박이 내려 곡식 피해.

				10월: 고구려, 기근이 들어 왕이 순행하여 위무함. 12월: 고구려, 수(隋)에 사신 보냄. 수에서 왕에게 관작을 보내옴. 백제, 수(隋)에 조공. 수에서 관작이 옴. 선운사(禪雲寺) 창건.
582 임인	4	24	29	1월: 백제, 수나라에 사신 보냄. 고구려, 수나라에 사신 보냄. 10월: 신라, 안도(安刀)·실소(失消)를 왜에 보냄. 11월: 고구려, 수나라에 사신 보냄.
583 계묘	5	25	30	1월: 신라, 선부서(船府署)를 설치하고, 대감(大監)과 제감(弟監) 각 1인을 둠. 고구려, 수나라에 사신 보냄. 2월: 고구려, 백성들에게 농사와 양잠을 장려. 4월: 고구려, 수나라에 사신 보냄. 7월: 백제 일라(日羅), 일본 왕의 초청으로 도일, 오사카에서 수행원에게 피살. 9월: 백제, 일본에 불상 보냄. 겨울: 고구려, 수나라에 사신 보냄. 신라, 녹금서당(綠衿誓幢) 설치. 왜의 서변 침공.
584 갑진	6	26	31	2월: 신라, 연호를 건복(建福)으로 고침. 3월: 신라, 조부령(調府令) 1인과 승부령(乘府令) 1인을 둠. 봄: 고구려, 수나라에 사신 보냄. 9월: 백제, 일본의 녹심신(鹿深臣)이 미륵석상을, 좌백련(左伯連)이 불상을 가지고 감. 11월: 백제, 진나라에 사신 보냄. 신라, 황룡사 금당 완성.
585 을사	7	27	32	3월: 신라, 가뭄으로 왕이 남당으로 나가 죄인 사면. 7월: 신라, 승려 지명(智明)이 불법을 구하러 진나라로 감. 12월: 신라, 진나라에 사신 보냄. 신라, 대궁(大宮), 사양궁(沙梁宮), 양궁(梁宮)에 각각 사신(私臣) 1인씩을 둠.
586 병오	8	28	33	1월: 신라, 예부(禮部)를 둠. 고구려, 평양 대성산에서 장안성(長安城)으로 천도. 백제, 진에 조공.
587 정미	9	29	34	6월: 백제, 일본에 사신 파견. 신라, 대승사(大乘寺) 창건.
588 무신	10	30	35	12월: 신라, 이찬 수을부(首乙夫)를 상대등에 임명. 신라, 남산사(南山寺) 창건. 백제, 사신·승려·건축가·미술가 등을 일본에 보내어 불사리를 전하고 나라 지방에 비조사(飛鳥寺) 창건. 일본의 학문승 선신니(善信尼) 옴.
589 기유	11	31	36	3월: 신라, 원광(圓光), 진나라에 가서 불법을 구함. 7월: 신라, 홍수로 가옥 3만 360호가 유실되고 200여 명이 죽음. 신라, 집사성(執事省)에 대사(大舍) 2인, 병부(兵部)에 제감(弟監) 2인을 둠. 고구려, 강서삼묘(江西三墓) 축조. 을유년명(乙酉年銘) 성벽각자 새김.

590 경술	12	32 영양1	37	10월: 고구려, 평원왕 서거. 영양왕 즉위. 고구려, 수나라에서 영양왕에게 관작을 보내옴. 온달(溫達), 신라의 아차성(阿且城)에서 전사. 수나라가 진나라를 멸망시키자 국방 강화.
591 신해	13	2	38	1월: 고구려, 수나라에 사신 보냄. 2월: 신라, 영객부(領客府) 령(令) 2인 둠. 7월: 신라, 남산성을 쌓고 비(碑) 건립. 사천당(四千幢) 설치.
592 임자	14	3	39	1월: 고구려, 수나라에 사신 보냄. 백제 기술자들이 일본 법흥사(法興寺)의 불당 보랑 완성.
593 계축	15	4	40	7월: 신라, 명활산성(明活山城), 서형산성(西兄山城) 개축.
594 갑인	16	5	41	11월: 백제, 혜성 관측됨. 신라, 수나라에 사신 파견. 수나라에서 왕에게 관작을 보내옴.
595 을묘	17	6	42	5월: 고구려, 승려 혜자(慧慈), 일본에 건너가 태자의 스승이 됨. 백제, 혜총(慧聰), 일본에 감.
596 병진	18	7	43	3월: 신라, 승려 담육(曇育)을 수에 보냄. 10월: 신라, 영흥사(永興寺) 불탐. 11월: 신라·고구려·백제의 기술자들 일본 법흥사 준공.
597 정사	19	8	44	4월: 백제, 아좌태자(阿佐太子), 일본에 가서 일본국 쇼토쿠 태자의 초상인 성덕태자상(聖德太子像)을 그림. 5월: 고구려, 수나라에 사신 보냄. 신라, 무위사(無爲寺), 삼랑사(三郎寺) 창건.
598 무오	20	9	45 혜1	2월: 고구려, 말갈병을 이끌고 요서 공격. 6월: 수가 30만 군대로 고구려를 침입함. 9월: 고구려, 수군을 격파, 백제를 공격. 백제, 장사왕변나(長史王辯那)를 수나라에 사신으로 보냄. 12월: 백제, 위덕왕 서거. 혜왕(惠王) 즉위. 신라, 하서주(河西州) 궁척(弓尺) 설치.
599 기미	21	10	2 법1	백제, 혜왕 서거. 법왕 즉위. 12월: 백제, 법왕, 영을 내려 살생을 금하고 민가의 매를 풀고 어로도구를 불태움.
600 경신	22	11	2 무1	1월: 고구려, 이문진(李文眞)이 이전의 유기(留記) 100권을 편집하여 신집(新集) 5권 편찬. 백제, 왕흥사(王興寺) 창건. 2월: 고구려, 수나라에 사신 보냄. 5월: 백제, 법왕 서거, 무왕(武王) 즉위. 신라, 수나라에서 원광 돌아옴. 금곡사(金谷寺), 가실사(加悉寺) 창건. 백제, 칠암사(漆巖寺) 창건.
602 임술	24	13	3	8월: 백제, 신라의 아막성(阿莫城)을 공격하여 함락됨. 귀산(貴山)·취항(箒項)이 백제군과 싸우다 전사. 9월: 신라, 고승 지명(智明)이 수에서 돌아옴.

				10월: 백제, 승려 관륵(觀勒)이 일본에 건너가 천문·지리·역서·방술서 등을 전함. 신라, 상군(上軍)을 수에 사신으로 보냄.
603 계해	25	14	4	8월: 고구려, 신라의 북한산성(北漢山城) 침공.
604 갑자	26	15	5	7월: 신라, 만세(萬世)·혜문(惠文) 등을 수에 사신으로 보냄. 남천주를 폐지하고 북한산주를 설치. 신라, 군사당(軍師幢)을 설치.
605 을축	27	16	6	2월: 백제, 각산성(角山城) 축조. 3월: 신라, 승려 담육, 수에서 돌아옴. 8월: 신라, 백제의 동쪽 국경을 침범. 신라, 급당(急幢) 설치.
607 정묘	29	18	8	3월: 백제, 수에 사신을 보내 고구려 토벌 요청. 5월: 고구려, 백제의 송산성(松山城), 석두성(石頭城)을 공격. 고구려, 수를 고립시키기 위하여 돌궐에 사신 파견. 수의 양제가 고구려 왕의 입조를 강요함.
608 무진	30	19	9	2월: 고구려, 신라 북경을 침공하여 8000명을 포로로 잡음. 3월: 백제, 수나라에 사신을 보냄. 4월: 신라의 우명산성(牛鳴山城)을 함락. 신라, 수에 고구려 정벌 요청.
609 기사	31	20	10	1월: 신라, 지진이 발생하여 모지악(毛只嶽) 밑의 땅이 10월 15일까지 불탐.
610 경오	32	21	11	3월: 고구려, 승려 담징(曇徵), 법정(法定)을 일본에 보내 종이, 먹, 수레, 맷돌 등의 기술을 전하고 호류사금당벽화(法隆寺金堂壁畵) 그림. 7월: 신라 사신 죽세사(竹世士), 임나(任那) 사신 수지매(首智買)와 함께 일본 축자(筑紫)에 도착. 10월: 신라 사신, 임나 사신과 함께 일본 왕으로부터 향응받음.
611 신미	33	22	12	2월: 백제, 국지모(國智牟)를 수나라에 사신으로 보내어 고구려를 침공할 기밀을 청함. 8월: 백제, 적암성(赤嵓城) 축조. 10월: 백제, 신라의 가잠성(椵岑城)을 포위, 성주 찬덕(讚德)을 죽이고 함락. 신라, 수에 사신을 보내어 군대 요청. 양제(煬帝)가 이를 허락하고 군사를 일으킴. 북질지(北叱智)를 일본에 파견.
612 임신	34	23	13	1월: 고구려, 수나라가 침입해 옴. 2월: 수의 군대, 고구려의 요동성 포위. 4월: 백제, 궁 남문에서 지진. 7월: 고구려 을지문덕(乙支文德), 살수(薩水)에서 수공법(水攻法)으로 수의 별동대 30만을 전멸시킴(살수대첩). 〈여수장우중문시(與隋將于仲文詩)〉 지음.

				백제, 수나라 군대가 고구려를 침공함에 준비를 엄히 하고 수나라를 돕겠다 함.
613 계유	35	24	14	2월: 고구려, 수나라의 공격이 시작됨. 4월: 고구려, 수 양제가 요동성을 공격. 6월: 고구려, 수 양제가 후방의 불안으로 철군. 7월: 수의 사신 왕세의(王世儀)가 황룡사에 와서 백고좌(百高座)를 베풂. 신라, 서당(誓幢)을 녹금서당(綠衿誓幢)으로 바꿈.
614 갑술	36	25	15	2월: 신라, 사벌주를 폐지하고 일선주(一善州) 설치. 영흥사 소상(塑像)이 파괴됨. 진흥왕 비 사도부인(思刀夫人) 김씨가 죽음. 고구려, 수가 다시 침입. 7월: 고구려, 수 양제의 군대가 회원진(懷遠鎭)에 도착. 8월: 고구려, 수의 군대 격퇴.
615 을해	37	26	16	1월: 신라, 수나라에 사신 보냄. 11월: 일본 왕이 백제 손님에게 향응. 고구려, 승려 혜자(惠慈), 일본에서 귀국.
616 병자	38	27	17	7월: 신라, 죽세사를 일본에 보내어 불상 전달. 10월: 백제, 신라의 모산성을 공격.
618 무인	40	29 영류1	19	9월: 고구려, 영양왕 서거. 영류왕(榮留王) 즉위. 신라, 북한산주 군주(軍主) 변품(邊品) 등 백제 침공하여 가잠성 탈환. 해론(奚論) 전사. 고구려, 일본에 사신을 파견하여 고취(鼓吹) 등을 보냄.
619 기묘	41	2	20	2월: 고구려, 당나라에 사신 보냄. 4월: 고구려, 국왕, 졸본의 시조묘에 제사.
621 신사	43	4	22	7월: 신라·고구려, 당나라에 사신 보냄. 10월: 백제, 당나라에 사신 보냄. 신라의 설계두(薛罽頭), 당나라로 떠남. 이미매(伊彌買)를 일본에 보냄. 왜전(倭典)을 영객전(領客典)으로 바꿈.
622 임오	44	5	23	2월: 신라, 대궁·사양궁·양궁 등의 사신(私臣) 대신 내성사신(內省私臣)을 둠. 7월: 신라, 불상·금탑·사리 등을 왜국에 보냄. 고구려, 수의 요청으로 고구려를 정벌하다가 붙잡힌 포로들을 돌려보냄. 당에 포로가 된 고구려 사람들 돌아옴. 당에 사신 보냄.
623 계미	45	6	24	1월: 신라, 병부대감(兵部大監) 2인을 둠. 7월: 신라, 당나라에 사신 보냄. 내말(奈末) 지세이(智洗爾)를 왜국에 보냄. 12월: 고구려, 당나라에 사신 보냄. 백제, 신라의 늑노현(勒弩縣)을 침.
624 갑신	46	7	25	1월: 신라, 사위부(司位府), 상사서(賞賜署), 대도서(大道署) 등에 관원 배치.

				2월: 고구려, 당에 사신을 보내어 역서(曆書)를 구함. 당의 도사(道士)가 천존상과 도법을 가지고 와서 노자(老子)를 강의. 백제의 침입으로 속함성(速含城) 등 6성이 함락. 눌최(訥催), 전사함. 3월: 신라·고구려·백제·당나라에서 각각 왕들에게 관작 보내옴. 12월: 고구려, 당나라에 사신 보냄.
625 을유	47	8	26	1월: 고구려, 승려 혜관(惠灌)을 일본에 보냄. 11월: 백제, 당에 사신 파견. 신라, 고구려가 당과의 교역로를 방해하니 압력을 가해 달라고 당에 호소. 고구려, 당나라에서 불로(佛老)의 기법을 배워 옴. 신라, 낭당(郎幢) 설치.
626 병술	48	9	27	7월: 신라, 당에 사신 파견. 8월: 신라, 고허성(高墟城) 축조. 백제, 신라의 주재성(主在城)을 공격. 고구려, 당의 사신이 와서 삼국 간의 화해를 권유. 백제, 당에 사신 파견.
627 정해	49	10	28	7월: 백제, 신라 서쪽 지방의 2성 점령. 신라, 당에 사신을 보내 백제 침략을 호소. 8월: 당나라, 백제와 신라의 화친을 조종. 11월: 신라, 당에 사신 파견. 백제, 승려 혜현(惠現) 입적.
628 무자	50	11	29	2월: 백제, 신라의 가잠성을 공격했으나 패함, 성주 찬덕이 전사. 여름: 신라, 큰 가뭄. 기우제. 9월: 고구려, 당에 봉역도(封域圖)를 보냄. 신라, 검군(劍君) 자살.
629 기축	51	12	30	8월: 신라, (김유신 등이) 고구려의 낭비성(娘臂城) 격파. 9월: 고구려·백제·신라, 당나라에 사신 보냄.
630 경인	52	13	31	2월: 백제, 사비의 궁성을 중수. 3월: 고구려, 대사(大使) 연자발(宴子拔)과 소사(小使) 약덕(若德)을 일본에 보냄. 백제, 대사 은솔(恩率) 소자(素子)와 소사 덕솔(德率) 무덕(武德)을 일본에 보냄.
631 신묘	53	14	32	2월: 고구려, 천리장성 수축. 5월: 신라, 칠숙(柒宿), 석품(石品) 등 모반. 9월: 백제, 당나라에 사신 보냄. 고구려, 당나라 사신이 고구려인 전사자를 기념하는 경관을 헐게 함. 신라, 신원사(神元寺), 혜숙사(惠宿寺), 군자사(君子寺), 내제석궁(內帝釋宮), 법광사이층전(法光寺二層殿) 건립.
632 임진	54 선덕1	15	33	1월: 신라, 진평왕 서거. 선덕여왕(善德女王) 즉위. 2월: 신라, 대신(大臣) 을제(乙祭)가 국정 총괄. 7월: 백제, 신라를 공격. 12월: 신라·백제, 당나라에 사신 보냄. 백제, 마천성(馬川城) 개축.

633 계사	2	16	34	1월: 신라, 국왕이 친히 신궁에 제사. 2월: 신라, 왕경에 지진. 7월: 신라, 당에 조공. 8월: 백제, 신라의 서변 침입. 신라, 혜구(惠求), 내소사(來蘇寺) 창건.
634 갑오	3	17	35	1월: 신라, 분황사(芬皇寺) 창건. 연호를 인평(仁平)으로 고침. 2월: 백제, 왕흥사(王興寺)를 창건. 3월: 백제, 궁남지(宮南池)를 만듦.
635 을미	4	18	36	6월: 백제, 달솔 유를 일본에 파견. 7월: 백제 손님들 일왕 향응(饗應) 제공. 신라, 당나라 사신이 와서 왕에게 관작을 줌. 영묘사(靈廟寺) 창건. 10월: 수품(水品)과 용수(龍樹)가 주군(州郡)을 순무.
636 병신	5	19	37	1월: 신라, 수품을 상대등에 임명. 2월: 백제, 당에 사신 파견. 3월: 신라, 황룡사에서 백고좌(百高座)를 베풀고 인왕경(仁王經)을 강독. 승려 100명에게 도첩을 줌. 5월: 백제, 신라의 독산성 공격. 신라, 자장(慈藏), 당에 건너가 불법을 구함.
637 정유	6	20	38	1월: 신라, 사진(思眞)을 서불한에 임명. 7월: 알천(閼川)을 대장군(大將軍)에 임명. 12월: 백제, 당에 사신 파견. 신라, 우수주(牛首州) 설치. 백제, 장군 우소(于召), 신라의 옥문곡(玉門谷)에서 전사.
638 무술	7	21	39	10월: 신라, 칠중성(七重城)에서 고구려군을 격파. 신라, 원광법사 입적.(『삼국유사』 653년)
639 기해	8	22	40	2월: 신라, 하슬라주(何瑟羅州)를 북소경(北小京)으로 함. 7월: 신라, 동해물이 붉어지고 뜨거워져 물고기 죽음. 10월: 백제, 당에 사신 파견. 11월: 백제, 무왕이 건립한 지모밀지정사(枳慕蜜地精舍) 파괴.
640 경자	9	23	41	2월: 고구려, 왕자 환권(桓權)을 당에 보냄. 고구려·백제·신라, 자제를 당의 국학에 유학. 백제, 일본에 사신 보냄. 익산에 오금사(五金寺) 창건. 신라, 일본에 사신 보냄.
641 신축	10	24	42 의자1	3월: 백제, 무왕 서거. 의자왕(義慈王) 즉위. 당에서 의자왕에게 관작을 보냄. 8월: 백제, 당나라에 답례사신을 보냄. 고구려, 당나라 사신이 옴. 당의 사신 진대덕(陳大德), 명승지 관광을 핑계로 고구려의 지리를 정찰.
642 임인	11	25 보장1	2	1월: 신라·고구려, 당나라에 사신 보냄. 2월: 고구려와 백제인들, 일본 왕으로부터 향응받음. 7월: 백제, 신라 공격. 40여 개 성 점령. 대좌평(大佐平) 지적(智積)을 위해 일왕이 조정에서 향연(饗宴).

				8월: 백제의 침입으로 신라 대야성(합천)이 점령됨. 김품석(金品釋), 죽죽(竹竹) 등 사망. 10월: 고구려, 연개소문(淵蓋蘇文)이 영류왕을 시해하고 보장왕(寶藏王)을 즉위시킴. 겨울: 신라, 김유신, 압량주(押梁州) 군주(軍主)가 됨. 김춘추(金春秋), 고구려에 가서 백제를 정벌할 군사 지원을 요청.
643 계묘	12	2	3	1월: 신라·백제·고구려, 당나라에 사신 보냄. 3월: 신라, 승려 자장이 당에서 불정골(佛頂骨)·불아(佛牙)를 가지고 귀국하여 대국통(大國統)이 됨. 고구려, 당에서 도교를 수입, 당에서 도사와 도덕경(道德經)을 보냄. 윤(閏) 6월: 고구려, 당에서 왕에게 관작을 보내옴. 9월: 신라, 당에 군사 원조 요청. 11월 9일: 백제·고구려, 공모하여 신라의 당항성(黨項城) 점령. 신라, 자장, 정원(精院)을 짓고 불상을 장식. 10여 곳에 불탑을 건립. 통도사(通度寺)·대화사(大和寺)·지림사(祗林寺) 창건.
644 갑진	13	3	4	1월: 신라·백제, 당나라에 사신 보냄. 고구려, 당나라에서 신라를 침략하지 말 것을 권유. 7월: 고구려, 당나라가 장차 출병하여 공격해 올 것에 대비함. 9월: 신라, 김유신이 백제의 7성을 점령. 고구려 연개소문, 당에 백금(白金)을 보냄. 신라, 굴산사(掘山寺)·생의사(生義寺) 창건. 삼화령(三花嶺) 미륵삼존석상 만듦.
645 을사	14	4	5	1월: 신라, 당나라에 사신 보냄. 김유신, 매리포성(買利浦城)을 침공한 백제군 대파. 3월: 신라, 황룡사9층탑 건립. 4월: 고구려, 당의 10만 대군이 침입. 5월: 신라, 당과 연합하여 고구려 공격. 백제, 신라의 7성 공취. 6월: 고구려, 당나라 군대가 안시성 포위. 9월: 고구려, 안시성을 포위한 당나라 군대 물리침. 11월: 신라, 비담(毗曇)을 상대등에 임명. 신라, 자장이 통도사를 창건하고 계율종(戒律宗)을 강함. 고구려, 개모성·요동성·백암성·안시성·신성·비사성·건안성·비사성·오골성·은성 등을 완성.
646 병오	15	5	6	5월: 고구려, 당나라에 화해 제의. 고구려, 천리장성 완성. 승려 도등(道登), 일본의 원흥사(元興寺) 우치교(宇治橋) 가설. 신라, 원영영사(元營寧寺)·압유사(鴨遊寺) 창건.
647 정미	16 진덕1	6	7	영묘사(靈廟寺) 장륙삼존(丈六三尊), 천왕사탑(天王寺塔) 및 법림사(法林寺) 주존삼불(主尊三佛) 만듦. 1월: 신라, 비담(毗曇)과 염종(廉宗)의 난. 1월 8일, 선덕여왕 서거. 진덕여왕(眞德女王) 즉위. 1월 17일, 비담의 난을 진압하고 주모자와 친족을 처형. 2월: 알천을 상대등에 임명. 당에서 진덕여왕에게 작위를 보냄.

				3월: 고구려, 당나라의 침공받음. 5월: 고구려, 남소성(南蘇城)과 목저성(木底城)이 당의 침공을 받음. 7월: 신라, 당에 사신 파견. 연호를 태화(太和)로 고침. 8월: 신라, 혜성이 관측됨. 10월: 무산(茂山), 감물(甘勿), 동잠성(桐岑城)에 침공한 백제군을 대파. 비녕자(丕寧子)와 거진(擧眞) 전사. 11월: 신라 왕, 친히 신궁에 제사. 12월: 고구려, 당나라 군대 총 퇴각. 김춘추, 일본에 사절로 다녀옴. 선덕여왕릉 축조. 청주연지사종(菁州蓮池寺鍾) 주조.
648 무신	2	7	8	1월: 고구려, 당나라의 설만철(薛萬徹)이 해로로 침입. 신라, 당나라에 사신 보냄. 2월: 고구려·신라·백제, 일본의 학문승들 유학 옴. 3월: 백제, 신라의 요성(要城) 등 10여 성 점령.
				4월: 신라, 백제의 21성 공취. 겨울: 신라, 김춘추와 그의 아들 김인문(金仁問), 당에 가서 백제에 대한 군사적 제재 요청. 백제, 개심사(開心寺) 창건. 신라, 백제에서 김품석 부부의 유골을 찾아옴.
649 기유	3	8	9	1월: 신라, 처음으로 당의 의관을 사용. 8월: 백제, 석토성(石吐城) 등 신라의 7성을 빼앗았으나 도살성에서 김유신이 이끈 신라군에 패배. 신라, 김다수(金多遂) 등 37명을 일본에 보냄.
650 경술	4	9	10	4월: 신라, 진골(眞骨)로 작위를 소지한 자에게 아홀(牙忽)을 가지게 함. 6월: 신라, 당에 김법민(金法敏=문무왕)을 사신으로 보내어 백제군을 격파한 것을 알리고, 진덕여왕이 지은 「태평송(太平頌)」을 수를 놓아 바침. 고구려, 승려 보덕(普德), 도교 숭상에 반발하여 백제로 이주. 뒤에 경복사(景福寺)에서 열반종(涅槃宗)을 폄. 신라, 이 해부터 신라 고유의 연호를 버리고 당의 연호 영휘(永徽)를 사용. 자장, 수다사(水多寺)·석남원(石南院) 창건. 고구려, 반룡사(盤龍寺) 창건.
651 신해	5	10	11	1월: 신라, 처음으로 하정례(賀正禮) 거행. 고구려, 당나라에 사신 보냄. 2월: 신라, 품주를 집사부로 고치고 장관인 중시(中侍)에게 기밀 사무를 맡김. 죽지(竹旨)를 중시에 임명함. 김인문을 당에 보내 숙위(宿衛)하게 함. 백제, 당나라에 사신 보냄. 당나라가 신라와의 화친을 권유. 신라, 불영사(佛影寺) 창건. 월성(月城) 조원전(朝元殿) 건립. 창부(倉部)와 좌리방부(左理方部) 설치. 음성서(音聲署)에 대사(大舍) 2인을 둠. 조부(調府) 이하 각 관부의 인원을 정함. 국학(國學) 설치. 한산주(漢山州) 궁척(弓尺) 설치.

652 임자	6	11	12	1월: 신라, 파진찬 천효(天曉)를 좌리방부령(左理方部令)으로 삼음. 당나라에 사신 보냄. 백제, 당나라에 사신 보냄. 3월: 신라, 금성의 왕궁남문 부서짐. 자장, 계조암 창건.
653 계축	7	12	13	8월: 백제, 일본과 국교 재개. 11월: 신라, 당나라에 사신 보냄.
654 갑인	8 태종 무열 1	13	14	3월: 신라, 진덕여왕 서거. 태종무열왕(太宗武烈王) 즉위. 당나라에서 조문 사신 옴. 4월: 신라, 국왕, 부모를 문흥대왕(文興大王)과 문정태후(文貞太后)로 추봉함. 5월: 신라, 군주(軍主)를 총관(摠管)으로 고침. 이방부령(理方府令) 양수(良首) 등이 이방부격(理方府格) 60여 조를 수정. 당에서 왕에게 작호를 줌. 당나라에 답례 사신 보냄. 10월: 고구려, 신성에서 굴가(窟哥)의 거란군 대파. 신라, 강수(强首), 당의 국서를 해독. 계금당(罽衿幢) 설치. 진덕여왕릉에 12지신상(支神像)을 만듦. 원효, 「무애가(無碍歌)」, 「양산가(陽山歌)」 지음.
655 을묘	2	14	15	1월: 신라, 김강(金剛)을 상대등에 임명하고, 문충(文忠)을 중시에 임명함. 고구려, 백제·말갈과 함께 신라의 33성 공취. 신라, 당에 구원 요청. 2월: 백제, 태자궁(太子宮) 개수. 망해정(望海亭) 건립. 3월: 고구려, 신라의 요청으로 당나라 군대의 공격을 받음. 신라, 원자(元子) 법민(法敏)을 태자로 책봉. 5월: 고구려, 귀단수(貴湍水)에서 당나라 군대에게 패배. 7월: 백제, 마천성(馬川城) 중수. 일본에 사신단 100~150명 파견. 국주모 사망. 의자왕 정변을 단행하여 권력 개편. 9월: 신라, 백제의 조비성(助比城) 공격. 김흠운(金欽運) 전사. 10월: 신라, 왕녀 지소(智昭)를 김유신에게 출가시킴. 백제, 일본에 대사(大使) 서부(西部) 달솔(達率) 서의수(余宜受)와 부사(副使) 동부(東部) 달솔(達率) 조신인(調信仁)등 100여 명 보냄.
656 병진	3	15	16	3월: 백제, 좌평(佐平) 성충(成忠), 의자왕에게 간언하다 옥사. 신라, 김인문, 당에서 돌아옴, 압독주 총관이 되어 장산성 축조. 7월: 신라, 왕자 문왕(文王), 당에 감. 8월: 고구려, 달사(達沙) 등을 일본에 보냄. 12월: 고구려, 당나라에 사신 보냄.
657 정사	4	16	17	1월: 백제, 의자왕, 아들 41인으로 좌평을 삼고 식읍(食邑)을 줌. 귀족 간 알력 심화. 4월: 백제, 크게 가뭄. 7월: 신라, 일선군에서 물난리로 300여 명 죽음. 흥륜사 문이 무너짐. 신라, 대일임전(大日任典) 설치.
658 무오	5	17	18	1월: 신라, 중시 문충을 이찬에 임명하고, 문왕을 중시에 임명. 3월: 신라, 하슬라소경을 주(州)로 고치고 도독(都督)을 둠. 실직(悉直)을 북진(北鎭)으로 삼음.

				6월: 고구려, 당나라 군대와 요동에서 전투. 신라, 제감(弟監)을 대사(大舍)로 개칭. 실직정(悉直停)을 폐하고 하서정(河西停)을 설치. 능안(能安), 15세 나이로 가야지무(加耶之舞)를 춤.
659 기미	6	18	19	4월: 백제, 신라의 독산성, 동잠성(桐岑城)을 침. 신라, 백제를 치고자 당에 지원군 요청. 8월: 아찬 진주(眞珠)를 병부령(兵部令)에 임명. 10월: 한산주에 장의사(莊義寺) 창건. 11월: 고구려, 당의 군대와 요동에서 전투. 신라, 사정부(司正府) 설치. 고구려, 화가 마려(麻呂)를 일본에 보냄. 백제, 농주지희(弄珠之戲)가 행하여짐.
660 경신	7	19	20	1월: 신라, 김유신을 상대등에 임명. 3월: 백제, 당나라가 공격령을 내림. 5월 26일: 신라, 국왕, 백제 공격을 위해 출병. 5월: 고구려, 을상하(乙相賀) 등이 일본에 도착. 신라, 비바람으로 천왕사탑(天王寺塔)·도양사탑(道讓寺塔)·백석사(白石寺) 강당 흔들림. 6월 16일: 신라군, 남천정(南川停)에 도착. 6월 21일: 신라, 태자 법민이 덕물도(德物島)에서 당의 소정방(蘇定方) 군대를 마중. 7월 9일: 신라·백제, 황산벌 전투. 신라의 반굴(盤屈)과 관창(官昌), 백제의 계백(階伯) 장군 등 전사. 신라, 기벌포(伎伐浦) 전투에서 대패. 7월 12일: 백제, 나당공격군의 철군 요청 거절당함. 의자왕의 서자 부여(夫餘) 궁(窮) 사죄를 청함. 7월 13일: 의자왕, 웅진성으로 피난. 왕자 부여 융(隆) 등 신라에 항복. 7월 18일: 의자왕 항복, 백제 멸망. 7월 29일: 천복(天福)을 당에 보내어 전공을 알림. 7월: 고구려, 을상하(乙相賀)가 일본에서 귀국. 8월 2일: 나당연합군 전쟁 승리 축하연. 백제로 도망갔던 역신 모척(毛尺), 검일(黔日)을 처형. 백제, 유민과 좌평 정무(正武) 부흥운동. 신라, 백제 부흥군의 거점인 임존성(任存城)을 공격했으나 실패. 9월 3일: 백제, 소정방(蘇定方)이 의자왕과 백제의 왕족 신하 백성들을 데리고 당으로 돌아감. 10월 9일: 신라, 왕과 태자가 백제 부흥군의 이례성(爾禮城) 공격. 10월 30일: 신라,백제 부흥군 대파. 11월 1일: 고구려, 신라의 칠중성(七重城)을 침공. 군주 필부(匹夫) 전사. 11월 5일: 국왕, 왕흥사잠성(王興寺岑城)을 공격. 11월 22일: 국왕, 백제에서 돌아와 논공행상.
661 신유	8 문무1	20		1월: 백제의 복신(福信), 도침(道琛), 흑치상지(黑齒常之), 일본국에 있던 부여풍(扶餘豊)을 맞아 왕으로 삼기로 하고 주류성(周留城)을 거점으로 부흥운동 전개.

				2월: 백제, 부흥군 서북부 일원 회복. 3월: 백제, 복신이 도침을 죽이고 근거지를 임존성(任存城)으로 옮김. 3월 5일: 신라, 두량윤성(豆良尹城)에서 백제 부흥군에게 패배. 3월 12일: 다시 두량윤성 공격. 4월 19일: 백제 부흥군, 빈골양(賓骨壤)에서 신라군 격파. 4월: 고구려, 당나라 군대의 공격을 받음(제2차여당전쟁). 5월 9일: 고구려, 신라의 술천성(述川城)·북한산성 공격. 신라, 압독주를 대야(大耶)로 옮김. 6월: 신라, 태종무열왕 서거. 문무왕 즉위. 김인문, 당의 고구려 정벌을 전함. 7월 17일: 신라, 고구려 정벌을 위하여 출병. 8월: 신라, 국왕, 시이곡정(始飴谷停)에 주둔. 고구려, 당나라군이 평양성 포위. 9월: 고구려, 압록강에서 당나라군과 격전. 9월 19일: 신라 왕, 시이곡정(始飴谷停)에 주둔. 9월 25일: 옹산성(甕山城) 공격 포위. 9월 27일: 백제 정벌에 대한 논공행상. 웅현성 축조, 우술성(雨述城) 공취. 10월 29일: 신라, 국왕, 왕성으로 돌아옴. 당의 사신이 와서 무열왕의 서거를 조문함. 당, 평양(平壤)으로 군량 수송을 요청함. 신라, 원효가 분황사에서 법성종(法性宗)을 폄. 의상(義湘), 당에 유학. 중원경(中原京) 설치. 대궁사(大宮寺) 창건됨.
662 임술	2	21		1월: 신라, 문훈(文訓)을 중시에 임명. 김유신을 보내 평양 근교에서 고구려군과 싸우고 있던 소정방에게 군량을 공급, 당군은 곧 철수. 1월 23일, 이현(梨峴)에서 성천(星川), 술천(述川) 전사함. 고구려 연개소문, 사수(蛇水)에서 당나라 군대 대파. 2월: 신라, 영묘사 화재. 쌍계사(雙鷄寺) 창건. 탐라가 투항해 옴. 고구려, 소정방이 평양의 포위를 풀고 철수. 3월: 고구려, 당나라 군대가 평양성 포위. 7월: 백제 부흥군 복신 당군에 패배. 부여풍이 복신을 죽이고 백제 왕에 오름, 고구려와 일본에 구원 요청. 당, 백제 주둔 병력 증강. 신라, 김인문을 당에 보냄. 8월: 신라, 백제 부흥군을 토벌. 김진주(金眞珠)와 김진흠(金眞欽)을 처형.
663 계해	3	22		1월: 신라, 남산신성(南山新城) 축조. 남산신성비(南山新城碑) 건립. 부산성(富山城) 축조. 2월: 흠순(欽純)과 천존(天存) 등이 백제 부흥군의 거열성(居列城), 거물성(居勿城) 등을 함락시킴. 백제, 달솔 금수(金受) 일본 파견. 3월: 백제를 돕기 위한 일본의 구원병 출발. 4월: 당이 신라를 계림대도독부(鷄林大都督府), 문무왕을 계림주대도독(鷄林州大都督)에 임명.

				5월: 신라, 영묘사 문 벼락 맞음. 9월: 나당연합군, 백강(白江)에서 일본군 대파. 신라, 백제의 거열성·거물두릉윤성(居勿豆陵尹城)·주류성(周留城) 등이 항복. 부여풍, 고구려로 도망. 11월 4일: 신라, 설리정(舌利停)에서 논공행상. 신라, 당유인원기공비(唐劉仁願紀功碑) 건립.
664 갑자	4	23		1월: 신라, 김군관(金軍官)을 한산주 도독에 임명. 김유신에게 궤장하사. 부인들에게 당의 의복(衣服)을 입게 함. 2월: 신라, 역대 왕의 능묘(陵墓)에 민호(民戶)를 각각 20호씩 옮기게 함. 김인문, 당나라 유인원(劉仁願) 및 백제 부여 융과 더불어 웅진에서 회맹(會盟). 3월: 백제 유민, 사비산성을 근거지로 부흥운동을 전개하다가 웅진도독군에게 패함. 신라, 성천(星川)·구일(丘日) 등 28명을 웅진성에 보내어 당악(唐樂)을 배우게 함. 7월: 신라, 웅진성의 군사와 협력하여 고구려 공격. 8월 14일: 신라, 지진 발생, 민가 붕괴. 국인(國人)이 재화와 토지를 함부로 불사(佛寺)에 시주하는 것을 금지함. 백제, 선광왕(善光王), 일본의 난파(難波)에 살게 됨. 당나라, 백제 왕자 부여 융을 웅진도독에 임명.
665 을축	5	24		2월: 신라, 김문왕(金文王) 서거. 당에서 조문 사절 옴. 진복(眞福)을 중시에 임명. 8월: 신라, 문무왕, 당 유인원 주관하에 웅진도독 부여 융과 웅진 취리산(就利山)에서 회맹. 왕자 정명(政明)을 태자로 책봉. 겨울: 신라, 일선주와 거열주의 백성들을 시켜 군자물품을 하서주로 수송. 견포(絹布) 1필의 규격을 길이 7보(步) 넓이 2척(尺)으로 정함. 신라, 혜통(惠通), 당에서 귀국.
666 병인	6	25		1월: 고구려, 전부 능루(前部 能婁) 등을 일본에 보냄. 2월: 신라, 왕도에 지진. 4월: 신라, 영묘사 화재. 한림(漢林)과 삼광(三光), 당에 숙위로 가서 고구려 정벌을 요청. 5월: 고구려, 연개소문 서거. 맏아들 남생(男生)이 막리지(莫離支)가 됨. 6월: 고구려, 남생이 지방 순시 중에 아우인 남건, 남산에게 쫓겨 당으로 도망함. 8월: 고구려, 남건이 막리지가 됨. 12월: 고구려, 연정토(淵淨土)가 12성을 거느리고 신라에 투항. 신라, 승려 순경(順憬), 당의 현장(玄奘)의 교리를 반박하는 글을 당에 보냄.
667 정묘	7	26		7월: 신라, 즙항세(汁恒世)를 당에 사신으로 파견. 8월: 신라 문무왕, 김유신 등의 장군과 함께 고구려 정벌군을 거느리고 평양으로 출발.

				9월: 고구려, 당나라 군대의 침입. 남소성(南蘇城). 목저성(木底城). 창암성(蒼巖城) 등이 함락됨. 신라 문무왕, 한성정(漢城停)에 이르러 당의 이적(李勣)이 평양에 오기를 기다림. 10월 2일: 신라, 당의 이적이 평양성에 도착하여 병기(兵期)를 독촉하는 편지를 보내옴. 11월 1일: 신라 문무왕, 장새(獐塞)에 도착했다가 곧 철군. 12월: 신라, 중시 문훈(文訓) 사망. 당의 유인원이 고구려 원정에 신라의 협력을 요청해 옴. 신라, 우이방부(右理方府) 설치. 탐라의 좌평 연마(椽磨) 등 일본에 감. 고구려, 가지서무(歌芝棲舞), 호선무(胡旋舞), 광주무(廣紬舞), 괴뢰무(傀儡舞) 행하여짐.
668 무진	8	27		2월: 고구려, 당군에게 부여성(扶餘城) 함락됨. 봄: 신라, 아마(阿麻) 복속. 원기(元器)와 연정토를 당에 보냄. 3월: 신라, 지경(智鏡)을 중시에 임명. 4월: 신라, 혜성 관측됨. 6월 13일: 신라, 김인문을 보내 당항진(黨項津)에 도착한 유인궤(劉仁軌) 일행을 마중함. 6월 21일: 신라, 김유신을 고구려 정벌을 위한 대당대총관(大幢大摠管)에 임명함. 6월 22일: 신라, 웅진도독부성의 유인원이 고구려의 2군 12성이 복속해 옴을 알림. 6월 27일: 신라, 국왕, 당 진영으로 출발. 6월 29일: 신라, 제도총관(諸道摠管) 출병. 7월 16일: 신라, 국왕, 한성주(漢城州)에 도착하여 여러 총관에게 하교. 문영(文穎), 사천원(蛇川原)에서 고구려군 격파. 7월: 고구려, 일본에 사신 파견. 9월 21일: 신라, 당나라 군대와 합세하여 고구려 평양성 포위. 고구려, 보장왕 항복(고구려 멸망), 보장왕을 비롯한 대신 등 20만여 명 당나라로 강제 이주. 9월: 신라, 급찬 김동엄(金東嚴)을 일본에 보냄. 10월 22일: 신라, 고구려 정벌에 대한 논공행상 실시. 10월 25일: 국원경(國原京)에서 능안이 가야춤을 춤 10월: 백제 부여풍, 당 영남(嶺南)으로 유배. 고구려, 연남산(淵男産), 당의 검중(黔中)으로 유배됨. 11월 5일: 신라 왕, 포로 7천 명을 이끌고 귀환. 11월 6일: 신라 왕, 선왕들의 묘에 삼국통일을 고함. 11월 18일: 전사자에 대한 논공행상 실시. 12월: 신라, 영묘사에 화재. 당, 고구려의 옛 땅을 9도독부 42주로 구분. 당, 평양에 안동도호부 설치.(『삼국사기』)

서기 간지	신라	주요 사건
669 기사	문무9	1월: 신라, 승려 신혜(信惠)를 정관대서성(政官大書省)으로 삼음. 당, 승려 법안(法安)이 와서 자석(磁石)을 구함. 2월: 당, 평양에 안동도호부(安東都護府)를 설치. 2월 21일: 신라, 국왕, 민생 안정을 위한 하교 내림. 3월: 탐라, 왕자 구마기(久麻技) 등 일본으로 감. 5월: 신라, 당에 사신 보냄. 천정군(泉井郡)·비열홀군(比列忽郡)·각련군(各連郡) 등 기근 발생. 9월: 신라, 사찬(沙湌) 독유(督儒) 등 일본에 감. 겨울: 당, 사신이 와서 노사(弩師) 구진천(仇珍川)을 데리고 감. 마거(馬阹) 174개소를 관리들에게 나누어줌. 고구려 왕족 안승(安勝), 사치도(史冶島)로 와서 신라에 항복.
670 경오	10	3월: 신라의 설오유(薛烏儒)와 고구려의 고연무(高延武)가 압록강을 건너가 주둔. 4월 4일: 말갈과 연합한 당군 대파 6월: 고구려, 유민 검모잠(劍牟岑) 한성(漢城)에서 왕족 안승(安勝)을 추대하고 부흥운동 전개. 신라, 이들을 금마저(金馬渚)에 유치. 7월: 신라, 백제고지(故地)의 80여 성을 공격 점령. 8월 1일: 신라, 안승(安勝)을 고구려왕(高句麗王)으로 봉함. 12월: 신라, 왕경에 지진발생. 중시(中侍) 지경(智鏡) 사망(? ~670). 신라, 의상(義湘), 당에서 귀국.
671 신미	11	1월: 신라, 예원(禮元)을 중시(中侍)로 삼음. 고구려 상부대상(上部大相) 가루(可婁) 등 일본에 감. 2월: 백제인 대구용(臺久用) 등, 일본에 감. 4월: 신라, 흥륜사(興輪寺) 남문 벼락맞음. 6월: 신라, 죽지(竹旨) 등 부여석성(扶餘石城)에서 당나라군 크게 격파. 7월: 당, 설인귀(薛仁貴)가 서신을 보내어 신라의 반당정책 항의. 9월: 당, 고간(高侃)의 군이 안시성(安市城)에서 고구려 유린 격파. 10월 6일: 신라, 당나라 조선(漕船) 70여 척 격파, 신라, 사찬(沙湌) 김만물(金萬物) 등을 일본에 보냄.
672 임신	12	1월: 신라, 고성성(古省城) 점령. 2월: 신라, 가림성(加林城) 공격 실패. 7월: 당, 장수 고간(高侃)과 이근행(李謹行)이 군대를 이끌고 평양에 주둔. 8월: 당군, 한시성(韓始城)·마읍성(馬邑城) 점령. 백수성(白水城) 근처 주둔. 신라, 고구려병과 연합하여 백수성(白水城) 근처에서 당군 격파. 퇴각하는 당군과 석문(石門)에서 전투. 한산주(漢山州)의 주장성(晝長城) 축조. 9월: 혜성이 7번 나타남. 신라, 당나라에 사신 보내어 사죄. 오주서(五洲誓) 설치. 기근 발생. 의상(義湘) 낙산사(落山寺) 창건.
673 계유	13	1월: 신라, 혜성이 황룡사(皇龍寺)의 재성(在城) 사이에 떨어짐. 강수(强首)를 사찬(沙湌)으로 삼고 매년 벼 20석 하사. 2월: 신라, 서형산성(西兄山城) 증축. 4월: 신라, 계유명전씨아미타석상(癸酉銘全氏阿彌陀石像)·계유명전씨아미타불삼존사면석상(癸酉銘全氏阿彌陀佛三尊四面石像) 조성.

		5월: 고구려 전부(前部) 부가변(富加抃) 등 일본에 감. 7월 1일: 신라, 김유신(金庾信) 사망(575~673). 대토(大吐) 모반 처형. 8월: 신라, 천광(天光)을 중시(中侍)에 임명. 사열산성(沙熱山城) 증축. 9월: 국원성(國原城)·북형산성(北兄山城)·소문성(召文城)·이산성(耳山城) 등 축조. 당군과 싸워 호로강(瓠瀘江)·왕봉강(王逢江)에서 대승. 11월: 신라, 김신실(金抻實) 등, 일본 왕으로부터 축자(筑紫)에서 향응받음. 12월: 신라, 김신실(金抻實) 등, 일본에서 귀국. 겨울: 당나라 군대, 고구려의 우잠성(牛岑城) 함락, 거란병은 대양성(大楊城)·동자성(童子城) 함락. 신라, 처음으로 외사정(外司正)을 주(州)에 2인, 군(郡)에 1인 배치, 수병(戍兵)을 다시 배치.
674 갑술	14	1월: 입당숙위(入唐宿衛)하던 대나마(大奈麻) 덕복전(德福傳), 당나라 역술(曆術)을 배워와 새 역법(曆法)을 만듦. 신라가 고구려의 유민을 받아들이고 백제고지를 점거하자 당나라가 공격해 옴. 2월: 신라, 임해전(臨海殿)·안압지(雁鴨池) 조성. 6월: 신라, 대아찬(大阿飡) 김승원(金承元)과 아찬(阿飡) 김지산(金祇山) 등을 보내어 일본 왕 즉위 축하. 7월: 신라, 큰 바람으로 황룡사(皇龍寺)의 불전 무너짐. 8월: 신라, 서형산(西兄山) 아래에서 군병 열병. 고구려 상부(上部) 위두대형(位頭大兄) 감자(邯子)와 전부(前部) 대형(大兄) 석간(碩干) 등 일본에 감. 9월: 신라, 의안(義安)을 대서성(大書省), 안승(安勝)을 보덕왕(報德王)으로 삼음. 영묘사(靈廟寺) 앞길에서 열병식 거행하고 설수진(薛秀眞)의 육진병법(六陣兵法) 관람. 11월: 신라 설유(薛儒), 고구려의 감자(邯子)와 함께 일본 축자대군(筑紫大郡)에서 향응.
675 을해	15	1월: 신라, 동(銅)으로 백사(百司) 및 주군(州郡)의 인(印)을 만들어 줌. 2월: 신라, 칠중성(七重城)에서 당나라 유인궤(劉仁軌)에게 패배. 당나라, 이근행(李謹行)이 안동진무대사(安東鎭撫大使)가 되어 신라 경략. 신라, 김인문(金仁問) 임해군공(臨海郡公)에 봉해짐. 옛 고구려 남쪽지역에 주군(州郡) 설치. 9월: 신라, 문훈(文訓) 등, 천성(泉城)을 공격한 당나라 설인귀(薛仁貴) 군대를 대파. 9월 29일: 신라, 당나라 이근행(李謹行)의 군대를 매소성(買肖城)에서 대파. 당나라에 사신 보냄. 안북하(安北河)에 연하여 관성(關城)을 쌓고 또 철관성(鐵關城)을 쌓음. 말갈, 아달성(阿達城)을 침공. 성주(城主) 소나(素那) 전사(?~675). 당나라군, 거란·말갈병과 더불어 칠중성(七重城)을 침공. 소수(小守) 유동(儒冬) 전사(?~675).
676 병자	16	2월: 신라 의상(義湘), 부석사(浮石寺) 창건. 왕자 충원(忠元)과 대감(大監) 급찬(級飡) 김비소(金比蘇) 등, 일본에 보냄. 3월: 신라 김풍나(金風那) 등, 일본 축자(筑紫)에서 향응받음. 7월: 신라, 혜성 관측함. 양궁(壤宮) 건립. 당나라 군대, 도림성(道臨城) 침공. 11월: 신라, 설인귀(薛仁貴)의 당군을 기벌포(伎伐浦) 등지에서 22회 싸워 격파. 진순(陳純)에게 궤장 하사.
677 정축	17	2월: 당나라, 전고구려 보장왕을 요동주도독조선군왕(遼東州都督朝鮮郡王)에 봉하고, 전백제 왕자 부여융(扶餘隆)을 웅진주도독대방군왕(熊津州都督帶方郡王)에 봉하여 신라를 견제. 3월: 신라, 강무전(講武殿) 남문(南門)에서 활쏘기 관람. 좌사록관(左司祿館) 설치. 낭당(郞幢)을 자금서당(紫衿誓幢)으로 고침.

		11월: 신라, 사찬(沙湌) 김청평(金淸平)을 일본에 보냄. 파진찬(波珍湌) 김호유(金好儒)와 제감(弟監) 대사(大舍) 김흠길(金欽吉)을 일본에 보냄. 신라, 의상(義湘) 〈법계도(法界圖)〉 완성.
678 무인	18	1월: 신라, 선부(船府) 설치하여 선부령(船府令) 1인을 두고, 좌우리방부경(左右理方府卿) 1인 증치. 북원소경(北原小京) 설치. 3월: 신라, 춘장(春長)을 중시(中侍)로 삼음. 4월: 신라, 천훈(天訓)을 무진주도독(武珍州都督)으로 삼음. 8월: 신라 김청평(金淸平), 일본에서 귀국. 신라, 의상(義湘), 범어사(梵魚寺) 창건.
679 기묘	19	1월: 신라, 천존(天存)을 중시(中侍)로 삼음. 2월: 신라, 탐라를 경략. 궁궐 중수. 8월: 신라, 천존(天存) 죽음(?~679). 동궁(東宮) 창건. 사천왕사(四天王寺) 낙성. 남산성(南山城) 증축. 고구려 연남생(淵男生) 죽음(634~679).
680 경진	20	2월: 신라, 김군관(金軍官)을 상대등(上大等)으로 삼음. 나말(奈末) 감물나(甘勿那)를 일본에 보냄. 3월: 신라, 왕의 누이를 보덕왕(報德王) 안승(安勝)에게 출가시킴. 5월: 안승(安勝), 감사의 편지 바침. 신라, 금관소경(金官小京) 설치. 7월: 백제인 흑치상지(黑齒常之), 당나라의 하원군경략대사(河原軍經略大使) 임명. 9월: 일본 사신 돌가감. 신라, 본피궁(本彼宮) 세움.
681 신사	21 신문1	1월: 신라, 천정군(泉井郡)을 점령. 우사록관(右司祿官)을 둠. 4월: 신라, 사신 항나(項那) 등 축자(筑紫)에서 향응받음. 6월: 신라, 항나(項那) 등 일본에서 귀국. 7월: 문무왕 서거. 신문왕(神文王) 즉위. 당나라에서 신문왕에게 관작을 보내옴. 8월: 신라, 진복(眞福)을 상대등(上大等)으로 삼음. 8월 8일: 신라, 소판(蘇判) 김흠돌(金欽突) 등 모반하여 처형됨. 8월 28일: 이찬(伊湌) 군관(軍官) 처형. 10월: 신라, 시위감(侍衛監)을 파하고 장군 6인을 둠. 11월: 신라, 사찬(沙湌) 김약필(金若弼)과 대나마(大奈麻) 김원승(金原升)을 일본에 보냄. 당, 전 고구려왕 보장이 요동(遼東)에서 말갈과 밀통하였다 하여 공주(邛州)로 유배. 신라, 광덕(廣德), 〈원왕생가(願往生歌)〉 지음. 대왕암(大王巖)에 문무왕릉 조성, 문무왕릉비 건립.
682 임오	2	1월: 신라, 국왕, 신궁(神宮)에 제사. 4월: 신라, 위화부(位和府)에 금하신(衿荷臣)을 둠. 6월: 신라, 국학(國學)을 개편. 김약필(金若弼), 축자(筑紫)에서 향응받음. 전 고구려왕 보장(寶藏) 서거. 7월: 전백제 왕자 부여융(扶餘隆), 낙양(洛陽)에서 사망(615~682). 부여융묘지(扶餘隆墓誌) 작성. 10월: 신라, 일길찬(一吉湌) 김충평(金忠平)과 대나말(大奈末) 김대세(金臺世)를 일본에 파견. 신라, 감은사(感恩寺) 창건. 만파식적(萬波息笛) 만듦.

683 계미	3	1월: 신라, 김충평(金忠平), 축자(筑紫)에서 향응받음. 2월: 신라, 순지(順知)를 중시(中侍)로 삼음. 5월7일: 신라, 일길찬(一吉飡) 김흠운(金欽運)의 딸을 왕비로 책봉. 10월: 신라, 보덕왕(報德王) 안승(安勝)에게 소판(蘇判)과 김씨성(金氏姓)을 주어 경주에 머무르게 함. 전 고구려인으로 황금서당(黃衿誓幢)을, 말갈인으로 흑금서당(黑衿誓幢)을 삼음. 혜성 관측됨.
684 갑신	4	10월: 신라, 유성(流星)이 떨어짐. 11월: 신라, 보덕왕 안승(安勝)의 족자(簇子) 대문(大文)이 금마저(金馬渚)에서 모반, 처형됨. 영흥사성전(永興寺成典)을 설치. 사찬(沙飡) 김주산(金主山)과 대나말(大奈末) 김장지(金長志)를 일본에 파견.
685 을유	5	2월: 신라, 김주산(金主山), 축자(筑紫)에서 향응받음. 봄: 하주정(下州停)을 폐하고 완산정(完山停)을 설치. 3월: 신라, 서원소경(西原小京)·남원소경(南原小京)을 설치. 완산주(完山州)·청주(菁州)를 설치. 봉성사(奉聖寺) 낙성. 4월: 신라, 망덕사(望德寺) 낙성. 일본 유학승 관상(觀常)·운관(雲觀) 돌아감. 12월: 신라 대나말(大奈末) 김물유(金物儒), 일본 파견. 신라: 북원경(北原京)에 축성.
686 병술	6	1월: 신라, 예작부경(例作府卿) 2인을 둠. 대장(大莊)을 중시(中侍)로 삼음. 2월: 신라, 우산(右山)·마산(馬山)·고산(孤山)·사평(沙平)의 4현(縣)을 두고, 사비주(泗沘州)를 군(郡)으로, 웅천군(熊川郡)을 주(州)로 발라주(發羅州)를 군(郡)으로, 무진군(武珍郡)을 주(州)로 삼음. 당나라에 사신을 보내어 예전사장(禮典詞章)을 청함. 3월: 신라, 승려 원효(元曉) 입적(617~686). 김물유(金物儒), 일본 축자(筑紫)에서 향응받고 귀국. 5월: 신라, 김지상(金智祥), 일본 축자(筑紫)에서 향응받고 귀국. 당, 보장왕의 손자 고보원(高寶元)을 조선군왕(朝鮮郡王)으로 책봉. 당, 의자왕의 손자 부여경(扶餘敬)을 백제왕으로 책봉. 신라, 귀순한 고구려인 관료에게 신라의 관작을 줌. 루금기(鏤金器)·하금(霞錦)·능라(綾羅)·병풍·견포 등을 일본에 보냄.
687 정해	7	2월 9일: 신라, 왕자 김상림(金霜林)과 급찬(級飡) 김능모(金陵慕)를 일본에 파견. 3월: 신라, 월성(月城) 숭례전(崇禮殿) 축성. 금동미타(金銅彌陀)·관음세지상(觀音勢至像)을 일본에 보냄. 일선주(一善州)를 폐하고 사벌주(沙伐州)를 복치(復置)함. 4월: 신라, 음성서(音聲署)의 장(長)을 경(卿)이라 고침. 5월: 신라, 백제의 잔민으로써 청금서당(青衿誓幢)을 설치. 9서당(誓幢)편성 완료. 문무관료전(文武官僚田) 지급. 가을: 신라, 사벌주성(沙伐州城)·삽량주성(歃良州城)을 쌓음. 신라, 전국을 9주(州) 5소경(小京)으로 편성.
688 무자	8	1월: 신라, 원수(元帥)를 중시(中侍)로 삼음. 2월: 신라, 선부경(船府卿)을 1인을 더 둠. 김상림(金霜林)등, 일본의 축자관(筑紫館)에서 향응받음.

689 기축	9	1월: 신라, 내외관의 녹읍(祿邑)을 혁파하고 매년 조(租)를 차등 있게 지급. 5월: 신라, 조사(弔使) 급찬(級飡) 김도나(金道那) 등 일본 파견. 윤(閏) 9월 26일: 신라 왕, 장산군(獐山郡)에 행차. 서원경성(西原京城)을 쌓음. 달구벌(達句伐)로 천도 계획을 세웠으나 실행되지 못함. 신라, 황금무당(黃衿武幢)을 설치.
690 경인	10	2월: 신라, 선원(仙元)을 중시(中侍)로 삼음. 5월 10일: 백제의 남녀 21명이 일본으로 귀화. 10월: 신라, 전야산군(轉也山郡)을 설치. 12월: 신라 사신 대나마(大那麻) 김고훈(金高訓) 등 일본에서 귀국. 신라, 개지극당(皆知戟幢)·삼변수당(三邊守幢) 설치.
691 신묘	11	3월 1일: 신라, 왕자 이홍(理洪)을 태자로 책봉. 3월 13일: 신라, 대사면 시행. 3월: 신라, 남원성(南原城) 축조. 신라, 중생사(衆生寺)·민장사(敏藏寺) 창건.
692 임진	12. 효소1	봄: 신라, 당에서 사신을 보내어 태종(太宗)의 묘호를 고치라고 하였으나 거절. 7월: 신라, 신문왕 서거. 효소왕(孝昭王) 즉위. 강수(强首) 사망(?~692). 처음으로 의학박사(醫學博士)를 둠. 효소왕에게 당에서 칭호를 보내옴. 좌우이방부(左右理方府)를 좌우의방부(左右議方府) 로 개칭. 경주 구황리3층석탑 건립. 8월: 신라, 원선(元宣)을 중시(中侍)로 삼음. 설총(薛聰)에게 높은 관등을 수여. 승려 도증(道證), 당나라에서 돌아와 〈천문도(天文圖)〉 바침. 11월: 신라, 급찬(級飡) 박억덕(朴億德)·김심살(金深薩), 일본 파견. 신라, 사천왕사비(四天王寺碑) 건립.
693 계사	2	2월: 신라, 사찬(沙飡) 김강남(金江南)과 한나마(韓奈麻) 김양원(金陽元), 일본 파견. 5월: 신라, 효소왕, 장전(庄田) 1만경(頃)을 백률사(栢栗寺)에 바침. 신라, 장창당(長槍幢)을 비금서당(緋衿誓幢)으로 고침.
694 갑오	3	1월: 신라, 문영(文穎)을 상대등(上大等)으로 삼음. 4월: 신라, 김인문(金仁問), 당나라에서 죽음(629~694). 겨울: 신라, 공악성(公嶽城)·우잠성(牛岑城) 축조.
695 을미	4	1월: 신라, 자월(子月)을 정월(正月)로 함. 개원(愷元)을 상대등(上大等)으로 삼음. 10월: 신라, 왕경에 지진. 중시(中侍) 원선(元宣) 물러남. 서시전(西市典)· 남시전(南市典)을 설치. 신라, 승려 원측(圓測), 당나라에서 〈화엄경(華嚴經)〉을 한역.
696 병신	5	1월: 신라, 이찬(伊飡) 당원(幢元)을 중시(中侍)로 삼음. 5월: 발해, 요서(遼西)의 걸걸중상(乞乞仲象), 태백산(太白山, 白頭山) 동북으로 본거를 옮겨 고구려의 유민과 속말말갈을 통합. 신라, 승려 원측(圓測), 당에서 입적(613~696).
697 정유	6	10월: 신라, 일길찬(一吉飡) 김필덕(金弼德)과 나마(奈麻) 김임상(金任想) 등 일본에 파견. 신라, 망덕사(望德寺) 낙성회(落成會) 개최.

서기 간지	신라	발해	주요 사건
698 무술	효소7	고왕 1	2월: 신라, 순원(順元)을 중시(中侍)로 삼음. 왕경에 지진. 김필덕(金弼德) 귀국. 3월: 신라, 일본의 사신 옴. 숭례전(崇禮殿)에서 접견. 봄: 발해 대조영(大祚榮), 천문령(天門嶺)에서 이해고(李楷固)의 당군을 격파. 7월: 신라, 왕경에 홍수. 발해, 고왕(高王) 대조영(大祚榮)이 나라를 세워 국호를 진(震)이라 함. 사신을 보내어 돌궐과 통교. 당나라가 고구려 왕손 고보원(高寶元)을 충성국왕(忠誠國王)에 봉하여 안동(安東) 구부(舊部)를 주어 통치하게 하였으나 가지 않음.
699 기해	8	2	2월: 신라, 흰 기운이 하늘에 뻗침. 당나라에 사신 보냄. 7월: 신라, 동해물이 핏빛으로 변함. 고구려, 당나라가 보장왕의 손자 고덕무(高德武)를 안동도독(安東都督)으로 삼음.
700 경자	9	3	1월: 신라, 다시 인월(寅月)을 정월로 함. 5월: 신라 이찬(伊湌) 경영(慶永), 모반하여 처형됨. 11월: 신라, 살찬(薩湌) 김소모(金所毛), 일본 파견.
701 신축	10	4	2월: 고구려, 연남산(淵男産), 당나라 낙양(洛陽)에서 사망. 4월: 신라, 김소모(金所毛) 사망. 신라, 김인문비(金仁問碑) 건립.
702 임인	11 성덕1	5	7월: 신라, 효소왕 서거. 성덕왕(聖德王) 즉위. 9월: 신라, 원훈(元訓)을 중시(中侍)로 삼음. 10월: 신라, 승려 의상(義湘) 입적(625~702). 김대문(金大問) 〈화랑세기(花郎世紀)〉·〈고승전(高僧傳)〉 찬술. 목판인쇄술에 의하여 〈무구정광대다라니경(無垢淨光大陀羅尼經)〉을 인쇄.
703 계묘	2	6	1월: 신라, 당나라에서 사신이 옴. 살찬(薩湌) 김복호(金福護)와 급찬(級湌) 김효원(金孝元)을 일본에 파견. 5월: 신라, 김복호(金福護), 일본에서 귀국. 7월: 신라, 아찬(阿湌) 원문(元文)을 중시(中侍)로 삼음. 아찬(阿湌) 김사양(金思讓)을 당나라에 보냄. 일본의 사신이 옴.
704. 갑진	3	7	3월: 신라, 김사양(金思讓)이 당나라로부터 돌아와 〈최승왕경(最勝王經)〉을 바침. 당나라에 사신 보냄. 5월: 신라, 국왕, 김원태(金元泰)의 딸을 왕비로 맞음. 9월: 신라, 당나라에 사신 보냄. 신라, 김대문(金大問) 한산주(漢山州) 대총관(大摠管)이 됨.
705 을사	4	8	1월: 신라, 신정(信貞)을 중시(中侍)로 삼음. 3월: 신라, 진여원(眞如院)을 고쳐 세움. 사신을 당나라에 보냄. 7월: 신라, 영묘사(靈廟寺)에 화재. 10월: 신라, 일길찬(一吉湌) 김유길(金儒吉)이 일본에 감. 신라, 승려 도륜(道倫), 〈유가론기(瑜伽論記)〉 저술. 발해, 당나라의 사신이 와서 화해 요청. 대문예(大門藝)를 당나라에 보내어 입시(入侍)하게 함.

706 병오	5	9	1월: 신라, 인품(仁品)을 상대등(上大等)으로 삼음. 김유길(金儒吉), 일본 왕으로부터 향응받음. 4월: 신라, 당나라에 사신 보냄. 8월: 신라, 문량(文良)을 중시(中侍)로 삼음. 당나라에서 사신이 옴. 10월: 신라, 당나라에 사신 보냄.
707 정미	6	10	1월: 신라, 아사자가 많으므로 쌀을 나누어 줌. 12월: 신라, 당나라에 사신 보냄. 신라, 일본의 구법승 정달(淨達) 돌아감. 봉덕사(奉德寺) 창건.
708 무신	7	11	2월: 신라, 지진 발생.
709 기유	8	12	5월: 신라, 가뭄이 듦. 신라사(新羅使) 김신복(金信福), 일본 왕으로부터 향응받음. 6월: 신라, 당나라에 사신 보냄. 김신복(金信福), 일본에서 귀국. 신라, 노힐부득과 달달박박 〈북암사(北菴詞)〉·〈남암사(南菴詞)〉 찬술.
710 경술	9	13	1월: 신라, 지진 발생. 당나라에 사신 보냄
711 신해	10	14	5월: 신라, 도살 금지. 10월: 신라 왕, 국남(國南) 주군(州郡)을 순행. 11월: 신라 왕, 〈백관잠(百官箴)〉을 지어 군신에게 보임. 발해, 당나라에 사신 보냄. 12월: 신라, 당나라에 사신 보냄.
712 임자	11	15	2월: 신라, 당나라에 사신 보냄. 3월: 신라, 당나라가 왕의 이름을 고치게 하매 융기(隆基)를 흥광(興光)으로 개명. 위문(魏文)을 중시(中侍)로 삼음. 8월: 신라, 김유신(金庾信)의 아내를 부인(夫人)으로 봉함.
713 계축	12	16	2월: 신라, 당나라에 사신을 보냄. 전사서(典祀署)를 설치. 3월: 신라, 당나라에서 왕에게 관작을 보내옴. 발해, 당나라에서 대조영(大祚榮)에게 관작을 보내옴. 국호 진(震)을 발해로 고침. 10월: 신라, 당나라에 사신 보냄. 12월: 신라, 개성(開城)에 성을 쌓음. 발해, 당나라 시장에서 교역하고 절에서 예불할 수 있도록 요청. 대문예(大門藝), 당나라에서 돌아옴.
714 갑인	13	17	1월: 신라, 효정(孝貞)을 중시(中侍)로 삼음. 2월: 신라, 상문사(詳文司)를 통문박사(通文博士)로 고침. 김수충(金守忠)을 당나라에 보내 숙위(宿衛)하게 함. 윤(閏) 2월: 신라, 당나라에 사신 보냄. 11월: 신라, 김원정(金元靜) 등 20명을 일본에 파견. 승려 이원(理願), 일본으로 건너감. 돌궐로 망명해 있던 고구려 유민 고문간(高文簡)이 무리를 이끌고 당나라에 투항하여 하서(河西)를 본거로 함.
715 을묘	14	18	1월: 신라, 김원정(金元靜) 등 일본 왕으로부터 향응받음. 3월: 신라, 김풍후(金楓厚)를 당나라에 사신으로 보냄.

			6월: 신라, 큰 가뭄이 들어 하서주의 거사(居士)를 불러 기우제를 지냄. 12월: 신라, 왕자 중경(重慶)을 태자로 책봉.
716 병진	15	19	3월: 신라, 당나라에 사신 보냄. 성정왕후(成貞王后) 출궁. 숭례전(崇禮殿)이 태풍으로 부서짐. 발해, 대수령(大首領)을 당나라에 파견
717 정사	16	20	2월: 신라, 의학박사(醫學博士)·산학박사(算學博士) 각 1인을 둠. 3월: 신라, 신궁(新宮)을 창건. 9월: 신라, 김수충(金守忠)이 당나라에서 귀국하여 공자(孔子) 10철(哲)·72 제자도(弟子圖)를 바침, 이를 태학(太學)에 보관. 발해, 당나라에 사신 보냄.
718 무오	17	21	1월: 신라, 사공(思恭)을 중시(中侍)로 삼음. 2월: 신라 왕, 서쪽 지방의 주군(州郡)을 순무. 3월: 신라, 지진 발생. 6월: 신라, 황룡사탑(黃龍寺塔) 벼락 맞음. 당나라에 사신 보냄. 누각전(漏刻典)을 설치. 10월: 신라, 한산주(漢山州) 관내에 여러 성(城)을 축조. 신라, 일본 사신이 옴. 연사전(煙舍典)을 설치. 발해, 당나라에 사신 보냄.
719 을미	18	22 무왕 인안 1	1월: 신라, 사신을 당나라에 보냄. 2월: 신라, 감산사(甘山寺)를 창건. 감산사미륵보살상(甘山寺彌勒菩薩像) 조성. 5월: 신라, 급찬(級飡) 김장언(金長彦) 등 40명 일본에 보냄. 9월: 신라, 금마군(金馬郡) 미륵사(彌勒寺) 벼락 맞음. 발해, 고왕(高王) 서거 무왕(武王) 즉위. 연호를 인안(仁安)이라 개원.
720 경신	19	2	1월: 신라, 지진발생. 3월: 신라, 이찬(伊飡) 순원(順元)의 딸을 왕비로 맞음. 배부(裵賦)를 상대등(上大等)에 임명. 4월: 신라, 홍수발생. 우박이 내려 농사 피해. 6월: 신라, 왕비를 왕후로 책봉. 7월: 신라, 누리(황충) 발생으로 곡식 피해. 문림(文林)을 중시(中侍)로 삼음. 9월: 발해, 당나라가 낭장(郎將) 장월래(張越來)를 보내어, 계(溪)·거란을 함께 치기로 약속. 신라, 황룡사구층탑(皇龍寺九層塔) 중수. 발해 왕의 맏아들 대도이행(大都利行), 당나라로부터 계루군왕(桂婁郡王)으로 책봉.
721 신유	20	3	7월: 신라, 하슬라도(河瑟羅道)의 장정을 징발하여 북경(北境)에 장성(長城)을 쌓음. 12월: 신라, 일길찬(一吉飡) 김건안(金乾安)과 살찬(薩飡) 김필덕(金弼德) 등을 일본에 보냄. 발해, 대수령(大首領)을 당에 파견.
722 임술	21	4	1월: 신라, 선종(宣宗)을 중시(中侍)로 삼음. 2월: 신라, 왕경에 지진.

			5월: 신라, 일본 사신이 옴. 8월: 신라, 처음으로 백성에게 정전(丁田)을 분급(分給). 10월: 신라, 모벌군(毛伐郡)에 관문성(關門城)을 축성하여 왜구를 막게 함. 당나라에 김인일(金仁壹)을 사신으로 보냄. 12월: 신라, 일본 사신 돌아감. 신라, 소내학생(所內學生)을 둠. 발해, 미발계(味勃計)를 당나라에 보내어 매를 바침. 흑수말갈과 함께 돌궐에 사신을 파견하여 감독관인 토둔(吐屯) 파견 요청
723 계해	22	5	3월: 신라, 당나라에 사신을 보내 포정(抱貞)·정완(貞婉) 두 여자를 바쳤으나 당나라 현종(玄宗)이 여자들을 불쌍히 여겨 돌려보냄. 4월: 신라, 당나라 사신 보냄. 8월: 신라, 한나마(韓奈麻) 김정숙(金貞宿), 한나마(韓奈麻) 석양절(昔楊節) 등 일본 왕으로부터 향응받음. 신라, 혜초(慧超), 인도 순례. 쌍계사(雙磎寺) 창건.
724 갑자	23	6	1월: 신라, 상원사(上院寺) 창건. 2월: 신라, 김무훈(金武勳)을 당나라에 사신으로 보냄. 봄: 신라, 왕자 승경(承慶)을 세워 태자(太子)로 책봉. 12월: 신라, 소덕왕비(炤德王妃) 사망. 발해, 하조경(賀祚慶)을 당나라에 파견하여 정단(正旦) 축하.
725 을축	24	7	3월: 신라, 충충(忠)을 중시(中侍)로 삼음. 상원사종(上院寺鐘) 주조. 5월: 신라, 일본 사신 왔다가 돌아감. 10월: 신라, 지진 발생. 신라, 법천사(法泉寺) 창건. 발해, 오차지몽(烏借芝蒙)을 당나라에 보내어 정단(正旦) 축하. 수령(首領) 알덕(謁德)을 당나라에 보냄. 왕제(王弟) 대창발가(大昌勃價)를 당나라에 파견.
726 병인	25	8	4월: 신라, 김충신(金忠臣), 당나라에 사신으로 감. 5월: 신라, 살찬(薩飡) 김조근(金造近), 일본에 사신으로 감. 당나라에 사신 보냄. 발해, 대도이행(大都利行), 당나라에 사신으로 감. 왕자 대의신(大義信), 당나라에 사신으로 감. 대무예(大武藝)가 대문예(大門藝)·임아(任雅)로 하여금 흑수말갈을 치도록 함. 대문예(大門藝), 명령을 어기고 당나라로 도망감. 대무예(大武藝), 당나라에 마문궤(馬文軌)를 보내어 대문예(大門藝)를 죽이기를 요청
727 정묘	26	9	1월: 신라, 당나라에 사신 보냄. 4월: 신라, 일길찬(一吉飡) 위원(魏元)을 대아찬(大阿飡)으로 삼음. 12월: 신라, 상대등(上大等) 배부(裵賦)가 퇴노(退老)를 청함. 월성(月城) 영창궁(永昌宮)을 수리. 지명을 한자(漢字) 2자체로 개칭. 발해, 고인(高仁) 등을 일본에 보내어 통빙(通聘)하고자 하였으나 겨우 고제덕(高齊德) 등 8인만이 일본 조정에 도달. 발해, 효진언(孝盡彦)을 당나라에 사신으로 보냄. 대보방(大寶方)을 당나라에 사신으로 보냄. 대창발가(大昌勃價)가 당나라에서 돌아옴.

728 무진	27	10	1월: 발해, 고제덕(高齊德), 일본 왕으로부터 향응받음. 2월: 발해, 일본 사신 옴. 7월: 신라, 왕의 동생 김사종(金嗣宗)을 당나라에 보내어 자제(子弟)들이 국학에 들어가기를 청함. 사공(思恭)을 상대등(上大等)으로 삼음. 신라, 법주사(法住寺) 중수. 법주사사천왕석등(法住寺四天王石燈)이 세워짐. 일본과 교역을 실시. 발해, 어부수토(於夫須討)를 당나라에 파견. 고제덕(高齊德), 일본 사신과 함께 돌아옴. 대도이행(大都利行), 당나라에서 사망.
729 기사	28	11	1월: 신라, 당나라에 사신 보냄. 9월: 신라, 당나라에 사신 보냄. 발해, 왕의 아우 대호아(大胡雅)와 대림(大琳)을 당나라에 파견
730 경오	29	12	2월: 신라, 왕족 지만(志滿)에게 방물을 주어 당나라에 사신으로 보냄. 8월: 발해, 일본 사신 돌아감. 9월: 발해, 당나라에 사신을 보냄. 10월: 신라, 당나라에 사신을 보냄. 발해, 왕의 아우 대랑아(大郎雅)를 당나라에 보냄. 지몽(智蒙)을 당나라에 보내어 말을 선물함. 오나달리(烏那達利)를 당나라에 보내어 여러 가지 물건을 선물함.
731 신미	30	13	1월: 발해, 사신을 당나라에 보내어 정단(正旦 : 신년)을 축하. 2월: 신라, 김지량(金志良)을 당나라에 사신으로 보냄. 4월: 신라, 일본이 병선 300척으로 동해변을 침입하자 이를 격파. 9월: 신라, 백관에게 명하여 적문(的門)에 모이게 하여 차노(車弩)의 사격을 관람. 발해, 대성취진(大姓取珍) 등 120인을 당나라에 보냄.
732 임신	31	14	5월: 신라, 한나마(韓奈麻) 김장손(金長孫) 등 40인이 일본에 사신으로 감. 12월: 신라, 각간(角干) 사공(思恭) 등을 장군으로 삼음. 신라, 경성주작전(京城周作典)을 둠. 발해, 장문휴(張文休)를 보내어 당나라의 등주(登州)를 쳐 자사 위준(刺史 韋俊)을 죽임. 군사를 보내어 마도산(馬都山)까지 공격함.
733 계유	32	15	1월: 발해, 당나라가 대문예(大門藝)를 보내어 공격. 7월: 신라, 당나라가 발해의 정벌을 요청. 눈이 많이 와서 싸우지 못하고 돌아옴. 10월: 신라, 당나라가 왕에게 백앵무(白鸚鵡)·자라수흘(紫羅繡紇)·금은세기물(金銀細器物)·서문금(瑞文錦) 정색라채(正色羅綵) 등을 보내옴. 12월: 신라, 당나라에 사신을 보냄. 발해, 대무예(大武藝), 자객을 보내어 대문예(大門藝)를 살해하려 했으나 실패. 당나라가 왕제(王弟) 대랑아(大郎雅) 등을 영남(嶺南)으로 귀양 보냄. 대성경(大誠慶)을 당나라에 보내어 사과. 돌궐 사신이 와서 해(奚)·계단(契丹)을 함께 치자고 하였으나 거절. 대랑아(大郎雅), 당나라에서 귀국.
734 갑술	33	16	1월: 신라, 국왕, 백관으로 하여금 북문(北門)에 들어와 주대(奏對)하게 함. 4월: 신라, 당나라에 하정사(賀正使)를 보냄. 당나라 현종(玄宗)이 내전(內殿)에서 접견.

735 을해	34	17	1월: 신라, 김의충(金義忠), 당나라에 하정사(賀正使)로 감. 2월: 신라, 당나라가 신라의 패강(浿江: 대동강) 이남의 영유를 승인. 김상정(金相貞), 일본에 사신으로 감. 신라, 승려 이원(理願), 일본에서 입적.
736 병자	35	18	2월: 신라, 당나라에 사신을 보냄. 4월: 신라, 당나라에 사신을 보냄. 6월: 신라, 당나라에 사신을 보내어 패강(浿江) 이남 영유 승인에 감사를 표함. 11월: 신라, 이찬(伊飡) 윤충(充忠) 등, 평양주(平壤州)·오두주(午頭州)의 지세를 살핌. 신라, 법주사(法住寺) 중수. 발해, 수령 율기토(首領 聿棄討)를 당나라에 파견. 수령(首領) 목지몽(木智蒙) 당나라에 파견.
737 정축	36 효성1	19 문왕 대흥 1	2월: 신라, 사찬(沙飡) 김구질(金拘質)을 당나라의 사신으로 보냄. 성덕왕 서거. 효성왕 즉위. 3월: 신라, 사정부(司正府)의 승(丞)과 좌우의방부(左右議方府) 의승(丞)을 좌(佐)로 개칭. 정종(貞宗)을 상대등(上大等), 김의충(金義忠)을 중시(中侍)로 삼음. 5월: 신라, 지진 발생. 9월: 신라, 유성(流星)이 떨어짐. 10월: 당나라에 갔던 김구질(金拘質) 돌아옴. 12월: 신라, 당나라에 사신 보냄. 발해, 무왕 서거. 문왕 즉위. 연호를 대흥(大興)으로 고침. 대수령(大首領) 다몽주(多蒙周)를 당나라에 파견. 공백토(公伯討)를 당나라에 파견. 연등석탑이 세워짐.
738 무인	2	2	1월: 신라, 급찬(級飡) 김상순(金相純) 등 147명 일본에 사신으로 감. 2월: 신라, 당나라에서 효성왕에게 관작을 보내옴. 3월: 신라, 김원현(金元玄)을 당나라에 사신으로 보냄. 4월: 신라, 당나라의 사신 나숙(邢璹)이 와서 〈노자도덕경(老子道德經)〉 등의 서적을 바침. 12월: 신라, 봉덕사(奉德寺) 건립. 영묘사(靈廟寺)에 화재. 발해, 당나라의 단수간(段守簡)이 와서 대흠무(大欽茂)를 왕으로 인정. 당나라에 사신을 보내어 〈한서(漢書)〉·〈삼국지(三國志)〉·〈진서(晋書)〉·〈당서(唐書)〉 등을 베껴옴.
739 기묘	3	3	1월: 신라, 국왕, 조고묘(祖考廟) 배알. 발해, 서요덕(胥要德)·이진몽(李珍蒙)을 일본에 사신으로 파견. 신라, 신충(信忠)을 중시(中侍)로 삼음. 선천궁(善天宮)이 축조됨. 2월: 신라, 왕의 아우 헌영(憲英)을 파진찬(波珍飡)에 임명. 3월: 신라 왕, 이찬(伊飡) 순원(順元)의 딸 혜명(惠明)을 왕비로 추봉. 5월: 신라, 파진찬(波珍飡) 헌영(憲英)을 태자로 책봉. 발해, 왕제(王弟) 대욱진(大勗進)을 당나라에 사신으로 보냄.

740 경진	4	4	2월: 발해, 당나라에 사신을 파견. 기진몽(己珍蒙) 등 일본의 답빙사(答聘使) 대반태양(大伴太養)과 함께 돌아감. 3월: 신라, 당나라 사신이 부인(夫人) 김씨를 왕비로 추봉. 5월: 신라, 혜성 관측됨. 8월: 신라 파진찬(波珍湌) 영종(永宗)이 모반하다가 복주(伏誅)됨. 신라, 승려 진표(眞表), 정계(淨戒)를 받음.
741 신사	5	5	4월: 신라, 정종(貞宗)과 사인(思仁)이 노병(弩兵)을 검열. 발해, 실아리(失阿利)를 당나라에 파견.
742 임오	6 경덕1	6	2월: 신라, 사찬(沙湌) 김흠영(金欽英) 등 187명 일본에 사신으로 감. 5월: 신라, 효성왕 서거. 경덕왕 즉위. 10월: 신라, 일본 사신이 도착하였으나 못 들어오게 함. 신라, 승려 심상(審祥), 일본에서 입적.
743 계미	2	7	3월: 신라, 살찬(薩湌) 김서정(金序貞), 일본에 사신으로 감. 당나라가 경덕왕에게 선왕의 작호를 그대로 보내옴. 당나라 사신이 〈어주효경(御注孝經)〉 1부를 바침. 4월: 신라 왕, 서불감(舒弗邯) 김의충(金義忠)의 딸을 비로 삼음. 12월: 신라 왕, 아우를 당나라에 사신으로 보냄. 발해, 왕의 아우 대번(大蕃)을 당나라에 보냄.
744 갑신	3	8	1월: 신라, 유정(惟正)을 중시(中侍)로 삼음. 윤(閏) 2월: 신라, 당나라에 사신을 보냄. 4월: 신라, 왕이 신궁(神宮)에 제사. 당나라에 사신 보냄. 겨울: 신라, 혜성 관측됨.
745 을유	4	9	1월: 신라, 이찬(伊湌) 김사인(金思仁)을 상대등(上大等)으로 삼음. 4월: 신라, 왕도에 달걀만 한 우박 내림. 5월: 신라, 가뭄 발생. 대정(大正)을 중시(中侍)로 삼음. 7월: 신라, 동궁(東宮) 수리. 사정부(司正府)·소년감전(少年監典)·예관원(穢官典)을 설치. 신라, 민장사(敏藏寺) 관음상(觀音像) 제작. 무진사종(无盡寺鍾) 주조.
746 병술	5	10	2월: 신라, 당나라에 사신을 보냄. 신라, 내사정전(內司正典)을 둠. 이찬(伊湌) 김사인(金思仁), 종 1개를 만들어 무진사(无盡寺)에 시입. 발해, 사신을 당나라에 보내어 정단(正旦)을 축하. 발해인 1,100여 명 일본에 건너가 출우국(出羽國)에 정주함.
747 정해	6	11	1월: 신라, 중시(中侍)를 시중(侍中)이라 개칭. 국학(國學)을 확충. 제업박사(諸業博士)·조교(助敎)를 둠. 당나라에 사신을 보냄. 가을: 신라, 가뭄. 겨울: 신라, 기근과 질병이 심해지자 10도에 안무사(按撫使)를 보내어 살핌. 발해, 사신을 당나라에 파견.
748 무자	7	12	8월: 신라, 태후(太后)가 영명신궁(永明新宮)으로 옮김. 정찰 1인을 두어 백관을 규정(糾正)함. 대곡성(大谷城) 등 14군현을 설치.

749 기축	8	13	3월: 신라, 천문박사(天文博士)·누각박사(漏刻博士)를 둠. 발해, 사신을 당나라에 보내어 매를 선사.
750 경인	9	14	1월: 신라, 조량(朝良)을 시중(侍中)으로 삼음. 2월: 신라, 어룡성(御龍省)에 봉어(奉御) 2인을 둠. 발해, 사신을 당나라에 보내어 매를 선사.
751 신묘	10	15	신라, 대상(大相) 김대성(金大城)이 불국사를 창건.
752 임진	11	16	1월: 신라, 일본에서 마려(麻呂)를 사신으로 보냄. 3월: 신라, 급찬(級飡) 원신(原神)·용방(龍方)을 대아찬(大阿飡)으로 삼음. 윤(閏) 3월: 신라, 왕자 한아찬(韓阿飡) 김태렴(金泰廉) 등 700여 명 일본 파견. 10월: 신라, 창부사(倉部史) 3인을 더 둠. 발해, 모시몽(募施蒙)을 일본에 파견.
753 계사	12	17	3월: 신라, 일본 사신이 왔으나 왕이 만나지 않음. 5월: 발해, 모시몽(募施蒙)이 일본에 사신으로 감. 6월: 발해, 모시몽(募施蒙)이 일본에서 귀국. 발해, 당나라에 사신을 보냄.
754 갑오	13	18	5월: 신라, 성덕왕릉비를 세움. 7월: 신라, 영흥사(永興寺)·원정사(元廷寺) 수리. 8월: 신라, 효정(孝貞)과 삼모부인(三毛夫人)이 시주하여 황룡사종(皇龍寺鐘) 주조. 신라, 〈천보십삼년명백지묵서대방광경(天寶十三年銘白紙墨書大方廣經)〉 찬술. 화엄사(華嚴寺) 사리탑 및 동·서탑과 황룡사탑을 개수. 발해, 당나라에 사신을 보내어 정단(正旦)을 축하.
755 을미	14	19	봄: 신라, 효자(孝子) 향덕(向德)에게 상을 줌. 망덕사탑(望德寺塔) 벼락 맞음. 4월: 신라, 당나라에 사신을 보냄. 7월: 신라, 김기(金耆)를 시중(侍中)으로 삼음. 신라, 분황사 약사동상(芬皇寺 藥師銅像) 주조. 발해, 국왕, 당나라로부터 특진(特進) 추가 받음.
756 병신	15	20	신라, 당나라에 사신을 보내어 당 현종(玄宗)을 성도(成都)에서 위문. 백률사(栢栗寺) 중건. 발해, 돈화(敦化) 동모산(東牟山)에서 상경용천부(上京 龍泉府)로 천도.
757 정유	16	21	1월: 신라, 신충(信忠)을 상대등(上大等)으로 삼음. 3월: 신라, 내외관의 월봉을 없애고 다시 녹읍(祿邑)을 줌. 7월: 신라, 영창궁(永昌宮) 수리. 신라, 백월산(白月山) 남사(南寺) 창건.
758 무술	17	22	1월: 신라, 염상(廉相)을 시중(侍中)으로 삼음. 2월: 신라, 휴가일이 만 60일 넘는 자는 해관(解官)시킴. 4월: 신라, 의궁(醫宮)의 정구(精究)한 자로 내공봉(內供奉)을 삼고, 율령박사(律令博士) 2인을 둠. 7월: 큰 우레와 번개로 16개 사찰이 벼락 맞음.

			8월: 신라, 당나라에 사신을 보냄. 신라 승려 32명 등을 일본의 무장국(武藏國)으로 집단 이주하고 신라군(新羅郡) 설치. 9월: 발해, 양승경(楊承慶) 등 23인 일본에 사신으로 감. 신라, 일본에 국서를 보냄. 갈항사(葛項寺) 동서3층석탑 건립. 갈항사석탑기(葛項寺石塔記) 작성. 무루(無漏) 입적.
759 기해	18	23	1월: 신라, 국학(國學)을 대학감(大學監)으로 개칭. 중앙관호를 중국식으로 대폭 정비. 발해, 양승경(楊承慶), 국서를 일본 왕에게 전함. 2월: 신라, 예부(禮部)의 사지(舍知)를 사례(司禮)로, 창부(倉部)의 조사지(組舍知)를 사창(司倉)으로, 병부(兵部)의 노사지(弩舍知)를 사병(司兵)으로, 음성서(音聲署)의 경(卿)을 사악(司樂)으로, 대사(大舍)를 주부(主簿)로 고침. 음성서(音聲署)는 대악감(大樂監)으로 바꿈. 3월: 신라, 혜성이 관측됨. 신라, 사면석불(四面石佛)을 건립. 발해, 양승경(楊承慶)이 일본의 입당사(入唐使) 고원도(高元度)와 함께 귀국하여 당나라에 감.
760 경자	19	24	1월: 발해, 고남신(高南申), 일본에 사신으로 가서 국서를 전함. 일본의 답빙사와 함께 귀국. 2월: 신라, 궁중에 큰 못을 파고, 궁남(宮南) 문천(蚊川) 위에는 월정교(月淨橋)·춘양교(春陽橋)를 놓음. 4월: 신라, 김옹(金邕)을 시중(侍中)으로 삼음. 승려 월명사(月明師), 〈도솔가〉 지음. 7월: 신라, 왕자 건운(乾運)을 태자로 책봉. 9월: 신라, 급찬(級飡) 김정권(金貞卷), 일본에 사신으로 감.
761 신축	20	25	신라, 용장사(茸長寺) 중건. 일본이 신라를 침략하려고 대대적으로 준비함. 발해, 일본의 사신 도착. 고구려, 유장 왕사례(王思禮) 사망.
762 임인	21	26	5월: 신라, 오곡(五谷)·휴암(鵂巖)·한성(漢城)·장새(獐塞)·지성(池城)·덕곡(德谷)의 6성을 쌓고 각각 태수(太守)를 둠. 9월: 신라, 당나라에 사신을 보냄. 신라, 석가사(釋迦寺)를 중건함. 발해, 당나라가 문왕(文王)에게 관호를 보내옴. 왕신복(王新福), 일본에 사신으로 감.
763 계묘	22	27	4월: 신라, 당나라에 사신을 보냄. 8월: 신라, 상대등(上大等) 신충(信忠)과 시중(侍中) 김옹(金邕)을 사면함. 신라, 단속사(斷俗寺) 창건. 발해, 왕신복(王新福), 일본의 답빙사와 함께 귀국.
764 갑진	23	28	1월: 신라, 만종(萬宗)을 상대등(上大等), 김양상(金良相)을 시중(侍中)으로 삼음. 3월: 신라, 혜성이 관측됨. 6월: 신라, 승려 진표(眞表)가 금산사(金山寺)에서 법상종(法相宗)을 폄. 진표가 금산사금당(金山寺金堂)의 미륵장륙상(彌勒丈六像) 주조.

			신라, 영묘사장륙상(靈廟寺丈六像)이 주조됨. 화엄종(華嚴宗)의 재건 완성. 백월산(白月山) 남사금당(南寺金堂)에 미륵소상(彌勒塑像)을 봉안함. 발해, 왕정(王誕)을 당나라에 사신으로 보냄.
765 을사	24 혜공1	29	4월: 신라, 지진 발생. 당나라에서 신라 사신에게 검교예부상서(檢校禮部尙書)의 직을 줌. 경덕왕 때 굴불사사면석굴(堀佛寺四面石佛) 만듦. 〈도천수관음가(禱千手觀音歌)〉·〈산화가(散花歌)〉 지어짐. 6월: 신라, 유성이 떨어짐. 경덕왕 서거. 혜공왕 즉위. 신라, 혜공왕, 죄인을 크게 사면함. 대학(大學)에 행행(行幸)하여 박사로 하여금 〈상서(尙書)〉를 강의케 함.
766 병오	2	30	1월: 신라, 해가 둘 나타남. 죄인을 크게 사면함. 2월: 신라, 국왕, 신궁(神宮)에 제사. 강주(康州)에서 땅이 꺼져 못이 생김. 5월: 신라, 승려 진표(眞表)가 금산사금당(金山寺金堂)에 미륵장륙상(彌勒丈六像)을 주조, 안치함. 10월: 하늘에서 북소리 같은 것이 남. 신라, 영태이년명탑지(永泰二年銘塔誌石) 만듦. 발해, 당나라로부터 대흠무(大欽茂)가 사공 겸 태위(司空兼太尉)를 추서받음.
767 정미	3	31	5월: 발해, 사신을 당나라에 보냄. 6월: 신라, 지진 발생. 7월: 신라, 이찬(伊飡) 김은거(金隱居), 당나라에 사신으로 감. 유성이 떨어짐. 8~12월: 발해, 당나라에 사신 보냄.
768 무신	4	32	봄: 신라, 혜성이 동북방에 출현. 당나라에서 혜공왕에게 작호를 보내옴. 3월 12일: 발해, 사신을 당나라에 파견. 6월: 신라, 왕경에 우레가 있고 우박이 옴. 지진 발생. 7월: 신라, 일길찬(一吉飡) 대공(大恭), 아찬(阿飡) 대렴(大廉) 등 반란. 33일간 왕궁을 포위, 5도(道) 주군(州郡)의 96각간(角干)이 서로 싸움. 대공 피살. 9월: 신라, 당나라에 사신을 보냄. 10월 4일: 신라, 일본이 신라의 교관물(交關物)을 매입하려고 계획. 10월: 신라, 신유(神猷)를 상대등(上大等), 김은거(金隱居)를 시중(侍中)으로 삼음. 12월: 발해, 당나라에 사신 보냄.
769 기유	5	33	3월: 신라, 국왕, 임해전(臨海殿)에서 군신과 연회. 5월: 신라, 백관에게 인재를 천거케 함. 11월: 신라, 사신 급찬(級飡) 김초정(金初正) 등 187인 대마도(對馬島) 도착. 겨울: 신라, 눈이 오지 않음.
770 경술	6	34	1월: 신라, 국왕, 서원경(西原京) 순행. 3월: 신라, 흙비가 옴. 김초정(金初正), 일본 왕으로부터 향응받음. 4월: 신라, 국왕, 서원경(西原京)에서 환도. 5월: 신라, 혜성이 나타남. 6월 12일: 신라, 혜성이 사라짐. 8월: 신라 대아찬(大阿飡) 김융(金融), 모반을 꾀하다 처형됨. 11월: 신라, 왕경에 지진 발생. 12월: 신라, 정문(正門)을 시중(侍中)으로 삼음. 승려 진표(眞表), 발연사(鉢淵寺) 창건. 봉덕사동종(奉德寺銅鍾)을 주조.

771 신해	7	35	6월: 발해, 사신 일만복(壹萬福) 등 325인, 일본 출우국(出羽國) 도착. 12월 14일: 신라, 성덕왕신종(에밀레종) 주조. 신라, 낭공(郎空) 행적(行寂), 당나라에서 돌아옴. 팔공산 동화사(桐華寺) 중수, 비로암(毘盧庵)의 비로자나불(毘盧舍那佛) 조성. 인양사동종(仁陽寺銅鍾) 주조.
772 임자	8	36	1월: 신라, 김표석(金標石)을 당나라에 사신으로 보냄. 2월: 발해, 사신이 일본에서 귀국. 신라, 팔공산 동화사의 5층석탑 및 금당(金堂) 동서3층석탑을 건립.
773 계축	9	37	4월: 신라, 당나라에 사신을 보내어 신년을 하례함. 6월: 신라, 당나라에 사신을 보냄. 당나라 대종(代宗)이 신라 사신에게 '만국지중 내위군자(萬國之中 乃爲君子)'라고 찬칭함. 발해, 사신 오수불(烏須弗), 일본 능등국(能登國) 도착. 발해, 당나라에 사신을 보냄. 일만복(壹萬福), 일본 답빙사와 함께 귀국. 오수불(烏須弗), 일본에서 귀국.
774 갑인	10	38	3월: 신라, 사신 사찬(沙湌) 김삼현(金三玄) 등 325명, 일본 대재부(大宰府) 도착. 4월: 신라, 당나라에 사신을 보냄. 9월: 신라, 김양상(金良相)을 상대등(上大等)으로 삼음. 10월: 신라, 사신을 당나라에 보내어 신년을 하례함. 신라, 김대성(金大城) 사망. 발해, 당나라에 사신 보냄. 당나라에 질자(質子)로 가 있던 대영준(大英俊) 귀국.
775 을묘	11	39	1월: 신라, 사신을 당나라에 보냄. 3월: 신라, 김순(金順)을 시중(侍中)으로 삼음. 6월: 신라, 사신을 당나라에 보냄. 이찬(伊湌) 김은거(金隱居) 모반하다 처형됨. 8월: 신라 이찬(伊湌) 염상(廉相), 시중(侍中) 정문(正門)과 모반하다 처형됨. 발해, 4차례 당나라에 사신을 파견.
776 병진	12	40	1월: 신라, 백관의 칭호를 모두 옛것으로 복구함. 감은사(感恩寺)에 행행(行幸)하여 바다에 망제(望祭). 2월: 신라, 국왕, 국학(國學)에 행행(行幸)하여 청강(聽講). 3월: 신라, 창부(倉部)의 사(史) 8인을 증가함. 7월: 신라, 당나라에 사신 보냄. 10월: 신라, 당나라에 사신 보냄. 12월: 발해, 사도몽(史都蒙) 등 187인, 일본에 사신으로 감.
777 정사	13	41	3월: 신라, 왕경에 지진. 4월: 신라, 왕경에 다시 지진. 상대등(上大等) 김양상(金良相)이 상소(上疏)로 시정(時政)을 극론(極論)함. 5월: 발해, 사도몽(史都蒙), 일본 왕으로부터 향응받음. 일본 답빙사와 함께 귀국. 10월: 신라, 김주원(金周元)을 시중(侍中)으로 삼음. 신라, 효자 성각(聖覺)에게 상을 줌.
778 무오	14	42	신라, 일본의 견당사선(遣唐使船) 1척 탐라에 표착. 발해, 장선수(張仙壽), 귀국하는 일본 사신을 전송함.

779 기미	15	43	1월: 발해, 사신 장선수(張仙壽), 일본 왕으로부터 향응받고 돌아옴. 2월: 신라, 일본이 대재부(大宰府)의 관원을 보내어 탐라도에 억류된 견당판관(遣唐判官) 등을 데려가려고 함. 3월: 신라, 왕경에 지진이 발생하여 100여 명 사망. 백고좌법회(百高座法會)를 개최. 4월: 신라, 김유신묘(金庾信墓)에서 울음소리가 들려 제사. 10월 21일: 신라, 승려 신행선사(神行禪師) 입적. 10월: 신라, 사신 김란손(金蘭孫), 일본 수도에 도착. 신라, 김암(金巖)이 일본에 파견되어 둔갑법(遁甲法)을 가르치고 돌아옴.
780 경신	16 선덕1	44	1월: 신라, 누른 안개가 낌. 김란손(金蘭孫), 일본 왕으로부터 향응받음. 설중업(薛仲業), 사신판관(使臣判官)으로 일본에 감. 발해, 당나라에 사신 보냄. 2월: 신라, 흙비가 옴. 이찬(伊飡) 김지정(金志貞), 모반하여 왕궁을 포위. 4월: 신라, 상대등(上大等) 김양상(金良相)과 이찬(伊飡) 김경신(金敬信) 등이 거병하여 김지정(金志貞)을 죽임. 혜공왕과 왕후는 반란군에게 시해됨, 선덕왕 즉위. 왕모를 정의태후(貞懿太后)에 추봉함. 어룡성(御龍省)의 봉어(奉御)를 경(卿)이라 고쳤다가 다시 감(監)으로 고침. 김경신(金敬信)을 상대등(上大等), 의공(義恭)을 시중(侍中)으로 삼음. 발해, 정혜공주묘(貞惠公主墓) 조성.
781 신유	2	45	2월: 신라, 국왕, 신궁(神宮)에 제사 지냄. 7월: 신라, 사자를 파견하여 패강(浿江) 이남의 주군(州郡)을 안무(安撫).
782 임술	3	46	윤(閏) 1월: 신라, 당나라에 사신을 보냄. 2월: 신라, 한산주(漢山州)에 순행하여 민호를 패강진(浿江鎭: 황해도 평산)으로 옮김. 7월: 신라, 시림벌(始林伐)에서 군대 사열. 신라, 패강진정(浿江鎭典)에 두상대감(頭上大監) 1인을 둠. 발해, 정효공주묘(貞孝公主墓) 조성. 당나라에 사신 보냄.
783 계해	4	47	1월: 신라, 아찬(阿飡) 체신(體信)을 대곡진(大谷鎭) 군주(軍主)로 삼음. 2월: 신라, 왕경에 많은 눈이 내림. 신라, 사직단(社稷壇)을 세우고 사전(祀典)을 세움.
784 갑자	5	48	4월: 신라, 왕이 위(位)를 선양하려다가 군신이 재삼 간하므로 중지. 신라, 승려 명적(明寂), 사신 김양공(金讓恭)을 따라 당나라에 감. 창림사지(昌林寺址) 쌍탑 건립됨.
785 을축	6 원성1	49	1월: 당나라에서 선덕왕에게 작호를 보내옴. 봉암사(鳳巖寺) 지증대사(智證大師) 3층석탑 건립. 1월 13일: 신라, 선덕왕 서거, 원성왕 즉위. 2월: 신라, 원성왕의 고조(高祖)·증조(曾祖)·조(祖)·부(父)·모(母)를 추봉, 왕자 인겸(仁謙)을 왕태자로 책봉. 5묘(廟)를 고침. 문과백관(文科百官)에 관작 1급씩 더함. 충렴(忠廉)을 상대등(上大等), 세강(世强)을 시중(侍中)으로 삼음. 3월: 신라, 선덕왕비 구족왕후(具足王后)를 외궁(外宮)으로 내보냄. 9주(州)의 총관(總管)을 도독(都督)으로 고침.

			신라, 시중(侍中) 김주원(金周元), 명주(溟州)로 달아남. 고승(高僧) 녹회(綠會)가 영취산(靈鷲山)에 숨어 살면서 〈연경(蓮經)〉을 읽어 보현보살의 관행법을 닦음. 승관(僧官)을 두고 정법전(政法典)이라 함.
786 병인	2	50	4월: 신라, 우박으로 상맥(桑麥) 피해. 김원전(金元全), 당나라에 사신으로 감. 7월: 신라, 가뭄 발생. 9월: 신라, 왕경에 기근 발생. 발해, 사신 이원태(李元泰) 이하 65명, 일본 출우국(出羽國) 도착. 10월: 신라, 대사(大舍) 무조(武烏)가 〈병법(兵法)〉·〈화령도(花鈴圖)〉를 바침. 신라, 천관사(天官寺) 창건. 일본 왕 문경(文慶), 만파식적(萬波息笛)이 있다는 말을 듣고 침입을 그만둠. 전 시중(侍中) 김주원(金周元)을 명주군왕(溟州郡王)으로 삼아 익령(翼嶺)·근지어(近乙於)를 식읍으로 줌.
787 정묘	3	51	2월: 신라, 왕경에 지진 발생. 원성왕, 신궁(神宮)에 제사. 5월: 신라, 혜성이 관측됨. 7월: 신라, 누리(황충)가 돌아 곡물 피해. 8월 1일: 신라, 일식. 신라, 소년서성(少年書省) 2인을 두어 불교관련 사업을 담당하게 함. 혜초 입적. 발해 이원태(李元泰), 일본에서 귀국.
788 무진	4	52	봄: 신라, 처음으로 독서출신과(讀書出身科)를 설치하여 유교경전시험을 통해 관리를 선발. 가을: 신라, 나라의 서쪽 지방에 가뭄과 누리로 흉년이 들어 도둑 발생.
789 기사	5	53	1월 1일: 신라, 일식. 1월: 신라, 한산주(漢山州)에 기근 발생. 7월: 신라, 서리로 곡물 피해 심함. 9월: 신라, 문적(文籍) 출신이 아닌 자도 당나라에서 학사(學士)된 자는 탁용(擢用)키로 함. 신라, 왕손 김준옹(金俊邕)을 당나라에 보냄.
790 경오	6	54	1월: 신라, 종기(宗基)를 시중(侍中)으로 삼음. 벽골제(碧骨堤) 증축. 3월: 신라, 일길찬(一吉湌) 백어(伯魚)를 북국(北國)에 사신으로 보냄. 가뭄 발생. 왕손 김어승(金彦昇)을 당나라에 보냄. 4월: 신라, 혜성이 관측됨. 5월: 신라, 곡식을 내어 한산주(漢山州)·능천주(能川州)의 기민(饑民)에게 진급(賑給). 7월: 신라, 견성사(見性寺 = 奉恩寺) 창건. 발해, 문교(文敎)를 진흥.
791 신미	7	55	1월: 신라, 왕태자 인겸(仁謙) 사망. 전 시중(侍中) 제공(悌恭), 모반하여 처형됨. 발해, 대상정(大常靖)을 당나라에 보내어 정단(正旦) 축하. 8월: 발해, 대정간(大貞幹)을 당나라에 사신으로 보냄. 10월: 신라, 왕경에 눈이 많이 내려 동사자가 생김. 김준옹(金俊邕)을 시중(侍中)으로 삼음. 11월: 신라, 왕경에 지진 발생. 내성시랑(內省侍郎) 김언(金言)을 삼중아찬(三重阿湌)으로 삼음. 신라, 김생 사망.

792 임신	8	56	7월: 신라, 당나라에 사신을 보냄. 8월: 신라, 왕자 의영(義英)을 태자로 책봉. 세강(世强)을 상대등(上大等), 숭빈(崇斌)을 시중(侍中), 준옹(俊邕)을 병부령(兵部令)으로 삼음. 11월 1일: 신라, 일식. 발해, 양길복(楊吉福) 등 35인을 당나라에 파견.
793 계유	9	57 대원의 1	8월: 신라, 큰 바람이 불어 나무와 곡식 피해. 발해, 문왕 서거, 대원의 즉위.
794 갑술	10	2 성왕 중흥 1	2월: 신라, 지진 발생. 태자(太子) 의영(義英) 사망. 김언승(金彦昇)을 시중(侍中)으로 삼음. 7월: 신라, 태은사(泰恩寺)를 창건. 망덕루(望德樓) 기공. 발해, 국왕 대원의(大元義) 피살. 성왕 즉위, 중흥(中興)이라 개원. 국도를 동경(東京)에서 다시 상경용천부(上京龍泉府)로 옮김. 대청윤(大淸允)을 당나라 사신으로 파견.
795 을해	11	2 강왕 정력 1	1월: 신라, 준옹(俊邕)을 태자로 책봉. 4월: 신라, 가뭄 발생. 8월: 신라, 서리가 내려 곡물 피해. 발해, 성왕 서거. 강왕 즉위, 정력(正曆)이라 개원. 당나라에서 강왕에게 관작을 보내옴. 밀아고(密阿古)를 당나라 사신으로 보냄.
796 병자	12	2	봄: 신라, 왕경에 기근과 역질 발생. 4월: 신라, 시중(侍中) 김언승(金彦昇)으로 병부령(兵部令)을 삼고, 이찬(伊飡) 지원(智原)으로 시중(侍中)을 삼음. 발해, 여정림(呂定琳), 일본 답빙사와 함께 귀국.
797 정축	13	3	9월: 신라, 나라 동쪽에 누리가 돌아 곡물 피해. 홍수로 산 붕괴. 김삼조(金三朝)를 시중(侍中)으로 삼음. 신라, 좌리방부(左理方府)의 사(史) 15인에서 5인으로 감원.
798 무인	14	4	3월: 신라, 궁성 남쪽 누교(樓橋)에 화재. 망덕사(望德寺) 두 탑이 서로 부딪힘. 6월: 신라, 가뭄 발생. 12월 29일: 신라, 원성왕 서거. 소성왕 즉위. 12월: 발해, 대창태(大昌泰)를 일본에 사신으로 보냄. 신라, 〈화엄경(華嚴經)〉 40권을 번역 출간. 발해, 일본 사신 도착. 대능신(大能信)을 당나라에 보냄.
799 기묘	소성1	5	1월: 발해 대창태(大昌泰), 일본 왕으로부터 향응받음. 3월: 신라, 청주(菁州) 거로현(居老縣)을 국학생(國學生)의 녹읍(祿邑)으로 함. 4월: 발해, 대창태(大昌泰), 일본 답빙사와 함께 귀국. 5월: 신라, 왕의 생부인 혜충태자(惠忠太子)를 혜충대왕(惠忠大王)으로 추봉. 우두주(牛頭州)에 코끼리 나타남. 8월: 신라, 왕모 김씨(金氏)를 성목태후(聖穆太后)로 추봉.

800 경진	2 애장1	6	1월: 신라, 왕비 김씨를 왕후에 봉함. 충분(忠芬)을 시중(侍中)으로 삼음. 4월: 신라, 폭풍이 불어 임해전(臨海殿)·인화전(仁花殿) 문이 부서짐. 6월: 신라, 왕자 청명(淸明)을 태자에 책봉. 소성왕 서거, 애장왕 즉위. 병부령(兵部令) 김언승(金彦昇)이 섭정. 7월: 신라, 국왕, 이름을 중희(重熙)로 고침. 8월: 신라, 입당 유학생 양열(梁悅)을 두힐현(豆肹縣) 소수(小守)로 임명. 신라, 백률사(栢栗寺)의 청동약사여래입상(靑銅藥師如來立像), 입실역(入室驛) 양각보살좌상(陽刻菩薩坐像) 조성.
801 신사	2	7	2월: 신라, 국왕, 시조묘(始祖廟) 배알. 5묘(廟)의 제(制)를 개정함. 김언승(金彦昇), 어룡성(御龍省) 사신(私臣)이 되었다가 곧 상대등(上大等)이 됨. 9월: 신라, 많은 유성이 떨어짐. 10월: 신라, 탐라국(耽羅國)이 사신을 보내어 조공. 큰 추위로 송죽(松竹)이 죽음. 신라, 방어산(防禦山) 마애삼존불(磨崖三尊佛) 조성. 통도사(通度寺) 3층석탑 건립.
802 임오	3	8	1월: 신라, 국왕, 신궁(神宮)에 제사. 4월: 신라, 국왕, 아찬(阿飡) 김주벽(金宙碧)의 딸을 후궁(後宮)으로 삼음. 7월: 신라, 지진 발생. 8월: 신라, 가야산(伽倻山) 해인사(海印寺) 창건, 3층석탑 건립. 12월: 신라, 균정(均貞)을 가왕자(假王子) 일본에 보내려다가 중지함.
803 계미	4	9	4월: 신라, 국왕, 남교(南郊)에서 보리 농사를 구경. 7월: 신라, 일본국과 교빙 결호(結好)함. 11월: 신라, 지진 발생.
804 갑신	5	10	1월: 신라, 이찬(伊飡) 수승(秀昇)을 시중(侍中)으로 삼음. 5월: 신라, 일본 국사(國使) 와서 황금 300兩을 바침. 7월: 신라, 알천(閼川)에서 군대를 대열(大閱)함. 임해전(臨海殿)을 중수. 신라, 승려 혜조(惠昭), 당나라에 감. 선림원종(禪林院鍾) 주성. 발해, 당나라에 사신 파견.
805 을유	6	11	1월: 신라, 국왕의 어머니 김씨를 왕태후(王太后), 비 박씨를 왕후(王后)로 추봉. 당나라 순종(順宗), 애장왕에게 작호(爵號)를 보내옴. 8월: 신라, 공식(公式) 20여 조를 반포. 11월: 신라, 위화부(位和府)의 금하신(衿荷臣)을 영(令)으로, 영창궁성전(永昌宮成典)의 상당(上堂)을 경(卿)으로 각각 고침. 발해, 당나라에 사신 파견.
806 병술	7	12	3월: 신라, 일본의 사신이 옴. 왕이 조원전(朝元殿)에서 인견(引見)함. 불시(佛寺)의 창건을 금하고 수리만을 허락. 불사에 금수(錦繡), 금은기(金銀器)의 사용을 금함. 김헌충(金獻忠), 당나라에서 돌아옴. 8월: 신라, 당나라에 사신을 보냄. 발해, 당나라에 사신을 보냄.

807 정해	8	13	1월: 신라, 이찬(伊飡) 김헌창(金憲昌)으로 시중을 삼음. 2월: 신라, 국왕이 숭려전에 어좌(御座)하여 주악(奏樂)을 관청함. 봄: 발해, 양광신(楊光信)을 당나라에 파견. 8월: 신라, 큰 눈이 내림. 12월: 발해, 당나라에 사신 보냄.
808 무자	9	14	2월: 신라, 일본에서 사신 옴. 김역기(金力奇)를 당나라에 사신으로 보냄. 12도(道)에 사신을 보내어 군·읍(郡·邑)의 경계 정함. 7월 1일: 신라, 일식. 발해, 당나라에 사신 보냄.
809 기축	10 헌덕1	15 정왕 영덕 1	7월: 신라, 대아찬(大阿飡) 김육진(金陸珍)을 당나라에 보내어 방물(方物)을 전함. 김언승(金彦昇)이 애장왕을 살해, 헌덕왕 즉위. 8월: 신라, 죄인을 대사면(大赦免). 김창남(金昌南)을 당나라 사신으로 파견. 당나라에서 왕에게 작호(爵號)를 보내옴. 발해, 강왕 서거. 정왕 즉위, 영덕(永德)으로 개원. 당나라에서 사신을 보내어 정왕(定王)을 책봉.
810 경인	2	2	1월: 신라, 양종(亮宗)을 시중으로 삼음. 2월: 신라, 국왕, 신궁(神宮)에 제사. 국내의 제방(堤防)을 수리. 6월: 신라, 창녕(昌寧) 인양사석불조상기비(仁陽寺石佛造像記碑) 건립. 7월: 신라, 유성이 떨어짐. 9월: 발해, 고남용(高南容), 사신으로 일본에 감. 10월: 신라, 왕자 김헌장(金憲章), 당나라에 금은불상(金銀佛像)을 바침. 유성이 떨어짐. 11월: 발해, 대연진(大廷眞)을 당나라에 사신으로 보냄. 신라, 월정사(月精寺) 창건.
811 신묘	3	3	1월: 신라, 이찬 원흥(元興)으로 시중을 삼음. 2월: 신라, 이찬 웅원(雄元)으로 완산주(完山州) 도독(都督)을 삼음. 4월: 신라, 국왕, 처음으로 평의전(平議殿)에 임어(臨御)하여 청정(聽政)함. 12월: 신라, 신라 해적선 20여 척이 대마도(對馬島)를 규탐(窺探).
812 임진	4	4	봄: 신라, 균정(均貞)을 시중으로 삼음. 이찬 충영(忠永)이 나이 70이므로 궤장(几杖)을 받음. 3월: 신라인 110명, 일본 소영도(小迎島)에 상륙하여 토민(土民)과 상전(相戰)함. 9월: 신라, 급찬 숭정(級飡崇正)을 북국(北國)에 사신으로 보냄.
813 계사	5	5 희왕 주작 1	1월: 신라, 김헌창(金憲昌), 무진주도독(武珍州都督)이 됨. 2월: 신라, 국왕, 시조묘(始祖廟) 배알. 현덕문(玄德門) 화재. 발해, 정왕 서거. 희왕 즉위, 연호를 주작(朱雀)이라 고침. 당에서 사신을 보내어 희왕을 책봉. 신라, 단속사신행선사비(斷俗寺神行禪師碑) 건립.
814 갑오	6	2	3월: 신라, 왕과 군신(群臣)이 숭례전(崇禮殿)에서 연회. 5월: 신라, 서부(西部)의 홍수로 1년간의 조조(租調)를 면제. 8월: 신라, 왕경에 바람과 안개가 심함. 김헌창을 시중으로 삼음. 11월: 발해, 당나라에 사신 파견. 12월: 발해, 대효진(大孝眞) 등 59인, 당나라에 사신으로 감.

			발해, 고예진(高禮進) 등 37인, 당나라에 금불상·은불상 전함. 왕효렴(王孝廉)·고경수(高景秀), 일본에 사신으로 감.
815 을미	7	3	1월: 신라, 당나라에 사신 보냄. 일본에서 신라역어(新羅譯語)라는 통역생 설치. 3월: 발해, 당나라에 사신 파견. 5월: 신라, 눈이 옴. 6월: 발해, 왕효렴(王孝廉) 사망. 7월: 발해, 왕자 대정준(大廷俊) 등 101인 당나라에 파견. 8월 1일: 신라, 일식. 서부 주군에 기근이 있어 도둑 창궐. 발해, 난정수(卯貞壽). 대창경(大昌慶) 등 당나라에 파견.
816 병신	8	4	1월: 신라, 김헌창, 청주도독(菁州都督)이 됨. 김장여(金璋如)를 시중으로 삼음. 흉년과 기근으로 신라인 170인이 당나라의 절동(浙東)으로 가서 먹을 것을 구함. 11월: 발해, 당나라에 사신 파견. 신라, 승려 26명 일본에 건너가 불법(佛法)을 전함. 300여 명이 일본으로 건너감. 발해, 고숙만(高宿滿)·대성신(大誠愼) 등 당나라에 파견.
817 정유	9	5 간왕 태시 1	1월: 신라, 김충공(金忠恭)을 시중으로 삼음. 5월: 신라, 비가 오지 않아 산천에 제사. 10월: 신라, 연흉(連凶)으로 기사자(飢死者)가 많아 주군의 창곡(倉穀)을 열어 구휼케 함. 왕자 김장렴(金張廉)을 당나라에 사신으로 보냄. 신라, 흥륜사(興輪寺)의 영수선사(永秀禪師), 영혼의 묘원(妙願)을 위해 단을 쌓고 법회를 개최. 발해, 희왕 서거. 간왕 즉위, 태시(太始)라고 개원.
818 무술	10	2 선왕 1	2월: 발해, 당나라에 사신 파견. 3월: 발해, 이계상(李繼常) 등 26인을 당나라에 파견. 6월 1일: 신라 일식. 신라, 백률사(栢栗寺) 6면석당을 만들고 기명(記銘)을 새김. 당나라에 사신을 보내어 악공(樂工)을 전함. 발해, 간왕 서거. 선왕 즉위. 당나라에서 사신을 보내어 선왕을 책봉. 모감덕(慕感德)을 일본에 사신으로 파견.
819 기해	11	2	2월: 신라, 수종(秀宗)을 상대등으로 삼음. 3월: 신라, 초적(草賊)이 일어남에 주군에 명하여 평정케 함. 7월: 신라, 김웅원(金雄元) 등 3만군을 당나라에 보내어 이사도(李師道)의 난(亂) 평정을 돕게 함. 11월: 발해, 이승영(李承英)을 일본에 사신으로 파견.
820 경자	12	3	윤(閏) 1월: 발해, 당나라에 사신 파견. 11월: 신라, 당나라에 사신 파견. 12월: 발해, 당나라에 사신 파견. 겨울: 신라, 기민(飢民)이 발생.
821 신축	13	4	3월: 당나라 해적이 신라인을 약탈 매매함을 금지함. 봄: 신라, 기근이 심하여 자손을 팔아서 생활하는 자가 생김.

			4월: 신라, 이찬 영공(永恭)을 시중으로 삼음. 김헌창을 웅천주도독(熊川州都督)으로 삼음. 12월 29일: 큰 우레가 있음. 신라, 승려 도의(道義), 당나라에서 귀국. 발해, 대공즉(大公則)·신능지(愼能至)를 당나라에 사신으로 파견. 왕문구(王文矩)를 일본에 사신으로 파견.
822 임인	14	5	1월: 신라, 왕의 동모제 수종(同母弟 秀宗)을 부군 삼아 월지궁(月池宮)에 입궁(入宮)케 함. 발해, 왕문구, 일본에서 귀국. 2월: 신라, 많은 눈이 내림. 3월: 신라, 담천주도독 김헌창이 난을 일으켜 국호를 장안(長安)이라 하고 연호(年號)를 경운(慶雲)이라 함. 각간 충공(角干忠恭)의 딸 정교(貞嬌)를 태자비로 삼음. 4월 13일: 신라, 달빛이 붉음. 12월: 신라, 김주필(金柱弼)을 당나라에 사신으로 보냄. 발해, 당나라에 사신 파견.
823 계묘	15	6	1월: 당나라, 신라인을 사서 노비로 하는 것은 금하고 이미 당나라에 있는 자들을 돌려보내게 함. 2월: 신라, 수성군(水城郡)을 당은현(唐恩縣)에 합병. 4월 12일: 신라, 유성이 떨어짐. 7월: 신라, 눈이 내림. 발해, 대다영(大多英)·대정순(大定順)을 당나라에 사신으로 파견. 고정태(高貞泰) 등 101인을 일본에 사신으로 파견.
824 갑진	16	7	신라, 보림사(寶林寺) 보조선사비(普照禪師碑)를 건립. 발해, 당나라에 50인의 사신 파견. 고정태 일본에서 귀국.
825 을사	17	8	1월: 신라, 김범문(金梵文) 반란. 5월: 신라, 김흔(金昕)을 당나라에 파견. 김윤부(金允夫) 등 12명을 국학에 입학케 하고 박계업(朴季業) 등을 귀국케 함. 12월: 발해, 고승조(高承祖) 등 103인을 일본에 파견. 발해, 당나라에 사신 파견.
826 병오	18 홍덕1	9	1월: 발해, 당나라에 사신 파견. 7월: 신라, 패강(浿江)에 장성(長城) 300리 축성. 10월: 신라, 헌덕왕 서거. 홍덕왕 즉위. 12월: 신라, 홍덕왕비 장화부인(章和夫人) 사망. 신라, 승려 홍척(洪陟), 당나라에서 돌아와 남원(南原) 실상사(實相寺)에서 선종을 폄. 발해, 고승조 일본에서 귀국.
827 정미	2	10	1월: 신라, 국왕, 신궁에 제사. 당나라에서 홍덕왕에게 선왕의 작호를 그대로 보내옴. 2월: 신라, 중초사당간지주(中初寺幢竿支柱) 조성. 3월: 신라, 승려 구덕(丘德), 당나라에서 불경을 가지고 돌아옴. 4월: 발해, 당나라에 사신 파견. 5월: 신라, 서리 내림. 8월: 신라, 왕경에 큰 가뭄이 듦. 시중 영공, 퇴관(退官)함. 12월: 발해, 왕문구를 일본에 파견. 겨울: 신라, 정단(正旦)을 축하.

828 무신	3	11	1월: 신라, 김우징(金祐徵)를 시중으로 삼음. 2월: 신라, 당나라에 사신 보냄. 4월: 신라, 장보고(張保皐), 완도(莞島)에 청해진(淸海鎭)을 설치하고 대사(大使)에 임명됨. 한산주(漢山州)의 사람이 빨리 부자가 되는 술법이 있다고 유언비어를 퍼뜨리다 귀양감. 12월: 신라, 김대렴(金大廉), 당에서 차(茶)의 종자를 가져와 지리산에 심게 함. 신라, 증각대사(證覺大師), 실상사(實相寺) 창건. 법광사(法光寺) 석탑 및 석탑지 건립. 발해, 당나라에 사신 보냄. 왕문구, 일본에서 귀국.
829 기유	4	12	2월: 신라, 당은군(唐恩郡)을 당파진(唐坡鎭)으로 고치고 사찬(沙湌) 극정(極正)으로 지키게 함. 신라, 집사부(執事部)를 집사성(執事省)으로 고침. 원곡양전(源谷羊典) 설치. 발해, 당나라에 사신 파견.
830 경술	5	13 대이진 함화 1	4월: 신라, 150인의 도승(度僧)을 허락함. 12월: 신라, 당나라에 사신 보냄. 발해, 당나라에 사신 파견하여 고애(告哀)함. 발해, 선왕 서거. 대이진(大彛震) 즉위, 연호를 함화(咸和)로 고침. 신라, 진감(眞鑑), 세공사(歲貢使)로 당나라에 감. 귀국하여 옥천사(玉泉寺)에서 어산(魚山)을 가르침. 혜소(慧昭), 당나라에서 귀국.
831 신해	6	2	1월: 신라, 지진 발생. 이찬 윤분(允芬), 시중이 됨. 2월: 신라, 왕자 김능유(金能儒)와 승려 9인을 당나라에 보냄. 7월: 신라, 입당사(入唐使) 일행이 돌아오다 바다에 빠져 죽음. 11월: 신라, 당나라에 사신 보냄. 12월: 발해, 당나라에 사신 파견. 발해, 당나라에 사신을 보내어 대이진을 왕으로 책봉.
832 임자	7	3	봄~여름: 신라, 가뭄 심함. 8월: 신라, 도둑이 횡행. 10월: 신라, 가뭄과 기근으로 사자(使者)를 명하여 백성을 안무(安撫)케 함. 신라, 장춘사(長春寺) 창건. 발해, 대명준(大明俊)을 당나라에 사신으로 파견. 당나라의 왕종우(王宗禹) 사신으로 옴.
833 계축	8	4	2월: 발해, 대광성(大光晟)을 당나라에 사신으로 파견. 3월: 신라, 진주 연지사(蓮池寺)의 종을 주조. 봄: 신라, 큰 기근이 듦. 4월: 신라, 국왕, 시조묘 배알. 10월: 신라, 유행병으로 많은 사람이 사망. 11월: 신라, 시중 윤분(允芬) 사직함. 신라, 동화사당간지주(桐華寺幢竿支柱) 만듦. 발해, 고보영(高寶英), 당나라에 사신으로 감. 해초향(解楚鄕), 조효명(趙孝明), 유보준(劉寶俊) 등 사신을 따라 당나라의 수도에 유학. 당 유학생 이거정(李居正)·주승조(朱承朝)·고수해(高壽海) 등 귀국.

834 갑인	9	5	1월: 신라, 김우징(金祐徵), 시중이 됨. 9월: 신라, 국왕, 군대 사열. 무평문(武平門)에서 활쏘기 구경. 10월: 신라, 국왕, 남방 주군을 순행. 신라, 백성의 복색제도 발표.
835 을묘	10	6	2월: 신라, 아찬(阿湌) 김균정(金均貞)으로 상대등을 삼고, 대아찬 김명(金明)을 시중으로 삼음. 신라, 범어사(梵魚寺) 창건. 김유신(金庾信)을 흥무대왕(興武大王)으로 추증.
836 병진	11 희강1	7	1월 1일: 신라, 일식. 1월: 신라, 김의종(金義琮)을 당나라에 보내어 숙위(宿衛)케 함. 6월: 신라, 혜성이 관측됨. 발해, 숙동(熟銅)을 당나라에 운반 교역. 12월: 신라, 흥덕왕 서거. 아우 균정(均貞)과 조카 제륭(悌隆)이 왕위 다툼, 제륭(희강왕)이 균정을 살해하고 즉위. 발해, 대명준(大明俊) 등 19인, 당나라에 파견. 수행 학생 16인, 청주(淸州)에 머무름.
837 정사	2	8	1월: 신라, 왕고(王考)를 익성대왕(翌成大王)으로, 모 박씨를 순성태후(順成太后)로 추봉함. 김명을 상대등, 아찬 이홍(利弘)을 시중으로 삼음. 4월: 신라, 김의종(金義琮), 당나라에서 돌아옴. 5월: 신라, 김우징(金祐徵), 청해진대사 장보고에게로 도망. 6월: 신라, 김예징(金禮徵)과 김양순(金良順), 김우징에게로 감. 당나라 문종, 김충신(金忠信) 등에게 선물을 줌. 10월: 신라, 국자감석경 제작. 발해, 유학생 6인을 당나라 수도 장안(長安)에 파견.
838 무오	3 민애1	9	1월: 신라, 상대등 김명·시중 이홍 등 반란. 희강왕 자살,민애왕 즉위. 왕고를 선강대왕(宣康大王), 모 박씨를 선의태후(宣懿太后), 처 김씨를 윤용왕후(允容王后)로 추봉. 김귀(金貴)를 상대등, 헌종(憲宗)을 시중으로 삼음. 2월: 신라, 김양(金陽), 청해진에서 김우징을 받들고 기병. 3월: 신라, 김양의 반군, 무주, 남원을 점령하고 청해진으로 돌아감. 12월: 신라, 김민주(金敏周)의 왕군이 김양의 군대에 패배. 발해, 사신을 당나라에 파견.
839 기미	2 신무1 문성1	10	1월 19일: 신라, 김우징·김양, 달구벌(達丘伐)에서 왕군을 격파. 1월 22일: 신라, 민애왕 피살. 신무왕 즉위. 청해진대사 장보고, 감의군사(感義軍使)에 임명됨. 이홍(利弘) 피살. 2월: 신라, 승려 혜철(慧徹), 당나라에서 돌아옴. 7월 23일: 신라, 신무왕 서거. 문성왕 즉위. 7월: 신라, 당나라에 사신을 보내어 노비를 선물. 8월: 신라, 장보고를 청해진장군으로 삼음. 발해, 대연광(大延廣)을 당나라에 파견.
840 경신	2	11	1월: 신라, 김예징(金禮徵)을 상대등, 김의종(金義琮)을 시중으로 삼음. 2월: 신라, 승려 체징(體澄), 당나라에서 돌아옴. 4월: 신라, 당나라에서 신라 볼모 및 학생 105인 돌아옴. 4~6월: 신라, 비가 오지 않음.

			12월: 신라, 장보고가 일본에 사신을 파견. 겨울: 신라, 기근 발생.
841 신유	3	12	봄: 신라, 왕경에 질병 퍼짐. 일길찬(一吉飡) 홍필(弘弼) 반란, 해도로 도망. 7월: 신라, 당나라가 김운경(金雲卿)을 사신으로 삼아 문성왕에게 선왕의 작호를 그대로 보내옴. 발해, 정당성 좌윤(政堂省 左允) 하복정(賀福廷) 등 105인 일본 파견. 12월: 발해, 하복정 등 일본 도착.
842 임술	4	13	2월: 신라, 장보고의 사신, 일본 도착. 3월: 신라, 국왕, 이찬 위흔(魏昕)의 딸로 비를 삼음. 발해, 하복정 등 일본의 홍려관(鴻臚館)에 머무름. 4월: 발해, 하복정 등, 일본 왕으로부터 향응받음.
843 계해	5	14	1월: 신라, 이찬 양순(良順)을 시중으로 삼음.
844 갑자	6	15	2월 1일: 신라, 일식. 2월: 신라, 혜성 관측. 3월: 신라, 왕경에 우박 내림. 대아찬 김여(金茹), 시중이 됨. 8월: 신라, 혈구진(穴口鎭)을 두고 아찬 계홍(啓弘)이 진두(鎭頭)가 됨. 신라, 흥법사염거화상탑(興法寺廉巨和尙塔) 건립.
845 을축	7	16	3월: 신라, 국왕, 청해진대사 궁복(弓福)의 딸로 차비(次妃)를 삼으려다가 군신들의 반대로 중지함. 12월 1일: 신라, 해 3개가 나란히 나타남. 신라, 승려 무염(無染), 당나라에서 돌아와 보령 성주사(聖住寺)에서 선종을 폄.
846 병인	8	17	1월: 발해, 당나라에 사신 파견. 봄: 신라, 청해진대사 장보고 반란, 자객 염장(閻長)에게 피살. 신라, 혜철(慧徹) 태안사(泰安寺) 개창.
847 정묘	9	18	2월: 신라, 평의전(平議殿)·임해전(臨海殿) 중수. 5월: 신라, 이찬 양순(良順)과 파진찬 흥종(興宗)이 모반. 8월: 신라, 이찬 위흔(魏昕)을 시중으로 삼음. 10월: 신라, 상선이 일본 승려 원인(圓仁) 등을 태워 일본에 보내줌. 신라, 굴산사(掘山寺) 건립. 승려 범일(梵日), 당나라에서 돌아와 강릉 굴산사에서 선종을 폄. 승려 도윤(道允), 당나라에서 돌아와 영월 흥녕사(興寧寺)에서 선종을 폄.
848 무진	10	19	봄~여름: 신라, 가뭄. 시중 위흔 사직. 파진찬 김계명(金啓明)을 시중 삼음. 발해, 영녕현승(永寧縣丞) 왕문구(王文矩) 등 100인을 일본 파견. 12월: 발해, 왕문구 등, 일본 능등국(能登國)에 도착.
849 기사	11	20	1월: 신라, 이찬 의정(義正)을 상대등으로 삼음. 5월: 발해, 왕문구 등, 일본으로부터 향응받음. 9월: 신라, 이찬 김식(金式)·대흔(大昕) 등 모반.
850 경오	12	21	1월: 신라, 혜성 관측. 천재지변 발생. 11월: 신라, 사낭진웅(沙良眞熊), 일본인 서주(書主)에게 신라금(新羅琴) 타는 법 전수.

851 신미	13	22	2월: 신라, 청해진을 파하고 주민을 벽골군(碧骨郡)으로 옮김. 4월: 신라, 서리가 내림. 견당사 원홍(元弘), 불경·불아를 가지고 돌아옴.
852 임신	14	23	2월: 신라, 파진찬 진량(眞亮)으로 웅주도독을 삼음. 조부(調府)에 불이 남. 7월: 신라, 명학루(鳴鶴樓) 중수. 11월: 신라, 태자 사망.
853 계유	15	24	6월: 신라, 홍수 발생. 8월: 신라, 서남 지방의 주·군에 화재 발생.
854 갑술	16	25	신라, 쌍계사(雙溪寺) 창건.
855 을해	17	26	1월: 신라, 사신을 보내어 서남천군(西南川郡)의 백성을 무문(撫問). 4월: 신라, 창림사무구정탑(昌林寺無垢淨塔) 건립. 12월: 신라, 진각성(珍閣省) 화재.
856 병자	18	27	8월: 신라, 규흥사종(窺興寺鍾) 주조. 신라, 승려 대통(大通), 하정사(賀正寺)를 따라 당나라에 유학.
857 정축	19 헌안1	28	8월: 신라, 시중 김양(金陽) 사망(803~857). 9월: 신라, 문성왕 서거. 헌안왕 즉위. 김안(金安)을 상대등으로 삼음. 신라, 성주사비(聖住寺碑) 건립. 발해, 당나라에 사신 파견.
858 무인	2	29 대건황 1	1월: 신라, 국왕, 신궁에 제사. 2월: 발해, 당이 사신 파견, 대건황(大虔晃)을 왕으로 책봉. 4월: 신라, 서리가 내림. 5~7월: 신라, 가뭄. 7월: 신라, 보림사(寶林寺) 철조비로사나불좌상 조성. 겨울: 발해, 정당성(政堂省) 좌윤(左允)·오효신(烏孝愼) 등 104인 일본 파견. 신라, 승려 순지(順之), 사신을 따라 당나라에 들어감. 발해, 대이진(大彝震) 서거, 대건황 즉위.
859 기묘	3	2	1월: 발해, 오효신(烏孝愼) 등, 일본에 도착. 봄: 신라, 기근 발생. 4월: 신라, 제방을 수리케 하고 농사를 권장. 7월 6일: 발해, 오효신(烏孝愼) 등, 일본에서 귀국.
860 경진	4	3	9월: 신라, 헌안왕, 장녀를 김응렴(金膺廉, 경문왕)에게 시집보냄. 발해, 이거정(李居正) 등 105인 일본 파견.
861 신사	5 경문 1	4	1월: 발해, 이거정(李居正) 등, 일본 출운국(出雲國) 도착. 1월 29일: 신라, 헌안왕 서거. 경문왕 즉위. 2월: 신라, 승려 혜철(慧徹) 입적(785~861). 3월: 신라, 죄인을 사면함. 발해, 이거정(李居正), 일본에서 귀국.
862 임오	2	5	1월: 신라, 김정(金正)을 상대등(上大等), 위진(魏珍)을 시중(侍中)으로 삼음. 2월: 신라, 국왕, 신궁(神宮)에 제사. 7월: 신라, 당나라에 사신 파견. 8월: 신라, 입당사(入唐使) 부량(富良) 등, 중도에 익사.

			11월 17일: 신라인 57명, 일본 도착.
863 계미	3	6	2월: 신라, 국왕, 국학(國學)에서 청강. 11월: 신라, 영화부인(寧和夫人)의 동생으로 차비(次妃)를 삼음.
864 갑신	4	7	2월: 신라, 국왕, 감은사(感恩寺)에서 바다에 망제(望祭). 4월: 신라, 일본국 사신이 옴.
865 을유	5	8	4월: 신라, 당나라 의종이 사신 호귀후(胡歸厚) 등을 보내어 헌안왕 서거를 조제(弔祭).
866 병술	6	9	1월: 신라, 왕고(王考)를 의공대왕(懿恭大王), 모(母) 박씨(朴氏) 광화부인(光和夫人)을 광의왕태후(光懿王太后), 부인(夫人) 김씨(金氏)를 문의왕비(文懿王妃)라 하고, 왕자 정(晸)을 왕태자(王太子)로 책봉. 1월 15일: 신라, 국왕, 황룡사(皇龍寺)에서 연등회를 관람. 10월: 신라, 이찬(伊飡) 윤흥(允興)과 그의 아우 숙흥(叔興)·이흥(李興)이 모반. 11월 17일: 신라 해적이 횡행하여 일본의 연해 지방 경비 강화.
867 정해	7	10	1월: 신라, 임해전(臨海殿)을 중수. 5월: 신라, 왕경에 유행병 만연. 8월: 신라, 홍수. 10월: 신라, 각도에 사람을 보내어 위문. 12월: 신라, 혜성 관측됨. 신라, 취루사석탑사리합기(鷲樓寺石塔舍利盒記) 새김. 승려 보조(普照), 송광사(松光寺) 창건.
868 무자	8	11	1월: 신라, 김예(金銳) 김현(金鉉) 등 모반. 4월: 신라, 승려 도윤(道允) 입적(798~868). 6월: 신라, 황룡사탑(皇龍寺塔)에 벼락이 떨어짐. 8월: 신라, 조원전(朝元殿) 중수.
869 기축	9	12	7월: 신라, 왕자 소판(蘇判) 김윤(金胤) 등을 당나라에 보내어 조공. 이동(李同) 등, 김윤(金胤)을 따라 당나라에 들어가 학문을 닦음. 11월: 신라, 승려 현욱(玄昱) 입적. 12월: 신라 해적, 일본 지방에서 상공(上貢)하는 면(綿)을 약탈.
870 경인	10	13	2월: 신라, 사찬(沙飡) 김인(金因)을 당나라에 보내어 숙위(宿衛)케 함. 4월: 신라, 왕경에 지진 발생. 5월: 신라, 왕비 사망. 7월: 신라, 홍수 발생. 겨울: 신라, 눈이 오지 않고 전염병 유행.
871 신묘	11	14 대현석 1	1월: 신라, 황룡사탑(皇龍寺塔) 개조. 2월: 신라, 월상루(月上樓) 개수. 겨울: 발해, 정당성좌윤(政堂省左允) 양성규(楊成規) 등 105인 일본 파견. 12월 11일: 발해, 양성규(楊成規) 등, 일본 가하국(加賀國)에 도착. 신라, 낭공대사(郎空大師), 당나라에 감. 발해, 대건황(大虔晃) 서거. 대현석(大玄錫) 즉위.

872 임진	12	2	2월: 신라, 국왕, 신궁(神宮)에 친사(親祀). 4월: 신라, 왕경(王京)에 지진 발생. 5월: 발해, 양성규(楊成規) 등, 일본에서 교역하고 귀국. 8월: 신라, 국내 제주현(諸州縣)에 누리가 돌아 곡물 피해. 11월: 신라, 황룡사9층목탑찰주본기(皇龍寺九層木塔刹柱本記) 작성.
873 계사	13	3	봄: 신라, 기근과 질병이 유행. 9월: 발해, 문손재(門孫宰)·최종좌(崔宗佐)·대진윤(大陣潤) 등 당나라로 가다가 폭풍으로 일본에 표착.
874 신오	14	4	1월: 신라, 시중(侍中) 위진(魏珍)으로 상대등(上大等)을, 인홍(藺興)으로 시중(侍中)을 삼음. 4월: 신라, 당나라에서 사신 옴. 5월: 신라, 이찬(伊飡) 근종(近宗) 모반. 9월: 신라, 정당(正堂) 중수. 신라, 최치원(崔致遠), 당나라에서 과거 급제함. 초월산(初月山) 숭복사(崇福寺) 중수. 발해, 문손재(門孫宰), 일본에서 귀국.
875 을미	15 헌강1	5	2월: 신라, 왕경 및 그 동쪽에 지진 발생. 당나라 연호 건부(乾符)를 사용. 혜성이 동쪽에 출현. 5월: 신라, 왕궁정(王宮井)에 용이 나타남. 신라, 경문왕 때 〈현금포곡(玄琴抱曲)〉·〈대도곡(大道曲)〉·〈문군곡(問群曲)〉을 어전(御前)에 아룀. 7월 8일: 신라, 경문왕 서거. 헌강왕 즉위, 위홍(魏弘)을 상대등(上大等), 예겸(乂謙)을 시중(侍中)으로 삼음. 신라, 숭복사(崇福寺)를 대숭복사(大崇福寺)라 개명. 숭복사지(崇福寺址) 3층석탑 건립.
876 병신	2	6	2월: 신라, 황룡사(皇龍寺)에서 백고좌(百高座)를 베풀고 불경을 강론하게 함. 7월: 신라, 당나라에 사신을 보내어 방물(方物)을 전함. 겨울: 발해, 양중달(楊中達) 등 105인을 일본에 보냄. 12월 26일: 발해, 사신 양중달(楊中達) 등, 일본 출운국(出雲國) 도착.
877 정유	3	7	1월: 신라, 고려 태조가 송악군(松岳郡)에서 태어남. 6월 25일: 발해 양중달(楊中達) 등, 출운국(出雲國) 출발, 귀국함. 신라, 도선국사(道詵國師)에 의해 청곡사(青谷寺)가 개산(開山)됨.
878 무술	4	8	4월: 신라, 당나라에서 사신을 보내어 신라 왕을 책봉. 7월: 신라, 당나라에 사신을 보내려다가 황소(黃巢)의 난이 일어남을 듣고 그만둠. 8월: 신라, 일본 사신을 조원전(朝元殿)에서 접견.
879 기해	5	9	2월: 신라, 국왕, 국학(國學)에 가서 청강. 3월: 신라, 국왕, 국동(國東) 주군(州郡)을 순행. 6월: 신라, 일길찬(一吉飡) 신홍(信弘) 모반. 10월: 신라, 국왕, 궁사(弓射) 관람. 11월: 신라, 국왕, 혈성원(穴城原)에서 전렵. 신라, 지증(智證), 문경(聞慶) 봉암사(鳳巖寺) 창건. 망덕사(望德寺) 개창. 청곡사(青谷寺) 3층석탑 건립. 최치원(崔致遠), 당나라에서 〈토황소격문(討黃巢檄文)〉을 지음. 선방사탑지석(禪房寺塔誌石) 작성.

880 경자	6	10	2월: 신라, 혜성 관측됨. 민공(敏恭)을 시중(侍中)으로 삼음. 4월: 신라, 보조선사(普照禪師) 체징(體澄) 입적(804~880). 8월: 신라, 웅주(熊州)에서 가화(嘉禾)를 바침. 9월 9일: 신라, 국왕, 월상루(月上樓)에 올라 도하(都下)를 바라봄. 이때 성(城) 안에 초가집은 하나도 없고, 노랫소리와 피리소리가 길거리에 가득함.
881 신축	7	11	3월: 신라, 국왕, 임해전(臨海殿)에서 군신(群臣)과 연회함. 신라, 법화사(法華寺) 창건.
882 임인	8	12	4월: 신라, 일본이 사신을 보내어 황금·명주(明珠)를 바침. 9월: 신라, 당나라의 연호 중화(中和)를 사용. 발해, 문적원소감(文籍院少監) 배정(裵頲) 등 105인 일본에 파견. 11월: 발해, 배정(裵頲) 등, 일본 가하국(加賀國)에 도착. 신라, 견당사 김직량(金直諒), 피난한 당나라 희종(僖宗)을 사천(四川)에서 알현. 승려 지선(智詵) 입적.
883 계묘	9	13	2월: 신라, 국왕, 삼랑사(三朗寺)에 가서 문신(文臣)에게 각각 시 1수를 짓게 함. 여름: 발해, 배정(裵頲), 일본에서 귀국. 10월: 신라, 승려 원랑(圓朗) 입적(816~883). 신라, 중화삼년명금동원투(中和三年銘金銅圓套) 작성.
884 갑진	10	14	9월: 신라, 보림사보조선사창성탑(寶林寺普照禪師彰聖塔) 및 비(碑) 건립.
885 을사	11	15	3월: 신라, 최치원(崔致遠), 당나라에서 돌아와 시독(侍讀) 겸 한림학사수병부시랑(翰林學士守兵部侍郎)이 됨. 10월: 신라, 혜성이 관측됨. 당나라에 사신을 보내 황소(黃巢) 평정을 축하. 신라, 최신지(崔愼之) 등을 당나라에 보내 입학히게 함. 승려 행적(行寂), 당나라에서 귀국.
886 병오	12 정강1	16	봄: 신라, 보로국(寶露國)과 흑수국(黑水國)이 화통 요청. 6월: 신라, 사면령 내림. 황룡사(皇龍寺)에 백고좌(百高座) 개최. 7월 5일: 신라, 헌강왕 서거. 정강왕 즉위. 8월: 신라, 준홍(俊弘)으로 시중(侍中)을 삼음. 서쪽 지방에 한발 발생. 신라, 당나라의 연호 광계(光啓)를 사용. 화엄사(華嚴寺) 화엄경석벽각자금일서(華嚴經石壁刻字金一書) 이룩됨. 화엄사(華嚴寺) 광학장(光學藏) 31간(間) 건립. 사림사홍각선사비(沙林寺弘覺禪師碑) 건립.
887 정미	2 진성1	17	1월: 신라, 황룡사(皇龍寺)에서 백고좌(百高座)를 베풂. 한주(漢州)의 이찬(伊飡) 김요(金蕘) 모반. 5월: 신라 왕, 병이 위독하여 누이 만(曼)이 왕위를 이으라는 유언을 함. 7월 5일: 신라, 정강왕 서거. 진성여왕 즉위. 죄인을 대사(大赦). 주현(州縣)의 1년간 조세 면제. 겨울: 신라, 눈이 오지 않음. 신라, 지은(知恩)의 효행 표창. 쌍계사진감선사대공탑비(雙磎寺眞鑑禪師大空塔碑) 건립.
888 무신	2	18	2월: 신라, 위홍(魏弘), 대구화상(大矩和尙)과 함께 향가(鄕歌)를 수집하여 〈삼대목(三代目)〉 편술. 상대등(上大等) 위홍(魏弘) 사망. 대야주은사(大耶州隱士) 왕거인(王巨人)을 투옥.

			3월 1일: 신라, 일식. 5월: 신라, 가뭄이 심함. 11월 17일: 신라, 낭혜화상(朗慧和尙) 무염(無染) 입적.
889 기유	3	19	신라, 여러 고을에서 공물을 바치지 않아 국가 재정이 어려워짐. 원종(元宗)·애노(哀奴), 사벌주(沙伐州)에서 농민 봉기 일으킴. 김영기(金永奇), 진압에 실패하여 처형당함. 견훤(甄萱)·양길(梁吉), 각기 무리를 모음. 불국사(佛國寺) 중수.
890 경술	4	20	9월: 신라, 월광사원랑선사대보선광탑비(月光寺圓朗禪師大寶禪光塔碑) 건립. 10월 15일: 신라, 국왕, 황룡사(皇龍寺)에서 가서 연등을 관람. 신라, 최승우(崔承祐), 당나라에 가서 국학(國學)에 입학. 신라, 성주사랑혜화상백월보광탑비(聖住寺朗慧和尙白月葆光塔碑) 건립.
891 신해	5	21	10월: 신라, 양길(梁吉), 부하 궁예(弓裔)를 보내어 신라의 군현(郡縣)을 공격. 신라, 승려 형징(逈徵)·도육(道育) 당나라에 유학. 담양 개선사지석등(潭陽開仙寺址石燈) 건립.
892 임자	6	22	발해, 왕구모(王龜謨), 일본에서 귀국. 후백제, 견훤(甄萱), 완산주(完山州)에서 반란을 일으킴. 무진주(武珍州)를 쳐서 스스로 왕이 됨. 금산사사리탑(金山寺舍利塔) 및 5층석탑·6각다층석탑(角多層石塔) 등 건립.
893 계축	7	23 대위해 1	5월: 신라, 승려 수철(秀徹) 입적. 신라, 병부시랑 김처회(金處誨), 당나라에 가다가 익사. 수철화상방가보월탑비(秀徹和尙榜伽寶月塔碑)건립. 최승우(崔承祐), 당나라에서 등과(登科). 발해, 대현석(大玄錫) 서거, 대위해(大瑋瑎) 즉위.
894 갑인	8	2	2월: 신라, 최치원(崔致遠), 〈시무10조(時務十條)〉 올리고 아찬(阿飡)이 됨. 5월: 발해, 문적원감(文籍院監) 배정(裵頲) 등 105인 일본 파견. 10월: 후고구려, 궁예(弓裔), 북원(北原)으로부터 명주(溟州)로 들어가 장군을 칭함. 신라, 양주(楊州) 보광사(普光寺) 창건.
895 을묘	9	3	3월: 후고구려, 궁예(弓裔), 스스로 왕을 칭하며 내외관직을 설치. 10월: 신라, 헌강왕의 서자(庶子) 요(嶢)를 태자로 책봉. 신라, 배분숭석성각문(裵雰崇石城刻文) 작성. 해인사묘길선탑기(海印寺妙吉祥塔記)·운양대길선탑기(雲陽臺吉祥塔記) 작성. 발해, 당나라에서 대위해(大瑋瑎) 책봉. 배정(裵頲), 일본에서 귀국.
896 병진	10	4	신라, 적고적(赤袴賊), 국도서남(國都西南)에서 일어나 경주모양리(慶州牟梁里)에까지 이름. 숭복사비(崇福寺碑) 건립. 후고구려, 궁예(弓裔), 승령(僧嶺) 임강(臨江)을 점령. 왕륭(王隆)을 금성태수(金城太守)로 삼음. 발어참성(勃禦塹城) 축성. 왕건(王建)을 성주로 삼음.
897 정사	11 효공1	5	5월: 후고구려, 왕륭(王隆) 사망. 6월: 신라, 진성여왕, 효공왕에게 선위(禪位). 12월 4일: 신라, 진성여왕 서거.

898 무오	2	6	1월: 신라, 왕모(王母)를 의명태후(義明太后)에 봉함. 준흥(俊興)을 상대등(上大等)으로, 계강(繼康)을 시중(侍中)으로 삼음. 3월 10일: 신라, 승려 도선(道詵) 입적(827~898). 7월: 후고구려, 궁예(弓裔), 패서도(浿西道) 및 한산주(漢山州) 내 30여 성(城)을 취하고, 송악부(松岳部)에 본거(本據)를 옮김. 홍암(紅巖)·검포(黔浦)·혈구(穴口) 등 30여 성을 점령. 11월: 후고구려, 궁예(弓裔), 팔관회(八關會)를 행함. 신라, 선각국사증성혜등탑비(先覺國師證聖慧燈塔碑) 건립.
899 기미	3	7	3월: 신라, 예겸(乂謙)의 딸로 왕비를 삼음. 7월: 북원(北原)의 양길(梁吉), 국원(國原) 등 10여 성주를 시켜 궁예를 공격하다가 비뇌성(非惱城)에서 대패. 11월: 신라, 최치원(崔致遠), 면직되어 가야산(伽倻山) 해인사(海印寺)로 은둔.

서기 간지	신라	발해	후백제	후고구려	주요 사건
900 경신	효공4	대위해 8	견훤 1		3월: 신라, 증효대사(證曉大師) 절중(折中) 입적(826~900). 10월: 후고구려, 왕건을 보내어 국원(國原)·청주(菁州) 등을 빼앗음. 후고구려, 왕건을 아찬(阿飡)으로 삼음. 후백제 견훤(甄萱), 왕을 칭하고 완산주(完山州)에 후백제를 세움.
901 신유	5	9	2	궁예 1	8월: 후백제, 견훤(甄萱), 대야성(大耶城)을 공격, 패배. 후고구려, 궁예(弓裔), 왕을 칭하고 국호를 고려라 일컬음, 영주(榮州) 부석사(浮石寺)의 신라 왕 화상을 칼로 침. 석총(釋聰), 궁예 비판하다 죽임을 당함.
902 임술	6	10	3	2	2월: 신라, 서리가 옴. 대아찬(大阿飡) 효종(孝宗)을 시중(侍中)으로 삼음.
903 계해	7	11	4	3	3월: 후고구려, 왕건(王建), 주사(舟師)를 거느리고 금성(錦城) 등 10여 성을 공격, 취함. 후고구려, 궁예(弓裔), 국도(國都)를 옮기려고 철원(鐵圓)·부양(斧壤) 등지에 가서 산수를 주람(周覽).
904 갑자	8	12	5	마진 무태 1	2월: 신라, 송산촌(松山村) 대사종(大寺鍾) 주조. 궁예(弓裔), 백관(百官)을 설치. 국호(國號)를 마진(摩震), 연호(年號)를 무태(武泰)라 함. 패서도(浿西道) 10여 주현(州縣)이 투항함.
905 을축	9	13	6	성책 1	4월: 신라, 서리가 내림. 7월: 마진, 국도를 철원(鐵圓)에 옮김. 8월: 마진, 신라의 변읍(邊邑) 침탈. 마진, 연호를 성책(聖冊)으로 고침. 평양성주 흑용(黔用), 궁예에게 투항.

906 병인	10	14 대인선 1	7	2	1월: 신라, 파진찬(波珍飡) 김성(金城)으로 상대등(上大等)을 삼음. 3월: 신라, 당나라에서 급제한 김문울(金文蔚), 책명사(冊命使)가 되어 돌아옴. 4월: 마진, 왕건(王建)을 보내어 상주(尙州) 사화진(沙火鎭)에서 견훤(甄萱)과 싸워 이김. 4~5월: 신라, 가뭄. 신라, 승려 현휘(玄暉), 당나라에 들어감. 발해, 국상(國相) 오소도(烏炤度), 당나라에 사신으로 파견. 아들 오광찬, 빈공시에 급제. 대위해(大瑋瑎) 서거, 대인선(大諲譔) 즉위.
907 정묘	11	2	8	3	봄~여름: 신라, 가뭄. 5월: 발해, 왕자 대소순(大昭順), 후량에 사신으로 파견. 겨울: 발해, 문적원소감(文籍院少監) 배정(裵頲), 일본에 사신으로 파견. 후백제, 일선군(一善郡) 이남 10여 성을 빼앗음.
908 무진	12	3	9	4	1월: 발해, 전중소령(殿中少令) 최체광(崔體光), 후량에 사신으로 파견. 2월: 신라, 혜성 관측됨. 3월: 신라, 서리 내림. 4월: 신라, 우박 내림. 7월: 신라, 승려 녹엄(鹿嚴), 당나라에서 돌아옴. 발해, 배정(裵頲), 일본에서 귀국.
909 기사	13	4	10	5	6월: 마진, 왕건(王建)이 오월에 보내는 후백제 사선(使船)을 나포. 진도(珍島) 및 고이도(皐夷島)를 점령. 나주(羅州)에 진(鎭)을 둠. 신라, 최언휘(崔彦撝), 당나라에서 돌아옴. 발해, 대성악(大誠諤), 후량에 사신으로 감.
910 경오	14	5	11	6	마진, 왕건(王建), 나주포구(羅州浦口)에서 견훤(甄萱)을 격파. 후백제, 보상사부도(實相寺浮屠) 건립.
911 신미	15	6	12	태봉 수덕 만세 1	1월 1일: 신라, 일식. 1월: 신라, 은창(殷彰), 왕의 첩을 죽임. 궁예(弓裔), 국호를 태봉으로, 연호를 수덕만세(水德萬歲)라 고침. 신라, 승려 이엄(利嚴), 중국에서 돌아옴. 발해, 후량에 사신 파견.
912 임신	16 신덕1	7	13	2	4월: 신라, 효공왕 서거. 신덕왕 즉위. 후백제, 견훤, 궁예의 군대와 덕진포(德津浦)에서 싸움. 5월: 신라, 왕고(王考) 예겸(乂謙)을 선성대왕(宣聖大王), 왕모(王母)를 정화태후(貞和太后), 비(妃)를 의성왕후(義成王后)라 하고, 아들 승영(昇英)을 왕태자(王太子)로 책봉. 이찬(伊飡) 계강(繼康)을 상대등(上大等)으로 삼음.

					5월: 발해, 왕자 대광찬(大光贊), 후량에 사신으로 감.
913 계유	2	8	14	3	4월: 신라, 서리 내림. 지진 발생. 태봉, 왕건(王建), 파진찬(波珍飡) 겸 시중(侍中)이 됨, 화(禍)를 두려워하여 외직(外職)을 구함.
914 갑술	3	9	15	정개 1	3월: 신라, 서리가 내림. 태봉, 정개(政開)라 개원(改元). 왕건(王建), 백선장군(百船將軍)이 되어 수군(水軍)을 거느리고 나주(羅州)에 출진(出鎭).
915 을해	4	10	16	2	6월: 태봉, 궁예(弓裔), 부인 강씨(康氏)와 두 아들 죽임. 태봉, 왕건(王建)을 나주(羅州)에 파견하여 순무(巡撫)케 함. 발해, 거란의 할저(轄底)가 투항해 옴.
916 병자	5	11	17	3	2월: 신라, 승려 행적(行寂) 입적(882~916). 8월: 후백제, 신라의 대야성(大耶城) 침공. 10월: 신라, 지진 발생.
917 정축	6 경명1	12	18	4	1월: 신라, 혜성이 관측됨. 7월: 신라, 신덕왕 서거. 경명왕 즉위. 8월: 신라, 왕제 위응(魏膺)을 상대등(上大等), 유렴(裕廉)을 시중(侍中)으로 삼음. 선각대사(先覺大師) 입적. 신라, 승려 홍계(弘繼), 불화(佛畫)에 능하여 흥륜사(興輪寺) 벽의 보현보살상(普賢菩薩像)을 그림. 양부(陽孚)·형미 입적.
918 무인	2	13	19	5 고려 태조 천수 1	2월: 신라, 일길찬(一吉飡) 현승(玄昇), 모반. 태봉, 오나라에 사신을 보냄. 6월: 왕건(王建), 고려 건국. 왕수(王授)라 건원(建元). 궁예(弓裔), 부양(斧壤)에서 피살. 7월: 고려, 조세정부법(租稅征賦法)을 정함. 9월: 상주적수(尙州賊帥) 아자개(阿玆蓋), 고려에 내부. 11월: 고려, 팔관회(八關會) 설치. 고려, 태안사(太安寺) 중창. 임춘길(林春吉), 모반하다 처형됨. 발해, 거란에 사신을 파견. 후백제, 오월에 사신을 보냄.
919 기묘	3	14	20	2	1월: 신라, 상대등(上大等) 김성(金成)을 각찬(角飡), 시중(侍中) 언옹(彦邕)을 사찬(沙飡)으로 삼음. 고려, 송악(松岳)으로 천도, 삼성(三省) 등 관제를 정함. 3월: 고려, 왕륜사(王輪寺)·법왕사(法王寺) 등 10개 사찰 창건. 태조의 3대조를 추존. 8월: 고려, 태조(太祖), 청주(靑州)에 거둥하여 축성(築城)케 함. 10월: 고려, 평양성(平壤城) 축성. 겨울: 발해, 배진(裵珍)을 일본에 파견. 고려, 송도(松都) 만월대(滿月臺)·궁궐 경영 시작. 팔관회(八關會)·연등회(燃燈會)의 가무백희(歌舞百戲) 행해짐. 거란이 요양고성(遼陽故城)을 수축하고 발해인을 이주시킴.

920 경진	4	15	21	3	1월: 신라, 고려에 사신을 보내 교빙. 2월: 강주장군(康州將軍) 윤웅(閏雄), 고려에 귀부. 3월: 고려, 유검필(庾黔弼)에게 명하여 북계(北界)의 골암진(鶻巖鎭)에 축성(築城). 행훈(行訓)의 누이를 일강(一康)에게 시집보냄. 왕경(王京)과 서경(西京)의 탑묘(塔廟)와 초상(肖像) 수리. 5월: 발해, 배진(裵珍), 일본에서 귀국. 9월: 후백제 견훤(甄萱), 공달(功達)을 고려에 보내어 공작선(孔雀扇)·행전(竹箭)을 선물. 10월: 후백제 견훤(甄萱), 신라의 진례군(進禮郡)에 출진, 고려의 구원을 듣고 물러감.
921 신사	5	16	22	4	1월: 신라, 고려에 사신을 보냄. 2월: 흑수말갈(黑水靺鞨)의 추장 고자라(高子羅), 고려에 항복. 고려, 신라의 북변을 침공한 말갈별부달고(靺鞨別部達姑)를 격파. 3월: 신라, 법경대사(法鏡大師) 경유(慶猷) 입적. 흥륜사랑무(興輪寺廊廡) 중수. 4월: 신라, 왕경에 큰 바람. 흑수말갈의 아어한(阿於閒), 200여 명을 인솔하고 고려에 투항. 10월: 고려, 오관산(五冠山) 대흥사(大興寺) 창건. 12월 10일: 고려, 왕자 무(武)를 세워 정윤(正胤)으로 삼음. 고려, 운남현(雲南縣)에 축성(築城). 행기(幸期), 봉림사(鳳林寺) 진경대사탑비(眞鏡大師塔碑)의 비문을 씀.
922 임오	6	17	23	5	2월: 고려, 거란의 사신이 옴. 4월: 고려, 개경 일월사(日月寺) 창건. 6월: 하지현(下支縣) 장군 원봉(元奉), 고려에 내부. 7월: 명주(溟州) 장군 왕순식(王順式), 고려에 내부. 11월: 고려, 진보성주(眞寶城主) 홍술(洪術) 내부. 고려, 서경(西京)에 행차하여 관부(官府) 설치하고 재성(在城) 축성. 태조의 구택(舊宅)을 광명사(廣明寺)로 창건. 평양의 보통문(普通門) 축조.
923 계미	7	18	24	6	3월: 명지성(命旨城) 장군 성달(城達) 고려에 내부. 4월: 고려, 유검필(庾黔弼), 북번(北蕃)을 초유(招諭), 진경대사(眞鏡大師) 심희(審希) 입적. 6월: 고려, 오월의 박암(朴巖) 귀화. 사신 윤질(尹質)이 후량에서 오백라한화상(五白羅漢畫像)을 가져와 해주 숭산사(海州嵩山寺)에 안치. 8월: 경산부(京山府) 장군 양문(良文), 고려에 내부. 신라, 후당(後唐)에 사신을 보냄. 고려, 광조사(廣照寺) 창건.

924 갑신	8 경애1	19	25	7	1월: 신라, 후당에 사신을 보냄. 왕봉규(王逢規), 후당에 사신 보냄. 발해, 왕자 대우모(大禹謨)를 후당(後唐)에 보냄. 4월: 신라, 봉림사(鳳林寺) 진경대사보월릉공탑비(眞鏡大師寶月凌空塔碑) 건립. 5월: 발해, 왕의 조카 대원양(大元讓)을 후당에 사신으로 보냄. 거란이 요주(遼州)를 침입. 6월: 신라, 후당에 사신 파견. 봉암사(鳳巖寺) 지증대사적조탑비(智證大師寂照塔碑) 건립. 고려 상선(商船), 후당 등주(登州)에서 무역. 7월: 후백제, 견훤(甄萱), 조물성(曹物城)을 침. 발해, 거란의 야율아보기(耶律阿保機) 침입. 8월: 신라, 경명왕 서거. 경애왕 즉위. 고려, 태조, 신라에 사신을 보내어 조제(弔祭). 발해, 왕의 조카 대원겸(大元謙)을 당나라에 보냄. 9월: 신라, 고려에 사신 보냄. 10월: 신라, 국왕, 신궁(神宮)에 제사. 고려, 거란에 사신 보냄. 외제석원(外帝釋院)·구요당(九曜堂)·신중원(神衆院) 창건. 발해, 거란을 쳐 요주자사(遼州刺史)를 죽임.
925 을유	2	20	26	8	2월: 발해, 정당성(政堂省) 화부소경(和部少卿) 배진(裵珍)을 후당에 보냄. 9월: 매조성(買曹城) 장군 능현(能玄), 고려에 내부. 발해의 장군 신덕(申德) 등, 고려에 내투. 10월: 고울부장군 능문(能文), 고려에 내주해 옴. 고려, 후백제의 연산진(燕山鎭)·임존군(任存郡)을 공략. 견훤과 인질 교환. 12월: 발해 좌수위소장(左首衛小將) 창두간(昌豆干) 등, 고려에 투항. 후백제 거창 등 20여 성을 공취. 후백제 견훤, 조물성에 이름.
926 병술	3	21	27	9	1월: 발해, 거란이 부여부(扶餘府)를 함락하고 상경(上京)을 포위하자 대인선(大諲譔) 투항함. 2월: 거란, 발해를 동단국(東丹國)으로 바꿈. 4월: 후백제, 견훤의 조카 진호(眞虎)가 고려에서 병사(病死). 견훤, 고려의 인질 왕신(王信)을 죽이고 고려를 침입. 7월: 발해의 103성, 모두 거란에 점령됨(발해 멸망). 12월: 고려, 태조, 서경(西京)에서 제제(齊祭)를 올리고 주진(州鎭)을 순력(巡歷). 고려, 후당에 사신을 보냄. 발해, 대진림(大陳林) 등 116인 후당에 보냄.

927 정해	4	후백제	고려	1월: 고려, 후백제의 용주(龍州) 침공. 신라, 구원병 보냄.
	경순1	28	10	2월: 신라, 후당에 사신 보냄. 3월: 신라, 황룡사탑(皇龍寺塔) 북쪽으로 기울어짐. 고려, 운주(運州)·강주(康州)에서 후백제군 격파. 4월: 신라, 왕봉규(王逢規)가 후당에 사신 보냄. 고려, 후백제의 강주(康州) 등 함락. 11월: 후백제, 견훤, 신라 왕경(王京)에 침입. 경애왕 자살, 경순왕 세움. 고려, 신라에 사신 보내어 조제(弔祭), 지묘사(智妙寺) 창건. 신라, 경순왕의 아버지를 신흥대왕(神興大王), 왕모(王母)를 왕태후(王太后)로 삼음. 12월: 후백제, 견훤, 신라의 대목군(大木郡) 침공. 고려에 국서(國書) 보냄. 고려에 강화를 청함. 신라, 해인사(海印寺) 중수. 고려, 평양 재성(在城) 축조. 고려 태조, 공산(公山)전투에서 후백제군에게 대패. 김락(金樂)·신숭겸(申崇謙) 전사.
928 무자	2	29	11	1월: 고려, 후백제 견훤에게 답서 보냄. 장수 김상(金相), 초팔성(草八城)의 흥종(興宗)과 싸워 전사. 2월: 고려, 운주(運州)에 축성(築城). 5월: 강주장군(康州將軍) 유문(有文), 후백제에 귀부해 옴. 6월: 신라, 지진 발생. 7월: 후백제 견훤, 고려의 청주(靑州)를 침범. 고려, 장군 유검필(庾黔弼)이 이를 격파. 8월: 고려, 승려 홍경, 후당에서 귀국하여 〈대장경(大藏經)〉을 바침. 후백제 관흔(官昕), 양산(陽山)에 축성. 9월: 고려, 대상(大相) 권신(權信) 사망. 발해인 은계종(隱繼宗) 등, 고려에 귀순. 11월: 후백제, 고려의 악곡성(岳谷城)을 공취(攻取). 고려 태조, 북계(北界)에 순행하여 진국성(鎭國城)을 옮겨서 쌓고, 통덕진(通德鎭)이라 고침.
929 기축	3	30	12	3월: 고려, 안정진(安定鎭)·영청현(永淸縣)에 축성(築城). 4월: 고려, 태조, 서경(西京)에 행차하여 주진(州鎭)을 순시. 6월: 천축국(天竺國) 삼장법사(三藏法師) 마후라(摩睺羅), 고려에 옴. 7월: 후백제, 의성부(義城府) 침공. 고려, 장수 홍술(洪述) 전사. 순주(順州)장군 원봉(元逢), 견훤에게 귀부. 고려, 순주(順州)를 하지현(下支縣)으로 강등. 9월: 고려, 안수(安水)·흥덕(興德)에 축성. 10월: 후백제, 신라의 가은현(加恩縣) 침공. 12월: 후백제, 견훤, 고창군(古昌郡) 포위. 고려, 귀산사(龜山寺) 창건.
930 경인	4	31	13	1월: 재암성(載巖城)장군 선필(善弼), 고려에 귀부. 2월: 고려, 사신을 신라에 보내어 승리를 알림. 신라, 대종대사(大鐘大師) 여엄(麗嚴) 입적(862~930).

				8월: 고려, 천안도독부(天安都督府) 설치. 청주(靑州)에 나성(羅城)을 축조. 울릉도(鬱陵島)에서 공물을 바침. 안화사(安和寺) 창건. 9월: 신라, 낭국대사(朗國大師) 개청(開淸) 입적(835~930). 고려, 국동(國東) 연안의 주군(州郡)이 귀부해 옴. 12월 1일: 고려, 태조, 서경(西京)에 행차하여 학교 창치(倉置). 고려, 흥국사(興國寺) 창건. 신라, 낭공대사오진탑비(朗空大師悟眞塔碑) 건립.
931 신묘	5	32	14	2월: 고려, 국왕, 신라의 왕도(王都)를 방문. 임해전(臨海殿)에서 잔치. 8월: 고려, 신라 왕에게 예물을 전달. 11월: 고려, 태조, 서경(西京) 순행. 고려, 통덕(通德)·통해(通海)·안수(安水)·강덕(剛德)·흥덕(興德)에 진(鎭)을 둠.
932 임진	6	33	15	1월: 신라, 지진 발생. 4월: 고려, 후당에 사신을 보냄. 6월: 후백제 장수 공직(龔直), 고려에 항복. 고려, 일모산성(一牟山城)을 점령. 9월: 후백제, 고려의 예성강(禮成江) 및 염주(鹽州)·백주(白州)·정주(貞州)를 침공. 10월: 후백제, 대우도(大牛島)를 침략함. 11월: 고려, 최응(崔凝) 사망(898~932). 후당에 사신을 보냄.
933 계사	7	34	16	3월: 고려, 후당이 사신을 보내 왕건(王建)에게 작호를 보내옴. 5월: 후백제, 의성부(義城府)에 침입. 고려, 유검필(庾黔弼)이 이를 격파. 고려, 후당의 연호를 사용.
934 갑오	8	35	17	1월: 고려, 태조, 서경(西京)과 북진(北鎭) 순찰. 5월: 고려, 태조, 예산진(禮山鎭)에 행차하여 조(詔) 내림. 7월: 고려, 발해 세자 대광현(大光顯)이 수만 명을 이끌고 내부(來附), 백주(白州)를 지킴. 고려의 선박이 후당의 등주(登州)에서 무역. 9월: 신라, 혜성이 관측됨. 고려, 운주(運州)에서 후백제군을 격파. 웅진(熊津) 이북 30여 성이 항복함. 12월: 고려, 발해의 진림(陳林) 등 160인 내부. 고려, 통해진(通海鎭) 쌓음. 서경(西京)에 한재·충재 발생.
935 을미	9	36	18	3월: 후백제, 신검(神劍), 견훤(甄萱)을 금산사(金山寺)에 유폐하고 왕이 됨. 6월: 후백제, 견훤(甄萱), 나주(羅州)로 도망. 고려에 항복. 9월: 고려, 태조, 서경(西京)에 행차하여 황주(黃州)·해주(海州)를 순력. 10월: 신라, 태자, 개골산(皆骨山)에 들어가 마의초식(麻衣草食)으로 종신(終身). 고려, 신라 왕이 김봉휴(金封休)를 보내어 입조를 요청. 11월: 신라, 경순왕, 고려에 투항(신라 멸망). 12월: 고려, 신라 왕을 정승(政丞)으로 삼고 경주(慶州)를 식읍(食邑)으로 하사.

				고려, 동학사(東鶴寺) 중건. 이물(伊物)과 숙주(肅州)에 축성. 〈속독(束毒)〉·〈산예(狻猊)〉 행해짐. 예빈경(禮賓卿) 형순(邢順)을 후당에 보냄.
936 병신	후백제 신검 1	고려 19	2월: 후백제, 견훤(甄萱)의 사위 박영규(朴英規), 고려에 투항. 6월: 고려, 견훤(甄萱)의 요청에 따라 후백제 신검(神劍)을 정벌하기 위하여 출정. 8월: 고려, 진철대사(眞澈大師) 이엄(利嚴) 입적. 9월: 고려 태조, 일리천(一利川)에서 후백제의 신검(神劍)을 대파. 후백제, 신검(神劍) 항복(후백제 멸망). 후삼국 통일. 〈정계(政誡)〉 1권, 〈계백료서(誡百僚書)〉 8편(篇)을 친히 만들어 반포. 12월: 고려, 대광(大匡) 배현경(裵玄慶) 사망. 고려, 개태사(開泰寺)·미륵사(彌勒寺)·내천사(內天寺)·염양사(艶陽寺) 창건. 후백제, 견훤 서거.	

참고 문헌

가락국사적개발연구원, 2004, 『譯註 加耶史史料集成』 1

강봉룡, 2003, 「碧骨堤의 築造 및 修築과 그 해양사적 의의」 『島嶼文化』 22

강선, 2001, 「고구려와 전연(前燕)의 관계에 대한 고찰」 『고구려연구』 11

강우방, 1973, 「新羅十二支像의 分析과 解釋」 『佛敎美術』 1, 동국대학교 박물관

______, 1990, 『圓融과 調和, 韓國古代彫刻史의 原理』, 열화당

강인구, 1993, 「百濟初期 都城問題 新考」 『韓國史研究』 81

______, 2000, 『古墳研究』, 학연문화사

강종원, 2002, 『4세기 백제사 연구』, 서경문화사

강종훈, 2000, 『신라상고사연구』, 서울대학교출판부

鎌田茂雄, 1987, 『朝鮮佛敎史』, 東京大學

경기문화재연구원 · 하남시, 2004, 『河南 校山洞 建物址—發掘調査 綜合 報告書』

高翊晉, 1982, 「三國遺事 撰述攷」 『韓國史研究』 38

공석구, 1998, 『高句麗 領域擴張史 研究』, 서경문화사

국립경주문화재연구소, 1990, 『月城垓字』 I · II

______, 2004, 『월성지표조사보고서』

______, 2004, 『慶州南山精密學術調査報告書』

______, 2007, 『경주 월성의 어제와 오늘, 그리고 미래』

국립경주문화재연구소 · 경주시, 1997, 『感恩寺—發掘調査報告書』, 국립경주문화재연구소

국립문화재연구소, 2000, 『감은사지 동 삼층석탑 사리장엄』, 국립문화재연구소

권덕영, 1991, 「新羅 官等 阿湌 · 奈麻에 對한 考察」 『國史館論叢』 21

권상로, 1994, 「頃只寺 · 毛只寺」 『한국사찰전서』 상

권영오, 2007, 「新羅史 時期區分과 『三代目』」 『韓國古代史研究』 45

今西龍, 1933, 『新羅史研究』, 近澤書店

今西龍, 1934,『百濟史研究』, 近澤書店
吉林省文物考古研究所等編, 2004,『集安高句麗王陵—1990~2003年集安高句麗王陵調查報告』, 文物出版社
길상, 1998,『佛教大辭典』, 홍법원
김갑동, 2002,「후백제의 멸망과 견훤」『韓國史學報』 12
김광수, 1973,「新羅 上古世系의 再構成 試圖」『東洋學』 3
______, 1986,「高句麗 初期의 王位繼承 問題」『韓國史研究』 55
김기섭, 1995,「百濟 前期의 漢城에 대한 再檢討」『鄕土서울』 55
______, 2000,『백제와 근초고왕』, 학연문화사
______, 2002,「慰禮城에서 漢城으로」『鄕土서울』 62
김덕원, 2007,『新羅 中古政治史研究』, 경인문화사
김두진, 1999,『韓國 古代의 建國神話와 祭儀』, 일조각
______, 2000,「三國遺事의 體制와 내용」『韓國學論叢』 23
김병모, 1994,『김수로왕비 허황옥』, 조선일보사
______, 1997,「김수로왕 연구」『民族과 文化』 6
김복순, 1998,「《三國遺事》에 보이는 儒教史觀」『大藏經의 世界』, 東國譯經院
______, 2002,「興輪寺와 七處 伽藍」『新羅文化』 20
______, 2002,『한국 고대 불교사 연구』, 민족사
김상기, 1984,『동방사논총』, 서울대학교출판부
김상현, 1978,「三國遺事에 나타난 一然의 佛教史觀」『韓國史研究』 20
______, 1982,「《三國遺事》의 刊行과 流通」『韓國史研究』 38
김석형, 1966,『초기조일관계사연구』, 사회과학원출판사
김선주, 2012,「신라의 건국신화와 알영(閼英)」『신라의 건국과 사로 6촌』, 경인문화사
김수태, 1996,『新羅中代 政治史研究』, 일조각
김영만, 1980,「廣開土王陵碑의 新研究 I」『新羅加耶研究』 11
김영수, 1957,「百濟國都의 變遷에 대하여」『論文集』 1, 전북대학교
김영태, 1974,「三國遺事의 體裁와 그 性格」『東國大論文集』 13
______, 1990,『삼국시대 불교신앙 연구』, 불광출판부
______, 2009,『(자세히 살펴본) 삼국유사』 (1), 도피안사
김영하, 1980,「新羅 中古期의 對中認識」『민족문화연구』 15
______, 1988,「新羅 中古期의 政治過程試論」『泰東古典研究』 4
______, 2002,『한국고대사회의 군사와 정치』, 고려대학교 민족문화연구원
김용선, 1979,「蔚州 川前里書石 銘文의 研究」『歷史學報』 81
______, 1980,「高句麗琉璃王考」『歷史學報』 87
김용운, 1974,「瞻星臺小考」『歷史學報』 64
김용준, 1958,『고구려고분벽화연구』, 과학원출판사

김원룡, 1960, 「高句麗 古墳壁畵의 起源에 대한 研究」 『震檀學報』 21
______, 1987, 『韓國美術史研究』, 일지사
김재붕, 1974, 「百濟舊都稷山考」 『朝鮮學報』 70
김재원 · 윤무병, 1961, 『感恩寺』, 국립박물관
김정학, 1948, 「朝鮮神話의 科學的 考察 1」 『史海』 1
______, 1982, 「雁鴨池雜記 上」 『博物館新聞』 130
김진한, 2006, 「文咨王代의 對北魏外交—北魏 孝文帝 · 宣武帝의 對外政策과 關聯하여」 『韓國古代史研究』 44
______, 2007, 「陽原王代 高句麗의 政局動向과 對外關係」 『동북아역사논총』 17
김창겸, 1988, 「新羅景文王代 「修造役事」의 政治史的 考察—王權强化策과 관련하여」 『溪村 閔丙河教授 停年紀念史學論叢』
______, 2003, 『新羅 下代 王位繼承 研究』, 경인문화사
김창석, 2006, 「고구려 · 수 전쟁의 배경과 전개—경제적 요인을 중심으로」 『동북아역사논총』 15
김철준, 1962, 「新羅 上古世系와 그 紀年」 『歷史學報』 17 · 18
______, 1975, 『韓國古代社會研究』, 지식산업사
______, 1982, 『韓國古代社會研究』, 지식산업사
______, 1990, 『韓國古代社會研究』, 서울대학교출판부
김태식, 1993, 『加耶聯盟史』, 일조각
______, 1998, 「駕洛國記 所載 許王后 說話의 性格」 『韓國史研究』 102
金泰永, 1974, 「三國遺事에 보이는 一然의 歷史認識에 대하여」 『慶熙史學』 5
김현숙, 1994, 「高句麗의 解氏王과 高氏王」 『大丘史學』 6
______, 2005, 『고구려의 영역 지배 방식 연구』, 모시는사람들
김희만, 1996, 「新羅 上古期의 王權과 官等」 『東國史學』 30
那珂通世, 1893, 「高句麗石碑考」 『史學雜誌』 47 · 48 · 49
______, 1894, 「貊人考」 『史學雜誌』 5 · 6
나희라, 2003, 『신라의 국가제사』, 지식산업사
남동신, 1993, 「羅末麗初 華嚴宗團의 對應과 (華嚴)神衆經의 成立」 『外大史學』 5
남재우, 2005, 「가야의 건국신화와 제의」 『한국고대사연구』 39
남형종, 1993, 「百濟 東城王代 支配勢力의 動向과 王權의 安定」 『北岳史論』 3
노명호, 1981, 「百濟의 東明神話와 東明廟—동명신화의 재생성 현상과 관련하여」 『歷史學研究』 10, 전남대학교 사학회
노중국, 1979, 「高句麗國相考」 『韓國學報』 16 · 17
______, 1988, 『百濟 政治史研究』, 일조각
______, 1990, 「鷄林國攷」 『歷史教育論集』 13 · 14
______, 1991, 「百濟 武寧王代의 集權力 强化와 經濟基盤의 擴大」 『百濟文化』 21

노중국, 1997, 「신라 17관등제의 성립과정」 『啓明史學』 8
노태돈, 1975, 「三國時代의 部에 關한 硏究」 『韓國史論』 2, 서울대학교 국사학과
———, 1981, 「三國의 政治構造와 社會·經濟」 『한국사』 2, 국사편찬위원회
———, 1999, 『高句麗史 硏究』, 사계절
도수희, 1994, 『百濟語 硏究 3—王名·國號 等의 語彙論을 中心으로』, 백제문화개발연구원
島田好, 1927, 「高句麗の安市城の位置に就て」 『歷史地理』 49-1
류부현, 2007, 『삼국유사의 교감학적 연구』, 한국학술정보
리여성, 1955, 「대동강반 한식 유적유물과 '락랑군치'설에 대하여」 『력사과학』 1955-5
末松保和, 1949, 『任那興亡史』, 大八洲書店
———, 1954, 『新羅史の諸問題』, 東洋文庫
목정배, 1989, 『三國時代의 佛敎』, 동국대학교출판부
木下禮人, 1993, 「『三國史記』にみえる倭關係記事」 『日本書紀と古代朝鮮』, 塙書房
武田幸男, 1975, 「新羅骨品制の再檢討」 『東洋文化硏究所紀要』 7
———, 1989, 『高句麗史と東アヅア』, 岩波書店
문경현, 1983, 『新羅史硏究』, 경북대학교출판부
———, 1990, 「迎日冷水里新羅碑에 보이는 部의 性格과 政治運營問題」 『韓國古代史硏究』 3
———, 1990, 「新羅 朴氏의 骨品에 대하여」 『歷史敎育論集』 13·14
문동석, 2007, 『백제지배세력연구』, 혜안
문명대, 1976, 「新羅 神印宗의 硏究」 『震檀學報』 41
민덕식, 1986, 「新羅 王京의 都市設計와 運營에 關한 考察」 『白山學報』 33
———, 1989, 「故國原王代 平壤城의 位置에 관한 試考」 『龍巖車文燮敎授華甲紀念史學論叢』
———, 2003, 「高句麗 平壤城의 都市形態와 設計」 『高句麗硏究』 15
민병달, 2000, 「稷山慰禮城說에 對한 새로운 연구」 『鄕土硏究』 11, 천안향토사연구소
閔泳珪, 1978, 「三國遺事」 『韓國을 움직인 古典百選』, 東亞日報社
박남수, 1987, 「新羅上古金氏系의 起源과 登場」 『慶州史學』 6
———, 1992, 「新羅 和白會議의 機能과 性格」 『수촌박영석교수화갑기념 한국사학논총』 상, 탐구당
———, 2003, 「新羅 和白會議에 관한 再檢討」 『新羅文化』 21
朴魯春, 1980, 「一然의 號와 混丘의 號」 『語文硏究』 25·26
박대재, 1997, 「辰韓 諸國의 규모와 정치발전단계」 『韓國史學報』 2
———, 1999, 「『三國史記』 初期記事에 보이는 新羅와 百濟의 戰爭」 『韓國史學報』 7
———, 2006, 『고대 한국 초기국가의 왕과 전쟁』, 경인문화사
———, 2007, 「『三國史記』 都彌傳의 世界」 『先史와 古代』 27
———, 2010, 「고구려와 손오(孫吳)의 해상 교섭—조위(曹魏)의 고구려 침공 원인과 관련하여」 『동아시아 국제관계사』, 고려대학교 아세아문제연구소

박대재, 2013, 「경주 동천동 표암 刻石의 銘文과 역사적 환경」『新羅文化』 41
______, 2014, 「신라 초기의 國邑과 6村」『新羅文化』 43
박미선, 2009, 「일연의 신라사 시기구분 인식—『삼국유사』 기이편을 중심으로」『역사와 현실』 70
박방룡, 1985, 「都城·城址」『韓國史論』 15, 국사편찬위원회
______, 1988, 「明活山城作城碑의 檢討」『美術資料』 41
______, 1997, 「新羅 都城 硏究」, 동아대학교 박사학위논문
박시형, 1966, 『광개토왕릉비』, 사회과학원출판사
박용운, 2006, 『고려의 고구려계승에 대한 종합적 검토』, 일지사
박윤원, 1963, 「안악 제3호분은 고구려 미천왕릉이다」『고고민속』 1963-2
박은용, 1985, 「'始林'表記의 原語推定」『韓國傳統文化硏究』 창간호
박일훈, 1963, 「新羅 三陵石室古墳 -傳新羅神德王陵-」『美術資料』 8
박종진, 2000, 「고려시기 개경 절의 위치와 기능」『역사와 현실』 38
박진욱, 1990, 「안악 3호무덤의 주인공에 대하여」『조선고고연구』 1990-2
박진태·정호완·이동근·김복순·이강옥·조수동, 2002, 『삼국유사의 종합적 연구』, 박이정
박찬규, 1995, 「百濟의 馬韓征服過程 硏究」, 단국대학교 박사학위논문
박해현, 1988, 「新羅 眞平王代 政治勢力의 推移—王權强化와 관련하여」『전남사학』 2
______, 2003, 『신라 중대 정치사 연구』, 국학자료원
방용안, 1987, 「悉直國에 대한 考察」『江原史學』 3
백승옥, 2005, 「"신묘년명(辛卯年銘)" 청동 방울과 태왕릉의 주인공」『역사와 경계』 56
______, 2006, 「광개토왕릉비의 성격과 장군총의 주인공」『韓國古代史硏究』 41
백승충, 2001, 「가야 건국신화의 재조명」『한국 고대사 속의 가야』, 혜안
白鳥庫吉, 1914, 「丸都城及國內城考」『史學雜誌』 25-4
변태섭, 1956, 「新羅 官等의 性格」『歷史敎育』 1
濱田耕策, 2002, 『新羅國史の硏究』, 吉川弘文館
三品彰英, 1943, 『日鮮神話傳說の硏究』, 柳原書店
______, 1975, 『三國遺事考証』 上, 塙書房
______, 1979, 『三國遺事考証』 中, 塙書房
서울대학교 인문학연구소, 1997, 『天安 慰禮山城 : 試掘 및 發掘調査報告書』
서윤길, 1976, 「高麗의 帝釋信仰」『佛敎學報』 15
서의식, 1994, 「新羅 上代의 王位繼承과 聖骨」『韓國史硏究』 86
______, 1994, 「新羅上代 '干'層의 形成·分化와 重位制」, 서울대학교 박사학위논문
선석열, 1997, 「朴堤上의 家系와 관등 奈麻의 의미」『慶大史論』 10
______, 2001, 『新羅國家成立過程硏究』, 혜안
______, 2003, 「麻立干時期의 王權과 葛文王」『新羅文化』 22
성주탁, 2002, 『百濟城址硏究』, 서경문화사

송은일, 2004, 「新羅下代 景文王系의 成立」 『전남사학』 22
신동하, 1979, 「新羅 骨品制의 形成過程」 『韓國史論』 5, 서울대학교 국사학과
______, 1988, 「高句麗의 寺院 造成과 意味」 『韓國史論』 19, 서울대학교 국사학과
______, 1989, 「삼국시대 불교사 연구의 현황과 반성」 『同大論叢』 19, 동덕여자대학교
신정훈, 2000, 「新羅 景德王代 王權强化策의 性格」 『東西史學』 6·7
신종원, 1991, 「백제 불교미술의 사상적 배경」 『백제의 조각과 미술』, 공주대학교
______, 1992, 『新羅初期佛教史研究』, 민족사
______, 2004, 『삼국유사 새로 읽기』 1, 일지사
______, 2011, 『삼국유사 새로 읽기』 2, 일지사
신채호, 1929, 『朝鮮史研究草』, 조선도서주식회사
______, 1948, 『朝鮮上古史』, 종로서원
신형석, 2000, 「新羅 慈悲王代 坊里名의 設定과 그 意味」 『慶北史學』 23
신형식, 1977, 「武烈王權의 成立과 活動」 『한국사논총』 2
______, 1977, 「新羅史의 時代區分」 『韓國史研究』 18
______, 1982, 『三國史記研究』, 일조각
______, 1984, 『韓國古代史의 新研究』, 일조각
______, 1997, 「高句麗 千里長城의 研究」 『白山學報』 49
신호철, 1982, 「弓裔의 政治的 性格—특히 佛教와의 關係를 中心으로」 『韓國學報』 29
______, 1993, 『後百濟 甄萱政權研究』, 일조각
신희권, 2002, 「風納土城 발굴조사를 통한 河南慰禮城 고찰」 『鄉土서울』 62
심정보, 2005, 「高句麗 長安城 築造時期에 대한 問題點」 『북방사논총』 6
안지원, 2005, 『고려의 국가 불교의례와 문화』, 서울대학교출판부
양기석, 1989, 「百濟初期의 王位繼承과 王權의 性格」 『湖西文化研究』 8
______, 1990, 「百濟 威德王代 王權의 存在形態와 性格」 『百濟研究』 21
______, 1990, 「百濟 專制王權 成立過程研究」, 단국대학교 박사학위논문
______, 1994, 「5~6세기 전반 新羅와 百濟의 關係」 『新羅文化祭學術發表會論文集』 15
______, 1995a, 「백제의 변천—웅진천도와 중흥」 『한국사』 6, 국사편찬위원회
______, 1995b, 「한성시대 후기의 정치적 변화」 『한국사』 6, 국사편찬위원회
______, 2013, 『백제정치사의 전개과정』. 서경문화사
양정석, 1996, 「신라 麻立干期 왕권강화과정과 지방정책」 『韓國史學報』 창간호
양주동, 1940(1965), 『朝鮮古歌研究』, 일조각
여호규, 1999, 「高句麗 千里長城의 經路와 築城背景」 『國史館論叢』 91
______, 2002, 「新羅 都城의 空間構成과 王京制의 성립과정」 『서울학연구』 18
______, 2002, 「한성시기 백제의 도성제와 방어체계」 『百濟研究』 36
연민수, 1998, 『고대한일관계사』, 혜안
원주시사편찬위원회, 2000, 『원주시사』, 원주시

유석우, 1971, 「文武王陵 -大王石과 掛陵-」『경주시지』, 경주시사편찬위원회
윤무병, 1976, 「金堤 碧骨堤 發掘報告」『百濟硏究』 7
윤병희, 1982, 「新羅 下代均貞系의 王位繼承과 金陽」『歷史學報』 96
이강래, 1996, 『三國史記 典據論』, 민족사
_____, 2001, 「삼국유사 후백제 견훤조의 재검토」『후백제 견훤정권과 전주』, 주류성
_____, 2005, 「『삼국사기』와 『삼국유사』의 왕대력 비교 연구」, 『韓國史學報』 21
이구의, 2004, 「崔致遠의 '大崇福寺碑銘'攷」『東方漢文學』 26
이근직, 2006, 「신라 왕경의 성립과 전개」『建築歷史硏究』 48
_____, 2006, 「新羅 王陵의 起源과 變遷」, 영남대학교 박사학위논문
이기동, 1972, 「新羅 奈勿王系의 血緣意識」『歷史學報』 53·54
_____, 1978, 「新羅金入宅考」『震檀學報』 45
_____, 1980, 『新羅 骨品制社會와 花郎徒』, 일조각
_____, 1980, 「新羅 下代의 王位繼承과 政治過程」『歷史學報』 85
_____, 1984, 『新羅 骨品制社會와 花郎徒』, 일조각
_____, 1985, 「于老傳說의 世界」『韓國古代의 國家와 社會(歷史學會 編)』, 일조각
_____, 1990, 「百濟建國史의 二·三의 問題」『百濟硏究』 21
_____, 1996, 『百濟史硏究』, 일조각
_____, 1997, 『新羅社會史硏究』, 일조각
이기백, 1973, 「三國遺事의 史學史的 意義」『震檀學報』 36
_____, 1974, 『新羅政治社會史硏究』, 일조각
_____, 1980, 「新羅 下代의 王位繼承과 政治過程」『歷史學報』 85
_____, 1996, 『韓國古代政治社會史硏究』, 일조각
이기백·이기동, 1982, 『韓國史講座(古代篇)』 I, 일조각
이도학, 1992, 「백제한성시기의 도성제에 관한 검토」『韓國上古史學報』 9
_____, 1995, 『백제 고대국가 연구』, 일지사
_____, 2004, 『백제의 인물』, 주류성
_____, 2005, 「太王陵과 將軍塚의 被葬者 問題 再論」『高句麗硏究』 19
이문규, 2004, 「첨성대를 어떻게 볼 것인가-첨성대 해석의 역사와 신라시대의 천문관」『한국과학사학회지』 26-1
이배용, 1985, 「新羅下代 王位繼承과 眞聖女王」『千寬宇先生 還曆紀念 韓國史學論叢』, 정음문화사
이병도, 1959, 『韓國史』 古代篇, 을유문화사
_____, 1976, 『韓國古代史硏究』, 박영사
_____, 1977, 『國譯 三國史記』, 을유문화사
_____, 1979, 「中原高句麗碑에 대하여」『史學志』 13
_____, 1979, 『譯註 三國遺事』, 광동출판사

이병선, 1982,『韓國古代 國名·地名硏究』, 형설출판사
이성제, 2005,『高句麗의 西方政策 硏究』, 국학자료원
이순근, 1980,「新羅時代 姓氏取得과 그 意味」『韓國史論』6
이영식, 1994,「九干社會와 駕洛國의 成立」『伽倻文化』7
______, 2000,「문헌으로 본 가락국사」『가야 각국사의 재구성』, 혜안
이용범, 1973,「北朝前期佛敎의 高句麗傳來」『동국대학교 논문집』12
______, 1974,「瞻星臺存疑」『震檀學報』38
이우태, 1981,「新羅의 村과 村主」『韓國史論』7, 서울대학교 국사학과
李殿福·孫玉良, 1990,『高句麗簡史』(강인구·김영수 공역), 삼성출판사
이정숙, 1994,「眞興王의 즉위에 대한 몇 가지 문제」『釜山女大史學』12
이종기, 1977,『駕洛國探査』, 일지사
이종선, 2000,『古新羅王陵硏究』, 학연문화사
이종욱, 1978,「百濟의 佐平」『震檀學報』45
______, 1979,「高句麗 初期의 左·右輔와 國相」『全海宗博士華甲紀念史學論叢』
______, 1980,『新羅上代王位繼承硏究』, 영남대학교출판부
______, 1982,『新羅國家形成史硏究』, 일조각
______, 1986,「三國遺事 竹旨郞條에 대한 一考察」『한국전통문화연구』2
______, 1999,『新羅 骨品制硏究』, 일조각
이종태, 1990,「高句麗 太祖王系의 등장과 朱蒙國祖意識의 成立」『北岳史論』2
이종항, 1975,「新羅의 下代에 있어서의 王種의 絶滅에 대하여」『法史學硏究』2
이지린·강인숙, 1976,『고구려역사』, 사회과학출판사
이진희, 1972,『廣開土王陵碑の硏究』, 吉川弘文館
이현혜, 1984,『三韓社會形成過程硏究』, 일조각
이형구, 2000,「서울 풍납동 백제왕성 발굴의 역사적 의의」『風納土城(百濟王城) 硏究論文集』, 동양고고학연구소
이형구·박노희, 1986,『廣開土王陵碑新硏究』, 동화출판공사
이형우, 2000,『新羅初期國家成長史硏究』, 영남대학교출판부
이홍직, 1971,『韓國古代史의 硏究』, 신구문화사
이희준, 2006,「太王陵의 墓主는 누구인가?」『韓國考古學報』59
일연학연구원 편, 2007,『일연과 삼국유사』, 신서원
임기환, 2004,『고구려 정치사 연구』, 한나래
______, 2007,「고구려 평양 도성의 정치적 성격」『韓國史硏究』137
장일규, 2002,「崔致遠 연구의 성과와 전망」『北岳史論』9
______, 2006,「숭복사비명과 경문왕계 왕실」『歷史學報』192
전기웅, 1989,「新羅 下代末의 政治社會와 景文王家」『釜山史學』16
______, 2006,「신라말 효공왕대의 정치사회 변동」『新羅文化』27

전덕재, 1996,『新羅六部體制硏究』, 일조각
______, 2000,「三國時期 榮山江流域의 농경과 사회변동」『지방사와 지방문화』3-1
______, 2005,「新羅 里坊制의 施行과 그 性格」『신라문화제학술논문집』26
전미희, 1997,「新羅 骨品制의 成立과 運營」, 서강대학교 박사학위논문
전상운, 1964,「三國 및 統一新羅時代의 天文儀器」『古文化』3
전우식, 2005,「백제 근초고왕대 '移都漢山' 기사의 해석과 그 의미」『韓國古代史硏究』40
전주농, 1959,「안악 하무덤(3호분)에 대하여」『문화유산』1959-5
田中俊明, 2005,「高句麗 長安城의 規模와 特徵-條坊制를 中心으로」『역사문화연구』22
鮎貝房之進, 1972,『雜攷 新羅王號攷朝鮮國名攷』, 國書刊行會
鄭求福, 1987,「三國遺事의 史學史的 考察」『三國遺事의 綜合的 檢討』, 韓國精神文化硏究院
정구복·노중국·신동하·김태식·권덕영, 1997,『譯註 三國史記』III·IV, 한국정신문화연구원
井上秀雄, 1974,『新羅史基礎硏究』, 同出版株式會社
정병삼, 1998,『일연과 삼국유사』, 새누리
정선용, 1997,「弓裔의 勢力形成 過程과 都邑 選定」『韓國史硏究』97
정운용, 2007,「문헌을 통해 본 1~3세기 고구려의 묘제와 장제」『고대 동아시아 세계론과 고구려의 정체성』, 동북아역사재단
정인보, 1955,「廣開土境平安好王陵碑文釋略」『庸齋白樂濬博士還甲紀念論叢』
정재윤, 2000,「文周·三斤王代 解氏 세력의 동향과 昆支系의 등장」『史學硏究』60
정종목, 2002,『KBS 역사스페셜』3, 효형출판사
정중환, 1970,「眞聖女王陵考」『美術史學硏究』105
______, 1990,「駕洛國記의 文獻學的 考察」『伽倻文化』3
정청주, 1986,「弓裔와 豪族勢力」『全北史學』10
정호섭, 2011,『고구려 고분의 조영과 제의』, 서경문화사
조범환, 1991,「新羅末 朴氏王의 登場과 그 政治的 性格」『歷史學報』129
______, 1999,「新羅 下代 景文王의 佛敎政策」『新羅文化』16
조법종, 1989,「百濟 別稱 鷹準考」『韓國史硏究』66
조인성, 1980,「慕本人杜魯-고구려의 순장과 守墓制에 관한 일검토」『歷史學報』87
______, 1991,「4·5世紀 高句麗 王室의 世系認識 變化」『韓國古代史硏究』4
______, 2007,『태봉의 궁예정권』, 푸른역사
주보돈, 1992,「三國時代의 貴族과 身分制」『韓國社會發展史論』, 일조각
______, 1994,「新羅 國號의 確定과 民意識의 成長」『九谷黃鍾東敎授停年紀念 史學論叢』
______, 1997,「朴堤上과 5세기초 新羅의 政治 動向」『慶北史學』21
______, 1998,『新羅 地方統治體制의 整備過程과 村落』, 신서원
______, 2003,「斯盧國을 둘러싼 몇 가지 問題」『新羅文化』21
주영헌, 1963,「안악 제3호무덤의 피장자에 대하여」『고고민속』1963-2

池內宏, 1951, 『滿鮮史硏究(上世篇)』, 吉川弘文館
지배선, 1987, 「高句麗 佛敎傳來의 一考」『한성대학 논문집』 11
津田左右吉, 1921, 「百濟に關する日本書紀の記載」『滿鮮地理歷史硏究報告』
———, 1964, 『津田左右吉全集—滿鮮歷史地理硏究 1』 11, 岩波書店
차용걸, 1993, 「高句麗 前期의 都城」『國史館論叢』 48
채상식, 1998, 「일연과 삼국유사」『한국 지성과의 만남』, 부산대학교출판부
천관우, 1979, 「廣開土王陵碑再論」『全海宗博士華甲紀念史學論叢』
———, 1989, 『古朝鮮史·三韓史硏究』, 일조각
청주대학교 박물관, 1993, 『중원미륵리사지 5차발굴조사보고서—대원사지·미륵대원지』
최광식, 1989, 「蔚珍鳳坪新羅碑의 釋文과 內容」『韓國古代史硏究』 2
———, 1994, 『고대한국의 국가와 제사』, 한길사
———, 2006, 『백제의 신화와 제의』, 주류성
———, 2007, 『한국고대의 토착신앙과 불교』, 고려대학교출판부
최광식·박대재 편, 2009, 『點校 三國遺事』, 고려대학교출판부
최규성, 1987, 「弓裔政權의 性格과 國號의 變更」『상명여자대학논문집』 19
崔南善, 1927, 「三國遺事解題」『啓明』 18, 啓明俱樂部
최몽룡·권오영, 1985, 「考古學的 資料를 通해 본 百濟初期의 領域考察」『千寬宇先生還曆紀念 韓國史學論叢』, 정음문화사
최병헌, 1975, 「道詵의 生涯와 羅末麗初의 風水地理說—禪宗과 風水地理說의 關係를 중심으로 하여」『韓國史硏究』 11
최병현, 1992, 『新羅古墳硏究』, 일지사
최영준, 1990, 『嶺南大路』, 고려대학교 민족문화연구소
최원식, 1985, 「新羅下代의 海印寺와 華嚴宗」『韓國史硏究』 49
최재석, 1986, 「百濟의 王位繼承」『韓國學報』 45
최현화, 2004, 「7세기 중엽 羅唐關係에 관한 考察」『사학연구』 73
太田亮, 1928, 『日本古代史新硏究』, 磯部甲陽堂
하일식, 2000, 「신라 京位 관련 사료와 경위의 기원문제」『한국 고대의 신분제와 관등제』, 아카넷
———, 2006, 『신라 집권 관료제 연구』, 혜안
———, 2013, 「『삼국유사』 파른본과 기존 판본의 글자 비교」『파른본 『삼국유사』의 가치와 의의』, 연세대학교 국학연구원·박물관
하정룡, 1994, 「新羅上代 葛文王 硏究」『民族文化硏究』 27
河廷龍·李根直, 1997, 『三國遺事 校勘硏究』, 신서원
한국고대사회연구소 편, 1992, 『譯註 韓國古代金石文』 II, 가락국사적개발연구원
한기문, 1998, 『高麗寺院의 構造와 機能』, 민족사
허흥식, 1986, 『高麗佛敎史硏究』, 일조각

홍사준, 1967, 「瞻星臺」 『考古美術資料』 12
홍승기, 1992, 「궁예왕의 전제적 왕권의 추구」 『擇窩許善道先生停年紀念 韓國史學論叢』, 일조각
홍희유, 1989, 『朝鮮商業史』, 과학백과사전종합출판사
丸龜金, 1982, 「倭の女王卑彌乎の問題」 『日本上古史の研究—年代を探る』, 紀伊國屋書店
황병익, 2007, 「『三國遺事』竹旨郎條와 「慕竹旨郎歌」의 의미 고찰」 『어문연구』 135
황수영, 1969, 「신라 민애대왕 석탑기—동화사 비로암 삼층석탑의 조사」 『史學志』 3
황인덕, 2003, 「傳說로 본 慰禮山城과 百濟史와의 關聯性」 『위례산성』, 서경문화사

찾아보기

ㅎ

삼국유사 3

초판발행 2014년 4월 5일
초판 2쇄 2015년 7월 10일

지은이 일연
옮긴이 최광식·박대재
펴낸곳 고려대학교출판부
www.kupress.com
kupress@korea.ac.kr
136-701 서울특별시 성북구 안암로 145
02-3290-4230, 4232
Fax 923-6311
찍은곳 한국컴퓨터인쇄정보

ISBN 978-89-7641-846-3 94910
ISBN 978-89-7641-843-2 94910 (전3권)

값 35,000원